老師的謊言

美國高中課本不教的歷史

詹姆斯・洛溫
James W. Loewen

陳雅雲 譯

老師的謊言：從高中課本拆解「讓美國再次偉大」的虛妄與希望

LIES MY TEACHER TOLD ME

Everything Your American History Textbook Got Wrong

作者 詹姆斯．洛溫 James W. Loewen
譯者 陳雅雲
校稿 陳玟如、郭正偉
封面設計 高偉哲
插圖 蕭羊希
總編輯 劉粹倫
發行人 劉子超
出版者 紅桌文化／左守創作有限公司
臺北市中山區大直街117號5樓
undertablepress.com
印刷 約書亞創藝有限公司
經銷商 高寶書版集團
臺北市內湖區洲子街88號3樓
02-2799-2788
ISBN 978-986-98159-0-1
2015年2月初版
2020年7月二版
新台幣600元
／
法律顧問 永衡法律事務所 詹亢戎律師
台灣印製

國家圖書館出版品預行編目(CIP)資料

老師的謊言：從高中課本拆解「讓美國再次偉大」的虛妄與希望 / 詹姆斯.洛溫(James W. Loewen)作；陳雅雲譯. -- 二版. -- 臺北市：紅桌文化, 左守創作, 2020.7
460 面；17x23公分
譯自：Lies my teacher told me : everything your American history textbook got wrong
ISBN 978-986-98159-0-1(平裝)
1.美國史
752.1 109006745

目錄

緒論／大錯特錯

多知多錯，不如少知少錯。／**比林斯**（Josh Billings）[1]

美國歷史之漫長、浩大、多樣、美麗與可怕，歷來筆墨難以形容。／**鮑德溫**（James Baldwin）[2]

隱瞞歷史真相是對人民施加之罪行。／**蘇聯格裡戈連科**（Petro G. Grigorenko）**將軍，致歷史期刊之私人信函**，約一九七五年[3]

不記得過去之人注定要重念十一年級。／**詹姆斯．洛溫**

高中生厭惡歷史，列舉最喜歡的科目時，歷史必定倒數第一。在他們的心目中，歷史是二十一門學科裡「最不相干」的科目，經常以「無聊」來形容。儘管大多數學生的歷史成績比數學、科學或英文都來得高，每每遇到歷史課，還是能逃就逃。[4] 即使被迫修習歷史，學習效果也會打折扣，所以每一、兩年都會有個研究跳出來，抨擊我們十七歲的高中生竟然不知道某些事。[5]

就連富裕白人家庭的男孩也認為高中歷史「太過簡潔、美好」[6]。非裔美人、原住民和拉丁裔學生格外不喜歡歷史，學習成果也特別差。非白人學生的數學成績僅比白人學生差一點，英文成績再差一點，但歷史卻差最多。[7] 這結果很有趣：對少數民族來說，歷史顯然不會比三角函數或福克納（Faulkner）的小說難念。學生甚至不知道自己跟歷史格格不入，只知道自己「不喜歡社會科學」或「不擅長歷史」。在大學，大多數的非白人學生都會遠遠避開歷史系。

許多歷史老師都察覺到課堂上的低迷氣氛；若時間充裕，家庭責任輕鬆，資源充分，校長彈性施為，有些老師會棄用填鴨式的教科書，自行發展美國歷史課程。但更多老師是因為氣餒而漸漸妥協，他們隱約知道學生不像他們一樣對歷史充滿熱情，於是開始減少投入的心力，教學逐漸公式化，只確保自己比學生熟悉教科書的內容，教的也僅涵蓋下次考試會出現的部分。

在大學，大多數學科的老師都很滿意學生入學前就已具備重要的學科知識，但這在歷史系卻大不相同。大學歷史教授對高中歷史課程向來感到不滿，我有位同事說他的美國史概論是「破除迷信第一章與第二章」，因為他認為必須先糾正學生在高中所學的錯誤資訊，他們才有空間容納正確資訊。這是歷史系特有的情形，比方說，數學教授知道高中很少教非歐幾何，但不會預設高中教的歐氏幾何是錯誤的，而英國文學教授也不會有高中會教錯《羅密歐與茱麗葉》的想法。事實上，只有高中歷史是學生上越多課，變得越笨。

或許不用我說，人人都知道美國歷史的重要性。歷史與我們切身相關，勝過其他的主題，而無論我們現今的社會是美好、可怕、還是兩者兼有，歷史都記載著我們走到今日的過程。了解過去，才能了解自己與周遭的世界。我們必須了解歷史，而根據社會學家萊特・米爾斯（C. Wright Mills）的說法，其實我們對這一點也心知肚明。[8]

在學校體系外，美國人對歷史展現莫大的興趣。從高爾・維達（Gore Vidal，著作包括《林肯》和《波爾》等）或黛娜・佛勒・羅絲（Dana Fuller Ross，著作《愛達荷！》、《猶他！》、《內布拉斯加！》、《奧勒岡！》、《密蘇里！》）所寫的歷史小說經常成為暢銷書，即可見一斑。此外，美國國家歷史博物館（National Museum of American History）是史密森尼學會（Smithsonian Institution）最受歡迎的三大博物館之一；「南北戰爭」系列為公共電視帶來新觀眾；根據歷史事件或主題拍攝的電影，例如《國家的誕生》、《亂世佳人》、《與狼共舞》、《誰殺了甘迺迪》和《搶救雷恩大兵》等，在在是令人讚嘆的泉源。由此看來，令學生感到無趣的並不是歷史本身，而是傳統的美國歷史課程。

我們面對的情況是：美國歷史充滿精彩和重要的故事，不僅有迷住讀者的魅力，甚至能吸引難纏的七年級生。這些故事展現出美國的本質，並與我們現今的社會息息相關。美國讀者，甚至年輕讀者，都需要也想要了解國家的過往。然而他們卻一路睡過了原本應呈現歷史的課程。

究竟是哪裡出了錯？

我們發覺問題的癥結在於，美國歷史課程仰賴教科書的程度高於其他的學科。我第一次在教育研究文獻中發現這情形時極度驚訝，因為再怎麼想也是其他學科（例如平面幾何學）比較需要研讀教科書。畢竟，如果學生要學習平面幾何學，很難透過訪談社區裡的年長居民，或從圖書館的書、舊報紙檔案，或美國國會圖書館（Library of Congress）裡數以千計的照片和文件著手。這些及更多相關的資源都與美國歷史息息相關，原本應是研讀的對象，但學生在歷史課上（而不是幾何學課上）研讀的卻是教科書，還得回答每個章節後列出的五十五個無聊問題或大聲讀出答案等等。[9]

在美國歷史教科書光鮮的封面裡滿是資訊，或許該說資訊為患。這些教科書厚重龐大，我先前收集的十二本最受歡迎的教科書，平均重量就有兩公斤，厚八百八十八頁。令人驚異的是，在過去的十二年間，這類教科書甚至變得更厚。在二〇〇六年，我調查了六本新書（由於出版商合併，所以不再有十二本），其中三本是舊書新版，源自半世紀以前出版的書，另外三本則是全新出版。[10] 這六本新書平均一千一百五十頁，重量將近三公斤！我從沒想過它們還能變得更厚。我一直以為（或者該說希望？）在豐富的網路資源下，這些厚重的巨物肯定會過時而遭棄用。以前的教科書問世時，網際網路還沒誕生，歷史教科書的厚重有其道理：例如在密西西比州波圭契托（Bogue Chitto）或威斯康辛州比佛丹（Beaver Dam）的學生，除了教科書以外，拿不到多少與美國歷史有關的資源。但現在的情況不同：今日每一所有電話線的學校都可以連網。學生能瀏覽數以十萬計的原始資料，包括新聞報導、國情普查、歷史照片和原始文件等，也可以看學者、市民、其他學生、流氓騙徒等等對這些原始資料的二手詮解。現在已經沒有必要要求學生花九個月時間，單單只讀一本由相同作者群撰寫或集錄的書。

這些新書異常厚重，幾乎到危害讀者的程度。《美國之旅》（*The American Journey*）多達一千一百零四頁，頁面比我最早收集的那十二本巨大的高中教科書都來得大，重量肯定有兩公斤半。《美國之旅》是美國教育史上重量最重的中學指定用書（定價超過八十四美元，所以可能也是最貴的一本。）非營利性質的美國背包安全協會（Backpack Safety America）就是在整脊治療師和其他醫療照護專家的激勵下成立的，宗旨在於「減輕教科書與書包的重量」。在這宗旨達成前，就由整脊治療師前往學校，教導正確的姿勢和舉物的技巧。[11]

出版商也發覺這些書大得可怕，於是嘗試用有創意的頁數標法來掩蓋實際的總頁數。例如《美國之旅》共有一千一百零四頁，但出版商對前面的四十二頁和最後的七十二頁採取不同的頁碼編法，設法把頁數降到了一千以下。但學生並沒有上當，仍然知道這是扛回家最重、放在腿上最沉、讀起來也最枯燥的書。

出版社編輯也明白，在可憐學生眼裡，這些書看起來有多駭人，於是他們精心製作引言和精美的內容，最先變動的就是目次表。以《美國人》（*The Americans*）為例，這本書長達一千三百五十八頁，重量超過三公斤，目次長達二十二頁，書中有大量插圖，還有許多彩色橫幅小標，例如「地理焦點」（Geography Spotlight）、「日常生活」（Daily Life）和「歷史焦點」（Historical Spotlight）。其後是三頁長幅設計，分別列出「歷史主題」（Themes in History）和「地理主題」（Themes in Geography）。然後又添了一些小技巧，教人如何閱讀複雜、分散且長達三、四十頁的章節，其中一個技巧說的是：「每章開頭均有兩頁介紹，以便讀者為閱讀內文做好準備。」

「唉，糟了，」學生哀號：「這書肯定沒什麼用。」每個學生都知道《哈利．波特》，不需要別人教就可以讀；但這本書不同。

不幸的是，書變得更厚之後，只會刺激有良知的老師花更多時間確保學生會讀它，以及做好書中需要耗費許多時間作答的問題與課題，這使得歷史課變得更加無聊。出版商為了讓教科書變得有趣一點，開始在書中加入種種特殊的輔助工具，以吸引學生。但這些花招反而造成反效果，許多甚至毫無用處，只對行銷部門有好處。《美國人》的目次表有許多彩色小標，但學生根本不需要「地理焦點表」。以書中的「巴拿馬運河」焦點來說，學生只需要查看後面的索引，就能找到這條運河的資訊，而不必先猜出它是一個地理焦點，然後在二十二頁目次中尋找地理焦點，再看其中是否有「巴拿馬運河」。這些小標存在的唯一目的，就是方便業務員向學區推銷這本教科書。

這些教科書如此厚重還有一個原因，出版商不願因漏掉某個特殊地理區或群體關切的細節，而導致其教科書不被採用。教科書作者似乎總是要為每一位美國總統寫一段話，連任期極短的威廉．亨利．哈里森（William Henry Harrison）和米勒德．菲爾莫爾（Millard Fillmore）也不例外。每一章結尾處還有複習頁，以《美國人》為例，書中列出八百四十條「重要概念」，再加上三百一十條「學習技巧」，八百九十個「專有名詞與名稱」，四百六十六個「批評性思考」問題，每章內還設有其他的研讀計畫，這還沒算上每章結束後的兩頁複習頁上所列出的數百個詞彙與問題。等一年念完時，沒有學生記得住那八百四十個重要概念，更別說那八百九十個專有名詞和無數看似事實的內容。在此情況下，學生和老師只好專心致力於一件事：為考試背誦專有名詞，然後再忘掉它們，以便空出腦細胞來記下一章的內容。難怪許多高中畢業生甚至記不得美國南北戰爭發生的年代！[12]

學生說的沒錯：這些書的確無聊。[13]歷史教科書敘述的故事沒有新意；每個問題都已有答案或即將有答案。教科書將衝突或懸而未決的史實排除在外，不論及任何可能有損國格的內容。當他們嘗試戲劇化的描述時，每每演變成通俗劇，因為讀者知道最終總會化險為夷，例如有一本教科書上就寫道：「儘管歷經挫敗，美國最終仍克服了這些挑戰。」大多數的歷史教科書作者都不肯嘗試通俗的寫法，文筆單調乏味，如果大聲唸，就像老師在喃喃自語，難怪學生感到無趣。

教科書作者鮮少以今證古。他們原本可以要求學生思考性別在當代社會中的角色，鼓勵思考女性在投票權運動或近期婦女運動的成就或未竟之處。他們原本可以要求學生為大樓管理員和股票經紀人的家庭制定預算，以鼓勵他們思考過去與現在的工會和社會階層。這些都是可做之事，但這些作者卻沒有採取這些做法，沒有把現今當作資訊的來源。

教科書也鮮少以古證今。書中把過去描述為簡單的道德劇，「當個好公民」是要傳達的訊息。「你們擁有值得自豪的傳統，應以那為榜樣，畢竟你們都已看到美國今日的成就。」採取這種樂觀主義並沒有錯，但對非白人學生、勞工家庭的小孩、發覺女性歷史人物稀少的女孩，或在社會經濟方面不太成功的人來說，卻可能是一種負擔。樂觀主義讓人不去試圖了解失敗的原因，只會責怪受害者。難怪非白人兒童對歷史總是敬而遠之，在讀了一千頁單調乏味的樂觀主義後，任何人都會生厭。

美國歷史教科書也跟其他的教材形成強烈的對比，為什麼歷史教科書的情況如此之糟？國家主義是原因之一。歷史教科書裡經常摻雜著相互衝突的期待，一方面想啟發學生進行探究，另一方面又想灌輸盲目的愛國主義。「看看歷史教科書，就知道我們該感到自豪」是高中合唱團經常唱的頌歌。我們甚至不需要看內容[14]，光看書名就能知道：《偉大的共和國》（*The Great Republic*）、《美國通史》（*The American Pageant*）、《應許之地》（*Land of Promise*）、《美國的成就》（*Triumph of the American Nation*）[15]。這樣的書名跟其他教科書大不相同，例如化學課本就叫做《化學》或《化學原理》，而不是《分子的成就》。此外光看封面也可認出歷史教科書，因為上面經常有優美的美國國旗、白頭鷹和華盛頓紀念碑等。

史實無人記得，因為它們只是一條接一條的紀錄而已。教科書作者通常傾向於讓讀者見樹、見枝，卻忽略了要讓他們見到值得記憶的「林」。教科書扼殺了意義，因為它們掩蓋了因果關係。學生讀完歷史教科書後，無法連貫地思考社會生活。

即使教科書裡充斥細節，即使歷史課上要教的內容太多，以至於鮮少能教完一九六〇年前的歷史，我們的老師和教科書仍沒有涵蓋大多數應該為人知的美國歷史。此外，儘管書中強調歷史事實，但有些看似事實的內容卻完全誤謬或無法證實。歷史教科書上的錯誤經常沒有修正，部分原因在於歷史界不願費心審查高中教科書。總而言之，美國歷史在教科書驚人的疏漏與扭曲下，早已面目全非。歷史就像一個金字塔，基部由數百萬個原始資料構成，包括農場紀錄、城市名錄、普查資料、演講、歌曲、照片、報紙文章、日記和信函等等所有記錄過去的資料。歷史學家根據這些一手材料，寫出二手資料，像是書籍、文章，主題範圍從馬沙文雅島（Martha's Vineyard）的手語系統到格蘭特（Grant）將軍在維克斯堡（Vicksburg）之役的戰略都有。歷史學家每年生產數百篇這種作品，其中不乏上乘之作。理論上，一些歷史學家獨自工作或與他人合作，將二手文獻融合成三手作品，也就是涵蓋美國歷史所有階段的教科書。

然而，實際上並非如此。歷史教科書彼此酷似；出版社編輯在找新作者時，會先寄半打同類的競爭作品過去。教科書作者經常不是封面上為書本增光的人，而是在出版商的辦公室深處工作的小職員。歷史學家真的寫教科書時，總是得冒著遭同事竊笑的風險——儘管帶著嫉妒的意味，但仍是竊笑：「你為什麼把時間花在教學法、而不是原創的研究上？」

在此情況下，教科書的知識內涵並沒有獲得改善。許多歷史教科書在參考書目中列出最新的二手資料清單，但內容卻與傳統教科書沒有二致——沒有包含任何最新的研究。[16]

如果在詩學的課程上，學生連一首詩也沒讀，我們會怎麼想？英國文學教科書裡的敘述可能跟歷史教科書裡的一樣無趣，但至少出現文學原作時，這無趣的敘述旋即消聲。歷史教科書充斥著全知的敘述方式，學生根本無從接觸第一手的歷史資料。教科書作者鮮少引用演講、歌曲、日記或信函的內容，但其實這些材料都是學生可以親自接觸的。如果學生可以在《美國冒險史》（*American Adventures*）中，讀兩段與威廉．詹寧斯．布萊安（William Jennings Bryan）的〈黃金十字架〉（Cross of Gold）演講稿相關的敘述，他們當然也能直接從那篇演講稿中摘錄一段來讀。

教科書也讓學生無法了解歷史的本質。歷史是以證據與理性進行的激烈辯論，教科書卻讓學生以為歷史是必須學習的事實。「我們沒有避開具有爭議的議題，」一群教科書作者宣稱，「相反地，我們一直努力提供有所依據的判斷」——這不就是除去了爭議！正是因為教科書採取這種如神般全知的口吻，大多數的學生才會不假思索。「回想起來，我為什麼沒有想到要問，比方說美洲最早的居民究竟是誰，他們如何生活，哥倫布抵達後又造成哪些改變？」我的一名學生在一九九一年時寫道。「然而，當時這一切的呈現方式，彷彿那就是事情的全貌，」她繼續說：「所以我從來沒想過要質疑它們。」

結果大多數的高中高年級生在分析具有爭議的社會議題時，往往感到挫折。（我很清楚這一點，因為我會在教大一新生時發現這種傾向。）我們得做得更好才行。八成的美國人在高中畢業後不會再修習美國歷史，因此一般民眾在高中「學過」的歷史，差不多就是他們對美國歷史的全部認知。

本書一共分為十一章，探討的都是美國歷史上令人稱奇的故事——有些美好，有些可怕，其中一個新篇章包含兩次伊拉克戰爭和持續至今的「反恐戰爭」。這些篇章大致按年代編排，不拘於細節，而是以重要的事件與過程為主。然而，這些卻是大多數的教科書所忽略或扭曲的，我之所以知道是因為二十年來我一直在研究十八本教科書，以嚴正的態度視之為歷史與意識形態下的作品，研究它們敘述與沒有敘述的內容，並致力於找出原因。我選擇這十八本教科書，是把它們當作美國歷史課程所用教科書的代表[17]，它們的完整資料均已列在本書的附錄內。我透過這些教科書來了解高中生帶回家閱讀、背誦，而後遺忘的世界。此外，我也曾花許多時間到密蘇里州、佛蒙特州、華盛頓特區和大都會地區觀察高中歷史課，還花了更多時間跟高中歷史老師談話。

第十二章分析教科書的誕生與採用過程，以期找出造成教科書品質低落的原因。我必須坦承這與我有切身的關係：我曾與人合著歷史教科書《密西西比：衝突與改變》（*Mississippi: Conflict and Change*），它是美國第一本採取歷史修正主義論的態度所寫成的州史教科書。雖然它在一九七五年贏得「最佳美國南部相關非小說類」史密斯獎（Lillian Smith Award），但密西西比州公立學校卻拒絕採用。後來三個當地的學校系統、我的合著人跟我，一起對州教科書委員會提起告訴。在一九八〇年四月，這個洛溫等人控告特尼浦西德等人（Loewen et al. v. Turnipseed et al.）案，因第一及第四憲法修正案而大獲全勝。這次經驗讓我親眼見證，大多數的作家或出版商不想知道的教科書採用過程，我也從中得知，這不能完全歸咎於教科書採用單位。

第十三章探討採用標準美國歷史教科書的效應，結果顯示這些書真的使學生變笨了。最後的後記中言及前幾章中沒有討論到、遭教科書曲解與忽略的歷史，並對教授與學習美國歷史的方式提出建議，以為未來我們肯定還會碰到的歷史謊言預做準備。

身為社會學家，我經常想到「過去」的力量。雖然每一個人來到世上都是新的個體，但其實我們並不是新的生物。我們出生時即在社會裡，不僅是在家庭中，也在宗教、社區，當然還有國家與文化中。社會學家了解社會結構與文化的力量不僅足以改變我們在這世上所走的道路，也能影響我們對這個道路與世界的了解。然而我們卻得經常耗費大量精力，讓學生明白他們所繼承的社會結構與文化對其人生的影響。許多美國人因為不了解過去，而無法有效地思考現在與未來。若是讀本書能讓我們過去經歷的事實變得更加明顯，那麼美國歷史這個「最不相干」的學科就有可能變得比較相干；至少這是我的期望。

第一章／歷史造成的障礙：創造英雄的過程

美國所謂的本質其實是由一系列關於英勇祖先的神話所構成。／**詹姆斯·鮑德溫**[1]

我們在研究歷史時愕然發現，輕描淡寫罪惡或遺忘歪曲的觀念居然一再出現。我們不能記得丹尼爾·韋伯斯特（Daniel Webster）曾喝醉酒，只能記住他是卓越的憲法律師。我們必須忘記喬治·華盛頓（George Washington）曾擁有奴隸……只能記住我們認為值得稱頌、發人深省的事。當然，如果不這麼做，歷史就失去激勵人心與示範的價值。歷史描繪完美的人物與崇高的國家，卻沒有呈現事實。／**杜布瓦**（W.E.B. Dubois）[2]

將尊敬的人變成偶像，不僅傷害了他們，也傷害了我們……我們無法領悟，其實自己也做得到。／**查爾斯·韋利**（Charles V. Willie）[3]

本章的主題是英雄化，亦即把人變成英雄的變質過程（就像鈣化）。我們的教育媒介藉由英雄化的過程，將有血有肉的凡人變成令人欽佩的完美生物，但同時他們也變得沒有矛盾、痛苦，缺乏可信度和人情味。

許多美國歷史教科書裡充斥著傳記式的小品文，用以敘述極富盛名的人物（例如《應許之地》裡介紹歷任美國總統的小品文），以及頗富盛名的人物（例如《自由的挑戰》〔*The Challenge of Freedom*〕以標題為「你知道嗎？」的方塊文，介紹第一個自美國醫學院畢業的女性伊莉莎白・布萊克威爾（Elizabeth Blackwell）；以及《烈日下的詩篇》〔*A Raisin in the Sun*〕的作者洛藍・韓絲貝莉〔Lorraine Hansberry〕，還有許多其他出名的人物）。這類的小品文本身是不錯的構想，它們介紹的人物能做為學習的榜樣，證明我們能以多種方式改變世界。它們也提供了介紹布萊克威爾和韓絲貝莉這類人物的空間，教科書裡才不至於通篇充斥著男性白人的政治人物。傳記小品文也敦促我們反思歷史教學的目的：若把發明車棚和改變居家建築空間的法蘭克・洛伊・萊特（Frank Lloyd Wright），跟簽署了第一個「文官法」（Civil Service Act）的契斯特・亞瑟（Chester A. Arthur）進行比較，誰值得比較多的篇幅？誰對我們今日的影響比較大？又例如，是布萊克威爾的崛起比較戲劇化、還是生來即注定擔任參議員[4]的老布希（George H. W. Bush）？無論選擇介紹哪些人物必定都有爭議之處，但是教科書除了介紹歷史人物的成就，也應呈現他們獲致成功的歷程。

我們可以對教科書列出的英雄名單一再提出批判，但我關注的倒不是該選擇誰的問題，而是教科書和課堂上是如何介紹這些英雄人物。二十世紀的兩位美國人物很適合作為英雄化個案研究的對象：伍德羅・威爾遜（Woodrow Wilson）和海倫・凱勒（Helen Keller）。威爾遜無疑是一位重要的總統，也獲得教科書的大篇幅介紹，相較之下，凱勒是沒有推動過任何立法、沒有改變過任何科學學科的歷程、也沒有宣戰過的「小人物」。我調查的歷史教科書中，只有一本登出她的照片，大多數的教科書甚至連她的名字都沒提到，但是老師們卻喜歡談她，經常採用以她的生平為榜樣的視聽教材或傳記。這些都是為了確保學生記得這兩位歷史人物的事蹟，但學生卻不一定能從中獲益。英雄化嚴重扭曲了凱勒和威爾遜（及許多其他人物）的生平，造成我們無法清晰地思考這些人物。

老師經常以盲聾的凱勒克服身體障礙為實例，鼓勵了許多世代的學童。每個念五年級的學童都知道安・蘇利文（Anne Sullivan）曾在凱勒小時候，把供水幫浦的「水」潑到凱勒的手上；至少有十二部電影和教學影片是以凱勒的生平為主題，每部都是老題新拍。麥格羅・希爾出版社（McGraw-Hill）在教學影片中所下的結語是：「海倫・凱勒和安・蘇利文帶給這世界的禮物，是不斷提醒我們周遭世界的奇蹟，以及我們應該感激那些教導我們生命意義的人，因為沒有人不值得被幫助或不能獲得協助，每一個人最大的貢獻，就在於協助彼此發揮真正的潛力。」[5]

為了從凱勒的生平汲取出枯燥乏味的座右銘，歷史學家和電影製作人忽視她實際的傳記，把她特別希望我們學習的教訓略去不看。凱勒勇敢地學習說話，但她的聲音卻在歷史中被迫消音，我們無法真正地了解她。

在過去二十年間，我問過數百名大學生，看他們對凱勒的生平與事蹟了解多少。他們都知道她是又盲又聾的女孩，大多數記得她有個待她如友的老師蘇利文，以及她學會了讀書寫字，甚至說話。有些人回想起凱勒早期生活中的枝微末節，像是她住在阿拉巴馬州，在遇到蘇利文以前行為乖張、舉止無禮等等。有些學生知道她念到大學畢業，但沒有人知道其後發生的事，對她成年後的生活一無所知。有些學生鼓起勇氣說，凱勒後來成為「公眾人物」或「人道主義者」，或許代表盲聾人士發聲。有的學生問：「她是不是有寫文章？」或是「她好像有演講？」但都只是臆猜，沒有實際的內容。凱勒出生於一八八〇年，在一九〇四年自拉德克利夫學院（Radcliffe）畢業，並於一九六八年過世。她的成年生活長達六十四年，忽略這過程或僅僅用「人道主義者」一個詞概括一切，就像是避過不談的說謊方式。

事實上，凱勒是一名激進社會主義者。她在一九〇九年加入麻薩諸塞社會主義黨（Socialist Party of Massachusetts），甚至早在畢業前就已是社會激進分子，而且她本人特別強調這「並非」因為該學院的教導。俄羅斯革命之後，她歌頌新共產主義國家：「在東方，有一個新星正在興起！在舊秩序歷經苦難後，新秩序誕生，看啊，在東方，人之子已經誕生！前進，同志們，一起前進！向俄羅斯的營火前進！向將至的黎明前進！」[6]凱勒在書房的書桌上掛了一面紅旗。她朝社會主義前的左翼漸進，後來加入世界產業工人聯盟（Industrial Workers of the World，簡稱IWW），也就是遭威爾遜迫害的工團主義工會。

凱勒基於自身的殘障經驗以及對其他殘障人士的關懷，而獻身社會主義。起初，她致力於簡化盲人使用的字母，但很快發覺單單解決眼盲的問題，只是治標不治本。她在研究後發現，盲人在人口裡並不是隨機分布，而是集中在低下階層。貧窮的男性比較可能因工業意外或醫療照護不足而失明；成為妓女的貧窮女性，因感染梅毒而失明的風險較高。凱勒由此得知，社會階層制度控制著民眾在生活中的機會，有時甚至可以決定他們能否看得到。她研究的不僅止於書本上的學問：「我造訪壓榨勞力的工廠、製造廠和擁擠的貧民窟。我就算看不到，也聞得到。」[7]

凱勒成為社會主義分子時，已經是世上最著名的女性之一。但她很快變得惡名昭彰，她改信社會主義的舉動也掀起新的媒體風暴，只不過這次是遭到大加撻伐。原本對她的勇氣與智慧大加頌揚的報紙，現在強調她的殘障。專欄作家批評她無法從獨立自主的感官獲得資訊，因而受到提供她資訊的人影響。《布魯克林鷹報》（*Brooklyn Eagle*）的編輯就是典型的例子，他在寫到凱勒時說，凱勒的「錯誤來自她在發展上受到明顯的限制。」

凱勒回憶起遇到這位編輯時說：「過去他對我的讚美多到令我羞於提起，如今我公開支持社會主義，他卻提醒我和大眾，我既盲又聾，因此特別容易犯錯。自我遇到他之後的這些年來，我的智慧肯定縮水了。」她繼續說：「噢，荒謬的《布魯克林鷹報》！他們罹患了社會性視障和聽障，他們捍衛的是令人無法忍受的制度，一個造成許多實際盲聾的制度，而這些正是我們試圖防止的。」[8]

凱勒的晚年大多致力於為美國視障基金會（American Foundation for the Blind）募款，對於社會需要激進變革的信念一直沒有動搖。由於她是在歷經辛苦的奮鬥後才學會說話，因此她協助成立美國公民自由聯盟（American Civil Liberties Union），為他人的言論自由奮戰。她捐贈一百美元給國家有色人種促進協會（National Association for the Advancement of Colored People，簡稱NAACP），隨款附帶一封支持信函，後刊登於該協會所辦的《危機》（*The Crisis*）雜誌中——在一九二〇年代以白人的身分來做這件事是相當激進的行為。她在社會主義黨總統候選人尤金·德布斯（Eugene V. Debs）每次競選總統時都表示支持，她也就婦女運動、政治和經濟發表評論。她在人生將盡時，曾寫信給美國共產黨領導人伊莉莎白·葛利·弗林，弗林在麥卡錫（McCarthy）時代以「莫須有」罪名入獄。凱勒在信中寫道：「親

海倫·凱勒總是為無聲者發聲，支持婦女選舉權。她在這場一九一二年的示威遊行運動中領頭，顯示她當時是知名之士，以及她對這運動的支持。這些擁護者都來自已實施婦女投票權的西部各州。

愛的伊莉莎白，生日快樂！願服務人類的意義，為妳勇敢的心帶來力量與寧靜！」[9]

有些人可能不同意凱勒的立場，她對蘇聯的讚美在今日看來也過於天真、令人難堪，對一些人來說甚至是叛國行為。但她「是」一個激進分子的事實卻鮮為美國人所知，只因我們的學校教育與大眾媒體略去這一切。[10]

對於威爾遜，我們沒有學到的事情甚至更令人驚異。當我問學生還記得威爾遜總統的哪些事蹟時，他們的反應熱烈，說他領導美國參加第一次世界大戰，之後又努力領導國內外的力量，成立國際聯盟，還把威爾遜跟婦女投票權這類進步時代的運動相連。不少學生想起威爾遜政府針對左翼工會展開的帕爾默搜索行動（Palmer raids），但很少人知道或談到威爾遜實施了兩個反民主政策：聯邦政府的種族隔離政策，以及對外國的軍事干預。

在威爾遜執政時期，美國對拉丁美洲的干預是有史以來最多的。我們在一九一四年派遣部隊去墨西哥，一九一五年出兵海地，一九一六年前往多明尼加共和國，一九一六年再度出兵墨西哥（在威爾遜總統任期結束前又出兵九次），還有一九一七年的古巴及一九一八年的巴拿馬。威爾遜執政期間一直在尼加拉瓜派有駐軍，利用軍事力量來決定該國的總統人選，並迫使該國通過給予美國優惠待遇的條約。

一九一七年威爾遜開始跟強權國家較量，祕密金援俄羅斯內戰中的「白」衛軍。一九一八年夏天他授權對蘇聯進行海上封鎖，派遠征軍至莫曼斯克（Murmansk）、阿干折（Archangel）和海參崴（Vladivostok），協助推翻俄國革命。在英法的同意下，美軍跟日本的聯合指揮作戰部隊從海參崴朝西挺進，支援已經在鄂木斯克（Omsk）成立反共政府的捷克和白俄羅斯部隊。白俄羅斯部隊在窩瓦河的西方前線短暫對抗了一陣子後，旋即在一九一九年底前瓦解，而我們的部隊最終也在一九二〇年四月一日離開離開海參崴。[11]

除了經歷過那個年代的人以外，鮮少有美國人知道我們曾打過這場「與俄羅斯的無名戰爭」

（Unknown war with Russia），就跟羅伯特・馬道克斯（Robert Maddox）為描述這場失敗的戰爭所寫同名著作一樣。在我最早取樣的十二本歷史教科書中，沒有一本提及這件史實，而在那六本新出版的書中，倒是有兩本提及，例如伯爾斯坦（Boorstin）和凱利（Kelley）寫道：「當布爾什維克黨統治的俄羅斯停戰後，美國為了阻止大量軍火落入德國之手，於是派遣五千人部隊跟其他盟國自阿干折入侵俄羅斯北部。威爾遜同樣派遣了將近一萬人部隊跟盟軍一起遠征西伯利亞。」儘管困難，但美國學生仍有可能自這段文字中推論出威爾遜是在干涉俄羅斯內戰。

俄羅斯的教科書則以相當大的篇幅敘述這件事，根據馬道克斯，「這次干預的立即效應就是延長了一場血腥的內戰，造成其他的數千人喪生，對傷痕累累的社會造成可怕的破壞。此外還有更長遠的影響，布爾什維克黨領袖因而有明確的證據可以證明……只要有機會，西方強權意圖摧毀蘇聯政府。」[12]

PRESIDENT WILSON IS DECEIVING THE WORLD
WHEN HE APPEARS AS THE PROPHET OF DEMOCRACY
PRESIDENT WILSON HAS OPPOSED THOSE WHO
DEMAND DEMOCRACY FOR THIS COUNTRY
HE IS RESPONSIBLE FOR THE DISFRANCHISEMENT
OF MILLIONS OF AMERICANS
WE IN AMERICA KNOW THIS
THE WORLD WILL FIND HIM OUT.

在進步時代（progressive-era）的改革中，學生經常將婦女選舉權歸功於威爾遜。雖然婦女的確是在威爾遜政府時獲得選舉權，但這位總統起初並不支持婦女。他下令逮捕主張婦女參政權的人，他太太也曾對這些人表示厭惡。後來由於絕食抗議和其他行動引起的公眾壓力，才讓威爾遜相信反對婦女選舉權在政治上是不智的做法。教科書通常沒有提及這位英雄與民眾之間的相互關係，教科書作者把婦女選舉權的功績歸於這位英雄，其實連這故事的一半都沒說到。

這次攻擊造成蘇聯在冷戰時期的嚴重猜疑，後來一直到瓦解之前，蘇聯都仍在為這次入侵索賠。

相較之下，威爾遜對拉丁美洲的入侵比較為人所知。教科書的確涵蓋了其中一些，但是教科書作者試圖使它們合理化的做法令人感到驚異。若精確地描述這些入侵事件，顯然無法從有利的觀點來看威爾遜或美國。現在看來，我們知道威爾遜對古巴、多明尼加共和國、海地和尼加拉瓜的干預，為後來巴帝斯塔（Batista）、杜西優（Trujillo）、杜華利（Duvaliers）和蘇慕沙（Somozas）的獨裁政治鋪了路，至今這些人所造成的影響仍餘波盪漾。[13] 即使在二十世紀初，大多數的入侵行動在美國國內也不受歡迎，並在海外引發大量抨擊。到了二十世紀二〇年代中期，威爾遜的繼任者在對拉丁美洲的政策上改採相反的做法。教科書作者也知道這一點，因為在威爾遜之後的一、兩章，他們開始讚揚我們的「睦鄰政策」（Good Neighbor Policy），以及柯立芝（Coolidge）和胡佛（Hoover）的撤軍行動，後來羅斯福也沒有再派遣軍隊去拉丁美洲。

教科書原本可以在對比之下，稱威爾遜對拉丁美洲採取的行動為「惡鄰政策」，但它們並沒有這麼做。相反地，在處理這些令人不喜的事情時，無論新舊教科書都選擇設法替這位英雄解套，比方說舊教科書《自由的挑戰》（*The Challenge of Freedom*）中說：「威爾遜總統希望在美國和拉丁美洲國家之間建立起友誼，但發現很難……」數本教科書把這些入侵行動歸咎於受侵略的國家，「威爾遜對侵略性外交政策感到卻步，」這是《美國通史》的陳述。「海地的政治動盪很快迫使威爾遜收回反帝國主義的言論……威爾遜勉強派遣海軍前往保護美國人的生命與財產。」這段話完全是子虛烏有。威爾遜的海軍部長後來抱怨說，威爾遜「迫使（我）在海地所做的事令我感到羞辱」，但沒有任何文獻記載顯示，威爾遜對於派部隊去加勒比海有任何不安的想法。[14]

我調查的每一本教科書都提到威爾遜在一九一四年入侵墨西哥，但它們假定那些干預行動不是威爾遜的錯。「美國主戰論者大聲疾呼要求進行干預，」二〇〇六年的《美國通史》如是說：「但威爾遜總統堅定地拒絕介入的要求。」當然，不久威爾遜就下令派遣部隊前往墨西哥，而且還是在美國國會授權之前就已這麼做。瓦特·卡爾普（Walter Karp）已經證明威爾遜不願採取這些行動的觀點與史實相悖——入侵行動從一開始就是威爾遜的構想，並且令美國國會與民眾同感憤怒。[15]由於威爾遜的干預行動太過殘暴，因此墨西哥內戰的交戰雙方都要求美國軍隊離開；後來在美國國內及世界各地的輿論壓力下，威爾遜最終撤回了軍隊。

教科書作者在描述我們對墨西哥的作為時，還採取了另一個做法：他們指明威爾遜是下令撤軍的人，但沒有一個作者特別指明他是下令出兵的人！以英文被動語態來講述資訊，有助於將歷史人物跟他們不英雄或不道德的行為分割開來。

有些教科書不僅省略採取行動的人，甚至略去行動本身不談。有半數的教科書沒有提及威爾遜接管海地一事。美國海軍於一九一五年入侵海地以後，迫使海地立法機構選擇美國中意的候選人為總統。當海地拒絕跟隨美國對德國宣戰時，美國解散了海地的立法機構；然後海地在美國監督下進行偽公民投票，通過了新海地憲法，但這部憲法卻沒有舊海地憲法來得民主；那次公民投票以奇怪的九萬多票對七百六十八票通過。如皮耶羅·葛萊傑瑟斯（Piero Gleijesus）所說：「事實並不是威爾遜沒有認真努力地把民主帶到這些小國，而是他根本沒有嘗試。他以干預手段行霸權之實，而非推行民主。」[16]海地向來以小片土地的個人擁有權為榮，這是他們可追溯至海地革命時期的傳統，但美國攻擊這個傳統，偏好建立大型農園。美國部隊迫使戴上手銬的農民修築道路；在一九一九年海地人民起而反抗，以游擊戰對抗美國駐軍，造成超過三千人喪生，大多數是海地人。然而學生讀完《通往現今之路》，從威爾遜干預海地的敘述中所學到的卻是：「在海地因一連串革命而薄弱不穩時，美國介入以使海地恢復穩定。威爾遜……於一九一五年派遣美國軍隊。美國海軍占領海地直到一九三四年。」這些措詞溫和的語句掩蓋了我們當時真正的作為，美國海軍將軍喬治·伯奈特（George Barnett）就曾對他在海地的指揮官不滿地表示：「不分青紅皂白地殺戮當地人的行為已持續一段時間。」伯奈特將這些暴力行為形容為「海軍陸戰隊有史以來最駭人的行為」。[17]

在二十世紀頭二十年間，美國有效地將尼加拉瓜、古巴、多明尼加、海地和數個其他國家變成美國的殖民地。如先前所述，威爾遜的干預行動並不止於我們所在的這個半球。他對俄羅斯革命的反應使美國與歐洲殖民強權的聯盟更加穩固。威爾遜是第一個在國內外執著於將共產主義視為可怕事物的美國總統，對此也直言不諱。他到西部進行演說旅行以尋求對「國際聯盟」的支持時，曾在蒙大拿州比林斯（Billings）的演講上警告說：「在我們當中有列寧的使徒。我無法想像成為列寧的使徒有何意義，那相當於成為黑夜、混亂與失序的使徒。」[18] 即使在白俄羅斯政體瓦解後，威爾遜仍拒絕給予蘇聯外交承認，參與阻擋俄羅斯參加第一次大戰後的和平協商，並協助放逐先前在匈牙利取得權力的共產黨領袖昆恩．貝拉（Bela Kun）。威爾遜的民族自決情操與民主精神，在遇到他堅定支持的殖民主義、種族主義與反共產主義時，毫無勝算。年輕時的胡志明曾在凡爾賽（Versailles）向威爾遜請求給予越南民族自決，但胡志明符合他反對的三個主義，因此威爾遜拒絕聽他的訴求，而法國仍持續控制中南半島。[19] 威爾遜似乎視民族自決為比利時這類國家應有的權利，但卻不是拉丁美洲或東南亞國家能享有的權利。

在美國國內，威爾遜的政策令他主掌的政府蒙羞。在他之前的共和黨總統向來會任命黑人擔任政府要職，包括紐奧良與哥倫比亞特區海關稅收及財政部登記室的職位。美國總統有時也會任命非裔美人擔任郵政局長，特別是在有大量黑人人口的南方城鎮。非裔美人可以參加共和黨的全國大會，有時得以進入白宮，但在一九一二年選舉中獲得許多非裔美人支持的威爾遜改變了這一切。威爾遜出身南方，先前擔任過普林斯頓大學校長，該校是當時北方唯一一所斷然拒絕招收黑人學生的主要大學。威爾遜是直言無諱的白人至上主義者（他太太更是），並且在內閣會議上講「黑仔」的故事。他的政府呈交了一項以大規模削減非裔美人公民權為目的的法案，但國會沒有通過。威爾遜並沒有受挫，反而運用最高首長的權力在聯邦政府內採取種族隔離政策。他任命南方白人擔任傳統上為黑人保留的職位，他的政府以反共產黨為藉口，嚴密監視由黑人辦的報紙、組織和工會領袖。他也在先前並沒有實施種族隔離政策的海軍採取相同的隔離做法，將非裔美人降職去做廚房和鍋爐室的工作。威爾遜親自否決了國際聯盟盟約（Covenant of the League of Nations）的種族平等條款，他與非裔美人領袖在白宮唯一的會面，最後以徹底失敗收場，因為他把訪客扔出辦公室。威爾遜遺留的影響層面廣大：他有效地使非裔美人無法加入民主黨長達二十年，聯邦政府部分職位一直到一九五〇年代，甚至之後都仍然採取種族隔離政策。[20]在一九一六年，共和黨全國委員會（Republican National Committee）的有色人種諮詢委員會（Colored Advisory Committee）針對威爾遜發表了一項聲明，當中儘管有黨派色彩，但仍是正確的：「民主黨政府執政後，威爾遜先生及其顧問立即實施消除聯邦政府中所有有色人種市民之代表的政策。」[21]

在我檢視的所有歷史教科書中，有八本甚至從未提過威爾遜執政期間的這個「汙點」，只有四本精確地描述了威爾遜的種族政策。一九八三年版的《應許之地》在這方面做得最好：

> 伍德羅・威爾遜政府對黑人公開表示敵意。威爾遜明確支持白人至上主義，並相信黑人是次等人。在競選總統期間，威爾遜承諾推動公民權，然而一旦執政，他並沒有兌現這些承諾，反而下令將聯邦政府的白人與黑人員工分開。這是自美國聯邦政府重建（Reconstruction）後，首次有這樣的分離政策！當南方城市的聯邦黑人員工對此命令提出抗議時，威爾遜將抗議者開除。在一九一四年十一月，一個黑人代表團請總統撤銷其政策，但他們的要求遭到威爾遜無禮且充滿敵意地拒絕。

大多數有提到威爾遜實施種族主義的教科書都僅以一、兩句輕輕帶過，有些則努力將威爾遜跟這些做法撇清。「威爾遜允許內閣官員在聯邦政府內實施分隔種族、歧視黑人的做法」是《通往現今之路》中對這做法的唯一敘述。省略或消除威爾遜的種族主義不僅僅是隱藏一個人個性上的瑕疵，也是公然的種族主義；黑人不可能會將威爾遜視為英雄。把他以英雄形象呈現的教科書，是從白人的觀點來撰寫，這種掩蓋事實的做法，讓學生沒有機會學到領導者與被領導者之間重要的互應關係。在威爾遜的總統任期期間及之後，美國白人從事新一波的種族暴力。威爾遜政府的態度正是起因之一，另一個起因則是美國第一部史詩電影。[22]

電影製作人大衛．葛里菲斯（D. W. Griffith）在其名作《同族人》中，引用威爾遜所著兩冊美國史書（現在因其美國聯邦政府重建的種族主義觀點而惡名昭彰）的內容，這部電影歌頌三K黨於聯邦政府重建期間，在鎮壓「由黑人主導」的共和黨州政府上所扮演的角色。葛里菲斯的這部電影是以威爾遜的同學湯瑪斯．狄克生（Thomas Dixon）的小說改編而成，根據歷史學家溫恩．韋德（Wyn Wade）的看法，狄克生對種族的偏執「只有希特勒《我的奮鬥》（*Mein Kampf*）才堪比擬」。威爾遜在白宮的一場私人放映會上看了這部後來更名為《國家的誕生》的電影後，在回敬葛里菲斯的恭維時說：「這就像以閃電寫成的歷史，我唯一的遺憾是它實在正確。」後來國家有色人種促進協會指控這部電影煽動種族意識時，葛里菲斯就以這段話，替自己的電影辯護。[23]

這部電影代表美國電影業一個里程碑，不僅是當代拍攝手法最佳的電影，同時可能也是史上種族主義最鮮明的電影。狄克生的意圖是「藉由呈現會把我的每一個觀眾都變成好民主黨員的歷史，來徹底改變北方的情感！……別誤解——這正是我們在做的事。」[24]狄克生並沒有誇大。在《國家的誕生》的刺激下，喬治亞州的威廉．西蒙斯（William Simmons）重建了三K黨。這個三K黨是在白宮透出的種族主義鼓舞下形成，因此跟先前聯邦政府重組時期的三K黨不同，先前的三K黨在格蘭特總統的取締下於全國受到阻撓，並在南卡羅萊納州絕跡。這個新成立的三K黨迅速在全國興起，並且在許多南方的州，以及印第安那州、俄克拉荷馬州和奧勒岡州支配著民主黨。在一九二〇年代，三K黨在佛蒙特州蒙佩列（Montpelier）、伊利諾州西法蘭克福（West Frankfort）和奧勒岡州美德福（Medford）等城市舉行公開集會，其規模之大在其黨史上可說是空前絕後。在威爾遜第二任期期間，一波反黑種族暴動襲捲了美國。白人以私刑處死黑人的情形，最北至杜魯司都看得到。[25]

美國人從威爾遜的時代可以得知，支持種族主義的總統領導風格和意見相同的民眾反應之間有關連存在。然而，若要達到這個學習目的，教科書必須清楚說明因果關係，亦即英雄與其追隨者之間的關係。但是教科書卻沒有這麼做，反而賦予「英雄」崇高的意圖，並援用「民眾」來為令人質疑的行動與政策辯解，例如《美國的成就》中就說：「身為總統的威爾遜似乎贊同大多數美國白人的看法，亦即隔離政策是基於對美國黑人及美國白人的最佳利益。」

威爾遜不僅反黑人，也絕對是最排外的總統，對他所謂「外國裔美國人」（hyphenated Americans）的忠誠一再表示質疑。他說：「任何外國裔的人都帶著一把匕首，只要做好準備，就打算將它刺進這個國家的核心。」[26]美國人民呼應威爾遜的領導，展開對其他白人族群的鎮壓，但大多數的教科書再度將之歸咎於民眾，而非威爾遜。《美國傳統》（*The American Tradition*）承認「威爾遜總統設立」克里爾公共資訊委員會（Creel Committee on Public Information），該委員會在美國各地進行宣揚，將德國人與野蠻相連。但《美國傳統》很快將他與隨後在美國國內發生的事脫鈎：「雖然威爾遜總統在發表宣戰演說時措辭謹慎，明言大多數的德裔美國人是『忠誠的人民』，但是反德宣傳仍經常造成他們的苦難。」

對於意見不同的人，威爾遜幾乎不會顧慮他們的權利，但教科書卻努力將他與不當行為分割。在一九一七年六月通過的《間諜法》（Espionage Act）及次年的《煽動叛亂法》（Sedition Act）被視為是「國會」，而非威爾遜的成果，這兩個法案可能是自一七九八年的《外國人與煽動叛亂法》（Alien and Sedition Acts）以來對美國公民自由最嚴重的攻擊。事實上，威爾遜嘗試用一個條文來強化《間諜法》，直接賦予總統廣泛的審查權力。此外，威爾遜的郵政部長也是在他的同意下，運用這個新審查權力來禁止所有主張社會主義、反不列顛、支持愛爾蘭和任何在他眼中已威脅到戰爭的郵件。羅伯．葛斯坦

（Robert Goldstein）就因製作《一七七六年的精神》而入獄十年，這部電影是關於美國革命戰爭，片中對後來成為盟友的英國有不利的描寫。[27]教科書作者暗示威爾遜是因為戰時的壓力而打壓公民自由，但是在一九二〇年第一次世界大戰早已結束時，威爾遜仍否決了一項原本可以廢止《間諜法》與《煽動叛亂法》的法案。[28]教科書作者將威爾遜在第二任期內、基於反共產主義與反工會而產生的政治迫害，歸咎於他生病時，聯邦司法部長失去自制力，但是沒有任何證據可支持這個看法。事實上，當時的司法部長帕爾默曾在威爾遜任期的最後幾天要求赦免德布斯，德布斯因將第一次大戰歸因於經濟利益、並且譴責《煽動叛亂法》違反民主而入獄[29]。但威爾遜總統回答：「不可能！」德布斯因而繼續在獄中受苦，直到華倫・哈定（Warren Harding）總統任內才獲得赦免。[30]《美國方式》（*The American Way*）採取了或許是最創新的方法來替威爾遜的不當行為脫罪：它乾脆把「紅色恐怖」移到威爾遜已經卸任之後的一九二〇年代！

由於採取英雄化的做法，教科書無法真實呈現威爾遜的缺點，因而難以解釋一九二〇年大選的結果。民主黨候選人詹姆斯・卡克斯（James Cox）被認定是威爾遜的繼任者，結果在對上甚至沒進行競選活動的哈定時卻慘敗。這場美國總統政治史上選票差距最懸殊的選舉中，哈定幾乎獲得百分之六十四主要政黨的選票。教科書暗示民眾「疲倦了」，只想「回歸正常」。教科書作者從沒想過選民有可能是因為知道威爾遜的作為，才拒絕他。[31]然而，凱勒卻已明白並稱威爾遜為「有史以來世上最令人失望的人！」

將威爾遜英雄化的不僅是高中歷史課而已，少數討論到威爾遜的種族主義和其他缺點的教科書，例如《應許之地》，也必須艱辛地奮戰，因為它們面對的是威爾遜在許多歷史博物館、公共電視紀錄片和歷史小說裡受到歌功頌德的典型形象。

麥克・弗里奇（Michael Frisch）在紐約大學水牛城分校對社會原型（social archetype）進行實驗，迄今已二十五年。他要求大一新生說出，他們最先想到、在美國南北戰爭前的十個名字。弗里奇發現每年他的學生所列出的政治和軍事人物都一樣，重複著高中教科書賦予這些人物的獨特地位。他在發現這一點後，對其問題加了一個條件，「不包括總統、將軍和政治家等等」，結果他獲得的名單仍很穩定，但不會那麼容易從歷史教科書預測得出來。在大多數的年分，最多人想到的是貝茜・羅絲（Betsy Ross），保羅・瑞維爾（Paul Revere）則經常是第二個。

這個結果有趣的地方就在於羅絲什麼都沒有做。弗里奇特別提及她「沒有參與任何第一面旗的製作」。羅絲在一八七六年左右開始出名，當時她的一些後代希望把費城塑造成觀光地點，於是虛構出第一面國旗的故事。高中教科書也公允地忽視了羅絲，沒有一本將她的名字列在索引內。[32]既然如此，她的故事又是如何傳揚？原因何在？弗里奇提供了一個詼諧的解釋：如果華盛頓是美國之父，那麼羅絲就是就是美國的聖母瑪利亞！弗里奇描述我們在國小時一再重複的一連串事件（還是這些只是我們的想像？）：「華盛頓（神）前往謙遜的女裁縫羅絲的小房子，問她是否願意按他的設計製作國旗，羅絲立即（在她的大腿上！）縫製出這個國家，以及對全人類許下的自由與人權承諾。」[33]

我想弗里奇可能有其目的，但是他也有可能只是單純地講述這件事而已。無論他的解釋是否為人接受，在學生所列的人物當中，羅絲的排名仍證明了社會原型的力量。在威爾遜的例子中，教科書實際參與了社會原型的創造。威爾遜被描述為「善良」、「理想主義者」、「支持民族自決，而非殖民干預」、「遭主張孤立主義的參議院掣肘」，以及「超越時代」的人。我們以他的名字命名機構，從華盛頓特區雷諾雷根大樓（Ronald Reagan Building）的伍德羅威爾遜中心（Woodrow Wilson Center），到伊利諾州第開特市（Decatur）的伍德羅威爾遜國中，比比皆是，我的青少年時期就是在那所國中度過的。如果拉希摩山（Mount Rushmore）要再刻上第五張臉，許多美國人會建議威爾遜。[34]由於他良善的社會形象太過深刻，即使《應許之地》在處理威爾遜的種族主義時特別直言不諱，也無法在學生心中留下印象。

歷史博物館館長知道訪客心中已經有社會原型的存在，有些館長在設計展覽時，會刻意向不正確的社會原型挑戰。教科書作者、老師和電影製作人若也能糾正錯誤的社會原型，就能更適切地達到教育的宗旨。畢竟威爾遜也不需要它們替他誇功掩過，因為他在上任頭兩年中漸進推動的一些法案，包括關稅改革、所得稅、《聯邦儲備法》（Federal Reserve Act），以及《勞工薪資法》（Workingmen's Compensation Act）等等，都是無與倫比的卓越成就。儘管言行不符，威爾遜代表民族自決的演講仍激勵了世界。

那麼教科書為什麼要隱惡揚善？教科書作者的疏漏與錯誤幾乎不可能是無意為之。影片、電影和其他教材的製作人肯定知道凱勒是社會主義者，任何人只要讀過她的著作就會發覺她的政治與社會哲學。至少教科書作者湯瑪斯·貝利（Thomas Bailey）——也是《美國通史》的資深作者，很清楚一九一八年美國入侵俄羅斯的事，因為他在一九七三年曾於其他地方寫道：「美國部隊跟俄羅斯武裝部隊在一九一八年到一九二〇年間，於俄羅斯領土的兩個戰區上開戰。」[35]或許還有其他幾位作者也知道這件事。威爾遜的種族主義在專業歷史學家之間也很出名。既然如此，他們為什麼沒有讓民眾知道這些事？

英雄化本身提供了第一個答案。對大多數的美國人而言，社會主義令人厭惡，種族主義與殖民主義也一樣。麥克·凱曼（Michael Kammen）建議教科書作者選擇性地省略特定歷史人物的缺點，以便儘可能地為他們搏取最多人的同情。[36]教科書評論家諾瑪·蓋博勒（Norma Gabler）則表示，教科書應該「以能為我們的愛國志士帶來尊敬與榮耀的方式來呈現他們」，在她的眼中，承認凱勒的社會主義和威爾遜的種族主義肯定無法做到這一點。[37]在一九二〇年代早期，美國退伍軍人協會（American Legion）曾表示，教科書作者「將傑出英雄與愛國志士的錯誤、缺點和弱點攤開在未成年的學生面前，是不當的做法。」[38]以這一點來看，退伍軍人協會對今天的歷史教科書應該是無可挑剔。

或許我們可以再進一步地探討，我會先從凱勒開始，是因為教科書省略她六十四年的生平，這是為了達到文化目的而扭曲史實的例證，這一點將在本書稍後討論。我們把凱勒當作理想典範來教導，而不是真實人物，以便激勵年輕人仿效。凱勒成為一個神話般的人物，「一個克服逆境的女性」——但這究竟是為了什麼？光是看到「她」的成就，就足以激勵我們，然而我們對於「她的成就」是什麼，卻毫無頭緒。

凱勒不想停留在童年時期，她曾經強調，她的人生意義在於克服自身的殘障困境後所做的事。她顯然並不是史上第一個學會說話的盲聾小孩，這份榮耀或許該歸於挪威女孩蘭希德·卡塔（Ragnhild Kata），是她的成就啟發了凱勒。此外，第一個學會讀寫的盲聾小孩也不是凱勒，而是蘿拉·布里基曼（Laura Bridgman）。布里基曼教會蘇利文手語字母，後來蘇利文才能教凱勒。一九二九年凱勒將近五十歲時，寫了第二本自傳《中流》（*Midstream*），文中詳盡地描述她的社會哲學。她寫到她造訪有工人罷工的工廠城鎮、採礦城鎮和包裝業城

PRESIDENT WILSON IS DECEIVING THE WORLD
WHEN HE APPEARS AS THE PROPHET OF DEMOCRACY
PRESIDENT WILSON HAS OPPOSED THOSE WHO
DEMAND DEMOCRACY FOR THIS COUNTRY
HE IS RESPONSIBLE FOR THE DISFRANCHISEMENT
OF MILLIONS OF AMERICANS
WE IN AMERICA KNOW THIS
THE WORLD WILL FIND HIM OUT.

反對美國加入第一次世界大戰或甚至對它表示悲觀，在當時都是危險的行為。克里爾公共資訊委員會要求所有的美國人「通報……呼籲和平或貶損我們為戰勝而努力的人」，並積極勸說民眾把這些人的名字告訴華盛頓的司法部。在第一次世界大戰後，威爾遜政府以反共產主義為藉口，增加對公民自由的攻擊。這段期間是美國史上最接近警察國家的時期。

鎮。她的用意是希望我們能汲取經驗，並且了解她從中獲得的結論。將凱勒的生平加以刪減，把她塑造成英雄，僅留下自立自強與勤奮努力的形象，這種做法跟美國個人主義的意識形態相符。然而儘管凱勒不可能反對勤奮工作，但她卻明確表示反對這種意識形態。

> 我一度相信我們是自身命運的主宰，可以打造自己的生活……以前我因克服盲聾而快樂，並假設任何人只要勇敢地為生活奮鬥就能獲得勝利。但在對這個國家的認識與日俱增後，我才發覺自己先前厚顏地談論所知甚為淺薄的主題。我忘了我的成功有部分要歸於我的出身與環境……然而現在我已知道要在世上崛起的力量，不是人所能控制的。[39]

教科書不想碰觸這個想法。一家大型出版社的編輯曾告訴我：「在教科書出版界有三個大禁忌——性、宗教和社會階層。」我猜得出前兩個的原因，但是第三個卻令人不解。畢竟，社會學家知道社會階層的重要性。然而在檢視美國歷史教科書後，我想那位編輯說對了。在美國機會有可能不均，並非每一個人都有「在世界崛起的力量」的概念，這令教科書的作者及許多老師都感到嫌惡。教育家寧可平淡地把凱勒當作能鼓勵和啟發年輕人的典範：如果她做得到，你一定也做得到！因此他們不談她的成年生活，把她的整個人生用一句模糊的「靠自己的力量成功」抹平。在此過程中，他們把這個為窮人積極奮戰的鬥士，變成她一生從未當過的人：平淡無趣的人。

威爾遜的生平也經過同樣的粉飾。雖然有些歷史教科書對於威爾遜任期的黑暗面透露得比較多，但是我審視的那十八本教科書在描述他時，語調相同：尊敬、愛國，甚至是奉承。諷刺的是，威爾遜在一九二〇年代普遍受到蔑視。一直到第二次世界大戰後，決策者和歷史學家才開始給予他正面的評價。我們在戰後兩黨一致的外交政策，是以人道理由為藉口、實則影響深遠的干預，但根據戈登·萊文（Gordon Levin Jr.）[40]的說法，這外交政策「主要是在威爾遜政府發展的意識形態與國際計畫下塑造而成的」。教科書作者因而淡化，或為威爾遜的外交干預行動辯解，其實其中有許多招致反效果的不當作為，而對於威爾遜政府其他令人不滿的舉措，教科書作者也是採取相同的做法。

教科書略去一些棘手的事實不談，還有許多其他的原因，比方說來自「統治階級」的壓力、來自教科書採用委員會的壓力、不希望有模稜兩可的內容、希望能讓兒童避開傷害或衝突、察覺有控制兒童的必要、避免課堂上的不和諧、提供答案的壓力等等。有些禮儀會迫使我們在談到過去時採取尊敬的口吻，特別是在將「我們的遺產」傳給年輕世代的時候。會不會是我們「不想」把威爾遜想成壞人？我們似乎覺得凱勒這樣的人唯有保持沒有爭議且僅具有單一特質，才能予人啟發。我們不想要複雜的偶像。凱勒曾指出：「民眾不喜歡思考。如果開始思考，就必須獲得結論。但結論並不總是令人愉快。」[41] 大多數的人會自動避開衝突，這也是可以理解的。我們尤其會避免教室裡的衝突，原因之一在於習慣：我們太習於平淡，以至於教科書或老師只要把具有爭議的知識帶入課堂，就會令人覺得不合禮數，也不符合課堂的常規。畢竟，為死者避諱是我們的習慣。或許我們在書本中讀到國家英雄時，應該像去國家大教堂裡凱勒和威爾遜的長眠地點時一樣，採取同樣敬畏、推崇和尊敬的態度，他們在生前意識形態相差極遠，死後安葬的地點卻相近。

無論原因為何，英雄化的做法有可能削弱學生的學習效果。凱勒不是唯一一個在這種方法下維持兒時形象的人。杜絕學生了解凱勒、威爾遜和其他人物「也是凡人」的機會，只會讓學生停留在心智不成熟的狀態。這種做法也會使可稱為迪士尼版的歷史永久延續下去：迪士尼樂園裡的總統展館同樣

華盛頓的雕像，目前收藏於史密森尼學會。它呈現出教科書描述每一位美國英雄的方式：三百公分高，完美無瑕，擁有希臘神祇般的身軀。

也是把領導人以政治英雄的形象來呈現，而不是有缺陷的凡人。[42]我們的孩子沒有實際的模範角色可以仿效，學生也無從了解歷史的因果關係。比方說，我們在嘗試了解尼加拉瓜為什麼在一九八〇年代會支持共產黨政府時，美國攻擊尼加拉瓜十三次的史實，就很值得探究。教科書應呈現出歷史具有偶發性，會受到想法與個人的力量所影響，但是現行的教科書所呈現的歷史卻像是「定局」一樣，不能改變。

教科書、教學錄影帶和美國歷史課程在以其方式呈現我們的英雄後，有達到它們希冀的結果嗎？教科書作者當然希望我們能欽佩這些他們大力支持的歷史人物，而至少在表面上，我們的確欽佩他們。最近畢業的高中生在談到凱勒或威爾遜時，都不會有「壞話」。但是在他們的心目中，這兩人是英雄嗎？我在開學第一堂課上，請數百名大學生（大多為白人）告訴我美國歷史上的英雄，他們的選擇通常不是凱勒、威爾遜、哥倫布、普利茅斯（Plymouth）的邁爾斯・史坦迪西（Miles Standish）或其他人、維吉尼亞的約翰・史密斯（John Smith）或其他人、或是林肯。事實上，他們不會選擇任何教科書上所謂的美國歷史英雄。[43]在水門事件後，學生對於這些「既定的」英雄抱著嘲諷的態度：這些很無聊。

有些學生選的是「沒有」，換句話說，他們認為美國歷史上沒有英雄。有些學生表現出美國典型對居於劣勢者的同情心，選擇非裔美人，像是馬丁・路德・金恩（Martin Luther King Jr.）、麥爾坎X（Malcolm X），或許還有羅莎・帕克斯（Rosa Parks）、海麗特・塔布曼（Harriet Tubman）和弗雷德里克・道格拉斯（Frederick Douglass）。有些學生選擇其他國家的男女英雄，像是甘地（Gandhi）、德蕾莎修女（Mother Teresa）和尼爾遜・曼德拉（Nelson Mandela）。

這可以說是正面的發展。我們當然希望學生對一切持疑，或許也希望他們不要盲目相信別人說該相信的人。但是對我來說，回答「沒有」又顯得太過膚淺空洞。然而，以英雄化來說，這卻是可以理解的反應。因為當教科書作者省略英雄的缺點、問題、不幸的性格特質和錯誤的觀念不談時，等於把他們從激勵人心的英雄，簡化成通俗人物。他們內心的掙扎遭到抹殺，但這並沒有使他們變成「好」人，反而成為了偽君子。

學生會嘲弄其中最「好」的，說凱勒的笑話。學童之所以有這種行為，倒不是要對殘障者開殘酷的玩笑，而是在打壓虛偽到不真實的象徵。儘管如此，把凱勒當成笑話的來源，卻對她的生平毫無所悉，令人感到非常傷痛。了解她不平凡的一生，不僅可以賦予盲生或聾生力量，也能賦予任何學童力量，因為我們美國人跟世界其他地方的人一樣也需要英雄，從「如果金恩還在世，他會……」這類的說法就可以看出，歷史人物在當代社會的作用之一：當我們做與心目中的英雄相同的行為時，大多數的人會對自己有好的評價。我們視為英雄的人物，以及他們是否有平凡人的形象並可作為真實的學習模範，都可能對我們在世上的行為有重要的影響。

下一章將探討我們的第一個英雄，克里斯多夫·哥倫布（Christopher Columbus）。華盛頓·歐文（Washington Irving）在捍衛英雄化時寫道：「要注意證明偉大人物的清白，使之不受有害知識所傷。」[44]歐文在一八二八年出版的三大冊哥倫布傳記，至今仍對高中老師和教科書如何描述這位「偉大航海家」造成影響。在此情形下，他生平的重要事蹟已經因為英雄化而佚失，僅餘通俗劇般的瑣事。

第二章／一四九三年：哥倫布真正的重要性

哥倫布最重要的功績在於正式開啟近代（約為我們所描繪的近五百年），我們從他的品格與探險中得以深刻了解，從近代開始乃至於今日一直塑造著時代的模式。／**科克派崔克・塞爾**（Kirkpatrick Sale）[1]

對美國歷史學家而言，非洲人發現美洲的可能性，從來不是吸引人的研究主題。我們選擇自己的歷史，更準確地說，我們會選擇只檢視那些保證能令我們感到滿意的歷史，對探究我們的建國之父是黑人的可能性不感興趣。／**山謬・馬勃爾**（Samuel D. Marble）[2]

歷史是勝利者的論證。／**威廉・巴克萊二世**（William F. Buckley Jr.）

我們在西印度群島犯下有史以來對神與人類所做最不可饒恕的罪行，而「買賣美洲印第安奴隸的貿易」是其中最為不公、邪惡與殘酷的行為。／**巴托洛美・迪・拉斯・卡薩斯**（Bartolome de las Casas）[3]

一四九三年，哥倫布偷走他所見的一切。／**傳統詩句（最新版）**

在一四九二年，哥倫布遠渡重洋，抵達美洲。美國史書幾乎是以史無前例的方式介紹哥倫布，將他描繪為美國第一個偉大的英雄。它們在將哥倫布封為聖人的同時，也反映出我們國家的文化。事實上，現今的總統日（Presidents' Day）是同時紀念華盛頓和林肯的誕辰，而哥倫布則是美國唯一兩個獲得以國家假日紀念的人物之一。每一個學童都記得一四九二年，我調查的每一本教科書當然也都提及了這個年份。但是對於哥倫布，以及歐洲人到美洲探險的歷史中應該為人所知的一切，它們大多略去未談。他們甚至為了美化故事而編造種種細節，增添哥倫布的人情味，以便使讀者對他產生更多的認同感。哥倫布就跟基督一樣占有舉足輕重的地位，因此歷史學家就以他做為時代的劃分點，把一四九二年以前的美洲稱為處於「哥倫布發現美洲前的時期」。美國歷史教科書也認同哥倫布的重要地位，平均會以一千個左右的英文字來描述他（相當於三頁書頁，還包括一張圖片和一張地圖），以這些教科書必須涵蓋的繁多內容而言，這算是占去很大的空間。教科書通常會採取類似下列的歌頌內容：

哥倫布出生於義大利熱那亞（Genoa），擁有謙遜的雙親，後來成為經驗豐富的航海家。他在大西洋航行，最遠曾抵達冰島與西非。他在歷經種種冒險後堅信世界必定是圓的，因此不必經由陸路、取道已遭土耳其人封鎖貿易的中東，只要一直朝西航行即可抵達傳說中有大量香料、絲綢與黃金的富饒東方。

哥倫布為了籌措冒險航程的資金，向多位西歐君主懇請資助。起初他遭到西班牙的斐迪南國王與伊莎貝拉女王拒絕，後來女王決定支持一次小規模探險，哥倫布才終於獲得機會。

哥倫布準備了三艘小得可憐的帆船，「尼那號」、「平塔號」和「聖瑪麗亞號」自西班牙出發。這趟航程困難重重，這些船朝西駛向未知的大西洋海域，在海上航行了超過兩個月。後來船員暴動，威脅要將哥倫布拋出船外。最後他們終於在一四九二年十月十二日抵達西印度群島。

雖然哥倫布後來又航行到美洲三次，但他一直不知道自己已發現一個「新世界」。他過世時沒沒無聞，未獲賞識且窮困潦倒。然而若是沒有他的勇敢冒險，美國歷史將截然不同，因此哥倫布可以說使這一切成為可能。

遺憾的是，類似的傳統解說幾乎全是誤謬或未經證實的說法。歷史教科書作者帶領讀者進入由他們主導的旅程，不僅偏離史實，更進入神話的領域。他們和我們都受到由謊言、半真半假的事實，以及省略不提交織而成的瞞天大謊所矇騙，其中絕大多數的謊言可以追溯到十九世紀上半葉。

教科書的第一個錯誤在於，低估先前的探險家。其他大陸的人早在一四九二年以前就已經多次抵達美洲，即使哥倫布從未航海，其他的歐洲人也可能很快會抵達美洲。事實上，歐洲人可能早在一四八〇年代就曾在紐芬蘭外海捕魚[4]，哥倫布的航行可以說不是第一、反倒是最後一趟美洲「發現」之旅。它之所以是劃時代的事件，在於歐洲人回應它的方式，因此哥倫布的重要性，主要在於他改變了歐洲的情況，而不是在於他抵達了一個「新」大陸。

美國歷史教科書似乎都知道必須涵蓋一四九二年以前歐洲社會的變化，它們指出歷史忽略了維京人，並以數頁篇幅描述歐洲當時已準備好「利用這個發現」的原因，有一本教科書就是這麼說的。可惜的是，這些教科書都未能切實分析促成這個新反應的主要變化。

在我所檢視的教科書中，大多數都是從馬可波羅和十字軍東征開始，然後引出哥倫布的故事。以下綜合了這些教科書對當時歐洲實際情況的解釋：

「歐洲的生活步調緩慢。」「對世界其餘地方沒有什麼好奇心。」然後，「在哥倫布於一四九二年發現美洲之前的五百年間，歐洲發生許多改變。」「人們的眼界逐漸拓寬，對自己所在地域以外的世界變得更加好奇。」「歐洲產生種種新構想。許多歐洲人對一切充滿熱切的好奇心。他們當時正處於所謂文藝復興的時代。」「文藝復興鼓勵民眾將自己視為獨立的個體。」「什麼促使了歐洲人產生新思維與新夢想？部分原因在於一連串的戰爭，稱為十字軍東征。」「十字軍戰士對亞洲的異國風情產生興趣。」「對進行更多貿易的期望迅速擴散。」「通往亞洲的舊路線向來難行。」

這類的說明彼此近似，有時不同的教科書甚至使用相同的語句。整體而言，它們展現的學術內涵令人失望，原因或許是這些著作的作者比較擅長美國歷史，而非歐洲歷史。他們似乎不知道文藝復興是一個融合的時代，義大利人結合了來自印度（透過土耳其人）、希臘（由伊斯蘭教學者所保存）、阿拉伯人和其他文化的觀念，並從中形成新的內涵。這些作者也沒有對歐洲征服的時代提出因果關係的具體解釋，反而以「民眾的好奇心增強」等等心理學的詞彙來佐證歐洲的偉大。這類的論點令社會學家露出微笑：我們知道沒有人測量過一四九二年時西班牙人的好奇程度，也沒有人能將當時的西班牙人與一〇〇五年時挪威人或冰島人的好奇程度進行比較。

數本教科書聲稱當時的歐洲日益富裕，而新財富促成更多的貿易。然而事實上，歷史學家安格斯·考德爾（Angus Calder）卻指出：「十五世紀的歐洲版圖比十三世紀時小，而且也比較貧窮」，部分原因在於腺鼠疫的流行。[5]

至今仍有些老師所教的內容跟我五十年前學到的一樣：歐洲需要香料來掩蓋腐肉的臭味，但惡劣的土耳其人卻阻斷了香料的貿易。在我最早取樣的三本教科書（《美國傳統》、《應許之地》和《美國方式》）中，就一再重述這個謬誤。《應許之地》的說法是：「一四五三年君士坦丁堡落入土耳其人之手後，與東方的貿易完全中斷。」但是賴拜爾（A. H. Lybyer）早在一九一五年就駁斥了這個說法！土耳其跟發展通往印度地區的新路線毫不相關，相反地，土耳其人有充分的理由，希望地中海東部的舊貿易路線能保持暢通，這樣才能從中賺取利潤。[6]

杰克斯・巴爾桑（Jacques Barzun）和亨利・葛拉夫（Henry Graff）在一九五七年出版的《現代研究員》（*The Modern Researcher*），如今已成為歷史系研究生必讀的學術著作。他們在書中指出教科書自一九一五年起就一直存有這個錯誤的過程。有六位作者撰寫的教科書中存有這個謬誤，其中數位可能在研究所時都看過《現代研究員》，但這個資訊不知為何並沒有留存下來，原因有可能是把貿易路線的阻斷歸咎於土耳其人，符合西方對穆斯林的刻板看法，亦即他們易有不理性或令人厭惡的行為。共和黨員羅蘭・利伯納提（Roland Libonati）於一九六三年建議國會將哥倫布紀念日列為國家假日時是這麼說的：「他在基督教信仰提供的宗教動力下，阻撓土耳其掠奪者以基督教世界的商船為下手目標的海盜活動。」當然近年的發展、特別是二〇〇一年九月十一日的恐怖攻擊發生後，伊斯蘭教具有威脅的刻板印象甚至變得更加深刻。因此今天的大學生在得知古歐洲的基督徒折磨或驅逐猶太人和穆斯林，而土耳其人與摩爾人卻允許猶太人與基督徒享有信仰自由時，才會感到驚異。至今沒有一本教科書提到是葡萄牙人曾經為了控制繞行非洲的新路線，而在一五〇七年派遣葡萄牙艦隊封鎖了紅海和波斯灣，以便阻斷舊有的貿易路線[7]。

大多數的教科書都特別提到國際貿易與商業的增加，有些則提到民族國家在君主政體下的興起，否則它們對於所謂導致「探險時代」的歐洲變化幾乎無話可說。有些教科書甚至引出「新教改革」，儘管新教改革是在一四九二年過後二十五年才開始。

這究竟怎麼回事？我們必須仔細觀察教科書中有談到，及未談到的事。歐洲的變化不僅促使哥倫布出航，也激勵了同時代葡萄牙、巴斯克（Basque）和布里斯托（Bristol）的漁夫到美洲的航行可能，但它們也為歐洲在其後五百年統治世界之舉鋪路。除了農業發明以外，這可能是人類歷史中影響最重大的發展。我們的史書應該嚴正討論當時發生的史實及其原因，而不是提供模糊迂迴的聲明，就像《美國傳統》（*The American Tradition*）的說法：「對實際事務及歐洲以外的世界所產生的興趣，導致造船與航海方面的進展。」

教科書遺漏不少重要的因素，其中最重要的或許是軍事技術的進步。在大約一四〇〇年左右，歐洲統治者開始委託製造更大型的槍炮，並設法將它們安裝在船艦上。歐洲的戰火連連，造成了軍備競賽，同時促成箭術、操練與圍城戰略的精進。最終中國、鄂圖曼帝國，以及亞洲和非洲的其他國家都成為歐洲軍武的犧牲者；美洲則是在一四九三年屈服。[8]

今日，我們仍生活在這場軍備競賽中。西方自一四〇〇年代起即在全球享有令人稱羨的軍事科技優勢，而且至今仍備受爭議。如同英國在美洲的十三個殖民地嘗試將賣槍給美國原住民的行為列為非法行動[9]，如今美國也嘗試將銷售核武技術給第三世界國家列為非法行為。小布希（George W. Bush）的外交政策重點之一，向來是阻絕核武和其他「大規模毀滅性武器」進入伊拉克、伊朗和北韓，並防止它們落入蓋達組織等恐怖分子之手。然而，由於軍火貿易有利可圖，也因為所有國家都需要軍事同盟，與非西方國家之間的軍火貿易持續至今。西方在軍事科技上的優勢至今仍是爭論不下的議題，然而卻沒有一本教科書提到，武器是歐洲得以支配世界的原因。

在哥倫布出航以前，歐洲就已開始擴大使用新形式的社會科技——官僚制度、複式記帳法，以及機器印刷。官僚制度在今日具有負面的意涵，但原先卻是一項實際創新的發明，讓統治者與商賈能以高效率的方式管理龐大的事業。以十進制為根本的複式記帳法也一樣，是歐洲人學自阿拉伯商人的技術。印刷機與識字能力的提升使得哥倫布的發現得以在歐洲傳播，並且比維京人的探險事蹟傳揚得更快、更遠。

歐洲的第三個重要發展在於意識形態、甚至是神學方面：累積財富和統治他人被視為贏取世人尊敬及其後獲得救贖的重要關鍵。如哥倫布所說：「黃金最優；黃金構成財物；擁有黃金者可以在世界上恣意任為，甚至可將靈魂送入天堂。」[10]在一〇〇五年時，維京人只打算定居瓦恩蘭（Vineland），這是他們為新英格蘭及加拿大沿海諸省所起的名稱。到了一四九三年，哥倫布卻已打算劫掠海地。[11] 現有的資料來源明確指出哥倫布的動機：比方說，米契爾・迪古尼歐（Michele de Cuneo）於一四九五年寫到他伴隨哥倫布在一四九四年前往海地內地探險的旅程：「我們在自已的聚落休息數日後，司令大人似乎認為該實現他尋找黃金的心願，這是他開始這趟危險四伏的偉大航程的主要原因。」[12] 哥倫布跟西班牙人、以及後來的英國人和法國人一樣貪婪，但是大多數的教科書在描述哥倫布及後來的探險家與殖民者時，都會淡化他們到美洲追尋財富的動機。即使清教徒移民離開歐洲多少也是為了賺錢，但在教科書中絕對不會提到這點。教科書作者顯然認為，為了經濟利益而到美洲探險、殖民是不體面的事。

讓歐洲準備好擁抱「新」大陸的第四個因素，在於歐洲基督教的特質。歐洲人相信的是能夠傳輸並使他人皈依的宗教，而且宗教可以使征服合理化（穆斯林也有相同的特質）。通常在「發現」一座島嶼、遇到先前未曾見過的美國印第安部落時，西班牙人會（以西班牙語）大聲宣讀後來所謂的「要求」（The Requirement），以下是其中的一個版本：

> 吾請求汝等尊敬教會，以教宗之名視吾王為此地之主，遵從其令。若汝等不從，吾必在神之協助下以武力為之，盡一切所能，於四野掀起戰火。吾必將使汝屈從於教會與陛下之下，帶走汝之婦幼，驅之為奴……從此汝等所受傷亡均為咎由自取，而非陛下或今隨我同來之士所為。[13]

西班牙人以提供美國原住民皈依基督教的方式來求取安心，以便可以恣意對待那些他們剛剛「發現」的人。

歐洲對哥倫布的海地報告所產生的反應，跟對先前的探險活動差異極大，這當中還有第五個因素，亦即當時歐洲成功地占領和利用種種不同的島嶼型社會。歐洲人在登上馬爾他島、薩丁尼亞島、加那利群島，以及其後的愛爾蘭後，發現征服這類地方是通往財富的途徑。在這方面，教科書倒是提到了第六個因素：歐洲人帶去的疾病協助了他們的征服行為。自維京人揚帆以來，歐洲就出現新型且致命力更強的天花、流行性感冒和腺鼠疫。[14]

教科書為什麼不提到軍武是協助歐洲進行探險與統治的因素？它們為什麼略去前述的大多數原因？如果寫下軍事力量或宗教默許的貪婪行為等露骨的因素，會令我們看起來不體面，那麼「我們」的本質究竟是什麼？這些教科書是為誰而寫？（作者又是誰？）簡單地說，就是歐洲後裔。

高中生通常不會把歐洲崛起與統治世界相連。這鮮少被當作一個問題，而是自然命定的事，不需要解釋。我們的文化在根本上鼓勵我們把自己想得更富裕、更強大，只因為我們比較聰明。（思考這所謂「我們」的本質，是一件很有趣的事。）當然，沒有任何研究證明美國人比較聰明，比方說，比伊拉克人聰明。事實上剛好相反：賈德．戴蒙（Jared Diamond）在他的暢銷書《槍炮、病菌與鋼鐵》一開頭就介紹了他的一位朋友，一個來自新幾內亞的部落成員，戴蒙認為他至少跟自己一樣聰明，儘管他的文化肯定是被列入「原始」之林。然而，教科書不會指出真正的起因，也不會鼓勵我們思考真正的原因，因此「我們比較聰明」就惡化成一個可能性，而一個群體統治另一群體是「自然」之事的觀念，也同樣如潰瘍般留了下來。[15]儘管人類歷史上充滿國家統治的實例，但它同樣也有許多反證。美國歷史教科書處理哥倫布的方式，助長了讀者不去思考統治過程的傾向。描繪哥倫布登陸美洲海岸的傳統圖畫，之所以呈現出哥倫布的統治姿態，也是有事實根據的：哥倫布一下船就宣布他所見到的一切均屬於他所有。教科書在讚頌這個過程時，等於暗示獲取土地和統治原住民的作為，就算不是理所當然、也是不可避免的。這做法令人遺憾，因為哥倫布的航行原本可以是一個值得學習的偉大時刻。它們是民族國家的正式任務，是代表新歐洲，也是商賈與統治者合作贊助與授權的旅程。哥倫布的第二次探險裝載了大量的武器，他仔細地記錄航程，對於方向、海流、沙洲等等鉅細靡遺，並將當地居民描述為處於隨時可征服的狀態。在印刷機的協助下，海地與其後一些征服成果的細節迅速傳揚。哥倫布對於當時大西洋上剛由葡萄牙與西班牙占領的島嶼，以及西非的奴隸買賣都有親身的經驗。最重要的是，他出航的宗旨從一開始就不僅僅是為了探險或甚至貿易，而是以宗教之名行征服與利用之實。[16] 如果教科書包含了這些史實，就可以激勵學生明智地思考為什麼今日是西方在世界上占有優勢。

教科書坦承，哥倫布並非從零開始。每一本教科書在敘述歐洲人到美洲的探險時，都是從葡萄牙航海王子亨利（Prince Henry the Navigator）於一四一五至一四六〇年間的航行開始談起。亨利被描述為發現馬德拉（Madeira）和亞述群島（Azores），並首次派遣艦隊環繞非洲的人。教科書作者似乎不知道古腓尼基人和埃及人至少已航行至愛爾蘭和英格蘭，而且曾抵達馬德拉與亞述群島，與加那利群島的原住民貿易，並且早在西元前六百年就已環繞非洲。教科書作者反而把第一個繞過非洲南端好望角（The Cape of Good Hope）的功績，歸給一四八八年的巴托倫美奧・狄亞士（Bartolomeu Dias）。[17] 忽略腓尼基人的成就是一件很諷刺的事，因為亨利王子正是在他們的事蹟啟發下，決定仿效他們出航。但是這個資訊卻與另一個社會原型看法相衝突：我們的文化視現代技術為歐洲的發展成果。教科書的故事主線描繪的，是歐洲白人如何教導世界其餘地方做事的方式，而描述腓尼基人的成就顯然與這條主線不符。這些教科書同樣也沒有提及，早先是穆斯林保存了希臘人的智慧，並且以得自中國、印度和非洲的構想加以改良，然後將最後的成果透過西班牙和義大利傳入歐洲。相反地，教科書呈現的是亨利王子發明了航海技術，並且暗示在歐洲以前一切為零，至少沒有任何現代技術的存在。有數本教科書描述葡萄牙人如何造船，套用伯爾斯坦和凱利的說法就是「葡萄牙人設計了一種新帆船，稱為輕快帆船」。

事實上，亨利的成果大多是以古埃及人與腓尼基人已知的構想為基礎，而且這些構想早就在阿拉伯、北非和中國有了進一步的發展。就連葡萄牙所稱的輕快帆船caravel一字，也是源自於埃及文的caravos。[18] 文化不是在真空中發展形成；構想的傳播或許是文化發展最重要的起因。與其他文化接觸經

表一　美洲探險家

年代	起點	終點	證據品質
大約西元前70,000－12,000年	西伯利亞	阿拉斯加	高：有倖存者定居美洲。
大約西元前6,000－1,500年	印尼	南美（或至其他方向）	中：吹箭筒、造紙等技術類似。
大約西元前5,000年	日本	厄瓜多	中：陶器、捕魚方式類似。
大約西元前10,000－600年	西伯利亞	加拿大、新墨西哥	高：納瓦侯族（Navajo）和克里族（Cree）在文化上彼此相似，但與其他印第安人不同。
大約西元前9,000年迄今	西伯利亞	阿拉斯加	高：白令海的因紐特人（Inuit）持續有接觸。
西元前1,000年	中國	中美洲	低：中國傳說；文化有相似之處。
西元前1,000年至西元300年	非洲腓尼基	中美洲	中：黑人與高加索人在雕刻和陶藝上的相似處、阿拉伯歷史等等。
西元前500年	腓尼基，塞爾特不列顛	新英格蘭，或許還有其他地方	低：巨石，在手稿和語言上可能有相似之處。
西元600年	愛爾蘭，經由冰島	紐芬蘭？西印度群島？	低：聖布倫丹（St. Brendan）的傳說，撰寫於西元850年左右，經挪威史詩證實。
西元1000–1350年	格陵蘭，冰島	拉布拉多，巴芬島，紐芬蘭，新斯科細亞，可能還有科德角灣（Cape Cod）和更南方。	高：口述事蹟，由考古學家在紐芬蘭上證實。
大約西元1304–1424年	玻里尼西亞	智利	中：西班牙人抵達前的雞骨；釣魚鉤類似。
大約西元1311–1460年	西非	海地，巴拿馬，可能還有巴西。	中：葡萄牙在西非的資料來源，哥倫布對海地的報告，巴波亞於巴拿馬的見聞
大約西元1460年	葡萄牙	紐芬蘭？巴西？	低：自葡萄牙資料來源與行動推論。
大約西元1375–1491年	西班牙的巴斯克	紐芬蘭海岸	低：神秘的歷史資料來源。
西元1481–91年	英格蘭的布里斯托	紐芬蘭海岸	低：神秘的歷史資料來源。
西元1492年	西班牙	加勒比海，包括海地	高：歷史資料來源。

常可以激發文化蓬勃地發展。人類學家稱此為「綜攝」（Syncretism），亦即結合兩、三個文化的構想並進而形成新構想。國小學童得知波斯和地中海的古文明得以蓬勃發展，是因為它們位於貿易路線上。在以亨利為歐洲統治世界的開端之際，教科書原本可以將這個文化傳播的概念運用在歐洲上，但它們卻白白浪費了這個機會。根據《美國方式》，不僅亨利必須發展種種新工具，「世人先前也不知道如何建造適合航海的船。」[19]於是學生對於原住民如何能抵達澳洲、玻里尼西亞人如何抵達馬達加斯加島，或史前人類如何抵達加那利群島，毫無頭緒。《美國方式》所謂的「世人」指的當然是歐洲人——這正是教科書採取歐洲中心論（Eurocentrism）的實際例證。

這些教科書所呈現出來的，正是人類學家史帝芬・杰特（Stephen Jett）所謂的「哥倫布發現美洲之主義」。[20]表一按年代先後列出可能比哥倫布早抵達美洲的探險，並列出截至二〇〇六年針對每個探險所能找到的證據，並對各種證據的品質提出評論。[21]這張清單很長，但可能仍不完整。在土耳其曾經發現一張一五一三年的地圖，據說是根據亞歷山大圖書館裡的資料繪製而成，圖中有繪出南美與南極洲的海岸線細節。古羅馬人與迦太基人的硬幣不斷在美洲各地出土，因此有些考古學家推斷羅馬水手曾多次抵達美洲。[22]美國原住民也曾經橫越大西洋：人類學家推測美國原住民曾在數千萬年前，自加拿大朝東航行至斯堪地那維亞或蘇格蘭。有兩個美洲印第安人大約在西元前六十年在荷蘭遭遇海難，這件事曾在歐洲掀起一陣驚奇的熱潮。[23]

這些旅行的證據提供了迷人的視角，讓人得以窺看一四九二年以前大西洋兩岸及亞洲的社會文化，它們也透露出研究古歷史的學者之間所存有的爭議。若教科書允許爭議的存在，那麼它們就能教導學生哪些說法的證據確鑿，哪些理由薄弱。它們不僅能激勵學生自行研判當時可能發生的情況，也可以引導學生認識各種各樣的方法及不同形式的證據，包括口述歷史、書面記載、文化相似處、語言變化、人類遺傳學、陶器製造、考古測年法、植物遷移等等，這些都是研究人員用來了解遙遠過去的方法。遺憾的是，教科書似乎受到確鑿語句的桎梏，非得使用肯定的語氣不可。詹姆士・韋斯特・戴維森（James West Davidson）和馬克・萊托（Mark H. Lytle）是教科書《美國：一個共和國的歷史》（*The United States—A History of the Republic*）的作者，同時合著為主修歷史的大學生所寫的《事實之後》（*After the Fact*），他們在書中強調歷史不是一套事實，而是一連串的辯論、議題與爭議。[24]然而，他們兩人所編寫的高中教科書卻跟同類型的教科書一樣，將歷史呈現為答案，而非問題。

考古學家、歷史學家和生物學家在比較美洲和非洲、歐洲與亞洲的文化與生命形態後所出現的新證據，可以證實或駁斥這些據說曾抵達美洲的航行。隨時掌握這類的證據需要投入大量的心力，而教科書作者若要敘述早期的探險家，就必須熟知資料來源，例如前三個注釋中引用的內容。如果僅是重述傳統熟知的哥倫布故事，事情自然簡單得多。

我研究的教科書大多至少曾提及挪威人的探險。這些大膽的水手在北大西洋上，歷經一連串的航行後抵達美洲，在法羅群島（Faeroe Islands）、冰島和格陵蘭上建立社區。挪威人在格陵蘭的殖民地維持了五百年之久（西元九八二—一五〇〇年左右），歐洲人在美洲定居至今也已達相同的年歲。探險隊接連從格陵蘭出發，抵達北美的不同地區，包括巴芬島（Buffin Land）、拉布拉多（Labrador）、紐芬蘭，可能還有新英格蘭，有些探險是經過規劃，有些則是偶然中無意抵達。

大多數提到維京人探險旅程的教科書，都採取輕描淡寫的做法，《應許之地》中寫道：「他們僅在海岸短暫停留，旋即駕船離去。」或許該書的作者不知道大約在西元一〇〇五年左右，托爾芬（Thorfinn）和古德蕾德・卡爾賽夫尼（Gudrid Karlsefni）夫婦曾率領六十五、一百六十五或可能二百六十五名農民（古挪威史詩的紀錄不一），攜帶牲口和補給品遠到瓦恩蘭定居。他們屯墾了兩年後，古德蕾德在那裡產下一子，但後來由於與原住民的衝突不斷，才導致他們放棄這個殖民地而離去。這次的探險旅行並不是單一突發的事件：挪威人在三百五十年後，仍會從拉布拉多出口木材至格陵蘭。有些考古學家和歷史學家認為，挪威人最南曾經航行到北卡羅萊納（North Carolin）的海岸。挪威人的發現，在西歐早已流傳數世紀，在斯堪地那維亞也從未遭人遺忘過。哥倫布若真如他自己所說，曾經在一四七七年造訪冰島的話，肯定會得知格陵蘭，或許還有北美的存在。[25]

若說維京人的冒險旅行，對世界後來的命運影響微小，或許是公平的。但教科書是否應該就此略去不談？一個事件或一件事實是否應該包括在教科書內，是否該完全取決於它們對現代的影響程度？當然不是，否則我們的歷史書將變薄到僅剩二十頁的小冊子。我們收錄挪威的航海事蹟不是為了表面上地緣政治的重要性，而是因為收錄它們能描繪出比較完整的過去。此外，如果教科書能明智地比較挪威人的航行跟哥倫布的第二次出航，將有助於學生了解歐洲在一〇〇〇年至一四九三年間發生的變化。如後面會談到的，哥倫布第二次航行的規模，比挪威人嘗試定居時大了十倍，歐洲動員人力與資源的新能力，是哥倫布的航程具有重大意義的原因之一。

雖然非洲和亞洲的航海人可能也曾抵達美洲，但他們的事蹟從未見於歷史教科書。其中最著名的是腓尼基人的航行，他們可能是從摩洛哥或西非出發，但最終應該是自埃及出航，據說他們曾在西元前七五〇年左右抵達墨西哥的大西洋岸。在墨西哥的東海岸豎立著一些以玄武岩雕成的巨人頭像，其中所含的有機材料可以追溯到至少西元前七五〇年。人類學家伊凡．范塞提馬（Ivan Van Sertima）向來不遺餘力地讓民眾認識這些巨石頭像，根據他的看法，這些雕像可能是按照真實的西非人雕刻而成，有可能是腓尼基人。[26] 喬瑟．梅爾格（Jose Melgar）是第一個描述這些頭像的非原住民，他在一八六二年時總結道：「這地區無疑曾經有過黑人。」可能在大致相同的時期，墨西哥其他地方的原住民製作過與高加索人和黑人的臉孔類似的小陶製雕像或小石雕。亞歷山大．范伍勒諾（Alexander von Wuthenau）收集了大量這類的赤土陶雕像，並說：「一個印第安人能細緻地描繪黑人或白人的頭，沒有錯過任一個臉部特徵，除非他親眼見過這樣的人，要不然是做不到的，否則這就跟基本的邏輯和所有的藝術經驗相牴觸。」[27] 有些學者將這些白人頭像視為以「特殊風格」雕刻的印第安人頭，並質疑它們是否屬於古物，因為它們大多數是經由購買取得，而不是由考古學家在出土現場找到，因此無法從它們周遭的環境來判定年份。馬雅文化的專家宣稱，「黑人面孔」可能代表美洲虎或嬰兒。有些人則指出，今日在出土地點附近找到的原住民也有寬鼻厚唇的特徵，但是如果非洲人曾在古代抵達這地區，或在一四九二年以後因奴隸交易而來到這一帶，那麼當地人會有相同的特徵也就不足為奇。[28]范伍勒諾和其他學者，又引用其他的證據辯駁，包括織布機和其他文化要素上的相似處，以及阿拉伯史料中有關非洲人與腓尼基人在西元前第八世紀大量航海的記載。[29]

這些可能比哥倫布還早抵達美洲的非洲人和腓尼基人，對今日有什麼重要性？他們跟維京人一樣提供了引人入勝的故事，能吸引高中生在課堂上聚精會神地聆聽，而我們也能藉由思考哥倫布日的特殊意義來了解另一種重要性。義裔美國人能夠從其民族祖先的事蹟中，對自己的「民族性」獲得一些正面的推論。美國社會學家喬治・霍曼斯（George Homans）曾風趣地解釋，他為什麼論述自己在東安格利亞的祖先，而不是其他地方較大的族群：「他們或許是人類，但絕不是霍曼斯！」同樣地，儘管大多數的歷史學家並不相信挪威冒險故事中所描述的維京事蹟，但斯堪地那維亞和北歐裔的美國人依舊相信它們，而最後這些事蹟也經由在紐芬蘭所做的考古研究而獲得證實。

如果哥倫布之於西歐人的重要性，如同維京人之於斯堪地那維亞，那麼在哥倫布之前從非洲出發的航行，對非裔美國人又具有什麼意義？非裔加勒比學者提霍・納瓦（Tiho Narva）在造訪墨西哥市的范伍勒諾博物館後寫道：「看到四周他獨特的收藏品時，我有一種怪異的感覺，使過去變得模糊不清的面紗彷彿被撕成碎片……不知為何，在離開博物館時，我突然覺得自己走在路上，比以往更能抬頭挺胸。」[30]范伍勒諾的書已經再版超過二十次，並廣受全美各地的黑人大學生讚譽。饒舌樂團也在他們有關哥倫布的歌詞裡，重複吟唱著「但我們早已來到」。[31]非裔美國人顯然希望見到「他們自己」在美國歷史中留下正面的形象。我們全都一樣。

如同挪威人的事蹟，若是能把腓尼基人與非洲人的事蹟也包含在教科書內，將能更完整地呈現出錯綜複雜的過去，並且證明航海與探險並不是遲至一四〇〇年代才由歐洲人所開啟。如同挪威人，腓尼基人和非洲人也證明了人類的潛力，或者說黑人的潛力，更精確地說，他們證明了一個多種族社會所具有的勇氣。[32]然而，腓尼基人與非洲人也跟挪威人有不同之處，因為他們對美洲造成了永久的影響。在墨西哥的巨大石雕就是最佳例證，要將這些重達十到四十噸的花岡岩塊從採石場挖出，運送至一百二十公里外的地方，再雕刻成兩三公尺高的頭像，需要耗費龐大的心血。無論這些頭像模仿的人臉來自哪裡，他們肯定是受到崇拜、服從或至少值得記憶的人物。[33]然而，大多數的考古學家認為他們是馬雅人，因此在將非洲腓尼基人包含在書內時，只能做為一種可能性來陳述——一個至今仍未解決的爭議。

在我調查的教科書中，只有兩本提及非洲或腓尼基人進行過航海探險的可能性。《美洲冒險》（*The American Adventure*）中只提出兩個問題：「馬雅和埃及的巨大紀念性建造物之間有何類似之處？」，以及「亞洲、歐洲、非洲或南太平洋靠風力航行的水手，是否曾經跟新世界更早期的居民往來過？」這本教科書沒有提供任何相關的重要資訊，甚至宣稱：「不用做研究也應該可以回答這些問題。」這是一派胡言。大多數的課堂會乾脆忽略這些問題。[34]《美國：一個共和國的歷史》中的確提到了在哥倫布以前的探險活動，但卻僅僅是為了保證我們不需要關注它們，這本書上說：「這些歐洲人、非洲人或亞洲人都沒有在美洲留下永久的遺跡，也沒有跟第一批美洲人發展出任何持久的關係。」

美國歷史教科書給予人的觀念之一，是世界史上大多數重要發展都可以追溯至歐洲。賦予在哥倫布以前航行的非洲人太多潛力，可能會令敏感的歐裔美國人感到不自在。如同馬勃爾所說：「對美國歷史學家而言，非洲人發現美洲的可能性向來不是吸引人的研究主題。」[35]從正面的觀點來講述非洲歷史和非裔美國人的老師與課程，經常被譴責為主張非洲中心論。白人歷史學家堅持非洲腓尼基人的航行還沒有獲得證實，並說我們不能為了改善黑人小孩的自我形象就扭曲歷史。在這些事蹟尚未獲得證實上，他們是對的，但是教科書仍應包含關於非洲腓尼基人的內容，並將之呈現為一種可能性、一個爭議。

標準的歷史教科書與課程，歧視那些受過饒舌歌曲或范塞提馬薰陶的學生。假設在早秋時節，一個十一年級的班級正在上美國歷史課，課本是《生活與自由》（*Life and Liberty*），學生在讀第二章「探險與殖民」時，有個非裔美國女孩對課本內容感到質疑，舉手問道：「葡萄牙探險家瓦斯科・達伽瑪（Vasco da Gama）不是到一四九七至一四九九年間才繞過非洲？」假設這女孩先前已經從饒舌歌曲中得知，腓尼基人的航行比達伽瑪早了兩千多年。這時老師會花時間研究這問題，然後說這女孩是對的，而教科書錯了嗎？老師可能採取的做法是打壓學生：「饒舌歌的內容不適用於歷史課！」或者他可能順著學生的話說：「是啊，但那是許久以前的事了，而且沒有造成任何影響。達伽瑪的發現才重要。」在處理過這問題後，學生繼續「前進」至下一個主題。這樣的回答的確包含一些事實在內：腓尼基人環遊世界的航行，的確沒有促成任何新的貿易路線或國家聯盟，因為腓尼基人早已經由紅海和波斯灣，跟印度進行貿易。然而，教科書中提到達伽瑪的名字不是因為他的「發現」導致了什麼結果，而是因為他是白人。在翻了兩頁後，《生活與自由》上說，赫南多・德索托（Hernando de Soto）「發現密西西比河」。這條河當然是美洲印第安人的祖先所發現和命名的，而且印第安人也是沿著這條河追逐德索托。根據教科書的描述，德索托是穿戴著盔甲抵達河邊，事實卻是等他抵達河邊時，跟著他的人，不論男女，早都已在阿拉巴馬印第安人所放的一場火中，丟失所有衣物，身上穿的是用蘆葦織成的替代品。德索托的「發現」沒有什麼重要意義，也沒有促成貿易或白人聚落的建立。[36]他只不過是第一個看到密西西比河的白人。這是大多數的美國歷史教科書提到他的原因。從紅髮艾瑞克（Erik the Red）、北極探險家皮里（Peary at the North Pole）到第一個登陸月球的人，我們之所以讚頌大多數發現者，不是因為他們的成就所衍生或沒有衍生出來的事件，而是因為他們是第一個發現某事物的人，也因為他們是白人。在我先前的假設中，歷史老師為了達伽瑪而微妙地改變了基本原則，但很快又在講到德索托時改回來。在這過程中，學生學到的是：黑人的功績不重要，白人的才重要。[37]

比較兩個可能在哥倫布之前、從非洲與愛爾蘭的西海岸出發的探險活動，可以讓我們從有趣的觀點來看這個爭議。哥倫布抵達海地時，發現阿拉瓦克族（Arawak）的一些矛頭是用所謂的「寡凝（guanine）」製成。阿拉瓦克族說寡凝是他們向來自南方和東方的黑人商人購買的。這所謂的寡凝後來證明是一種由金、銀和銅製成的合金，與西非人偏好的金合金完全一樣，而他們也是稱之為寡凝。伊斯蘭教歷史學家曾記錄在曼沙・巴卡里二世（Mansa Bakari II）的統治期間，大約西元一三一一年的時候，曾有船隻從西非的馬利（Mali）出發的航海故事。在十四和十五世紀不時有發生船難的非洲船隻被沖上維德角（Cape Verde）——它們可能是跨大西洋貿易的殘留物。葡萄牙人從跟他們往來的西非人得知，非洲商人曾經在十五世紀中葉造訪巴西；而知道這件事，有可能是在一四九四年，葡萄牙簽署由教宗協調的〈托德西利亞斯條約〉（Treaty of Tordesillas）時，堅持要把與西班牙瓜分世界的「分界線」（line of demarcation）往西挪的原因。[38]在哥倫布航行之前死亡的巴西人身上，曾發現非洲常見的疾病。哥倫布的兒子斐迪南（Ferdinand）曾參與哥倫布的第三次航行，他在報告中表示他們在宏都拉斯東部遇到或聽到的人「幾乎全是黑人，容貌醜陋」，這些人有可能是非洲人。首批抵達巴拿馬的歐洲人（巴波亞〔Balboa〕及其船員）在報

在墨西哥東南部，有高達二米七的岩雕頭像面向海洋放置。考古學家按雕刻它們的印第安部落之名，將它們命名為奧爾梅克頭像（Olmec）。根據發現它們的考古學家之一，這些面孔「跟黑人像得驚人」。現在有些考古學家認為，它的嘴部線條跟今日馬雅兒童仍會做的美洲虎表情類似。有些考古學家則認為這些雕像是「肥胖的嬰兒」或印第安國王，或是類似東南亞的雕像。

告中表示，他們曾在一個印第安小鎮看到黑人奴隸；那些印第安人則說那些奴隸是在附近的黑人聚落捉到的。在非裔墨西哥人的口述歷史中，有關於在哥倫布之前、自西非橫越大西洋的故事。從多種來源的資料都顯示，在哥倫布之前可能就已經有自西非到美洲的航行。[39]

相較之下，愛爾蘭船隻抵達美洲的證據僅僅見於大西洋的一邊。根據在第九或第十世紀寫下的愛爾蘭傳說，在比當時更早的數世紀之前，「有一個大修道院院長和七名修道士曾靠一艘皮製船航行七年，最後抵達『聖人嚮往之地』（Promised Land of the Saints）」。這些故事的細節令人難以置信：據說每到復活節，這名祭司和修道士就會在鯨魚背上舉行彌撒。據說他們曾造訪「水晶柱」（Pillar of Crystal）（或許是冰山）和一個「火之島」（Island of Fire）。然而，我們不能簡單地摒棄這些傳說。當挪威人首次抵達冰島時，已經有愛爾蘭修道士在島上生活，而它的火山有可能就是「火之島」的由來。[40]

美國歷史教科書是如何處理這兩個傳說中的航行呢？在我最初取樣的十二本教科書中，有五本承認愛爾蘭人的探險有其可能性。《自由的挑戰》提供了最完整的說明：

有些人相信……愛爾蘭傳教士可能比哥倫布的首次航行早數百年抵達美洲。根據愛爾蘭的傳說，愛爾蘭修道士曾航向大西洋，以便將基督教傳播給他們遇見的人。有一個愛爾蘭傳說特別提到亞述群島西南方的一片土地。這片土地據說是由愛爾蘭傳教士聖布倫丹在西元五百年左右所發現。

然而無論新舊，在這些教科書中沒有一本提到西非。

美國歷史教科書不僅在哥倫布以前的航海事蹟上有諸多疏漏，在敘述最後的「發現者」時也發生誤謬。它們提供的答案老套呆板，大多以歌頌哥倫布為主，而且總是避談不確定或有爭議的事。這些誤謬似乎經常是仿效其他教科書的結果，以下摘錄這些教科書中對哥倫布描述相同的部分，但將有確鑿理由、可視為事實的內容以劃線表示：

哥倫布出生於義大利熱那亞（Genoa），擁有謙遜的雙親，後來成為經驗豐富的航海家。他在大西洋航行，最遠曾抵達冰島與西非。他在歷經種種冒險後堅信世界必定是圓的，因此不必經由陸路、取道已遭土耳其人封鎖貿易的中東，只要一直朝西航行即可抵達傳說中有大量香料、絲綢與黃金的富饒東方。

哥倫布為了籌措冒險航程的資金，向多位西歐君主懇請資助。起初他遭到西班牙的斐迪南國王與伊莎貝拉女王拒絕，後來女王決定支持一次小規模探險，哥倫布才終於獲得機會。

哥倫布準備了三艘小得可憐的帆船，「尼那號」、「平塔號」和「聖瑪麗亞號」自西班牙出發。這趟航程困難重重，這些船朝西駛向未知的大西洋海域，在海上航行了超過兩個月。後來船員暴動，威脅要將哥倫布拋出船外，最後他們終於在一四九二年十月十二日抵達西印度群島。

雖然哥倫布後來又航行到美洲三次，但他一直不知道自己已發現一個「新世界」。他過世時沒沒無聞，未獲賞識且窮困潦倒。然而若是沒有他的勇敢冒險，美國歷史將截然不同，因此哥倫布可以說使這一切成為可能。

由上一段文字可以看出，教科書中除了日期和船名是正確的以外，其餘均不可信。哥倫布的生活在許多方面依然是謎，他自稱來自義大利的熱那亞，這一點目前已有證據可以證明，但是同樣也有證據證明他不是：哥倫布似乎不會義大利文，甚至無法寫信給熱那亞的人。有些歷史學家認為他是猶太人，但皈依了基督教，而且可能來自西班牙。（當時西班牙逼迫其境內的猶太人皈依基督教，否則就得離開西班牙。）哥倫布有可能是熱那亞的猶太人，但有些歷史學家宣稱他來自葡萄牙的科西嘉（Corsica）或其他地方。[41]

至於哥倫布的社會階級背景？有一本教科書說他出身貧困，是「熱那亞貧窮的織工之子」，另一本則肯定地說他出身富裕，是「富裕的羊毛織工之子」。每一本教科書的語氣都很肯定，但是研究哥倫布多年的學者卻說，我們無法確定。

我們甚至無法確定哥倫布認為自己前往的是什麼地方。有些證據顯示他是在尋找日本、印度和印尼，但也有證據顯示他是想抵達西方的「新」土地。數世紀以來，每個論點都有歷史學家言之鑿鑿。拉斯．卡薩斯指出，由於「印度以龐大的財富著稱」，因此哥倫布的意圖正是「說服對他的企圖向來存疑的君王，在他說要尋找通往印度的西向路線時相信他。」[42]最近撰寫哥倫布傳記的塞爾在審視證據後下結論說：「我們可能永遠無法確定。」塞爾特別提到，這樣的結論「對於那些要求歷史故事必須絕對確實的人來說，無法令人滿意。」[43]不出所料，我們的教科書正是歷史必須絕對確定的類型：它們都「知道」他在尋找日本和東印度群島。因此，在教科書作者的這種做法下，讀者不知道其實歷史學家並不知道所有的答案，自然也不知道歷史並不僅僅是記憶答案的過程。

教科書的內容有時不一致到令人膽寒的程度，尤其是每一本似乎都對其內容十分確定。哥倫布在一四九二年航海時的天氣如何？根據《應許之地》，哥倫布的船隊「遭暴風雨重創」，但《美國冒險史》說他們享受「風平浪靜的大海」。他們的航程多長？《自由的挑戰》說「在海上航行超過兩個月後」，船員看到陸地；但《美洲冒險》說他們的航程持續了「近一個月」。哥倫布抵達美洲時，美洲的情形如何？有一本引用哥倫布的話：「人口眾多」；但另一本說：「人煙稀少」。

為了創造更好的神話，美國文化創造了一個持久的觀念：在每一個人、包括哥倫布的船員都認為世界是平的時候，哥倫布仍勇往直前。但現在只有一九九一年版的《美國通史》仍舊重複這個謊言，根據它的說法：「迷信的水手……叛變的心思越來越重」，因為他們「害怕航行到世界邊緣時會掉下去」。事實上在一四九二年時，大西洋兩岸只有極少數的人相信世界是平的，當時大多數的歐洲人和美國原住民已經知道地球是圓的。它看起來是圓的，會在月球上投射圓形的陰影。水手看得出它是圓的，因為船隻會逐漸自地平線消失，先是船身，然後才是船帆。

這個地球是平的神話之所以變得人盡皆知，主要是歐文在一八二八年所造成的。歐文在他那本暢銷的哥倫布傳記中，敘述哥倫布如何到沙拉曼卡大學（Salamanca University）主張地球是平的學者面前，捍衛他認為地球是圓的理論。歐文本身當然知道這故事是虛構的。[44]他可能以為這樣可以增添戲劇化的效果，不會造成傷害。但這的確造成了傷害，它讓我們相信當時世界上的「原始人」（誠然這也包括哥倫布以前的歐洲人）對他們居住的這個星球只有粗淺的認識，直到一個思想前瞻的歐洲人出現才改善了這情況；這也把哥倫布變成了一個糾正我們錯誤地理觀念的科學家。

這個扁平地球的傳說遭到密集的駁斥，特別是在哥倫布抵達美洲五百週年的一九九二年，因而終於造成一些影響。到了一九九四年，就連《美國通史》也將有關扁平地球的內容刪除。現在「迷信的水手……叛變的心思越來越重」，只因為他們「害怕航向未知的海域」。不幸的是，以前學過扁平地球這個故事的老師，永遠無法從這個僅稍事修改的句子中，推論出扁平地球的故事原來是錯誤的。[45]伯爾斯坦和凱利在質疑這個傳說時比其他教科書都來得直接，但他們的敘述仍沒有效果：「在哥倫布的時代，所有受過教育的人和大多數的水手都已相信地球是圓的」。這句話平實地指出並非每一個人都相信地球是平的，但它仍暗示圓形地球的觀念是罕見的。不僅學生、連老師在讀伯爾斯坦和凱利的教科書時，都不會對他們以為哥倫布證明了世界是圓的信念提出質疑，因此許多老師至今仍會不自覺地把這個扁平地球的傳說轉述給學生。

就連哥倫布的死亡，也為了創造更好的故事而遭到竄改。賦予哥倫布悲劇的結局，讓他貧病交加並對自己偉大的成就一無所知，能增加通俗劇的效果。根據《美洲冒險》，「哥倫布的發現並沒有立即受到西班牙政府的重視。他在無人照顧的情況下於一五〇六年去世。」伯爾斯坦和凱利的結論是：「他最後只獲得不幸與屈辱。」他們補充說哥倫布「在過世前仍相信他已航行到亞洲的海岸」。實情是西班牙「立即」對哥倫布的「發現」表示「重視」，這也是他們馬上替他準備第二次航行所需裝備的原因，而且這次航行的規模大得多。哥倫布先是在一四九九年於海地「獲得」一大筆黃金，接著就和隨後而來的人迫使數十萬名原住民替他們挖金礦。美洲的錢繼續流向西班牙的哥倫布，或許沒有他認為自己應得的多，但是絕對足以糊口。哥倫布去世時身家富裕，留給繼承人大筆財富，甚至還有他的頭銜「海洋艦隊司令」（Admiral of the Ocean Sea），如今這頭銜已經傳到他第十八代子孫的手上。此外，哥倫布的私人日誌也清楚證明他知道自己抵達一個「新」大陸。[46]

教科書作者堆砌的一些細節大概不會造成危害，例如女王派遣使者快馬加鞭地追趕哥倫布，以及她典當珠寶以支付這次探險等等都是捏造的。[47]然而這些增添的細節卻使得哥倫布變得有人情味，也放大了他的偉大，引發讀者對他的認同。以下是《應許之地》中的一段話：

時值一四九二年十月，遭遇暴風雨的三艘帆船在海上迷失，航向未知的海洋。害怕的船員一直威脅要將他們固執的船長扔下船，把船調頭並駛回安全熟悉的海岸。

然後奇蹟出現：船員看到水上漂著一些綠色樹枝，頭頂有陸棲型的鳥飛翔。負責瞭望的船員從高高的索具上大喊：「陸地，前面有陸地！」恐懼變成喜悅，心存感激的船長涉水上岸，感謝上帝。

尼那號、平塔號和聖瑪麗亞號都沒有「遭暴風雨重創」。為了創造更好的神話，教科書作者希望哥倫布的航程看起來比實際困難，因而添加了天候惡劣的說法，但是哥倫布本人的日誌卻顯示這三艘船享受了愉快的航程。海洋上接連數日風平浪靜，水手還能跟別艘船上的人對話。事實上，他們只有在航程的最後一天遇到過溫和的風浪，而且當時他們已知自己離陸地不遠。

為了創造更好的神話，讓哥倫布的旅行看起來比實際久，大多數的教科書都省略他半途在加那利群島上停留的事。其實哥倫布只在大西洋的未知海域航行了一個月，而非兩個月。

為了創造更好的神話，教科書說哥倫布的船身小、效率差，但實際上卻如海軍作家皮耶羅・巴洛茲（Pietro Barozzi）所說：「那三艘船的裝備完善，符合他的目的」。[48]

為了創造更好的神話，數本教科書將船員的抱怨誇大至幾乎爆發叛變的程度。他們的說法各不相同，有的聲稱水手威脅哥倫布，若不能儘快抵達陸地就要返航。有的則宣稱哥倫布意志消沉，是另外兩艘船的船長說服他繼續航行。還有一些說法表示這三個領導人會面後，同意繼續航行幾天後再評估情況。哥倫布的傳記作家山繆・艾略特・摩里森（Samuel Eliot Morison）在研究這件事後，認為這些抱怨僅僅是發牢騷而已：「他們只是增加彼此的焦慮，跟現今會發生的情況一樣。」[49]這就是船員威脅要把哥倫布拋到海裡的真相。

這類加油添醋的做法並非完全無害，因為字裡行間潛藏著另一個社會原型看法：領導社會企業的人比接近社會底層的人明智。高中歷史老師比爾・畢格羅（Bill Bigelow）就曾說「船員愚蠢、迷信、膽小，時而狡詐。哥倫布則勇敢、賢明又虔誠。」這些描述相當於「反勞工階級、親統治階級的論點」。[50]實際上，即使在二〇〇六年，《美國通史》仍將那些水手描述為「烏合之眾」，即便他們已經知道世界是圓的。

聖瑪麗亞號航海日誌上的誤謬在經過解

大多數的教科書都包含哥倫布的畫像。這些半身畫像並不具歷史文獻的價值，因為這些無數的畫像都不是在哥倫布生前畫的。為了強調這些畫像都不真實，美國國會圖書館銷售的這件T恤上印有六張臉孔不同的哥倫布畫像。

C. Columbus solicits funds for a promising project. Spain, 1489.
Without project funding, the world might still be flat.

「沒有贊助計畫，世界可能仍是平的。」
在美國文化的影響下，哥倫布在大家都認為世界是平的情況下仍勇往直前的形象，變得永久長存。比方說，電影《星艦迷航記》第五集（*Star Trek* V）裡的一個角色就重複了歐文的謊言：「你們的世界一度相信地球是平的；哥倫布證明了它是圓的。」每年十月麥迪遜大道的大型廣告看板都會利用扁平地球的主題。這張廣告的目的在於替證券經紀人吸引大膽勇敢的客戶！在我們的文化中有這類形象存在的情況下，歷史教科書必須糾正學生有關扁平地球的迷思。

讀後，形成另一個神話。《美國的歷史》（*A History of the United States*）說：「哥倫布是真正的領袖，他變更已航行距離的紀錄，以便讓船員以為他們沒有離家太遠。」薩爾瓦多．狄馬達里亞加（Salvador de Madariaga）以令人信服的論點駁斥，指出如果相信這種說法，就等於把參加航行的其他人都視為傻瓜。哥倫布並「沒有獨到的特殊方法，能夠比其他的舵手和船長更精確地計算已航行的距離。」事實上，哥倫布的航行經驗不如尼那號與平塔號的船長品桑兄弟（Pinzon brothers）。[51]哥倫布在返航途中曾在私人日誌裡透露航海日誌有誤的原因：他想讓通往印度地區的航線成為祕密。[52]

為了創造更好的神話，我們的教科書設法擠出篇幅來描述許多人性化的細節，像是瞭望員大喊「陸地！」大多數的教科書告訴我們，哥倫布抵達海岸後的第一個動作是「感謝神引領他們安全越過大海」——即使哥倫布私人日誌殘留至今的摘要中僅說：「他在他們面前替國王與王后占領此島嶼，也實際這麼做了。」[53]許多教科書中都有談到哥倫布後來再度前往美洲的三趟航行，但大多數都沒有擠出篇幅說明他如何對待他「發現」的土地和人。

哥倫布引發了兩個後來徹底改變種族關係、以及改變現代世界的現象：其一是奪取西半球原住民的土地、財富與勞力，導致他們幾近滅絕，其二是跨大西洋的奴隸買賣，後來導致種族主義底層階級的出現。

哥倫布在第三次航程中沿委內瑞拉的海岸航行時，經過奧利諾科河（Orinoco River）。他寫道：「我相信這是一個龐大且迄今未知的大陸。這條大河和這片新海洋是這個觀點的最佳佐證。」哥倫布知道這片土地若僅是一個島嶼，絕對無法提供這麼大量的水流。哥倫布返家後，在其盾徽上的島嶼圖案中新增一個大陸。這個圖案就位於其盾徽左下角且占四分之一的比例，這顯然駁斥了美國歷史教科書作者的說法。

加勒比海大多數島嶼上的居民阿拉瓦克族，給哥倫布的第一印象其實相當好。他在一四九二年十月十三日的私人日誌中寫道：「破曉時分，一群群民眾來到海岸，他們全都年輕力壯，容貌英挺，頭髮鬆而不卷，粗如馬鬃。他們的前額特別寬大，是我至今所僅見。他們的眼睛大而美，具加那利群島居民特有膚色，但並非黑人。」（這段話成為加那利人的凶兆，因為當時西班牙正致力於消滅這些島嶼上的原住民。）哥倫布接著描述阿拉瓦克族的獨木舟：「有些足以容納四十或四十五人。」最後他才開始記述他真正重視的事：「我對他們親切有禮，努力探詢其是否擁有黃金。見到其中一些人懸掛在鼻下的細碎金屬後，我以手勢交流得知南行或朝該方向繞過島嶼，即可找到以巨杯裝盛黃金的國王。」這個島有可能是巴哈馬群島中的一個島嶼，第二天黎明哥倫布航行到這個島的另一邊，看到兩、三個村莊。他的描述最後以帶有威脅意味的字眼結尾：「我能以五十人征服所有居民，隨意統治他們。」[54]

哥倫布在首航時，綁走十到二十五名美洲印第安人並帶回西班牙。[55] 儘管最後只有七、八名印第安人活著抵達，但他們及隨船回來的鸚鵡、金飾和其他異國物品仍在塞維雅（Seville）造成相當大的轟動。西班牙國王和女王為哥倫布的第二次航行提供了十七艘船、一千二百至一千五百人、加農砲、十字弓、槍、騎兵和軍犬。

著名的科幻故事《世界大戰》（*War of the Worlds*）可以幫助我們看清接下來發生的事。威爾斯（H. G. Wells）在寫這個地球人遭科技先進的外星人侵略的故事時，原本就帶有寓意。在這個故事中，害怕的英國平民（在奧森．威爾斯〔Orson Welles〕改編自這個故事的著名廣播劇中，則是新澤西州人）就像加那利群島或美洲的「原始」人，而可怕的外星人則象徵科技先進的歐洲人。威爾斯希望我們在對故事中的地球人產生認同感時，也對一四九三年的海地原住民、一七八八年的澳洲原住民，或今日亞馬遜河上游叢林的原住民產生同情心。[56]

哥倫布和他的部屬於一四九三年返回海地時，要求當地居民交出食物、黃金、紡棉，以及任何他們想要的一切，包括要求婦女以滿足性需求。為了確保這些原住民合作，哥倫布採取施加懲罰以儆效尤的做法。印第安人即使只犯一個小錯，也會被西班牙人割掉耳朵或鼻子。然後這個遭殘害的人會被送回村裡，做為西班牙人能施加殘酷嚴懲的活證明。

這情況持續一陣子後，當地原住民無法再忍受下去。起初他們大多被動地反抗，拒絕為西班牙人種植食物，放棄西班牙人聚落附近的城鎮，但是最後阿拉瓦克族仍然開始還擊，只不過他們的棍棒和石塊敵不過武裝的西班牙軍隊，如同《世界大戰》中地球人的來福槍敵不過外星人的死光一樣。

原住民企圖抵抗的行為給了哥倫布宣戰的藉口。一四九五年三月二十四日，哥倫布出兵征服阿拉瓦克族。拉斯．卡薩斯描述了哥倫布整軍備武鎮壓反叛的過程：

> 由於司令察覺這片土地的人民天天拿起武器，而且是荒謬的武器……他迅速前往鄉間，以武力驅散和鎮壓整座島的居民……為此，他選出兩百名步兵和二十名騎兵，加上大量的十字弓和小型加農砲、長矛和劍，除了馬匹之外，還用一種更加可怕的武器對付印第安人：二十隻獵犬，一旦放開就會立即將印第安人撕碎咬裂。[57]

最後獲勝的自然是西班牙人。塞爾引述斐迪南．哥倫布（Ferdinand Columbus）在為他父親所寫的傳記中說：「士兵接連射殺數十人，任憑軍犬將他們裂肢破肚，把奔逃的印第安人追進樹叢，用劍和矛串起，在『神助』之下迅速獲得全勝，殺死許多印第安人和俘虜。」[58]

儘管找不到大量黃金，哥倫布仍然必須以某種形式支付利息。於是在一四九五年，駐守海地的西班牙人開始大規模的掠奴行動。他們把一千五百名阿拉瓦克人驅趕成群，從中挑出最好的五百名，後來這些人當中有兩百人在前往西班牙的途中死亡。然後他們另外又選出五百人做為島上西班牙人的奴隸，其餘的加以釋放。一名西班牙目擊者在描述這次事件時說：「他們當中有許多是懷裡抱著嬰兒的婦女。她們害怕我們去而復返又想成功逃走，所以把嬰兒隨地放下後就開始絕望地奔逃；有些甚至越山過河，跑到離我們的伊莎貝拉聚落七、八天路程遠的地方；因此，從現在起幾乎捉不到。」[59]哥倫布很興奮，並在一四九六年寫給斐迪南國王和伊莎貝拉女王的信上說：「以神聖的三位一體之名，我們得以從這裡送回所有可販賣的奴隸和巴西木材。卡斯提（Castile）、葡萄牙、亞拉岡（Aragon）……和加那利群島都需要許多奴隸，但我想他們在幾內亞找不到足夠的奴隸。」他對印第安人的死亡率秉持樂觀的看法：「雖然他們現在會死，但不會總是如此。黑人和加那利人只有在剛開始時會死。」[60]

套用漢斯．康寧（Hans Koning）的話來說：「希斯潘諾拉島（Hispaniola）開始恐怖統治。」西班牙人為娛樂而獵殺美洲印第安人，並且謀殺他們充作狗食。哥倫布確定島上有黃金，但因一直找不到而憤怒，後來他設立一個納貢制度。他兒子斐迪南記述了這個制度的運作方式：

（印第安人）全都承諾每三個月向天主教統治者納貢：在金礦所在地希包（Cibao），年滿十四歲者必須繳納裝滿一個鷹鈴的金粉；其餘每人必須繳納二十五磅的棉花。印第安人繳納貢品後會拿到一個黃銅牌或銅牌，而且必須戴在脖子上，做為已納貢的證明。任何沒有掛這種牌的印第安人將受到懲罰。[61]

每個原住民在拿到一個新牌子後就可保持安全三個月，但這三個月的時間也大多是用於收集更多的黃金。哥倫布的兒子沒有提到西班牙人如何處罰銅牌過期的人：把他們的手砍掉。[62]

所有這些可怕的事實都記載在第一手史料裡，包括哥倫布及其他探險隊員的信函，以及拉斯．卡薩斯的著作。拉斯．卡薩斯是第一位偉大的美洲史學家，不僅採用第一手資料，也協助保存了它們。我在本章中引用了一些第一手資料，大多數的教科書則完全沒有使用第一手資料。有些引用了簡短的章句，但都經過精心地選擇或編輯，以免顯露出任何會令這位偉大航海家難堪的內容。例如《美國之旅》也引用了先前那一段描述阿拉瓦克族人「容貌英挺」的文字，但就此打住，完全沒有提到其後有關哥倫布如何用「五十人征服所有居民，隨意統治他們」的內容。[63]

納貢制度最後以失敗收場，因為它的要求不可能做到。於是哥倫布又設置了另一個制度，稱為委任制度（Encomienda），亦即將整個印第安村落交給或「委託」給個別的殖民者或一群殖民者。由於這個強迫勞動的制度不是稱為奴隸制，因此可以規避奴隸制度受到的道德譴責。後來西班牙效法哥倫布的做法，在一五〇二年將委任制度列為海地的正式政策；其他的征服者後來又將這個制度引入墨西哥、秘魯和佛羅里達。[64]

納貢制度和委任制度都造成原住民人口急劇減少，且幅度驚人。在海地，殖民者迫使阿拉瓦克族為他們挖掘金礦、栽種西班牙食物，甚至送他們去任何想去的地點。最後阿拉瓦克族終於難以承受，裴德羅・迪・科爾多瓦（Pedro de Cordoba）在一五一七年寫給斐迪南國王的信上說：「在痛苦與勞役的煎熬下，印第安人選擇自殺並已這麼做過，偶爾有一百人集體自殺的情形。因苦役而疲憊的婦女不敢懷孕生育……許多婦女在懷孕後設法墮胎並已成功。有些則在生產後親手殺死子女，以免子女必須遭受奴隸制度的迫害。」[65]

除了個人的殘酷行為以外，西班牙人還造成當地生態系統與文化的崩潰。強迫印第安人離開菜園，進礦坑工作，導致營養不良的情形普遍可見。兔子和家畜的引入造成更多的生態災難。美洲從未見過的疾病也造成重大的影響，包括豬流感在內，這種病有可能是由哥倫布在一四九三年第二次航行時帶到海地的豬隻所傳入。[66]有些阿拉瓦克人逃往古巴，但西班牙人旋即追蹤而至。在哥倫布抵達以前，海地人口預計在最多時可能高達八百萬人。哥倫布返回西班牙時，把海地留給他弟弟巴托羅繆・哥倫布（Bartholomew Columbus）治理。巴托羅繆在一四九六年對印第安成年人進行人口調查，結果發現只剩一百一十萬人。西班牙人沒有計入十四歲以下的兒童，也無法計算逃入山區的阿拉瓦克人。塞爾估計比較準確的總人數可能在三百萬之譜，而根據班哲明・基恩（Benjamin Keen）：「由於哥倫布進行罪惡的印第安奴隸交易，採行勞役政策，到了一五一六年只剩一萬兩千人左右。」拉斯・卡薩斯告訴我們，在一五四二年血統純正的海地印第安人只剩不到兩百人。到了一五五五年，他們已經全部滅絕。[67]

由此看來，砍掉人手這類殘忍的細節所具有的歷史意義，應該要比「陸地！」這種營造美好表相的內容來得重要。哥倫布不僅是把第一批奴隸送到大西洋彼岸的人，可能也是把最多奴隸送過去的人，總人數大約在五千人左右。值得讚揚的是，伊莎貝拉女王反對露骨的奴役行為，並將一些美洲印第安人送回加勒比海，但是其他國家則競相仿效哥倫布的做法。在一五〇一年，葡萄牙人開始造成拉布拉多人口的減少，他們把如今已經滅絕的畢阿塔克印第安人（Beothuk）送到歐洲和維德角當奴隸。英國人在北美的大西洋岸建立灘頭堡後，鼓勵海岸部落捕捉偏遠部落的原住民，當成奴隸販賣。南卡羅萊納的查理敦（Charleston）成為出口美洲印第安奴隸的重要港口。移居美洲的英國清教徒在一六三七年將皮闊特戰爭（Pequot War）後殘存下來的皮闊特印第安人，送往百慕達當奴隸。在一七三一年，法國人幾乎將整個納奇茲族（Natchez）以鏈子鎖住，送往西印度群島。[68]

奴隸交易中特別令人憎惡的一點是性。一四九三年的探險隊一抵達加勒比海，甚至還沒到海地的時候，哥倫布就把原住民婦女當作獎勵，賞給手下的軍官強暴。[69]在海地，性奴隸是西班牙人能享有的另一個好處。哥倫布在一五〇〇年寫給朋友的信上說：「一百個硬幣（Castellanoes，西班牙硬幣）就能買到一個女人，就像買農場一樣容易，而且這種事普遍常見，隨時有許多商販四處尋找女孩；現在需求量大的是九歲、十歲的女孩。」[70]

奴隸交易和新疾病摧毀了整個美洲印第安民族。印第安奴隸死亡，而為了取代即將滅絕的海地人，西班牙人從巴哈馬群島進口成千上萬的印第安人，套用西班牙歷史學家彼得・馬提爾（Peter Martyr）在一五一六年所說的話，巴哈馬群島「變得人蹤絕跡」。[71]這些奴隸擠在船艙內，艙口為了防止他們逃脫而關閉，由於在旅途中死亡的奴隸太多，因此「一艘沒有羅盤、航海圖或嚮導的船，只要跟著海上被丟下船的印第安死屍走，就可以從巴哈馬群島抵達希斯潘諾拉。」[72]拉斯．卡薩斯哀嘆地這麼說。波多黎各和古巴則是下一個。

由於印第安人的死亡，印第安奴隸制度接著導致另一波大規模的奴隸交易，但這次是反方向，由非洲越過大西洋。這一波交易同樣始於海地，而且是由哥倫布的兒子在一五〇五年所發起。可想而知，海地後來成為第一次大規模奴隸暴動的地點，黑人和美洲印第安人在一五一九年團結起來，一起反抗。這場暴動持續了十年以上，最後在一五三〇年代由西班牙人結束。[73]

新教科書《美國人》揭露了海地的衝突，並且引用拉斯．卡薩斯的語句，來證明海地僅僅是一個開端：「在這裡開始的計策（將很快）傳播至這些印度群島，直到世界這一帶再也沒有土地或人可以征服或毀滅為止。」在我最早取樣的十二本教科書中，《美洲冒險》將哥倫布與奴隸制度相連。有一本舊的和一本新的教科書則用「哥倫布證明是比總督好得多的司令」或類似的描述帶過。其他的教科書，不分新舊，大多對哥倫布表示讚揚。

顯然大多數的教科書並不是在傳授有關哥倫布的歷史，其目的似乎在於「塑造品格」。因此他們把哥倫布塑造為品格起源的神話：他的品格優良，所以我們也是。[74]老布希總統在一九八九年時將哥倫布視為國家的楷模：「哥倫布不僅開啟了通往一個新世界的大門，同時也以堅忍與信念完成不朽功業，為我們立下楷模。」[75]專欄作家傑佛瑞．哈特（Jeffrey Hart）更進一步地說：「詆譭哥倫布相當於詆譭人類歷史與全人類蘊含的價值。」[76]以哥倫布來塑造品格的教科書作者，顯然對說明他在抵達美洲後的所作所為不感興趣，即使這占了這個史實的一半，或許還是比較重要的一半。

如同塞爾頗具詩意的總結，哥倫布的「第二次航行標記著歐洲社會與印第安社會第一次的長期接觸，此間文化衝突的影響長達五個世紀。」[77]《美國人》的作者應該讀過塞爾的著作，因為他們在書中

《美國歷史》收錄「哥倫布登陸巴哈馬群島」畫作。這幅畫是美國國會山莊圓頂大廳裡、八幅巨大「歷史」畫作中的第一幅。這幅在一八四七年由約翰·范德林（John Vanderlyn）所繪的畫，呈現出大多數的教科書把哥倫布描述為英雄的處理方式。西奧多·德·布里（Theodore de Bry）在一五八八年左右創作的木版畫，可以說代表著哥倫布冒險事業的另一面（右圖）。德·布里這幅雕版畫的內容取自於有關印第安人的記述，他們以刀刺、喝毒藥、跳崖、上吊的方式自殺並親手殺死子女，而這位畫家把這些致命行為全都繪在同一幅畫裡！德·布里的畫本身成為重要的歷史文獻。這些畫隨著拉斯·卡薩斯的著作在十六世紀的歐洲流通，造成對西班牙人殘酷行為的「黑色傳說」（Black Legend），歐洲其他國家用這些傳說譴責西班牙的殖民主義，大多是出自於嫉妒心理。沒有一本歷史教科書使用圖片，來呈現哥倫布及其部屬不光榮的行為。

寫道：「（海地）成為五個世紀文化衝突的開端。」這些不僅僅是一四九三年到一五〇〇年間在海地所發生、但被其他教科書省略或粉飾的歷史細節，也是對了解美國與歐洲歷史極為重要的史實。比方說，約翰．史密斯船長在一六二四年提議對維吉尼亞的印第安人採取強硬政策時，就是以哥倫布做為模範：「鎮壓他們的方式經常提及且均已批准，我在此省略：你們有二十個例子可說明西班牙如何獲得西印度群島，迫使危險和叛逆的異教徒替他們做各種各樣的苦工，做他們的奴隸，而他們則過著享受其勞動成果的士兵生活。」[78]事實上，哥倫布發展的手法才是他的主要遺產。畢竟，它們的確有效。海地受到充分鎮壓，就連在海地獲得第二次機會的西班牙受刑人也可以「去任何地點，攫取任何婦女和女孩，奪取一切，拿印第安人當騾子，迫使他們揹他行走。」[79]一四九九年哥倫布終於在海地找到大量黃金後，西班牙成為歐洲羨慕的對象。一五〇〇年後，葡萄牙、法國、荷蘭和英國陸續加入征服的行列。這些國家至少跟西班牙一樣殘暴，例如英國人採取跟西班牙不同的殖民方式，他們沒有利用原住民的勞力，而是乾脆將礙事者清除掉。許多美洲印第安人為獲得比較人性的對待，從英國殖民地逃往西班牙領土（佛羅里達、墨西哥）。

哥倫布的航行對歐洲造成的改變，可以說跟美洲不相上下。作物、動物、構想和疾病開始定期透過海上傳播。受到哥倫布的發現影響最深遠的，或許要算是歐洲的基督教。在一四九二年，全歐洲都在天主教教會的掌握中。如《拉魯斯百科全書》（*Encyclopedia Larousse*）所說，在美洲以前，「歐洲幾乎沒有自我批判的能力。」[80]在美洲以後，歐洲統一的宗教出現裂痕。因為要如何解釋這些新民族？《聖經》裡並沒有提到他們。美洲印第安人跟正統基督教對道德宇宙（Moral Universe）的解釋不符。此外，他們與可以視為「受詛咒的異教徒」的穆斯林不同，美洲印第安人並不排斥基督教，只是從來未曾接觸過它而已。這樣的話，他們還注定要下地獄嗎？即使美洲的動物也形成對宗教的挑戰。根據《聖經》，在創世之初，所有動物都住在伊甸園裡。後來每種動物各有一對進入諾亞的方舟，最後抵達阿拉拉特山（Mt.

Ararat）。由於伊甸園和阿拉拉特山都位於中東，這些新的美洲物種是來自哪裡？這類的問題撼動了正統的天主教教義，並且為始於一五一七年的新教改革（Protestant Reformation）提供了助力。[81]

在政治上，像阿拉瓦克族這類沒有君主和階級制度的民族，令歐洲人感到震驚。湯瑪斯·摩爾（Thomas More）在一五一六年出版的《烏托邦》（*Utopia*）有可能參考了秘魯對印加帝國的敘述，他在書中提出一種迥然不同且卓越的社會結構，對當時歐洲的社會組織形成挑戰。有的社會哲學家以美洲印第安人做為歐洲也曾有過原始時期的活例證，這也是約翰·洛克（John Locke）所謂「起初全世界都是美洲」的意思。不同的政治信念衍生出不同的看法，有些歐洲人讚美美洲印第安民族，視之為比較簡單和卓越的社會，也是歐洲文明傳承的來源，而有些人則批評他們是未開化的原始社會。無論是哪一種，從蒙田（Montaigne）、孟德斯鳩（Montesquieu）、盧梭（Rousseau）到馬克思和恩格斯（Engels），歐洲哲學家對優良社會的概念都因來自美洲的觀念而有了改變。[82]

美洲不僅令菁英階層、也令一般民眾感到驚嘆。莎士比亞在《暴風雨》（*The Tempest*）中特別提到令民眾同感好奇的事：「他們不願給可憐的乞丐一分錢，卻願意花十分錢看印第安死屍。」[83]事實上，歐洲對美洲的驚奇，直接導致了歐洲自覺意識的興起。起初美洲僅被視為與歐洲「相反」，甚至比非洲還要不同。可以說在一四九二年以前並沒有所謂的「歐洲」，只有塔斯卡尼人、法國人等等。現在歐洲人開始看到他們之間的類似之處，至少他們是跟美國原住民不同的。我們甚至可以說在一四九二年以前，歐洲並沒有「白」人。隨著跨大西洋的奴隸交易出現，先是印第安人、然後是非洲人，歐洲開始視「白色」為一個種族，並將種族視為重要的人類特徵。[84]

哥倫布本身的著作，也反映出這個逐漸加深的種族主義。當哥倫布向伊莎貝拉女王推銷美洲的神奇事物時，他筆下的印第安人「身體強健」、「聰明敏銳」，「擁有非常好的習俗，而且國王治理著非常良好的國家，井然有序，非常美觀。此外他們的記憶力好，什麼都想觀看，並會詢問物品及其用途。」

後來當哥倫布要將戰爭以及奴役美洲原住民的做法合理化時，就說他們「殘酷」、「愚蠢」、「是好戰且人數眾多的民族，習俗與宗教跟我們極為不同」。

把已被剝削或正打算剝削的對象想成惡人，向來是有用的做法。根據社會心理學家里昂．費斯汀格（Leon Festinger）的理論，改變一個人的意見，使之與其行為或預計的行為一致，是「認知失調」（Cognitive Dissonance）過程最常見的結果。沒有人喜歡把自己想成壞人。惡劣對待另一個理性人類，會造成行為與態度之間的緊張，這種緊張需要加以解決。當我們無法抹消已經做過的行為，而改變未來的行為又不符合我們的利益時，改變態度就變成比較容易的解決方式。[85]

哥倫布提供了我們美洲第一個認知失調的實際記載，畢竟，雖然原住民的態度可能已經從好客轉變成憤怒，但他們不可能這麼快就從聰明演化成愚蠢，因此改變的人肯定是哥倫布。

美洲的影響不僅限於心理而已，非洲人和歐亞人的飲食也受到影響。現在世界上所有的主要作物中有近半最早來自美洲。根據艾佛瑞德．克羅斯比（Alfred Crosby Jr.），在非洲人的飲食中增加穀物造成人口成長，而這則助長了將非洲奴隸送往美洲的交易。在歐洲飲食中加入馬鈴薯造成人口在十六、十七世紀爆增，而這則在後來助長了歐洲到美洲與澳洲的移民。來自美洲的作物也在英國、德國，以及最終俄羅斯取得優勢的過程中，扮演著重要的角色；這些北方國家興起，使歐洲的權力不再以地中海沿岸為中心。[86]

在哥倫布第二次航行的船隻回到歐洲不久，梅毒即開始侵襲西班牙和義大利。這兩件事之間可能有因果關係。另一方面，超過兩百種藥品，是得自美洲印第安人所發現，具有藥效的植物。[87]

對美洲的剝削利用也改變了歐洲經濟，先是西班牙致富，然後是其他國家因貿易和海盜行為而富裕。哥倫布在海地發現的黃金，不久即因墨西哥與安地斯山脈找到的金銀而相形見絀。歐洲宗教與政治領袖迅速聚積大量黃金，數量多到甚至可以用金箔裝飾教堂與宮殿的天花板，在角落豎立黃金雕像，並在其間飾以垂有金葡萄的藤蔓。馬克思和恩格斯認為這些財富「賦予商業、航海與工業前所未見的動力」。有些作者認為這促成了資本主義、以及最終工業革命的興起。當時資本主義可能已經開始，但美洲帶來的財富，至少曾在轉變上扮演著主要的角色。取自美洲的金銀取代土地，成為富有與地位的基礎，新商人階級的權力因而增加，並且很快在世界上占有優勢地位。[88]伊斯蘭教國家一度能與歐洲抗衡，但美洲新財富削弱了伊斯蘭教的力量。美洲的金銀造成百分之四百的通貨膨脹率，侵蝕了大多數非歐洲國家的經濟，並且有利於歐洲發展全球市場的體系。非洲深受其苦：跨撒哈拉沙漠的貿易崩潰，因為美洲能提供的金銀是黃金海岸無法比擬的。非洲貿易商人只剩一種歐洲想要的商品：奴隸。套用人類學家傑克．魏澤福（Jack Weatherford）的話：「非洲人因而成為發現美洲的受害者，如同美洲的印第安人。」[89]

克羅斯比在其一九七二年出版的著作中，稱這些大規模的改變為「哥倫布交換」（The Columbian Exchange），並以此為其書名。在一九九〇年代，哥倫布發現美洲五百週年時，這個詞開始流行。在我最初取樣的教科書中，沒有一本談到哥倫布接觸美洲後在地緣政治上所造成的影響，但這個觀念逐漸一點點地滲入美國歷史教科書。今日大多數的教科書都有提到美洲印第安人在發展重要作物上的貢獻。教科書作者也承認歐洲人（和非洲人）將疾病及牲口帶到美洲。然而，觀念的雙向交流仍未受到重視，特別是由西向東的傳播。

相反地，歐洲中心論使教科書作者盲目地無法察覺其他地方「對」歐洲的貢獻，包括阿拉伯天文學家、非洲航海家，或美洲印第安人的社會結構等等。在此狹隘的觀點限制下，我們的歷史教科書從來沒有激勵我們去思考，既然美洲本土印第安社會的財富與城市一度足以令西班牙人驚嘆，後來究竟發生了什麼事，導致他們變成今日窮困的農民階級。歷史教科書也使我們沒有機會去了解，美洲印第安人的觀念在現代世界的形成過程中所占的重要地位。因此，學生無從了解今日世界發展歷程的原因——包括歐洲（及其延伸出去的美國和加拿大等等）為何是贏家。

有些人抨擊這裡呈現出來的哥倫布形象太過負面，但我不是提議美國歷史課程要從疾呼哥倫布和我們是惡人開始。教科書應該呈現出來的是，道德上的是與非不能僅憑歷史來論斷。不論我們本身的作為與觀念，單單因為我們是美國的一分子，不會使我們成為道德或不道德的人。歷史比這來得複雜。

此外我們也必須思考：「我們」是誰？儘管今日墨西哥文化比美國更接近西班牙文化，因而一般預期這可能會使墨西哥人以西班牙歷史中的英雄哥倫布為榮，但其實哥倫布在墨西哥卻不是英雄。為什麼不是？因為墨西哥也比美國更貼近印第安文化，而且墨西哥人視哥倫布為白人和歐洲人。喬治・擒馬（George P. Horse Capture）曾經寫道：「沒有任何理性的印第安人會對哥倫布的抵達表示讚頌。」[90] 緬懷哥倫布是白人歷史而非美洲歷史的特徵。

哥倫布征服海地一事，可以視為哥倫布以勇氣與想像力完成的驚人偉業，使之成為許多英勇帝國建造者中的第一人，但在此同時，這事件也可以詮釋為一件血腥暴行，留給後世種族滅絕與奴隸制度，其中一些做法多少存留至今。對於哥倫布的這兩個看法都有確實的根據；事實上，哥倫布在歷史上的重要性正在於他同時是英勇的航海家，也是大肆侵略的掠奪者。如果哥倫布僅是前者，他就只能與烈夫・埃里克森（Leif Eriksson）並列。哥倫布的行為充分證明exploit這個英文字的兩個意義：功績偉業，以及利用剝削。我們大多數的教科書都是以虔敬的口吻介紹哥倫布的生平，造成學生在未經思索下認可殖民主義，而這在今日的後殖民時代顯然不妥。套句邁克・瓦里士（Michael Wallace）的話，哥倫布神話「讓我們把當代世界分為已開發與開發不足兩個半球，並視為理所當然之事，而不是始於哥倫布第一次航行的歷史演進的產物。」[91]

如果我們把一四九二年視為三個文化的交會（非洲不久即牽涉進來），而不是一個文化的發現，就能更清楚地了解哥倫布及所有的歐洲探險家與移民，目前已有數本新書採取了這樣的觀點。「新世界」

（New World）一詞本身就是問題之一，因為人類早已定居美洲數千年。唯有對歐洲人來說，美洲才是一個新大陸。「發現」（Discover）一詞也是問題所在，因為一個人怎麼能「發現」其他人已經知道並擁有的事物？教科書作者掙扎著解決這個問題，努力擺脫殖民歷史及歐洲中心論的用詞。伯爾斯坦和凱利在其第一章開頭寫道：「美洲的發現是世界最大的驚喜」，在此他們指的是哥倫布發現美洲。五頁後，這兩位作者努力收回這個詞：「唯有對歐洲人來說，美洲才是新『發現』的。數百萬的美洲原住民早已在那裡生存！」然而，收回這些用詞並不是有效的做法。伯爾斯坦和凱利採取的整體做法是描述白人發現非白人，而不是相互的多元文化接觸。事實上，他們太過於以歐洲為中心，甚至沒注意到他們在提到可以「發現」美洲的人時根本忽略了「非洲人和亞洲人」。

這觀點並非毫無意義。因文字有其重要性——文字不只能影響政策，有時甚至能使政策合理化。在一八二三年，美國最高法院首席法官約翰．馬歇爾（John Marshall）判決柴拉基族（Cherokee）因「占據」（Occupancy）而對其在喬治亞州的土地擁有一些特定的權利，但白人因「發現」該地而享有優先權。至於美洲印第安人如何在沒有先發現喬治亞的情況下占據它，馬歇爾忽略而未加解釋。[92]

探險過程本身就是多種族與多文化的接觸。非洲領航員協助亨利王子手下的船長學會如何沿非洲海岸航行。[93]在一四九二年的聖誕節，「聖瑪麗亞號」在海地的外海擱淺，哥倫布需要協助並派人到最近的阿拉瓦克城鎮求救，「該城鎮的所有居民」都加以回應，帶著「許多龐大的獨木舟」前來幫忙。「他們在很短的時間內清除了甲板，」哥倫布繼續寫道，然後酋長「命人把我們所有的物品放到宮殿附近，直到他撥給我們的房子已經清空，讓我們能把所有物品收好和看守好」。[94]哥倫布在最後一次航行時於牙買加發生船難，當地的阿拉瓦克族收留了他和超過一百名船員一整年，直到西班牙人從海地過來救援。

這類的事件持續發生。加拿大印第安人威廉．伊拉斯莫斯（William Erasmus）指出，「你們所謂的探險家很無助，他們就像迷路的孩子，是我們的族人照顧了他們。」[95]美洲原住民在一五三五年於蒙特婁（Montreal）附近治癒了雅克．卡帝亞（Jacques Cartier）罹患壞血病的船員。他們在加州修好弗朗西斯．德雷克（Francis Drake）的「金鹿號」（Golden Hind），所以他才能在一五七九年完成環遊世界的航行。若非接連獲得美洲印第安部落的協助，並在兩名肖肖尼族（Shoshone）嚮導莎卡嘉薇亞（Sacagawea）和托比（Toby）擔任口譯下，路易斯與克拉克的遠征隊（Lewis and Clark's Expedition）到太平洋西北地區的旅行不可能成功。探險艦隊的司令皮里發現北極時，第一個到那裡的人可能不是歐裔美國人皮里或他的助手非裔美國人馬修．韓森（Matthew Henson），而是他們的四名因紐特（Inuit）男女嚮導，也是整個探險隊依賴的人。[96]我們的歷史沒有提及這類的協助，只描繪出自豪的西方征服者兩腳橫跨世界的形象，如同羅德斯島的阿波羅神像（Colossus at Rhodes）。

只要我們的教科書隱瞞至少從西元前六千年到二十世紀之間，有色人種在探險事蹟中所扮演的角色，就等同於鼓勵我們視歐洲及其延伸出來的國家，為所有知識與智慧的根源。只要他們仍使用「發現」一詞，就等於暗示白人是唯一真正重要的人種。只要他們僅僅讚頌哥倫布，而不是將他的事蹟與剝削事實同時呈現，就等於鼓勵我們認同西方白人剝削利用的行為，而不是激勵我們研究它。

七十六頁中的左欄是像藤壺般緊緊跟著哥倫布的許多傳說之一——這些傳說「全都是非實質的神話」。[97]右欄則摘取自同時代對一名從海地逃往古巴的阿拉瓦克酋長所做的記述。讀者可能已經猜到左欄的內容來自美國歷史教科書，在此是引用自《美國冒險史》。由於這事件十之八九從未發生過，因此很難為把它納入教科書的做法辯駁。若要了解它被納入教科書的原因，可以檢視它的作用。這個事件就像通俗劇一樣，能營造出溫和的懸疑氣氛，儘管我們知道最後一切都會很順利。然而，這些內容無疑會鼓勵人對哥倫布的進取精神產生認同，使哥倫布成為居於劣勢的人（騎驟、披著破舊的斗篷），讓我們站到他那一邊。

有人騎著騾子慢慢走下西班牙一條瀰漫塵土的道路。他肩上披著破舊的斗篷。雖然他的臉看起來還年輕，但一頭紅髮已經開始變白。現在是一四九二年初，哥倫布正要離開西班牙。

西班牙國王和女王已經兩度拒絕提供他船隻。他浪費五年的時間努力取得他們的同意。現在他要去法國，或許法國國王願意提供他需要的船隻。

哥倫布聽到喧鬧聲，轉身朝路上方望去。馬和騎士疾速奔向他。這名騎士遞給他一封信後，哥倫布調轉騾子。這封信是來自西班牙國王和女王，信中命令他回轉。哥倫布將獲得他需要的船隻。

在得知西班牙人即將來臨時，（酋長）召集他所有的人民，提醒他們西班牙人對希斯潘諾拉島居民施加的迫害：

「你們知道他們為什麼要迫害我們嗎？」

他們回答：「因為他們殘酷又邪惡。」

「我告訴你們，他們這麼做的原因，」酋長說：「就是這個，因為他們非常喜愛這個主人，我讓你們看看他。」

他舉高一個用棕櫚葉做成的小籃子，裡面裝滿黃金，他說：「這就是他們的主人，他們服侍與讚嘆的主人……為了這個主人，他們令我們受苦；為了他，他們迫害我們；為了他，他們殺死我們的父母、兄弟和所有的人民……我們不要把基督徒的主人藏在任何地點，因為即使我們把它藏在腹裡，他們也會取出；因此我們要把它丟進這條河，丟到水裡，讓他們永遠不知道它在哪裡。」

於是他們將黃金丟進河裡。[98]

右欄則是拉斯・卡薩斯所做的紀錄，內容顯然是來自古巴的阿拉瓦克族。這個酋長的故事跟哥倫布騎騾的故事不同，因為它提供了重要的事實：西班牙人尋求黃金，殺死印第安人，而印第安人逃走和抵抗。（事實上，在古巴的數次武裝抵抗均徒勞無功後，這名酋長「逃進野薔薇裡」。數週後，西班牙人抓到他時將他活活燒死。）儘管如此，沒有一本歷史教科書納入這名酋長的故事或類似的事件。若是教科書有談到這些的話，可能會使我們對印第安人產生認同。教科書作者藉由避免提到個別阿拉瓦克人的姓名與故事，以及省略他們的觀點不談，來使這些印第安人「他者化」

（Otherize）。由於美洲印第安人從來不是以可識別的人類來呈現，所以讀者不需要去擔心他們可怕的命運。由此看來，教科書本身也有認知失調的情形。

教科書裡不包含右欄的內容，只包含左欄的內容，不包含十之八九為真的故事，只包含似不可信的故事，這些做法都助長了以殖民地主義為觀點的歷史。美國歷史書籍在陳述哥倫布的故事時，大多採取這種做法。然而在全球各地，那些一度被歐洲強權「發現」、征服、「教化」和殖民的國家現在都已獨立，至少政治上已經獨立。歐洲人和歐裔美國人不再指揮這些國家，不再像以前主人指揮原住民一樣，因此他們也必須停止把自己視為在道德與科技上處於優越地位。以正確的新方式講述哥倫布的歷史（只有一本教科書《美國人》提供了學生這樣的歷史）都將有助於這個轉變。

當然，這樣的新歷史不能按我們本身所處時代的標準來判斷。比方說，在一四九三年時世界還沒有認定奴隸制度是錯誤的做法。有些美洲印第安民族會把其他的印第安人當作奴隸；非洲人也會奴役其他的非洲人；歐洲人會奴役其他的歐洲人。以其他人也會做的事情來攻擊哥倫布，並不合理。

然而，當時也有一些西班牙人（例如拉斯．卡薩斯）反對哥倫布在海地實施奴隸制度、奪取土地和強迫勞動等做法。拉斯．卡薩斯原本是冒險家，後來成為莊園主人。然後他開始改變立場，釋放原住民，成為神職人員，並極力為印第安人爭取人道對待。當哥倫布和其他歐洲人主張美洲原住民是劣等人時，拉斯．卡薩斯指出印第安人是敏感理性的人，就跟其他人類一樣。當其他的歷史學家嘗試忽略由哥倫布開始的印第安奴隸交易並為之辯護時，拉斯．卡薩斯譴責這行為是「有史以來對神與人類所做最不可饒恕的罪行」。拉斯．卡薩斯敦促西班牙制定反對美洲印第安奴隸制度的法律[99]，雖然這些法律來得太遲，無法使阿拉瓦克人受惠，而且經常受到忽視，但它們的確讓一些印第安人得以存活。拉斯．卡薩斯在過世後仍對歷史造成影響：西蒙．玻利瓦（Simon Bolivar）就曾引用拉斯．卡薩斯的著作，證明一八一〇年至一八三〇年間將拉丁美洲自西班牙統治中解放出來的革命是正當行為。

當歷史教科書略去阿拉瓦克人不談時，是對美洲原住民的冒犯。當他們省略非洲人和腓尼基人比哥倫布先抵達美洲的可能性時，是對非裔美國人的冒犯。當他們美化德索托這類的探險家、只因為他們是白人時，這樣的歷史冒犯了所有的有色民族。當他們不談拉斯・卡薩斯時，等於忽略了一個有趣且我們可能全都會認同的理想主義者。當我們的教科書歌頌哥倫布時，等於促使我們認同迫害者。當教科書作者忽略歐洲支配世界的原因與過程時，他們所呈現的歷史會讓我們無法察覺重要的問題。或許最糟的是，當教科書將哥倫布粉飾簡化為一個虔誠的英雄形象時，它們提供的是令人感覺良好卻枯燥乏味的歷史。

第三章／第一個感恩節的真相

感恩節相關的標準故事其實不含一點真實性、歷史正確性或跨文化感受，為什麼它會如此根深蒂固？美國精神一定要利用與貶低其受害者才能證明其歷史是正當的嗎？／**邁克・杜瑞斯**（Michael Dorris）[1]

歐洲探險家和入侵者發現的，是一片已有居民的土地。若它原先是原始荒野，現今就有可能維持原樣，因為歐洲在十六、十七世紀的技術與社會組織都無法靠其自身的資源，來維持離家數千公里遠的前哨殖民地。／**法蘭西斯・傑寧斯**（Francis Jennings）[2]

歐洲人能夠征服美洲，不是因為他們是軍事天才，也不是基於宗教動機、野心或貪婪，而是因為非預謀的生物戰爭。／**霍華・辛普森**（Howard Simpson）[3]

論及這些事令人痛苦。我們的祖先儘管明智、虔誠和真誠，但是他們是否具有基督教的博愛卻令人質疑；此外，在歷史上，真相應該是神聖的，不計任何代價也要保持……特別是面對狹隘無用的愛國主義也應極力維持，愛國主義不會為追尋真相而努力前進，反而會為了掩蓋祖先些許赤裸真相的退步做法而自豪。／**湯瑪斯・艾斯品沃上校**（Col. Thomas Aspinwall）[4]

過去這幾年，我問過數百名大學生：「我們現在所知的美國是從什麼時候開始有人居住？」這問題應該很好回答；「我們現在所知的」這個措詞無疑已經暗示是美國建國以前的早期定居者。起初我以為（或至少曾希望）學生會回答西元前三萬年或其他哥倫布以前的年代。

結果他們沒有，他們的答案向來是「一六二〇年」。

這些學生的腦袋裡顯然裝滿美國起源的神話，亦即第一個感恩節的故事，教科書則是傳播這個起源神話的媒介。

問題之一在於「定居」（settle）這個英文字。有一位學生曾指出：「定居者」（settlers）是白人。「印第安人」不定居。不是只有學生受到settle這個字的誤導，介紹普利茅斯種植園（Plimoth Plantation）的影片也告訴訪客：「他們開始教化一片充滿敵意的荒野」。某個感恩節的週末，我在自由女神像（Statue of Liberty）聽一位導遊說歐洲移民「居住於荒涼的東海岸」，然而正如同本書稍後的探討，如果在那之前不是已經有美洲印第安人定居新英格蘭，歐洲人面對的工作將艱鉅得多。

在談美國的故事時，從清教徒先民講起的做法，不僅遺漏了美洲印第安人，也略去了西班牙人。第一批在「我們現在所知的美國」定居的非原住民，是西班牙人於一五二六年放棄嘗試定居後，留在南卡羅萊納的非洲奴隸。西班牙人在一五六五年大屠殺早已移民佛羅里達州聖奧古斯丁（St. Augustine）的法國新教徒（French Protestants），然後在那裡建立自己的要塞。在一五六五年至一五六八年間，西班牙人到卡羅萊納探險並興建數個要塞，但後來遭印第安人燒毀。有些後來的西班牙移民是我們的第一批清教徒，他們為了獲得宗教自由而到新地區：這些人是在一五〇〇年代末期定居新墨西哥的西班牙猶太人。[5]只有極少數的美國人知道，美國有三分之一的土地（從舊金山、阿肯色、納奇茲，一直到佛羅里達）屬於西班牙人的時間比「美國人」還久，而且西裔美國人早在首批美國革命婦女會（Daughters of the American Revolution）的祖先離開英格蘭以前，就已住在美國。此外，西班牙文化也對美國西部有不可磨滅的影響。西班牙人引進馬匹、牛隻、綿羊、豬和牛仔文化的基本要素，包括他們使用的詞彙：小野馬（mustang）、北美野馬（bronco）、牛仔競技（rodeo）、套索（lasso）等等。[6]逃離西班牙人的馬匹開始繁殖後，促使平原印第安人（Plains Indians）的新文化快速發展至顛峰。詹姆斯・艾克斯特爾（James Axtell）寫道：「如果能找到一本先講西岸、再講傳統東部殖民地的教科書，肯定會讓人耳目一新。」

為什麼找不到呢？或許原因在於大多數的教科書作者都是盎格魯・撒克遜白人新教徒（White Anglo-Saxon Protestant）。我調查的那十八本教科書有四十六名作者，他們的姓氏從鮑爾（Bauer）、伯金（Berkin）到威廉斯（Williams）和伍德（Wood）都有，但是只有兩個是西班牙姓氏，分別是《自由的挑戰》的共同作者琳達・安・狄里昂（Linda Ann DeLeon），和《美國人》的共同作者克洛爾・狄・亞瓦（J. Klor de Alva）。在這兩位作者所寫的書裡，對「我們現在所知的美國」中早期西班牙移民的說明最為完整，包括提到西班牙人所設立從卡羅萊納到墨西哥灣、以及從聖地牙哥到舊金山的傳教區，這無疑並非巧合。[7]在我們的這一生當中，美國學齡人口中的少數族裔注定會多於白人，亦即西裔、非裔、亞裔和美洲原住民的總數將會超過百分之五十一。屆時，或許在歇斯底里和咬牙切齒一番後，歷史教科書會多注意西班牙在美國歷史中的角色，這是它們原本應做的事。此時，被視為入侵者的是「西班牙人」，而被視為定居者的則是「英國人」。[8]

從一六二〇年開始述說美國的故事，同樣忽略了荷蘭人，他們早在一六一四年就已定居今日的奧巴尼（Albany）。事實上，如果英國人的定居才叫做定居的話，英國人的第一個海外永久聚落也不是建立於一六二〇年，因為早在一六〇七年倫敦公司（London Company）就已派人至維吉尼亞的詹姆斯鎮（Jamestown）定居。

無論如何，對於「我們現在所知的美國」，一般的迷思是以為它起源於一六二〇年的普利茅斯岩（Plymouth Rock）。以下是《美國傳統》中一個具有代表性的描述：

> 做過一些探險後，英國清教徒選擇在普利茅斯港一帶定居。不幸的是，他們是在十二月抵達，對新英格蘭的冬天毫無準備。然而，友善的印第安人幫助了他們，給予他們食物，教導他們種穀。當溫暖的天氣來臨，殖民者種植作物、從事漁獵，為下一個寒冬預做準備。在第一次收成後，他們與印第安朋友共同慶祝第一個感恩節。[9]

我的學生也記得英國清教徒曾在英國因宗教信仰而遭迫害，並因而遷往荷蘭。他們搭乘「五月花號」（Mayflower）前往美國，簽訂「五月花號盟約」（Mayflower Compact），根據學生的說法，這就是美國憲法的前身。他們的生活艱困，直到遇到史廣多（Squanto）才改變，史廣多教他們如何以小魚作為每一個小穀丘的肥料，以確保豐收。但當我問學生有關瘟疫的事時，他們只是茫然地瞪著我。「什麼瘟疫？黑死病？」不是，我嘆氣，那是還要早三世紀以前的事。

然而，黑死病倒是提供了有用的引言。在威廉・蘭格（William Langer）的筆下，黑死病（或腺鼠疫）「無疑是降臨世人身上最可怕的災難」。[10]在一三四八年至一三五〇年間，黑死病可能造成了歐洲百分之三十的人口死亡。儘管這是可怕的大災難，然而這疾病本身卻僅是這場災難恐怖的原因之一。根據蘭格，「在那一段中世紀期間，幾乎每一個人都將該瘟疫解釋為神對世人罪惡的懲罰。」農夫因認為最後審判日即將來臨而不思農作，許多人因自暴自棄而酒醉度日，市民與經濟生活崩潰所造成的死亡，可能跟這疾病本身一樣多。整個歐洲文化都受到影響：恐懼、死亡與罪惡感成為主要的藝術主題。較不嚴重的疫病（斑疹傷寒、梅毒和流行性感冒，以及腺鼠疫）持續蹂躪歐洲直到十七世紀結束。[11]

歷史上，歐亞非三洲比較溫暖的地區向來是大多數人類疾病的溫床。人類在熱帶地區演化，熱帶疾病隨之演化。人類在遷移至比較冷的氣候區後，只能依靠衣物、房舍和火等文化上的發明來保暖。有部分生命週期是在人類宿主體外度過的微生物，難以適應歐洲與亞洲北部的環境。[12]如果考古學家的一致看法是正確的，當人類經由海水才剛退去的白令海峽遷徙至美洲時，氣候與物理環境所發生的變化，甚至對更早期，在從非洲緩慢北遷的過程中倖存下來的耐寒寄生菌都是威脅。這些首批移民等於經由一個冰寒的滅菌淨化室後才進入美洲，因此第一批在西半球定居的移民在抵達時，健康情況可能比他們之前或之後的大多數人類都來得好。在這趟旅程後，許多長期糾纏人類的疾病並沒有存留下來。[13]

有些動物也沒有熬過這些變化。在歐洲人和非洲人於一四九二年抵達以前，西半球的人類沒有牛、豬、馬、綿羊、山羊或雞。許多疾病在人類與牲口之間傳來傳去，例如從炭疽熱到肺結核、霍亂到鏈球菌、從癬到不同的痘病等等。由於西半球的早期居民沒有飼養牲口，因此不會染上牲口的疾病。[14]

歐洲和亞洲還有一個比較難察覺的致病因素：社會密度。致病有機體需要持續找到新宿主才能生存下去，其中最明顯的例子莫過於天花，天花病毒一離開活人體以後，在外界將無法生存。但致病有機體經常因侵略性太強而造成宿主死亡，因此這些疫病事實上造成了自身的困境：它們定期需要找到新的受害者。各種不同的流行性感冒病毒同樣必須尋找新宿主，因為如果它們的受害者存活下來，就會有一段至少持續數週、有時甚至長達一生的免疫期。[15]有些小型社會，例如內華達的派猶特印第安人（Paiute Indians），是由孤立的核心家庭和大家庭所構成，在後哥倫布時期，他們有可能從比較靠近城市的居民那裡感染到天花，而這情形也的確發生過，但是小型社會無法長期提供新宿主。[16]即使是村落也沒有足夠的社會密度，村民有可能一天接觸三百人，但通常是相同的三百人。重複與少數相同的人接觸，跟接觸新的人，無論對人類文化或在培養微生物上都不會有相同的結果。

美洲的一些地區的確有高社會密度。[17]印加人的道路可以從北方的厄瓜多連接到智利的城鎮。[18]一千五百到兩千年前，伊利諾州加和基亞（Cahokia）的人口大約四萬左右。從五大湖區到佛羅里達，以及從洛磯山脈到今日的新英格蘭都有貿易連通。[19]因此，他們並不是孤立的「原始」民族。然而，西半球大多數地區的社會密度的確不像歐亞非三洲大多數地區那麼高。此外，西半球也沒有像倫敦或開羅一樣的疾病淵藪，任憑未經處理的生汙水在街道上流動。

當時美洲的疾病稀少，部分原因也在於當地居民的基本衛生習慣。以前歐洲北部和英國的居民鮮少沐浴，認為沐浴不健康，而且鮮少同時脫掉所有的衣服，視之為厚顏無恥的行為。印第安人覺得英國清教徒聞起來有臭味，根據史廣多的傳記作家菲尼．辛勒（Feenie Ziner），史廣多「曾經嘗試教他們洗澡，但沒有成功」。[20]

基於所有這些原因，在哥倫布以前，南北美洲的居民「顯然非常健康」，（澳洲原住民和太平洋偏遠島嶼上的民族也一樣）。[21] 諷刺的是，健康正是他們毀滅的禍根，因為他們無法透過基因或在兒時生病來逐漸增強抵抗力，對抗歐洲人和非洲人帶來的病菌。

一六一七年，在清教徒即將抵達前，新英格蘭南部地區爆發傳染病。先前英國和法國漁民在麻薩諸塞州外海捕魚已經長達數十年，他們在船上裝滿鱈魚後，會上岸補充木柴和淡水，或許還會抓一些印第安人賣到歐洲當奴隸。這些漁民有可能把一些疾病傳染給遇到的人。[22] 相較之下，其後爆發的瘟疫使得黑死病相形見絀。有些歷史學家認為這場瘟疫是腺鼠疫，有些則認為是傳染性肝炎、天花、水痘或流行性感冒。

在三年內，這場瘟疫就造成新英格蘭海岸地區的居民百分之九十到九十六死亡，當地社會遭受重創。當時目睹這場瘟疫的英國人羅伯特．谷西曼（Robert Cushman）寫道：「二十人中只有一人存活。」這是人類歷史上前所未見的死亡率。[23] 由於屍體太多無法處理，存活者只好放棄村莊離開，通常是到了鄰近的部落。由於這些存活者攜帶著疾病，造成從未見過白人的美洲印第安人死亡。霍華．辛普森描述清教徒看到的可怕景象：「村莊在無人照料下變成廢墟。地面四散著數千名印第安人的骨骸，無人埋葬。」[24]

歷史教科書在處理有關美洲原住民的方面，一個最大的改變是大多數的新教科書都包含了下面這張插圖。第一版的《老師的謊言》（*Lies My Teacher Told Me*）譴責教科書沒有提及反覆發生的傳染病肆虐原住民人口，也沒有任一本包含那張插畫或任何關於那些疾病的描寫。

其後十五年間，有更多傳染病爆發，我們知道的大多是重複發生的天花。歐裔美國人也會感染天花和其他疾病，但是他們通常會復原，包括後來「有許多痘痕的喬治．華盛頓」也存活下來，而美國原住民通常會死亡。傳染病對這兩個文化的衝擊相當深遠。英國分離主義者已將生活視為受到神啟發的道德劇，並簡單地推論神對他們的支持。麻薩諸塞灣殖民地（Massachusetts Bay Colony）總督約翰．溫斯羅普（John Winthrop）稱此瘟疫為「奇蹟一般」。他在一六三四年寫給英國一位朋友的信上說：「但對這些地區的原住民來說，神緊緊追擊，乃至於其中最大一區、近

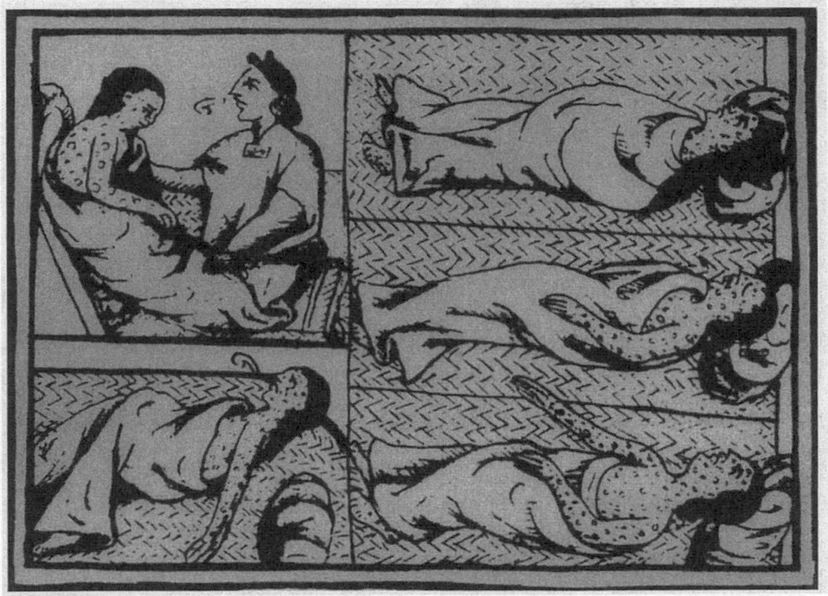

這些描繪天花的阿茲特克畫作，以及威廉．布拉福德（William Bradford）的著作都傳達出普利茅斯地區可怕的傳染病：「這是（印第安人遭遇過）最令人悲痛的疾病，他們對它的恐懼勝過瘟疫。因為得這種病的人通常會長許多痘，由於缺乏被褥、亞麻及其他協助，他們淒慘地躺在硬梆梆的墊子上，痘破裂流膿，相互感染，裂開的皮膚貼著床墊，只要轉身，整片皮膚會立即脫落，只剩血塊，怵目驚心，然後因感冒和其他疾病而疼痛，如腐爛的羊般死去。」這段話出自辛普森的《隱形軍隊》（*Invisible Armies*）。

五百公里的範圍都遭天花侵襲，至今仍未歇止。神將這片土地授予我們，這些地區剩餘不足五十之人已置於我們的保護之下……。」[25]神成為最早的不動產業者！

許多原住民以同樣的道理推論出他們的神已拋棄他們。谷西曼指出「那些離開的人喪失勇氣，面容沮喪，如驚弓之鳥」。在一波天花流行後，柴拉基族「絕望到對他們的眾神失去信心，祭司破壞部落的聖物」。[26]畢竟，當時美國原住民和英國清教徒都無從知曉疾病的細菌理論。原住民的巫醫無法提供療法，他們的藥物與藥草無法減輕病痛，他們的宗教無法提供解釋；但白人卻做得到。如同比他們早三世紀的歐洲人，許多印第安人耽溺酒鄉、皈依基督教或乾脆自殺。[27]

這些傳染病有可能是十七世紀早期最重要的地緣政治事件，其直接的結果，是英國人在抵達新英格蘭後的頭五十年間，沒有遭遇印第安人實質的挑戰。事實上，瘟疫是傳說中清教徒在普利茅斯受到萬帕諾阿格族（Wampanoag）熱烈歡迎的原因。該族酋長馬索蘇易特（Massasoit）熱切地想與清教徒結成聯盟，因為瘟疫使他的村落力量大減，令他擔心西方的納拉甘西特族（Narragansetts）。[28]當索格斯（Saugus）的新舊居民在一六三一年為了土地而產生衝突時，「神在印第安人之間降下天花，結束了紛爭」，這是清教徒牧師英格利斯·馬瑟（Increase Mather）的話：「整個城鎮遭侵襲，其中有些城連一個生還者都沒有。」[29]等到新英格蘭的原住民人口恢復到一定程度時，已經來不及驅走入侵者。

今天當我們比較歐洲技術與「原始」美洲印第安人的技術時，我們可以下結論說歐洲人征服美洲是不可避免的，但當時的情況並非如此。歷史學家凱倫·庫伯曼（Karen Kupperman）臆測：

> 當時在美國東岸，印第安人的技術與文化堪與英國匹敵，勝負誰屬起初並不明朗……我們只能臆測，如果歐洲疾病對美洲人口的毀滅性衝擊不如此嚴重，可能會有什麼結果。若殖民者無法占據已消失的印第安農民所留下的土地，殖民地的開拓應該會緩慢得多。若印第安文化沒有因所遭受的身

體與心理攻擊而摧毀，殖民活動可能根本不會成功。[30]

畢竟，山繆．強普林（Samuel de Champlain）於一六〇六年試圖定居麻薩諸塞時，印第安人曾將他趕走。次年，阿貝那奇族（Abenakis）協助驅逐緬因州的第一個普利茅斯公司屯墾區。[31]克羅斯比曾經臆測，如果挪威人沒有因運氣不佳而遷出離歐洲疾病中心很遠的格陵蘭和冰島，或許他們早已成功殖民紐芬蘭與拉布拉多。[32]但這些是「假設」的歷史，而新英格蘭的瘟疫並不是「假設」。它們持續往西擴散，跑在文化接觸的最前線。

在美洲各地，第一批歐洲探險家所遇到的印第安人都比後繼者多許多。在德索托到美國東南部旅行後，過了一個世紀半，法國探險家發現當地人口只剩德索托經過時的四分之一不到，德索托的探險對原住民的文化與社會組織造成毀滅性的影響。[33]同樣地，路易斯與克拉克在其一八〇四至一八〇六年間著名的遠征旅途中，於奧勒岡遇到的原住民遠比二十年後多。[34]

亨利．多賓斯（Henry Dobyns）整理出一五二〇年至一九一八年間，在美國印第安人之間令人悲痛的九十三次傳染病。他記錄四十一次天花、四次腺鼠疫、十七次麻疹和十次流行性感冒（這兩種疾病對美洲原住民都是致命疾病），以及二十五次肺結核、白喉、斑疹傷寒、霍亂和其他疾病。這些疾病的爆發有許多真正達到全洲的規模，從佛羅里達或墨西哥開始，唯有在蔓延至太平洋和北極海時才停止。[35]疾病在墨西哥和秘魯也扮演著關鍵角色，如同在麻薩諸塞州一樣。當時西班牙是如何征服今墨西哥市？「當基督徒因戰爭而筋疲力竭時，神認為可將天花降臨至印第安人身上，當時在此城市有嚴重的傳染病。」當西班牙人前進特諾奇提特蘭（Tenochtitlan）時，屍體多到只能踩屍前進。大多數的西班牙人都對此疾病免疫，而這也摧毀了阿茲特克人的士氣。[36]

傳染病至今仍在傳播。礦工和伐木工最近將歐洲疾病引入巴西北部和委內瑞拉南部的雅諾馬莫族（Yanomamos），光在一九九一年就造成該民族的四分之一人口死亡。達爾文在一八三九年以幾近詩意的語氣寫道：「無論歐洲人前進何處，死亡似乎總是緊隨原住民。」[37]

歐洲人永遠無法「定居」中國、印度、印尼、日本或大部分的非洲，因為這些地方的人口原本就已太多。瘟疫在美洲扮演的關鍵角色可以從兩個簡單的人口估計值來推論：威廉·麥尼爾（William McNeill）估計在一四九二年時美洲人口大約一億，而蘭格則推測哥倫布出發時，歐洲大約只有七千萬人。[38]歐洲在軍事與社會技術方面的優勢或許使他們能控制美洲，而他們最終也得以控制中國、印度、印尼和非洲，但是這些並沒有使他們「定居」這個半球。因此，瘟疫肯定扮演著必要的角色。因此，除了來自歐洲（及非洲）的入侵以外，傳染病肯定是美國歷史上最重要的事件。

第一波傳染病並不僅是美洲印第安社會的浩劫，同時也對哥倫布以前的美洲原住民人口造成影響，至今這影響的結果仍是歷史學家與人類學家爭論不休的議題。一八四〇年時，喬治·柯特林（George Catlin）估計美國和加拿大的原住民跟白人接觸時，人口或許在一千四百萬左右，但他相信只有兩百萬人存活下來。到了一八八〇年，由於戰爭、文化解體（deculturation），以及疾病，原住民人口陡降至二十五萬，相當於減少了百分之九十八。[39]在一九二一年時，詹姆士·穆尼（James Mooney）斷言在一四九二年時只有一百萬原住民在今日美國的土地上生活。儘管穆尼的估計值大多是推論而來，而不是憑靠證據，因此說服力不足，但在一九六〇年代和一九七〇年代以前一直為人所接受。科林·麥克伊偉迪（Colin McEvedy）的論點就是一個實例：

> 當然，有些誇大的人宣稱原住民人數因為自歐洲傳入的天花、麻疹和其他疾病的流行而銳減至極少數量（在一百萬到兩百萬之間）——實際上這也的確有可能。但是沒有任何紀錄顯示（歐洲）大陸人口曾經這麼大幅地下降，從兩千萬減少至一、兩百萬的情形。即使黑死病也僅使歐洲人口減少三分之一。[40]

在此必須特別注意的是，麥克伊偉迪忽略了上面總結的數據及與疾病有關的推論，僅以一般常識來駁斥了這兩者。事實上，他爭論說：「蔑視常識沒有好處。」但是清教徒抵達前的美洲流行病學並不屬於日常知識的領域，以這個領域而言，「常識」無法取代多年的重要研究。麥克伊偉迪所謂的「常識」其實指的應該是傳統，而且是以歐洲為中心的傳統。我們對這片「處女地」及其「原始部落」的社會原型看法微妙地影響了一般對原住民人口的估計：視美國原住民文化為原始文化的學者，降低他們對原住民與白人接觸前的人口估計，以符合社會刻板印象的看法。因此穆尼的低人口估計值是「合理的」——而這與社會原型看法產生共鳴。這種看法實際忽略了這片土地根本不是原始荒涼的處女地，而是新寡的拋荒地。[41]

有些歷史學家和地理學家認為難以相信的高死亡率，清教徒先民卻知道是事實。例如布拉福德曾描述與普利茅斯為對手的荷蘭人，到康乃狄克的印第安村落進行交易，「但他們的企圖失敗，因為上帝對這些印第安人降下非常致命的疾病，導致一千人當中有超過九百五十人死亡，其中有許多直接在地上腐敗，沒有安葬……」[42]這個死亡率正好是麥克伊偉迪拒絕相信的百分之九十五。在美國另一邊的海岸，加州原住民人口在一七六九年時約三十萬（這已是遭來自西班牙的多種疾病侵襲後剩餘的半數人口），但在一世紀後，主要由於淘金熱造成「疾病、饑餓、謀殺和生育率下降」而銳減至只剩三萬。[43]

在柯特林後的一世紀，歷史學家與人類學家「忽略」清教徒先民和其他早期紀錄者所提供的證據。然後從阿希伯恩（P. M. Ashburn）於一九四七年的著作開始，一些研究已經根據針對美洲首次接觸外來者的小規模研究及早期疫病的證據，建立更加精確的估計值。目前有關美國與加拿大地區在首次接觸外來者前的人口，大多數的估計值範圍在一千萬到兩千萬之間。[44]

我最初採樣的十二本教科書，大多是在一九八〇年代出版，但沒有一本提及在一九六〇年代與一九七〇年代早期的激烈討論，告訴讀者這些估計值改變的原因和過程。他們僅簡單地陳述數字——截然不同的數字。《美國冒險史》說：「多達一千萬。」《美國傳統》的敘述是：「北美印第安人大約只有一百萬。四散在北美各地大約五百個不同的族群裡，其中許多是遊牧族群。」這些教科書的作者就像沒有研究過文獻的美國人一樣，仍舊拘泥於「處女地」與「原始部落」的窠臼；他們最常見的美國印第安人口估計值是沒有說服力的一百萬，這數字可見於五本教科書。只有兩本教科書提供了一千到一千兩百萬的估計值，這也是當代學者支持的範圍。還有兩本教科書採取模稜兩可的做法，推測在一百萬到一千兩百萬之間，這或許會引發學生在課堂上討論為什麼這些估計值如此含糊。另外有三本完全沒有這個主題。新教科書甚至更糟：沒有一本包含人口估計值的主題。

這裡的問題與其說是估計值，不如說是態度。呈現出爭議似乎是相當激進的做法，這會引發學生獲得自己的結論，但教科書作者不容許這樣的事發生。他們視其工作為呈現「事實」，以便學生可以「學習」，而不是鼓勵他們自行思考。這種方式會使學生無法學會社會科學所需的推理、論證和衡量證據。

在疫病方面，我最早取樣的十二本教科書提到的更少。只有三本在談到普利茅斯或新英格蘭的其他地方時，曾經談到印第安人的疾病。[45]今日，大多數的新教科書在談到「哥倫布交換」時，的確有包含「舊世界」的疾病。早該這麼做了！畢竟在殖民時代，每一個人都知道瘟疫的事。即使在「五月花號」航行之前，英國詹姆士國王就曾感謝「全能的神對我們的仁慈與慷慨」，派遣「這美好的瘟疫降臨於蠻族」。[46]兩百年後，在我的收藏中最古老的美國史書，亦即於一八二九年出版的巴伯（J. W. Barber）的《美國史上的趣聞軼事》（*Interesting Events in the History of the United States*）仍記載了這場瘟疫：

在移民抵達普利茅斯的前幾年，一種致死率很高的疾病正猛烈侵襲新英格蘭東部地區的印第安人。「一城城的居民減少，殘存者無法埋葬死者，遺骸在多年後仍曝屍地面。麻薩諸塞印第安人據說從三萬減少至三百名戰士。在一六三三年，天花造成大量人口死亡。」[47]

不幸的是，清教徒先民抵達麻薩諸塞一事，卻是教科書作者苦心迴避的另一個歷史爭議。教科書說清教徒先民原本的目的地是維吉尼亞，那裡已經有一個英國人的聚落。然而，「他們看到的第一片陸地是科德角，比預定的目的地偏北得多。」《美國之旅》解釋說：「由於當時是十一月，冬天即將來臨，於是殖民者決定在科德角灣下錨。」但是冬天來臨不可能是他們留在麻薩諸塞的原因，因為當時維吉尼亞的天氣要溫和得多。此外，清教徒先民花了整整六週的時間（直到十二月二十六日為止）偵察科德角一帶，尋找最佳地點。首先，既然這些清教徒原本的目的地是維吉尼亞，為何最後卻留在麻薩諸塞？有些教科書說是「強烈暴風雨把他們的船吹離航道」，有的歸咎於「導航錯誤」。這兩種解釋可能都是錯的。有些歷史學家認為荷蘭人賄賂了「五月花號」的船長，要求他往北航行，以免清教徒定居在新阿姆斯特丹（New Amsterdam）附近。有些歷史學家則認為清教徒是刻意前往科德角。[48]

我們必須記得在「五月花號」的一百零二名移民當中，清教徒僅佔三十五人，其餘的都是想到維吉尼亞新殖民地追求財富的普通老百姓。歷史學家喬治．威利森（George Willison）爭論說清教徒領袖一直想擺脫英國國教的控制，所以從一開始就不打算定居維吉尼亞。他們先前就討論過定居圭亞納、南美，及麻薩諸塞海岸的利弊，而且根據威利森的推論，他們打算奪船。

清教徒肯定對麻薩諸塞能提供的一切所知頗多，從科德角沿岸的優良漁場到「美好的瘟疫」都包括在內，而這些也為英國移民提供了罕有的機會。根據一些歷史學家的看法，來自麻薩諸塞州帕圖西特村（Patuxet）的萬帕諾阿格族人史廣多，已經把這一帶的詳盡描述，提供給英國的普利茅斯公司領導人費狄南多．喬吉斯（Ferdinando Gorges）。喬吉斯甚至可能先派了史廣多和湯瑪士．德莫（Thomas Dermer）船長擔任先遣人員，等清教徒先民抵達，雖然當清教徒在英國受到耽擱時，德莫已經出航。無論如何，清教徒都對該地的地形很熟悉。最近所出版、由強普林在一六〇五年到這一帶旅行時所繪的地圖最近出版，其中補充了一些由十六世紀的探險家傳下的資訊。約翰．史密斯也曾研究那個地區，並在一六一四年將它命名為「新英格蘭」，他甚至提議要擔任清教徒先民領導人的嚮導。他們拒絕了他提議的服務，因為太貴，後來僅帶著他的旅行指南出發。[49]

在考量種種情況後，我相信清教徒領導人可能是刻意去麻薩諸塞。但是任何結論的證據至今都仍很薄弱。有些歷史學家相信喬吉斯在事後認為他們能抵達麻薩諸塞是他的功勞。實際上，「五月花號」可能沒有特定的目的地。如果教科書作者提出兩個或更多的可能性，讀者可能會覺得很驚奇，但是如同以往，讓學生接觸歷史爭議是禁忌。每本教科書都只挑一個理由，然後將它呈現為事實。

在我調查的教科書中，只有一本提到奪船的可能性。「在新英格蘭上岸令在『五月花號』上占大多數的（非清教徒）乘客大吃一驚，他們衣著破爛且身心疲憊，」《應許之地》：「（他們）加入這個探險隊，是為了到維吉尼亞的菸草園尋找賺錢的機會。」

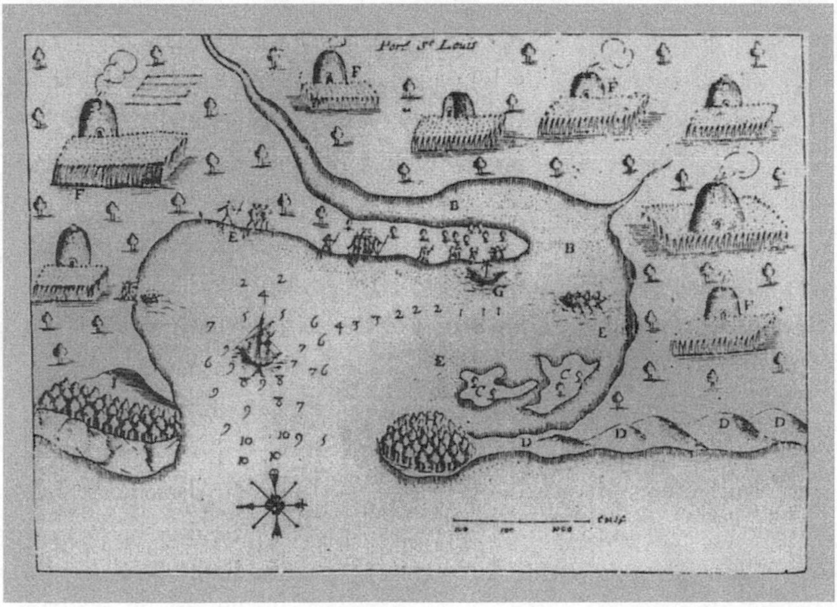

在清教徒了解新英格蘭的資訊來源可能是強普林的地圖，包括這張帕圖西特（普利茅斯）水路圖，那時當時仍是一個印第安村落，尚未遭一六一七年的瘟疫侵襲。

這些乘客顯然對被載到其他地點感到不滿，特別是到一個還沒有建立英國聚落的海岸。「叛變的謠言立即傳開，」《應許之地》接著把這次的動亂跟「五月花號盟約」相連，並就殖民者為何簽訂這個盟約，以及它為何非常民主提出一個新的解釋：「為了避免叛變，清教徒領袖對其他殖民者做了顯著的讓步。他們呼籲船上的每一名男性加入建立『公民政體』（Civil Body Politic），不論宗教或經濟狀態。」這個盟約達到它的目的：大多數人的默許。

事實上，對該船的假設並沒給予清教徒先民非常負面的形象。此盟約漂亮地解決了一個棘手的問題。雖然奪船與虛假陳述（false representation）在當時恐怕跟現在一樣是重罪，這個殖民地的死亡率的確比維吉尼亞低，因此並沒有造成永久的傷害。然而這整個說法將清教徒置於有些不名譽的地位，這或許是只有一本教科書選擇它的原因。

「導航錯誤」的故事缺乏可信度：當時的水手能準確測量的航海因素之一是「緯度」，亦即距離赤道的距離。「暴風雨」藉口的可信度可能更低，因為如果暴風雨將他們吹離航道，等天氣恢復晴朗後，他們可以再度南行，航海繞過沙洲。畢竟，他們有足夠的食物和啤酒。[50]但是暴風雨和導航錯誤的原因會讓清教徒顯得心地純潔，這或許可以解釋，為什麼大多數教科書選擇從這兩個原因中挑一個。

無論動機為何，五月花號盟約都為普利茅斯殖民地提供了民主的基礎。然而，由於美國憲法的創造者事實上對此盟約並不重視，因此它也不值得教科書耗費篇幅大量陳述。但是教科書作者明顯希望將清教徒先民打造成一群品行端正虔誠，並且是為我們的民主傳統奠定前期基礎的人。這個動機最明顯的莫過於約翰·蓋瑞提（John Garraty）在《美國歷史》中令人汗顏的描述：「目前從各種紀錄來看，這是人類歷史上，首次由一群人有意識地創造出一個前所未見的政府。」蓋瑞提的這句話是改述自約翰·亞當斯（John Adams）於一八〇二年在普利茅斯發表的「祖先之日」（Forefathers' Day）演講，他在演講中讚揚「這個饒富正面意義且具原創性的社會盟約，為人類歷史上獨一無二之事例」。威利森冷淡地提到亞當斯「漠視數個明顯的事實——其中最重要的是促成該盟約的情況，此盟約簡單地說就是少數統治（minority rule）的工具。」[51]當然，蓋瑞提的改述也曝露出他的無知，他顯然不知道冰島共和國、易洛魁聯盟（Iroquois Confederacy），以及無數在一六二〇年前即已出現的其他政體。類似這樣的解釋只會促使學生產生種族優越感。

歷史教科書在把清教徒先民塑造為虔誠形象的同時，等於引入了美國例外主義（Exceptionalism）的社會原型觀念，此觀念意指美國與眾不同，優於世上所有其他的國家。美國為什麼是例外的？首先，我們特別優秀。如同伍德羅．威爾遜所說：「美國是世上唯一的理想主義國家。」[52]我們也特別強大和強悍：按照《美國通史》的說法，在我們面對未來時，我們這個「世界最古老的共和國，可以借鑒我們極富韌性與機智的卓越傳統。」（儘管聖馬利諾共和國〔San Marino〕可能早在西元三〇一年就已建立共和國，冰島在西元九三〇年成為共和國，而瑞士則是在一三〇〇年左右。）根據我們的教科書，這些傑出的特質從「一開始」，在普利茅斯岩時就已顯而易見。伯爾斯坦和凱利告訴我們：「清教徒兼具希望與戒慎，樂觀與悲觀，自信與謙卑，剛好是成功移民所需的特質，而這是我們歷史上最幸運的巧合之一。」唯有忽略瘟疫、可能發生過的奪船，以及他們與印第安人的關係等等事件，才有可能塑造出清教徒的快樂形象。

為了突顯此快樂的形象，教科書淡化詹姆斯鎮和十六世紀時西班牙人建立的聚落，偏好以普利茅斯岩為典型的美國誕生地。根據布林恩（T. H. Breen）的說法，維吉尼亞「在後來的歷史學家搜尋傳說中美國文化的起源時，沒有提供多少幫助。」[53]歷史學家很難將維吉尼亞的意圖呈現為符合道德規範，因為正如由一名維吉尼亞人所寫的第一部維吉尼亞史書中所言：「各方勢力的主要目的均在取走該處的寶藏，目標在於一夕致富，而非建立固定的殖民地。」[54]維吉尼亞人與印第安人的關係格外惡名昭彰：史廣多是自願的，但維吉尼亞的英國人俘虜印第安人，迫使他們教殖民者耕作。[55]一六二三年，英國人在波多馬克河（Potomac River）附近，跟由奇斯基亞克（Chiskiack）所領導的一些部落協商條約時，發動殖民地的第一場化學戰。英方提議舉杯慶賀「象徵永恆友誼」，結果這位酋長及其家人、顧問，以及兩百名追隨者全遭毒死。[56]此外，早期維吉尼亞人經常爭吵、懶散怠惰，甚至吃人肉。他們在初到時即在地上隨意挖洞，尋找黃金而非種植作物，但毫無所獲。不久，他們開始挨餓，挖食腐敗的原住民屍體，或到印第安人家中當僕佣，這一點也不像一個偉大國家所需的建國英雄。[57]

教科書也的確涵蓋了維吉尼亞殖民地，至少提及西班牙聚落，但它們仍用一半的篇幅敘述麻薩諸塞。這麼做的結果、再加上感恩節的緣故，學生當然比較容易記得清教徒先民才是我們的建國者。[58]在我提醒他們維吉尼亞與西班牙人的史實後，他們咸感困窘，因為直到我提起時，他們才想起這些史實。然而，我們的文化與教科書都沒有賦予維吉尼亞與麻薩諸塞相同的社會原型地位。這也是為什麼我的學生幾乎全都知道清教徒先民那艘船的名稱，卻幾乎沒有學生記得把英國人載到詹姆斯鎮那艘船的名稱。（以防你在玩智力搶答遊戲時遇到類似的問題，這三艘船的名稱分別是發現號〔Discovery〕、蘇珊恆定號〔Susan Constant〕和神速號〔Godspeed〕！）

儘管這些清教徒先民最後的定居地離其他的歐洲領地甚遠，但他們也不算是在「荒野」中「從一無所有開始」。在整個新英格蘭地區的南部，原住民反覆焚燒灌木叢，創造出類似公園的環境。在普洛溫斯鎮（Provincetown）登陸後，他們組裝了一艘探險船，開始四處尋覓新的家園。他們最後選擇了普利茅斯，因為那裡有開墾好的美麗田野，最近新種的穀物，以及適用的港口和「清澈的溪流」，是一個適合建鎮的美麗地點。事實上，在瘟疫侵襲以前，這裡原本就是一個城鎮，因為所謂的「新普利茅斯」指的正是史廣多的「帕圖西特」村所在地。入侵者採取雷同的模式：在整個新半球，歐洲人偏好在原住民人口正中央興建營地，例如庫斯科（Cuzco）、墨西哥市、納奇茲（Natchez）和芝加哥。在整個新英格蘭地區，殖民者則是將印第安人的田地據為己有，做為初始定居地，這樣就可以免掉清除林地與岩塊的苦工。[59]（這解釋了為何這一帶至今有許多城鎮的英文名稱都以「田野（field）」為字尾，例如Marshfield、Springfield和Deerfield）。「前進荒野」（Errand Into the Wilderness）一詞，若在一六五〇年代可以是生動的講道題目，在一九五〇年它是一本受歡迎的書名，而在二〇〇〇年則是助長社會原型的教科書內容，但是它向來不正確。新定居者根本沒遇到荒野，一名殖民者在一六二二年時記述道：「在我們居住的這個海灣，先前是大約兩千名印第安人的家。」[60]

此外，並非所有的原住民都已死亡，殘存者開始協助英國移民。清教徒先民在抵達麻薩諸塞的第二天就開始接受印第安人的協助，一名殖民者的日誌記述了水手發現兩座印第安房屋的經過：

他們帶著槍，沒聽到人聲，就進入屋內，發現屋裡空無一人。那些水手拿走一些物品但不敢停留……我們原本打算留下一些珠子和其他東西，作為和平的象徵，以示與他們交易的意圖。但我們離去時太匆忙，就沒這麼做。但只要遇到印第安人，我們就會為我們取走的東西付費。

清教徒先民搶劫的不僅是房屋，我們的目擊者繼續講述這個故事：

我們前進至我們稱為康希爾（Cornhill）的地方，先前我們曾在那裡發現過穀物。在我們先前見過的另一個地方，我們開始挖地，結果找到更多穀物，大約裝滿了兩、三籃，還有一袋豆子……我們總共找到十蒲式耳（bushel，譯注：穀物容量單位）的穀物，足供作為種子之用。我們唯有在上帝的協助之下才能找到這些穀物，否則我們怎麼能沒遇到任何可能帶來麻煩的印第安人。

從一開始，清教徒先民就感謝上帝，而不是美國印第安人的協助，儘管這些協助是印第安人（在無意間）提供的——這為後來的感恩行為建立了模式。這位寫日誌的人繼續記述：

第二天早上，我們發現一個像是墳墓的地方，決定開挖。我們先找到一張墊子，下面有一把好弓……我們還找到一些碗、盤和碟子之類的物品。我們拿了幾個最精美的，然後再度把屍體埋好。[61]

一個「像是墳墓」的地方！

雖然庫伯曼說清教徒先民持續盜墓多年[62]，但他們從活印第安人史廣多那裡獲得的協助其實更多。一提到史廣多，這再度是我的學生們熟悉的領域，因為他們都知道史廣多的傳奇故事。《應許之地》提供了一段典型的敘述：

他解釋說，史廣多早年曾向每年夏天到新英格蘭水域探險的英國漁夫，學習他們的語言。史廣多教清教徒先民如何種植穀物、槲瓜和南瓜。若是沒有史廣多的協助，這一小群定居者能生存下來嗎？我們不知道。但是到了一六二一年秋天，殖民者與印第安人已經可以一起坐下，舉辦接連數天的盛宴，向上帝表達感恩（後來這成為第一次的感恩節）。

對於史廣多，大多數的教科書漏掉了什麼？首先，他是如何學會英語的。根據喬吉斯的說法，在大約一六〇五年時，一名英國船長偷走當時還是男孩的史廣多，以及四名佩諾布斯克族（Penobscot）的男孩，把他們帶回英國。史廣多在那裡生活了九年，三年是受喬吉斯雇用。最後，喬吉斯協助史廣多安排回麻薩諸塞的航程。對於史廣多是否是在一六〇五年被偷走的五個印第安男孩之一，有些歷史學家存疑。[63]然而，所有資料來源都同意，在一六一四年時有一名英國奴隸販子抓走史廣多和二十多個印第安人，把他們賣到西班牙的馬拉加當奴隸。與其後發生的事相比，尤里西斯（Ulysses）航海返鄉的冒險故事相形失色。史廣多逃離奴隸生活，逃離西班牙，設法回到英國，然後在嘗試取道紐芬蘭返家後，他在一六一九年說服湯瑪士·德莫在下一次航行時順道讓他搭船回科德角。

史廣多傳奇般的冒險旅程提供了瘟疫故事的引子，但我們的教科書卻選擇不採用。史廣多踏上麻薩諸塞的土地後，走向自己的家鄉帕圖西特村，卻恐懼地發現「全村只剩他一人活著，所有其他的人都已經在兩年前的傳染病中死亡。」[64]難怪史廣多願意跟清教徒先民休戚與共。

這才是值得說的故事！相較之下，《應許之地》的敘述就很乏味：「他向英國漁夫學他們的語言。」[65]史廣多是翻譯、使節和技術顧問，對普利茅斯建立頭兩年的存亡至關重要。如同其他到美國的歐洲人，清教徒先民在剛抵達時，對於有哪些食物、如何種植或尋找食物都一無所知，直到印第安人教他們為止。布拉福德稱史廣多為「上帝賜予他們這個特別的幫手，讓他們，從史廣多身上得到的一切，超乎預期。他指導他們如何種植穀物、到哪裡抓魚、如何獲取其他商品，也是帶他們去未知地點賺取利益的領航員。」史廣多不是清教徒先民唯一的助手：一六二一年夏天，馬索蘇易特曾派遣另一名印第安人霍波馬克（Hobomok），以嚮導及使節的身分跟清教徒先民同住數年。[66]

「他們的利潤」是「五月花號」大多數的殖民者做這趟航行的主要原因。如羅伯特・莫爾（Robert Moore）所指出：「教科書忽略而未分析我們大多數的歷史背後所隱藏的利益動機。」[67]有些利益是透過印第安人的毛皮交易而來，若非如此，普利茅斯不可能生存。霍波馬克協助普利茅斯在緬因州的佩諾布斯克河（Penobscot）和肯內貝克河（Kennebec）河口、麻薩諸塞的阿帕塔克杰特（Aptucxet），以及康乃狄克的溫莎設立毛皮交易站。[68]歐洲人沒有「大膽前往以前無人敢去的地方」所需的技巧與欲望。他們走向了印第安人。[69]

這一切都讓我們想到感恩節。每年秋天，美國各地的小學生都會演一齣短道德劇「第一個感恩節」，做為我們國家的起源神話，劇中的清教徒先民都戴著用圖畫紙做的帽子，而印第安勇士則頭插羽毛。感恩節是我們全國一起向上帝感恩的節日，它對種族中心主義的讚頌超過任何其他的慶典，甚至超過獨立紀念日和陣亡將士紀念日這類顯然以愛國為主的假日。比方說，我們先前已談到詹姆士國王和早期的清教徒領袖如何感謝瘟疫的來臨，因為它證明了上帝站在他們那一邊。我們的歷史教科書不斷散播與感恩節有關的社會原型看法：上帝是站在我們這一邊、自荒野辛苦建立的文明、自失序中建立的秩序、辛勤工作及清教徒先民的優良品格。數十年前，貝茜·皮爾斯（Bessie Pierce）在分析一九二〇年代美國歷史的教授方式後，指出感恩節在政治上的用途：「為了這些無與倫比的恩賜，小學生被要求跟隨前人的步履，絕對服從這片土地的律法，以及繼續未竟的工作。」[70]

感恩節晚餐是一種儀式，而且具備麥西亞·伊利亞德（Mircea Eliade）認為起源神話的儀式常規所具有的一切特徵：

1. 它構成創建者、即超自然存在的行為史。
2. 它被視為是真的。
3. 它說明一個制度如何形成。
4. 在執行與神話相關的儀式時，人會「體驗到起源的知識」並聲稱其傳承關係。
5. 因此，人「活在」神話裡，將它視同宗教來實踐。[71]

我的藍燈書屋（Random House）字典在普利茅斯殖民者（Plymouth colonists）下列出的主要標題不是「清教徒先民」（Pilgrims，譯注：原意為朝聖者），而是「清教徒先祖」（Pilgrim Fathers）。直到前不久，美國

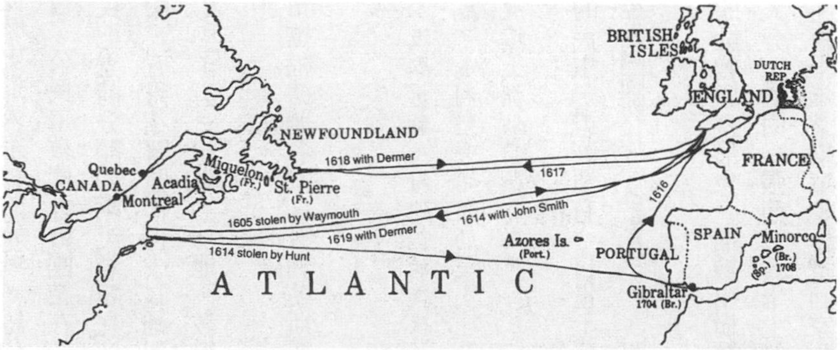

由於旅行的緣故，史廣多對這世界的了解比任何清教徒都來得多。他可能曾橫越大西洋六次，兩度被英國人俘虜，並曾在緬因、紐芬蘭、西班牙、英國，以及麻薩諸塞居住過。

國會圖書館同樣將有關普利茅斯的藏書目錄列在「清教徒先祖」之下，且「先祖」（Fathers）為大寫，意指「我們國家的父親」，而不是清教徒移民子女的父親。感恩節因而從歷史進入宗教的領域，羅伯特．貝拉（Robert Bellah）稱之為「公民宗教」（Civil Religion）。對貝拉而言，公民宗教使社會團結在一起。普利茅斯岩在一八八〇年左右成為標誌性的象徵，那時一些積極的鎮民把先前分開的兩半岩石在海岸地區重新接合，並蓋了一棟希臘式建築把它罩住。這棟建築後來成為聖殿，五月花號盟約也成為神聖的文字，而我們的教科書也開始發揮跟聖公會公禱書（Anglican Book of Common Prayer）相同的功能，教導感恩節公民儀式蘊含的意義。[72]

清教徒先民歷史中的宗教特質在瓦倫里安．派吉特（Valerian Paget）為布拉福德著名的《普利茅斯墾植記》（*Of Plimoth Plantation*）年代記所寫的序論中明顯可見：

> 歐洲的目光凝聚在這一小群不自覺的英雄和聖人上，從他們身上一步步汲取勇氣。對他們的後代子孫而言，相同的自由理想如此清晰耀眼……我們剛才思慮的小事件促成了美利堅合眾國的誕生，最重要的是，它象徵的人道主義理想也因而建立，為此清教徒先民人子聖壇上提供了祭品。[73]

在這段祈禱文中，清教徒先民不僅提供了美國的起源，也啟發了歐洲的民主，或許還有今日世上所有的良善！我想初始的殖民主義者，無論是分離主義者（Separatists）、還是英國國教徒（Anglicans），可能都會覺得可笑。

我們舉行的公民儀式造成美國原住民的邊緣化。我們對第一次感恩節的社會原型形象，描繪出樹林裡吱嘎響的木板，清教徒穿著漿過的上好衣服，站在幾乎赤裸的印第安客人旁。如同一張節日賀卡上的文字：「這代表我們邀請來分享食物的印第安人。」這一切愚蠢的行徑，在數十年來學童總會帶回家的講義中達到最高峰，上面的說明寫著：「他們提供南瓜、火雞、玉米和櫛瓜。印第安人從未見過這樣的大餐！」當美國原住民小說家邁克．杜瑞斯（Michael Dorris）的兒子把這些「資訊」從他就讀的新罕布夏小學帶回家時，杜瑞斯指出「事實上是清教徒從沒見過『這樣的大餐』，因為上面提到的食物全都是美洲原產，而且是由當地部落（或在他們的協助下）所提供的。」[74]

「我們」先進民族為原住民提供所需的觀念，跟事實恰恰相反且立意不善。它在我們的歷史上一再出現，造成種族關係變得複雜。例如我們被告知，擁有種植園的白人提供奴隸食物和醫療照顧，但是種植園的每一份食物、屋舍和衣物都是由黑人工人栽種、建築、編織或付款。今日的美國人按我們對世界政治的了解，認為我們在提供外國援助方面是世上最慷慨的國家，卻忽略了幾乎每一個第三世界國家的淨利都是流向美國。

感恩節的真實歷史透露出一些令人困窘的事實。這個傳統並不是清教徒引進的；西印度群島慶祝秋收已經有數世紀的歷史。雖然華盛頓的確將一些日子劃為全國性感恩節，但是我們現代的慶典僅能追溯至一八六三年。在內戰期間，當北部各州急需這類儀式所能喚起的愛國心時，林肯宣布感恩節是國家假日。清教徒先民與此無關，甚至直到一八九〇年代才得以被納入這個傳統裡。正因如此，他們一直到一八七〇年代才成為一般所知的「清教徒先民」。[75]

美國歷史賦予感恩節的意識形態意義，使困窘加劇。感恩節的傳說使美國人變成種族中心主義者。畢竟，如果我們的文化有上帝的支持，我們又何必認真地正視其他的文化？種族中心主義在十九世紀中葉開始加劇。雷哲諾德．霍斯曼（Reginald Horsman）在《種族與昭昭天命》（*Race and Manifest Destiny*）一書中已經證明，「上帝站在我們這一邊」的構想，如何被用於使盎格魯．撒克遜人明顯表示自身優於墨西哥人、美國原住民、太平洋的民族、猶太人，甚至天主教徒的優越感合理化。[76] 今日，當教科書以清教徒先民的故事來提倡這個種族中心主義時，只會使學生變得不易向其他文化的人學習，也比較不知道該如何對待他們。

有時我們也會付出更直接的代價：審查制度。例如在一九七〇年時，麻薩諸塞州商業部（Massachusetts Department of Commerce）要求萬帕諾阿格族選擇為紀念清教徒登陸三百五十週年發表演說的人。最後法蘭克．詹姆士（Frank James）「獲選，但他必須先把演講稿拿給負責儀式的白人看。當他們看到演講內容後，不准他讀出。」[77]詹姆士的演講內容如下：

> 今天是你們歡慶的時刻……但卻不是我歡慶的時刻。在此我以沉重的心情，回顧我們族人的遭遇。
>
> 在盜我的祖先的墓地，偷取他們的穀物、小麥和豆子的四天前，清教徒幾乎沒有怎麼在科德角海岸探險……萬帕諾阿格族偉大的酋長馬索蘇易特知道這些事實，然而他和他的族人仍對這些定居者表示歡迎，待他們如友……不知道……在五十年內，萬帕諾阿格族……和其他住在定居者附近的印第安人會被他們的槍彈殺死，或因他們帶來的疾病而亡……雖然我們的生活方式幾近消失，語言幾乎滅絕，但我們萬帕諾阿格族仍然在麻薩諸塞的土地行走……已發生的事無法改變，但今天我們共同致力於建立更美好的美國，一個具有更多印第安特質、人類與自然再度並重的美國。[78]

麻薩諸塞州商業部審查的並非煽動性的謊言，而是歷史真相。若詹姆士獲准發表演說，除了「小麥」一詞以外，他所說的內容不會有任何謬誤。我們的教科書也大多省略了盜墓、奴役印第安人等等的事實，儘管這些事實在殖民時期的新英格蘭早已眾所皆知。因此，受歡迎的清教徒故事並不是獲得洞察力的過程，而是刻意的遺忘。教科書沒有論及這些重要史實，反而提供令人感覺美好的瑣碎細節，包括史廣多的幫助、他的名字、康希爾的魚，有時甚至提及第一次感恩節的菜餚及參加的印第安人數。

在此我著重於不幸的細節，原因僅僅是因為我們的歷史已經壓制所有令人難堪的真相太久。清教徒在深秋時出航，前往他們未曾涉足的大陸，這種勇氣仍是無與倫比。清教徒先民在抵達的第一年，跟美洲印第安人一樣，也深受疾病之苦，包括壞血病與肺炎；他們有半數的人死亡。他們並非以不道德的方式占領帕圖西特村；瘟疫不是他們引起的，而他們對於侵襲印第安村民的疾病來源也同樣困惑。馬索蘇易特樂見清教徒使用海灣，畢竟帕圖西特村已經滅村，再也用不到它。清教徒和印第安人之間的關係在剛開始時自然相當正面。新來者最終的確為他們開挖並取走的穀物，付錢給萬帕諾阿格族。普利茅斯跟許多其他的殖民地不同，這裡的新來者通常會付錢買走印第安人的土地。在一些實例中，歐洲人是在原住民的邀請下才定居印第安城鎮，以防禦其他的印第安部落或附近相互競爭的歐洲力量。[79] 總而言之，美國歷史不會比英國、俄羅斯、印尼或蒲隆地暴力或壓迫，但它充滿的暴力史實也不會少。

要矯正這種感覺美好的歷史，並不是要提供感覺不好的歷史，而是要誠實地呈現出史實的全貌。如果教科書作者覺得必須提供道德寓意，如同起源神話向來賦有的目的，則他們可以讓學生同時習得清教徒故事中的「正」、「反」兩面。若是如此，這故事中將包含衝突，而學生會發現他們從中獲得的知識，對其今日的生活將有所影響。如果能教導正確的內容，第一次感恩節所在時代的議題，將能協助美國人的思慮更加周詳且更加寬容，而不是朝種族中心主義傾斜。諷刺的是，麻薩諸塞州的普利茅斯身為感恩節神話的起源地，現在卻形成了一個模式。在一九七〇年時，對於詹姆士的演講遭到封殺一事，當地的原住民與非原住民的聯盟並未認命地接受。在那一年及其後的每一個十一月，他們都會籌備一場稱為「全國哀悼日」（National Day of Mourning）的示威遊行，直接取消傳統的感恩節慶祝活動。在多年的衝突後，普利茅斯同意讓兩個遊行都舉辦，並購買兩個新歷史紀念碑，來記述萬帕諾阿格族對這故事的說法。

教科書必須向普利茅斯學習。起源神話得來不易，歌頌清教徒先民是危險的。教科書在詳述清教徒社會原型時，溫和的疏漏和蓄意捏造細節的做法，其實都跟麻薩諸塞州商業部公然地審查取消詹姆士的發聲權是相同的。當然，在歷史上，「真相應該是神聖的，不計任何代價也要保持。」

第四章／紅眼

若是沒有仔細且持續地注意原本的祖先、同盟與敵手，絕不可能了解英裔美國人的形成。／**詹姆斯・艾克斯特爾**[1]

入侵者也預期到其他的歐洲人會質疑這企圖是否合乎道德原則。因此他們（準備了）……大量的宣傳來克服本國人的良心譴責。這些宣傳逐漸標準化，形成承襲傳統假設和語意的意識形態。至今，這種意識形態仍然存在。／**法蘭西斯・傑寧斯**[2]

記憶說：「那是我做的。」自尊回答：「不可能是我做的。」最終，記憶讓步。／**弗里德里希・尼采**（Friedrich Nietzsche）[3]

整個國家沒有一個印第安人不因這些教科書而感到苦悶和沮喪。沒有一個印第安人不曾恥辱地含淚回家。／**魯柏特・卡斯多**（Rupert Costo）[4]

舊神話永遠不滅——它們永遠留存在教科書裡。／**湯瑪斯・貝利**[5]

歷史上，印第安人向來是美國人口中最常蒙受不實之詞的族群。這是為什麼杜瑞斯說，在學習有關美國原住民時，「我們不是從零開始，而是從負十開始。[6]」高中生會從零以下開始，正是教科書所造成的，因為它們肆意地透過白人的眼睛來呈現美國原住民。今天的教科書應該可以做得更好，特別是歷史學家所謂的印第安歷史（其實還包含其他種族）自一九七〇年代起就已開始蓬勃發展，而且新教科書可以參考的資訊都已在圖書館的書架上。

近年教科書對原住民相關內容的處理方式已經有所改進。一九六一年的暢銷書《美國的興起》（*Rise of the American Nation*）內含十張以原住民為主的插圖，有時只有原住民、有時包含白人（該書總共有二百六十八張插圖）；這些插圖大多以原始生活和殘酷戰爭為主題。二十五年後，重新命名的《美國的成就》內有十五張美洲印第安人的插圖，更重要的是，美洲原住民不再被描述為膚淺的原始人，而是為保存其本質與土地而奮戰的人，其中包括有「腓力王」（King Philip）之稱的梅塔柯米特（Metacomet）、美國革命的第一個犧牲者且擁有部分黑人血統的克利斯普士・阿塔克斯（Crispus Attucks）、發明柴拉基字母的西科亞（Sequoyah）、以及第二次世界大戰的納瓦侯族譯碼員。在二〇〇三年，後繼的《霍特：美國》（*Holt American Nation*）中有四十三張印第安人的插圖，在二〇〇〇年之後出版的有些教科書也延續這個趨勢，投注更多注意力在美國原住民身上。《美國人》因誠實地描述本章將探討的一些事件脫穎而出，而中學教科書《美國之旅》緊追其後。

然而，如同艾克斯特爾在一九八七年所說，美國歷史教科書作者仍然「需要修習關於文化相對論（cultural relativism）與種族敏感性（ethnic sensitivity）的速成課程」。就連這些教科書當中最優秀的《美國人》，也在頭兩頁擺上班哲明・魏斯特（Benjamin West）於一七七一年的畫作《佩恩與印第安人的條約》（*Penn's Treaty with the Indians*）。這幅畫是在這個條約簽訂後近一世紀所繪製，魏斯特沿襲傳統的畫法，繪出儀容整齊的歐洲人（甚至還戴著帽子，圍著圍巾，身穿外套），把交易貨品交給幾近赤裸的美洲人。當然，在實際上，從來沒有兩群人曾在同一天、於地球表面的同一地點出現，卻打扮得如此不同。這位畫家並沒有嘗試描繪當時真正的情形，他的意圖反而是在於呈現「原始」（美洲印第安人）與「文明」（歐洲人）的對比。

艾克斯特爾也對教科書仍使用混血（half-breed）、大屠殺（massacre）和戰嚎聲（war-whooping）這類詞彙的做法表示批評。[7] 僅把拓荒者創始精神（frontier initiative）和定居者（settlers）等比較適當的詞彙用於白人身上，同樣也是一種偏見。若我們拋開美國本位主義，並假設自己是外國人，例如是來自波札那（Botswana）的人，則下面這種典型句子（出自《美國之旅》）會顯得相當不協調：「一六三七年時，康乃狄克的定居者和皮闊特族之間爆發戰爭。」在康乃狄克的村莊可能已生活了數千年的皮闊特族，無疑才是「定居者」，而在當地頂多只生活了三百年的英國人則是新來者。貿易商人一直到一六三四年才在溫莎（Windsor）搭建營地。若把上述句子中的「定居者」換成「白人」，語意會比較正確，但卻會令人不安，而若換成「入侵者」，則語意會更加正確，但卻也令人更加不安。

教科書作者的整體解讀更糟，根據艾克斯特爾，數世紀以來，印第安人與白人的關係一直是根據「傳統假設和語意」來「解釋」，而教科書作者至今卻仍受到這種解釋方式的桎梏。他們在論述歷史

在美國國會山莊圓頂大廳的沙岩雕刻中，幾近裸體的美洲印第安人與威廉·佩恩（William Penn）握手。我曾在八月去過費城，可以說如果那場協商是在八月時舉行，佩恩肯定曾因熱衰竭而瀕臨死亡。我也曾在感恩節過後去費城，所以知道若這場協商是在冬天舉行，則幾近裸體的原住民肯定會凍傷。

時，仍是為了安慰其所謂「定居者」的後代。

我們希望能從比較正確的歷史角度，來審視美洲印第安民族及其與歐洲和非洲入侵者的關係，然而這趟探尋之旅不可能會是快樂的短途旅行。它跟我們去主題公園觀看奇特異國文化的遠足不同，美洲原住民不是、也不可以被視為歷史主題公園裡的道具。人類學家索爾·泰克斯（Sol Tax）說：「我們對以前生活在北美的民族所做之事，是我們的原罪（Original Sin）。」[8] 若我們認真地細看印第安歷史，肯定會紅了眼眶。然而這是我們的過去，我們也必須承認。如果教科書不是讓白人孩童紅著眼眶回家，至少也要能讓他們帶著發人深省的問題回家。

今日大多數的教科書至少在談到美洲印第安文化時，嘗試保持準確。在我調查的十八本教科書中，有十三本在一開頭就以五頁的篇幅描述與其他洲的人接觸前的原住民社會。[9] 然而，從一開始，美洲原住民社會對教科書來說就是個難題。[10] 教科書作者僅僅是考古學、人類植物學、語言學、體質人類學、民俗研究、文化人類學、人種歷史學和其他相關學科的使用者，而不是這些學科的研究學者。這些領域的學者告訴我們美洲在歐洲人與非洲人抵達以前的各種情形，儘管只是暫時假設的情形。可惜歷史教科書作者僅把考古學等等，視為挖掘答案的死板學科。當然，這些領域研究的是死去的人，但它們卻因充滿爭議而生氣勃勃。每年都有一些頭條報導：在巴西的烹調用火堆裡找到四千年前的木炭，或是賓州考古挖掘工作的新日期，或是有些推論性的說法指出有某個新出土的人類骨骸、器物或構想是來自中國、歐洲或非洲等等。在二〇〇七年有個證據顯示，大約在一萬三千年前可能有一顆彗星在地球的大氣層爆炸，造成北美許多地區陷入大火。這個風暴性大火有可能造成馬和乳齒象（mastodon）等等較大型的哺乳動物死亡，同時也造成人口大量死亡。[11]

然而，「有可能」並不符合教科書的風格，因為它們意圖呈現的是確鑿的答案。只有《美洲冒險》坦承不確定性：「本頁內容在讀者閱讀時有可能已經過時。」接著它指出對於人類在美洲生存了多少年，有一萬兩千年、兩萬一千年和四萬年等等不同的說法。正因為《美洲冒險》採取了這個做法，儘管它在我調查的教科書中是最早出版的幾本之一，但書中有關哥倫布之前的歷史卻沒有過時，[12]而其他的教科書則大多如往常採取權威的口吻。有關第一批人類在美洲定居的時期，眾說紛云，從距今一萬兩千到超過七萬年都有。[13]有些科學家認為早期定居者是在數千年的期間，一波波陸續抵達美洲；有些科學家則依照遺傳相似之處，推論大多數的原住民是自單單一小群人繁衍而成的後代。[14]大多數的教科書作者僅選擇一個日期，將它以無異議的事實來呈現。有些較新的教科書增加了「可能」的字眼，例如《美國》敘述人類「可能是跟隨獸群而來」。但是接著它仍然跟其他的教科書一樣，僅提出一個年代供學生背誦。

教科書作者必須走得更遠才行。人類經由白令陸橋（Beringia，橫跨白令海峽的地峽）遷徙只是一種假說，教科書應當提供讓讀者得知其他理論的機會，包括乘船越海而來的可能性。教科書不必做所有的工作，但可以引導學生上網或到圖書館查詢，並且提供學生和老師有關搜尋目標的構想，以及如何評判傳聞中的新發現。若是如此，在學年開始時可以就人類遷徙的時期與路線，請做不同選擇的學生進行辯論，讓他們各自引入語言年代學（鑑定語言變化的年代）、遺傳學、考古學和其他學科的證據以佐證其各自的結論。學生會覺得興奮，也能從一開始就了解歷史尚待論斷，而非供人背誦、已經論定的事實。

我們可以看到教科書從一開始就沒有提供生動有趣的智識內容。人類如何抵達這裡？每一本教科書的說法大同小異，以下摘取自伯爾斯坦和凱利的描述：

> 地球上大量的水封存在冰內，造成白令海峽的海平面下降，然後他們在追蹤野生獵物時，可能自西伯利亞橫越九十公里到阿拉斯加。他們不自覺地發現兩塊完全沒有人跡、但野生獵物豐富的大陸……在其後數千年的期間，許多其他的族群跟進。這些小群體隨後散布至北美與南美。

事實上，儘管大多數的學者仍接受古人類橫越「白令陸橋」的說法，但是考古學上的證據卻相當薄弱，越來越多的考古學家認為，無論是有意或無意，乘船橫渡大海可能才是他們抵達美洲的方式。畢竟，人類至少早在四萬年前即已抵達澳洲，無論在冰河時期累積了多少冰，人類也不可能越過今日所稱的華萊士線（Wallace's Line）的深海地區走到澳洲。當然，考古學家也未曾在世上任何地方找到，可追溯至一萬年以前的船跡。話說回來，目前除了石器以外，沒有任何人工製品可留存這麼久，而人類也從來不曾原始到製造石船。缺乏證據並不等同於不存在。[15]

我認為教科書作者肯定喜歡白令陸橋，因為它跟他們對整體不斷進步的故事情節相符。這些人本身被描述為原始的野人，大抵是尼安德塔人。這種社會原型（不太聰明、不斷與大自然和其他人類抗爭的人類）可能就是讓教科書作者認為，他們必定是走到新大陸的原因。原始美洲人不像我們，不必具有智力——所以他們肯定只能靠步行。[16]而且他們肯定也不聰明，因為「他們不自覺地發現兩塊……大陸」。這是令人吃驚的斷言。這至少已經是一萬一千年以前的事，而我們的教科書作者不知為何，竟認為他們能夠知道第一批定居者的想法——或者說知道這些人沒想過自己已經抵達新大陸。蓋瑞提的《美國歷史》中也有相同的聲明：「他們不知道自己在新大陸探險」。「大陸」（Continent）意指「四面環水的巨大陸塊」。人類來到遼闊的加拿大時（比澳洲還大的陸地），怎麼可能「不」知道自己是在一個巨大陸塊上探險？若真如此，這第一批定居者肯定蠢得驚人。[17]

這類心智愚鈍的描述不僅出現於此，蓋瑞提在談到「流浪者」時，也說他們「緩慢地朝南和朝東遷移……經過數千年後，他們才散布到南北美洲各地。」實際上，許多考古學家認為，人類在一千年內就抵達美洲大多數的地區，由於速度太快，因此考古學家無法輕易決定他們遷移的方向與時機。若是往西北方向走，經過育空地區（Yukon），然後橫越阿拉斯加，沿途的考古發現年代並不會越來越古老。[18]此外，即使第一批美洲人不是步行抵達，他們必定跟哥倫布一樣是探險家。

蓋瑞提枯燥地繼續暗示第一批定居者相當遲鈍：「在發展簡單的機械，或以機械、甚至動物的力量來取代人類的肌肉力量上，這些群體中沒有一個有多少進展。」但這並不是這些美洲人的「錯」，當時還沒有可用的「動物力量」。在一七六九年以前的歐洲和亞洲，大多數的「簡單機械」仍依賴公牛、馬、水牛、騾或牛——但這些動物當時都尚未見於美洲。賈德・戴蒙在《槍炮、病菌與鋼鐵》中指出，至少有一些種類的動物可供馴養，不僅是發展機械、也是社會分工的關鍵因素；社會分工正是我們所謂的「文明」。[19]

所有的教科書都陷入舊人類學學派的窠臼，採納從野人（Savage）到蠻人（Barbaric），再到文明人（Civilized）的演進過程；此舊學派可追溯至一八七五年左右的摩根（L. H. Morgan）和卡爾・馬克思（Karl Marx）。這些教科書的作者可能在大學念人類學課程時聽到過這種看法，然而今日已不再適用。蓋瑞提提供了這種演化刻板印象的實例：「那些栽種耕耘者的生活要比僅從事採集狩獵的人來得安全和舒適。」蓋瑞提顯然沒有遇到過「富裕初民」（affluent primitive）的理論，這個理論大約在四十年前就已說服人類學家，採集狩獵者的生活也相當舒適。《美國歷史》犯的錯誤更荒謬：「這些農民多半愛好和平，但也會為了保護田地而凶猛作戰。相對來看，獵人和流浪者則相當好戰，因為他們必須四處遷移，因而經常與其他族群發生衝突。」蓋瑞提將禮貌親切的（civil）與文明（civilization）混為一談。在數十年前，大多數的人類學家已經對這個過時的連續演進過程表示質疑，認為採獵者比務農者和平，且現代社會更加好戰。只要看看二十世紀的歷史，就知道暴力有可能隨著文明發展而增加。

大多數的教科書的確有提到一些原住民文明（即阿茲特克人〔Aztecs〕、印加人和馬雅人的文明），但它們卻是按照財富等同於文明的前提來選擇，這也是西班牙總督信奉的原則。按《美洲冒險》的話來說：「阿茲特克人富裕繁榮，不同於加勒比海未開化的民族。」伯爾斯坦和凱利連要這麼說都不容易，在以一頁篇幅描述馬雅、印加和阿茲特克的先進文明後，他們開始貶低這些民族：「他們不像歐洲的民族，從不曾造船以橫越海洋，從不曾接觸外面的世界，且在與世隔絕的狀態下很難學習新方法。當西班牙人來臨時，印加人、馬雅人和阿茲特克人似乎已停止進步，只能任人征服。」

這一段敘述有多重問題，其中之一在於它敘述的歷史本身就不正確。事實上，在西班牙人抵達前，西半球的改變正在加速。印加人在不到一世紀的時間內建立起龐大的帝國，在更晚的時期，阿茲特克人利用結盟與武力控制了墨西哥中部。

對伯爾斯坦和凱利而言，在北方、亦即今日美國的原住民甚至比「不進步的」（Unprogressive）阿茲特克人、馬雅人和印加人更落後。當然，若伯爾斯坦和凱利曾看過一三九二年左右的世界，就會發現美洲與歐洲的文化並沒有如此重大的差異。這就像俗世版的中心判定的命運：歷史學家觀察到一些民族遭征服，然後提出為什麼他們被人征服有其道理存在。在社會學中，我們稱此為「責怪受害者」（Blaming the Victim）。《美國通史》的作者採取相同的做法：

> 歐洲人即將抵達，他們向來假設人類能支配地球，且擁有能夠改變地表的技術，但是美洲原住民卻不同，並沒有想積極操弄自然的意圖和方法……他們在美洲的分布過於稀疏，因此有廣大的地區實際上未曾有過人跡。在帶來不祥命運的一四九二年，約莫有不到四百萬的美洲原住民輕聲走過窸窣低響的原始森林，涉過北美波光粼粼的原始水域，在無知的幸福中，全然不察美洲向來的孤立狀態即將永遠改變。

這段文字充分證明了，當出版商不斷沿用已出版內容時所造成的不幸結果。早在貝利於一九五六年該書初版中寫下這些看似不朽的內容時，這些有關美洲原住民的陳腔濫調即已知是誤謬的。從該書第三章即可看出，文中對荒野的描述為何有誤。舉例來說，其中的數字就是錯誤的，當時光是在墨西哥的中央山谷就有大約兩千五百萬人，在北美的其餘地方或許還有兩千萬人。此外，穿鹿皮靴的印第安人「輕聲」穿越原始森林的情景也與事實不符；當時在今日的美國所在地居住的美洲原住民，大多數都以務農為生。《美國通史》初版是在超過半世紀以前發行，如今已是第十三版。它在一九五六年時可能的確是由其「作者」湯瑪斯・貝利所寫，但是目前版本的作者則不得而知。

在一九九〇年代晚期，有人發覺這本書應該要提到「哥倫布交換」，以及在一四九二年以後造成美洲印第安人大量死亡的傳染病；這人當然不可能是早已辭世的貝利，可能也不是另外兩位列名的作者之一。無論如何，該書後來有一頁談到美洲人口驚人銳減之事，但卻沒有承認這兩段文字的矛盾之處。由此來看，貝利自己的書恰恰證明了他說對了：「舊神話永遠不滅——它們永遠留存在教科書裡。」伯爾斯坦和凱利甚至更無法勝任，至今仍完全省略「哥倫布交換」。

就連最好的教科書也忍不住將「原始的」美洲人與現代的歐洲人對比。這當中的問題之一在於，教科書比較的是美洲鄉村與歐洲都市，如同比較麻薩諸塞與倫敦。若是將特諾奇提特蘭（Tenochtitlan，今墨西哥市）跟蘇格蘭鄉村地區相比，可能會形成截然不同的印象，因為當蔻蒂茲（Hernando Cortes）抵達時，特諾奇提特蘭有十萬到三十萬人，根據隨行的貝納爾・狄亞茲（Bernal Diaz），當地的中央市場繁忙吵雜到「連在六公里外都聽得到」。[20] 若是這些教科書作者能捨棄原始至文明的連續體（primitive-to-civilized continuum）理論會更好，畢竟從一般居民觀點來看，在麻薩諸塞或蘇格蘭的生活，可能跟在倫敦或阿茲特克人統治的墨西哥一樣「先進」，而且舒適得多。

長久以來，美洲原住民一直指責教科書作者僅將「文明的」（civilized）用於形容歐洲文化。在一九二七年，由原住民領袖組成的美國印第安人大議會（Grand Council Fire of American Indians）批評教科書「對我們族人的生活不公平」。他們繼續質疑：「什麼是文明？它的特色是崇高的宗教與哲學、原創的文學藝術、動人的音樂，以及豐富的故事與傳奇。這些我們全部都有，如此看來，我們並不是野人，而是文明的種族。」[21]

任何處理原住民文化的方式，即便是對原住民文化表示讚揚，只要仍舊採納原始至文明的連續體理論，就會強化種族中心主義。這個連續體理論顯然將civilized在日常對話中「文雅的或開化的」的意思，跟「具有複雜分工」合併，而後者也是人類學家唯一支持的定義。只要仔細思考此文化連續體，就會立即發覺它問題重重。比方說，德意志第三帝國（The Third Reich）是文明的嗎？大多數的人類學家會說是。那麼我們在哪些方面比較喜歡文明的第三帝國，而不是哥倫布所遇到、比較原始的阿拉瓦克社會？若我們拒絕把第三帝國標示為文明的，是不是不把這個字當「有禮、文雅的」意思使用？若是如此，我們必須考慮將阿拉瓦克人視為文明的，而哥倫布及西班牙人即使算不上野蠻，也是原始的。諷刺的是，以分工複雜為特色的社會經常有不公平的情形，並且儲備大量特種部隊。準確地說，這些「文明」社會在企圖征服「原始的」社會時，有可能訴諸野蠻的暴力。[22]

使用civilized和civilization這兩個字時的思慮欠周，結果造成一般人不會真正探尋「不文明」的人、或社會所具有的世界觀、社會結構。一九九〇年老布希總統在譴責伊拉克入侵科威特時曾說：「整個文明世界都反對伊拉克。」——這是一件諷刺的事，因為伊拉克的底格里斯河（Tigris）和幼發拉底河（Euphrates）河谷是已知最早的文明搖籃。

在我取樣的新歷史教科書中，有三本「重新撰寫」的教科書比舊有的教科書內容好一些。它們都認可原住民社會的多樣性，並提及東北部易洛魁族的五部族聯盟（League of Five Nations），西北海岸地區的印第安人之間的冬季贈禮節，西南部的懸岩居住處，以及東南部納奇茲族的種姓分隔制度。然而，若要在六到八頁篇幅上論及十到二十種不同的文化，教科書很難深入，因此它們僅挑出特殊的事件。儘管巢克圖族（Choctaws）的人數較多，在美國歷史上的角色也比納奇茲族重要得多，但他們也比較平凡。在歷史教科書描述的美洲原住民中，學生不會找到多少他們可能產生認同的「普通人」。

在與歐洲人和非洲人接觸後，美洲印第安社會迅速改變。美洲原住民文化不僅納入槍、毛毯和水壺，也習得新食物、建造房屋的方式，以及基督教的觀念。大多數的美國歷史教科書強調的，是僅僅一個族群的改變，例如平原印第安人的變化。自從西班牙人把馬引進北美西部以後，平原印第安人豐富多彩的文化迅速繁盛發展，這正是令人興奮的綜攝實例：混合兩個不同文化的要素，創造出新的內容。[23]然而，平原文化的轉型只是文化改變中的冰山一角。當歐洲人把原住民族與發展中的世界經濟相連後，一種影響甚至更深遠的轉變發生。這過程至今持續影響著先前獨立的文化，比方說，在一九七〇年代早期，挪威的拉布蘭人（Lapp）用摩托雪車取代雪橇狗，結果卻發現他們易受阿拉伯石油禁運的影響。[24]在一九九〇年代，許多美洲原住民因其興建的賭場與旅館與世界經濟接軌，因而獲得財富，同時也贏得非原住民同胞的尊敬。這種接軌看似無可避免，因此或許沒有可褒貶之處，但因它們對了解歐洲人如何占領美洲至關重要，因此不應受到忽視。

北美大西洋岸地區的印第安部族擁有多種先進的技巧，從編織防水籃的技術到以特定植物止痛的知識都有。起初，美洲原住民拿穀物、海狸皮、魚、茶樹皮和其他物品，跟法國人、荷蘭人和英國人交換斧頭、毛毯、布、珠子和水壺。然而，歐洲人很快就說服原住民專門從事毛皮與奴隸買賣。美洲原住民狩獵與設陷阱的能力優於歐洲人，在配備了歐洲人賣給他們的槍以後，他們甚至能做得更好。原住民的其他技巧開始退步。如果只要花十分之一的時間就可以獵到足夠的海狸皮來交換水壺，又何必花大量時間編織防水的籃子？就連美洲原住民展示給歐洲人的農業也隨之衰微，因為交換食物比種植食物容易。每一個人都是基於理性的私利而加入這樣的系統，換句話說，美洲原住民並不完全是受害者——因為每一個人的生活水準都有改善，至少理論上是如此。

在東部的印第安人社會中，有些快速的改變也是綜攝的實例。在運用歐洲的槍枝和美洲原住民的戰術擊潰休倫族印第安人後，易洛魁族控制了自己的文化，選擇要融合、修改和忽略歐洲文化的哪些要素。[25]美洲原住民學會修理槍枝、鑄造子彈、建造更堅固的碉堡，以及徹底擊敗對手。美洲原住民也以通曉語言著稱，經常能說兩種歐洲語言（法語、英語、荷蘭語、俄羅斯語或西班牙語），以及至少兩種美洲原住民的語言。英國殖民者有時會用原住民當翻譯，不僅用於與西班牙人或法國人交易的時候，也用於跟其他的美洲原住民溝通。

然而，這些發展並不全都有值得高興的經濟情況，或是自願融合的文化轉型。原住民是在軍事與文化的威脅下發展，而他們對這一點也心知肚明。他們迅速推論出歐洲槍枝的效率比他們的弓箭高，而歐洲人則很快發覺交易物品可以用於贏取及維繫美洲印第安部族的政治聯盟。由於面對著這個新威脅，也因為白人「要求跟對等、而且能友好相處的機構往來」，許多印第安族群都強化了其部落政府。[26]印第安酋長獲得前所未見的權力。由於激烈的戰爭與瘟疫造成小部落敗亡，或迫使他們為尋求保護而併入大部落，造成這些印第安政府所統治的地區空前遼闊。大型部族成為民族融合的熔爐，容納白人、黑人，以及其他的印第安人。新的聯邦與部族形成，例如克里克族（Creek）、森米諾族（Seminole）和藍畢族（Lumbee）。[27]這些部落也變得偏向以男性統治為主，這可能是模仿歐洲人，或由於作戰技巧在其文化中更形重要的結果。[28]與歐洲人關係最密切的部落先獲得槍枝，而這些槍枝可以用於尚未獲得任何槍枝的內陸民族身上。突然間，有些部族突然擁有龐大的軍事優勢，結果造成印第安部族之間的戰爭加劇。當然，早在歐洲人來臨前，原住民部族之間就已有衝突，但是他們鮮少戰到底。有些部落並不想占領其他部落的土地，部分原因在於各個部落有其專屬的聖地。反正一個部族要滅絕鄰近的部族是一件難事，因為各部族的軍事科技水準大致相當。然而，歐洲人抵達後，這一切隨之改變。歐洲強權刻意升高戰爭的等級，利用一個部族打擊另一部族，例如西班牙人用分化征服戰略擊敗了墨西哥的阿茲特克族。英國人也是在蘇格蘭和愛爾蘭挑起部族相互攻擊，藉此擴大英國的統治。歐洲人在北美採取的，也是相同的策略。[29]

對於許多部落來說，增加戰役的動機在於捕捉其他的原住民，賣給歐洲人當奴隸，以交換槍枝和水壺。北方部落擅長獵取毛皮，特定的南方部落擅於對付人。有些美洲原住民早在歐洲人抵達以前，就已有互相奴役的情形，而歐洲人在抵達後使印第安人奴隸化的情況大幅擴大。[30]我原本預期在我們的教科書裡找到美洲原住民不會是好奴隸的老套說法，但連這樣的敘述都只出現在《美國的成就》和《美國傳統》兩本教科書中。《美國歷史》在討論非洲奴隸貿易時遮遮掩掩地說了一句：「有些印第安人成為奴隸。」除此以外，教科書對在今美國的美洲原住民奴隸貿易緘口不談，唯一一個令人驚喜的例外是《美國通史》，書中有一段描述卡羅萊納殖民者在大草原印第安人（Savannah Indians）的協助下，從內陸取得奴隸，使「上了手銬的印第安人……成為這個年輕殖民地的主要出口商品之一。」《美國通史》接著談到印第安俘虜最後如何成為西印度群島和新英格蘭的奴隸。[31]

歐洲人奴役美洲原住民的歷史漫長。

Ran away from his Master Nathanael Holbrook of Sherburn, on Wednesday the 19th of Sept last, an Indian Lad of about 18 Years of Age, named John Pittarne; He is pretty well sett and of a guilty Countenance and has short Hair; He had on a grey Coat with Pewter Buttons, Leather Breeches, an old tow Shirt, grey Stockings, good Shoes, and a Felt Hat.

Whoever shall take up the said Servant, and convey him to his Master in Sherburn, shall have Forty Shillings Reward and all necessary Charges paid. We hear the said Servant intended to change his Name and his Clothes.

告示內容：
十八歲印第安少年約翰．皮塔恩（John Pittarne）於九月十九日週三逃離雪伯恩（Sherburn）的主人拿但業．霍布魯克（Nathanael Holbrook of Sherburn）；皮塔恩的身材壯實，面容罪惡，留著短髮。他身穿有白鑞鈕扣的灰色外套、半長皮褲、亞麻襯衫、灰長襪、好鞋和毛帽。
只要將上述僕人送回其在雪伯恩的主人家，即可獲得四十先令賞金，所有必要費用也能獲得補償。我們聽說上述僕人意圖改名及更換衣著。

如同非洲奴隸，印第安奴隸只要有機會就會嘗試逃走。這張告示摘自一七三九年十月四日的「波士頓週訊」（*Boston Weekly News-Letter*）。

龐斯・狄・里昂（Ponce de Leon）前往佛羅里達並不真的是去尋找傳說中的青春之泉；他的主要企圖是尋找黃金，以及為希斯潘諾拉島（即海地島）俘虜奴隸。[32]在新英格蘭，印第安奴隸直接導致非洲奴隸的產生：第一批進口新英格蘭的黑奴，是在一六三八年從西印度群島送過去的，以交換來自康乃狄克的美洲原住民。[33]在一七一二年紐約市的美洲原住民和非洲奴隸叛變前夕，該市大約每四個居民當中就有一個是奴隸，而每四個奴隸當中就有一個是美洲印第安人。在一七三〇年於羅得島（Rhode Island）南京斯敦（South Kingston）所做的人口普查顯示，當地有九百三十五個白人，三百三十三個非洲奴隸，二百二十三個美洲原住民奴隸。[34]

如同僅見於《美國通史》的暗示，美洲原住民奴隸化的中心跟非裔美國人奴隸化的中心一樣，都是南卡羅萊納。它的人口在一七〇八年時包括三千九百六十個白人、四千一百個黑奴、一千四百個印第安奴隸，以及一百二十個契約僕人，推測起來可能是白人。然而，這些數字無法反映出原住民奴隸化的規模，因為他們忽略了出口貿易。殖民者從卡羅萊納（以及新英格蘭）將美洲原住民奴隸送往西印度群島（到了那裡，他們就無法逃脫），以交換黑奴。查理敦在一年內就用船運送了超過一萬名原住民到西印度群島，所有奴隸都上了手銬腳鐐。[35]在更遠的西部，由於被賣給白人的波尼族人（Pawnee）太多，後來「波尼」甚至成為大平原上所有奴隸的代名詞，無論他們源自印第安族或非洲都一樣。[36]在西岸，培生・里汀（Pierson Reading）替約翰・蘇特（John Sutter）管理加州中部龐大的印第安土地，他在頌揚一八四四年的輕鬆生活時說：「加州的印第安人跟南方的黑奴一樣服從和謙遜。」在西南部，白人奴役納瓦侯人和阿帕契人（Apache）一直到美國南北戰爭才停止。[37]

日漸激烈的戰事和奴隸貿易使原本安定的居住區不再安全，造成美國原住民逐漸喪失農業。為了避免成為被俘的目標，美洲印第安人放棄了田地和村莊，開始形成較小的聚落，以便能輕易逃入樹林。最後，他們甚至必須跟歐洲人交易才能獲得食物。[38]一旦歐洲人從原住民身上得知可栽種的作物及種植方法，就不再那麼依靠印第安人及其技術，而印第安人對歐洲人和歐洲技術的依靠卻日益加深。[39]因此，美洲原住民獲得了短期利益，卻喪失了長期利益。長此以往，最後印第安人成為奴隸、遭遇死亡、失去印第安技術，而印第安文化也分崩離析。等到可憐的麻薩諸塞部落剩餘的族人皈依基督教，加入清教徒的「禱告印第安城鎮」（Praying Indian Towns）時，他們的做法是對入侵文化的反應，因為該文化說他們的宗教是錯誤的，而基督教是對的。這過程是人類學家所稱「文化帝國主義」（cultural imperialism）的例證。即使驕傲的平原印第安人將得自西班牙人的馬匹和槍枝融入原住民的藝術、宗教和狩獵風格，但他們也同樣受到文化帝國主義的影響：在蘇族（Sioux）的語言中，白人是wasichu，意思是「一切都完美的人」。[40]

為了從人類學的角度了解文化接觸，學生應熟悉「綜攝」和「文化帝國主義」這兩個詞，至少知道它們代表的觀念。在我研究的教科書中，沒有一本提到這兩個詞，大多數僅略微談到文化交換的過程，唯一的例外是，平原印第安人的馬匹文化，最後這反倒變成獨特的文化。即使新教科書中最優秀的一本也有分析不足的問

教科書《生活與自由》以使用圖片來呈現原住民社會的變化著稱。它以這兩張發人省思的插圖向學生提問：「哪一張顯示出歐洲人抵達前的印第安生活、而哪一張顯示出他們抵達後的生活？有哪些證據可以證明它們的年代？」《生活與自由》藉此方法協助學生了解歐洲人並沒有使「四處漫遊的」印第安人變得「文明」或「定居」，事實上他們所造成的衝擊恰恰相反。

題，它們並沒有談到併入全球經濟的重要性，而這原本有助於解釋為何有時歐洲人可以跟原住民做生意與共存，有時又僅僅攻擊他們。它們也沒有提到與歐洲人的接觸如何導致美洲原住民喪失技藝。

美洲社會在接觸白人後發生了變化，同樣地，歐洲社會在接觸原住民以後也發生了變化。教科書完全沒有提到相互適應與涵化過程。[41]相反地，它們在看白人與印第安人之間的關係時，主要受到邊境線（Frontier Line）的社會原型影響。教科書把這過程視為白人（和黑人）聚落的移動線，亦即美洲印第安人在一邊，白人（與黑人）在另一邊。撇開波卡洪塔絲（Pocahontas）和史廣多不談的話，在教科書描述的歷史中，除了白人使印第安人往更遠的西方遷移以外，原住民和歐洲人相遇的時間不多。然而實際上，白人和美洲原住民在今美國一起合作，有時同住一地，彼此征戰長達三百二十五年，從第一個永久的西班牙聚落在一五六五年建立，一直到蘇族與阿帕契族的自治區於一八九〇年左右結束為止。

「邊境」（frontier）這個詞幾乎無法充分地描述這個過程，因為它暗示有一條線或一個邊界。接觸、而非分離才是慣常發生的事。邊境也將觀察者的位置定在都市化的東部，從那裡看來，邊境屬於「外面」。教科書作者似乎沒遇到過以下這個刁鑽的問題：「先有文明，還是先有荒野？」答案是文明，因為唯有「文明的」心智才能將原住民農夫、漁夫及採獵者與森林、農作和動物共存的世界，定義為「荒野」。把歐洲人穩固控制以外的地區稱為「邊境」或「荒野」，使它在不知不覺中成為性質不同的地方。這種觀點在本質上是以歐洲為中心，並且使非都市居民（包含原住民和非原住民）的行動邊緣化。[42]

互動地帶的文化多得驚人。在一六三五年，「在新阿姆斯特丹（New Amsterdam）的定居者之間，可以聽到十六種不同的語言」，包括來自北美、非洲和歐洲的語言。[43]在一七九四年，當接觸區延伸至今美國中西部地區的東部時，俄亥俄州唯一的城鎮葛萊茲（The Glaize）就是由數百名蕭尼（Shawnee）、邁阿密和達拉威的印第安人，以及英國和法國的貿易商與工匠，數個南蒂科克族、柴拉基族和易洛魁族印第安人；一些非裔美洲人和美洲白人俘虜，以及嫁入或被印第安家庭收養的白人組成。從假日就可看到葛萊茲鎮真的有多種文化，因為當地慶祝狂歡節（Mardi Gras）、聖派翠克節（St. Patrick's Day）、英國女王的誕辰和美國印第安人的慶典。[44]在一八三五年，當接觸地區靠近西海岸時，約翰．蘇特在墨西哥當局的准許下，募集美洲原住民替他種植穀物，經營一家蒸餾酒製造場、一家製帽工廠和一個毛毯公司，以及建造一座碉堡（今沙加緬度，Sacramento）。蘇特向俄國貿易商購買制服並從歐洲招募軍官，組成兩百人的印第安軍隊，身穿沙皇時代的制服，聽德語的命令。[45]

我們的歷史教科書至今對於邊境生活中不同種族間的交流、以及多文化的本質仍隻字未談。伯爾斯坦和凱利告訴我們：「當時社區生活的重心之一在於約翰．蘇特建造的碉堡。」但是他們從來沒有提及這個「社區」的人口大部分都是印第安人。《美國歷史》幾乎花了一頁篇幅描述蘇特的碉堡，但卻從未暗示美洲原住民絕不是敵人：「他逐漸建造了一座強化防禦工事的城鎮，並稱之為蘇特碉堡（Sutter's Fort）。整個城鎮四周以十八吋（大約六公尺）高的厚牆環繞，牆上架設大炮以防範不友善的印第安人。」任何讀者都無法從這段說明中得知建造這座碉堡的，是友善的印第安人。

歷史學家蓋瑞．納許（Gary Nash）告訴我們，從一開始在維吉尼亞州就有文化互動（Interculturation）的情形，「有些按日計酬的印第安人跟英國人混居，也有些定居者為了逃避英國人專制的艱辛生活而避居印第安村落。」[46]事實上，許多新到的白人和黑人選擇美洲印第安人的生活方式。米歇爾．克雷夫科爾（Michel Guillaume St.Jean de Crevecoeur）曾在其《美國農夫書簡》（*Letters from an American Farmer*）中寫道：「在印第安人的社會關係中，肯定有某種特別具有吸引力的特點，甚至優越到在我們當中都足以自豪；因為有數千名歐洲人選擇成為印第安人，但選擇成為歐洲人的原住民卻連一個也沒有。」[47]克雷夫科爾的說法過於誇大，因為從史廣多的例子即可得知，仍有一些原住民從一開始就選擇與白人居住，然而大多數是反方向的遷移。正如班哲明．富蘭克林（Benjamin Franklin）所言：「沒有歐洲人在嘗試過未開化生活後，還能忍受在我們的社會中生活。」[48]

歐洲人向來努力阻止這種人口流出的狀況。赫南多．德索托必須設置警哨，阻止他的男女居民投奔印第安社會。清教徒先民對印第安化的情形相當憂懼，甚至將男性留長髮列為罪行。凱倫．庫伯曼告訴我們，「叛逃向印第安人的白人，」若被抓到，「有可能面臨非常極端的懲罰，甚至可能遭判處死刑。」[49]然而，一直到獨立的印第安部族在一八九〇年結束以前，白人不斷叛逃至印第安社會，而過印第安生活方式的白人也在白人社會中成為文化英雄，丹尼爾．波恩（Daniel Boone）就是其中之一。

東歐共產國家豎起鐵幕以阻止人口外流，但一直無法解釋如果共產社會是世上最進步的社會，他們為何必須防止人民脫逃。這種美國殖民的困窘現象與其意識形態的核心直接相關，而且同樣是進步的意識形態。東歐和美國的教科書處理這問題的方式相同：都是忽略事實。沒有一本美國歷史教科書提及原住民社會對歐裔及非裔美國人的吸引力。

非裔美國人逃至美洲印第安社會經常是為了擺脫奴隸的身分，那麼白人又是受到什麼吸引？根據富蘭克林的說法，「他們的政府都是由賢人評議會（Counsel of the Sages）管理，沒有武力，沒有監獄，沒有官員迫人服從或施加懲罰。」或許最主要的一點，在於美國東部的原住民社會沒有階級制度，因而引起歐洲觀察者的讚佩。[50]邊境居民迷上美洲原住民享有的個人自由。婦女在大多數的原住民社會中享有的地位與權力，比在當時的白人社會多，這是白人婦女在俘虜故事中以羨慕口吻提及的。雖然一些印第安部族的領導地位屬世襲制，但是在十七和十八世紀時，墨西哥以北大多數的美洲印第安人社會比西班牙、法國、甚至英國都要民主得多。一七二七年紐約副總督凱德瓦拉得．柯登（Cadwallader Colden）曾說，五部族部會（Ministry of the Five Nations）中的人全都是因為功勛而獲得職位。「他們的權威完全來自於人民的尊重，只要失去人民的尊重便不再擁有權威。」柯登對易洛魁族的描述充滿「天賦人權」的意味：「我們在這裡看到一個自由民族所有權力與權威的自然起源。」[51]

事實上，美洲原住民的觀念是促成我們民主體制的原因之一。我們已經看到原住民自由、平等與博愛的觀念，對湯瑪斯·摩爾、洛克、蒙田和盧梭等等歐洲社會哲學家所造成的影響。這些歐洲思想家接著又對富蘭克林、傑佛遜（Jefferson）和麥迪遜（Madison）等美國人造成影響。[52]近年，歷史學家一直在爭論，美洲印第安人的觀念或許也對我們的民主制度有更直接的影響。在歷經一百五十年的殖民接觸後，易洛魁聯盟成為殖民地以民主方式統治遼濶領域的範例。副總督柯登的一些用詞跟五十年後的《獨立宣言》相互輝映。

在一七四〇年代，易洛魁族厭倦於處理數個經常爭吵的英國殖民地，建議他們建立類似聯盟的團體。富蘭克林曾經花許多時間跟易洛魁族相處，觀察他們的討論，後來他在一七五四年懇請殖民地的領袖考慮他提議的奧巴尼聯盟計

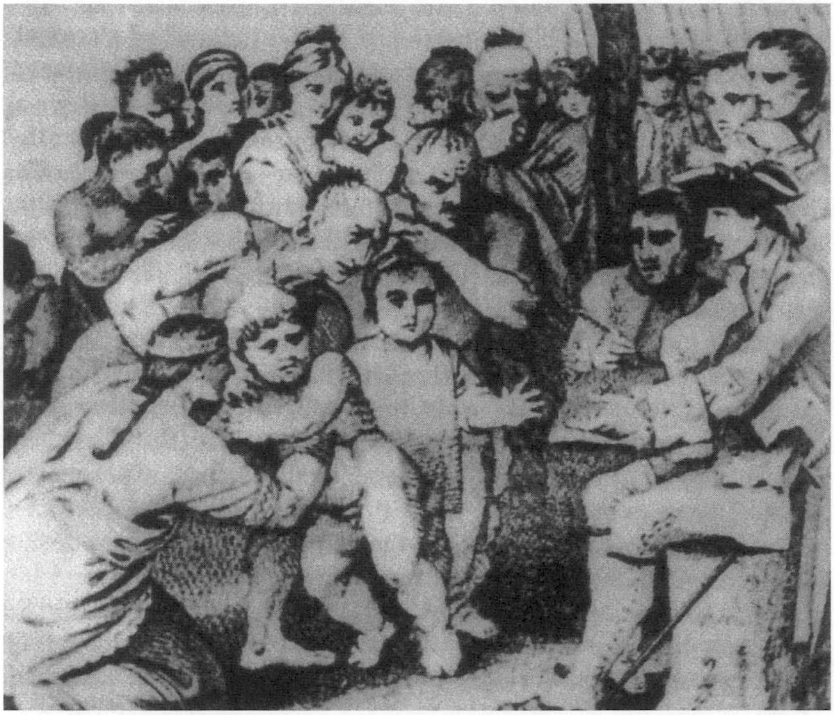

亨利·包奎特（Henry Bouquet）上校於一七六三年在布細河（Bushy Run）擊敗俄亥俄印第安人後，要求釋放所有的白人俘虜。大多數的俘虜、特別是兒童都被綁縛手腳，強制返回白人社會。同時，如同人類學家弗雷德瑞克·透納（Frederick Turner）的描述（*Beyond Geography*,245），原住民囚犯「返回他們遭擊敗的親人身邊，顯然滿心歡喜」。透納公允地將這些景象形容為「既不光彩又令人難堪」。

畫（Albany Plan of Union）：「如果六個未開化的無知部族都能夠形成這種聯盟的計畫，而且執行方式已持續經年並且沒有瓦解的跡象，而十或十二個英國殖民地卻無法執行類似的聯盟的話，會是一件奇怪的事。」[53]

殖民地拒絕這個計畫，但它卻是《邦聯條例》（Articles of Confederation）和《美國憲法》（the Constitution）的前身。大陸會議（Continental Congress）和制憲會議（Constitutional Convention）都公開言及易洛魁族的觀念與意象。在一七七五年，大陸會議撰寫了一篇對易洛魁族的演講，上面有約翰．漢考克（John Hancock）的簽名，演講內容中引用了易洛魁族於一七四四年的建議：「六族聯盟（Six Nations）是賢明之人，我們要聆聽他們的評議並教導子孫效法。」[54]

約翰．摩和克（John Mohawk）主張

美國人選擇以抓著一把箭的鷹做為新美國的國徽。他們知道鷹和弓箭都是易洛魁聯盟的象徵。單單一支箭易折，但沒有人能立即折斷六支（或十三支）箭。

美洲印第安人是直接或間接促成公開集會傳統、言論自由、民主和「權利法案（Bill of Rights）相關事務」的原因。如果沒有原住民的實例，「你真的相信這些觀念有可能源自一千年來，因為無法忍受宗教問題而殘殺其他民族的人嗎？」[55]摩和克可能過度誇大原住民的民主觀念，因為在許多美洲印第安社會的官職中，世襲扮演著重要的角色。然而，歐洲人到美洲的任何地點，總是會把君主（例如「腓力王」）或其他非民主領袖的觀念投射在原住民社會上，這使得摩和克的說法可信度變高。這種投射做法多少是出於歐洲的私利，如此一來，他們才能宣稱買下部落的土地是與一人或一黨派商議後的結果。此做法也暴露出當時歐洲習以為常的思維：歐洲人無法相信部族沒有統治者，因為這是他們僅知的政府形式。

在美國獨立戰爭後的一百年間，美國人視原住民為民主體制的來源。獨立戰爭時期的漫畫家，用美洲印第安人的形象來代表對抗不列顛的殖民地。維吉尼亞的愛國步兵連身穿印第安服裝和鹿皮鞋，對抗英國士兵。殖民者採取行動反抗不公的權威時，例如波士頓茶葉事件（Boston Tea Party）或一八四〇年代哈德孫河（Hudson River）河谷針對荷蘭農莊的反租地抗議活動中，他們都選擇打扮得像美洲印第安人，不是要把抗議活動嫁禍給印第安人，而是以它們代表自由的象徵。[56]

當然，荷蘭傳統對普利茅斯和紐約都有影響，英國的不成文法（Common law）與大憲章（Magna Carta）也一樣。由此看來，美國的民主也是綜攝的實例之一，因為它結合了源自歐洲與美洲原住民的觀念。原住民所造成的影響難以界定，因為它來自數個不同的來源。教科書可以說這是證據薄弱的假說，而不是確鑿的事實，但不該絕口不談。在我調查的所有教科書中，僅僅《發現美國史》（*Discovering American History*）一幅插圖下方的說明，有觸及原住民對歐裔美人的智識影響，在那幅圖上有一條貝殼串珠皮帶，並列的是富蘭克林著名的蛇漫畫，那條蛇因斷成數截而瀕臨死亡。圖說表示：「富蘭克林的奧巴尼計畫可能曾受到易洛魁聯盟的啟發。貝殼串珠皮帶表示部落透過聯盟而團結，可與富蘭克林的漫畫相比較。」其他教科書隻字未提。

此外，教科書也忽略了美洲原住民對美國文化的大多數貢獻。我們的地方菜餚——使美國食物別具特色的菜餚——經常融合了印第安、歐洲及非洲的要素，例如新英格蘭的烤豆燉豬肉、紐奧良的甘寶肉菜濃湯、德州辣菜等等，比比皆是。[57]由於同樣經歷過奴隸制度，再加上黑人逃往原住民社區，印第安人與非裔美國人之間有相互涵化的情形，這也是美國南部黑人的傳統食物（soul food）具有印第安菜特色的原因，像是玉米麵包和粗碾玉米，還有烹調蔬菜和油炸玉米餅都是。[58]原住民的傳統地名在我們的土地上處處可見，例如歐克佛諾基（Okefenokee）和阿拉斯加（Alaska）等等。原住民的務農方法並不「原始」，有些部落的農夫利用土壤中的養分兩、三次，就跟我們今日一樣。[59]從地名也可看出智識上的交流。白人

在十九世紀，美國人已知原住民對醫學的貢獻。在該世紀取得專利的藥物中，有百分之六十採用印第安人的形象，包括克卡普印第安咳嗽藥（Kickapoo Indian Cough Cure）、克卡普印第安藥（Kickapoo Indian Sagwa）與克卡普印第安油（Kickapoo Indian Oil）。在二十世紀，美國向來抑制印第安人的治療者形象。

必定曾問過印第安人：「這裡是哪裡？」「這地方叫什麼？」「那種動物是什麼？」或是「那座山叫什麼名字？」

雖然教科書「知道」原住民文化，但卻不了解當時有可能發生真實的文化互動，特別是在智識方面。這令人感到惋惜，教科書作者因而忽略許多原本可以將美國與歐洲區分開來的要素。彼得・康姆（Peter Kalm）在一七五〇年撰寫的旅遊記述中寫道：「法國人、英國人、德國人、荷蘭人和其他歐洲國家的人已經在偏遠區域，與印第安人為鄰或居住在其部落中長達數年，因此在行為上已經與他們不分二致，並且認為他們之間唯一的區別在於膚色。」[60]透納在其著名的文章〈美國史之邊境地區〉（The Frontier in American History）中表示，邊境支配著歐洲人，「撕去文明的外衣」，要求他不僅穿得像印第安人，在思考上也像印第安人。「不久，他就已開始種植印第安穀物和使用利棍耕作。」他逐漸建立新的內涵，「但結果並不是舊歐洲」，而是不同系統的融合，屬於美國特有的內涵。[61]

承認我們的文化受到原住民的影響（以及美國和歐洲同樣受到原住民和歐洲觀念的影響），就必須大幅改寫教科書。如果承認印第安人為我們的政治結構提供了重要的智識依據，我們就必須承認涵化一直是雙向的交流，若是如此，我們就必須重新評估假設印第安文化是原始文化、並以此為征服藉口的做法。[62]在一九七〇年，《印第安歷史學家評論》（*Indian Historian Press*）發表一篇對我們的歷史進行批判的論文〈教科書暨美洲印第安人〉（Textbooks and the American Indian）。他們用一個問題做為評判書籍的標準：「這本教科書是否有描述美洲印第安人的宗教、哲學，以及對思想的貢獻？」[63]只可惜，答案必然仍是否定的。

我們可以看看教科書把不同的原住民的信仰視為單一宗教的做法。《美國方式》對美洲原住民宗教的描述是：「這些（東南部的）原住民相信大自然充滿神靈。包括動植物在內的每一種生命形態都有神靈，地和空氣也有神靈。人永遠不會孤單，而會跟自然的神靈分享生活。」《美國方式》其實很努力地表達對原住民宗教的尊重，只可惜成效不彰。在這種平淡乏味的敘述下，原住民信仰顯得膚淺不實，不如先進文明的神學般深奧。我們可以試試看以類似的簡潔方式，總結今日許多基督徒的信仰：「這些美國人相信有一個偉大的男神統治著世界，有時他們會將男神分為三位，並稱之為父、子、靈。他們吃餅、飲酒或葡萄汁，相信自己吃的是聖子的肉，喝的是聖子的血。若他們的信仰夠虔誠，死後就能得到永生。」

教科書從未以這種方式描述基督教，這會被視為瀆神的行徑，信徒也會立即爭論說，這種描述無法傳達領受聖體的象徵意義或對心靈帶來的滿足。

教科書可以從嚴正的角度來呈現印第安人的宗教，視其為具有吸引力和說服力的信仰系統。[64]人類學家透納指出，當白人在批評印第安人認為每一隻動物或每一個岩石都有神靈的看法時，等於承認他們自身已失去與地球之間深刻的心靈連結。透納寫道，美洲原住民是「活宇宙的一份子；唯有接受這情況並嘗試與之和諧共存，才能擁有健康的心靈。」透納主張這種生活觀比歐洲人的觀點健康：「我們所擁有的是死氣沉沉到令人震驚的創世觀。我們自視為宇宙中唯一真正具有活力的存在，然而正因如此，我們的生命才會不圓滿。」[65]因此，透納明白指出在正視美洲原住民宗教之際，我們可能必須重新檢視猶太教與基督教共有的觀念。沒有任一本教科書會提出這種具有爭議性的建議。

同樣地，教科書也讓讀者無從得知原住民眼中的接觸區域。它們強調與入侵者站在同一邊的史廣多和波卡洪塔絲，還將詞彙顛倒使用，把侵略的白人描繪為「定居者」，並經常將定居的原住民描繪為攻擊者。《美國方式》在描述迫使部落割讓大多數的土地，並退居至保留區的美國政策時說：「美國內政部曾嘗試給予每一個部落土地與金錢。」白人對於原住民在「收到獲贈土地的提議」時不知感恩的態度感到不解。《美國方式》宣稱：「白人無法了解印第安人。對他們來說，擁有土地就像是夢想成真。」事實上，當時的白人可以說心知肚明，就連以說出「唯一的好印第安人是死印第安人」這句話而惡名昭彰的菲利普・謝爾登（Philip Sheridan）將軍也明白。「我們奪走他們的國家和謀生方法，正因如此、也為了反抗，他們發起戰爭，」他這麼寫道：「他們這麼做有什麼好奇怪的？」[66]教科書顛倒了是非。

現在我們來試試正確的看法。「在腓力王戰爭（King Philip's War）後，新英格蘭的邊境地帶紛爭不斷。在佛蒙特州（Vermont），定居者擔心野蠻人會剝他們的頭皮。」這段敘述是正確的，但先決條件是讀者必須知道這裡的定居者指的是原住民，而剝人頭皮的才是白人。即使最優秀的美國歷史書籍也沒有說明，在白人控制區邊境地帶的美國原住民必須忍受的白人行徑。由於情況實在太糟，再加上原住民的資源極少，以至於在一七八六年北卡羅萊納的卡吐巴族人（Catawba）僅僅見到一名白人出其不意地進入村落，就開始「四下奔逃」。卡吐巴族還是一個友善的部落！[67]

在另一岸，有一個故事或許有助於我們了解他們為何會四下奔逃：「年老的白人定居者告訴正在記述奧勒岡邊境生活的兒子，他想起以前在牛仔和印第安人時代的一個事件。一些牛仔碰見一些男性不在家的

《威爾克斯巴里的印第安大屠殺》（*Indian Massacre at Wilkes-Barre*）採取十九世紀石版畫常見的主題：印第安人侵略白人定居者神聖的家園。事實上卻是白人入侵印第安人的土地並經常侵入其家園。然而，儘管這類畫作描繪的內容並非事實，至今卻仍是社會的典型看法。

印第安家庭。這些牛仔開始追逐，打算按照慣例強暴那些印第安婦女，但其中一名婦女把沙子塞進自己的陰道，以阻止追逐她的人。」[68]這事件之所以令人難忘，正是因為這名婦女的反抗行為。除此以外，整起事件在當時完全是司空見慣的事，而我們的教科書卻對這種常見的情況遺漏未提。在蘿菈・恩格斯・懷德（Laura Ingalls Wilder）的筆下，和平的白人定居者偶爾遭殘酷的印第安人攻擊，但歷史教科書卻對這類的刻板印象不曾提出質疑。若是它們曾經質疑過，就能了解為什麼許多部落即使在一八一五年後、明知反抗注定會失敗，卻仍執意要訴諸戰爭了。

在我們的歷史上，處處可見與原住民部族的戰爭。大衛・霍羅維茲（David Horowitz）特別提到：「美國大陸幾乎戰火不斷，持續了將近兩百年，此衝突所造成的威脅比美國日後將遭遇的衝突都來得大。」在喬治・華盛頓執政期間，印第安人戰爭耗掉總聯邦預算的百分之八十，對後來一世紀的美國政府而言，這一直是重大議題，也是主要開支之一。然而，在我最早調查的十二本教科書中，大多數幾乎沒有提到這件事。《美國通史》至今仍列有「美國重大戰爭總開支暨戰死人數表」（Total Costs and Number of Battle Deaths of Major U.S. Wars），但上面完全沒有提及印第安戰爭。

《美國通史》將美西戰爭（Spanish-American War）包含在內，並指出其造成三百八十五人傷亡，但卻沒提到一七九〇至一七九五年間的俄亥俄戰爭（Ohio War），其間單單是瓦巴什河之役（Battle of Wabash River）就造成六百三十名美國士兵傷亡與失蹤。[69]

然而，今日的教科書、以及大多數在民權運動（Civil Rights Movement）以前撰寫的教科書，至少已不再將所有的暴行歸咎於原住民。歷史學家以前常表示：「『我們』跟『他們』打的是文明戰爭，而他們跟我們打的是殘酷戰爭。」[70]但在我檢視的十八本歷史教科書中，沒有一本將原住民描繪為野蠻人。比較新的教科書作者以謹慎的措詞坦言兩邊都有殘酷的行為，有些提及沙溪（Sand Creek）和傷膝谷（Wounded Knee）的原住民在毫無防備的情況下遭到大屠殺。如同我們對原住民所謂的「知識」，這種

「野蠻」的刻板印象不僅僅源自舊教科書，也有部分是源自我們的流行文化，特別是西部電影和小說，例如黛娜．佛勒．羅絲（Dana Fuller Ross）著名的《馬車西行》（*Wagons West*）系列。這些賣出數十萬本的平裝書大膽地宣稱，它們「忠實地遵循一般概略的歷史」。這些小說以州名為書名，並在封面上警告說「印第安劫匪四處謀殺與破壞，造成定居者的恐懼。」[71]好萊塢的西部片中，篷車隊都會被一大群野蠻的印第安人圍攻，他們騎馬繞著「定居者」跑，而約翰．韋恩（John Wayne）則從篷車輪或箱子後將他們逐一射殺。好萊塢電影裡倒霉的印第安人圍繞篷車隊的構想，是借用自野牛比爾．科迪（Buffalo Bill Cody）的「西大荒表演」（Wild West Show），在這些表演中的藝人必須騎馬繞圈圈並從側面射擊，只因為他們是在馬戲團的圓形帳篷裡！

在真實的西部，大約有二十五萬名白人和黑人在一八四〇與一八六〇年間橫越大平原，在所有歷史記載的戰役中，總共也只有三百六十二名拓荒先驅（和四百二十六名印第安原住民）死亡。反倒是印第安人替新定居者指引方向，提供水坑的位置，把食物和馬匹賣給他們，向他們購買布匹與槍枝，以及擔任他們的嚮導和翻譯的情形常見得多。[72]但是電影、小說或我們的教科書鮮少描述這些活動。學生從這些流行文化吸收到錯誤的資訊後，完全不知道原住民認為歐洲的戰爭遠比他們本身的戰爭野蠻得多。

大多數的新教科書倒是有論及新英格蘭地區的第一場印第安戰爭，亦即一六三六至一六三七年的皮闊特之役（Pequot War），它可以做為歐洲人使美洲戰爭加劇的個案研究來看。在那場戰爭中，英國殖民者與皮闊特族的宿敵納拉甘西特族合作，在黎明發動攻擊。英國人圍攻大多數是老弱婦孺的皮闊特村，放火燒村並射殺試圖逃避火焰的村民。布拉福德在敘述當時的情景時說：「看到他們烈焰焚身，直到血流熄滅火焰的景象令人感到恐懼，惡臭與其後的情景令人毛骨悚然；但這場勝利似乎是甜美的祭獻，他們為上帝使這場戰役如此成功而大加讚揚。」[73]這場大屠殺令納拉甘西特族感到驚駭，他們原本只是想征服皮闊特族，而不是滅絕他們。納拉甘西特族痛斥英國人的戰爭方式，怒吼著：「不好，不好，這太過殘暴，屠殺太多人。」但英國指揮官約翰・安德希爾（John Underhill）嘲弄地回答，納拉甘西特族的作戰方式「就像在做消遣活動，而非征服和鎮壓敵人」。安德希爾對於戰爭在納拉甘西特族社會中的角色所做的分析是對的，而且可能也適用於其他的印第安部落。在數世紀的期間，白人經常指責其印第安盟友在作戰時不夠努力。清教徒甚至試圖進一步湮滅有關皮闊特族的記憶，立法將使用皮闊特（Pequot）這個字成為罪行。布拉福德驕傲地下結論說：「殘餘者四處散逃，各地的印第安人恐懼到不敢提供庇護。」[74]比較早期的教科書都沒有引用這些敘述，而且用於描述這場戰役的內容平均只有一又四分之一句。儘管新教科書沒有引用布拉福德的話（任何人的話它們都很少引用！），但它們描述了英國殖民者如何摧毀皮闊特族。或許未來的大學生在被問到五個適用於印第安人的形容詞時，不會再像我所教的學生一樣將「野蠻」包含在內。

今日的教科書對「腓力王戰爭」也相當關注，這場或許可稱為史上最殘酷的印第安戰爭始於一六七五年，當時新英格蘭地區的白人處決了三名萬帕諾阿格族人，導致萬帕諾阿格族發動攻擊。白人與印第安人之間的和平結束，原因之一，在於麻薩諸塞州的毛皮貿易——其為原住民與歐洲人的共同經濟利益——也逐漸結束。[75]《通往現今之路》告訴學生原住民對這場衝突的解釋，在文中引述一名原住民領袖米安托諾莫（Miantonomo）的話：「我們的父親有無數的鹿與獸皮，我們的平原與樹林有大量的鹿和火雞，我們的海灣富有魚和家禽。但英國人奪走我們的土地，以大鐮刀割斷綠草，以斧頭砍斷樹木；他們的牛馬以草為食，他們的豬汙染我們的蚌殼海灘，我們將因而挨餓。」《美國人》中也引述米安托諾莫的話，其他數本最近的教科書也對腓力王戰爭提出適當的解釋，這一點很重要，因為這場戰爭絕非一場小戰役。根據納許的說法：「在大約九十個清教徒的城鎮中，五十二個遭到攻擊，十二個遭到摧毀。在戰爭結束時，有數千名英國人，以及可能多達兩倍的印第安人死亡。」[76]純粹以死亡人數來看，在腓力王戰爭中死亡的英國人與原住民總人數，比法聯印第安對英之戰（French and Indian War）、美國獨立戰

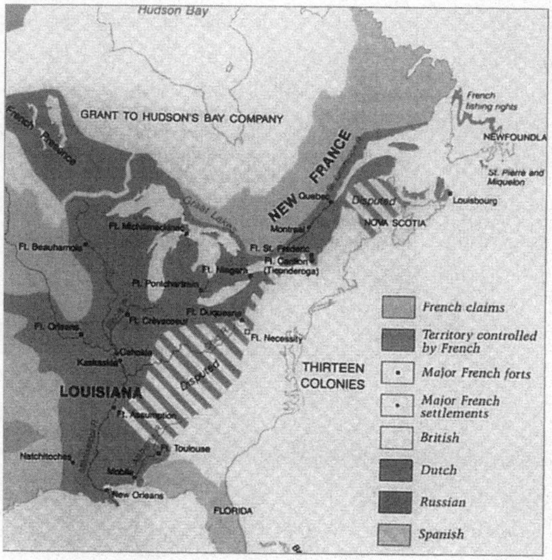

在歷史教科書中，大多數的地圖上標示的是「法國領土」、「英國領土」、「西班牙領土」，有時是「具有爭議的領土」，完全沒有提及印第安人，如同上圖。在包含印第安部族的地圖上，例如下圖在梅尼格（D. W. Meinig）所出版的《美國的形成》（*The Shaping of America*,New Haven: Yale University Press, 1986,1: 209）製作的地圖，印第安人做為不同殖民強權之間的緩衝功能清晰可見。

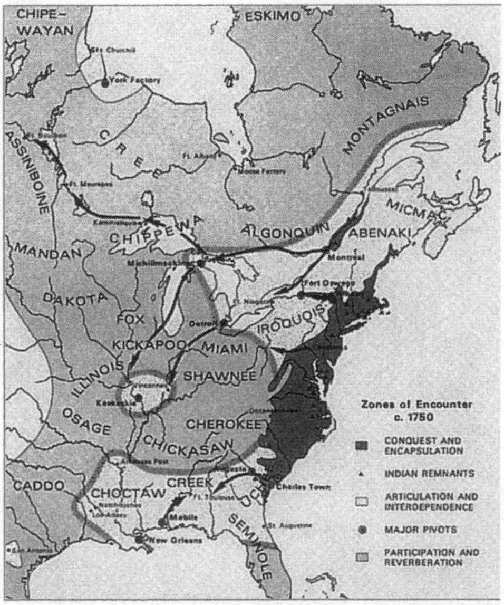

爭、一八一二年戰爭（War of 1812）、美墨戰爭（Mexican War）或美西戰爭（Spanish-American War）都要來得多。以占人口的比例而言，這場戰爭的死傷人數比任何其他的美國戰爭都慘重。[77]一五九八年，當阿科馬普韋布洛（Acoma pueblo）的居民殺死十三名試圖接管該鎮的西班牙人時，殖民者與印第安人之間開始爆發戰爭[78]，並延燒至東南部，「由於當地的印第安人憤恨猛烈地抵抗，西班牙人花了一百多年的時間仍無法殖民佛羅里達。」[79]這場戰爭一直到一八九〇年的傷膝谷大屠殺時才結束，僅餘一些規模較小的衝突。我們的歷史很難一一描述，因為這些戰役實在太多。但也正因為太多，忽視印第安戰爭就等於歪曲了歷史。

我們也必須坦承印第安部落在我們其他的戰爭中所扮演的角色。從一六〇〇年至一七五四年間，歐洲經常交戰，包括三次世界大戰：奧格斯堡同盟戰爭（War of the League of Augsburg，一六八九至九七年），在美國稱為威廉王戰爭（King William's War）；西班牙王位繼承戰爭（War of the Spanish Succession，一七〇二至一三年），在美國稱為安妮女王之戰（Queen Anne's War）；以及奧地利王位繼承戰爭（War of the Austrian Succession，一七四四至四八年），又稱為喬治王之戰（King George's War）。在北美，英國、法國和西班牙等主要的歐洲強權是以印第安人的土地為緩衝，並且主要是透過他們的印第安盟友進行戰爭。印第安原住民承受了戰爭的衝擊，可以說殖民地能夠享有相對比較和平的生活，是印第安人無意間的贈禮。

另一場同為世界規模的七年戰爭（Seven Years War，一七五四至六三年），亦即美國所稱的法聯印第安對英之戰，大多也是在北美由支持不同陣營的印第安原住民相互交戰。印第安原住民不僅參與美國獨立戰爭（American Revolution），更是這場戰爭的第一個原因，因為英王為了安撫印第安部族，而在一七六三年頒布的詔諭（Proclamation of 1763）中，禁止殖民地將阿帕拉契大陸分水嶺以西的土地視為公有土地，授予殖民，這激怒了許多殖民者。他們認為自己支持英國軍隊，結果英國卻反而阻撓他們奪取西部

上圖為以美洲印第安人攻擊布雷多克為內容的許多舊石版畫之一。今日的一些教科書略去印第安人。下圖為二〇〇七年《美國人》收錄的畫作，標題為「英國將軍愛德華・布雷多克在一七五五年於丟肯碉堡（Fort Duquesne）遭擊敗身死。」從此圖中完全看不出印第安原住民與布雷多克遭擊敗有任何關係。

邊境的印第安土地。然而，在一七七五年與英國的戰爭爆發後，羽翼初成的聯合殖民地（United Colonies）起初比較關注的是與印第安部族的關係，而不是與歐洲的關係，因此他們先派遣富蘭克林去易洛魁族，然後才是去法國。[80] 印第安人在一八一二年的戰爭中也是要角，同時也參與了美墨戰爭和美國南北戰爭（Civil War）。[81] 在這一場場戰爭中，印第安人大多是與其他的印第安部落交戰。在這每一場戰爭，聯合對抗殖民地的印第安人較多，其後在對抗美國的戰爭中也一樣，因為他們正確地察覺到，美國的對手會給他們較多享有人權及保有土地的機會。

有些教科書甚至連在敘述法聯印第安對英之戰時，也沒有提及印第安人！印第安人在一七五五年於賓州擊敗由布雷多克將軍（General Braddock）率領的部隊，那是印第安人大敗白人最慘烈的戰役之一。當時布雷多克將軍有一千四百六十名士兵，包括八名印第安斥候和一支由喬治・華盛頓率領的維吉尼亞民兵分遣隊，而他們面對的敵人則是六百到一千名印第安人和二百九十名法國士兵，但若光讀《美國傳統》的內容，你絕對想不到曾經有印第安人參戰：「七月九日，法國軍隊接近碉堡並發動伏擊。布雷多克的軍隊遭到圍攻和擊敗。身穿紅色制服的英國士兵不習慣在荒野作戰（原文如此），傷亡逾九百人。布雷多克身受致命重傷，在彌留時低語：『我們以後會比較知道如何應付他們。』」《美國傳統》的敘述使得布雷多克的遺言毫無意義，因為他所說的「他們」指的是法國人，而非印第安原住民。

在我們的獨立戰爭中，易洛魁聯盟大多選擇與英軍合作，攻擊紐約與賓州北部的白人。一七七八年，當數百名親英派人士和塞尼加印第安人（Seneca）在賓州佛提碉堡（Forty Fort）擊潰四百名民兵和正規軍，殺死三百四十人，美軍大敗。在獨立戰爭以後，雖然英國已經放棄，但其印第安盟友卻沒有。我們強調印第安人遭擊敗的主張，導致一七九〇至一七九五年的俄亥俄戰爭（Ohio War）及後來的一八一二年戰爭。

導致紛爭不斷的起因在於土地。在我檢視的教科書，包括數本現行的教科書，有半數在解釋當時持續不斷的紛爭時，採取的都是老套的說法，表示當時的印第安原住民對土地擁有權的認知落後。比方說，學生在從《美國之旅》得知荷蘭人「以少量圓珠和其他物品向曼哈特人（Manhate）買下曼哈頓」時，大概會寬容地微笑：真會做生意啊！印第安人真是愚蠢，沒有認清那個島的潛力！沒有一本教科書指出荷蘭人付錢付錯了對象。在布魯克林土生土長的卡納西（Canarsee）印第安人無疑對這個交易很滿意，而且正確地說，這交易可能完全沒有涉及圓珠，而是以今日的美元計算，價值超過二千四百美元的金屬壺、鋼刀與鋼斧、槍和毛毯。真正住在曼哈頓並擁有該島的威克夸斯吉克人（Weckquaesgeek）對此並不高興。在其後的數年間，他們不時與荷蘭人交戰。在美國最為著名的街道「華爾街」之名或許就是按荷蘭人所建的牆而命名，該牆的目的在於保護新阿姆斯特丹的居民不受威克夸斯吉克人攻擊，而這也證明荷蘭人不可能認為他們已經從真正的地主手中買下曼哈頓。但我們的歷史書卻略去了這部分的故事不談。《美國通史》的作者可能知道荷蘭人把錢付錯對象，但他們的說法是荷蘭人「以不值一文的小飾物向（事實上並非真正『擁有』該島的）印第安人，買下曼哈頓島」——這種敘述僅僅會讓讀者推論出美國原住民並不相信土地擁有權，也沒有進行交易的智慧。[82]

歐洲人總是把錢付給錯誤的部落，或在大得多的部族當中僅付給一個小派系。其實他們經常不怎麼在乎，只是為竊盜尋找正當理由。這種詐欺式的交易甚至可能對他們有利，因為他們經常挑撥一個部落或派系對付另一部落或派系。最大一筆付錯部落的交易發生在一八〇三年。所有的教科書都說傑佛遜如何「向法國買下路易西安那，因而使美國的領土擴大一倍。」沒有一本指出那片土地並不屬於法國，而是屬於印第安人。法國人在賣那片土地時完全沒有詢問過原住民地主；大多數的印第安原住民甚至對那次交易毫無所悉。事實上，法國賣掉路易西安那的所得並不是一千五百萬美元，他們僅僅賣掉要求取得那片領土的權利。在十九世紀的期間，美國仍在為路易西安那而付錢給印第安原住民。我們也為了那片土地而跟印第安人作戰：《美國陸軍年鑑》（Army Almanac）在「路易西安那購地案」（Louisiana

Purchase）下，列出自一八一九到一八九〇年間超過五十場的印第安戰爭。把法國當作賣方，如同我們教科書內的敘述，是一種以歐洲為中心的做法。教科書用以展示路易斯與克拉克遠征隊的地圖，同樣也是以歐洲為中心。即使最新的地圖仍呆板地將遼闊的土地標示為「西班牙領土」、「英國領土」和「法國領土」，印第安原住民不見蹤影，同時暗示美國向法國人購買的是無人居住的土地。雖然在一八〇四到一八〇五年的冬天，主持遠征的是曼丹族（Mandan），而次年冬天則是克拉索普族（Clatsop），就連這些部落也未被提及。顯然路易斯和克拉克的冒險完全是靠自己。

有些最近的教科書仍責備印第安原住民不懂賣掉土地的意義，賣土地不僅轉讓了農業權，同時也放棄了對土地上所有漁獵物、以及純粹享受愉悅的權利。《美國人》中指出：「對印第安原住民而言，土地不歸任何人所擁有——而是供每一個人使用。」這是一派胡言！美洲印第安人對土地所有權的觀點跟歐洲人一樣，只不過原住民並不認為「個人」可以買賣土地，只有整個村落才能。教科書作者似乎不知道在二十世紀以前，大多數的土地銷售，包括白人之間進行的銷售，主要是在轉讓務農、採礦或開發土地的權利，而非阻擋他人經過的權利。未開發的私人土地被視為屬於公眾，而且只要符合良好的行為規範，任何人都可以出入。[83] 此外，部落協商一般也會確保契據和條約中明確將狩獵、漁釣、採集和旅行的權利保留給印第安原住民。[84]

大多數的教科書的確有指出，土地紛爭是印第安戰爭的根本原因。比方說，《通往現今之路》在開始討論一八一二年戰爭時即指出，印第安人的領袖遜康舍（Tecumseh）如何與印第安那領土的州長威廉·亨利·哈里森（William Henry Harrison）會面，並且抱怨白人侵占印第安人的土地。其他近期的教科書同樣強調與印第安人的衝突是這場紛爭的重大起因，且印第安人在當時被視為獲得英國的支持。在從佛蒙特州（Vermont）到喬治亞皮德蒙（Georgia Piedmont）的邊境地帶，美國白人想將白人聚落的邊界擴大至印第安國度裡。相較於先前的教科書，這種敘述是一大改善；比較早期的教科書僅僅重複麥迪遜政府提供的藉口，亦即英國拒絕給予美國船隻與船員適當的尊敬，儘管這毫無道理。畢竟，《英國海事法》沒有引起任何戰爭，直到邊境各州在一八一〇年將鷹派（亦即答應以軍事行動來擴大美國邊界的參議員與眾議員）送入國會為止。邊境地帶的白人希望戰爭，而這些戰爭也大多在邊境發生，並且始於一八一一年十一月的提比克怒之役（Battle of Tippecanoe），當時哈里森對蕭尼族及其盟友發動攻擊，做為對逖康舍的抱怨的回應。在一八一二年戰爭中的七次重大陸地戰役中，有五次的主要敵手是印第安原住民。[85]

除了兩本教科書以外，所有其他的教科書都沒有論及這場戰爭的重大結果。有些作者實際上以「星條旗」（Star Spangled Banner）作為主要的結果！其他的則宣稱這場戰爭促成「作為一個國家的驕傲感」或「協助美國人贏得歐洲的尊敬」。《美洲冒險》最為卓越，因為它指出：「印第安人是這場戰爭唯一真正的輸家。」《美國的成就》表達了同樣的看法，但語氣委婉：「在一八一五年後，美國人興奮地開始占領西部土地的工作。」所有其他的教科書都沒有提及結果：做為對我們不干涉加拿大的回報，英國放棄在後來成為美國的土地上，與印第安部族形成的聯盟。在缺乏歐洲同盟支援的戰爭武器與其他協助的情況下，後來的印第安戰爭從國際衝突變成國內的掃蕩行動。在該世紀剩餘的歲月裡，這個結果對於印第安人與美國人之間的關係相當重要。因此儘管在一八一五年後的印第安戰爭仍造成雙方數千人死亡，但是對美國卻再也構不成嚴重的威脅。[86]雖然印第安原住民在後續的戰爭裡贏得許多戰役，但是誰才是最後的贏家已經無庸置疑。

一八一二年戰爭也造成我們遺失了一部分的歷史。如同歷史學家布魯斯・強納森（Bruce Johansen）所說：「（向印第安原住民）學習的世紀趨向尾聲。在其後一個多世紀的期間，史實將遭到遺忘，而歷史將用於使征服合理化。」[87]在一八一五年以後，美國印第安人不能再扮演社會學家所謂衝突夥伴（conflict partner）的角色（一個必須考慮的一方），因此美國人忘了先前原住民在我們的歷史中一直具有重要意義。就連專有詞彙也有所改變：在一八一五年以前，美國人（Americans）這個字一般是指印第安原住民，但在一八一五年以後，它指的是歐裔美國人。[88]

諷刺的是，有數本教科書略去腓力王戰爭不談，也沒有提及印第安人在一八一二年戰爭中的角色，相反地，它們把重點放在較不重要的平原戰爭（Plains wars）上，例如一八八五年至一八八六年吉拉尼莫的阿帕契戰爭（Geronimo's Apache War），當時可能有四十名阿帕契戰士參戰。[89]平原戰爭符合教科書裡一八一五年後的故事線，因為在其中對戰的是定居的白人和半游牧的印第安人。平原印第安人是教科書喜歡哀悼的印第安原住民：教科書作者為他們的逝去感到惋惜，同時又認為這是不可避免的，因此不覺得這有什麼問題。

教科書也未能指出，持續的印第安戰爭一直在我們的文化中回響。卡雷頓．畢爾斯（Carleton Beals）曾經寫道：「我們對強奪印第安土地的默許，塑造了美國的特質。」[90]一旦原住民不再是衝突夥伴以後，他們在許多白人心目中的形象開始惡化。庫伯曼指出，一六四〇年代印第安人戰敗以後，此過程就開始在維吉尼亞州展開：「印第安人會被視為沒有權利的民族，是因為他們最終喪失了權力，而不是因為他們的種族低劣。」[91]在一六一〇年時原本「有發明才能」、「勤奮」和「悟性敏銳」的原住民，後來卻被形容為「懶惰閑散、惡毒、憂鬱，（以及）邋遢」。這又是認知失調過程的例證。如同哥倫布，喬治．華盛頓也改變了他對印第安人的態度。早年華盛頓原本對印第安人的觀感不錯，但是在獨立戰爭和一七九〇年的俄亥俄戰爭期間，對印第安人猛烈攻擊時，開始指責他們為「捕食的猛獸」。[92]

在一八一二年戰爭後，這個合理化過程成為非正式的國家政策。在一八四五年，威廉．吉爾摩．西姆斯（William Gilmore Simms）寫道：「我們刻意培養的盲目偏見……是必要的，如此才能將我們以魯莽嚴酷的手段打擊（美國印第安人的）部落，將他們趕離的行為合理化。」在一八七一年，印第安事務委員長（Commissioner of Indian Affairs）弗朗西斯．沃爾克（Francis A. Walker）認為印第安人的道德低下：「在對付野蠻人時，就像對付野蠻的野獸一樣，不必考慮國家榮耀。」無論美國要採取什麼行動，「只需顧及私利。」[93]因此，認知失調摧毀了我們的國家理想主義。從一八一五年起，我們傳揚的不是民主主義，而是白人至上的意識形態。我們逐漸想取得支配墨西哥、菲律賓、加勒比海盆大多數地方的霸權，以及間接統治其他的國家。雖然歐洲國家聲明對於我們在西部邊界所採取的行動感到震驚，但沒過多久，他們就開始仿效。英國滅絕塔斯馬尼亞（Tasmania）的原住民，德國對納米比亞（Namibia）的赫勒婁族（Herrero）展開全面大戰。大多數的西方國家還未能面對這段歷史。諷刺的是，希特勒對我們如何對待美國原住民的了解，比今日僅靠教科書的美國高中生還多。希特勒讚揚我們在西部為印第安人設的集中營，而且根據他的傳記作者約翰．托蘭（John Toland），希特勒「經常在他的親信面前讚揚美國藉由饑餓和不公平戰鬥來滅絕印第安人的效率」，並且以此為他滅絕猶太人和吉普賽人（即羅姆人，Rom）的模型。[94]

當時除了戰爭，是否有其他的選擇？當然有。事實上，法國、俄羅斯和西班牙在美洲都選擇了不同的道路。然而，由於在美國，戰爭以外的方式大多沒有人選，因此在歷史學家眼中就成了棘手的主題。如同愛德華．卡爾（Edward Carr）所說：「整體而言，歷史記錄的是人類已做的事，而非他們未做的事。」[95]另一方面，使現在看似是必然的結果剝奪了歷史的生命及它賦有的許多意義。歷史取決於人類的行動。戈登．葛瑞格（Gordon Craig）提醒我們：「歷史學家的責任是還原過去曾有的選擇。」葛瑞格指出這才是教歷史、使歷史值得記憶的正確方式。[96]美國白人有不同的選擇，而且經常有歧見。在歷史上的不同時刻，我們的反印第安政策原本有可能朝另一方向發展。比方說，一八一二年戰爭在新英格蘭很不受歡迎的原因之一，在於新英格蘭人認為這赤裸裸地是奴隸主人意圖侵占印第安土地的作為。白人與印第安原住民的和平共存，或許就是戰爭以外明顯最好的選擇，但這真的可能實現嗎？在思考這個問題時，我們必須小心，不能把靜態的印第安文化跟不斷改變的現代文化做比較。我們已經看到個別的原住民文化所經歷的快速改變：為因應歐洲的軍事行動而放棄農耕，使用多國語言的情形大增，發展出比較正式的階級制度，及整個平原印第安文化。這類的改變原本無疑會持續下去，因此我們在談的並不是弓箭獵人與使用電腦的城市居民同居一地。

我們應牢記數千名加入印第安社會的美國白人和黑人，必定曾相信共存是可能的，然而，從一開始，白人的行為就對和平共存造成障礙。一千次的蠶食最終使美國印第安人無法在白人附近農耕。在普利茅斯四周，印第安人出租放牧地，但保留栽種園。但是等他們發現殖民者仍會放牲口破壞作物時，為時已晚。當原住民提出抗議時，通常發現殖民地的法庭排拒他們的證詞。相反地，「印第安人只要膽敢殺死英國人那些四處破壞的動物，就會立即被送上充滿敵意的法庭。」[97]先前在大西洋岸已經建立起先例，美國印第安人並非歐洲人所建州的市民，不享有合法權利，這個先例使得白人和印第安人先是在殖民地、後是在美國無法和平共存。即使在應該由原住民治理的印第安准州（Indian Territory），無論是印第安人被控在白人的土地上犯罪，或白人在印第安人的土地上犯罪，審判都必須在數公里外的密蘇里州或阿肯色州的白人法庭舉行。[98]

對於許多白人來說，逐走美國印第安人可帶來實質利益，再加上歐洲人與非洲人在美國人數不斷增加，而印第安人口卻因瘟疫則相反地持續減少，在此情況下，美國顯然能統治一切。由此來看，戰爭僅僅是延長了不可避之事。除了戰爭以外，原本還可以做的另一選擇是明確地承諾致力於種族和諧：建立一個以歐洲人為主、沒有種族主義且對印第安人和非印第安人一視同仁的美國。[99]在美國歷史上，有數個相對來說沒有種族主義的孤立地區。社會學家稱他們為「三種族孤立區」（Triracial Isolate），因為他們的傳統是白人、黑人與紅人共存，如同以往。數世紀以來，這些社區建立在沼澤和其他不適合生存的地區，希望不受打擾。獨立戰爭英雄克利斯普士・阿塔克斯（Crispus Attucks）是逃走的奴隸，同時兼具萬帕諾阿格族、歐洲和非洲的血統，他就是孤立區的居民。北卡羅萊納的藍畢印第安人是最大的孤立區，其他的三種族孤立區包括麻薩諸塞州的萬帕諾阿格族，以及佛羅里達州的森米諾族，還有從路易西安那州到緬因州一些較小的地帶。[100]

北美第一個英國聚落、建立於一五八五年的洛亞諾克島（Roanoke Island）或許並沒有滅絕，而是融入了附近的克洛坦印第安族（Croatoan Indians），以歷史學家弗茲（J. F. Fausz）的話來說，他們「因而形成和諧的雙種族社會，而且總是可以避開殖民的農莊主人。」最終英國人和克洛坦人有可能併入藍畢族。然而，英國人一直不知道這個「失落的殖民地」（Lost Colony）最後的結果。弗雷德瑞克．透納表示他們不願意去想英國定居者靠與印第安原住民融合才生存下來的可能性。相反地，弗茲告訴我們：「『失落的殖民地』的故事指出含有敵意的印第安人所具有的危險本質，在多年後更成為煽動敵意的故事，以便使攻擊波瓦坦酋長（Powhatan）的行為合理化。」三種族孤立區一般只會受到白人鄰居的蔑視，這也是他們選擇在鄉間離群索居的緣故。我們的教科書孤立他們：沒有一本提及這個詞或這些人。[101]

另一個讓印第安原住民、歐洲人和非洲人和平共存的可能性是通婚。透過婚姻形成聯盟是兩個社會相互往來的普遍生活，而美國的印第安人也一再建議這樣的政策。[102] 西班牙男性娶加州和新墨西哥的原住民婦女，並使她們改採西班牙人的生活。法國毛皮商人娶加拿大和伊利諾州的原住民婦女，並改採原住民的生活。但是，英國人則兩者皆非。歷史教科書裡慣常的老套說法是法國人滲透至印第安社會，西班牙人藉由傳入文化而改變印第安社會，英國人則驅逐他們，這些說法或許仍有用，因為它們大致正確地總結了歐洲與印第安人的關係。[103] 在新英格蘭和維吉尼亞，英國殖民者迅速禁止不同種族間通婚。[104] 波卡洪塔絲可說是第一個、但大抵也是最後一個透過婚姻而被英美白人社會所接受的原住民。在她之後，大多數種族間的通婚者都發現，原住民社會對他們的接納程度較高，而且他們的子女經常成為部落的酋長，因為印第安部落必須在複雜的世界找到方向，而他們的雙文化背景成為一項資產。[105] 在英國社會，「混血」不受重視，反而是一種汙名。

除了戰爭以外的另一選擇是在美國內建立一個印第安人州。一七七八年，當德拉威印第安人（Delaware）提議讓美國原住民合併成為一個獨立的州時，美國國會不僅拒絕，甚至不願考慮這個構想。[106]在一八四〇年代，印第安准州要求跟其他准州一樣享有派代表到國會的權利，但遭到南方各州的白人阻止。[107]然而，南北戰爭時南部聯邦（Confederacy）卻一度承諾如果南方打贏南北戰爭，就承認印第安准州為一個州，以獲得大多數美國原住民的支持。在戰後，印第安原住民向美國提出相同的安排時，美國再度拒絕，但最終承認印第安准州為由白人統治的俄克拉荷馬州（Oklahoma）——諷刺的是，這個州名在巢克圖語中指的是紅人的（土地）。

我們的教科書完全忽略了這些可能的選擇，反而單單著重於一個同樣未曾走過的路：完全單方向融入白人社會的涵化。大多數的美國歷史教科書在談到美國印第安人時，整體的故事線大致如下：我們嘗試使他們歐洲化；他們不願或做不到；於是我們將他們驅逐。這樣的解釋或許比較早期的教科書來得有同情心，但卻陷入把十九世紀的政策制定者用於逐走印第安人的宣揚藉口（亦

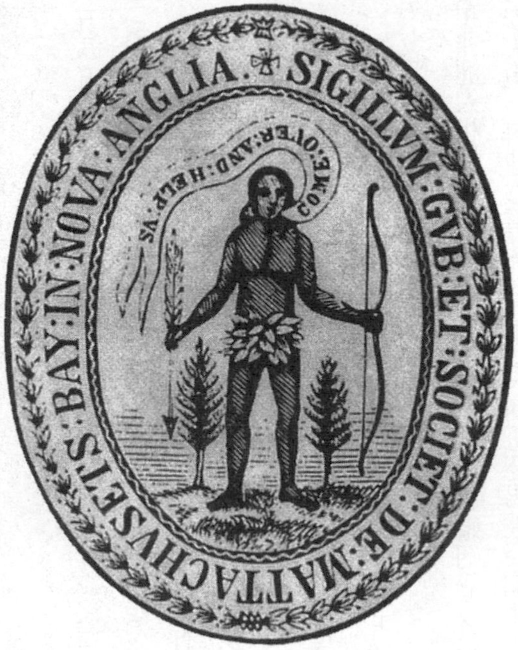

美國歷史強調所謂原住民不願涵化時，其實就已套入麻薩諸塞灣殖民地官印的故事線。圖中印第安人所說的「來幫助我們」是白人定居者的宣傳手法，後來演變成歐洲人用意良善、而印第安人很遺憾地與之不同的典型想法。

即印第安原住民阻礙了進步之路），當成了歷史的錯誤窠臼。唯一真正的差別在於語氣。當美國白人驅逐印第安人時，他們使這行為正當化的理由誇大尖銳，譴責原住民文化為原始、野蠻與游牧的文化。當時的教科書作者經常援用上帝之手或恩典，據說神眷顧那些在土地上勤作的人。[108]如今，驅逐已經完成，而我們的歷史也自一九八〇年起呈現出被征服的文化所具有的更多優點。但它們仍以惋惜的語氣將美國印第安人描繪為不同、並且無法或不願因文化傳入而改變。

然而，當時的情形根本並非如此；問題並不在於原住民無法涵化。實際上，許多歐裔美國人並不真的希望印第安人涵化，這不符合他們的利益。有時這很明

一八二五年一項針對喬治亞州的柴拉基族所做的人口調查（取自Vogel, ed., *This Country Was Ours*,289）顯示，他們擁有「33座磨粉坊、13座鋸木廠、1個火藥工廠、69個鐵匠店、2個鞣皮廠、762個織布機、2,486個紡車、172輛馬車、2,923個犁、7,683匹馬、22,531隻黑牛、46,732隻豬和2,566隻綿羊。」有些柴拉基人是富有的大農場主，包括約瑟夫．凡恩（Joseph Vann），他的農地廣達一百二十公頃，同時還經營渡船、汽船、磨坊、酒館並擁有圖上的豪宅。根據萊拉．萊區．洛伊德（Lela Latch Lloyd），凡恩的富裕引起墨雷郡（Murray County）的警長與其他白人的妒羨，他們在一八三四年驅逐凡恩，將他的房屋占為己有。

顯，比方說，麻薩諸塞的立法機構於一七八九年通過一項法律，禁止教美國原住民讀寫，否則將「判處死刑」。[109]傑佛遜總統在一八〇八年告訴柴拉基族的代表團：「因此，我懇請你們（原文如此）在如今給予你們的土地上，讓每一個人開始建立農場，圍起土地，栽種作物，建造溫暖的房舍，當他去世後，這土地將屬於他的妻兒。」[110]事實上，柴拉基族早已從事農耕，他們前往拜訪傑佛遜正是為了要求他將土地以個人農場的方式，分發給他們保有，並賦予他們市民的身分。[111]但是傑佛遜以藉口敷衍過去。《美國方式》問學生：「印第安人為什麼要往西遷移？」它的教師版中提供了答案：「他們被遷走，定居者才能利用土地來栽種作物。」我們可以繼續質問：「那麼先前印第安人在那片土地上做什麼？」「當然是種植作物！」當傑佛遜在跟柴拉基族說話時，白人正在放火燒毀原住民的房舍和玉米田，而且這行為早自一六二二年的維吉尼亞州就已開始，長達一百八十六年。

無論印第安人的涵化程度有多深，在白人的社會都無法成功。白人不會允許這種事發生。根據納許的說法：「印第安人總是被視為外來者，鮮少能獲准住在白人社會裡，頂多生存在邊緣地帶。」[112]聚積財產、擁有歐式家園，或許還經營鋸木廠的印第安原住民，成為白人惡徒下手的第一目標，而其土地與修建物也遭人覬覦。在戰時，已經同化的印第安人處境特別絕望。以賓州為例，在法聯印第安對英之戰期間，和平居住在白人城鎮的沙士魁海納印第安人（Susquehanna）慘遭鄰居砍殺，然後這些鄰居向當局領取獎金，但當局則根本不在乎是為誰的頭皮付錢，只要是印第安人的就好。在數世紀的期間，這種模式在美國各地重複發生。例如在一八六〇年，加利福尼亞的牧場主人殺死了八百名維約特印第安人（Wiyot）中的一百八十五人，這個部落先前因為遭其他部落偷牛襲擊而與白人結成聯盟。[113]

新教科書的優點在於指出「五大文明部落」（Five Civilized Tribes），亦即巢克圖族、契卡索族（Chickasaw）、柴拉基族、克里克族和森米諾族等成功地涵化，但最後仍被放逐到俄克拉荷馬。然而，它們的作者從來沒有因為這些定居的印第安人而變動過傳統的故事主線。我們的文化與教科書忘了是白人迫使印第安原住民流浪，忘了最初是誰教清教徒先民種植，至今仍擺脫不了僵化的刻板印象，將印第安原住民視為四處流浪的原始狩獵民族，因此是進步過程中不幸的受害者，如同伯爾斯坦和凱利所說：「在墨西哥北部，大多數的人跟著部落流浪，過著簡單的生活。北美印第安人主要是野生食物的狩獵採集者。只有極少數在亞利桑那和新墨西哥的印第安人是定居一地，從事農耕。」

諷刺的是，在原住民眼中，歐洲人才是游牧民族。如西雅圖酋長在一八五五年所說：「對我們來說，祖先的骨灰是神聖的，他們的安息地是聖地。你們離開祖墳很遠，而且似乎毫無懊悔。」相對地，印第安人的「流浪」主要是從夏屋搬到冬屋，再搬回去。[114]

要了解涵化為何不適用於大多數的原住民，可以先假想若美國允許非法歧視所有姓氏以L開頭的人會是什麼情況。我們會持續多久？第一批姓氏不是以L開頭的人若是想要我們的家園或工作，可以把我們趕走，而我們將會沒有資源可用。然後我們四周的人會責怪我們這些「L人」居無定所。這正是印第安原住民遇到的情況。在麻薩諸塞州，殖民者不斷刻意挑起與印第安家庭的紛爭，因為這麼做有可能獲得他們的土地。[115]這過程在過了二百四十年後，依舊在奧勒岡持續進行。到了一八六二年時，已有一萬名白人遷至內茲佩爾塞族保留區（Nez Perce reservation），以至於奧勒岡的一名參議員建議美國將這個部族遷走。緬因州參議員威廉·弗萊登（William Fessenden）指出問題所在：「我認為在奧勒岡，要把人驅離白人擁有的土地並不困難，但當地主剛好是印第安人時，問題就完全改變了。」[116]若是沒有合法權利，涵化無法成功。白人一般稱之為「喬瑟夫酋長」（Chief Joseph）的伊姆突亞拉特拉特（Inmuttooyahlatlat）清楚地表示：「我們要求法律適用於所有人。若印第安人犯法，以法律制裁。若白人犯法，同樣以法律制裁。讓我成為自由之人，享有旅行、停留、工作、選擇貿易地點，以及為自己發聲、思考與行動的自由。」[117]但實情卻非如此。大多數的法庭乾脆拒絕聆聽印第安原住民針對白人的證詞。在注意到非印第安人能透過原住民社會的階級崛起後，人類學家彼得·法伯（Peter Farb）總結出白人社會的可能性：「然而，在美國歷史上，印第安人從來沒有享有過類似自主同化的機會。」[118]涵化的原住民成為明顯的目標。

歷史教科書作者偶爾會寫下他們的意圖。比方說，在教師版的《美國方式》中，南茜・鮑爾（Nancy Bauer）陳述：「本書的目的在於使讀者了解美國，以其力量為榮，為其求取改善的決心感到喜悅，同時歡迎在《美國方式》中找到成為積極公民的機會。」這位作者自然不可能對印第安歷史投注合理的注意力。教科書作者以這種藉由讓「定居者」的後代對歷史感覺良好，進而對自我感覺良好的方式書寫歷史，是可以理解的。感覺良好是人類的需求，但歷史承擔了這麼做的負擔就必會出現誤謬。因為印第安原住民不能或不願涵化，就將其歷史呈現為悲劇，以此方式呈現的是令白人感覺良好的歷史。教科書藉由淡化印第安戰爭，幫我們忘記我們是從美國原住民手中奪走這塊大陸。今日的大學生在被要求列出美國經歷的戰爭時，從沒想到過把印第安戰爭包含在內，無論是個別的戰役或整體的戰爭都沒有。印第安與白人之間的戰爭主導著我們自一六二二年至一八一五年的歷史，並具有相當的重要性，後來一直到一八九〇年才大多自我們的國家記憶中消失。

對於印第安戰爭遭忽略的問題，解決方法並不在於誇大它們。將印第安歷史呈現為一連串白人的惡行，或許會令那些想推論美國或白人是惡徒的人感覺良好。然而，當時的實情比那時更為複雜，因此我們陳述的歷史必須更複雜。現在的教科書開始透露白人之間的一些歧見，因而提供了不少戰爭以外的可能性。其中有數個提及賽倫（Salem）的羅傑・威廉斯（Roger Williams），他在一六三〇年代要求麻薩諸塞州放棄對土地的專屬權利，主張「原住民才是它真正的擁有者」，除非他們賣了它。（清教徒先民驅逐威廉斯，而他則逃往羅得島。）[119]現在大多數的教科書作者都有提及海倫・傑克遜（Helen Hunt Jackson），她在一八八一年自費印製其著名的《百年恥辱》（*A Century of Dishonor*）給每一位國會議員，以控訴美國的原住民政策。[120]最近出版的教科書也都有談到安德魯・傑克遜（Andrew Jackson）和約翰・馬歇爾（John Marshall），他們為了抵制喬治亞州意圖征服柴拉基族的舉動而發起龐大的抗爭。首席法官馬歇爾做出對柴拉基族有利的判決，而傑克遜總統則忽視法庭的判決，並且據說他說了下面的話：「約翰・馬歇爾做了決定，就讓他自己去執行吧！」但是沒有任一本教科書將這個問題不穩定的本質，視為我們建國頭一百年間的主要問題之一。也沒有任一本提及數個基督教教派（貴格會〔Quakers〕、震顫教會〔Shakers〕、摩拉維亞教會〔Moravians〕和一些長老教會〔Presbyterians〕），和輝格黨（Whig Party）的一個派系一起動員輿論，為美國原住民爭取公正的處理。[121]由於忽略了輝格黨，教科書使柴拉基族的遷走顯得不可避免，成為另一個未涵化的原住民能力不足的例子。

印第安原住民會希望教科書提到，儘管有那些戰爭、瘟疫及其文化所承受的壓力，美洲印第安人實際存活下來，他們的文化也一樣，而且至少仍與美國有政府對政府的關係。就在一九八四年，還有一項美國歷史教科書的調查指出：「對原住民重要的當代議題完全未包含在內。」[122]我檢視的教科書情況較好。在一九七〇年代初期，美國印第安運動（American Indian Movement）引發了三個重大的印第安占領事件：舊金山灣的阿爾克綽茲島（Alcatraz Island）、華盛頓特區的印第安事務局（Bureau of Indian Affairs），以及南達科塔

或許美國原住民能突破涵化的兩難困境，變得現代化，同時保有印第安特色。他們的藝術家無疑已做到這一點。加拿大的因紐特藝術家直到一九三〇年代才開始雕刻皂石，他們的祖先在前一世紀就是用這種石材來製作鍋子。這個由納雷尼克・特梅拉（Nalenik Temela）雕刻的作品名為「心靈之舞」（*Dancing to My Spirit*），是綜攝的完美實例。

的傷膝地區。大多數的新教科書都充分解釋了這三起事件的起因和結果。

在二十世紀期間，反印第安人的種族主義大幅減少。許多部落利用許久以前大法官馬歇爾頒布的「國內依附族群」（dependent domestic nations）特殊狀態，發展博奕事業與旅館，與全球經濟建立穩固的關係。饒具諷刺意味的是，儘管從英語系美國人的觀點來看，美國開始讓原住民成功涵化，但是這卻也為原住民的共存生活帶來新的威脅。長久以來，貧窮與歧視向來是隔離印第安人的原因之一。然而，如同一些印第安人已經做到的，若今日他們能獲得好工作、購買新的交通工具和衛星電話，部分生活在城市度過，那麼要維持印第安文化核心的無形價值通常會困難得多。[123]只有一本教科書，而且還是我研究過最早期的一本教科書，提出了現今美國印第安人面對的關鍵問題：印第安人特有的文化是否得以延續？《發現美國史》在這一點上做了很好的示範，使用印第安青少年的話來讓學生體驗這個兩難困境。較新的教科書無法提出這問題，因為它們仍陷在非印第安的來源及詮釋框架裡。它們仍將美國原住民視為與文明對立，仍以為印第安文化就像人類學所謂的民族誌再現（Ethnographic Present），亦即凍結在剛與白人接觸的時候。當教科書對「美國印第安人悲哀地掙扎著維持他們的生活方式」表示同意時，它們所呈現出的正是這種缺乏遠見的觀點。印第安原住民從來都不僅僅只有「一種」生活方式，而是有許多種。儘管沒有歐洲人與非洲人的移入，美國印第安人的生活方式也不會維持五百多年不變。長久以來，印第安人一直努力改變他們的生活方式。然而這種自主性卻被我們奪走了，就連今天我們仍把原住民領導階層分為想要涵化的「進步派」、以及想「保留印第安特質」的「傳統派」。教科書作者不會把其他的美國人置於這種窠臼。我們非印第安人可以從過去或其他的文化中選擇自己想要的；我們可以選擇保留憲法，放棄一七八〇年代的醫學實務。然而，印第安醫者放棄傳統醫術，支持法國的殺菌法和英格蘭的抗生素時，卻會被視為危害其印第安本質。我們可以改變運輸或住屋的方式，同時保留「美國本質」；然而在我們眼中，印第安人卻做不到，因而永遠是「印第安人」。

正確的史實可以增加意識形態邊界雙方獲得綜攝的機會。如果我們知道印第安人的構想對美國文化的影響程度，美國就能視美洲原住民社會為值得繼續學習的文化資產。目前我們的教科書中沒有一本提及此可能性；即使比較開明的教科書也僅僅以比較適當的方式敘述印第安人，而沒有進一步建議我們的社會仍可以受惠於美國印第安人的構想。

然而，儘管我們當中不再有原住民，了解既往的其他可能性、記得當時的戰爭，以及習知白人與印第安人之間未加粉飾的真實關係，對我們仍有其重要性。要防止美國例外主義中所謂歐裔美國人是上帝所選子民、假藉宗教之名的種族中心主義觀念，印第安歷史正是不二良方，因為它揭露美國及其前身英國殖民地已經對世界造成的莫大的傷害。我們不能忘記這一點——不是要後悔地沉溺在我們的不當行為中，而是要了解並從中汲取教訓，以免再度造成傷害。我們必須以批判的自我知識來調整國家驕傲，歷史學家克里斯多佛·韋希（Christopher Vecsey）建議道：「研究我們與印第安人的接觸，預見我們美國人黑暗的自我，可以大幅強化我們對一切的質疑。」[124] 透過泛紅的眼睛習得的歷史，能提供我們的子孫深入了解過去的機會，而不是僅僅看到好人必會獲勝的故事。

第五章／「亂世佳人」：隱藏在美國歷史教科書的種族主義

儘管痛苦，歷史
無法抹除，若是
勇敢面對，以便
避免重蹈覆轍。／**馬雅．安哲羅**（Maya Angelous）[1]

黑人與白人之間的紛爭一直處於美國歷史的核心，如果我們要實現對自由的深切渴望，就必須勇於面對這個重大挑戰。如果我們忘了這一點，忘了奴隸制度是我們國家、歷史與實驗上的一大汙點，就等於忘記我們的本質，而這道龐大的裂痕也會變得更寬、更深。／**肯．伯恩**（Ken Burns）[2]

我們無法再用南北戰爭期間與之後的經驗來振奮與啟發人心。／**杜博斯**（W.E.B. Doubois）[3]

透過瑪格麗特．米契爾的《亂世佳人》來了解南北戰爭期間的美國南方，比從學術研究書籍來了解該時期的人還多。／**華倫．貝克**（Warren Beck）**與邁爾斯．克勞爾斯**（Myles Clowers）[4]

我們現在所知的美國從何時開始有人定居？若暫且忘掉上一章有關美國原住民定居的內容，最理想的答案可能是一五二六年。該年夏天，五百名西班牙人和一百名黑奴在今南卡羅萊納的皮迪河（Pee Dee River）河口附近建立了一個城鎮。在定居的頭幾個月，疾病及與附近印第安人的紛爭造成了許多死傷。同年十一月，黑奴叛變，殺死主人並逃向印第安人，而僅餘的一百五十名西班牙人則退守海地，叛逃的奴隸則留在原處，有可能融入了附近的印第安部族。[5]

我猜這件事大概微不足道，所以也不能怪罪美國歷史教科書沒有提及，首批在美國定居的非原住民是黑人。然而，這件事在教育上有其用途存在。它證明非洲人（把這時期的非洲人稱為非裔美國人或許為時過早？）從一開始就反抗奴隸制度，也指出印第安人、非洲人與歐洲人的三方關係是一個重要主題，卻遭到大多數的教科書忽略。[6] 這個主題告訴我們如果沒有穩固的邊界，奴隸制度無法輕易存在，同時也表明非裔美國人及伴隨而來的黑白種族關係，從歐洲人首次企圖定居美國開始，就已是美國歷史的一部分。

在我們的歷史中，最常見的主題或許要算是白人對黑人的統治。種族是美國生活中最尖銳和深刻的分裂線。黑白關係的議題造成輝格黨的崩解，促成共和黨的形成，使民主黨標榜自己為「白人之黨」將近一世紀的時間。美國國會頭幾次推翻總統否決案的實例之一，正是因為一八六六年共和黨在安德魯·詹森的期望下通過了《民權法案》（Civil Rights Act）。此外，美國參議員曾經為了反對一九六四年的民權法案，而妨礙議事進行長達五百三十四小時以上，是美國史上最久的一次。湯瑪士·伯恩·艾德梭爾（Thomas Byrne Edsall）已經證明，種族如何促使一九六四到一九七二年間政治結盟的全面變動，南方白人從民主黨的堡壘變成共和黨的大本營。[7] 至今種族仍影響著政治，小布希在二〇〇四年的選舉中，僅獲得百分之十一的黑人選票，但卻獲得百分之五十七的白人選票。

幾乎我們所有類型的流行文化也都涉及種族。從一八五〇年代到一九三〇年代，或許除了南北戰爭與戰後重建時期以外，滑稽歌舞劇（minstrel show）一直是美國流行娛樂的主要形式，這種歌舞劇以一種荒謬的方式取材自莊園奴隸，劇中經常由白人來飾演黑人。在那段時期大多數的時間，《湯姆叔叔的小屋》（*Uncle Tom's Cabin*）是我們演出最久的戲劇，上演次數多達數千場。美國第一部史詩般的電影《國家的誕生》（*Birth of a Nation*）、第一部有聲電影《爵士歌手》（*The Jazz Singer*），以及史上最賣座的電影《亂世佳人》（*Gone With the Wind*）大抵上都與種族關係有關。有史以來最受歡迎的廣播劇《阿莫斯與安迪》（*Amos 'n' Andy*）中，是由兩名白人裝扮成風趣無能的非裔美國人，[8] 而最受歡迎的迷你電視連續劇《根》（*Roots*）則使民眾對族譜與種族背景的興趣爆增，進而改變了我們的文化。在音樂方面，種族關係為許多的黑人靈歌、藍調、雷鬼，以及饒舌歌曲提供了基本的主題材料。

有關種族奴隸制度的鬥爭，可能是美國歷史上最顯著的主題。一直到十九世紀結束前，大多由奴隸栽種、收成、軋棉和去籽的棉花是美國最重要的出口品。[9] 在南北戰爭以前，美國北部和南部的優美宅邸大多是由奴隸所建，或是利用買賣奴隸和棉花的貿易利潤興建而成。黑人與白人的關係成為南北戰爭的中心議題，而且在這場戰爭中死亡的美國人數、跟美國所有其他戰爭的死亡總人數相當。在戰後的重建時期，黑人與白人的關係仍是美國的焦點，而美國未能讓非裔美國人享有平等的權利，最終在一世紀後演變成為爭取民權而爆發的抗爭。

種族議題也見於我們最想不到的地方：在阿拉摩（Alamo），在整個森米諾戰爭期間（Seminole Wars），甚至在將摩門教徒逐出密蘇里州的行動中，都有這類議題的蹤影。[10] 史塔德．特凱爾（Studs Terkel）是對的：種族是我們「美國的執念」。[11] 自從首批非洲人和西班牙人於一五二六年在卡羅萊納的海岸登陸以後，我們的社會就一再因白人與黑人的關係而分裂，有時則是因而促成結合。

多年來，對於奴役黑人一事，美國有多種不同的說法。分別在過去兩個世紀最受歡迎的小說，海莉耶．碧綺兒．史托（Harriet Beecher Stowe）的《湯姆叔叔的小屋》、以及瑪格麗特．米契爾的《亂世佳人》，都是以奴隸制度為背景。但是這兩本書所訴說的故事差異很大：《湯姆叔叔的小屋》將奴隸制度描述為必須反對的邪惡制度，而《亂世佳人》則暗示奴隸制度是理想的社會結構，因此它的消失令人遺憾。二十世紀民權運動以前的美國歷史教科書，大多同意米契爾的看法。一九五九年時，我所用的教科書並未將奴隸制度視為極惡之事。若奴隸身分對非裔美國人來說是一種負擔的話，可以說奴隸也是奴隸主人的一種負擔。此外，奴隸也享有適度的快樂，飲食無慮。這種論點構成「木蘭花迷思」（Magnolia Myth）（譯注：木蘭花是密西西比州的州花），根據這種論點，奴隸制度是一種和諧美好的社會結構，不會對包括白人和黑人在內的任何人造成傷害。山繆・艾略特・摩里森和亨利・斯逖爾・康馬格（Henry Steele Commager）在其於一九五〇年出版的教科書中指出：「至於黑人，他們受到的不當待遇令主張廢止奴隸制度的人憤怒流淚，然而他們因『特有制度』而受到的磨難，比南方其他的社會階層都來得少，也有其可信的道理。」[12] 當然，這裡的「特有制度」意指奴隸制度，而摩里森和康馬格的描繪直接來自於《亂世佳人》。

然而，今日的教科書說法不同。自民權運動開始，教科書多少回頭採取史托極力控訴奴隸制度的觀點，《美國歷史》在這方面的討論，會先以正面的口吻描述奴隸的生活情況：「他們通常衣食無缺，有容身之處。」但作者又旋即指出：「奴隸完全沒有權利，不僅沒有投票權，也不能擁有私人財產，生活完全由奴隸主人掌控。」結論是：「奴隸制度幾乎可說是完全不符合人性。」《美國冒險史》表示：「奴隸制度導致絕望，而絕望有時導致黑人自殺，有時促使他們反叛奴隸主人。」《生活與自由》採取比較直接的觀點：「歷史學家對奴隸遭受的嚴厲對待程度，沒有定論。」接著它繼續指出，鞭刑在一些地方是常見的刑罰，但在其他莊園卻沒有出現過。然而，《生活與自由》在結束描述奴隸生活的章節時，引用了靈歌的名稱「主啊，我的全部試煉即將結束」，並且援引奴隸法律中不人道的細節做為證據。沒有人在讀過這三本書中的任一本後，還會對奴隸制度存有良好的觀感。事實上，我研究的教科書大多將奴隸制度描述為令奴隸無法忍受的制度。[13]

今日的教科書也證明奴隸制度在十九世紀前半葉，對我們政治生活的影響日益增加。它們表示，軋棉機使奴隸制度的獲利性更高[14]，也描述一八三〇年代時南方各州與聯邦政府如何將印第安人趕出密西西比、阿拉巴馬和喬治亞州的遼闊土地，造成奴隸制度的擴大。它們也指出在一八三〇年到一八六〇年之間，奴隸制度對意識形態的需求變得更加尖銳，種族主義傾向日漸濃厚。莊園主人和奴隸販子不再愧疚地視奴隸為必要的邪惡，反而認為奴隸制度是「對奴隸本身有正面價值」的制度，這正是《美國的成就》採取的說法。除了這種意識形態朝極端主義發展的傾向以外，相關的新法律與慣例也變得更加嚴苛。套用《美國：一個共和國的歷史》的說法：「給予奴隸自由的言論在南方越來越容易招致危險」。在一些蓄奴的州，光是「收到」主張廢止奴隸制度的論述就已是重罪。南方各州通過新法令，干涉奴隸主人給予奴隸自由的權利。自由非裔美國人的法律地位越來越岌岌可危，連在北方也一樣，因為南方白人說服了聯邦政府，使在美國的任何地點都越來越難限制奴隸制度。[15]

同時，許多北方白人和「梅生—狄克生分界線」（Mason-Dixon Line）以南的一些居民越來越不快樂，厭惡美國失去理想[16]，而關於奴隸制度的爭論也日益激烈，甚至蔓延至各個領域。一八四八年，密蘇里州參議員托馬斯・哈特・本頓（Thomas Hart Benton）將這個無所不在的議題比喻為《聖經》裡的蛙災故事：「每每望向桌子，必見災蛙。每每坐到宴客桌旁，必見災蛙。掀開結婚新人所坐的長椅椅套，亦必見災蛙。無論看任何事物、觸碰任何事物、提出任何措施，前方必有這種災害之物阻擋。」[17]

奴隸制度是南卡羅萊納及其後十州離開聯邦的根本原因。在一八六〇年，該州領導人非常清楚他們為何退出聯邦。他們在聖誕前夕簽署了《南卡羅萊納州立即脫離美國聯邦宣言》（*Declaration of the Immediate Causes Which Induce and Justify the Secession of South Carolina from the Federal Union*）。他們的第一個不滿在於「美國十四州在過去的年間，一直刻意拒絕履行憲法規定的義務」，並特別指出其中一條規定：「根據憲法規定，在一州必須提供服務或勞役之人於逃至另一州後，其原本之服務或勞役不得解除並應遣返……」當然，這就是《逃奴條款》（Fugitive Slave Clause），而根據該條款賦予的權力，美國國會通過了一八五〇年《逃奴法案》（Fugitive Slave Act），而南卡羅萊納當然也支持該法案。該法案的措施要求自由各州的執法人員、甚至一般民眾，在白人宣稱一些非裔美國人為其奴隸時，必須參與緝捕和遣返這些非裔美國人。這使得自由州成為實行奴隸制度的共犯，然而自由州也設法避免完全遵循該法案。舉例而言，賓州通過一條法律，認可聯邦法案的最高地位，但同時指出賓州人民仍然有權決定執法人員的薪資，而他們拒絕為耗費在緝捕與遣返據稱為奴隸者的時間付費。南卡羅萊納攻擊此等州權（states' rights）的展現：

> 然則，非蓄奴州對奴隸制度的敵意日增已經導致其忽視應盡之義務……緬因州、新罕布夏州、佛蒙特州、麻薩諸塞州、康乃狄克州、羅得島、紐約州、賓州、伊利諾州、印第安那州、密西根州、威斯康辛州和愛荷華州所制定的法律不是使國會法案（Acts of Congress）失效，就是無意履行。

因此，南卡羅萊納州「反對」自由州主張的州權。這是可以理解的，在歷史上，任何黨派在美國失去權力時向來會要求州權。南方白人在整個一八五〇年代一直主導著聯邦政府的行政與司法部門（並且透過民主黨也掌控著立法部門），因此他們當然反對州權。當最高法院首席法官羅傑·布魯克·陶尼（Taney）於一八五七年判定在全美國，無論各州或各屬地（territorial）的期許為何，黑人均不擁有任何白人需尊重的權利時，奴隸擁有者感到欣喜，並促使詹姆斯·布坎南總統（James Buchanan）利用聯邦權力於隔年在堪薩斯州使蓄奴合法化。一直到在一八六〇年的選舉中失去對行政部門的掌控後，奴隸擁有者才開始建議限制聯邦權力。

南卡羅萊納的領導人士接著譴責紐約州「連轉送奴隸的權利」都加以拒絕，也責難北方其他州讓非裔美國人投票。在南北戰爭以前，這些事務屬於州權。儘管如此，南卡羅萊納聲稱其有權決定紐約是否能在該州禁止奴隸制度，或佛蒙特州是否可以界定該州的市民權。卡羅萊納人也對其他州居民對其特有制度持不同「想法」的權利提出異議，並以北方人「譴責奴隸制度罪孽深重」作為脫離聯邦的另一個理由。簡言之，奴隸制度從一開始即在文獻中隨處可見。當然，林肯當選是導火線，但是南方脫離聯邦的目的無疑在於保護、維持及促進奴隸制度。南卡羅萊納州的做法並不罕見，因為其他州在退出聯邦時也採取了類似的說法。

儘管有這些明確的證據，但是一九七〇年以前的許多教科書，舉出了種種南方脫離聯邦的原因（關稅及國內改善措施上的歧異、以農業為主的南方和以工業為主的北方之間的衝突，特別是「州」權），卻「單單」漏掉奴隸制度。這是相當於一種為南方辯護的形式。[18] 對於這種誤謬學識，沒有任何藉口可言，一直到州權運動之後，大多數的教科書作者才開始同意林肯第二次就職演說的內容，「（奴隸制度）可說是戰爭的起因。」如同《美國：一個共和國的歷史》於一九八一年所寫，「這場衝突的核心是奴隸制度，而且它會是一個繼續存在的議題。」

令我驚訝的是，一些最新的歷史教科書卻在這個議題上走回舊路。比方說，《美國之旅》陳述：

> 南方人以州權理論為其脫離聯邦之舉辯護，他們爭論這些州先前是自願加入聯邦，並視憲法為諸獨立州之間的契約。如今由於聯邦政府已違反該契約，拒絕履行《逃奴法案》且否認南方各州於所有領土內之同等權利，因此南方各州有離開聯邦的正當理由。

如我們已見，聯邦政府並未拒絕履行《逃奴法案》，且無論南北，各州並不享有與之分離的其他「領地內的權利」（Rights in the Territories），因此這段文字只是增加困惑，而非提出解釋。數本其他的教科書同樣有令人困惑的陳述。《通往現今之路》提供了一個方塊文，比較「南方的目標」和「北方的目標」。它援引一八六一年七月二十五日的眾議院決議案，證明美國致力於「維繫聯邦」，以當時的戰爭而言，這的確為真。（一直到一八六三年以前，終止奴隸制度的確不是戰爭的目標）。但是它在言及南方的戰爭目標時，僅引用傑佛遜．大衛斯（Jefferson Davis）就任南方邦聯總統時的演說，「我們努力維持和平及獲得對我們應享權利之尊重，但徒勞無功。」什麼權利？南方為什麼脫離聯邦？《通往現今之路》保持沉默。伯爾斯坦和凱利完全沒有討論南方為何脫離，僅言及林肯當選提供了導火線。為何不乾脆援引南卡羅萊納的「宣言」？畢竟南卡羅萊納起草該宣言，目的正是為了證明其「脫離的正當性」。[19]

除了在奴隸制度於南方脫離聯邦中所具有的角色上故態復萌以外，現在大多數的教科書在處理這個議題上已經有一定的深度與了解。它們為何有所改進？要探討這個問題，必須從「史料編纂學」（Historiography）、亦即歷史的撰寫上著眼。教科書的作者是誰？是什麼背景？教科書的讀者是誰？何時寫的？在一九六〇年代以前，出版商向來受制於南方白人。在一九二〇年代，佛羅里達州和南方其他各州通過立法，要求「確保正確的美國歷史，包括真實正確的邦聯歷史。」（Securing a Correct History of the U.S., Including a True and Correct History of the Confederacy）[20] 許多州要求教科書稱南北戰爭為「州之間的戰爭」（The War between the States），彷彿因脫離聯邦而導致分裂的單一國家原本並不存在。（我找不到任何人在這場戰爭期間稱之為「州之間的戰爭」的證據。）

然而，在一九五五到一九七〇年之間的十五年間，州權運動摧毀了在美國原本是正式系統的種族隔離制度。它並沒有成功地改變美國種族關係，但的確幫助非裔美國人贏得更多權力。今天，許多學校的董事會、課程委員會和高中歷史系都有非裔美國人，或不具白人至上意識形態的美國白人。因此，一個說明是「何時」（when）寫下的，將對寫下「什麼」（what）產生影響。現在的教科書可以用更多篇幅、更精確地描述奴隸制度的主題。[21]

美國人似乎總是會對奴隸制度感到驚愕。兒童在習知喬治．華盛頓和湯瑪士．傑佛遜（Thomas

Jefferson）都有蓄奴時，感到震驚。殖民地威廉斯堡（Colonial Williamsburg）的解說員表示，許多訪客在得知當地曾經蓄奴時都感到驚訝——因為它位於維吉尼亞莊園的中心！今日只有極少數的成年人知道，我們是奴隸社會的時間比自由社會的時間還長。甚至更少人知道在美國獨立戰爭（Revolutionary War）以前，奴隸制度對美國北方一度也是重要的措施。第一個使奴隸制度合法化的州不是維吉尼亞，而是麻薩諸塞州。在一七二〇年紐約的七千人當中，有一千六百人是非裔美國人，而且大多是奴隸。華爾街是奴隸主人以天或週計，出租奴隸的地方。[22]

然而，大多數的教科書都淡化了北方的奴隸制度，使蓄奴看似一個地方性、而非全國性的問題。事實上，這些教科書就算言及北方蓄奴情況，在其整體故事線的對照下，也會讓人覺得那僅僅是不幸的小汙點而已。詹姆斯．奧利佛．霍頓（James Oliver Horton）就曾指出：「唯有從新觀點來研究美國歷史，才能充分闡明黑人的經驗。」[23]然而，教科書作者卻未能提出任何新觀點，反而把他們對奴隸制度比較正確的描述又往「如常進步」的舊故事線上帶。在這個長篇故事中，美國總是會自然地越來越民主，而蓄奴只是暫時地脫離常軌，並不是整個局面的一部分。諷刺的是，正是因為民權運動非常成功，教科書作者才得以暗示現在黑人與白人之間的種族問題已經解決，至少在形式上是如此。這讓教科書得以討論奴隸制度，而不需要改變它們向來樂觀的語氣。

現在的教科書會指出，奴隸制度的可怕及其對美國黑人的影響，但對於奴隸制度對美國白人的衝擊大多仍保持緘默，無論是北方或南方的白人都一樣。教科書難以承認美國白人或美國整體的問題，相較之下，說明奴隸制度的真實情況或許反倒簡單。畢竟，今天奴隸制度已經不復存在。正因為我們已不再實施奴隸制度，所以可以坦承它的邪惡。即便里奇蒙（Richmond）的南方邦聯博物館（Museum of the Confederacy）在舉辦以奴隸制度為主題的展覽時，也沒有飾以浪漫色彩。[24]然而，若是沒有解釋奴隸制度與現今的關聯，即使以大量篇幅加以說明，頂多就像以大量篇幅說明《霍利－利穆特關稅法案》一樣

——只是提供倒霉的十一年級生更多必須背誦的內容而已。

奴隸制度對現今有兩個類似的影響，一個是造成黑人的社會經濟劣勢，另一個是把文化種族主義灌輸給白人，而且至今我們的社會仍無法擺脫它們的影響。因此，如果處理奴隸制度持久的影響必然具有爭議。種族主義不同於奴隸制度，至今尚未消失。

為了在混亂不安的時代順利實踐公民生活，學生必須知道種族主義的起因。雖然種族主義是錯綜複雜的歷史問題，但在西方世界，它主要源自兩個相關的歷史過程：奪取原住民的土地並摧毀他們，以及奴役非洲人並令他們在這些土地上工作。如果要教授這種關係，教科書必須先告訴學生，做為社會經濟制度的奴隸制度，以及做為觀念的種族主義之間動態的相互作用，社會學家分別稱它們為社會結構（social structure）及上層結構（superstructure）。在非洲奴隸貿易之前及之後，許多社會和時期就已經有奴隸制度的存在。然而，在十五世紀因歐洲的軍事及社會技術優勢，而由歐洲人開始的奴隸制度卻與之前不同，因為它是由一個種族奴役另一個種族。白人逐漸視奴役白人為不正當的行為，而奴役非洲人則是可接受的。另一個不同點在於美國黑奴的小孩終生都是奴隸，永遠無法透過與奴隸主人階層的通婚來獲得自由。造成這種差別待遇的原因，正是種族主義。對美國民主制度的影響至為深遠的法國社會哲學家孟德斯鳩曾在一七四八年譏諷地觀察說：「我們無法想像這些生物是人，因為若承認他們是人，接著就必須承認自己不是基督徒。」[25] 孟德斯鳩可以說預示了認知失調，因為他指出「我們」如何塑造自己（對黑人）的想法，以使自己的行為合理化。

歷史學家曾記錄種族主義在西方興起的年代。在一四五〇年代以前，歐洲人視非洲人為異國人，但不一定比較低等。然而，隨著越來越多的國家加入奴隸交易，歐洲人開始認為非洲人的特色是愚蠢、落後且不文明。歐洲人就像罹患了失憶症；他們逐漸發現為了方便起見，可以輕易地忘掉早先是摩爾人把大量的學識從非洲傳入西班牙和義大利，進而導致了文藝復興。歐洲人早就知道廷巴克圖（Timbuktu）

是一個學識中心，擁有知名的大學與圖書館。而今，歐洲和歐裔美國人卻方便地忘記廷巴克圖，將非洲視為「黑暗大陸」。[26]到了一八五〇年代，許多美國白人，包括一些北部的人，都宣稱黑人低劣到無藥可救的地步，以至於奴隸制度對他們來說反倒成為一種適當的教育形式；它也實際將他們帶出所謂「黑暗大陸」的野蠻狀態。

種族主義的上層結構存在的時間，比產生它的奴隸制度社會結構來得久。從瑪格麗特．米契爾在一九三〇年代寫的《亂世佳人》可以看出，種族主義在那十年中依然存在。這位作者在詮釋戰後重建時期時說：

> 這些先前的農民突然發現自己位居要職。他們的行為舉止就像一般對愚低生物會有的期許。如同猴子或小孩在面對一堆寶物時，無法了解其價值卻仍瘋狂欣喜一樣，這些農民也同樣放縱瘋狂——不是出於對破壞的荒謬樂趣，就只是單純地因為無知。[27]

在米契爾暢銷的浪漫小說中，處處透露著白人至上的想法。然而在一九八八年，當美國圖書館協會（American Library Association）要求贊助人選出圖書館最佳書籍時，《亂世佳人》的得票數比所有其他出版書籍都來得多！[28]

我們從奴隸制度中繼承而來的根本觀念，即在於白人至上而黑人至下是恰當、甚至「自然的」。我們的文化核心告訴我們所有人，包括非裔美國人在內，歐洲之所以會在世界居於統治地位，原因正在於歐洲人比較聰明。許多白人和一些其他膚色的人在內心深處都相信這一點。白人至上當然不僅僅是奴隸制度遺留的觀念而已，自奴隸制度結束以後，美國歷史的發展就一直維繫著這個觀念。在我調查的十八本教科書，有九本在索引中列出種族主義（或種族歧視、種族偏見等等），但在數本教科書的內文中，這個字從未出現過。種族主義只是在索引裡用來指稱關於奴隸、分離制度等等的段落。唯有《通往現今之路》對這個詞下了定義。[29]

更糟的是，只有三本教科書討論到當時可能引起種族主義（或種族偏見等等）的原因，而且當中最明顯指出奴隸制度與種族主義有關的，只有《美國通史》中的一句話，並且還是在指出奴隸主人「日漸生活在一種假想的圍困狀態」後才說：「他們的恐懼助長了一種有趣的生物種族優越理論……」《美國傳統》中有一個類似的句子，但句意模糊得多：「為了保護其『獨特制度』，南方人維繫其生活方式的決心越來越堅定。」但這類的陳述幾乎無法向今日的學生說明美國社會中種族主義的起源——而且甚至沒有使用這個詞。《美洲冒險》花在種族主義上的說明是迄今最長的：「（非裔美國人）看起來跟白人群體的成員不同。他們因膚色而難以融入白人群體，因此一直是外來者。」由此來看，《美洲冒險》已經從歷史轉向業餘心理學的領域。可惜以膚色做為論點，並不能解釋種族主義。珍・艾略特（Jane Elliot）在愛荷華州的教室裡所做的著名實驗已經證明，兒童可以因為眼睛顏色的差異就迅速發展出歧視行為，以及具有偏見的信念。反言之，在從厄瓜多爾到北極地區的美洲印第安國家中，非裔美洲人經常獲得領導地位，由此可以證明，人不會僅僅因為膚色就自動歧視他人。[30]

從奴隸時代至現今，美國歷史上的事件與過程就可以解釋種族主義。然而，除了先前所引述《美國通史》中的半句話以外，沒有一本教科書將歷史與種族主義相連。在沒有充分的知識支持下，不成熟的概念填補了教科書欠缺的分析真空。《美洲冒險》的三個句子暗示，排斥膚色不同的人是很自然的事。白人學生可能會斷定所有的社會或許原本就有種族歧視，因此種族主義沒關係。黑人學生可能會斷定所有的白人都是種族主義者，或許天性如此，因此反白人是沒關係的。在《美洲冒險》的三個句子中含有的根本想法實在太過明顯，然而這卻是在我檢視的新舊教科書中，對於種族主義的起因最實質的處理方式。在《我們美國人》（*We Americans*）中以「隔離與歧視」（Segregation and Discrimination）為標題的六頁內文中，談到私刑（但沒有包含任何插圖）、隔離法及嚴苛的種族禮法，但對於它們的起因隻字未提。

教科書沒有分析種族主義，本身還微妙地成為種族主義的示範。《霍特：美國》一直到很後面（第一千零八十三頁！）才看到作者歌頌基因檢驗的價值：「由於傑佛遜沒有兒子，科學家把他祖父那一支男性後代的基因，跟莎莉・海明斯（Sally Hemings）的小兒子伊斯頓・海明斯（Eston Hemings）的基因進行比對，結果發現吻合。由於吻合的機率少於百分之一，傑佛遜非常可能是伊斯頓・海明斯的父親。」《霍特：美國》並沒有注意到這一段的最後一句跟第一句事實上互相牴觸。傑佛遜的確至少有一個兒子，伊斯頓・海明斯。只要將「沒有兒子」改成「不承認有兒子」，就可以修正這一段文字；當然，這個令人尷尬的問題遭到忽視，因為傑佛遜沒有「白人」兒子，因此沒有「真正的」兒子。

歷史教科書省略種族主義或草率地處理這個議題的做法，規避了一個重要的責任。並非所有的白人是種族主義者，或曾經是種族主義者。此外，種族主義的程度會隨時間而改變。[31] 若教科書能解釋這一點，就能啟發學生思考種族主義在過去的起因、使它延續至今的原因、以及在未來如何減少它。

雖然教科書作者不再粉飾奴隸制度對非裔美國人的影響，但是卻也淡化白人與它的牽連。他們呈現出的奴隸制度是沒有起因的一場悲劇，而非由一些人施加在其他人身上的惡行。有些教科書堅持農場工作是農場主人在做的虛幻說法。根據《美國的成就》：「農事向來很多，因為棉花種植者也必須種植家人及奴隸所需的大多數食物。」雖然管理一家價值數十萬美元的公司肯定相當耗時，但是莊園上的工作究竟大多是由誰在做，從密西西比一名莊園主人悲嘆戰後情況的描述即可見一般：「我這一輩子從沒做過一天的工作，根本不知道從何開始。你看看，現在我穿著這些粗糙的舊衣服；哼，在戰前我從來沒穿過粗糙的衣服。」[32]

教科書對奴隸制度的描述所激發的情感是悲傷，而非憤怒，因為已經沒有可供憤怒的「對象」。最後美國只有四百萬名奴隸，卻沒有奴隸主人。這正是我們教科書的模式之一：美國歷史上所有的壞事都沒有指出惡人之名。在我們的歷史中留名的人都是有正面貢獻的人（只有下一章將談到的約翰・布朗

（John Brown）例外）。或如佛朗西絲・菲茨傑拉德（Frances FitzGerald）於一九七九年分析教科書後所說：「在所有的歷史上，沒有任何已知是由某人為其他人製造問題的案例。」[33]

美國的「建國之父」顯然從未製造過問題。「現代常見對華盛頓和傑佛遜的描述，」歷史學家大衛・羅文索（David Lowenthal）指出：「跟他們在十八世紀所過蓄奴莊園主人的生活一點也不一致。」[34]歷史教科書淡化了奴隸制度在建國之父們的生活中所扮演的角色。如同處理威爾遜、海倫・凱勒和哥倫布的情形，教科書作者無法忍受透露任何有關這些英雄的壞事。在二〇〇三年，伊利諾州的一名老師告訴她的六年級學生，在林肯之前大多數的總統都曾蓄奴。她的學生群情激憤——不是因為那些總統，而是因為她，因為她對他們說謊。他們抗議說：「那不是真的，否則書上一定會說！」他們指出教科書花許多篇幅描述華盛頓、傑佛遜、麥迪遜、傑克遜和其他美國早期的總統，但是書上沒有任何內容提及他們曾經擁有奴隸。當然，這名老師並沒有錯，本書稍後會說明她如何以有創意的方式回應學生。

在真實生活中，美國建國之父及其妻子都曾經必須處理奴隸制度的問題。教科書因為派曲克・亨利（Patrick Henry）那篇「不自由，毋寧死」的演說而封他為聖人，但沒有一本告訴我們，在發表那篇演說八個月後，亨利就下令「勤奮巡邏」，以防止維吉尼亞的奴隸為獲得英國人提供的自由而支持英國。亨利努力處理這個矛盾之處，以強烈的語氣說：「任何人都會相信我是自己所買奴隸的主人！」[35]但在今日，幾乎沒有人會相信，因為在我檢視的所有教科書中，只有《應許之地》和《美洲冒險》這兩本提到這個矛盾。[36]亨利知道自己言行不一，但令他的奴隸感到遺憾的是，他並沒有因此而改變自己的行為。在整個獨立戰爭期間，他擁有的奴隸不減反增，而且不同於維吉尼亞州其他的一些莊園主人，他連在去世時也沒有給予任一名奴隸自由。然而，《美國的成就》在文中引用亨利的話，稱奴隸制度「與《聖經》不符且為對自由之破壞，因此有悖人性」，但對亨利擁有奴隸一事隻字未提。《美國冒險史》用了整整三頁的篇幅虛構出一篇通俗劇，在其中亨利的父親擔心地說：「他要怎麼謀生？」然後《美國冒險史》說亨利不擅長管理倉儲，因此「設法靠種植菸草為生」，「開了另一家店」，也因為「有妻子和三名子女的支持」，「知道他必須找方法謀生」，於是他決定成為律師。學生在讀到這一章、並在後來得知亨利是靠數十名奴隸的工作致富時，有權覺得自己遭到矇騙。所有的新教科書在這方面都大同小異，沒有改進。

「建國之父」湯瑪士．傑佛遜的例子甚至更令人難堪。傑佛遜堅持人人都有「生命、自由與追求幸福」（Life, Liberty, and the pursuit of Happiness）的平等權利，但在寫下這些話的同時，他卻蓄有一百七十五名奴隸，美國歷史教科書用數種策略來解決這個矛盾。傑佛遜擁有奴隸一事，幾乎對他所做的每一件事都造成影響，從他反對改善國內情境到外交政策都有。[37] 儘管如此，在我較早檢視的那批教科書中，有半數從來沒有提及傑佛遜擁有奴隸。《生活與自由》中有半頁關於傑佛遜的迷你傳記，透露他的「性格內向」、「口吃結巴」，總是努力完成自己正在做的事。在《生活與自由》中的其他地方還提到了他的種種瑣事，例如他拒戴假髮，在就職遊行時寧願走路、不騎馬——但對傑佛遜與奴隸制度卻絲毫未提。

所有最近的教科書都有提到傑佛遜擁有奴隸，但僅此而已——它們都僅僅稍微提到，而且幾乎總是放在附屬子句裡。《美國人》全部提到的內文：「儘管有菁英背景又擁有奴隸，他仍是小型農民和普通市民的堅強盟友。」《美國之旅》的描述同樣簡明：「他在獨立宣言中宣告『人人生而平等』——但他是奴隸主人。」《通往現今之路》只用了六個字描述傑佛遜與這制度的牽連，但卻是在四段讚美他的言詞之後，且包括他對蓄奴的反對：「傑佛遜致力於推動所有白人平等並反對奴隸制度，這在當時都是勇敢激進的觀念。今日，傑佛遜對歷史學家仍是一個謎：有史以來，對人類自由最有說服力的一些言辭都是出自這個奴隸擁有者之手。」實際上，到了一八二〇年，傑佛遜已經成為熱烈支持將奴隸制度擴展至西方准州的人，而且他從未讓他對奴隸制度的矛盾情結影響到他的私人生活。傑佛遜跟普通的奴隸主人一樣會下令鞭打奴隸，以及將他們賣到最南部的地區，以便警告其他的奴隸服從。傑佛遜在一八二二年時擁有二百六十七名奴隸，而終其一生則擁有過數百名奴隸，但他僅僅給予過其中三名自由，並在去世時又放了五名自由——而且全都是他的血親。[38]

教科書淡化傑佛遜蓄奴這類事蹟的另一個做法，是承認這件事，但強調其他人並沒有比較好。《應許之地》的說辭是「傑佛遜是當代的人」。這個「當代」指的究竟是哪些時代？在一七七〇年代，大多數的美國白人無疑是種族主義者。然而，當時的種族關係不斷在改變，原因就在於獨立戰爭，以及傑佛遜等人極力散播、與人類權利有關的基本意識形態。根據《美國的成就》，在獨立戰爭期間的美洲大陸兵（Continental Army）當中，有五千名黑人士兵「以勇氣與技巧」與白人並肩作戰。當然，實際上，也有些黑人士兵跟其他的白人新兵一樣無法開槍，臨陣脫逃。[39]但是由於士兵在大多數的時間是在不分種族的部隊裡作戰，獲得的薪酬也相同，因此有助於減少白人的種族主義。[40]

此外，美國獨立戰爭也是由觀念的力量促成改變的歷史時刻之一。「在為與生俱來的自由權利而戰時，」一名陸軍上尉曾經這麼說：「我們學會體會其他人的奴隸處境。」[41]愛碧嬌．亞當斯（Abigail Adams）在一七七四年寫信給她丈夫，詢問我們要如何「為自己爭取我們每天自他人身上剝削之物，這些人跟我們一樣享有自由的權利。」[42]派曲克．亨利為自己的言論與蓄奴行為之間的矛盾感到難堪，但他只提供了一個蹩腳的藉口：「若沒有他們，在這裡生活普遍不方便，我只得隨波逐流。」並且承認「我不會、也無法為自己的行為辯護。」[43]然則，莊園主人的確可以選擇其他的做法，包括喬治．華盛頓在內的一些人對言行一致的重視勝過亨利或傑佛遜，直接給予他們的奴隸自由，或至少在遺囑中這麼做。有些奴隸主人釋放男性奴隸，讓他們加入殖民地軍隊，並為徵召到的每一人收集獎金。在獨立戰爭後的二十年，維吉尼亞的自由黑人增為十倍，從一七八〇年的兩千人暴增至一八〇〇年的兩萬人。北方各州大多數完全廢止奴隸制度，因此在奴隸制度方面，傑佛遜其實落後與他同時代的許多白人。[44]

然而，當時解放奴隸的趨勢逐漸衰退，原因在於跟傑佛遜一樣蓄奴的南方白人大多變得富裕，並獲得鄰居的尊敬，如同人們時常會尊敬比自己富裕的人。上層社會的意識形態多少成為整個社會的意識形態，而隨著美國爭取獨立的革命淡化後，這種意識形態逐漸成為實行奴隸制度的正當理由。傑佛遜把大量利用奴隸賺取而來的財富，用於他在蒙提瑟洛（Monticello）的華宅，以及購買他後來捐贈給維吉尼亞大學的書籍；這些開支都構成他部分的神聖遺產，讓歷史多了一個賦予他美名的理由。[45]

然而，還有其他可能的觀點。在一八二九年，傑佛遜過世三年後，波士頓黑人大衛．沃克（David Walker）警告其他黑人，他們應記住傑佛遜是他們最大的敵人。「傑佛遜先生關於我們的言論已經深深植入數百萬名白人的心中，而且將永遠無法去除。」[46]在其後的一百年間，民主黨公開的白人至上觀點——傑佛遜留給美國的政治遺產——證實了沃克的警告。

這麼做的不僅僅是教科書而已：傑佛遜紀念堂（Jefferson Memorial）同樣粉飾它紀念的對象。在它的大理石牆面上的第三塊石板上，刻有許多取自傑佛遜不同人生時期的話，其用意在於營造傑佛遜非常近似於奴隸制度廢止論者的印象。這些引用語在其原本的文章內所透露出的，是一個對於奴隸制度充滿矛盾的傑佛遜：他經常給予嚴厲的批評，但更常見的是他為奴隸制度所做的辯護。要求一座大理石紀念堂記述實情或許太過勉強，但是歷史教科書有必要成為奉祀聖人的祠堂嗎？它們是該鼓勵學生崇拜傑佛遜，還是應該幫助學生了解傑佛遜，處理他曾經處理過的問題，了解他的成就並承認他的失敗之處？

在我們的獨立戰爭中點燃的理想主義火花，曾經使派曲克．亨利招致言辭批評，起初也使美國成為世上支持民主的國家。然而，使階級制度與支配優勢合理化的奴隸制度及其附帶的觀念，卻削弱了我們在獨立戰爭時的理想主義。大多數的教科書從未暗示過這個觀念上的衝突，遑論它對我們外交政策的衝擊。

在獨立戰爭後，許多美國人預期我們的實例會帶給其他人啟示，實際上也的確如此。當時我們這個年輕國家首次有機會幫助他人，是在一七九〇年代海地反抗法國的時候。一個總統是否擁有奴隸，似乎會決定他對待同一半球第二個獨立國家的政策。喬治・華盛頓擁有奴隸，因此他的政府借了數十萬美元給海地的法國莊園主人，協助他們鎮壓奴隸。約翰・亞當斯沒有奴隸，而他的政府給予海地人相當多的支持。在傑佛遜執政的時期，美國大致已放棄獨立時期的理想主義。傑佛遜跟其他的奴隸主人一樣，比較希望加勒比海有一個拿破崙的殖民地，而不是一個黑人共和國。在一八〇一年，他逆轉美國對海地的政策，祕密支持法國再度征服海地島。美國這麼做，不僅背叛了其歷史遺風，也損害了自身的利益，因為如果法國真的重新取得海地，拿破崙肯定會繼續其建立美洲帝國的夢想。如此一來，美國勢必會被包圍，西邊是法國，北邊是英國，而南邊則是西班牙。[47]但是美國的莊園主人對海地革命感到害怕，認為這可能會導致他們的奴隸叛變（而且果真如此）。儘管我們搖擺不定，海地仍然獲勝，但之後美國甚至沒有給予外交承認，套句喬治亞一名參議員的話，這是為了避免海地大使「以其個人反叛成功的實例」來激勵我們的奴隸。[48]在十八本教科書中有九本提到，海地的反抗促使法國將其對路易西安那的權利賣給美國，但沒有一本談到我們的搖擺態度。

種族奴隸制度也影響我們對接下來發生叛變的美洲國家的態度，亦即西班牙的殖民地。海地的例子啟發了這些地方的人尋求獨立，而海地政府也提供西蒙・玻利瓦（Simon Bolivar）直接援助。我們的政治家態度矛盾，一方面熱切地協助將歐洲強權趕出美洲，另一方面又擔心他們是被種族混合的反抗者所趕走。有些莊園主人要求政府取代西班牙成為殖民強權，特別是在古巴。傑佛遜建議併吞古巴。五十年後，富蘭克林・皮爾斯（Franklin Pierce）政府的外交官簽署了「奧斯坦德宣言」（Ostend Manifesto），該宣言提議美國向西班牙買下或取得古巴島。奴隸主人仍被海地的範例所困擾，因此希望防止古巴成為第二個海地，以奧斯坦德宣言的用詞來看，就是為了避免其「熱焰（可能）延燒到與我們毗鄰的海岸」。[49]簡言之，奴隸制度促使美國希望拉丁美洲實行帝國主義制度，而不是民主解放的願景。

奴隸制度對我們外交政策的影響不僅於此。一個奴隸社會的首要條件是穩固的邊境；我們不希望美國成為一個警察國家，就像先前令人民想逃離的東德（East Germany），但蓄奴國家正是這樣的國家。實際上，自一八五〇年的《逃奴法案》後，白人能輕易綁架自由黑人並將他們當成奴隸出售，數以千計的自由非裔美國人明白，即使他們待在北部各州也不安全，於是逃往加拿大、墨西哥和海地。[50]一八五七年德雷德．史考特（Dred Scott）案的裁決宣布，「黑人不享有白人必須尊重之權利」，更證實了他們的恐懼。奴隸主人主導我們的外交政策，一直到南北戰爭為止。他們向來注重與印第安人的邊境，在與原住民部族訂定條約時也必定確保其中規定，印第安人必須交出所有的非裔美國人並歸還所有的逃奴。[51]

美國從一七八七年到一八五五年間的領土擴張，大多都是出於買賣奴隸者的影響。在一八一二年戰爭期間，暗地施加壓力最大的群體就是擁有奴隸的人，他們覬覦印第安人和西班牙人的土地，想把印第安社會趕往離蓄奴州更遠的地方，以防奴隸逃脫。儘管西班牙並沒有實質參與這場戰爭，但在戰爭剛結束時我們仍因按照蓄奴者的要求，自西班牙人手中奪走佛羅里達。安德魯．傑克遜在一八一六年對佛羅里達的一座森米諾碉堡發動攻擊，正是因為它收容了數百名逃奴，而這場攻擊也導致了第一次森米諾戰爭（First Seminole War）。[52]

在歐洲人和非洲人抵達以前，森米諾印第安人並不是一個部落或部族，而是由三個人種組成的孤立群體，由克里克印第安人、小型部落殘餘的印第安人、逃奴和偏好住在印第安社會的白人所構成。森米諾Seminole這個字本身是西班牙文cimarron的訛誤（原本指住在牙買加的黑人），後來變成指逃亡黑奴。[53]森米諾人拒絕交出其部落內的非裔美國人，導致第一次和第二次森米諾戰爭（分別發生在一八一六至一八一八年及一八三五至四二年間）。白人發動攻擊不是為了取得大沼澤地（Everglades），在十九世紀時這片土地對美國並不具有經濟價值，他們發動攻擊是為了除去逃奴的庇護地。第二次森米諾戰爭是美國與印第安人之間為時最久、成本最高的戰爭。[54]大學教科書《美國：過去與現在》（*America: Past and Present*）說明了我們打這場戰爭的原因，將之歸因於奴隸叛變：

奴隸為了以武力贏取自由所發動最持久和成功的戰爭，發生於一八三五年至一八四二年間的佛羅里達，數百名逃亡黑奴在此第二次森米諾戰爭中，與庇護他們的印第安人併肩作戰。森米諾人拒絕遷至俄克拉荷馬，但是對參戰的黑人而言，這場戰爭是為了爭取自由，而後結束戰爭的條約也允許大多數的逃亡黑奴跟印第安盟友一起遷至密西西比河以西之處。

在六本新教科書中，有五本提及這場戰爭，但只有《通往現今之路》幾乎指明這些先前的奴隸才是戰爭的真正原因。

奴隸制度或許也是德克薩斯戰爭（Texas War，西元一八三五至三六年）的關鍵原因。大衛·克洛基特（Davy Crockett）和詹姆士·鮑威（James Bowie）等人在阿拉摩（Alamo）為自由而戰，但他們爭取的是擁有奴隸的自由。一旦北歐裔英語系美國人建立德克薩斯共和國後，其立法機構旋即下令驅逐所有的自由黑人。[55] 我們的下一場重大戰爭「美墨戰爭」（西元一八四六至四八年）的主要原因，同樣是在於南方莊園主人希望把最近的自由土地推往離奴隸州更遠的地方。

奴隸制度對美國外交政策的影響最明顯的指標，或許是南北戰爭，因為在一八六一和一八六五年間，美國有兩套外交政策——北方聯邦和南方邦聯各行其是。北方聯邦承認海地，在意識形態上也與革命後的墨西哥非常相容。南方邦聯則威脅要入侵墨西哥，然後又歡迎拿破崙占領墨西哥並當成法國殖民地，因為如此一來墨西哥就不再是倡導自由的國家，也不再能庇護逃奴。[56] 若贏得南北戰爭，南方邦聯的外交官也會留意古巴。

在我們剛建國的七十年間，奴隸制度使我們的外交政策比較傾向於支持帝國主義，而不是民族自決。如果歷史教科書不願談論可能有損白人形象的種族主義，就無法呈現奴隸制度對我們外交政策的影響。當教科書作者把注意力集中在外交政策上時，種族主義同樣隱不可見。因此，儘管教科書將大量注意力投注在十九世紀中期民主黨最重要的領導人史帝芬・道格拉斯（Stephen A. Douglas）身上，卻仍沒有談到他的種族主義。道格拉斯曾在一八五四年強行使國會通過後來所謂的《堪薩斯—內布拉斯加法》（Kansas-Nebraska Act）。道格拉斯是伊利諾州參議員，也曾競選總統，他本身對於奴隸制度既不支持、也不反對。他主要是希望美國在堪薩斯和內布拉斯加組織准州政府，在當時那裡還是屬於印第安人的土地，而他卻是跟想在准州經營鐵路的利益團體有關聯。[57]他需要南方人的票。在一八四〇年代和一八五〇年代大多數的時間，南方莊園主人控制了最高法院、總統職位，以及國會參眾兩院中至少一院。奴隸主人一方面因擁有權力而大膽，另一方面又擔心其在美國白人族群所占的比例日減，在此情形下，他們同意支持新准州的成立，但前提是道格拉斯必須在法案中納入允許這些准州蓄奴的條款。道格拉斯屈服於這個條件，並在法案中納入所謂的「人民主權論」（Popular Sovereignty）。這意味著儘管堪薩斯位於一八二〇年《密蘇里協定》（Missouri Compromise）中所規定、分隔南方奴隸州與北方自由州的分界線以北，但只要堪薩斯選擇蓄奴，就可以蓄奴。若是如此，則若內布拉斯加選擇蓄奴，也可以蓄奴。這個結果造成堪薩斯的內戰。

儘管教科書並沒有將道格拉斯視為跟哥倫布或威爾遜一樣的大英雄，但它們在討論到他時仍語帶同情。在一八五八年道格拉斯競選連任，與林肯爭奪同一個參議員席位，後來這場競爭基本上為民主、共和兩大黨其後三十年的意識形態定了調。[58]正因如此，教科書花了極多的篇幅描述這些爭議：平均七段內文和兩幅畫。[59]我較早調查的那些教科書中利用這些篇幅的方式，彷彿他們是在替《紳士時尚季刊》（*Gentlemen's Quarterly*，簡稱GQ）撰文一樣。《美國歷史》以六段內文描述這件事，以下是其中兩段：

> 儘管沒有戴他那高筒窄邊男用絲絨禮帽，一百九十八公分高（作者多加了五公分）的林肯仍比「小巨人」（Little Giant）高許多。他身穿正式黑禮服，跟往常一樣有些皺，而且對林肯的長手長腿來說

> 向來太短。道格拉斯的衣著向來以華麗著稱，他身穿飾有褶邊的襯衫、以刺繡裝飾的華麗背心和寬氈帽。他連珠炮似的說話方式，跟林肯緩慢審慎的風格不同……
>
> 林肯講話的音調高，而道格拉斯則聲音低沉。他們兩人的肺都必須很強壯，才能蓋過街道上的噪音及群眾的喧鬧聲。他們都沒有擴音設備可用。

我們從這些內容中得知道格拉斯的穿衣風格華麗，且說話強而有力——但是他的觀點呢？他說話的內容呢？在我最早取樣的十二本教科書中，全部只提供了道格拉斯所說的三句話，而且還是不完整的句子，以下就是它們實際提供的部分：「永遠分隔為自由州與奴隸州，如同我們的祖先所為」（forever divided into free and slave states, as our fathers made it）、「視黑人為他的兄弟」（thinks the Negro is his brother），以及「一天或一小時」（for a day or an hour）。十二本書竟然僅僅引用了二十四個英文字！有九本教科書頌揚了這位「小巨人」的「強大演說」或「偉大的雄辯技巧」，但對其他的一切則完全保持緘默。

在六本新教科書中，有兩本至少提供了道格拉斯所說，較長但不完整的句子：「奴隸制度不能在任何地方存在一天或一小時，除非它獲得當地警察規章的支持。」（Slavery cannot exist a day or an hour anywhere, unless it is supported by local police regulations）——道格拉斯所謂的「菲力波特教條」（Freeport doctrine）。《霍特：美國》引用的語句較長。《通往現今之路》沒有引用任何語句，僅概括地說：「道格拉斯在包括奴隸制度的議題上支持人民主權論。」近期的四本教科書的確提及當時的一些爭論與奴隸制度有關，但它們必須更加深入才對。道格拉斯的立場並沒有這麼模糊。當時的爭論其實大多與種族、以及非裔美國人最終應有的社會地位有關。這正是保羅・安格（Paul Angle）在出版這場辯論百週年的論述集時，選擇以《生而平等？》（*Created Equal?*）為書名的緣故。[60] 在一八五八年七月九日，道格拉斯在芝加哥表達了他的明確立場，而他也在該年夏天一再重述：

以我之見，我們的政府是建立在以白人為主的基礎上。它是由白人所建，為白人提供利益，由白人治理……

我反對採取任何將黑人或印第安人視為與白人平等的措施。我反對給予黑人在政府的治理中發聲的權利。我願意給予黑人、印第安人及所有從屬的種族，與白人的安全與福祉一致的所有權利、特權與豁免權；但是無論在政治、社會或任何其他層面上，他們永遠不應享有平等。

我的朋友們，你們可以看得出來這些議題已經清楚呈現。[61]

然而，教科書的讀者卻看不出這些議題已經清楚呈現，因為即使最新出版的教科書也絲毫未曾提及道格拉斯的種族主義。在我調查的十八本教科書中，只有《美國歷史》引用了道格拉斯有關種族的論述：「小巨人嘲弄地說：林肯『視黑人為他的兄弟』（thinks the Negro is his brother）。」在十八本教科書中，只有一本書裡述及這六個英文字，這根本不算已經據實說出道格拉斯對種族主義的看法，何況這本書現在已經絕版。

教科書為何不寫道格拉斯？既然它們已經用數個段落來描述他的衣著，原因顯然不在於缺乏篇幅。教科書的確鮮少引用任何人的話，但是更顯著的現象在於，這當中似乎再度看到英雄化的過程：道格拉斯的種族主義言論可能會讓我們對他有不好的觀感，所以就別提了。

相較於道格拉斯，林肯是理想的平等主義者，但他在伊利諾南部與道格拉斯爭論時，同樣表達了白人至上主義的觀念。他在查理敦（Charleston）的辯論中說：「我現在及向來都不曾支持過創造白人與黑人在政治及社會上的平等（鼓掌聲）——我現在及向來都不曾支持過讓黑人擁有投票權或可擔任陪審團。」大多數的教科書作者都不想讓我們知道，林肯也有種族主義色彩，這種做法使學生難以得知種族主義是美國生活中的一種力量，因為若林肯可能是種族主義者，則我們也有可能是。

在美國南北戰爭期間，共和黨指控民主黨自稱是「白人政黨」並支持叛亂，北方民主黨對此展開反擊，抗議政府解放哥倫比亞特區的奴隸以及在外交上承認海地，宣稱共和黨員「一心只想著黑人」。當美國軍隊接受非裔美國新兵時，民主黨大為震怒。此外他們也在活動中將種族列為首要因素。

在電視問世以前的年代，政黨會組織造勢。在選舉前的最後一個週六，民主黨參議員可能會在各大城市向群眾演講；地方官員會到較小的城鎮發表長篇大論。這些集會都以音樂為特色，他們印製數十萬本歌曲集，讓政黨的忠實支持者可以在各地高唱相同的歌曲。在一八六四年最受歡迎的歌曲之一是〈洋基勝利之歌〉（Yankee Doodle Dandy）：

新國歌〈黑人之歌〉

洋基不復存在，
丟了名字和崗位；
黑人占了他的位子，
還偏好雜種。
合唱：黑人大流行，
漆黑的外脛骨又彎曲
「忠誠」者都必須
向黑人鞠躬。
白種在水平以下，

缺少豐富色彩，
給我們黑如焦油之物，
給我們「老達荷美國」。
合唱：黑人大流行
厚厚的嘴唇美得要命，
卷縮髮的頭很壯觀；
還有啊，它的腳太好
好到腳跟向外長。
合唱：黑人大流行

我跟數百名大學生和許多高中歷史老師分享過這些歌詞。為了讓觀眾正視這些歌詞，我通常會引導他們跟著唱，結果經常連完全是白人的團體也會拒絕。他們對自己讀到的內容感到震驚，他們所讀的高中歷史教科書從來沒有暗示過，以前美國的政治居然是像這樣。

這當中有部分原因在於許多政黨成員與領袖並不贊同戰事，而當北方獲勝時，民主黨成為少數政黨，共和黨則控制了重建時期。自民權運動以後，教科書敘述重建時期的方式已有改善，如同其對奴隸制度的描述一樣。最早的版本甚至是在重建時期結束以前就已撰寫，指出由共和黨主導的州政府努力公平地治理，但卻遭遇無數難題，特別是主張種族差別論的前南方邦聯激烈地抵抗。然而，在一八九〇年和一九六〇年代之間撰寫的教科書裡，內戰後的美國是由共和黨壓迫性統治的可悲景象，我們或許可以稱之為重建時期的南方邦聯迷思（Confederate myth of Reconstruction）。其後多年，黑人家庭一直保留著重建時期的真相，而逐漸年老的奴隸仍為黑人在重建時期扮演的角色感到自豪，他們所知的故事都在一九三〇年代由工作進展局（Works Projects Administration，簡稱WPA）的作家記錄下來。當時有些人仍記得早先六十年當選官職的非裔美國人，一名先前曾是奴隸的八十八歲老翁就說：「我知道大家認為書上講的都是事實，其實不是。」[62]然而，隨著親身經歷過重建時期的人逐漸凋零，就連黑人社區也對教科書的觀點信以為真。

我聽到過最難忘的重建時期南方邦聯迷思，是在一九七〇年一月的一個午後，在陶格魯學院（Tougaloo College）跟十七名大一學生討論的時候。陶格魯學院基本上是密西西比州的一所黑人學院。那時我正要開始教一個以重建時期為主的單元，所以必須知道學生已經知道的知識。我問他們：「什麼是重建時期？一提到那個年代，你們最先想到的是什麼？」全班一致地回答：在重建時期，非裔美國人接手治理南方各州，包括密西西比州。但他們才剛脫離奴隸狀態，所以把事情搞砸，敗壞貪汙，所以白人不得不取回州政府的控制權。

我目瞪口呆地坐著，這個聲明包含的重大錯誤觀念多到讓我不知該從何反駁起。非裔美國人從沒有接管過南方各州；所有的州長都是白人，而且在整個重建時期，幾乎所有的立法機構都以白人占大多數。非裔美國人沒有「搞砸」；實際上，密西西比州政府在重建期間的貪汙情況，比隨後的數十年都來得少。「白人」沒有取回州政府的控制權，反倒是有些民主黨白人利用權勢與詐騙手段，自代表黑人與白人兩個種族的共和黨聯盟手中奪回控制權。

年輕的非裔美國人對於自己祖先的過去竟會有這種傷人的迷思，令人感到悲哀。它讓他們懷疑自身的能力，因為他們的種族在美國歷史舞台中央唯一出現的一次卻「搞砸」了。它也讓他們覺得，由白人來控制才是正確的做法。但那些學生只不過是學習教科書的內容而已。在一九七〇年代以前完成高中學業的美國人，幾乎都曾在美國歷史課上遇到過重建時期的南方邦聯迷思，這些學生也不例外。我也在大學的歷史教科書中學到過。約翰．甘迺迪和他的代筆人在其贏得普立茲獎的《當仁不讓》（*Profiles in*

Courage）中，在描述拉馬爾（L.Q.C. Lamar）時也曾這麼說過。

相較於一九六〇年代，今日的教科書處理重建時期的方式已大幅改進。在我調查十八本教科書中，有十四本所描繪的重建時期跟《亂世佳人》裡大不相同。[63]歷史不再宣稱聯邦軍隊控制南方社會達十年以上，現在它們指出除了三州以外，其他各州的軍事統治在一八六八年時都已結束。歷史也不再聲稱，允許非裔美國男性投票是造成恣意劫掠與貪汙的原因。一九六一年版的《美國的成就》譴責共和黨對南方的統治：「許多由『外來投機政客』（Carpetbag）組成的政府效率不彰、浪費貪汙。」但是一九八六年版的解釋卻是強烈的對比：「南方重建時期的議會開始了多項必要和延宕許久的公共改善計畫……強化公立教育……使稅賦負擔較為公平……（以及）在地方政府與司法制度上引進久未實施的改革措施。」在最新的教科書中，只有伯爾斯坦和凱利仍稱國會重建（Congressional Reconstruction）為一種「將各州變為淪陷地區的報復行為。」

大多數的教科書對於重建時期的處理方式跟對奴隸制度一樣，它們呈現出煥然一新且早該提出的新觀點，與該時期的原始資料出處所透露出來的事實相近得多，而白人至上主義的痕跡也少得多。自本書於一九九五年初版以來，可以看到教科書不斷在改進。一九八〇年代和一九九〇年代初的教科書偶然仍會有一種白人至上主義的觀點，它們的言辭將非裔美國人、而非白人呈現為「問題」，並且假設重建時期的主要問題在於如何讓非裔美國人融入政治經濟體系。「奴隸制度已經結束，」《美國方式》表示：「但南方已遭破壞，黑人必須加入勞動社會。」當然，黑人一直在勞動。這不禁讓人奇怪，該書作者以為他們在奴隸制度下做的是什麼！[64]《美國的成就》也有同樣的情形，根據這本教科書，重建意味著「要解決將美國黑人帶入國家生活主流的問題」，它還提供了一個將黑人描述為懶惰無助者的迷思實例：「當白人莊園主人放棄在南卡羅萊納外海島嶼上的莊園時，當地黑人立時陷入無助貧困的境地。」其實那些黑人加入了北方聯邦的軍隊，自己經營莊園，並對內陸發動奇襲以解放大陸上的莊園奴隸。

今日的教科書呈現出非裔美國人努力改善自身。但一些教科書作者仍淡化重建時期的主要問題：白人的暴力。相關數據相當駭人。南北戰爭戰勝者只處決了一名南方邦聯官員，安德孫維爾監獄惡名昭彰的司令官亨利·韋茲（Henry Wirz），但是戰敗者卻謀殺了數百名官員和聯邦主義者，白人與黑人都有。[65]從一八六五年到一八六七年間，南方大多數的州政府是由前南方邦聯管理的南方邦聯重建期間，光是在密西西比的印德斯郡（Hinds），每天平均就有一名非裔美國人遭白人殺死，其中有許多是軍人。在一八六八年夏天和秋天的路易西安那州，民主黨白人殺死一千零八十一人，大多數是非裔美國人和共和黨白人。[66]在北卡羅萊納的一個司法管轄區，一名共和黨法官計算過類似的痛毆事件有七百起，還有十二起謀殺。[67]此外，暴力只是在白人拒絕讓黑人進步的普遍模式中，最為明顯的一種方式而已。

在白人至上主義者的計畫中，攻擊教育是一個重要做法。「反對黑人受教育的做法在各地都很明顯，同時不給予自由人任何可當作學校使用的教室或建築，」自由民局（Freedmen's Bureau）局長甘·霍華德（Gen. O. O. Howard）這麼說：「在一八六五、一八六六和一八六七

本圖描繪在一八六六年的暴動中，武裝白人襲擊田納西州曼非斯（Memphis）的一個黑人社區，證明在重建時期之間及其後，白人與黑人之間的激烈對抗。
在此次暴動中，四十名非裔美國人喪生；白人燒毀曼非斯市內的所有黑人學校與教堂。

年，比較卑劣的暴民時常、或在整個南方偶爾會燒毀學校建築及充當學校使用的教堂，鞭打或趕走老師，還有許多謀害他們的實例。」[68]

幾乎所有的教科書裡至少都有一段描述重建期間白人施行暴力的內容，大多數是描述暴力，以及美國無法推行《民權法》，在南方共和黨州政府結束、最後甚至導致重建時期結束的過程中所扮演的重要角色。但是整體而言，教科書處理重建時期的方式仍沒有切中要點：重建時期的問題是在於如何將南方邦聯、而不是非裔美國人整合至新秩序當中。一旦聯邦政府停止處理懷有種族主義的白人問題，重建時期旋即結束。由於教科書難以說出任何對白人真正不利的言論，所以在論述重建失敗的原因時語意不清。

雖然教科書中的敘述已有所改進，但是它們使用的一些圖片仍沒有改善。在我調查的十八本教科書中，有七本採用了這幅名為「穩固的南方」的漫畫。圖中一名纖細白人婦女的背上壓著裝了美國總統格蘭特（Grant）和武器的旅行手提包（carpetbag），兩旁還有身穿藍外套的占領軍用武器支撐著手提包。有兩本新教科書要求學生解釋這幅漫畫。新版的《美國通史》僅僅指出「格蘭特政府的旅行手提包與刺刀」，彷彿圖中描繪的是事實。另外四本教科書僅用這幅畫來說明重建時期：《美國的成就》替這張圖加的標題是「南方的沉重負擔」。

在進入一九九〇年代以後，美國歷史教科書仍將重建時期的結束歸因於非裔美國人的失敗。一九九〇年的《美國的成就》解釋說：「其他的北方人對南方黑人的問題越來越倦怠，變得較不情願幫他們學習成為公民後的新角色。」《美洲冒險》的論調相同：「數百萬名先前的奴隸無法在十年間變成具有識字能力的選民，或成為成功的政治家、農民和商人。」事實上，黑人選民在投票時比大多數的白人選民來得明智。在重建時期投票給共和黨顯然對他們有利，而大多數的非裔美國人也這麼做了，但有些則願意投票給那些以真誠的努力贏得支持的白人民主黨員。在此同時，有越來越多的南方白人盲目地投票給白人民主黨員，只因為他們支持白人至上主義。

因為我先前也「習知」非裔美國人是重建時期的未解問題，因此閱讀岡納·米達爾（Gunnar Myrdal）的《美國的困境》（*An American Dilemma*）對我是一次啟發心靈的經驗。米達爾在介紹他這本一九四四年的書時，描述他被迫在研究過程中改變觀點。

> 本調查員在開始研究時，因先入為主的成見而把重心放在黑人問題上……但是隨著深入研究黑人問題，他發現能以黑人本身的特色來合理解釋的事情就算有，顯然也極少……。黑人問題主要是白人……的問題。[69]

這正是許多非黑人的人至今仍不了解的事。這想法與我們的文化相悖，如同一名大學生對我說的：「你永遠不會相信我在高中學到有關重建時期的那些事——比方說，它並沒有那麼糟，它設立了學校體制。然後我看了《亂世佳人》，才得知有關重建的真相！」確認問題所在，才能決定措辭，也才能尋求解決之道。米達爾把注意力集中在白人身上的見解，對於了解重建時期至關重要。現今教科書中的分析力道仍不夠強，無法破除大量對重建時期的南方邦聯迷思，如同在《亂世佳人》中的許多描述。

若要了解雷福·羅根（Rayford Logan）所稱「美國種族關係最低點」（The Nadir of American Race Relations）的時期，把注意力集中在種族主義甚至更重要：在一八九〇和一九四〇年之間，非裔美國人被推回二等公民的地位。[70] 在這段期間，無論南北的美國白人共同攜手限制黑人的民權與經濟權。不幸的是，大多數的美國人甚至不知道這個詞彙，而在我檢視的教科書中也沒有任何一本使用了它。相反地，它們把這段時期劃分為數個不同的年代，像是「淫亂的九〇年代」（Gay Nineties）或「咆哮的二〇年代」（Roaring Twenties），但它們大多不準確、也不重要。例如在淫亂的九〇年代，美國遇到其史上第二嚴重的經濟蕭條，還爆發了普爾曼罷工（Pullman strikes）、荷姆斯泰德罷工（Homestead strikes）與其他重大的勞工抗爭事件。所以在看到「淫亂的九〇年代」時，令人不禁想問「對誰來說是淫亂的？」

儘管沒有一本教科書採用「美國種族關係最低點」一詞，但是大多數的教科書仍提供了有關這段時期的旁枝末節，只不過都未能提供見樹見林的全貌。其中描寫最全面的，要算是《美國歷史》，它在以「漫漫長夜之始」（The Long Night Begins）為標題的章節中，總結了這段時期：「在一八七七年妥協（Compromise of 1877）後，北方的白人公民背棄了南方的黑人公民。南方各州逐漸違反其公平對待黑人的承諾，一步步剝奪他們的投票權，將他們降至二等公民的地位。」《美國歷史》接著清楚說明南方白人用以維持白人至上的做法——限制投票、在公共場所採取黑白隔離做法、處私刑等等。

相對地，《美國的成就》僅以平淡無奇的語氣總結：「重建時期留下許多重大的問題沒有解決，同時又產生同樣迫切的新問題。儘管南北方都有許多力量持續致力於使雙方達成和解，但這仍是事實。」這些句子太過模糊，寫了等於沒寫。佛朗西絲·菲茨傑拉德（Frances FitzGerald）用這段文字較早的版本來抨擊她所謂在研究美國歷史時「問題重重」（Problems）的做法。「這類『問題』叢生，」她嚴肅地說：「這些文本呈現的歷史有大量的問題存在。」[71] 在《美國的成就》的這段總結往後翻五百頁，當作者寫到民權運動時，種族關係再度成為一個「問題」。這些作者沒有將美國在一八七七年無法保障黑人民權、跟一世紀後無可避免的民權運動相連。這就像事出無因，事件自然發生。

事實上，在重建時期及美國種族關係最低點的時期，都有因南方白人種族主義者、多少也有為整個國家的靈魂而爆發的戰役。在第二次世界大戰後的德國重建時期也有類似的情形，當時是為了德國人民的靈魂而戰，最終納粹落敗（我們希望是如此）。但是在美國，如同《美國歷史》所說，獲勝的是種族主義。在一八九〇年到一九〇七年間，南方各州及交界州（border state）「合法」剝奪其州境內絕大多數美國黑人選民的公民權。私刑猖獗的情況達到空前的高峰。在一八九六年，最高法院在普萊西對弗格森案（Plessy v. Ferguson）中，支持種族隔離的差別待遇做法。

不幸的是，教科書大多誤解了種族隔離政策，因此也誤讀了一九五四年最高法院對布朗案（Brown）的判決，事實上該判決正是取消隔離政策的契機。《美國之旅》中說：「然而，問題在於設備是分開使用，但方法卻不平等。」《美國人》的解讀相同：「供白人使用的設備優於供非白人使用的設備，無一例外。」儘管「隔離」鮮少意味著「平等」，但這向來不是這件事的核心。如同最高法院在布朗案中所說：「（有些）涉及在內的黑人與白人學校在建築物、課程、教師的資格與薪資，以及其他的『有形』因素上向來是平等的，或正在平等化的過程中。因此，我們的判決不能僅僅取決於這些有形因素的比較。」

唯有伯爾斯坦和凱利正確解讀了布朗案：「當然，問題癥結在於對這兩個種族而言，永遠不可能有『隔離但平等』的設備。當任一種族遭隔離時，就等於被剝奪了平等——平等意指與任何其他公民受到同等待遇的權利。」教科書必須提供社會學上對種族隔離的定義：一種種族禮節制度，使受壓迫族群與壓迫族群在做相同的工作時必須分開，例如學習乘法表，但是允許他們在彼此相近之處進行有階級差異的工作，例如為白人雇主烹調或清掃。因此隔離制度的原理暗示受壓迫族群屬於賤民族群。每個「有色」的飲水器、等候室和法庭《聖經》，都傳達著「不潔！」的階級訊息。不收黑人（經常也不收墨西哥人、美國原住民和「東方人」）的學校傳達著這類人是「劣等」的訊息。這種意識形態是在奴隸制度中產生，而在重建時期後依然存在，並成為將非裔美國人視為二等公民的合理藉口。這種汙名是隔離永遠不等同於平等的原因，即便黑人使用的設備較新或在實際上比較優良。這種汙名至今仍傷害著非裔美國人的自我形象，並有助於解釋為何移民到美國的加勒比海黑人經常表現得比美國黑人好。[72]

在美國種族關係達到最低點的時期，各地的隔離差別待遇逐漸增多。傑基．羅賓森（Jackie Robinson）並不是職棒大聯盟的第一名黑人選手，早在十九世紀時，黑人就已參加大聯盟，但在一八八九年以前都遭白人逼離。一九一一年的肯塔基大賽馬會（Kentucky Derby）在黑人騎師贏得頭二十八場賽馬中的十五場後，淘汰了所有的黑人騎師。[73]南方的情況特別嚴重，白人攻擊最富有和最成功的非裔美國人，如同他們對待因文化傳入而改變的原住民一樣，力爭上游並沒有使黑人脫困，反而使他們成為更容易遭到攻擊的目標。黑人在北方的情況與南方一樣，白人迫使非裔美國人離開技術職業，甚至是郵差這類不需特殊技能的職業。[74]最終我們的隔離制度散布至南非、百慕達，甚至傳到中國與印度境內由歐洲控制的小塊地區。

北方人一旦沒有採取任何行動來阻止這個後來所謂的「密西西比計畫」（Mississippi plan），就等於成為其共犯。密西西比計畫指

這兩幅由托馬斯．納斯特（Thomas Nast）所繪的漫畫反映出種族主義在北方的再度崛起。左圖：「不是這個人？」取自一八六五年八月五日《哈勃週刊》（*Harper's Weekly*），這幅畫證明納斯特在南北戰爭剛結束的早期歲月時所懷有的理想主義。九年後，當重建時期逐漸結束時，納斯特描繪的非裔美國人反映出當時逐漸高漲的種族主義。右圖的「在已重建（？）的州進行的有色統治」取自一八七四年三月十四日的《哈勃週刊》。在北方白人思慮放棄黑人民權時，這種愚昧的立法者顯然沒有可期待之處。

密西西比州於一八九〇年所制定、「合法」取消非裔美國人公民權的州憲法（但該法違反第十四及第十五號美國憲法修正案）。所有其他的南方各州、甚至遠及俄克拉荷馬州的地方都在一九〇七年以前跟進，而整個國家都默許了。美國大眾文化開始將白人取消非裔美國人的民權與政治權合理化；布隆克斯動物園（Bronx Zoo）在獸籠裡展示一名非洲人，就像展示大猩猩一樣。[75]在美國種族關係最低點的時期，由《湯姆叔叔的小屋》改編製作的戲劇在全美各地演出，但是由於這本小說對奴隸制度的控訴不再適合日益偏向種族主義的白人社會，因此製作者將原本犧牲性命保護其人民的烈士「湯姆叔叔」，改寫為多愁善感、忠於仁慈主人的愚人。在黑人社區，「湯姆叔叔」最後變成意指沒有節操、出賣自己人民利益的非裔美國人。在一八八〇年代和一八九〇年代，由白人飾演老是說錯話的無能黑人的滑稽歌舞劇，從新英格蘭地區到加州都大受歡迎。這些戲劇以誇張諷刺的手法來呈現非裔美國人，將他們塑造成在莊園上過著快樂生活、而一離開莊園就會茫然無能的形象，藉此貶低黑人的能力。「帶我回去老維吉尼」（Carry Me Back to Old Virginny）、「老黑喬」（Old Black Joe）和「我的肯塔基老家」（My Old Kentucky Home）等等滑稽歌舞劇在在告訴著白人，海莉耶・碧綺兒・史托在《湯姆叔叔的小屋》裡的描述是錯的：其實黑人喜歡奴隸制度。它們也暗示給予這種可憐的種族二等公民的身分是適當的。[76]

現在的教科書放棄把重建時期理想化，反而偏好採取南方邦聯迷思，因為如果黑人是次等的，那麼在他們享有平等權利的歷史時期，居於領導地位的肯定是那些想法有誤，而且致力於謀求私利的美國人。雜耍表演延續滑稽歌舞劇的做法，繼續演出迷糊、說謊、偷雞的愚蠢黑人，早期的默片也一樣。有些電影甚至對非裔美國人提出更嚴重的控訴：大衛・葛里菲斯充滿種族主義的巨片《國家的誕生》把黑人描繪為沉迷於不同種族之間的性，並因貪汙的投機白人政客而墮落。

在政治上，白人選舉團到了一八九二年時已經充滿濃厚的種族主義，最後促成民主黨候選人格羅弗・克里夫蘭（Grover Cleveland）贏得主掌白宮的總統大選，其中的部分原因就在於民主黨抹黑共和黨企圖保障非裔美國人的民權，進而在南北兩方的白人心中激起對「黑人統治」的恐懼。從南北戰爭到該世紀結束的期間，沒有一名民主黨的國會議員曾投票支持過任何民權法令，無論他們代表的是北方或南方的州皆同。最高法院的情況更糟：從一八九六年（普萊西案）到至少一九二七年（禁止中國人念白人學校的魯恭訴賴斯案〔Rice v. Gong Lum〕）間，支持種族隔離的判決都告訴美國，白人才是主要的種族。我們已經知道威爾遜是如何贏得一九一二年的總統大選，並著手在聯邦政府實施種族隔離。在於一九一五年開演的《國家的誕生》協助下，三K黨的聲勢達到顛峰，夸言擁有四百萬名黨員。三K黨一度公開地統治喬治亞、印第安那、俄克拉荷馬和奧勒岡的州政府，而且可能是在一場白宮的典禮上使華倫·哈定（Warren G. Harding）總統成為黨員。在威爾遜政府和哈定政府期間發生的種族暴動，可能有一百次之多，超過重建時期以來的任何其他時期。白人暴徒在美國各地殺害非裔美國人，有些事件相當知名，例如一九一九年的芝加哥暴動。但有些事件在我們的歷史教科書中則完全不見蹤影，一九二一年俄克拉荷馬州土耳沙（Tulsa）市的暴動就是其中之一，在那場暴動中，白人從飛機上朝一個黑人居住區丟炸藥，造成了超過七十五人喪生，摧毀了一千一百個以上的住宅。[77]

現今我們幾乎很難想像美國在種族關係最低點的時期，種族主義的傾向有多嚴重。從佛羅里達的邁阿卡市（Myakka City）到奧勒岡的美德福，白人攻擊他們的黑人鄰居，把他們趕走，以使鎮上全是白人。沒有黑人族群的社區通過條例或非正式的決議，如果有新來的非裔美國人想留下來過夜，就以死亡威脅逼走他們。在此情形下形成了數千個有色

在一些城市，不僅技職工作、甚至連搬運業都保留給白人。

種族必須在日落前離開的「日落鎮」（Sundown Towns）——其中大多數可能都在伊利諾、印第安那和奧勒岡州，有幾個在其他的北方州。日落鎮的大小不一，像是伊利諾州的狄藍德鎮（DeLand）只有五百人，威斯康辛州的阿普頓（Appleton）有五萬七千人，而密西根的瓦倫市（Warren）有將近二十萬人。許多市郊不允許猶太人進入；西部的許多城鎮禁止中國人、墨西哥人或美國原住民進入。整個地區（大部分的奧札克〔Ozarks〕、昆布蘭〔Cumberlands〕和密西根的上半島）幾乎都沒有非裔美國人。在大都會地區，白人將黑人趕至現今已知的「黑人鄰近社區」（black neighborhoods），城市居住區的種族隔離日愈加劇。[78]

非裔美國人在南方和北方的許多地方都不得擔任陪審團，這通常意味著即使遇到明顯的惡行，例如遭白人毆打、竊盜或縱火時，也無法尋求法律補償（Legal Redress）。私刑是黑人非常無助的證據，因為私刑的明確特徵就是即使在公開場合進行謀殺，大家都知道行刑者的身分，但是動用私刑的罪行卻不會受到懲罰。在美國種族關係最低點的時期，北至杜魯司都有私刑發生，如同德雷德．史考特（Dred Scott）在一八五七年宣布的判決：「黑人不享有白人必須尊重之權利。」每次非裔美國人與歐裔美國人互動時，無論雙方的接觸有多麼微不足道，他們都必須小心自己的舉止，以免因直視某人的眼睛、忘了說「先生」或因逾越規矩而犯罪。不可抗拒的威脅力量向來就在表象下而已。[79]

在美國種族關係最低點的時期，非裔美國人陷入進退維谷的困境。像「出埃及（Exodus）」一樣離開，到西方建立新的黑人社區並不會帶來真正的自由；往北遷移也只是進入種族隔離的城市貧民區。專注於布克．華盛頓（Booker T. Washington）的改善經濟計畫、同時放棄民權與參政權是不可行的，因為若沒有民權和參政權，就無法保有經濟收益。[80]「重返非洲」（Back to Africa）也不切實際。

許多非裔美國人失去希望；家庭不穩，犯罪增加。這段時期的美國生活、而非奴隸制度，代表著後來一些社會學家所謂「病理的混亂」（tangle of pathology）的開始。[81] 實際上，有些歷史學家認為黑人士氣低落的情況始於更晚的時期，例如前往北方城市的大遷徙（Great Migration）（一九一八至七〇年）、大蕭條（一九二九至三九年）或第二次世界大戰後城市生活與職業結構的改變。這種混亂是非裔美國人遭遇種族隔離和歧視的結果，而非原因。黑人騎師和郵差遭排除，不是因為他們做得不好，而是因為他們的成功。

在描述美國種族關係最低點的時期上，最近的教科書可以說指出了更多的「樹」。學生從《美國方式》中得知，「到了一九〇〇年代早期，（白人勞工）已經說服大多數的工會不接受黑人。」《美國人》指出，「非裔美國人發現自己被迫遷至（北方）種族隔離的社區」。伯爾斯坦和凱利沒有指出威爾遜政府的極端種族主義，但的確有譴責司法部長帕爾默煽動「易激動的市民」將「他們的恐懼與仇恨發洩在看起來『不同』的任何美國人身上」，包括「黑人、猶太人和天主教徒」。有數本教科書談到私刑，但沒有一本提供了圖片。有三本新教科書提到一九〇八年伊利諾州春田的暴動，在那次事件中，白人趕走當地三分之二的黑人人口，想讓春田成為一個日落鎮。所有在其後出版的教科書都提到「第二次」三K黨的興起。

另一方面，如《美國之旅》所說，有十本教科書暗示或陳述傑基·羅賓森是「第一個打職棒大聯盟的非裔美國人」，其實他不是。學生從來不知道一直有黑人打職棒大聯盟，直到美國種族關係最低點的時期，就這樣教科書以慣常的故事線（不斷進步的論調）持續至今。在有提到春田暴動的教科書中，沒有一本述及那次暴動的目的在於趕走該市全部的黑人。沒有一本教科書提到日落鎮，《美國人》特別提到進步運動（The Progressives）對非裔美國人的幫助「很小」，但這等於沒有指出進步運動透過制定全州單一選區制，除去了全美各地市議會中的黑人議員。目前的教科書作者的確強調了非裔美國人不僅僅是受害者，也對周遭的迫害有所反應。然而，在此過程中，《美國之旅》卻做得過頭，向我們保證「非裔美國人迎接實現平等的挑戰」；其後出現的小標題是「非裔美國人的平等」和「其他成就」。一點也沒提到美國種族關係最低點的時期！至於其他多少有提到美國種族關係最低點的教科書，也沒有一本嘗試分析當時情況惡化的原因。

其實教科書作者在描述美國種族關係最低點的時期時，並不需要從零開始。非裔美國人已經保留下來許多跟當時有關的痛苦史料。學生只要讀過理查·萊特（Richard Wright）在《黑男孩》（*Black Boy*）中自述的童年和愛達·威爾斯（Ida B. Wells）在《紅色紀錄》（*The Red Record*）中描述的私刑，以及大聲唱過大比利·布倫齊（Big Bill Broonzy）的「如果你是黑人，回去！」（If You're Black, Get Back!），就一定會了解黑人預見其選擇減少的困

私刑暴民經常合照。他們毫不擔心會遭指認，因為知道沒有任何白人陪審團會將他們定罪。《密西西比：衝突與改變》（*Mississippi: Conflict and Change*）是我與他人合著、採修正主義的歷史教科書，但卻遭密西西比州教科書委員會（Mississippi State Textbook Board）拒絕，部分原因在於書中包含這張圖片。在其後的審理中，一名審查委員表示這種材料會讓老師難以控制學生，特別是在以黑人為主的學校任教的「白人女性老師」。這時法官接手審問：「私刑不是發生在密西西比嗎？」是的，那名審查委員坦承，但那是許久以前的事，現在何必再拿出來細述？那名法官問：「這是本歷史書，不是嗎？」最終判這本書勝訴。在我取樣的十八本教科書中，沒有一本包含了私刑的圖片。在此我必須說明，沒有任何教室暴動是因我們這本書或這張圖片而起。

境。一本想深刻地表達黑人所處困境的書籍，勢必得包含來自這個受壓迫族群的第一手資料。然而在我最早取樣的教科書裡，沒有一本讓當時的非裔美國人為其面對的情況發聲。

讓學生了解在美國種族關係最低點的時期（及其後），非裔美國人不僅僅是在南方、而是在全國都遭歧視，這是很重要的，但是卻只有極少數的教科書指出這一點。因此我大多數的大一學生都不知道在第二次世界大戰結束以前，美國北方的許多地方也有種族隔離：黑人不能在明尼阿波利斯（Minneapolis）附近的社區購買房舍，不能在費城營建業工作，芝加哥的百貨公司也不會雇用他們當職員等等。甚至一直到一九九〇年代和二〇〇〇年代，美國北方的一些市郊仍有效地阻止非裔美國人進入。即使在布朗案判決宣布後已過了半個世紀以上，仍有數百個荒廢的獨立城鎮禁止非裔美國人進入。

儘管《美洲冒險》忘了妥善敘述美國種族關係最低點的時期，它倒是在其他地方描述了這個時期，不過內容過於簡單：「一八八〇年到一九一〇年似乎是充滿矛盾的年代……在重建時期，許多人努力協助南方的黑人，然後在許多年間，大多數的美國白人對黑人漠不關心。然而，後來對黑人的關注又開始一點點地增加。」問題在於許多白人高中畢業生同樣有這種觀點。即使白人對黑人的關注向來僅僅是偶爾為之，他們也會爭論說，非裔美國人為什麼在重建時期結束以後的一百多年間沒有振作起來？畢竟，移民團體也不是不費吹灰之力就能得到一切。

有些移民團體的確面對嚴重的歧視，像是波士頓的「愛爾蘭人不必申請」（NO IRISH NEED APPLY）看板、紐奧良義裔美國人遭遇的私刑，以及在加州對中國人勞動營的屠殺。在北方一些市郊白人社區一直禁止猶太人和天主教徒進入，直到近年才改變。然而，針對非裔美國人的種族隔離與身體暴力向來比較嚴重。如果在美國種族關係最低點的時期，非裔美國人從白人那裡承受到的，僅僅是如《美洲冒險》所暗示的漠不關心，而不是公然的暴力抗拒，那麼黑人應該會贏得肯塔基大賽馬會、能當郵差、甚至能在白人社區購置房產。他們的問題不在於自身的失敗或白人的漠不關心，而在於白人至上的種族主義。

雖然正式的種族歧視越來越罕見，但是年輕的美國人長大後無可避免地會遇到種族間的失和。他們會在電視上看到以黑人運動員為主的隊伍，由主要以白人構成的啦啦隊歡呼，在大學校園裡自我隔離的餐室，以及關於職場平權行動（Affirmative Action）的爭論。除了性別以外，他們在決定結婚對象時最重要的社會變數是種族。他們的友誼網大多仍有種族區隔存在，而大多數的教堂、地方分會和其他的社會組織不是全部是黑人，就是沒有一個黑人。未來的民族事件與種族暴動都將引發更多折磨人的爭議。

自美國種族關係最低點的時期以來，種族關係的氣氛已有改善，這特別要歸功於民權運動。但龐大的種族差異仍然存在，而不公平之處在這裡只能簡短地概述。二〇〇〇年，非裔美國人和美國原住民的家庭收入中間值平均只有白人家庭收入的百分之六十二；拉丁裔平均則為白人的百分之六十四。在我們的社會中，金錢可以用於購買許多事物，從較高的SAT成績到游泳能力都可以，而非裔、拉丁裔和原住民家庭攝取這一切的腳步都落後。最終，金錢還可以用於購買生命，因為金錢可以獲取較好的營養與醫療照護，以及免於危險和壓力的自由。由此看來，難怪在二〇〇〇年時，非裔美國人和美國原住民在出生時的預期壽命中間值比白人少六年。

一般而言，非裔美國人的住宅情況較差，智力測驗成績較低，入獄服刑的年輕人比例較高。在一些黑人和許多白人心中，懷疑非裔美國人可能比白人低劣的想法仍沒有受到挑戰。把一切怪罪在受害者身上很容易，而且可以輕易下結論說，有色人種本身必須為居於社會底層負責。若是沒有經過因果關係的歷史分析，我們不可能解釋這些種族差異。

當教科書對美國歷史上的種族主義避而不談時，會造成我們更加看不清現今的種族主義。教科書中最接近分析的內容是呈現出一種模糊的樂觀感：在種族關係，如同在各種事務上一樣，我們的社會都是越來越好。我們以前有奴隸制度；現在沒有。我們以前有私刑，現在沒有。我們以前只准白人打棒球，現在不再如此。教科書裡處理黑人－白人關係的內容充斥著進步的概念，暗示種族關係不知為何就已穩定地自行改善。這種愉快的樂觀主義只是使問題加劇，因為白人可以就此推論種族主義已經結束。《美國傳統》向我們保證：「在提供人人平等的權利上，美國是史上做得最多的國家。」當然，它的作者肯定沒有嚴正考慮過荷蘭、賴索托、今日的加拿大，或一八〇〇年時巢克圖族社會的人權程度，因為他們並沒有把自己的陳述視為是比較歷史的嚴正聲明——而只是以種族主義為中心的啦啦隊而已。

根據全國調查，高中生「對於美國今日的種族關係狀態，持有一種悲觀的看法」。所有種族背景的學生一般都會思考這個問題。[82] 另一個調查則顯示，年輕成年白人在二十世紀第一次對美國黑人的容忍態度低於超過三十歲的白人。其中一個原因是「三十歲以下的世代對近代美國歷史無知地可悲。」[83] 這些年輕人由於年紀的緣故，沒有親身經歷或看過民權運動的發生，所以無法了解種族主義過去和現今在美國社會的運作。

教育家認為教授歷史有其正當性，這樣我們才能以古鑑今。如果現在有任何議題是教科書作者應與其描述的歷史相連的，莫過於種族主義。但只要歷史教科書避談二十世紀的白人種族主義，那麼作者和讀教科書的學生都將無法明智地分析二十一世紀的種族關係。

第六章／約翰・布朗與亞伯拉罕・林肯：隱藏在美國歷史教科書的反種族主義

教科書遺漏的不僅是激進或目前不受歡迎的想法，而是所有的想法，包括它們視為英雄之人的想法。

／**佛朗西絲・菲茨傑拉德**（Frances Fitzgerald）[1]

你可以輕易擺平我，我也快被抓去處決了。但問題仍未解決——我是指黑人問題；這問題尚未結束。／**約翰・布朗**，一八五九年[2]

我在此為他的理由請願。不是為他的生命請願，而是為他的人格請願——這也是他不朽的生命；它將成為你們全部的理由，而遠遠不僅是他的而已。／**亨利・大衛・梭羅**（Henry David Thoreau）〈為約翰・布朗上校請願〉（A Plea for Captain John Brown），一八五九年[3]

我們需要全國每一分反奴隸制度的情感，且不僅於此；你們回去後可以努力讓民眾認同你的觀點，如果有幫助的話，你們可以説任何關於我的事……等處理奴隸制度的時機來臨，我必會盡我之責，犧牲性命也在所不惜。／**林肯致主張廢奴主義的神體一位教會牧師**，一八六二年[4]

佛朗西絲．菲茨傑拉德在其一九七九年對美國歷史教科書所做的調查《重寫美國》（*America Revised*）中，所做最明顯的批判或許是它們漏去觀念不提。根據她的觀察，一九七〇年代的教科書所呈現出的情景是：「美國政治生活毫無知性可言。」[5]

教科書作者為何避談那些連他們本身都贊同的觀念？正視觀念與教科書的修辭風格不符，教科書在呈現事件時，會使它們看似是一定的進展軌跡上不可避免之事。若是包含觀念在內，歷史會顯得充滿偶發性：事情可以朝任一方向發展，有時也的確如此。具有「正確」觀念的「正確」之人並不總是獲勝。當他們失敗時，這些作者就會陷入困窘的境地，被迫否定過去的成果。教科書若包含觀念在內，會使歷史充滿不確定性。這不是教科書的風格，教科書所呈現的歷史不能有真正的戲劇或懸疑，只能有誇張的通俗劇。

在種族關係的主題上，約翰．布朗所說「問題仍未解決」的聲明在今日顯得中肯、幾乎不祥，如同他在一八五九年說出時一樣。種族主義的相對當然是反種族主義，或我們可能可以稱之為種族理想主義或平等主義，至於它是否會流行則仍不清楚。在這方面，我們的歷史教科書沒提供多少幫助。它們在淡化白人種族主義的同時，也忽視種族理想主義。在這種做法下，學生在嘗試填補從我們過去的歷史大裂谷，一直到散布至未來的新斷層線時，有可能失去向模範人物學習的機會。

由於觀念與意識形態在南北戰爭期間扮演特別重要的角色，美國歷史教科書仍提供了一個觀點，只不過特別不完整。如同在處理奴隸制度時不提種族主義一樣，教科書在處理廢奴主義時，也沒提多少理想主義。[6] 最極端的廢奴主義白人約翰．布朗就是一個實例。

處理布朗事件的方式在美國歷史教科書中一直改變，如同奴隸制度與重建時期一樣。從一八九〇到一九〇七年的教科書，他完全是瘋子。在一八九〇年以前的教科書裡，他神志清明，在一九七〇年以後，他逐漸清醒。在二〇〇六到二〇〇七年間審視六本教科書以前，我一直以為這趨勢會延伸下去，它們就算沒有將布朗的行動描述是明智的，至少也會將它們視為是可以理解的。然而，新教科書在處理布朗上面，跟一九八〇年代的教科書大同小異，所以我會一起討論。由於布朗本身在死後沒得改變（除了身體更加腐敗以外），我們的教科書如何描述他的心智健康，就在無意間成為美國社會有多傾向白人種族主義的指標。或許我們的新教科書顯示的是，二〇〇七年左右的種族關係沒比一九八七年時好多少。

我所檢視的十八本教科書中，布朗出現過兩次：堪薩斯州的波塔沃托米（Pottawatomie），以及維吉尼亞州的哈普斯渡口（Harpers Ferry）。先前提過一八五四年的《堪薩斯－內布拉斯加法》嘗試透過「人民主權論」來解決奴隸制度的問題，把奴隸制度去留問題交由堪薩斯的居民來決定，實際造成的結果，是在意識形態的激勵下發生了移居狂熱。北方人湧向當時的堪薩斯准州居住和務農，以便使它成為「自由土壤」（Free Soil）。帶著奴隸遷往堪薩斯的南方莊園主人較少，但是密蘇里的奴隸主人一再越過密蘇里河，在准州的選舉中投票，以便建立恐怖統治，將支持自由土壤的農民趕走。在一八五六年五月，數百名支持奴隸制度並在後來有「邊境暴徒」（Border Ruffians）之稱的人突擊堪薩斯的「自由土壤」羅倫斯鎮（Lawrence），殺死兩人，燒毀旅館和摧毀兩台印刷機。較舊的教科書《美國傳統》斷然描述布朗在波塔沃托米的行動：「為了報復，好戰的廢奴主義者約翰・布朗率領追隨者，對波塔沃托米支持奴隸的居住區發動午夜攻擊，造成五人死亡。」二〇〇六年版的《美國通史》提供的解說完整得多，但立場卻一點也不公正。

> 瘋狂人物約翰・布朗在堪薩斯的戰場上高視闊步。他的身材精瘦，留著灰色鬍子，擁有鋼鐵般的意志，一心執著於實現廢奴主義運動。他明亮的灰眼相當銳利，以至於他宣稱自己能把貓狗瞪得逃出房間。他涉入包括偷馬在內等可疑交易，並跟大家庭的部分成員從俄亥俄遷至堪薩斯。波塔沃托米的「老布朗」暗自思忖著最近對羅倫斯的攻擊，率領一群追隨者在一八五六年五月抵達波塔沃托米

溪（Pottawatomie Creek）。他們在那裡將五個遭受突襲的人實際砍成碎片，這五人據推測應該都是支持蓄奴者。這種惡毒的屠殺行徑，敗壞了自由土壤的正當性，並引來奴隸制度支持者的惡性報復。

《美國通史》的敘述方式，在一八九〇到一九四〇年間，美國種族關係最低點時期（亦即大多數的美國白人，包括歷史學家在內，都感到黑人不應擁有平等權利的年代）所寫的書中經常可見，並且在二十一世紀初時令人感到震驚。以這篇內文來看，那些為黑人平等權利而戰的人肯定是錯誤的。

事實上，《美國通史》是在一九五六年初版，而民權運動卻是在許久之後才有機會透過文化促成改變，並影響歷史教科書的撰寫。從「瘋狂人物」和「可疑交易」到「惡毒的屠殺」，這些措辭幾乎毫不客觀。一個人的「高視闊步」，在另一人筆下可能只是「行走」。在細節的取捨上，明顯也存有偏見。這一整段文字將北方人描述為最先發動攻擊的人，卻沒有提及主張蓄奴的南方人在更早時曾犯過謀殺。實際上，占大多數的自由州民曾經嘗試透過民主與合法的方式，使堪薩斯州成為自由州；但支持蓄奴者卻利用恐怖與威脅，嘗試控制全州。《美國通史》的讀者不會知道：支持蓄奴者先前不久曾殺死五名自由州的定居者，其中兩名是在羅倫斯途中遭殺害。布朗也沒有跟他的「大家庭」搬到堪薩斯州，相反地，他是搬去阿第倫達克斯（Adirondacks），希望他的兒子能到那裡跟他會合，但他有五個兒子及其家人卻選擇去堪薩斯，希望能和平地務農，後來他們在受到支持蓄奴的鄰居威脅時，向父親布朗求救。其他的誤謬還包括「據推測應該都是支持蓄奴者」（他們根本就是支持蓄奴者），以及「實際砍成碎片」（他們並沒有）。[7]

在我調查的十八本教科書中，同樣是新書的《通往現今之路》最為同情布朗，但仍謹守中立。它簡潔地描述了布朗的哈普斯渡口突擊行動：

一八五九年十月十六日，先前對堪薩斯發動突擊的約翰·布朗及一小群人，對維吉尼亞州哈普斯渡口的聯邦軍火庫發動攻擊……布朗及其追隨者希望奪得武器並把它們交給遭奴役的人，讓他們能發起暴動。

> 美國軍隊在羅伯特·李（Robert E. Lee）上校的指揮下將布朗的手下逼至一隅，予以擊敗。布朗被判叛國，處以絞刑。在遭行刑前，他寫了一張極為正確的短箋：「本人約翰·布朗現在相當確定，除了血洗之外，這片罪惡之地的罪行永遠沒有淨化的一天。」

其中八本新舊都有的教科書儘管沒有暗示布朗已經瘋狂，但對他仍是負面評價。另外九本公開批判，還有數本教科書，包括六本近期教科書中的四本，都強調沒有任何奴隸加入布朗的說法。伯爾斯坦和凱利冗長地說明這一點：「這一群人強制給予三十名奴隸『自由』。布朗及其手下帶著這些不情願的人撤退到軍火庫。諷刺的是，在這次事件中第一個死亡的人（遭約翰·布朗及其手下殺死），卻是一名已經自由的黑人，遭這些『解放者』槍殺。」

邦聯之女聯合會（United Daughters of the Confederacy）會熱愛這些說明，因為它們可以被視為是暗示非裔美國人無意獲得自由。邦聯之女聯合會在哈普斯渡口豎立了一個紀念碑，以紀念伯爾斯坦和凱利所指的自由黑人海伍德·薛波（Haywood Shepherd）。在一九三一年豎立紀念碑時，他們稱他為「鄰近地區不願參與的黑人代表。」但這是誤謬的歷史。漢娜·葛佛特（Hannah Geffert）和珍·林畢（Jean Libby）已經證明，布朗在哈普斯渡口獲得相當多非裔美國奴隸支持。他的人手提供了伯爾斯坦和凱利所說的三十人武器，其中包括來自附近一些他們從未突擊過的莊園。[8]這些剛獲自由的人接著阻止東行的客運火車，加以護衛，以協助突擊隊員找出其他的奴隸主人，可能還殺死了城裡一名帶有武器並在遇到盤查時拒絕停下的白人居民。（在突擊事件後，州政府起訴參與這些行動的其中十一人。）在這場突擊過後許久，當地的非裔美人仍持續布朗的突擊行動所帶動的反蓄奴行動：林畢特別提到，這一帶的許多奴隸在一八六〇年的人口普查中被列為「逃犯」，而且「約翰．布朗審判案所有陪審團員的穀倉都遭燒毀——這是歷來革命的信號。」[9]因此，教科書所提供邦聯之女聯合會的解釋，暗示奴隸本身並不支持廢奴運動，這是完全不正確的。

有四本教科書仍採取先前年代的說法，認為布朗的行動證明他已經瘋了。《美國歷史》的敘述是：「約翰．布朗幾乎可以確定已經瘋狂。」《美國方式》則是提供了不實訊息：「後來證明布朗有精神疾病。」二〇〇六年版的《美國通史》跟先前的版本看法一致，認為布朗「精神錯亂」、「憔悴」、「殘忍」和「可怕」，並說「一般認為他有十三名近親精神異常，包括他的母親與外婆」，並稱哈普斯渡口突擊行動為「瘋狂作為」（Mad Exploit）。其他教科書巧妙地處理這個瘋與不瘋的議題，聲稱布朗只是「狂熱」（Fanatical）。無論新舊，沒有一本教科書對布朗表示同情或欣賞布朗的理想與行動。

我年輕時讀到的布朗若不是瘋子，至少也是狂熱分子，為了讓像我這樣的讀者了解，我們可以先來探討證據。為布朗辯護的一些律師和親屬肯定曾經為了讓他逃過絞刑，而建議採取精神障礙與心智缺陷抗辯（Insanity Defense）。但是認識布朗的人沒有一個認為他是瘋子，在他被逮捕後跟他說過話的人，都對他留有好印象，這些人包括看守他的獄卒，甚至還有替支持奴隸制度的民主黨報紙撰寫文章的記者。在布朗於一場非正式的會談中占上風後，維吉尼亞州州長稱他為「思緒清晰的人」，並說「認為他是瘋子的人都錯了」。他在給維吉尼亞州議會的訊息中說布朗展現「敏捷清晰的感受」、「合理的假定與連續的推論」和「冷靜沉著」。[10]

自一八九〇年以後，教科書作者從布朗的計畫中推論他已瘋狂，而一般也公認他的計畫的確太過牽強。然而，布朗本人卻早已有先見之明，告訴弗雷德里克．道格拉斯（Frederick Douglass），這個冒險的計畫即使失敗，也會造成驚人的衝突。教科書作者也忽略了那二十多名追隨布朗的人其實幾乎全都沒被視為瘋子。[11]相反地，我們必須承認，布朗在歷史學家口中的精神異常並不是心理上的，而是意識形態上的。對一八九〇至一九七〇年間的教科書作家來說，布朗的行動不合理，而不合理就是瘋狂。

跟布朗同時代的人顯然並不認為他的精神已經異常。布朗在其絞刑實施的前一個月及其死後，對意識形態造成重大的影響，他改變了一般接受奴隸制度的想法與行為。在哈普斯渡口突擊行動以前，即使在北方，一般對廢奴主義者的接受程度也不高。就連談論給予奴隸自由的行動，亦即立即解放的主張，在當時的意識形態光譜中也屬於邊緣地帶。藉由包括謀殺在內的武裝行動，布朗使得口頭上的廢奴主義顯得一點也不激進。

在最初對布朗感到厭惡的衝擊過後，北方及南方的美國人都開始渴望聽到布朗的說法。在一八五九年的審判中，布朗成為全國矚目的焦點，這是先前與其後的其他廢奴主義者或奴隸主人都沒有辦到的，而他也明白：「我先前的人生讓我連為這個權利辯護的一點機會都沒有。」[12]就在法官判處他死

左圖是布朗於一八五八年的畫像。他看起來像一名中年商人，而他也的確是。該年稍後布朗蓄了鬍子，部分原因在於稍微掩飾自己的身分，他因為協助十一名非裔美國人逃離密蘇里州的奴隸制度而遭通緝。只有少數美國人認得出這張畫像。右圖是一九三七年時史都華．寇里（Steuart Curry）眼中的布朗，寇里在堪薩斯州議會會堂的牆上畫了一幅布朗的畫像。本圖中的布朗瘦削瘋狂，也是他在一九三七年以前在我們文化中的形象。令人驚駭的是，在新千禧年的開始時，《美國之旅》卻選了一幅跟這幅畫類似的畫像，而且是該書中唯一一張布朗的畫像。許多美國人都認得出本幅畫中的人。

刑前，他於十一月二日在法庭所做的演說中辯論：「如果我是替富有、有權勢之人出頭，想必就無妨。」他指向在法庭審判室內看到的《聖經》，「但是祂教導我，無論何事，我願意人怎樣待我，我也要怎樣待人。祂還教導我，要記念被捆綁的人，好像與他們同受捆綁。我努力按照這指示行動。」布朗繼續以高道德為理由：「我相信，為上帝遭蔑視的可憐子民採取干涉行動，如我先前所為且坦承不諱的行動，並不是錯事，而是正確之事。」雖然他對即將執行的死刑不公正表示不服，但仍接受，並指出更嚴重的不公：「現在，如果必須犧牲性命，與我的子女，以及在這個奴隸制國家內數百萬名權利遭邪惡、殘忍與不公的法律所忽視的數百萬人同灑鮮血，才能推進正義的目標，那就這麼做吧！」[13]

布朗願意為他認為是對的事情而上絞架，這件事本身就具有道德力量。「彷彿美國以前從來沒有人死過一樣，因為一個人必須先生而後才能死，」梭羅在波士頓的一篇頌辭中表示：「這些人在教我們如何死的同時，也在教我們如何生存。」梭羅接著將布朗與拿撒勒（Nazareth）的耶穌比較，耶穌也曾在國家手中面對過類似的死亡。[14]

在十一月剩餘的日子，布朗提供了美國如何面對死亡的高尚榜樣。在紐約的拉赤蒙（Larchmont），喬治・譚普頓・史壯（George Templeton Strong）在日記中寫道：「一個人準備為其非難與譴責之事而赴絞刑架時，其他人對這件事的信念將極度動搖。」[15]布朗寫給家人與朋友的信函軟化了他的形象，展現出他人性的一面，各界儘管不同情布朗，也會對他的子女及即將變成寡婦的妻子流露出同情。他寫給支持者的信以及給記者的評論都廣為流傳，形成對奴隸制度持續的控訴。我們在作者署名為「一名保守的基督徒」（A Conservative Christian）寫給獄中的布朗的信裡，看到布朗的領袖魅力：「我並不認同你全部的行為，但是自從你被捕後，我對你的立場感到敬畏，並且不敢反對，因恐被發現我在與上帝對抗；因為您在說話時具有權威，而且似乎因神而更加強大。」[16]當維吉尼亞州於十二月二日執行布朗的絞刑後，布朗成為美國建國以來第一位以叛國罪吊死的美國人，美國北部各個城市都響起哀悼的鐘聲。露意莎・

梅・奧爾科特（Louisa May Alcott）、威廉・狄恩・豪威爾斯（William Dean Howells）、赫爾曼・梅爾維爾（Herman Melville）、約翰・葛格利夫・惠蒂爾（John Greenleaf Whittier）和沃爾特・惠特曼（Walt Whitman）等等都是對這件事有所迴響的詩人。「這一刻歐洲的目光都對準美國，」法國的維多・雨果（Victor Hugo）寫道，並預測吊死布朗「將打開潛在的裂隙，最後造成整個聯邦的分裂。對約翰・布朗的懲罰或許會使維吉尼亞州的奴隸制度更加穩固，但卻絕對會擊碎美國的民主。你們保護恥辱，但殺死榮耀」。[17]

布朗死後，爭議沒有平息。共和黨議員跟他的重罪行為劃清界線。儘管如此，南方的奴隸主人仍對北方人對布朗展現的同情感到驚駭，並決定採取任何必要的方法維持奴隸制度，包括若在下次選舉失利時離開聯邦。同時，布朗在北方的領袖魅力並沒有消失，反而因為許多人視他為殉難者而增加。隨著戰爭來臨，再加上數以千計的美國人發現自己跟布朗一樣願意為廢奴而犧牲生命時，他的榜樣所造成的影響力有了新的意義。這是投入戰場的士兵高唱〈約翰・布朗之遺骸〉（John Brown’s Body）的原因。兩年後，教堂會眾唱的是茱莉雅・沃爾得・豪威（Julia Ward Howe）為這首歌新填的詞：「如他為人的榮耀而死，讓我們為人的自由而死」——這時布朗與耶穌基督形象的重疊又有了新的變化。次年，第五十四支麻薩諸塞有色人種軍團在前往南卡羅萊納的途中，行軍穿過波士頓時高唱這首歌，前赴英勇戰死的命運，而威廉・洛伊・葛瑞森（William Lloyd Garrison）從陽台觀察歡迎的旁觀者時，他的手是放在布朗的半身像上。在一八六五年二月，另一支麻薩諸塞州有色人種軍團同樣高唱這首歌，行經南卡羅萊納州市查理敦（Charleston）的街道。[18]

那是布朗最受推崇的時刻。在世紀交替時，隨著南方州與交界州剝奪非裔美國人的公民權，私刑猖獗，以及扮演成黑人的滑稽歌舞劇成為美國流行文化的主流後，美國白人連殘餘的種族理想主義都已放棄。一本在一九二三年出版的歷史教科書清楚地提及布朗的精神異常：「我們離一八五九年的興奮越遠，越傾向於將這位罕見的人士視為精神妄想症的患者。」[19]一直到一九六〇年代民權運動興起後，美國白人才不再受限於其種族主義，而能接受一名白人不是因為瘋了才願意為黑人爭取平等而死。我們可以說一直到一九六〇年代間，密西西比州的邁克．施沃納（Mickey Schwerner）和安德魯．古德曼（Andrew Goodman），阿拉巴馬州的詹姆斯．李伯（James Reeb）和維奧拉．劉易佐（Viola Liuzzo），以及其他南方州無數的白人民權工作者遭到謀殺後，教科書作者才再度明白布朗其實並沒有瘋狂。在一九六一年所寫的《美國的興起》稱哈普斯渡口突擊行動為「一個荒唐的計畫，注定會失敗」，而在一九八六年出版的《美國的成就》中，這計畫成為「一個大膽的計畫，但幾乎注定會失敗」。[20]

在美國歷史上，白人種族主義者與黑人民族主義者的意識形態需求經常碰巧一致，因此他們對布朗的看法也一致。在黑人權力運動（Black Power Movement）的極盛時期，我在一場密西西比州的論壇上聽到一個又一個的演講人譴責白人。「他們是你們的敵人，」一名黑人鬥士大聲說。「沒有一名白人曾將黑人的最佳利益放在心裡。」我立刻想到布朗，但這名演講人也預期到我的反對：「你可能會說約翰．布朗有，但要記得，他是瘋子。」布朗原本可以做為這類對白人無差別攻擊的反證，但不幸的是，美國歷史教科書卻抹殺了這個有用的人物。

見過布朗的黑人中，沒有一人認為他是瘋子。許多當代的黑人領袖，例如馬汀．狄藍尼（Martin Delaney）、亨利．海蘭德．加尼特（Henry Highland Garnet）、弗雷德里克．道格拉斯以及海麗特．塔布曼等等，都認識且尊敬布朗。塔布曼是因為生病才沒有加入布朗的哈普斯渡口突擊行動。在布朗遭處死那一天，北方各州由黑人擁有的公司全部關門哀悼他的死亡。道格拉斯稱布朗為「美國最偉大的著名英雄」。[21]一所黑人大學刻意選擇在哈普斯渡口建校，而在一九一八年，該校校友為布朗及其追隨者立了一座紀念石碑，「以追憶他們的英勇行為」。這座石碑的部分碑文寫道：「為了這個國家獲得新的自由，為了奴隸制度應永遠在美國土地上消失，約翰．布朗及其二十一名追隨者犧牲了生命。」

教科書或許不該將這名謀殺者描述為英雄，儘管從哥倫布到奈特・透納（Nat Turner）等等其他的謀殺者都獲得英雄般的對待。然而，教科書用以描述布朗的平淡內容卻也並不是真正的中立。教科書作者顯然撤消了對布朗的同情，而且呈現他的語氣幾乎跟呈現其他人的方式都不同。它們處理他的宗教信仰的方式，就是實例之一。布朗是虔誠的基督徒，熟知《聖經》並將其道德命令牢記在心。然而除了《通往現今之路》以外，每一本近期的教科書都沒有對他篤信宗教一事給予讚揚，反而予以譴責。[22]《美國人》中提到兩次：「布朗相信神曾召喚他對抗奴隸制度。」但布朗絕不是以為上帝給予他實際的命令；相反，他深信基督教的道德意義，並認定奴隸制度與之不符。伯爾斯坦和凱利稱布朗為「自稱是反奴隸制度的救世主」。但布朗從未視自己為救世主，相反地，他努力讓道格拉斯或塔布曼加入他，並相信遭奴役的非裔美國人會更願意追隨他們，而不是自己。

我們可以拿透納做為比較的實例，透納在一八三一年領導美國建國以來最重要的奴隸抗爭運動。布朗和透納都冷血地殺死白人，兩人都篤信宗教，但不同於布朗，透納的確看到願景，也聽到不同的聲音。在大多數的教科書中，透納成為類似英雄的人物。數本教科書稱透納為「篤信宗教」或「傑出的傳道者」，但沒有人稱他為「宗教狂熱分子」，而是將這個詞留給了布朗。若說有教科書曾暗示透納可能是瘋子，可能要算是《美國歷史》中的這段話：「歷史學家仍在爭論透納是否精神異常。」但是該書作者立即接著敘述：「重點在於幾乎每一名奴隸都厭惡奴隸身分，幾乎所有奴隸都急於看到能摧毀此制度的作為。」因此，即使《美國歷史》也強調透納的行為在政治與社會上的意義，而非它們有可能源自一個據聞可能有精神問題的心智。

教科書撤除對布朗的同情，也明顯見於它們如何取捨他在哈普斯渡口事件以前的生平。根據《美國冒險史》：「在一八四〇年代，他不知為何開始對幫助黑人奴隸產生興趣。」布朗對這方面的關注並不是祕密：他是承襲自他在歐柏林學院（Oberlin College）擔任董事的父親，而該學院正是廢奴主義情操的中心。《美國冒險史》原本可以選擇敘述年輕的布朗在一八一二年戰爭期間，跟一名黑人男孩成為朋友的著名故事，那男孩讓布朗相信黑人並不比白人低下。但相反地，該書的語句讀起來卻像是中傷。教科書作者使布朗的波塔沃托米（Pottawatomie）殺人行動顯得同樣沒有合理的動機，因為他們沒提到那場堪薩斯的暴力行動，主要是奴隸制度支持者的作為。實際上，奴隸制度支持者先前就殺死六名在自由土壤上定居的人。在波塔沃托米事件發生數個月後，布朗才在堪薩斯州的奧沙瓦托密（Osawatomie）協助三十五名自由土壤的人捍衛己方，對抗數百名來自密蘇里州支持奴隸制度的暴民，並因而贏得「奧沙瓦托密的約翰·布朗」（Osawatomie John Brown）的綽號。然而，沒有一本教科書提及布朗在奧沙瓦托密身為保衛者的行為，在十八本教科書反倒有十四本提到他在波塔沃托米所做的事，並將他描述為攻擊者。[23]

我們的教科書也沒有讓布朗為自己發聲，因而使他處於不利的地位。就連獄卒都讓布朗能用紙筆抒懷！在我研究的十八本教科書中，有十二本沒有提供任何布朗所說或所寫的內容。因此，布朗曾經讓全國感動的言語，沒有機會感動今日大多數的學生。

教科書作者避談布朗的觀念，可能是因為它們帶有基督教的色彩。在美國，宗教向來是偉大啟發的來源之一，也可以提供關於人類作為的解釋。然而，教科書或許會提到宗教機構，例如震顫教會或基督教科學會（Christian Science），但它們從來不會嚴肅地探討任何時期的宗教構想。[24]任何對摩門教、基督教科學或大覺醒的美以美教派（Methodism of the Great Awakening）的深入描述都會引起爭議，提到無神論或自然神論（Deism）甚至會更糟。一本教科書編輯曾激動地對我說：「你會告訴小孩湯瑪斯·傑佛遜不信耶穌嗎？我不會！」要以中立、非宗教的方式，將宗教觀念視同社會因素來處理，也是不可能的，因為那可能會冒犯一些信徒。教科書的解決方法是完全省去宗教觀念不談。[25]若在教科書中引用布朗在法庭上對《聖經》黃金律（Golden Rule）的改述，亦即「無論何事，我願意人怎樣待我，我也要怎樣待人（whatsoever I would that men should do to me, I should do even so to them）〔譯注：《聖經》原文為All things therefore whatsoever you would that men should do to you, do you also to them，中譯為「無論何事，你們願意人怎樣待你們，你們也要怎樣待人」」」，會違反這個禁忌。

意識形態的矛盾對歷史極為重要。觀念擁有力量。給予布朗動機的觀念，以及他立下的榜樣在他屍骨已寒後仍持續許久。然而，美國歷史教科書讓我們無法了解，觀念在我們的過去中所扮演的角色。

教科書作者忽略布朗的觀念，或許是因為在他們的眼中，布朗的暴力行為使他沒有資格獲得同情。當我們從布朗轉而看亞伯拉罕・林肯（Abraham Lincoln）時，等於從美國歷史上最受爭議的人物之一轉向最受尊敬的人物之一。教科書在描述林肯時肯定充滿同情，儘管如此，他們也會盡量不談他的觀念，特別是在種族議題上。在有生之年，林肯處理種族問題的方式比其他的美國總統都來得公開，或許只有傑佛遜例外，然而不同於傑佛遜，林肯仍有言行一致的時候。我們大多數的教科書對林肯內心的辯論隻字未提。若它們有的話，那會是多好的教學工具！如此一來，學生就會看到演說者會為了迎合和吸引不同的觀眾群而修改他們的觀念，因此我們不能完全相信他們的字面聲明。如果教科書正視林肯的種族主義，學生就會知道種族主義不僅影響了三K黨極端分子，也是我們歷史上的「常態」。此外，當學生看到林肯在不分種族地實施美國民主原則時內心的掙扎，就會知道觀念的發展歷程，以及一個人是如何成長的。

在對話時，林肯跟當代大多數的白人一樣，在提到黑人時會使用「黑鬼」（Niggers）一詞。林肯在與道格拉斯的辯論中，有時不得不明白表現出白人至上主義，如同上一章的內容所述。然而，林肯的種族觀念卻比道格拉斯來得複雜。道格拉斯在芝加哥發表聲明支持白人至上主義，說這些議題「已經確立」後，第二天林肯旋即回應並真的將此議題界定清楚：

> 我想知道，如果拿這個宣布原則上人人平等的舊獨立宣言，然後尋找不適用的例外，這樣的例外會

止於何處？若有人說它不適用於黑人，難道不會有另一人說它不適用於其他一些人？若這樣的獨立宣言不是……真的，讓我們把它撕毀吧！（「不行！不行！」的大喊聲）既然如此，那就讓我們堅定地遵守它。[26]

沒有教科書引用過這段文字，而且除了一本以外，其他的教科書全都沒有提及林肯曾激烈地總結他與道格拉斯的辯論真正的意旨：「當道格拉斯法官和我本人貧乏的口舌沉默後，那將會是這個國家將持續面對的議題。它是世界上對與錯這兩個原則之間永恆的鬥爭。」[27]

林肯對非裔美國人基本人性的了解可能承襲自他的父親，先前他父親舉家遷至印第安那州，部分原因即在於，他厭惡肯塔基州許可種族主義的奴隸制度。另一個可能是林肯於一八四一年的一趟汽船之旅，他曾在數年後寫給朋友賈許．史匹德（Josh Speed）的信上回憶起那次經歷：「你可能跟我一樣清楚記得，在從路易斯維（Louisville）到俄亥俄河口的旅途中，船上有十到十二名奴隸，以鐵製手銬鎖在一起的情景。那一幕一直令我感到痛苦，而且我每次接近俄亥俄河或任何其他的奴隸州，都會看到類似的情形。」林肯的結論是那些記憶有「令我感到悲哀的力量」。[28] 沒有一本教科書曾引用這封信或任何類似的文章。

早在一八三五年，林肯於伊利諾州眾議院的第一屆任期間，就曾經對判決廢奴主義者有罪的決議案投下反對票，當時反對票只有五票。教科書暗示林肯在一八六〇年時被提名為總統候選人，是因為他在奴隸制度上屬於溫和派，但事實上，共和黨選擇林肯、而非實力領先的威廉．西華（William H. Seward），部分原因正在於林肯「堅如磐石的反奴隸制度信念」，而西華才是被視為妥協派。[29]

林肯身為總統，自然了解象徵性領導對改善種族關係的重要性。美國有史以來第一次和海地和賴比瑞亞互設外交官。一八六三年，林肯取消了白宮的種族差別待遇，這做法促使聯邦政府也取消種族差別待遇，直到威爾遜為止。林肯開放白宮招待黑人訪客，其中最著名的是弗雷德里克．道格拉斯（Frederick Douglass）。林肯也持續解釋其本身的種族主義，要求助手調查將非裔美人送回（「殖民」的委婉說法）非洲或拉丁美洲的可行性。

大多數的教科書提及林肯「個人」反對奴隸制度，其中兩本甚至引述他在一八六四年所寫的信：「如果奴隸制度不是錯誤，那麼就沒有任何事物是錯的。」[30] 然而，大多數的教科書作者都努力把林肯與對於奴隸制度過度的理想主義分開。他們尊敬林肯的主因在於他「拯救了聯邦」。迄今，在林肯的聲明當中，最受教科書歡迎的是他於一八六二年八月二十二日寫給霍勒斯．格里利（Horace Greeley）的《紐約論壇報》（*New York Tribune*）的信函，在十八本教科書中有十五本引用或改述：

我最遠大的奮鬥目標在於拯救聯邦，而非拯救或摧毀奴隸制度。若不給予任何奴隸自由而能拯救聯邦，我會這麼做；若釋放所有奴隸而能拯救聯邦，我會這麼做；若僅釋放一些而非全部奴隸而能拯救聯邦，我亦會這麼做。我為奴隸制度與有色人種所做之事，是因為能拯救聯邦；而我避做之事也是因為不相信其有助於拯救聯邦……

大多數的教科書藉由強調這句引用文，將林肯呈現為在道德上對奴隸制度漠不關心，對黑人更不可能在意的人。如同《通往現今之路》中所言：「林肯後來視結束奴隸制度為結束戰爭的另一策略。」諷刺的是，這也是黑人民族主義者對非裔美國人所呈現的林肯，以改變他們原本對林肯的正面觀感。[31] 為了呈現這樣的林肯，教科書必須移除了相關的上下文。它們遺漏的第一件事正是林肯所做的下一件事：「……在此我根據『正式』職務的看法陳述了我的目的，我無意改變我經常表達的『個人』意願——無論任何地點，所有人均可享有自由。」當然，這是對奴隸制度相當不同的觀點。除了三本教科書以外，其餘的都省去這一段。

接著，教科書移除了相關的政治情況。每一位歷史學家都知道，大多數教科書所引用、林肯寫給格里利的信中文句，並不能完全代表他對奴隸制度的意圖。林肯寫該封信的目的在於尋求紐約市民對戰爭的支持，而紐約市是北方最傾向於民主黨（因此也最傾向白人至上主義）的城市之一。若林肯宣稱這場戰爭會終結奴隸制度，就永遠沒有贏得紐約市民支持的希望，他們會基於此原因而反對他。因此，林肯提出他唯一能做的訴求：支持戰爭，才能使國家保持完整。他這封信的對象並不是想結束奴隸制度的格里利，而是反戰的民主黨員、反黑人的愛爾蘭裔美國人，以及交界州的州長和許多其他反對解放奴隸的北方人。拯救聯邦向來不是林肯唯一關注的事，他在一八六〇年拒絕了協商到第十一個小時的克里坦登協議案（Crittenden Compromise），這項憲法修正案的用意在於藉由永久保留奴隸制度來保持聯邦。[32]沒有一位教科書作者解釋當時的政治情況，或提及那封致格里利函真正書寫的對象。這些教科書中也沒有一本引用林肯同年夏天鼓勵神體一位教會牧師的話：「回家吧，努力讓人們認同你們的觀點。」因為「我們將會需要全國所有反奴情感，甚至更多。」若教科書做到了，學生就會了解，林肯對美國奴隸制度議題的反應絕不冷漠。

在討論「奴隸解放宣言」（Emancipation Proclamation）時，教科書從現實政治（Realpolitik）的觀點來解釋林肯的行為。「到了一八六二年九月，」《美國的成就》說：「林肯不情願地決定，至少有部分原因，是為了解放奴隸而打的戰爭會贏得歐洲的支持，減少外國干預傾向南方邦聯的危險。當時國內外的政治關注重心對政治大師林肯的確造成了影響，但是對與錯的考量也一樣。當時與現今的政治分析家咸認，林肯於一八六二年九月的解放宣言造成共和黨於同年十一月失去國會控制權，因為一直要到一年後北方白人民眾的意見才發展為偏向給予黑人自由。[33]教科書作者隱瞞了林肯採取這些行動，部分原因是出自他認為這是正確作為的可能性。從印第安戰爭到奴隸制度，再到越戰，教科書作者不僅規避我們過去的行動是對或錯的問題，甚至避談當時的美國人曾提出過相同的質疑。

林肯是擅用英語的大師。他或許是歷來最擅長在演講中操弄強大的語言表徵，以改變輿論的總統，而且經常是用於種族關係與奴隸制度的議題上。教科書維持以作者的單調語氣陳述一切的做法，一次僅引用林肯的三、四個字。唯一一篇僅見於教科書中的完整演講或信函是蓋茨堡演說（Gettysburg Address），而且在我調查的十八本教科書中，也只有六本引用了全文。林肯在蓋茨堡發表的三段演說內容是美國史上最重要的演講之一，在包含它的教科書中僅占四分之一頁的篇幅。儘管如此，有五本教科書甚至沒有提及這場演說，而另五本僅提供該演講的最後一句話或其中的一部分：「民有、民治、民享之政治」（Government of the People, by the People, for the People）。其中最愚蠢的是《美國通史》最新版，它把一整頁用在這篇演講上，但大多是為了展示林肯的筆跡原稿，結果卻因為遷就篇幅而縮得太小，以至於難以辨識！[34]《美國通史》裡關於這篇演講的描述比演講原文還多——而且完全沒有引用林肯所寫的任何語句。然而，那些語句卻絕對重要，而且讓學生思考它們也是重要之事。林肯明白，比起僅僅為了維持在道德上保持中立的聯邦而戰，為自由而戰更能滿足人們在意識形態上的需求。因此，為了拯救聯邦，有必要尋找「拯救聯邦」以外的理由，而在蓋茨堡的演講中，他就提供了一個。

林肯是一名優秀的律師，很清楚美國是在奴隸制度中孕育的國家，因為美國憲法至少在五個地方述及奴隸制度。儘管如此，他在演講開頭仍說：「八十七年前，我們的國父們在此大陸上創建一個新的國家，此乃基於對自由之堅信及人人生而平等之信念。」因此，林肯以《獨立宣言》的詞藻來包裝聯邦的出戰理由，強調自由，儘管《獨立宣言》的許多簽署者蓄奴。[35]在此同時，林肯也是運用《獨立宣言》重新定義聯邦的理由，以它暗示著所有美國人的平等權利，不分種族。

「現今我們正捲入一場偉大的內戰，」林肯繼續說：「考驗此國家或任何如此孕育與奉獻的國家能永世長存。」林肯再度展現其才智：到了一八六三年，其他國家都已跟我們同樣實施民主。基於此，每一個歐洲國家及大多數的美洲國家都已將奴隸制度列為非法。我們的內戰如何能考驗它們是否能永世長存？在此，林肯把聯邦的理由置於「人類最後且最美好的希望」這個古老名義之下，這就像美國與上帝之間簽下的世俗版特殊聖約。[36]雖然這是不實的歷史，但這種言辭卻能構成偉大的演講。因此，這位總統是在懇請北方反戰的民主黨員為全人類的福祉支持戰事。

在援用第三個強大象徵，即「這群勇者，無論生死，在此奮戰」後，林肯在演說結尾指出先前許多人願意赴死的原因：「此國家，於神佑下，應享有自由之新生。」他指的是什麼自由？當然是黑人的自由。林肯很明白，這場戰爭的本質是動搖奴隸制度的根基，原為拯救聯邦而起的戰爭已逐漸變成為黑人的自由而戰。當時的市民對林肯非常了解，實際上，在這段時期，美國人會購買政治演講的文本，仔細閱讀、討論，而且投票率以現今看來高得離譜。民主黨的《芝加哥時報》（*The Chicago Times*）

這個林肯出生的原木屋有著奇特的經歷，恰可象徵著教科書處理林肯相關歷史的方式。林肯真正用過的木屋可能早在他成為總統之前，就已因年久失修而倒塌。根據皮特凱斯里（D. T. Pitcaithley）的研究，這個新木屋其實是在一八九四年建造的假品，在租給兩名遊樂園老闆後，被送往科尼島，與傑佛遜．大衛斯（Jefferson Davis）出生的木屋一起放置（這個所謂大衛斯出生的木屋同樣是假的），最後它被改小以放入肯塔基州的一座大理石偉人祠，並重新組合，至今仍在原地。林肯的木屋也衍生為兒童玩具：亦即由法蘭克．洛伊．萊特（Frank Lloyd Wright）在一九二〇年發明的林肯積木（Lincoln Logs），內含如何建造「林肯的木屋」及「湯姆叔叔的小屋」的說明書！此木屋至今仍以原型出現在我們的教科書內，象徵林肯努力向上、由貧致富的傳奇。難怪有一名大學生只能以經常可見的愚蠢方式介紹林肯：「他出生在由自己親手建造的原木屋。」

譴責這篇演說，原因正在於「人人生而平等之信念」。該時報宣稱，聯邦已逝之人都「是高度自重之人，不會宣稱黑人與其平等或有權享有平等權利」。[37]

教科書不需像我先前這樣解釋林肯的話，蓋茨堡演說本身就豐富得經得起種種分析。[38] 但是在包含這篇演講的六本教科書中，有四本僅僅把它放在書頁角落的方框內。《通往現今之路》在其後有提供相當空洞的摘要。唯有《生活與自由》針對它提出了一些明智的問題。[39] 在此結果下，我至今還沒遇到過任何曾經思考過蓋茨堡演說的高中畢業生。

教科書對林肯第二次就職演說的描述更糟。在這場美國演說史上的傑作之一中，林肯確認對於奴隸制度的歧見是美國內戰的主要原因，[40] 當時內戰已進入第四個血腥的年頭。

> 假如我們認為美國奴隸制度是那些罪惡之一，且在上帝的意旨下勢所難免，但在上帝指定的時間經過後，已成為其決意除去之事，且假如祂對南北雙方降下惡戰做為災禍，懲罰招致此罪惡的人，我們應視此為與信徒歸屬於永生神的神聖特質相悖嗎？
>
> 我們殷切地希望，熱忱地祈禱，這強大的戰爭天譴能迅速結束。然則，若上帝決意讓戰爭持續，直到由奴隸的無償苦勞堆積而成的財富完全耗盡，直到鞭打所流下的每一滴血，均由劍流下的每一滴血償還為止，如同三千年前所言，我們在此仍必須說：「耶和華的典章真實，全然公義。」

林肯以此口吻持續援用宿命論，這在當時美國觀念體系中是比現今更加重要的要素：

最後這個句子相當驚人，光是其長度即已令人震撼。今天的政治家不會像這樣說話。當學生用心慢慢地朗讀這一段文字時，總是會感受到它是對美國對待黑人的原罪，提出的激烈控訴。南北戰爭迄今仍是我們美國有史以來受創最大的事件。然而，如林肯所言，我們仍發動了戰爭。從他的上下文脈來看，原罪或罪行都是適合描述這場戰爭的詞彙，而不僅僅是悲劇而已。實際上，這個對美國種族關係的控訴呼應著布朗最後的短箋：「本人約翰．布朗現在相當確定，除了血洗之外，這片罪惡之地的罪行永遠沒有淨化的一天。」[41]

林肯的第二次就職演說，對美國人造成極大的影響，當他於一個月後遭槍擊身亡，紐約州和俄亥俄州的農民迎接他的送殯行列時，海報上就寫著摘自他那篇演講的內容。然而，只有《美國：一個共和國的歷史》包含上面引述的演講內容。[42] 另外七本教科書則僅僅引用了這篇演講的最後一句話，述及以「對任何人都不懷惡意」的方式，治療國家的創傷。其餘的十本完全忽略了這篇演講。

在教科書作者的眼中，林肯對種族主義的罪行表達憂慮可能並不恰當，正如海倫．凱勒對社會階層不公所表達的關切一樣。我們必須記得林肯的這件事嗎？還是把它省略吧！以這樣的態度來處理林肯，可以稱之為迪士尼式的解釋：迪士尼在一九六四年紐約世界博覽會中展出林肯的動畫機械雕像，其中林肯說了數分鐘的話，但在選字用詞上謹慎地不提及任何與奴隸制度有關的事。

在將林肯與對錯的考量分開後，數本教科書以相同的方式呈現南北戰爭。事實上，美國士兵剛開始時是為拯救聯邦而戰，幾乎沒有其他目的，但在結束時卻是為了蓋茨堡演說中所有模糊但嚴肅的觀念而戰。自一八六二年起，聯邦軍隊高唱著由喬治．盧特（George Root）在該年夏天所作的「自由的吶喊」（Battle Cry of Freedom）：

我們歡迎忠誠英勇之士的加入，
發出自由的吶喊，
一個人或許貧困，但不應為奴，
發出自由的吶喊。[43]

即使今日，任何人在唱這些歌詞時，必然也會感受到自由和保護聯邦都是當時美國的戰爭目的，以及體會到這兩個目的合起來後的強大力量，而這力量正是教科書所忽略的：它們讓學生無法得知觀念的重要性。

非裔美國人的行動在對抗白人種族主義上扮演重要的角色。奴隸逃往聯邦軍隊的陣線。之後獲准參戰，黑人部隊對戰事的貢獻，使白人無法否認黑人是不折不扣的人類。[44] 一名聯邦上尉寫給妻子的信上說：「許多（白人）認為整個黑人種族比他們低劣許多——我想只要以冷靜公正的心態在這裡生活數週，就可以糾正這個錯誤觀念。現在我對他們的能力評價比以往都來得高。」[45] 今日的教科書作者與數十年前的歷史學家不同，他們已經體認到在不提及非裔美國人的行動之下呈現南北戰爭，不是正確的史實。我調查的十八本教科書至少提到聯邦陸軍與海軍有超過十八萬名黑人軍士。其中有數本內含非裔美國士兵的插圖，並提及一直到戰爭末期，他們獲得的薪資仍然不平等。[46]《發現美國史》提到被困在邦聯陣線後的聯邦士兵發現奴隸提供了「無價的協助」。然而，只有《美國：一個共和國的歷史》進一步指出黑人部隊的存在與成功減少了白人種族主義。[47]

南北戰爭中反種族主義對交界州的長遠影響特別明顯。

《美國的成就》內的這張照片令人想起南北戰爭期間美國海軍「駝背號」（USS Hunchback）船員的合照。這類不分種族的照片已經在美國從一八九〇到一九四〇年種族關係最差的期間消失。

這是一八六四年十月十五日《哈勃週刊》的中心跨頁，在十九世紀，該週刊一直是共和黨的發聲雜誌。圖中文字出自民主黨的政綱。這些由托馬斯．納斯特（Thomas Nast）所繪的插畫呈現出民主黨計畫的缺陷。今日，我們很難想像一個政黨以這種種族理想主義來尋求白人的選票。

林肯的《奴隸解放宣言》僅適用於南方邦聯，不包括主張聯邦主義的達拉威、馬里蘭、肯塔基和密蘇里。但這場戰爭並非如此。莊園主的地位變得模糊不清：擁有黑奴不再是年輕白人渴望的事，或年輕白人女性希冀藉由婚姻達到的事。馬里蘭是一個奴隸州，在戰爭開始時相當支持南方邦聯，但是後來它加入北方聯邦並派遣數千士兵前往捍衛華盛頓。接下來發生的事是認知失調效應的正面實例：馬里蘭州的白人在戰爭中對抗蓄奴者，同時允許奴隸制度在該州存在，這造成需要解決的緊張情勢。在一八六四年，馬里蘭州裡說服力日漸顯著的廢奴主義者，將這個議題付諸投票表決。在計算到大量不在籍選票以前，支持解放奴隸的票數原本是以些微差距落後，但是這些不在籍選票卻有絕大多數是支持廢奴，因而扭轉了結果。在一八六四年的馬里蘭，是誰投了大多數的不在籍選票？當然是陸軍與海軍的將士。當他們口中高唱著〈約翰．布朗之遺骸〉，前赴戰場時，他們的心已經傾向其行動在協助創造的自由。[48]

如同前一章所述，〈洋基勝利之歌〉這類的歌曲反映出民主黨在一八六四年總統大選的種族主義論調。共和黨如何反制？他們尋求白人選票的做法之一是主張反種族主義。共和黨的選舉活動在一八六四年秋天的軍事勝利加持下相當成功，而民主黨公然主張種族主義的策略則失利，主張反種族主義的共和黨員幾乎在各地都獲得勝利。有一名紐約州的共和黨員寫道：「對於奴隸制度問題的輿論變化……是一個偉大的史實。有誰預測得到……這個偉大神聖的革命？」[49]全球各地的人支持聯邦，是因為它的意識形態。光是加拿大就有四萬人南下，志願響應聯邦的主張，其中有些是黑人。主張廢奴的查爾斯．薩莫（Charles Summer）在戰事逐漸結束時說：「觀念重於戰役。」[50]

觀念對南方邦聯造成相反的影響。早在戰爭爆發以前，意識形態上的矛盾就已經對奴隸制度造成衝擊。布朗知道蓄奴者私下都擔心奴隸會叛亂，儘管他們向主張廢奴的人士保證，奴隸真的喜歡奴隸制度。布朗的哈普斯渡口突擊行動在南方引發激烈抗議的原因之一，即在於蓄奴者擔心自己的奴隸可能會加入他。然而，他們譴責布朗及資助他的「黑人共和黨」（Black Republicans）的做法，並未說服北方溫和派，反而將他們推向廢奴主義陣營。畢竟，如果布朗真如蓄奴者所宣稱是危險人士，就意味著奴隸制度真的是不公的制度。快樂的奴隸是不會反叛的。

南方白人成立邦聯的基礎是在於白人至上主義的意識形態。根據南方邦聯副總統亞歷山大．史帝芬（Alexander Stephens）：「我們新政府成立的基石在於黑人與白人並不平等，且奴隸身分，亦即從屬於比較優越的種族，才是他們自然正常的狀態。」南方邦聯的士兵在前往安提坦（Antietam）和蓋茨堡，發動對聯邦州的兩次主要襲擊時，沿途就將這個意識形態付諸實現：將馬里蘭州和賓州數十名自由黑人捉走，送到南方當奴隸；邦聯士兵在擄獲北方黑人部隊時也會施虐。[51] 歷史學家保羅．艾斯卡特（Paul Escott）指出，在戰爭期間，「保護奴隸制度向來是南方邦聯的核心目的，一直未變。」[52] 教科書淡化這一點，可能是因為不想冒犯今天的南方白人。

上一章證明了對州權的關切並不是脫離聯邦的動機。此外，隨著戰爭持續，邦聯開始否認其新國家的州權。早在一八六二年十二月，大衛斯總統就已公然指責州權對邦聯有害。維吉尼亞西部多山的郡脫黨，加入北方聯邦。南方邦聯的軍隊必須占領田納西東部，才能阻止當地人效法西維吉尼亞。路易西安那州的溫郡（Winn Parish）拒絕脫離聯邦；阿拉巴馬州溫斯頓郡（Winston County）宣布自己是溫斯頓自由州（Free State of Winston）。密西西比州瓊斯郡奉行聯邦主義的農民與樵夫宣布成為瓊斯自由州（Free State of Jones）。

民主黨政綱的開頭看似毫無惡意：「我們將依據憲法對聯邦忠貞不移，並以其為建立我們民族之力量、安全與幸福唯一的堅實基礎。」但是納斯特卻戳破這個假象：他的插圖上顯示，捉奴隸的人和狗把不幸的逃奴逼進沼澤。讀者震驚地吶喊：「那這些人呢？他們也是人」！

除了南卡羅萊納以外，每個邦聯州都派出一個軍團或至少一連的白人士兵，以及許多黑人新兵加入邦聯軍。每個邦聯州都深受武裝游擊隊的襲擊之苦。（除了密蘇里州及一八六三年紐約州徵兵暴動以外，只有少數聯邦州有這類的問題。）邦聯人士在旅經阿拉巴馬、佛羅里達、北卡羅萊納、田納西和德克薩斯的一些地區時，有可能遭遇危險。這場戰爭不僅是南北之戰，也是南方邦聯（及密蘇里）內部，支持北部聯邦者與支持南部邦聯者之間的對戰。[53] 到了一八六四年二月，大衛斯總統絕望地表示：「具叛國特質的公共會議以州主權（state sovereignty）的名義召開。」因此，做為一種意識形態，州權本身是矛盾的，無法長期動員南方的白人。

每一本近期的教科書都論及州權議題如何妨礙南方邦聯的主張，但卻忽略了「觀念」對南方的影響。南方邦聯的種族觀念證明對戰事的幫助甚至更小。根據邦聯的意識形態，黑人喜歡奴隸制度；然而，為了避免叛亂與逃亡，邦聯州通過了俗稱「二十黑鬼法」（Twenty Nigger Law）的法律，每二十名奴隸可以免除一名白人監工的兵役。在戰爭期間，邦聯撤走多達三分之一的前線軍力，將他們分派至有大批奴隸的地區，以防止奴隸暴動。[54] 當時美國允許非裔美國人入伍，但是邦聯卻因其意識形態而不得不斷言這行不通——因為黑人幾乎不會像白人一樣戰鬥。但是第五十四支麻薩諸塞軍團及其他黑人軍團在戰場上無可否認的英勇行為，卻駁斥了黑

納斯特在標題為「公共自由與私權」的插畫中，呈現出一八六三年紐約市徵兵暴動（New York City draft riot of 1863）的景象：白人暴徒行使毆打與殺害非裔美國人的「權利」，受害者包括一名遭上下倒置的孩童。

人比較低劣的觀念。接著是白人的矛盾行徑，南方白人對遭俘虜的黑人士兵犯下非常殘忍的獸行，例如那桑．貝德福．佛瑞斯特（Nathan Bedford Forrest）麾下部隊惡名昭彰的皮洛堡（Fort Pillow）大屠殺，他們將黑人囚犯釘在帳篷架上活活燒死，而且全都是以保存白人文明為名義。[55]

在維克斯堡失敗後，大衛斯總統提議給予黑人武裝，讓他們為邦聯而戰，以承諾給予自由來贏取他們的合作。但是支持蓄奴的人士提出抗議，如果奴隸身分已經是奴隸的最佳狀態，怎麼能以自由為獎賞？黑人的行為證明奴隸的確重視自由：數本教科書顯示當聯邦軍隊接近時，奴隸制度崩潰的情況。但教科書作者忽略了奴隸叛變在前主人之間所引起、意識形態上的混淆。矛盾不斷累積。為了贏得外國的認可，其他的邦聯領導人提議乾脆取消奴隸制度，有些報紙編輯也表達一致的意見。《傑克遜密西西比報》（*Jackson Mississippian*）表示：「雖然奴隸制度是我們的原則之一，」但若放棄它可以幫助我們「建立分開的國家，就這麼辦吧！」在南軍於阿波麥托克斯鎮（Appomattox）投降前一個月，南方邦聯的國會通過徵召黑人軍隊的措施，證明這場戰爭甚至提高了奴隸主人對黑人能力的評估，同時也顯露出他們在意識形態上十分混亂。畢竟，新黑人士兵究竟是為什麼而戰？奴隸制度？脫離聯邦？一旦黑人加入武裝後，南方白人軍隊又是為什麼而戰？如同喬治亞州的豪威爾．科布（Howell Cobb）所說：「如果奴隸成為好士兵，那麼我們對奴隸制度的整個理論都會是錯的。」[56]

早在一八六二年就已有些邦聯士兵換邊站，部分原因即在於這些矛盾。夏曼（Sherman）在從亞特蘭大行軍至海邊城市沙凡那（Savannah）的著名旅程中，他的軍隊實際上不斷壯大，因為沿途有數千名南方白人自願加入他的軍伍。同時，對抗夏曼的邦聯軍隊有將近三分之二因擅離職守而消失。[57] 此外還有一萬八千名奴隸加入夏曼，甚至還因希望加入的人數過多，以至於夏曼的部隊必須拒絕其中一些人。相較於這些事實，我們的教科書裡經常可見的描述卻是夏曼的手下沿路劫掠團結的南方。

邦聯州在意識形態上日愈混亂，再加上美國在意識形態上的力量增強，這些都有助於解釋北方聯邦為何獲得勝利。「即便有種種困難」，卡雷頓・畢爾斯（Carleton Beals）特別提及：「南方直到最後都仍有大量資源和人力。」許多國家和人民至今所用的作戰方法與武器都遠遠不如當時。畢爾斯認為南方邦聯最嚴重的不利因素，就在於意識形態上的矛盾，而且最終導致戰敗。他證明了德州和其他州的南軍如何在一八六五年春天結束前解散，儘管在沒有北軍逼近的情況下也一樣。如同大衛斯的形容，在南方邦聯的大後方，「民眾的熱忱在冷卻。」[58]

教科書為什麼對觀念或意識形態是邦聯的弱勢一事保持沉默？[59] 畢竟，南北戰爭有其原因，而這原因會影響結果。教科書應該明白告訴讀者。[60] 保持沉默的做法有其歷史。在二十世紀期間，教科書將南北戰爭呈現為「實際上相同的兩個民族」之間的鬥爭。這是在美國（一八九〇至一九四〇年）種族關係最低點期間達成的默契之一，亦即南方白人和北方白人都是美國人。[61] 當時，北方白人和南方白人利用非裔美國人而言歸於好，廢奴主義者反倒成了惡徒。

隨著最低點時期的來臨，有「邦聯灰鬼」之稱的邦聯上校約翰・莫斯比（John S. Mosby），對於歷史學家處理南北開戰原因的模糊方式感到越來越沮喪，因而在一九〇七年寫下「南方是因為奴隸制度而開戰」，以期糾正歷史。他引述南卡羅萊納脫離聯邦的宣言，並諷刺地說：「南卡羅萊納應該知道自己脫離聯邦的原因。」到了一九二〇年代，由聯邦退伍軍人組成的「聯邦退伍軍人聯合會」（Grand Army of the Republic）抱怨說，美國歷史教科書所呈現的南北內戰，完全「沒有暗示」聯邦的開戰原因是正當的。邦聯之女聯合會對出版商的影響顯然較大[62]。除了影響教科書的語氣，讓它們在描述邦聯時語帶同情以外，邦聯之女聯合會甚至在威斯康辛為邦聯死者豎立了一座雕像，宣稱他們是「為了擊退違反憲法的入侵，為了保護人民應有的權利，以及為了永遠建立州主權而死。」[63] 其中沒有任何關於奴隸制度或甚至分裂的話。

迄今，歷史教科書仍將同情聯邦與邦聯的人士同樣形容為充滿理想，在教科書作者的筆下，北方州努力使聯邦保持完整，而根據《美國方式》，南方州則努力「保存他們的權利，以及為自己做決定的自由。」他們奮戰的目的都不是為了保存種族奴隸制度，或為了結束它。在這樣描述下，邦聯的結局與代表恥辱的納粹卐字截然不同，就連在北方，白人依然自豪地在書房牆面、汽車牌照、T恤和高中標誌上展示南方邦聯的旗幟。甚至有些北方（白）人隱晦地為南方「必敗的努力」遭到擊敗感到遺憾。彷彿蔑視黑人的種族主義值得懷念。[64] 由此來看，儘管南方邦聯於阿波麥托克斯鎮戰敗已過了許久，但他們卻最終獲得了勝利。

在阿波麥托克斯之役五天後，林肯總統遭謀殺，他的殉難進一步加深了聯邦的意識形態。就連先前反對解放奴隸的白人現在也一起稱林肯為偉大的解放者（The Great Emancipator）。[65] 在共和黨的領導下，美國進入意識形態衝突仍持續不斷的重建時期（Reconstruction）。

起初南方邦聯嘗試透過新法律來維持戰前的情況，這些新法是以他們的奴隸條款及戰前對自由黑人的限制為雛型。密西西比是第一個通過這些嚴苛的「黑人條款」（Black Codes）的州，但它們沒有奏效。南北戰爭已經改變了美國人的意識形態。在戰火中錘鍊而成的新反種族主義主導了北方美國人的思想，長達十年。共和黨在中西部最重要的機構《芝加哥論壇報》（*The Chicago Tribune*）憤怒地回應：「我們要告訴密西西比的白人，這是我們士兵的屍骨長眠之所，自由浪潮的旗幟飄揚的土地，在他們容許這類法律使這片土地的任一寸蒙羞以前，北方人就會把密西西比州變成青蛙池。」[66] 因此，黑人民權再度成為一八六六年國會選舉的中心議題。民主黨員在競選文宣上印出以一名非裔美國人為特色、令人厭惡的諷刺漫畫，並加上「支持國會等於支持黑鬼」及「支持總統等於保護白人」的言詞。[67] 但是北方選民並不認同，他們斷然拒絕安德魯．詹森（Andrew Johnson）總統與前邦聯支持者（ex-Confederates）和解的主張，將「激進」的共和黨員送回了國會。當共和黨在一八六六年在國會獲得壓倒性的勝利時，反種族主義獲得大多數的投票者的同意，成為國家政策，聲勢甚至超過一八六四年的情況。儘管詹森反對，國會與各州仍通過美國憲法第十四條修正案（Fourteenth Amendment），使全民成為公民並保證他們享有「法律的同等保護」。在我們憲法中這段代表黑人的珍貴文字證明了共和黨公職人員的理想主義，相較之下，代表婦女的類似法律至今都還未能通過。[68]

在重建時期，有形形色色的人投身新公民「前線」，令人驚訝，他們跟南方新獲自由的非裔美國人一起工作。許多是北方黑人，包括數名歐柏林學院的畢業生。下面這段文字出自一位名為愛德夢妮亞·海葛特（Edmonia Highgate）的黑人婦女，她到南方教書，在下文中形容了她在路易西安那州拉斐葉郡（Lafayette Parish）的生活：

> 我的學生大多數來自五、六公里、甚至十三公里外的莊園，他們都急於學習，願意一大早長途跋涉到校，以免遲到。
>
> 許多人反對我們的學校，我在自己房內曾兩度遭人射擊。我的夜校生也曾遇到槍擊，但沒有人因而死亡。一週前，一名年長的自由人在過馬路時遭槍擊，傷勢嚴重，手臂和腿都遭射斷。這裡的叛徒威脅要燒毀學校和我寄宿的房舍，但他們還沒有實際傷害我們。離我們最近且能提供保護的軍隊在三百多公里外的紐奧良。[69]

有些聯邦的士兵在解除軍職後留在南方。有些想加入共和黨的北方政治家遷到南方，到戰前政黨不具影響力的地區籌組政黨。有些人前往南方，希望透過選舉或任命而擔任公職。許多廢奴主義者仍致力於履行自己的承諾，到自由民局與私人機構工作，以協助黑人獲得完全的民權與政治權。就黨派關係而言，這些人幾乎全是共和黨員，不然就會是成員多樣化的群體。儘管如此，在我調查的十八本教科書中，十七本都如往常一樣以圖謀私利的「外來投機者」（carpetbagger）這個不名譽的舊標籤來指稱在重建時期移居南方的北方共和黨白人，而且沒有使用任何引號，也經常沒有注記這個英文字所代表的偏見。[70]

許多在南方出生的白人支持重建。每一個南方州都以聯邦主義者為榮，其中有些人曾自願加入北軍，而在重建時期，他們大多都已成為共和黨員。有些先前支持南方邦聯的人也加入共和黨，其中甚至包括在蓋茨堡時於李將軍麾下擔任第二指揮官的詹姆斯·朗斯特里特將軍（Gen. James Longstreet），因為他們逐漸認同讓黑人享有平等權利在道德上是正確的。一名密西西比州的莊園主人羅伯特·佛勞諾伊（Robert Flournoy）曾招募一支邦聯軍團，但後來辭去軍職並返家，因為「有些事與我的良知不符」。在戰爭期間，他一度因為鼓勵黑人逃往聯邦陣線而遭到逮捕。在重建時期，他協助組織共和黨，發行

圖左的白人婦女在維克斯堡附近的學校教書，要靠此致富幾乎是不可能的事，然而教科書會稱這類的人為「外來投機客」。這名婦女在重建時期冒生命危險教導非裔兒童與成人基本的讀寫能力。

《平權報》（*Equal Rights*），並爭取廢除密西西比大學及新州立學校體系的種族差別待遇。[71] 共和黨的政策，包括先前在南方對黑人與白人兒童都不適用的免費公立教育等等，說服並取得了一些貧窮白人選票。許多先前的輝格黨民（Whigs）加入共和黨，而不是宿敵民主黨。有些南方白人加入共和黨，是因為他們相信黑人選舉權已經是一個既成的事實；他們寧願以獲得黑人的支持來贏得政治力量。有些人加入共和黨，是希望與由共和黨入主的新州政府建立關係或贏得合約。在重建時期，一百一十三名白人共和黨國會議員當中，有五十三名是南方人，而且其中有許多出身富裕。[72] 總而言之，這同樣是一個組成多樣的群體，占白人人口的四分之一到三分之一，在一些郡當中甚至占大多數。然而，除了一本教科書以外，其他的教科書都照往常一樣，以不名譽的舊標籤無賴、惡棍（scalawags），來指稱這些加入共和黨的南方白人。[73]

「外來投機客」和「無賴」都是南方民主黨白人創造的字，用意在於抹黑對手，使其喪失合法性。當時，至少密西西比州的報紙使用「共和黨員」的頻率，比「外來投機客」和「無賴」高得多。「外來投機客」暗指北方社會沒有價值的人，用旅行手提包裝著所有的財物，趁機到「精疲力竭的南方（白人）社會」謀取財富，而「無賴」則是指那些人無惡不作。這兩個詞都是在重建時期過後許久、種族關係最低點的期間才被採用，因為當時不論南北的美國白人都發現，他們很難相信北方白人去南方協助黑人是純粹出於善意，而不是居心叵測。如果教科書作者有解釋這些字變得流行的時間與原因，學生就可以學到關於重建時期、種族關係最低點時期，以及歷史著作的重要事情。然而，卻只有《美國人》指出這一點：「雖然這兩個詞是政敵強加的負面標籤，但歷史學家仍用它們來指稱這兩群人。」然而，如同其他所有的歷史教科書，《美國人》接著就採用，彷彿它們是正確的歷史標籤，而且在使用時沒有加任何引號。

《通往現今之路》在列出三K黨暴行的受害者時寫道：「外來投機客、惡棍和致富的自由人——就連那些僅僅學會識字的人。」為何不簡單地說「共和黨——不分黑人白人」就好？《美國傳統》寫道：「儘管南方白人的說法相反，但激進政權並不是由黑人支配，而是由惡棍與外來投機客所控制。」事實上，這些當然是南方白人，但這個句子的寫法卻將他們劃分在南方白人之外，這跟頑強支持邦聯的人士經常採取的做法相同。此外，將完全合法的政府稱為政權（Regime）也是使他們非法化的方式之一。《美國傳統》沒有用這種方式形容其他的政府，就連一八三六年的德州共和國（Republic of Texas）或一八九三年杜爾（Dole）接管夏威夷後成立的政府都沒有。

當然，較新版的美國歷史教科書不再譴責加入南方政治與社會的北方人，不再如同一九六一年的《美國的興起》一樣形容他們為「不誠實的冒險者，一心思慮著如何豐厚家底，不惜犧牲他人」。民權運動再度讓我們重新省思歷史。在看到一九六〇年代、不分黑白的北方人南下協助黑人贏得民權後，對於在重建時期與南方黑人共事的北方人，今日的教科書作者展現了較多的同情。[74] 以下是在《美國的興起》之後、於二〇〇三年出版的《美國》中，有關「外來投機客」的描述：

> 北方共和黨員（包括白人與非裔美國人）抵達後，熱切地參與政黨提名大會，這使得許多南方白人感到更加憎惡，並稱這些北方共和黨員為「外來投機客」。他們開玩笑地說，新來者是「最低階層」的「貧窮冒險者」，只用一個便宜的旅行手提包就能帶走所有的家當。

至於採用「無賴」的段落則是：

> 前邦聯支持者對南方白人的嘲諷更深，這些白人先前支持聯邦的開戰理由，如今則支持重建。他們稱這些白人為惡棍或無賴，視之為「南方的叛徒，背棄其種族與國家的變節者」。

新的處理方法將教科書作者與這些輕蔑的字詞隔開，讓「許多南方白人」來說它們，但這些字詞本身卻從來沒有受到批評，反倒是要學習的字，這是它們在教科書中以黑體字出現的原因。而且，教科書仍援用貪婪來「解釋」那些認為黑人應享有民權與政治權的白人。當然，教科書作者原本可以用私人利益的觀念來貶低教科書裡的各個英雄，從哥倫布、清教徒先民、華盛頓，一直到羅賓森，但它們沒有。教科書作者只將自私的動機用在未獲他們同情的人物身上，例如重建時期的理想主義者。然後，這些負面形象開始植入人心，並且因為創造出等等容易朗朗上口的蔑稱而變得更加深刻，在此同時，使用這些蔑詞的「許多南方白人」這類的陳述反倒可能遭到遺忘。

在重建時期於南方支持黑人權利的人都得承擔個人風險。在重建時期開始時，光是在前往學校教書的途中，他們的生命就有可能受到威脅。到了重建時期邁向尾聲時，在一些社區內，光是投票給共和黨就足以危及性命。有些主張重建的人士無疑有獲得經濟利益，但這是一種危險的賺錢方式。教科書必須指出這種風險，以及促使大多數人願意承擔這種風險的種族理想主義。[75]

相反地，大多數的教科書剝奪了我們認識這些種族理想主義人士的機會，例如海葛特和佛勞諾伊等人，也讓我們無從得知它們省略的史實，像是被教科書形容為瘋狂的布朗，還有理想主義遭淡化的林肯等等。在一連串事件當中，林肯在全國做到了布朗原本嘗試在哈普斯渡口做到的事：幫助非裔美國人動員起來，推翻奴隸制度。最終，林肯跟布朗一樣成為烈士和英雄，在他遭暗殺過世後，有七百萬名美國人（占聯邦總人口將近三分之一）靜立路旁，目送他的送葬行列經過。[76]非裔美國人特別哀痛。在林肯總統呼出最後一口氣前的一小時，海軍部長基甸・威爾斯（Gideon Welles）在黎明時走在華盛頓的街道上，他形容了當時的景象：「尤其是黑人——或許比白人還多——他們哀痛逾恆。」威爾斯接著描述一整天「在白宮前的巷道內都有數百名黑人為這人的殞落而哭泣，其中大多數是婦孺」，而且「儘管天氣溼寒，一整天都不見群眾減少」。悲傷的非裔美國人沒有遭到誤導，也沒有過於天真。當處理奴隸制度的時刻來臨時，林肯如自己早先的推測，盡到了他的責任，同時也為此而喪失生命。[77]在種族主義等等方面，亞伯拉罕・林肯無疑真正是黑人的英雄，如同在他之前的約翰・布朗。可以說他們兩人是因相同的作為而遭殺害：他們給予黑人武裝，讓他們為自身的解放而戰。全世界的人都曾為這兩人的過世而哀悼。

但是當我在第一堂課上問我的（白人）大學生，在他們心目中美國歷史上的英雄是誰時，一百人中只有一兩人選擇林肯。[78]甚至連那些選擇林肯的人也只知道他「真的很偉大」——但不知道原因。他們的無知有其道理，畢竟教科書幾乎沒有呈現出有關林肯的實質內容。沒有任一名學生選擇布朗，也沒有人曾提到過任何主張廢奴的白人、重建時期的共和黨員或爭取民權的白人烈士。然而，這些學生對美國在改善種族關係上所做的努力咸感同情。他們比較常選擇的人物當中，包括索傑納・特魯斯（Sojourner Truth）、弗雷德里克・道格拉斯、羅莎・帕克斯和麥爾坎X等等非裔美國人。

當布朗在受審時，廢奴主義者溫德爾・腓力普斯（Wendell Phillips）曾談到布朗的歷史地位。腓力普斯已經預見奴隸制度終將結束，而他問未來在「二十世紀的文明中」奴隸制度結束許久後的「美國人民」：「當這樣的日子來臨時，你們會對這些率先教導我們如何生活、如何赴死的烈士有何想法？」[79]腓力普斯問這問題的方式值得推敲。他顯然從沒想過美國人會不以這些曾經協助領導美國廢除奴隸制度的人為榮，也沒想過教科書會把布朗那一小群人貼上狂熱的標籤，或至少說他們遭到誤導，並將布朗描述為可能已經瘋狂。[80]

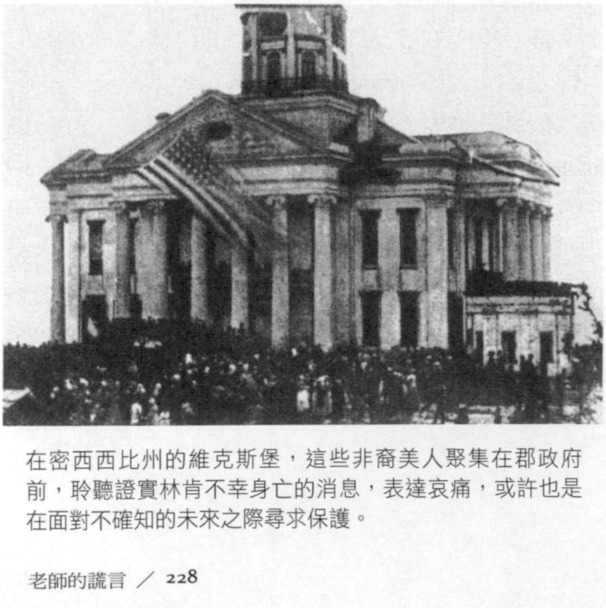

在密西西比州的維克斯堡，這些非裔美國人聚集在郡政府前，聆聽證實林肯不幸身亡的消息，表達哀痛，或許也是在面對不確知的未來之際尋求保護。

反種族主義是美國帶給世界最偉大的禮讚之一，而且它所造成的影響遠遠不僅止於種族關係。反種族主義促使美國在南北戰爭後產生「自由的新生」（A New Birth of Freedom），而且這不僅僅是為非裔美國人而已。黑權運動兩度引發婦權運動，一個世紀各一次。它也兩度振興我們日漸淪喪的民主精神。從南非到北愛爾蘭，世界各地受壓迫的人民持續發起運動，借鑒我們在廢奴主義運動和民權運動中的計策與言辭。在東德，反共產主義者在其早期祕密會議中所唱的是〈我們終將克服〉（We Shall Overcome）；伊朗人用學自梭羅和金恩的非暴力方法推翻了令他們憎恨的國王；在河內（Hanoi），胡志明過世時，他的書桌上放了一本約翰．布朗的傳記。對於天安門廣場（Tiananmen Square）上的學生，帶給他們啟發的觀念以及他們口中的話語都有一些是來自林肯。[18] 然而，這些在全球各地受到讚揚的反種族主義理想主義者，似乎在其祖國卻反而是遭人遺忘的英雄。歷史教科書必須以正確的方式呈現他們，才能引導我們再度重視理想主義。

第七章／機會之地

勞動先於資產，且與資產無關。資產僅為勞動之果實，若無勞動，即無資產。勞動優於資產且更加值得思慮。／亞伯拉罕・林肯[1]

我一度相信我們是自身命運的主宰——我們可以塑造任何想要的生活……我克服聾盲的程度足以令我快樂，而我假設任何人只要在生活中勇敢奮鬥，終能獲得成功。然而，隨著在這國家的見聞越多，我越發覺我對自己懷著自信所說之事，其實所知甚微……我發覺並非每一個人都擁有在世上成功的力量。／海倫・凱勒[2]

我們國家中的十人可以買下全世界，但卻有一千萬人買不到足夠的食物果腹。／威爾・羅傑斯（Will Rogers）

不幸的是，一個國家的歷史輕易就被寫成該國統治階層的歷史。／夸梅・恩克魯瑪（Kwame Nkrumah）[3]

高中生有眼可見，耳可聽，還有電視可看（許多擁有自己的電視），因此對美國的相對特權相當了解。他們比較自己與其他家庭的社會地位，衡量自己所處社區與其他社區的地位。然而，他們對美國階級結構的運作方式所知甚少，對此結構的長期演變更是一無所知，特別是中產階級的學生。這些學生在高中畢業時，不僅不諳階級結構的作用，也是拙劣的社會學家。我曾經問大一新生：「人為什麼貧窮？」若他們來自相對特權較多的階層，這問題就成為：「你的家庭為什麼富有？」若寬容地說，我所獲得的答案可以形容為不成熟和天真。他們將不成功歸咎於窮人本身。[4] 他們不知道在美國，機會並非均等，且社會結構會擺布並對人的想法及生活造成影響。

高中歷史教科書多少是造成這種狀態的原因之一。有些教科書的確涵蓋了勞動史上的重要大事，例如一八九四年芝加哥附近的普爾曼罷工事件（Pullman strike），後由克里夫蘭總統派聯邦軍隊平息，另一事例是一九一一年在紐約市造成一百四十六名婦女死亡的三角衣廠火災（Triangle Shirtwaist Fire），但是大多數的歷史教科書所提及最接近現代的事件是六十年前的《塔夫脫－哈特萊法》（Taft-Hartley Act）。沒有一本教科書曾提及，在二十世紀晚期勞工失敗的重大罷工事件，例如一九八五年明尼蘇達州奧斯汀（Austin）的荷美爾罐頭肉品公司（Hormel）的罷工事件，或是一

一九九〇年代初期，紐約中國城的一家製衣廠。這張照片說明美國勞工階級至今的工作環境，與一世紀前並沒有多大差別，而且經常位於相同的地點。

九九一年伊利諾州第開特（Decatur）的卡特彼勒（Caterpillar）罷工事件——這些抗爭受挫的事件意味著今日勞工的力量減少。[5]大多數的歷史教科書也沒有描述勞工持續面對的議題，例如跨國企業的成長及其將工作外包至海外的做法。由於有這些疏漏，教科書作者可以將勞工史解釋為許久以前發生的事，如同奴隸制度一樣，也正因如此，他們可以將它們詮釋為早已改正，如同奴隸制度一樣。照此自然推論，今日的工會顯得與時代不符，而可能有必要讓勞工發聲的觀念也沒有明確說明。

這些教科書對勞工史處理不足，對社會階層的討論更是付之闕如。教科書中的討論，即使是關於罷工事件的討論，也完全沒有以社會階層的分析為基礎。[6]這相當於以注腳代替講課！在我檢視的十八本高中美國史教科書中，有半數的索引中完全沒有包括社會階層（social class）、社會階級化（social stratification）、社會結構（class structure）、收入分布（income distribution）、不平等（inequality）或任何想得到的相關主題。沒有一本列出上流階層（upper class）或下層階級（lower class）；有三本倒是列出了中產階級（middle class）一詞，但目的僅在於向學生保證，美國是一個中產階級國家。《應許之地》說：「除了奴隸以外，大多數的殖民者都屬於中產階層。」並藉由要求學生「描述三個使所有階級的自由美國人團結在一起的『中產階級』價值」，極力主張我們是中產階級國家。有數本教科書特別提及，第二次世界大戰後中產階級郊區爆增。然而，談及中產階級與討論社會階級化幾乎無法相提並論，反而如葛瑞格利·曼茲歐（Gregory Mantsios）所指出的：「這些被言及的內容似乎為人接受，原因正在於它們並未提及階級差異。」[7]

今日，強調我們全是中產階級的問題越來越大，因為家庭收入落在全國收入中位數（Median Income）的百分之七十五和百分之二二五之間的比例，自一九六七年起持續下滑。雷根與布希政府使中產階級的萎縮加速，大多數離開此階級的家庭是往較低的社會階層流動，而不是往較高的移動。[8]一直到一九七〇年代，美國家庭的收入不均情況僅比加拿大差一點。到了二〇〇〇年，這種不均現象卻已加劇至比加拿大大得多的程度，而且變得比較像社會階級化嚴重的墨西哥。[9]小布希政府公開針對富人減稅的做法，使貧富之間的差距持續增加。這種歷史趨勢應該是歷史書中適當的主題，但是在我取樣的十八本教科書中，只有五本涵蓋美國社會階級化的分析，儘管如此，這些分析仍殘缺不全，且大多以殖民時期的美國為主。伯爾斯坦和凱利實際在索引中包含social class一詞，已經算是非比尋常的做法，但是他們也僅僅列出一七九〇年的社會階級（social classes in 1790）和早期美國的社會階級（social classes in early America）兩條，並且是指向同一段文字，其內容表示英國的「社會階級嚴謹」，而在美國，「社會階級之間的流動則有彈性地多」。《美國傳統》有類似的說明：「殖民社會與歐洲社會之間的一大差異，即在於殖民者的社會流動性較大。」至於在殖民期間與隨後所發生，美國史上最暴力的階級衝突，培根暴動（Bacon's Rebellion）和沙伊暴動（Shays's Rebellion），也遭到忽略不計。歷史教科書至今仍說，相對而言，殖民社會比較沒有階級劃分，並以向上層階級流動的情況明顯。

後來更是每況愈下。「到了一八一五年，」《自由的挑戰》向我們保證，兩個階級逐漸消失，而「美國成為由中產階級構成、以中產階級目標為主的國家。」這本教科書幾乎每隔五十年左右的歷史，就要重述一次在美國機會相當開放的主題。向上層階級遷移的壓力相當顯著。在這些教科書中，幾乎都沒有提及階級不平等或社會流動的任何障礙。「什麼情況使貧窮的白人移民有可能在殖民地上變得比較富有？」《應許之地》這麼問。但是「什麼情況會使致富變得困難？」這個問題卻沒有人問。伯爾斯坦和凱利以滿意的語氣結束唯一一段關於（一七九〇年時）社會階層的討論：「美國總統的從政生涯將會顯示，辛勤工作、智慧、技術，或許還有一點好運，可以讓人從最底層爬升到最高的位置。」

若真是如此就好了！社會階層可能是最重要的社會變數。從生到死，社會階層幾乎跟我們能量測的所有其他社會特徵都有相互關係。富有的孕婦在產前比較可能獲得良好的照顧與醫學建議，健康、體能與營養普遍較好。許多貧窮與勞工階層的孕婦經常在懷孕最後一個月、有時甚至到最後幾小時才聯絡醫護專業人員。富裕家庭的嬰兒在出生時比貧窮家庭的嬰兒來得健康，體重較重。嬰兒在回家後進入截然不同的情況，貧窮嬰兒的生活環境與體內比較可能含有大量的有毒鉛。富有嬰兒跟父母相處的時間較長，言辭交流較多，而且當父母不在身邊時獲得日常照顧品質較好。從他們進入幼稚園後接連十二年的求學過程中，富家子弟的富裕市郊學校花在每名學生身上的資源，是城區內圍或貧窮鄉下地區的學校的兩到三倍。貧窮子弟所念班級的人數經常比富裕子弟的班級人數多百分之五十。這些差異都可用於解釋為何貧窮子弟的輟學率較高。

即使貧窮子弟幸運得以跟富裕子弟就讀相同的學校，他們遇到的老師經常只期望富裕家庭的孩子知道正確答案。社會科學研究顯示，當貧窮子弟的表現優異時，老師經常感到驚訝、甚至苦惱。老師和輔導員認為他們可以預測誰是「上大學的料」。由於許多勞工家庭的子弟提供了錯誤的訊號，有時甚至從一年級就如此，導致他們在上高中時被分到「普通教育」（General Education）的學程。[10]「如果你的父母收入低，你在念高中時，從成人那裡獲得的注意力可能有限，甚至不受重視，」席爾多．賽澤爾（Theodore Sizer）在其關於美國高中研究的暢銷著作《賀瑞斯的妥協》（*Horace's Compromise*）中指出：「如果父母的收入在中上階層，你將可能收到實質細心的照顧。」[11]研究員瑞巴．佩吉（Reba Page）生動地描述高中的美國歷史課程採取死背的學習方式，造成下層階級的學生失去學習的動力。[12]因此，學校將伍德羅．威爾遜的建議付諸實施：「我們要一個階層接受通才教育，而每個社會中，人數更多的必要階層必須放棄接受通才教育的特權，適應具體且困難的手工勞動工作。」[13]

彷彿這些在家庭與學校生活上的不平等還不夠似的，富有的青少年接著可以參加「普林斯頓評論」（Princeton Review）或其他針對「學術能力測驗」（Scholastic Aptitude Test，簡稱SAT）的輔導課程。即使沒有輔導課程，富裕子弟仍占有優勢，因為他們的背景與出題人員的背景類似，因此對於考試的字彙與細微的次文化假設比較熟悉。社會階級與SAT分數之間有強烈的相互關係，不會令任何人感到奇怪。

正是基於這些及其他的原因，無論以什麼方式量測，用社會階級來預測大學入學率以及學生所選的大學類型，會比包括智力等其他的因素都來得有效。在大學之後，大多數的富裕子弟成為白領階級，而大多數勞工家庭的子弟從事藍領工作，階級差異因而持續下去。富有的成人比較可能聘雇律師，成為正式機構的成員，因而得以增加其公民權力；貧窮者比較可能看電視。由於富裕家庭行有餘力，可以積蓄存錢，而貧窮家庭則無法存錢，因而財富差異比收入差異大十倍。因此，大多數貧窮勞工階級的家庭無法存足購屋的頭期款，因而無法享有美國最重要的避稅手段（Tax Shelter）——購屋貸款利息沖銷。勞工階級的父母負擔不起住在精華區的小塊土地，或雇用高品質的日間托兒服務，因此教育不平等的過程在下一代身上再度出現。最終，富有美國人的預期壽命也比下層與勞工階級的人長，其中最主要的因素就是健康照護。[14] 呼應海倫．凱勒對盲人的研究結果，其他的研究已經證明，健康不良的情況並不是隨機分布在社會結構當中，而是集中在下層階級。社會保障（Social Security）成為巨大的轉移制度，由全美國人所繳的稅在支付社會福利時，卻是以不成比例的方式用於壽命較久的富裕美國人身上。

最終，社會階級決定民眾對社會階級的看法。在被問到美國的貧窮是窮人還是制度的錯時，百分之五十七的企業領袖認為是窮人，只有百分之九的人責怪制度。勞工領袖的選擇明顯相反：只有百分之十五說是窮人的錯，但有百分之五十六的人怪罪制度。（有些人回答「不知道」或選擇中立。）我們的兩大政黨之間最大的差異在於，他們的黨員對社會階級的看法：百分之五十五的共和黨員認為窮人該為其貧窮狀態負責，而只有百分之十三認為是制度的錯；相較之下，百分之六十八的民主黨員怪罪制度，只有百分之五認為是窮人本身的責任。[15]

據我所知，在這些敘述當中，只有極少數是新聞，這也是我沒有費力為它們大多數做紀錄的原因，但是大多數的高中生並不知道或了解這些概念。此外，這些過程已經隨時間而改變，因為今日美國的階級結構已經跟一八九〇年時不同，更不用提殖民時期的美國。然而，以最新版的《美國通史》為例，在其談到二十世紀的內容中並沒有提及社會階級。許多老師避談二十一世紀社會階級的議題，反而導致這個問題加劇。根據一項關於歷史與社會研究老師的研究，「他們（這些老師）在學術與經驗上所掌握的經濟知識，比其在課堂上承認的要多得多。」老師「表示擔心學生可能會發現經濟與政治制度的不公與缺失。」[16] 但是採取永不責怪制度的做法，卻使得美國歷史課所呈現出來的是共和黨版的歷史。

歷史上，社會階級與各種事件與過程糾纏不清。我們的治理制度是由富人根據強調政府是保衛有產階級的理論而建立的。雖然詹姆斯．麥迪遜（James Madison）本身屬於富裕階級，但他也擔心社會不平等，並在其論述《聯邦論第十篇》（*The Federalist #10*）中解釋，其所提倡的政府不會屈服於富者的影響。根據愛德華．佩森（Edward Pessen），麥迪遜並沒有完全成功，佩森檢視歷任美國總統的社會階級背景，一直到雷根為止。他發現超過百分之四十的美國總統出身上層階級，而且大多是來自此菁英團體偏上的邊緣，而另外百分之十五出身位於上層與中上層階級之間的家庭。超過百分之二十五來自絕對屬於中上階層的背景，只有六位總統（百分之十五）來自中層與中下層階級，而且只有安德魯．詹森總統可算是代表下層階級。比較近期的比爾．柯林頓也是來自勞工階級的背景，因此來自這個背景的總統只有兩個。難怪佩森將他的書命名為《木屋神話》（*The Log Cabin Myth*）。[17] 伯爾斯坦和凱利顯然沒讀過佩森的書，否則他們不會宣稱我們總統的職業生涯證明，人可以「從最底層爬升到最高的位置」。事實上，社會學家已經證明，大多數的美國人在死亡時所屬的社會階級跟出生時相同，而社會階級有變動的人通常也只流動了一個階級。

在發生危險時，社會階級甚至攸關生死。巨船「鐵達尼號」的沉沒是一件令人哀傷的事，但是如同那句重疊的老歌歌詞所說，最哀傷的是下層階級：以婦女而言，一百四十三名頭等艙的婦女乘客中只有四人失蹤，九十三名二等艙婦女乘客中只有十五人溺斃，而一百七十九名三等艙的婦女中有八十一人喪命。船員命令三等艙的乘客待在甲板下，用槍逼使其中一些人留在原地。[18] 從更近的事件來看，社會階級在決定誰去打越戰上也扮演重要的角色：儘管是「全面」徵兵，在這場戰爭大多數的期間，富裕子弟都能以教育與醫療方面的理由而延後從軍。全部由自願從軍者構成、至伊拉克作戰的軍隊依賴下層階級提供新兵的情況更嚴重，這些新兵把從軍視為脫離貧困的途徑。[19] 教科書和老師忽略了這一切。

老師或許是出於不想令學生困窘的可敬原因而避談社會階級。若是如此，他們的關切受到了誤導。我那些並非出身富裕的學生得知階級系統後，發現這經驗解放了他們。一旦看清使自己的家庭保持貧窮的社會過程，他們就不再因處於貧窮而對自己持有負面的看法。若了解即是寬恕，讓勞工家庭的子弟了解階層化的運作方式，可以讓他們寬恕自己及家庭。社會階級制度的知識也減少其他階級的美國人將貧窮歸咎於受害者的傾向。以教學而言，階級化提供了吸引人的學習經驗。學生驚奇地發現上層階級如何揮舞不成比例的權力，對從國會的能源法案到小鎮的地區制決定等等都造成影響。

比方說，在佛蒙特州一個以中層階級為主的小鎮，有一個念九年級的白人女學生正在讀美國史。她父親是黏貼石膏板的工人，在營建業淡季時的收入總是會使家庭陷入貧困。她母親要照顧她的兩個手足，同時兼職開校車以貼補家用。她跟家人住在加裝了防寒設備的小夏屋裡，而她的同學大多住在郊區的大房子裡。這女孩要怎麼理解自己的貧窮狀態？既然歷史教科書所呈現的美國已經進步了四百年，充滿機會，而且努力必會獲得回報，那麼勞工階級的美國人無法往上層流動顯然會被歸咎於是他們自身的錯。

啤酒向來是廣告業者嘗試以勞工階級形象來進行銷售的少數產品之一（類似的產品包括小貨車、一些專利藥品及假牙清潔劑）。廣告業者利用中上階級的形象來銷售大多數的商品，從酒、尼龍到馬桶清潔劑都有。這兩個廣告人物從頭到腳都充滿著社會階級的象徵，注意有報紙、手提箱、午餐盒，以及在最後聲明中有啤酒罐和啤酒瓶的人。

處於白人勞工階層的社區，這女孩可能找不到多少資源（老師、教區居民、家人），可以提供她有關這個階層的英雄或奮鬥歷程的資訊，因為除了在持續有階級紛爭的地區以外，勞工階層通常會忘了自己的歷史。勞工階層的白人學生很容易有社會地位低是其咎由自取的想法；這是羞恥造成的次文化。負面的自我形象是理查．桑內特（Richard Sennett）和喬納森．科布（Jonathan Cobb）所謂「隱藏的階級傷痕」（The Hidden Injuries of Class）。[20]我的兩個學生提供了證明：他們先開一輛嶄新閃亮的黑色大型豪華轎車行經佛蒙特州的柏林頓（Burlington），再以車齡十年的小型舊車行經同一地方。他們每次在紅綠燈前，等交通號誌轉為綠燈時都會先停著不動，直到有人朝他們按喇叭時才開動，結果他們發現當他們駕駛的是小型舊車時，汽車駕駛平均等不到七秒鐘就會鳴喇叭，若他們開的是豪華轎車，平均十三點二秒才會有人朝他們鳴喇叭。除了提供買昂貴車款的好理由以外，這個實驗也證明了美國人會無意識地尊敬受過教育和成功的人。所有社會地位的駕駛都會比較快對小型舊車鳴喇叭，勞工階級的駕駛會不尊敬自己，同時服從階級較高的人。「既然你這麼聰明，怎麼還這麼窮？」由這句譏諷的話可以看出，當美國是一個實力主義社會的觀念在學校沒有受到任何質疑時，貧窮者的自我形象所受到的傷害。

這個問題的原因之一，在於美國歷史教科書將美國教育本身描述為菁英教育，大量的研究已經證實教育是由階級結構所支配，然後在下一個世代身上複製相同的階級結構。[21]同時，歷史教科書卻愉快地談到這類聯邦贈送的大禮，例如在林頓．詹森（Lyndon Johnson）總統執政時通過的《初等及中等教育法案》（Elementary and Secondary Education Act）。沒有一本教科書提供任何有關教育機構內不平等現象的數據或分析，也沒有任一本提及低收入地區的校區被迫在驚人的財務限制下運作，喬納森．柯澤爾（Jonathan Kozol）甚至因而稱之為「野蠻的不公」（Savage Inequalities）。[22]沒有一本教科書曾建議學生研究其學校的歷史及其服務的人口。唯一多少有將教育與階級制度相連的教科書，卻是將教育視為一種補救方法！根據《自由的挑戰》，學校教育「是在戰後的美國向上流動的關鍵」，但其實教育也是不平等現象持續存在的關鍵。[23]

教師與教科書彷彿將社會階級視為骯髒的小祕密，因而避而不談的傾向，只會讓勞工階級的家庭不願談它。一九一二年麻薩諸塞州羅倫斯市（Lawrence）爆發著名的工廠罷工，保羅．科萬（Paul Cowan）談到他訪談當時參與罷工的義大利移民工人的小孩，其中一個女孩的母親是羅倫斯的女工之一，名叫卡蜜拉．提奧里（Camella Teoli），曾經為罷工事件到華府負責調查該罷工事件的國會聽證會上作證。罷工爆發時，提奧里十三歲，而且就在罷工發生前，她的頭皮被捻棉紗機扯掉，住院數個月。她的證詞「成為全美各地的頭條新聞」。但提奧里的女兒是在一九七六年受訪，那時她母親已經過世，所以無法幫助科萬。她母親沒有對她說過任何有關那場意外的事，也沒有提及自己到華府的旅程或對美國良知的衝擊，儘管她幾乎每天「都會幫她母親把頭髮梳成圓髻，以遮掩禿頭的地方」。[24]一個出生勞工階級的專業人士曾經跟我說過類似的故事，她對自己的叔叔是鋼鐵工人感到羞愧。勞工階級文化產生一種防禦心理；儘管羅倫斯罷工事件這類勞工階級的抗爭行動獲得成功，它們對勞工階級的預設仍無可避免地是社會地位和收入較低，多少暗示著低劣。如果如同教科書上所說，這個較大的社群非常美好，那麼頌揚或甚至把它與衝突有關的記憶傳給下一代，總會令人有不忠誠的感覺。

教科書的確有提到移民史。大約在二十世紀之交，美國都市的勞工階級是以移民為主，即使在莫恩（Des Moines）和路易斯維（Louisville）等等離海岸很遠的城市也一樣。當時超過百分之七十的白人人口是本地人，但是都市勞工階級中只有不到百分之十的人是。[25]但是教科書在談到移民史時向來強調喬瑟夫．普立茲（Joseph Pulitzer）、安德魯．卡內基（Andrew Carnegie）這類成就非凡的移民。數本教科書用「由貧致富」和「機會之地」等詞語來描述移民的經驗，然而儘管這類成功的傳奇故事的確存在，但他們是例外，而非常態。在二十世紀之交，百分之九十五的經營者與金融家來自上層階級或中上階級的背景，而只有不到百分之三出身自貧窮移民或農家子弟。在整個十九世紀，只有百分之二的美國工業家來自勞工階級。[26]由於教科書把焦點放在可以啟發人心的例外，因此它們所呈現的移民史就像在為美國是充滿機會之地提供令人振奮的佐證。

教科書一再強調美國與歐洲不同的地方在於，美國的階級劃分比較不明顯，經濟與社會流動較多。這又是美國例外主義（American Exceptionalism）的社會原型：意指美國社會特別公平。比方說，法國或澳洲的歷史學家就從不會宣稱他們的社會特別平等。以這種方式來描述美國真的能讓學生面對現實嗎？這種描述顯然無法正確地描述現今的美國。社會學家曾多次比較美國與其他工業國家的經濟平等程度，視其採取的量測方法，在針對六國、七國、十二國、十三國與十四國進行的評比中，除了在十二國中名列第九以外，在其他的評比中都敬陪末座。[27]在美國人口中最富有的五分之一所獲得的收入，是最貧窮的五分之一的十二倍，此貧富差距在工業世界是最高的國家之一；在英國，此比例是七比一，在日本是四比一。[28]在一九六五年，美國執行總裁的平均收入，是一般勞工的二十六倍，到了二〇〇四年變成四百三十一倍。同時，日本執行總裁的收入則仍然是一般工人的二十六倍，但是通用和福特的領導階層是否有比豐田和本田好那麼多倍卻很難說。[29]傑佛遜希望建立一個由獨立的農民與商人建立的國家，但這個理想早已失落：在十三個美國人當中，只有一個是自營業者，相較之下，西歐則是八人當中有一人。[30]因此，不僅我們的獨立企業家比兩百年前少得多，就連今日也比歐洲少。

既然歷史教科書宣稱美國在殖民時期的階級劃分比歐洲少得多，那麼就應告訴讀者不平等從何時開始出現。不平等顯然不是最近才發展的社會現象，早在一九一〇年，美國前百分之一富裕人口的收入已經超出所有個人收入的三分之一，而收入最低的五分之一人口卻只有八分之一。[31]這種不平等的程度已經與德國或英國相當。[32]若教科書承認不平等的存在，就必須描述美國階級結構的長期變化，進而可以引導學生習知精彩的歷史辯論。[33]

比方說，根據一些歷史學家的論點，殖民社會的財富分配比今日來得平等，而且經濟不平等是在安德魯·傑克遜（Andrew Jackson）的執政時期才開始增加——諷刺的是，這段時期卻有「平民時代」（the Age of the Common Man）之稱。有些人認為在十九世紀晚期大型公司蓬勃發展後，階級結構變得更加僵化。華特·汀恩·本漢（Walter Dean Burnham）認為，共和黨在一八九六年贏得總統大選後（威廉·麥金利〔McKinley〕擊敗威廉·詹寧斯·布萊安〔William Jennings Bryan〕），對政治重整造成全面的影響，「把一個相當民主的政體變成普遍可見的寡頭政治」，到了一九二〇年代，商業控制了公共政策。[34]在從一八九〇年到一九二〇年的進步時代（Progressive Era），美國貧富差距顯然跟黑人與白人之間的差距一樣擴大。[35]當然，這並不是說階級差異一直在增加，因為在「大蕭條」與第二次世界大戰結束期間，美國的收入與財富分配是逐漸變得比較平等的。後來收入的分配一直合理地保持不變，直到雷根總統於一九八一年開始執政，不平等的現象才再度開始增加。[36]然而也有一些學者認為，美國自獨立戰爭以來的改變不大，例如李·索托（Lee Soltow）發現在一七九八年的美國，「財富與收入的不平等令人驚訝」。至少以波士頓而言，斯蒂芬·瑟思特洛姆（Stephan Thernstrom）的結論是，社會階級在生活機會上造成持續的不平等現象。[37]這些全都是美國歷史的一部分，但卻沒有在高中的美國歷史課上教授。

對社會科學家而言，知道一個社會的不平等程度是一件驚人的事。當我們按平等程度來排列國家時，發現斯堪地那維亞的國家位居前矛，最為平等，而哥倫比亞和辛巴威等農業社會則在最底部。雷根和老布希對富人顯然有利的政策助長了原本就已存在的趨勢，造成不平等現象在一九八一年至一九九二年間明顯增加。美國的社會不平等現象明顯朝哥倫比亞這類的國家趨近，是一個攸關利害的發展。[38]高中生肯定會有興趣知道在一九五〇年時，物理學家的收入是加入工會的工人所賺薪資的二點五倍，但現在已經變成五倍。高中生肯定也需要了解，製衣工廠的高階經理以前的收入是其美國雇員的五十倍，而今是其孟加拉工人的一千五百倍。我們的歷史教科書和老師當然不該避談重要的歷史資訊，因為這些資訊可以激勵有關這些趨勢的討論並提供相關的知識。

既然如此，他們為何會犯這樣的錯誤？首要的原因在於出版商替教科書作者設定的審查標準。「如果你探討社會階級，就會有被貼上馬克思主義這個標籤的風險」，這是一家大型出版社負責社會學研究和歷史書籍的編輯告訴我的話。這位編輯以正式或巧妙的方式與每位跟她合作的作者溝通這個禁忌，她暗示大多數其他的編輯也會這麼做。

出版商的壓力有部分是來自各州及學區的教科書採用委員會，而一些組織團體與個人又會出面對這些委員會施壓。其中遊說力量最強大的或許仍是教育研究分析師組織（Educational Research Analysts），在二〇〇四年以前，該組織一直由德州的梅爾．蓋博勒（Mel Gabler）領導。只要是認為教科書應包含一些階級分析的主張，都會被蓋博勒手下的右翼評論家視為具有破壞力的評論。有一位作者曾說：「從階級的角度來探討問題是不被接納的，或許甚至是反美的。」[39] 出版商最擔心的是德州不採用他們的教科書，而這或許能解釋為何《生活與自由》僅僅分析了殖民時期的英國社會階級，而對照之下，「殖民地是充滿卓越機會之地」。儘管如此，有些德州人仍難以安撫。蓋博勒的盟友黛博拉．布里辛那（Deborah L. Brezina）就曾寫道，《生活與自由》將美國描述為「一個不公正的社會」，對經濟地位較低的團體不公平，因此不應獲得批准。[40] 這類的壓力早已存在。哈洛德．羅格（Harold Rugg）在大蕭條期間寫的《美國文化問題導論》（*Introduction to Problems of American Culture*）及其廣受歡迎的歷史教科書中，就包含了一些階級分析。根據菲茨傑拉德，一九四〇年代早期美國全國製造業者協會（National Association of Manufacturers）抨擊羅格的這些書，部分原因正在於此，而這些抨擊也使美國歷史教科書中的社會經濟分析「就此不再出現」。[41]

上層階級的影響經常比較間接。在美國歷史中，對於階級特權最有力的理論解釋在於社會達爾文主義（Social Darwinism），至今這個社會原型對於美國文化仍有強大的影響。人類興衰取決於適者生存的觀念或許與美國世代之間社會流動的資料不符，但這並未使這個社會原型的觀念自美國教育、特別是美國歷史課上消失。[42] 與此社會原型不符的事實（例如所有與社會階級劃分有關的文獻）都遭到省略。

教科書作者或許原本就會避談社會階級劃分，不論是否有來自出版業者、右翼人士、上層階級或文化原型的壓力都一樣。以英雄化的過程而言，教科書作者視美國為一個英雄，教科書中的英雄，因此他們略去了它所有的弊端。就連報導收入與財富分配的事實也會像是在批評美國這個英雄，因為對於為何美國人口的百分之一掌握了全國近百分之四十的財富，要找出一個社會正義理論來解釋很困難。難道其餘百分之九十九的人口都怠惰不堪或不應獲得財富？若要接著探討一些讓上層階級得以留在上層階級的機制（不平等的學校教育等等），顯然就會涉及批評我們深愛的國家。

基於這些或部分的原因，教科書將與社會階級劃分相關的內容減至最少，反倒做了一件較難理解的事：不解釋自由企業的優點。菲茨傑拉德在寫到比較早期的教科書時，曾指出這些書忽視「其自身經濟體制的缺點，但同樣也忽略其優點」。[43] 教師有可能語帶敬意地提及自由企業，但這類言詞頂多只是當作一種箴言。[44] 這種省略的處理做法令人不解，因為資本主義畢竟有其優點。前籃球明星麥可·喬丹（Michael Jordan）、克萊斯勒執行長李·艾科卡（Lee Iacocca），以及冰淇淋製造商班（Ben）與傑利（Jerry）都是因為提供民眾想要的商品與服務而致富。然而，許多社會階級的劃分不能如此簡單地合理化，因為其根源在於財富與權力的濫用，在於擁有這些優勢的人得以排除不具這些優勢的人。資本主義制度是一種社會經濟秩序，它有許多值得批評的弊端，然而也有許多值得讚美之處。對許多人而言，美國是充滿機會的地方。然而，儘管資本主義帶來了種種扭曲觀念，民主仍因公共與私營領域的權力分離而受益。我們的歷史教科書未能教導讀者這些益處，出版商或影響出版的人士顯然已經認定，美國社會若要保持強大，就需要美國人民毫不考慮地同意其社會結構與經濟體制。結果，今日的教科書不經思慮地為我們的經濟體制辯護，對其奇特地缺乏階級劃分毫無緣由地支持；在此情況下，它們所創造出的美國歷史課程，無法明智地批判或捍衛我們的社會階級劃分體制。

然而，乾脆相信在美國人人平等，不是一件美好的事嗎？或許「機會之地」的社會原型是一個授權迷思——或許相信這個迷思甚至有助於使它成真。若學生認為天空是最高的界限，他們就可以抵達天際，而若他們不知道天空是極限所在，就無法突破極限。

從類似的性別觀點即可指出這種思維的問題。如果教科書告訴高中女學生，從殖民時期到現代，婦女一直享有向上流動和參與政治的平等機會，她們會怎麼來看婦女在美國歷史上的位置？她們要怎麼解釋為何美國從來沒有出過女性總統？她們大概不得不（或許是無意識地）推論這是身為女性的錯誤，而這樣的結論難以賦予人力量。

教科書的確提及在一九二〇年以前婦女在許多州不得享有投票權，並且必須面對其他向上流動的障礙。教科書也提到少數民族遇到的障礙。《應許之地》在「社會流動」章節後問學生的最後一個問題是：社會障礙使黑人、印第安人與婦女無法平等地與男性白人殖民者競爭？《自由的挑戰》在其頌揚向上流動的段落後特別提及：「然而，並非所有的人均享有平等的權利或改善其生活方式的平等機會。」然後接著探討性別歧視主義（sexism）與種族歧視主義。但是《應許之地》與《自由的挑戰》（以及大多數其他的教科書）並沒有在這些篇章或任何其他地方提到，今日美國下層階級和勞工階級的白人有可能並不享有平等的機會。[45] 或許正因如此，就連商業領袖和共和黨員（亦即在民調統計中最可能有社會學家所謂「譴責受害者」〔Blaming the Victim〕行為的受訪者）也將黑人貧窮狀態歸咎於社會制度，而非黑人，並將婦女在職場與男性不相等的成就歸咎於社會制度，而非婦女。總而言之，富裕美國人如同他們所讀的教科書，願意將種族歧視視為黑人與印第安人處於貧窮狀態的原因，而將性別歧視視為婦女處於不平等狀態的原因，但卻看不出階級歧視是造成貧窮的普遍原因。[46]

美國歷史課程比數學、科學、甚至美國文學課程都更能告訴高中生，他們本身及其父母、社區與社會處於現今狀態的原因。社會階級是造成事物不平等的原因之一。雖然貧窮與勞工階級的子女通常無法分辨其疏離課程的原因，但歷史經常使他們感到無趣的原因，在於他們所讀的歷史是在使現今的狀態合理化，而非解釋現今狀態之所以形成的原因。當這些學生的反應是退學時，至少在知性上，他們不良的學業表現只是讓他們本身及環境條件較好的學生更加堅信，現今的社會體制是全憑實力的體制，而這些學生之所以退學正是因為其本身缺乏實力。美國歷史課程欠缺論述社會階級的內容，最終使美國教育在這種操弄下成為對勞工階級不利的方式之一。

第八章／

老大哥：教科書描述的聯邦政府

歷史學家必須沒有祖國。／**約翰・亞當斯**（John Quincy Adams）[1]

親愛的孩子，你今天在學校學了什麼？
我學會政府必須強大。
政府永遠正確，不會犯錯……
這就是我在學校學到的。／**湯姆・派克斯通**（Tom Paxton）〈你今天在學校學了什麼？〉（What did you learn in school today?），一九六三年[2]

我們必須正視人類故事中有令人不喜的一面，也有值得肯定的一面，包括我們國家整體的歷史與人民個別的故事。我們必須了解醜陋的事實，才能不受官方對現實的觀點矇蔽。／**比爾・莫耶斯**（Bill Moyers）[3]

只要你相信自己從來沒有做過任何事，你就不會做任何事。／**麥爾坎X**（Malcolm X）[4]

研究外交事務卻不站在別人的立場來思考，等於置身幻覺，並讓學生一生都對我們在世界上的位置有所誤解。／**保羅・蓋爾儂**（Paul Gagnon）[5]

有些傳統的歷史學家對於重視社會文化歷史的新做法提出批判，認為美國歷史教科書已經偏離中心故事，亦即美國作為一個國家的故事。我想，他們的抗議過頭了。儘管現在的教科書給予婦女、奴隸制度、運輸方式、流行音樂的發展，以及其他與國家沒有直接關聯的主題較多的篇幅，但是這些都尚未形成一個新的核心故事，因此看起來就像非必要的支線故事，僅僅暫時打斷主要故事而已，而教科書的主旨仍在於：美國政府的歷史。在我最早取樣的十二本歷史教科書中，只有兩本具有「調查」精神，其內容大部分是由原始資料匯集而成，而且並不完全偏重於國家的故事。[6]至於其餘十本敘述性教科書、以及目前所有的教科書仍是將絕大多數的注意力，放在聯邦政府行政部門的行動上，並且依然按一系列由不同總統主掌的政府來劃分美國歷史。

因此，以《應許之地》為例，該書以小短文介紹每一位美國總統，就連（任職期僅一個月的）威廉．亨利．哈里森（William Henry Harrison）也有，但卻從未提及堪稱美國最偉大的作曲家查理士．艾伍士（Charles Ives），我們最具影響力的建築師法蘭克．洛伊．萊特（Frank Lloyd Wright），或是代表印第安人、但本身卻不是印第安人的傑出人道主義者海倫．亨特．傑克遜（Helen Hunt Jackson）。雖然現今的歷史教科書作者所包含的社會史比以往的教科書多，但是他們仍視政府的言行遠比美國人民所做的事、聆聽內容、安睡地點、生活經歷或思慮的事重要得多。尤其是，在處理威爾遜政府以前的數世紀時，把重心放在政府上是不恰當的，因為當時聯邦行政部門的重要性幾乎無法與現在相比。

教科書敘述我們政府的哪些故事？首先，它們暗示我們現今的國家仍是在一七八九年所建立的國家。教科書作者忽略了一個可能性：原先美國憲法將一些權力賦予聯邦政府的每個部門、一些給予州、並保留一些給個人，但是在過去的兩百年間，憲法中所制定的平衡分權，可能已經有了重大的改變。它們描繪的聯邦政府仍是人民的公僕，易於管理與管制。然而，接著教科書卻又矛盾地淡化非政府機構，或一般民眾在改善環境、種族關係、教育和其他社會議題上所扮演的角色。簡言之，教科書作者筆下的國家是個英雄，而且就像他們描繪的其他英雄一樣，這個英雄國家可以說毫無瑕疵。這種做法將教科書變成了反公民權手冊的默許指南。

或許要指出教科書阿諛奉承的做法，最好的方式是檢視這些作者如何處理美國政府最無法自圓其說的行動，首先是與美國外交政策相關的議題。

大學政治學課程在分析美國的海外行動時，一般採取兩種觀點之一。有些教授和教科書嚴加批判或許可稱為「美國巨人」（American Colossus）的觀點，亦即在現今的「美國世紀」（或許從一九一七年至二〇一七年？），美國是世上最強大的國家，並且致力於維持其領導霸權。根據這個觀點，我們美國人在許久以前就放棄了原有的革命意識形態（這還得以我們曾經有過這種意識形態為前提），在今日一般會對其他國家與人民合法的民族自決採取鎮壓的行動。

然而，更常見的則是「現實政治」觀點。喬治．肯南（George Kennan）做為美國外交政策的創建者與評論家長達近半個世紀，他在一九四八年擔任國務院政策規劃室（Policy Planning Staff）主任時，在如今相當著名的備忘錄中簡潔地陳述這個觀點：

> 我們擁有世上約百分之五十的財富，但人口僅占世界的百分之六點三。在此情況下，我們不可避免地成為嫉羨憤恨的對象。在即將來臨的時代，我們真正的考驗在於設想出一種關係模式，讓我們能夠維持現今的懸殊地位。我們不需要自我欺騙，以為今日我們還有餘力採取奢侈的利他主義，行善世界——意圖實現人權、提高生活水準及民主化等不切實際的目標。[7]

在此觀點下，歷史學家或政治學家開始辨識，美國過去的決策者與今日的歷史學家曾明白表達過的國家利益，然後分析我們的行動與政策，評估它們延伸這些利益的程度。

當然，高中的美國歷史教科書沒有採取或甚至暗示這種「美國巨人」觀點，遺憾的是它們同樣沒有提及「現實政治」觀點，反倒採取了一種顯著不同的做法。它們視我們的政策為道德劇（Morality Play）的一部分，而美國一般是為了提倡人權、民主和「美國之道」而採取行動。根據此觀點，當美國人做錯事時，這必定是因為其他人誤解我們，或是我們誤解了情況；但我們的動機絕對是好的。這種做法或許可以稱為是「國際善人」（International Good Guy）觀點。

教科書並未執著於直接討論何謂「好」或它可能的涵義。按菲茨傑拉德的說法，教科書將美國呈現為「一種要拯救其餘世界的救世軍」。[8] 這種做法所呈現的國家跟我們的領導人偏好呈現給人民看的國家相同：一個採取最高道德標準、毫無私心的和平維護者，高度負責任的世界公民。「其他國家關注的是自身利益，」甘迺迪總統在一九六一年這麼說，並驕傲地提出我們在全球的「義務」。「唯有美國——而且我們僅占世界人口的百分之六——承擔這種重責大任。」[9] 今日，這種「維護和平的重責大任」已經失控：美國現在的軍備支出是其他所有國家的總和，並且在全球一百四十四國派有駐軍。然而，在甘迺迪及我們的教科書作者採取的國際善人詮釋下，這些行動成為無私主義的象徵，而非霸權主義的行動。至少自一九二〇年代起，教科書作者即已宣稱，美國在提供外國援助上比其他國家都來得慷慨。[10] 在當時，這個迷思就不是真的，在今日也同樣不是真的。今天至少有二十個歐洲與阿拉伯國家的捐助款，占其國內生產毛額（GDP）或總政府開支的比例比美國高得多。[11]

想強調我們在世界上人道作為的欲望，對教科書作者在取捨內容時有所影響。在我最早調查的十二本教科書中，除了一本以外，其餘的十一本至少包含一段關於和平工作團（Peace Corps）的內容，而且語氣讚揚。《生活與自由》誇張地談到：「和平工作團為美國在世界各地建立友邦。」最新出版的教科書也同意地寫道：美國人稱此為「一大成功」。只有一本書坦承了問題。伯爾斯坦和凱利特別提及：「解決貧困人民的問題沒這麼簡單。聰明且理想崇高的美國年輕人很少具備足夠的必要知識或技巧。」

派遣和平工作團至少是出於善意。然而，更重要且經常較不友善的美國出口物，是我們的跨國企

教科書作者會在選擇照片時，強調我們國家在世界上的主要角色是創造良善的事物。這張取自《美國人》的照片解說文字是：「和平工作團的志工揹著奈及利亞女孩。」我對和平工作團沒有任何異議，但學生應了解它的主要影響，一直只在於其志工本身的知性發展。

業。國際電話電報公司（International Telephone and Telegraph，簡稱ITT）率先促使我們的政府動搖薩爾瓦多・阿延德（Salvador Allende）的社會主義政府，單單這一家跨國公司對智利所造成的衝擊，就已經大於所有曾派至拉丁美洲的美國和平工作團人員所做的努力。美國聯合碳化物公司（Union Carbide）在印度，以及美國聯合果品公司（United Fruit）在瓜地馬拉所造成的衝擊也不遑多讓。其他以美國為總部的跨國企業藉由影響美國政府的政策，對其他國家所造成的效應甚至更為深遠。[12] 有時這些企業的影響是有建設性的，例如當傑若德・福特總統（Gerald Ford）試圖說服國會同意以武力干涉安哥拉內戰，以支持叛軍「安哥拉徹底獨立全國聯盟」（UNITA）時，海灣石油公司（Gulf Oil）遊說反對這項軍事干涉。當時海灣石油公司正與安哥拉的馬克思主義政府合作生產石油，卻發現自家煉油廠遭叛軍手中的美國軍武攻擊。在其他時候，跨國企業唯有在其公司利益、而非國家利益瀕臨危險時，才會說服我們的政府採取干涉行動。

這一切都可能與學生有重要的切身關係。他們在畢業後有可能被派遣至外國作戰，而部分原因有可能是美國政策受到德拉瓦公司（Delaware Corporation）、德州營造公司（Texas Construction Company）或紐約銀行（New York Bank）等等一些企業的不當影響。或者學生有可能發現自己的工作消失，因為跨國企業將工廠或電腦程式工作移至第三世界國家，但當地勞工卻只能領到極為微薄的薪資。[13] 以前社會學家將世界劃分為富裕的工業中心，以及貧窮的殖民外圍地帶；現在有一些社會學家則主張，跨國企業以及比較快速的運輸與溝通模式，已經使經營階層成為新的中心，而國內外勞工則成為新的邊陲。即使學生本身沒有受到影響，他們仍必須面對世界日益朝跨國化發展的趨勢。隨著跨國公司（例如沃爾瑪和三菱）的預算比大多數的政府都來得龐大，國家經濟已經過時。柯林頓政府的勞工部長羅伯特・瑞奇（Robert Reich）已經指出：「所謂的美國經濟已經越來越不具意義，美國公司、美國資本、美國產品和美國技術等等觀念也一樣。」[14] 跨國企業可能對國家自治造成威脅，不僅是小國、連美國也會受到影響。

當美國人嘗試理清我們的經濟與政治利益間錯綜複雜關係所引發的議題時，他們在美國歷史課程上所學的一切將無所裨益。大多數的歷史教科書甚至沒有提及跨國企業，因為這個主題不符合「國際善人」觀點。在我最早調查的十二本教科書中，只有《美國冒險史》在索引中列出跨國企業（multinationals）一字，而在內文中也僅僅提到短短一句：「這些（對於第一次世界大戰後的歐洲所進行的）投資導致跨國企業的發展——這些大型公司在數個國家都有利益存在。」就連這單單一句話也是誤謬的：歐洲跨國公司早在數世紀以前就已存在，而美國的跨國公司至少到一九〇〇年以後，才開始在我們的歷史具有重要的角色。

在六本較新的教科書中，只有兩本提到跨國企業，而都將它與利益（benefit）連用。《通往現今之路》中提到兩句：

> 跨國企業提供新產品與工作，並且引進先進技術與生產方法，因而為世界各地的消費者與勞工帶來利益。另一方面，這些強大的公司有時會利用其經濟影響力，不當影響政客或構思不誠實的方法，藉以規避法律，使利益持續成長。

這些尚不足以描述跨國公司所有的做法。它們經常賄賂貧窮國家的菁英階級，例如赤道幾內亞（Equatorial Guinea）、哈薩克（Kazakhstan）和奈及利亞。IBM、孟山都（Monsanto）、先靈葆雅製藥（Schering-Plough）和許多其他的公司，都曾經有過執行主管或公司政策在一、兩個國家發生賄賂腐敗之事。比方說，在赤道幾內亞，石油公司付給政權領導人數百萬美元，交換開採石油的特權——在這些人的子女到國外就學時支付奢華的生活費，向他們租用建築物，以及直接行賄。在此同時，赤道幾內亞卻有四分之三的人口深受營養不良之苦。我們的石油公司為何要以這種方式做生意？因為他們開採赤道幾內亞的石油，只需要支付大約百分之十的權利金，遠比在公正運作的國家來得少。[15] 在此過程中，這些公司構成一股反民主的力量，有助於鞏固貪而無厭的菁英階層對國家的控制權。這跟美國的影響力應該要達成的目標恰恰相反，無論採取的是現實政治或「國際善人」模式都一樣。如同伊朗的情形，我們與赤道幾內亞這類的政權糾纏不清的做法，最終有可能遭到反噬。

跨國企業對政府的不當衝擊不僅限於外國而已。教科書需要討論它們對美國外交政策的影響，而且或許應該從威爾遜政府開始。比方說，來自紐約第一國家銀行（First National Bank of New York）的壓力，就促使了威爾遜對海地採取干涉行動。根據歷史學家巴利．魏斯伯格（Barry Weisberg），在俄羅斯的新共產政府將其所有的石油資產國營化之後，新澤西標準石油公司（Standard Oil of New Jersey）成為美國於一九一八年入侵俄羅斯行動背後的「主要推手」。[16] 然而，教科書使這些情況顯得神祕難解。在論及經濟對我們外交政策的影響力時，最明白的說法要算是現行《美國通史》中的一段內容：

> 為了根除問題，華府敦促華爾街的銀行家將資金挹注至財政呈現真空的宏都拉斯和海地，以阻止外國資金進入。美國在遵循門羅主義下，不允許外國進行干涉，因此認為其有義務實際挹注資金，以防止經濟政治的不穩定。

顯然，我們連進行財政干涉都是一種人道行為！《美國通史》的作者原本可以試著採用前海軍陸戰隊的斯曼得利．巴特勒將軍（Gen. Smedley D. Butler）提供的寫實描述，他在一九三一年所做的這一段陳述後來變得出名：

> 我在一九一四年時協助使墨西哥成為能保護美國石油利益的地方。我協助使海地和古巴成為國家城市銀行（National City Bank）人員能安全收取收益的地方。我為布朗兄弟（Brown Brothers）的國際銀行清除在尼加拉瓜的障礙……。我在一九一六年為美國糖業利益將光明帶至多明尼加共和國。我在一

九〇三年協助使宏都拉斯成為「適合」美國水果公司的地方。回顧這一切，我或許曾帶給艾爾・卡彭（Al Capone）一些啟示。[17]

企業對美國外交政策的影響並不是從威爾遜政府才開始。約翰・霍布森（John A. Hobson）在他於一九〇三年出版的《帝國主義》（*Imperialism*）一書中就已描述富裕階級「有利用身為一國公民的政治權力，在與其有產業利害關係的其他國家進行政治干涉的趨勢。」[18] 這種影響也並未隨著威爾遜政府結束而結束。強納森・科威特尼（Jonathan Kwitny）在其傑出著作《無窮無盡的敵人》（*Endless Enemies*）中，援引美國外交政策上多種不同的扭曲做法，目的則是為了個別公司特定的經濟利益，以及（或是）出於美國外交政策規劃者誤解的意識形態利益。科威特尼指出從一九五三年至一九七七年的整段時期，主管美國外交政策的人都有領取洛克斐勒家族的薪資。在一九六一至一九七七年間主管外交事務的迪安・魯斯克（Dean Rusk）和亨利・季辛吉（Henry Kissinger），依靠洛克斐勒家族的報酬才擁有償付能力。[19] 然而，沒有一本教科書曾經提及跨國企業對美國政策的影響。這倒不一定是因為教科書作者擔心冒犯跨國企業，而是因為他們從沒討論過任何對美國政策的影響。相反地，他們將我們的政策呈現為在艱困情況下合理的人道反應，而沒有深入了解政府本身對其行動的解釋。

教科書先是忽略了聯邦政府採取特定行動的「原因」（Why），其後又忽略了政府大多數的「所作所為」（What）。教科書作者將美國政府的行動描述為適當美好，儘管美國政府官員先前所坦承的動機與意圖截然不同。這些不當的實例包括美國官員與機構曾經以種種方法，嘗試暗殺其他國家的領導人或推翻其政府。美國至少從威爾遜政府開始就已恣意地從事這類活動，威爾遜政府曾經雇用兩名日裔墨西哥人嘗試毒殺潘丘・維拉（Pancho Villa）。[20] 我在調查全部十八本教科書時，曾特別注意它們如何處理美國在比較接近現代的時期試圖推翻外國政府的六次事件。為了確定這些事件都已有詳盡的文獻記載，因此我只檢視了一九七三年以前、早在這些教科書付梓前就已發生的事件。這六次事件如下：

1. 我們協助伊朗的國王派系，罷黜總理莫沙德（Mossadegh），讓伊朗國王於一九五三年復辟。
2. 我們在一九五四年協助推翻瓜地馬拉的民選政府。
3. 我們以不正當的手段操縱黎巴嫩於一九五七年的選舉，鞏固了基督教的領導地位，結果在次年導致穆斯林叛亂及內戰。
4. 我們在一九六一年涉及薩伊的派特里斯·盧蒙巴（Patrice Lumumba）暗殺事件。
5. 我們一再嘗試謀殺古巴總理菲德爾·卡斯楚（Fidel Castro）並意圖以恐怖與破壞行動推翻其政府。
6. 我們在一九七三年涉及推翻智利的民選政府。

當其他國家對我們有類似的行動時，美國政府卻稱之為「國家資助的恐怖主義」。在得知古巴或利比亞試圖影響我們的政治或造成經濟動盪時，我們會義憤填膺。當伊拉克的的沙旦·海珊（Saddam Hussein）試圖在老布希前總統於一九九三年訪問科威特時加以暗殺，我們的政府表達了憤怒，並投彈轟炸巴格達回敬，但是美國本身卻一再安排類似的暗殺活動。

教科書的調查結果預示了好兆頭，在我為本書初版調查的十二本書中，有八本提到美國中情局（CIA）在一九五三年發動武力政變並將穆罕默德·羅薩·巴勒維（Mohammad Reza Pahlevi）扶植上台。新調查的六本教科書都談到了我們推翻了莫沙德（Mossadegh），《美國通史》提供了下列的解釋：

伊朗政府應該是在克林姆林宮的影響下，開始抵抗控制伊朗石油的強大西方公司。為了因應這情況……中情局協助策劃了一九五三年的武力政變，扶植伊朗的年輕國王穆罕默德・羅薩・巴勒維上台成為獨裁者。儘管在短期內成功地為西方穩固了伊朗石油的供應，但是美國的干涉仍令許多伊朗人產生長期的憎恨。

這些內容的確讓學生更容易了解，伊朗人為什麼在一九七九年占領美國大使館，並監禁館內人員長達一年以上。

伊朗對美國的中東政策持續表示敵意，這或許是現今的教科書以比較完整的方式呈現我們在中東的挑釁行動的原因。遺憾的是，除了伊朗以外，教科書在處理我們其他的外交冒險行動上並沒有改進。在一九四四年的瓜地馬拉，大學生、都市工人和當地中產階級聯合推翻當時的獨裁者並成立民主政府。在其後的十年間，民選政府讓印第安人、窮人和婦女都享有投票權，終止咖啡種植園使用強迫性勞工，還制定了其他改革。這些都在一九五四年時結束，因為中情局以武力入侵威脅賈科柏・阿本斯（Jacobo Arbenz）的政府。阿本斯招致美國聯合果品公司的反感，因為他提議進行土地改革，並計劃興建可能阻斷該公司貿易獨占地位的公路和鐵路。美國選擇扶植一名沒沒無聞的陸軍上校擔任新總統，而當阿本斯開始恐慌並到墨西哥大使館尋求庇護時，我們以美國大使的私人飛機派遣部隊到瓜地馬拉的首都。後來軍政府成立並採取鎮壓手段，在其後的四十年間以殘酷的方式對待當地的印第安人。

在比較近期的六本教科書中，有四本提到了這次事件。《美國之旅》的處理方式頗具代表性：

艾森豪政府在拉丁美洲也面對共產黨的挑戰。在一九五四年，中情局協助推翻了瓜地馬拉的阿本斯政府，先前有些美國領導人擔心該政府會傾向共產主義。

《美國之旅》以這段話指出反共產主義是促成美國採取這些政策的唯一動機。然而我們必須記得，這次事件是發生在麥卡錫主義（McCarthyism）的高峰時期，如同評論家路易斯．拉普曼（Lewis Lapham）所指出的，美國認為到處都有共產主義：「當由人民正當選出的瓜地馬拉總統賈科柏．阿本斯越來越像民主主義者時，美國卻指控他支持共產主義。」[21] 五十年後，《美國之旅》仍維持美國政府的麥卡錫論調，其他教科書也一樣，不然就是完全沒有提及瓜地馬拉。

沒有一本教科書中任何隻字片語提及，美國如何在當時極不穩定的黎巴嫩，協助基督徒以不正當的手段操縱一九五七年的議會選舉。次年，因這些選舉手段而不能公平分享權力的穆斯林起而爭鬥，於是艾森豪總統以協助基督徒之名派遣海軍過去。在我調查的十八本教科書中，有八本討論到美國在一九五八年對黎巴嫩的干涉行動，其中以《應許之地》的描述最為完整：

> 接著，黎巴嫩陷入混亂，其總統卡密萊．夏蒙（Camille Chamoun）擔心左派分子發動武力政變，請求美國協助。雖然不情願進行干涉，艾森豪仍在一九五八年七月派遣一萬五千名美國海軍進入黎巴嫩。當地很快恢復秩序，而美國海軍也跟著撤退。

這是歷史教科書的標準措辭：混亂失序的狀態似乎總是會爆發或即將爆發，而美國是在「不情願」的情況下才進行干涉。除了共產主義，教科書也經常用「混亂」來解釋另一方的行動。最新版的《美國通史》採取的是比較舊的解釋，亦即共產主義：

> 埃及和共產主義者的陰謀都威脅要併吞傾向西方的黎巴嫩。在黎國總統按艾森豪主義（Eisenhower Doctrine）求援後，美國大膽地派遣數千將士，協助恢復當地秩序，無人死亡。

然而，共產主義在當時的黎巴嫩向來不是重要的因素，而至今在其他的國家經常也不會是比混亂好多少的解釋。科威特尼指出美國在第三世界的作為經常非常惡劣，以至於有些政府和獨立運動別無選擇，只能轉而投入蘇聯的懷抱。[22] 由於教科書作者不願批評美國政府，於是將美國的對手描述為無法理解。這只會誤導學生，令他們困惑不解。教科書唯有揭露我們的行動，才能提供讀者有關我們對手的合理解釋。

《應許之地》接著描述我們的干涉行動所產生的圓滿結果：「雖然黎巴嫩不會立即遭受共產主義者威脅，但是艾森豪證明美國可以迅速做出反應。結果，這地區的緊張情勢減緩。」實際上，黎巴嫩內戰在一九七五年再度爆發，在貝魯特及整個國家造成越來越多的破壞。在一九八三年，黎巴嫩的情勢更加混亂，於是雷根總統再度派遣我們的海軍過去。接著，一次卡車炸彈事件造成兵營裡二百四十一名海軍喪生，促使雷根總統撤回其餘的部隊。數本教科書提及這次事件，但沒有一本提供任何實質內容，告訴學生黎巴嫩的衝突為何持續、以及我們美國在引起那些衝突上所扮演的角色。在二〇〇六年，「混亂」再度在黎巴嫩爆發，這次是阿拉伯民族主義組織「真主黨」（Hezbollah）和以色列之間的小型戰爭。教科書對於黎巴嫩的過去所提供的膚淺討論，對於試圖了解這場新衝突的學生毫無助益。

薩伊（剛果）僅僅見於兩本較舊的教科書《美國的成就》和一九九一年版的《美國通史》，而且是在索引裡。此外，這兩本都沒有提及中情局在一九六一年主張刺殺盧蒙巴。[23]《美國通史》準確地解釋了這場紛爭的開始：「非洲剛果在一九六〇年時脫離比利時的統治而獨立，並且立即爆發暴力事件。聯合國派出維和部隊前往，對於這次的維和任務，美國政府捐贈了許多金錢，但沒有提供人力。」《美國通史》內關於這次事件的內容到此結束。《美國的成就》在解釋這件史實時提到盧蒙巴的名字：「一九六一年親共產黨派系的領導人派特里斯．盧蒙巴遭暗殺後，造成新的危機。」《美國的成就》對美國涉及那暗殺的事隻字未提，並以最快樂的結果為結論：「到了一九六〇年代晚期，內戰大多數的傷痕似乎都已痊癒。剛果（薩伊）成為非洲最繁榮的國家之一。」這是真的就好了！事實上，中情局協助前陸軍中士喬瑟夫．莫布圖（Joseph Mobutu）上台。等到一九六〇年代結束時，薩伊在莫布圖的統治下，無論是經濟、還是政治方面，都已經成為非洲最悲慘的國家之一，跟《美國的成就》的說法恰恰相反。在本書的第一版中，我曾預測「在一九九四年，薩伊將開始發展出『新』的危機。」果真如此，薩伊的確爆發了內戰，迫使莫布圖在一九九七年逃亡。自此之後，在薩伊的多個地區紛爭不斷，造成將近四百萬居民死亡。然而，今日的學生和作者無從了解這些新爆發的「混亂」，因為最近的教科書甚至連剛果（薩伊）都沒有提及。

無論新舊，其他的教科書也沒有提及我們一再試圖暗殺古巴總理卡斯楚的事。[24] 根據在美國參議院所做的證詞，在一九六五年前，聯邦政府曾經嘗試暗殺卡斯楚八次。根據古巴，卡斯楚在一九七五年前一共阻止了二十四次暗殺企圖，手法從誘使卡斯楚點燃會爆炸的雪茄等拙劣做法，到和黑手黨訂定謀殺契約都有。在豬灣入侵行動（Bay of Pigs）失敗之後，甘迺迪總統發動獴行動（Operation Mongoose），按照甘迺迪的新聞秘書皮埃爾．薩林格（Pierre Salinger）的話來說，那是一個企圖造成古巴不穩定的「龐大祕密計畫」。薩林格也曾寫道，甘迺迪甚至計畫以武力入侵古巴，但後來古巴飛彈危機搶先發生。[25] 沒有任一本教科書提到獴行動。

教科書作者對於我們打算暗殺卡斯楚的企圖保持緘默，這做法使他們無法妥善處理甘迺迪的暗殺事件。由於甘迺迪先前可能數度下令暗殺卡斯楚，包括跟黑手黨訂定暗殺契約，因此他本人遭暗殺身亡的事件可以解釋為是報復。當然，李．哈維．奧斯華德（Lee Harvey Oswald）有可能是自己想暗殺甘迺迪，而傑克．路比（Jack Ruby）有可能是出於自己的意願而殺死奧斯華德。然而，由於沒有一本教科書提到甘迺迪曾嘗試殺死卡斯楚，因此在討論甘迺迪的死亡時就沒有任一本能合理提及古巴或黑手黨。[26] 相反地，教科書作者只能採取模糊不清的陳述，如同《通往現今之路》的說法：「有些調查支持的理論是奧斯華德涉及一個更大的陰謀，而他遭殺死則是為了保護其他幫忙規劃謀殺甘迺迪的人。」

儘管在古巴的行動失敗，但中情局仍無所畏懼地把注意力轉向更南方。在我調查的十八本教科書中，只有六本提及智利。《生活與自由》直言不諱地陳述：「尼克森總統不喜歡智利的激進社會主義政策，因而協助智利軍隊推翻其民選政府。」在整本《生活與自由》中，對於智利只提了這一句話，而且還是藏在敘述卡特總統人權紀錄的篇章裡，但它卻是所有提及這件事的教科書中描述最好的一句。兩本近期的教科書，《美國之旅》和《霍特：美國》，以比較隱晦的方式呼應《生活與自由》的說法。三本教科書並未論斷美國是否涉入，但這卻是無庸置疑的事。其餘的十二本完全未曾提及。

為什麼要將我們涉入的事懸而不決？歷史學家知道中情局早先曾與國際電話電報公司聯手，企圖使阿延德在一九七〇年的選舉中落敗。在這個企圖失敗後，美國又試圖阻斷智利的經濟並讓阿延德下台。美國阻止國際提供智利貸款，提供資金給反對他的報紙、工會和政黨，拒絕提供零件給智利的工業，提供經費及煽動智利全國的卡車司機罷工，目的都在於使智利的經濟癱瘓，此外還訓練及金援在一九七三年發動血腥政變的軍隊，而阿延德最終就死於這場政變。次年，中情局局長威廉·科比（William Colby）在作證時說：「一個由季辛吉親自領導的祕密高階情報委員會，在一九七〇至一九七三年間批准中情局超過八百萬美元的支出，用於使阿延德政府『動搖』。」[27]美國國務卿季辛吉本人後來解釋：「我看不出我們為什麼要任憑一個國家採行馬克思主義，只因為它的人民不負責任。」[28]由於智利人民的「不負責任」使阿延德獲得選票，因此季辛吉公開說如果結果不能令我們滿意，美國不應、也不願尊重他國的投票過程或主權。[29]

教科書必須包括政府所有的詭詐作為嗎？當然不必。我並不是主張我們必須採取保羅·蓋爾儂所謂「毫不留情地言及」的做法。[30]然而，教科書至少必須深入分析一些我們的干涉行動，因為它們能引發重要的議題。要以道德的理由來為這些行動辯護並不容易，這些行動使美國的外交政策降格成為黑手黨暗殺行為，使美國無法宣稱其行動合乎法律，並減少我們在世界各地的威望。當然，現實政治或許可以作為替祕密暴行辯護的理由，視之為處理國際問題的適當方式。或許我們可以爭論說，美國「應該」動搖其他國家的政府、暗殺對我們不友善的領導人，以及私下不宣而戰。然而，在這裡描述的六場陰謀活動卻不支持這個觀點。以古巴為例，按照羅德里·杰弗里斯瓊斯（Rhodri Jeffreys-Jones）的說法，中情局「毫無意義的破壞行動，只是使卡斯楚更受歡迎」。這些祕密行動即使成功，也僅僅是短期手段，只能使帶給我們煩惱的人暫時失去權力，但是若美國被視為鎮壓、不民主和不受歡迎的政權，卻會損害我們的長期利益。[31] 歷史學家隆納·凱斯勒（Ronald Kessler）曾經提到，有一名負責策劃瓜地馬拉的阿本斯總統垮台行動的中情局主管後來坦承，推翻民選領導人是短視近利的政策。[32] 歷史學家查爾斯·阿馬瑞傑（Charles Ameringer）在談到我們於伊朗的「成功」時曾經問：「用莫沙德來換阿亞圖拉·柯梅尼（Ayatollah Khomeini）值得嗎？」祕密行動總是有招致反擊的風險——由於我們最初的作為並未獲得美國人民的支持，因此在面對來自海外的報復時無法有效迎擊。當祕密攻擊失敗時，例如一九六一年的豬灣登陸事件，美國只能難堪地撤退或公然進行軍事干預。若我們當初沒有採取祕密行動，而是透過公開辯論來探討該如何處理莫沙德或卡斯楚的問題，或許就能避開柯梅尼或豬灣事件上的失敗。羅伯·史密斯（Robert F. Smith）認為，除非我們以更開放的心胸來面對以實現人民夢想為目標的民族主義國家，否則我們必定會面對「一個接一個的危險」。[33]

然而，這種辯論卻無法在美國歷史課程上發生，因為大多數的教科書並沒有揭露我們政府的所作所為。除了伊朗以外，我調查的十八本教科書大多都略去上述的六個事件不談，而那些言及一、兩次事件的作者又經常暗示，我們採取這些行動的動機是出於人道主義。因此，教科書作者所描繪的美國基本上是一個理想主義的演員，寬大地回應其他國家的社會和經濟禍事。羅伯·列奇（Robert Leckie）稱此為「『世上最熱愛和平的國家』的神話」，並特別指出這神話繼續存在於「美國的民俗中」。它也存在於我們的歷史教科書中。[34]

這些干涉行動引起另一個議題：它們與民主相容嗎？對外國、個人與政黨採取的祕密暴力行動，違反我們本身的民主制度賴以為基礎的開放原則。祕密國際干涉行動顯然導致國內的謊言。如果美國民眾對這些行動毫不知情，就不可能會批評政府的政策。因此，祕密暴力行動通常藐視民眾意願，也威脅到我們長期的分權制度，而這制度卻是在教科書描述憲法的章節中妥當受到讚揚的。祕密行動總是由行政部門所執行，而他們在談到這些作為時一般會向立法部門說謊，因而使國會無法做好憲法賦予的角色。

美國政府對前文中所描述的六次干涉實例大多採取欺瞞的做法。一九六一年，我們不幸被派往古巴、企圖推翻卡斯楚的軍隊開始登陸豬灣的那一天，國務卿魯斯克說：「美國人民有權知道我們是否干涉古巴或意圖在未來這麼做。對於這個問題的答案是否定的。」結果在三天後的死亡名單上，有四名美國飛機駕駛。一九七三年，在確認美國國務卿的國會聽證會上，季辛吉在回答有關智利的問題時說：「據我所知而我也確信，中情局與（智利的）軍事政變無關，我這麼說只是以防有哪個瘋子到那裡，在沒有任何指示的情況下，跟某人說了話。」後來中情局局長科比和季辛吉本人的陳述，跟這個證詞相互矛盾。美國參議院情報委員會（U.S. Senate Intelligence Committee）最終譴責我們對阿延德政府所採取的行動。[35]

艾森豪總統在被發現明顯說謊時，以國家安全為藉口：他否認美國飛越蘇聯領空，結果遭蘇聯逮捕的蓋瑞・鮑爾斯（Gary Powers）卻在蘇聯的電視上坦承事實。在許久後，民眾才得知鮑爾斯事件只是冰山一角：在一九五〇年代，我們至少有三十一架飛機在蘇聯境內遭擊落，機上人員總共超過一百七十人。數十年來，我們的政府對這些失蹤人員的家屬說謊，從未努力向蘇聯提出找回他們的要求，因為這些飛行是非法的，而且原意是祕密進行的。[36]同樣地，在越戰期間，政府祕密轟炸寮國多年，後來援引國家安全為藉口。這並沒有騙過寮國人，他們很清楚是遭我們轟炸，但卻愚弄了美國人。總統及其顧問經常讓這些行動保持隱密，不是因為基於海外策略的原因，而是因為他們懷疑這些行動可能會不受國會或美國民眾歡迎。

我們的總統不想冒歡迎度受到影響的危險，一再選擇採取必要的行動說服美國人支持他們的祕密軍事政策。[37]我們的憲法規定宣戰必須經由國會。在一九一八年，威爾遜總統試圖對國會和美國民眾隱瞞我們干涉俄羅斯的事。海倫．凱勒協助找出了真相，「我們的政府不誠實，沒有公開對俄羅斯宣戰及宣布理由，」她在一九一九年寫信給紐約的一份報紙時這麼說：「他們嘴上說著民主的謊言，以全然隱密和半祕密的方式與俄羅斯作戰。」[38]最終，威爾遜未能瞞住他入侵俄羅斯的祕密，但卻能夠不被記入美國歷史教科書。問題就在於：教科書若要確實報導本章描述的六次國外干涉事件，就必須提到美國政府的隱瞞。

唯一一件大多數的教科書都有提及的政府犯罪活動是一連串的相關醜聞，稱為「水門事件」（Watergate）。水門事件對民眾的衝擊相當顯著，在一九七○年代初期，國會和民眾得知尼克森總統協助隱瞞一連串的非法行動，包括搶劫民主黨全國委員會（Democratic National Committee）及精神醫生路易斯．菲爾汀（Lewis Fielding）的辦公室。尼克森也試圖利用國稅局（Internal Revenue Service）、聯邦調查局、中情局和數個管理機構，令膽敢反對他的政策或再度當選的主要敵手心生恐懼，而且多少成功了。在論及「水門事件」時，教科書的確有照應有的方式譴責尼克森，[39]但僅此而已。在處理政府明顯的犯罪行為時，教科書仍設法維持一貫粉飾政府的做法。在《通往現今之路》中有一段典型的敘述：

> 許多美國人對政府失去大量的信心與信任。然而，這個醜聞也證明美國憲法制度的力量，特別是權力的平衡。當行政部門的成員違法、而非執法時，司法與立法部門介入並加以阻止。

然而，尼克森下台並沒有解決問題，因為這是結構性的問題，根源於聯邦執行官僚的權力大幅增加。實際上，雷根政府和第一任布希政府時期的伊朗軍售醜聞就證明了，行政部門的失控情況比尼克森時期還嚴重，這些政府是一個由祕密合法與非法行動交織而成的複雜網絡，其中涉及的人包括總統、副總統、內閣成員、奧利佛・諾斯（Oliver North）等特殊幹員，以及在以色列、伊朗、汶萊和其他地點的政府官員。[40] 歷史教科書未能從這個觀點來探討「水門事件」，恰恰說明了其作者顯然打算粉飾聯邦政府，讓學童能尊敬它。既然政府的結構性問題至今仍未解決，學生有可能在成年後再度面對失控的聯邦行政部門採取非法密謀的國內外政策——實際上，有些人認為小布希政府在九一一事件後的行為正是其一。[41] 從學生由美國歷史課程中所了解的政府來看，他們會對這些事件感到震驚，也沒有做好思考它們的心理準備。

「我們的國家……願它行事正當，」史蒂芬・第開特（Stephen Decatur）在一八一六年舉杯祝賀時這麼說：「但是無論對錯，都是我們的國家！」教育學家和教科書作者似乎想灌輸下一代盲目忠於國家的觀念。教科書的分析甚至更進一步，在評估我們的海外行動時既沒有依據對錯的標準、也沒有根據現實政治。相反地，教科書僅僅假設政府嘗試做對的事。相信教科書觀點的民眾可能會支持政府的任何干涉和政策，無論是否是武裝干涉，或是維護合法國家利益的政策，因為他們會相信我們所有的政策和干涉都是出於人道主義的目的。他們有可能永遠不會相信我們的敵人同樣具有人性。

如果我們希望民眾能理性思考美國的外交政策，那麼這種「國際善人」的做法毫無教育功能。[42] 對於讀教科書長大的民眾來說，喬治・肯南的現實政治或許很難想像。在美國是優良國家的社會心理原型下，我們對國家的期望要比現實政治來得高。但是肯南的描述卻指出了國家實際的行為方式。如果我們讓學生看到對外交政策的實際描述與分析，並不會有造成民主衰退及西方文明結束的風險。這麼做還可以讓高中教科書對美國外交政策的描述，以及大學政治學課程所使用的教科書對相同主題的處理變得比較一致，不至於有令人難堪的差距。

高中歷史教科書在論及美國政府的內政時，再度與政治學家產生分歧。基礎政治學課程大多著重於分析多種對我們政府的國內政策造成影響的力量。高中美國歷史教科書卻僅僅對大多數已做到的事加以讚揚。這倒也不足為奇，因為當教科書作者將聯邦政府理想化的時候，也扭曲了受治理者與政治之間真實的動態關係。在民權領域看到這種情形時格外令人難受，因為在一九六〇年代數千名勇敢的民眾懇請、甚至迫使政府必須採取行動。

在一九六〇年與一九六八年之間，民權運動一再要求聯邦政府提供保護及實施聯邦法律，包括「美國憲法第十四條修正案」（Fourteenth Amendment）及其他在重建時期通過的法律。然而，政府的回應嚴重不足，尤其是甘迺迪政府。在密西西比州，民權運動辦公室以下列尖刻的言語回應：

> 在伊塔比納市有一條自由街。
> 在密西西比州有一個解放鎮。
> 在華盛頓有一個司法部。

聯邦調查局如何回應民權運動的呼籲格外重要，因為它是主要的國家執法機構。不幸的是，聯邦調查局長久以來對非裔美國人存有敵意。胡佛（J. Edgar Hoover）和聯邦調查局的前身最早是在威爾遜政府期間，開始調查可疑的共產主義者。儘管在威爾遜政府執政的最後四年，是美國史上最多反黑種族暴動的時期，威爾遜一直要求聯邦探員把重心放在收集有關非裔美國人的情報上，而不是反黑人民權的美國白人身上。根據胡佛的解釋，一九一九年華盛頓特區的反黑種族暴動原因在於「黑人對白人婦女的無數攻擊」。在該年，聯邦調查局將其對黑人組織的監視制度化，但是並沒有對三K黨這類的白人組織這麼做。在聯邦調查局的成立初期，還有一些黑人探員，但是到了一九三〇年代胡佛已經除去所有黑人探員，只留下兩名。到了一九六〇年代，聯邦調查局已經連一名黑人探員都沒有，儘管胡佛把他的黑人司機包括在內，然後努力宣稱他們仍有黑人探員。[43] 在南方的聯邦調查局探員大多是南方白人，他們不僅重視白人鄰居對他們的看法，本身也是白人至上主義者。此外，雖然接下來的抱怨令人想到抗議湯難喝卻又嫌湯不夠的餐客，但聯邦調查局在南方的探員的確太少。它在密西西比完全沒有辦公室，得靠當地的郡保安官和警察首長提供初期報告，而這些人卻經常是民權運動試圖防備的對象。

即使在一九六〇年代，胡佛仍是公開的白人至上主義者，並認為一九五四年最高法院在布朗訴教育委員會案中，認定種族隔離差別待遇為非法行為的判決是可怕的錯誤。他協助肯塔基起訴白人民權領袖卡爾·布雷登（Carl Braden），因為他把白人社區的一棟房子賣給一個黑人家庭。在一九六三年八月，胡佛發起一個摧毀馬丁·路德·金恩與民權運動的行動。在司法部長羅伯·甘迺迪（Robert F. Kennedy）的同意下，胡佛竊聽金恩同事的電話，在金恩的旅館房間裡裝竊聽器，錄下金恩跟婦女、以及談論婦女的談話。然後聯邦調查局再把可怕的細節，包括照片、抄本和錄音帶給參議員史卓姆·瑟蒙德（Strom Thurmond）和其他的白人至上主義者、記者、勞工領袖、基金主管，當然還有總統。在一九六四年，一名聯邦調查局高階主管寄給金恩的組織「南方基督教領袖會議」（Southern Christian Leadership Conference，簡稱SCLC）一捲金恩的性愛錄音帶、以及一張暗示金恩自殺的匿名便條。聯邦調查局必定已經知道這件事其實不至於說服金恩自殺；他們的意圖顯然在於讓科瑞塔·史考特·金恩（Coretta Scott King）跟她先生離婚，或勒索金恩放棄民權運動。[44]金恩赴歐洲領取諾貝爾和平獎時，聯邦調查局嘗試破壞向金恩致敬的歡迎會。胡佛稱金恩為「美國最惡名昭彰的騙子」並嘗試證明他的南方基督教領袖會議充斥共產黨員。金恩不是唯一的目標：胡佛也提供有關密西西比夏日計畫（Mississippi Summer Project），其他的民權組織，例如種族平等協會（Congress of Racial Equality，簡稱CORE）和學生非暴力行動協調委員會（Student Nonviolent Coordinating Committee，簡稱SNCC），以及傑西·傑克森（Jesse Jackson）等其他民權領袖的假情報。[45]

同時，聯邦調查局也拒絕將對金恩的死亡威脅消息告訴金恩。[46]他們知道這些威脅很嚴重，因為當時真的有民權工作者遭到謀殺。光是在密西西比州，民權工作者就曾遭當地官員逮捕超過一千次，遇到過三十五次射殺事件，還有六次謀殺。然而聯邦調查局卻宣稱，保護民權工作者免於遭受暴力並不在他們的職責範圍內[47]。在一九六二年，學生非暴力行動協調委員會控告羅伯・甘迺迪和胡佛，以迫使他們保護民權示威人士。密西西比的民權人士艾姆茲・莫爾（Amzie Moore）和羅伯・摩西斯（Robert Moses）絕望地希望聯邦政府能在美國最南部的地區依法執法，於是在一九六四年想到「自由之夏」（Freedom Summer）的構想：讓美國北部的一千名大學生（其中以白人居多）到密西西比跟黑人一起為民權而奮鬥。但是這做法卻仍收效甚小：光是在一九六四年夏天，白人至上主義者就炸毀三十棟房屋，燒毀三十七座黑人教堂。[48]然而，當詹姆斯・錢尼（James Chaney）、安德魯・古德曼（Andrew Goodman）和邁克・施沃納（Michael Schwerner）在密西西比州的費城（Philadelphia, Mississippi）遭到謀殺，導致美國全國發出怒吼時，聯邦調查局終於在傑克遜市（Jackson）成立辦事處。後來在該年夏天，民主黨全國大會於亞特蘭大市舉行時，聯邦調查局竊聽了密西西比州自由民主黨和金恩的電話；而他們之所以這麼做，卻是順應林頓・詹森（Lyndon Johnson）總統的請求。[49]

由於我在密西西比州定居和做研究，對該州聯邦政府與民權運動的行動特別注意，但是聯邦調查局對黑人及跨種族組織的攻擊卻遍及全國。例如，國會通過一九六四年民權法案（1964 Civil Rights Bill）後，南卡羅萊納州奧倫吉堡（Orangeburg）的一家保齡球場拒絕遵守這項法律。附近黑人州立學院的學生於是發起對這球場的示威遊行。州警朝示威民眾開槍，造成三死二十八傷，其中有許多是在逃走時趴倒在地躲避射擊時，腳跟遭擊中。然而，聯邦調查局的反應卻不是幫助辨認在這場後來稱之為「奧倫吉堡大屠殺」（The Orangeburg Massacre）的事件中開槍的州警，反而是偽造那些學生的資料，以協助那些州警進行辯護。[50]聯邦調查局曾嘗試在加州、芝加哥和美國北部的其他地方，消滅黑豹黨組織（Black Panther organization）的早餐計畫，散布性病及召妓的謠言以破壞黑豹黨員的婚姻，激化其他黑人團體與黑豹黨之間的衝突，還在一九六九年時協助芝加哥警方攻擊黑豹黨領袖佛瑞德・漢普敦（Fred Hampton）

的公寓，在漢普敦的床上殺死他。[51] 聯邦調查局警告黑人領袖史塔克利·卡邁克（Stokely Carmichael）的母親說，有一個企圖謀殺她兒子的計畫，但其實該計畫是虛構的，目的在於促使卡邁克逃離美國。[52] 聯邦調查局或中情局甚至可能涉及金恩的謀殺案。殺死金恩且後遭判刑的兇手詹姆士·厄爾·雷伊（James Earl Ray）化名艾瑞克·高爾特（Eric Gault），在蒙特婁（Montreal）遇到供應他財物所需的「拉烏爾」（Raoul），而拉烏爾可能跟中情局有關。[53] 雷伊是沒有收入的鄉下年輕人，所以絕不可能在沒有幫助的情況下前往蒙特婁，安排假身分，然後還飛到倫敦和里斯本。然而，儘管（或許是因為）有這些矛盾之處，聯邦調查局完全沒有展現出想揭露金恩謀殺案陰謀的興趣，反而在金恩於一九六八年死亡後不久，二度闖入學生非暴力行動協調委員會的辦公室。多年後，聯邦調查局還曾嘗試阻止金恩的誕辰成為美國的國定假日。[54]

聯邦調查局也調查了從維吉尼亞、蒙大拿到加州各學院及大學的黑人教職員。一九七〇年，胡佛同意對「所有黑人學生自治會、以及為反應黑人學生的需求而成立的類似組織」自動進行調查。我任教的陶格魯學院就是一個特殊目標：傑克遜市的聯邦探員甚至一度提議「廢除」整個學院，部分原因在於它的學生贊助「別州鬥志高昂的黑人演講者、選舉人註冊運動，以及非洲文化研討會及講座……（以及）譴責各種對密西西比黑人民權公開的不公平做法。」這些顯然都被視為重罪和不軌行為！[55]

聯邦調查局的行動、以及容忍且有時要求進行這些行動的聯邦領導階層，都是一九六〇年代遺留的產物，跟一九六四年民權法和一九六五年選舉權法（Voting Rights Act）這類正面的成就同時存在。如同歷史學家肯尼士·歐瑞利（Kenneth O'Reilly）所說：「當聯邦調查局跟黑人對立時，政府也是。」[56] 美國歷史教科書如何處理這些弊端？它們的做法就是完全不談政府曾經做過的任何壞事。它們不僅略去聯邦調查局針對民權運動所採取的行動，也沒有談它強行闖入及祕密調查教會團體、倡議改變美國對拉丁美洲政策的組織，以及美國最高法院的事。[57] 教科書甚至不想談任何州政府的弊端：我取樣的十六本敘述型教科書都包含了金恩〈我有一個夢想〉的演講，但卻有十五本審查刪除了他對阿拉巴馬和密西西比州政府的批評言論。

教科書不僅沒有譴責聯邦政府反對民權運動的做法，許多甚至褒揚政府近乎獨力促成了該時期的進步。這種做法或許可以稱之為好萊塢式的民權處理方式，至今好萊塢以民權運動為主題的主要電影是亞倫·帕克（Alan Parker）的《烈血大風暴》（*Mississippi Burning*）。[58]在這部片長達兩小時的電影中，那三位民權人士在影片內容頭五分鐘就已遭殺害，其餘內容完全沒有描繪任一名有可能讓觀眾產生認同、十二歲以上的民權人士或密西西比州黑人。帕克反而虛構出兩名白人聯邦警探，在「好警察對壞警察」的老套劇情中，攜手解決了這些謀殺案。事實上，亦即在這部電影根據的真實故事中，民權運動的支持者，包括施沃納的遺孀麗塔（Rita），以及這運動所能號召的每一位北方白人，都對國會及聯邦政府的行政部門施壓，迫使聯邦調查局設立密西西比辦事處並將謀殺者繩之以法列為優先工作。同時，胡佛正竊聽施沃納父親的電話，看他是否可能是共產黨員。密西西比州東部的每一個人對於誰是兇手，以及尼肖巴郡（Neshoba County）的副警長涉案早已得知數週。破這件案子完全不需要創新的手法，最後聯邦調查局以三萬美元收買其中一名共謀者作證說明其他同謀的罪行後，終於將他們逮捕。[59]

我為本書第一版所研究的十二本教科書在論及民權運動時，都提供了與帕克的電影類似的分析。如同密西西比州三K黨遭到逮捕，民權進展都是優良政府的成果，聯邦創制權本身就足以「解釋」這類里程碑，例如一九六四年的民權法及一九六五年的選舉權法。這些法案由甘迺迪總統提出，由詹森總統經由國會通過，我們今日才有它們。《美國歷史》則是以永恆不朽的被動語態來描述：「另一個民權措施——選舉權法通過了。」數本教科書甚至顛倒時間順序，把法案放在前，而民權運動放在後。《自由的挑戰》提供了典型的處理方式：

> 甘迺迪總統及其掌管的政府對種族平等的呼籲加以回應。一九六三年六月，他要求國會就影響深遠的平等權利法採取行動。數千美國人以總統為榜樣，也參與了平等權利運動。在一九六三年八月，超過二十萬人參與華府的遊行。

這段文字將領導者與被領導者對調，實際上，甘迺迪起初曾嘗試阻止遊行，還特別把副總統調走，派去挪威，因為他認為詹森過於支持民權。就連他的黨派成員亞瑟．史勒辛格二世（Arthur Schlesinger）也曾平淡地表示：「在甘迺迪執政時期的種族考量中，看不到他的最佳精神。」[60]教科書的這種做法不僅僅是在毫無根據下賦予了甘迺迪更多聲譽，更大的危險在於它從非裔美國人身上奪走了學者所謂的發動力（Agency）。對種族隔離差別待遇的攻擊在一九五四年最高法庭的判決中達到高峰，在描述這些攻擊時，以前最暢銷的《美國的成就》以及現今的暢銷書之一《美國通史》，都沒有提及布朗控訴教育委員會案的起訴人和律師都是非裔美國人，也沒有指出先前同樣由國家有色人種促進協會所提告的案例，為這件案子鋪好了路。事實上，最新版的《美國通史》甚至宣稱，是傑克．甘迺迪和約翰．甘迺迪兄弟激勵了學生非暴力行動協調委員會和其他的民權團體替黑人登記投票權。實情恰恰相反，是後者激勵了前者！今日，許多年輕的非裔美國人認為是聯邦政府廢除了黑人社區遭受的種族隔離差別待遇，卻絲毫不知其實那是黑人社區迫使聯邦政府做出的結果。[61]同時，卻又有許多美國白人理所當然地推論聯邦政府對黑人已經夠好了。將非裔美國人及其白人盟友促成的行動歸功於聯邦政府，等於剝奪了今日非裔美國學生的權力，而且套句麥爾坎X的話，這會讓他們覺得自己「一事無成」。

幸好，六本最近的教科書在這方面的確有所改進。這六本全都提到阿拉巴馬州塞爾馬市（Selma）的非裔美國人嘗試投票，結果卻招致白人警察的攻擊。這六本也都特別提及，這事件促使金恩領導自塞爾馬至蒙哥馬利（Montgomery）的遊行，並迫使詹森和國會通過一九六五年的《選舉權法》。在這六本教科書中，《通往現今之路》、《美國人》和《美國之旅》說明是非裔美國人迫使聯邦政府普遍擴大民權，儘管它們宣稱甘迺迪總統本身支持民權。[62]這些新書跟《美國冒險史》和《發現美國史》一樣都展現了民權運動的基本過程：非裔美國人經常在白人盟友的協助下，以非暴力的方式向不公平的法律或實務做法挑戰，然後促使白人激烈地捍衛「文明」，然後再驚嚇國家並說服一些民眾改變法律或實務。這些教科書頌揚民權人士的勇氣，但是只有於一九七四年出版的《發現美國史》說明民權運動直接向種族隔離差別待遇的社會傳統習慣挑戰，而其結果是一些民權人士遭白人種族主義者殺害或毆打，只因他們是牽著手但分屬不同種族的情侶，或只因他們一起在餐廳用餐。

教科書以類似的方式處理環境運動，表示「國會通過」法律設立環境保護局（Environmental Protection Agency），但同時卻又鮮少或完全忽視環境運動。這讓學生再度推論政府一般都是做正確的事，以這方面而言，新教科書並沒有做得比舊教科書好。許多老師也沒有提供助益；隨機挑出十二個教十二年級美國政府課程的老師並進行研究後，發現在談到個人能夠影響地方或國家政府的方式時，老師們只有建議透過投票。[63]

教科書作者似乎認為，美國人只有在相信政府從來不會做壞事的情況下才會對政府忠誠。因此教科書把美國政府呈現為值得學生忠誠、而非批評的對象。「我們生活在世上最偉大的國家中，」右翼教科書評論家梅爾．蓋博勒的同事詹姆士．狄隆（James F. Delong）在評論《美國冒險史》時這麼寫道，「任何描述這個國家的故事的書籍都應該了解這個傳承與驕傲。」《美國冒險史》在表述民權運的基本過程時，暗示美國政府沒有在民權方面盡到應盡之責。或許正因如此，《美國冒險史》未能通過狄隆的愛國主義測驗：「我不會、也不能支持我們的學校使用它。」[64]

教科書對聯邦政府的阿諛奉承或許可以贏得學校的採用，但它們不會贏得學生的注意。描述政府所做的一切好事、沒有任何緊張的掙扎，這樣的教科書讀來令人感到無趣。此外，大多數的美國成年人不再像一九五〇年代時一樣輕信政府。從越戰、水門事件、伊朗軍售醜聞到柯林頓的性生活，再到據說引起小布希入侵伊拉克的神祕大規模毀滅性武器，一件件遭揭露的不當行為與欺騙行徑粉碎了美國民眾對行政部門的信任，而這也反映在民意調查的結果上。在一九六四年，仍有百分之六十四的美國民眾相信政府在「做正確的事」，三十年後，此百分比已經降低至只剩百分之十九。由於不願陳述政府的不良行為，教科書作者成為美國最後的天真民眾，他們對政府的信任令人心痛。他們呈現給學生看的是一個仁慈的政府，一個其言可信的政府。然而，這卻與學生家長的看法極其相左，民調顯示，家長對聯邦政府領導人所說的話高度持疑。根據教育研究學者唐諾．巴爾（Donald Barr），由於學校裡有關政府不當作為的教材太少，特別是當教學內容與父母和日報所說的不同時，造成「所有教育都令人感到懷疑」。[65]

教科書作者對政府的盲從態度也無法教導學生成為真正的公民。在先前的章節中，所謂智者哥倫布的故事所呈現出的另一面，是船員皆迷信且難以駕馭的社會原型，同樣地，一個明智仁慈的政府所具有的社會原型，即是暗示我們身為公民的角色就是追隨政府的領導。無論讀者是否相信，的確有許多非民主國家，例如德意志第三帝國（Third Reich）、中非帝國（Central African Empire）和朝鮮等等，其人民看來是對政府太過忠誠，而不是忠誠不足。相反地，美國有幸擁有異議分子，但有些異議分子卻不得不逃離美國。自一七七六年起，加拿大就開始提供庇護給意見與美國政府政策不同的人士，從美國獨立戰爭期間為逃避侵擾而出走的親英派人士，逃離史考特案判決的自由黑人，到反對越戰的役齡年輕人，比比皆是。但沒有一本教科書提及加拿大所扮演的角色，因為每一本教科書所描繪的美國政府都不可能會招致這種符合正道的反對。[66]

當然，許多美國的政治學家和歷史學家認為，政府行動對民主的威脅比人民對政府不具忠誠心還大。許多人憂慮政府行政部門的支配優勢已經侵蝕了美國憲法中的制衡機制。有些分析師也認為，相較於州政府，聯邦政府所擁有的力量等於是對聯邦主義的嘲弄。從威爾遜政府至今，聯邦行政部門的力量不斷增長，現在更隱隱成為美國最大的雇主。在過去的五十年間，中情局、國家安全委員會（National Security Council）和其他政府機構的權力不斷增長，在一些人眼中已經成為政府可怕的第四部門。當聯邦調查局、中情局、國務院和其他政府機構不僅決定政策，也決定人民和國會需要知道政府的哪些事情時，民主就遭受極大的威脅。[67]

教科書作者淡化政府的祕密非法行動，等於讓學生不去思考行政部門的權勢及祕密日漸增加的這類議題。教科書選擇站到政府那一邊，就等於鼓勵學生得出批評與國民身分不相容的結論。教科書僅片面地呈現政府行動，而不是作為對多國企業和民權組織等等的回應，這樣只會使民眾及其領袖之間的緊張情勢顯然令人困惑不解。這些都會刺激學生自我放棄，認為反正政府會決定一切，何必自找麻煩，何況政府行動通常都出於善意。在此情況下，我們的美國歷史教科書會使民眾的潛在能力減至最小，而且儘管是出於愛國心，它們所採取的態度卻顯然與民主相悖。

第九章／眼不見為淨：選擇不看越戰

如果我們不說，他人必將改寫腳本。所有屍袋、全部的巨塚都將重新開啟，其內之物都將被賦予崇高的理由。／**喬治．史威爾斯**（George Swiers）[1]

我們摧毀了他們最珍視的兩個社會制度：家庭和村莊。我們摧毀了他們的土地和作物……我們傷害他們的婦孺，殺死男性。／**馬丁．路德．金恩**[2]

若是沒有審查制度，民眾可能會萬分困惑。／**威廉．魏摩蘭將軍**（Gen. William Westmoreland）[3]

他熱愛祖國，直言譴責，不為其罪愆尋找藉口。／**弗雷德里克．道格拉斯**（Frederick Douglass）[4]

我們這些大學教授年紀漸長後，對於大學生對近代的美國歷史欠缺了解感到心驚。我最早察覺這個現象是在一九七〇年代進入一九八〇年代之際；在講授越戰的課堂上，我越來越常見到學生一臉空白的表情。先是四人中有一人，然後是兩人中有一人，到了一九九〇年代，五個大一學生中就有四人不知道HAWK和DOVE這兩個僅四個英文字母構成的字代表什麼意思。一九八九年，我在第一堂課上給學生做一個小測驗，其中包括問答題「越戰的交戰雙方是誰？」結果有將近四分之一的學生回答南北韓！這結果令我瞠目結舌——對我來說，這就像在聽到「一八一二年戰爭始於哪一年？」時，回答是「一九五七年」一樣。事實上，許多最近的高中畢業生對一八一二年戰爭的了解比越戰還多。[5]

這實在不怎麼合理，而責怪學生顯然也於事無補；這幾乎算不上是他們的錯。如果我們的公民記憶始於十歲左右，那麼最後一批記得越戰的學生應該是在一九八三年春天畢業的高中生。對今日大多數高中生的家長而言，越戰是一個未知的領域，婦女運動、水門事件和伊朗人質危機也一樣。學生必須從高中美國歷史課中習得有關越戰的事。

他們沒有從一九八〇年代的教科書習得多少相關的知識。由於越戰結束於一九七五年，因此以這個年代的教科書而言，即使是其中年代最早的，在談到這場經常被稱為「美國打最久的戰爭」時也能夠運用後見之明，以及仰賴其作者對這個事件的個人知識，然而這兩個優勢卻都遭到浪費。

比較我最早調查的十二本教科書中有關一八一二年戰爭和越戰的內容，即可看出這個問題。一八一二年戰爭比越戰早了近兩世紀，死亡的美國人數可能在兩千左右。儘管如此，我最早調查的那些高中歷史教科書中給予一八一二年戰爭和越戰的篇幅卻相同——都是九頁。我想有人可能會爭論，一八一二年戰爭比越戰重要得多，因此儘管它發生的年代較早，仍值得這麼多篇幅。然而，我們的教科書並沒有做類似的聲明，大多數的作者不知該如何解釋一八一二年戰爭，也沒有主張它特別重要。

由於一八一二年戰爭的持續時間只有越戰的一半，教科書對它的處理相對仔細得多，還可以論及這場戰爭的個別戰役與英雄。比方說，《應許之地》以三段文字描述單單一場在伊利湖（Lake Erie）普特因貝島（Put-in-Bay Island）發生的海事戰役，相當於每一小時的戰役分到一段文字。

篇幅不足只是問題之一而已。以九頁引人入勝的分析來描述越戰或許超過所需[6]，但我們必須從它們涵蓋的內容來評判。

在本書初版中，我並沒有提出我對這場戰爭的解釋，或對作者所提出與我不同的分析提出批判。相反地，為了避免被控過於主觀，我把重心放在這些教科書採用的照片。越戰因一系列灼燙民眾良知的照片而為人所知。我找出其中七張照片：五張著名的照片（例如在逃離汽油彈攻擊、裸身跑向相機的小女孩，以及在美萊村〔My Lai〕大屠殺中屍體堆滿溝壑的照片），以及兩張呈現戰爭破壞本質的一般照片。自從由馬修・布萊迪（Matthew Brady）所拍攝、著名的美國內戰影像以來，照片一直是美國的戰爭紀錄方式之一。在越南，電視影像加入靜態的照片，共同塑造美國人民的感知與感受。即使將最近的兩次伊拉克戰爭包含在內，越戰仍是美國拍攝和播映最多的戰爭。

我曾請教數十名經歷過越戰時代的人說出他們記得的視覺影像，他們列出的照片重複性顯著。一張短短的清單上包括下面五種特定的影像：

1. 佛教和尚坐在西貢的十字路口自我犧牲，向南越政府（South Vietnamese government）抗議。
2. 為了逃離汽油彈的攻擊，裸身在公路上奔跑的小女孩。
3. 國家警察局長槍決一名害怕的越共成員，用手槍對準他的頭側射擊。
4. 在美萊大屠殺後，遭棄置溝壑的屍體。
5. 美國人從西貢的一個屋頂搭乘直升機撤走，絕望的越南人嘗試爬上飛機。

這張清單上還包括兩張一般的戰爭影像：B-52轟炸機下方川流不息地釋出炸彈，轟炸越南傷痕累累的鄉間，以及美國與南越的軍隊在越南春節攻勢（Tet offensive）後奪回順化（Hué）等城市時，舉目所見只剩廢墟的情景。[7]

光是讀這些簡短的描述都足以使大多數比較年長的美國人，想起這些照片中清晰的細節，而伴隨這些記憶而來的情感也同樣鮮明。當然，由於美國參與越戰主要是在一九六五年至一九七三年間，因此現在只有四十多歲以上的人才有可能回想起那些景象。年輕人沒有多少機會看到或回想這些景象，除非他們所讀的歷史書上有提供。

可悲的是，在一九九五年我最早取樣的十二本教科書都沒有提供。其中的《美國通史》中只有提供上述那些照片中的一張：警察局長槍決一名害怕的人。[8] 其他的教科書都沒有再現任何上述的照片。《美洲冒險史》提供了一張我們轟炸越南的照片，但是這張顯示出B-52轟炸機及其炸彈的照片是由下往上拍攝，所以看不出它們對地面造成的破壞。因此，在這方面，還有很大的改善空間。

上述的七張照片是關於越戰重要的第一手資料。鷹派（Hawks，主戰人士）可能宣稱這些照片誇大了戰爭

釋廣德（Quang Duc）是第一位為了抗議美國在南越支持的吳廷琰（Ngo Dinh Diem）政權所施行的政策而自焚的佛教僧侶，這事件令南越人與美國民眾同感震驚。在這場戰爭結束前，還有數名越南人和至少一名美國人效法釋廣德的做法。

的層面，但是其實這些照片具有額外的重要歷史意義：它們本身創造了歷史，促使新聞故事的誕生，並且改變了世界各地的觀眾對這場戰爭的了解。派崔克・海格皮恩（Patrick Hagopian）研究美國人記憶越戰的方式，他曾表示，這些照片中有幾張「一直是世上最著名的照片，時至今日（一九九一年）也一樣」。教科書中不收錄它們，等於欺瞞今日的讀者。如同我的一名學生所寫的：「一個小女孩在遭汽油彈攻擊後裸著身體哭泣的照片，徹底改變了那場戰爭對高中生的意義。」

美國在越南投擲的炸彈是它在第二次世界大戰全部戰場（包括在廣島和長崎的核彈）所投擲的三倍，所以教科書作者有許多轟炸破壞的照片可選。在地面上，越共和北越的軍隊於越南春節攻勢中攻佔南越各地的城鎮後，美國和南越部隊的做法是先炮轟順化、檳椥省（Ben Tre）、廣治省（Quang Tri）和其他城市，然後才前往奪回。儘管如此，當時沒有一本教科書呈現出我們這一方所造成的破壞。

這是當時的情況。第十一章會說明，越戰在一九八〇年代和一九九〇年代早期仍被視為是最近的事件，而教科書總是忽略最近的過去，無論這過去有多麼重要。如今，在越戰對大多數的美國人來說已經淡化為遙遠的過去後，教科書又是如何處理的？

兩本「歷史悠久的」教科書，亦即伯爾斯坦和凱

小女孩金馥克哭喊著在一號公路上奔跑，逃離南越飛機對她的村莊展開的汽油彈突擊。她在奔跑時脫掉起火的衣服。拍到她奔逃的電視影片及靜態照片，是越戰最令人傷痛的照片之一。這張照片觸犯了兩個教科書的禁忌：不得展示任何裸體的人，以及即使在戰爭時期，也不得展示這樣的苦難。

利的著作及《美國通史》，承襲自半世紀前出版的書，但是給予一八一二年戰爭的篇幅仍然毫無目的地跟越戰一樣多。新版《美國通史》甚至開倒車：把警察局長槍決越共的照片撤掉。

三本「真的很新」的教科書，以及《霍特：美國》（與路易斯．保羅．托德〔Lewis Paul Todd〕與梅爾．科提〔Merle Curti〕的《美國的成就》相似極少），所用的篇幅多得多。《美國人》用了超過三十四頁來敘述越戰，但它的處理方式多少算是寬大。雖然其中包含了二十一張照片，但是卻僅僅包含上述七張照片中佛僧自焚那一張，而且這二十一張照片沒有一張顯示出美國對越南造成的破壞。《通往現今之路》也有採用佛僧自焚那張照片，此外它跟《美國之旅》還採用了從美國大使館附近的屋頂撤離的照片。《美國之旅》也提供了戰爭殘破景象的照片。《霍特：美國》裡有一張越南遭B-52型轟炸機炸得坑坑洞洞的照片。在這全部六本教科書中，就只列出了這些。

當然，教科書的作者與編輯是從數千張越戰的照片中做出選擇。他們可以選不同的照片，而仍然能夠公平地評論這場戰爭。但至少他們必須呈現出美國對越南平民的暴行，因為這些是這場沒有前線的戰爭中常見、甚至是無可避免的一部分，在這場戰爭中，美國軍隊對於誰是盟友、

一九六八年二月一日，南越的國家警察局長阮玉鸞（Nguyen Ngoc Loan）在一名美國攝影師和電視人員的注視下，不在意地在西貢街道上射殺一名越共。這張照片協助説服了許多美國人相信，美國這一方的道德觀念並不比越共強。10 這張照片令人難忘，所以儘管事過已經四十年，我只要用手指做出扣扳機的動作，一九六八年在報紙或電視上看過那張照片的人都會立刻想起那個事件，而且可以詳盡地描述一些細節。

誰是敵人只有模糊不清的概念。實際上，攻擊平民是美國的政策，如同威廉·魏摩蘭（William C. Westmoreland）將軍對平民傷亡的描述：「這的確使敵人的人口減少，不是嗎？」[12]我們根據死亡人數來評估進展，劃出自由射擊區，並將此區域內的所有人口均視為敵人。這樣的策略無疑會導致戰爭犯罪行為。美國士兵朝越南房舍開火是越戰中常見的景象，而任何拍出此景象的照片都傳達這一點，但卻沒有任一本教科書呈現出這樣的行為。[13]在《美國之旅》的一張照片裡，海軍陸戰隊攀登「一堆碎石，那裡原本是順化碉堡的一座高塔。」讀者或許能從中推論出，是我們的軍火將這個碉堡摧毀成瓦礫破片，因此這張照片可以說是在教科書中，唯一一張明顯呈現出是由我方造成的破壞，即使該碉堡是合理的摧毀目標。今日的教科書所提供的，似乎正是魏摩蘭將軍擔任指揮時希望能有的審查制度（如本章開頭所引用的話）。只可惜審查制度並沒有釐清困惑，反而是令人對這場戰爭感到不解的原因。

美萊大屠殺並不是一場不值得包含在美國史上的小事件，反而相當重要，原因正在於它象徵了整場越

左：在美萊村大屠殺中，美國戰鬥部隊謀殺了老弱婦孺。隆納德·海伯爾（Ronald Haeberle）的照片，包括這一張，都刊登在《生活》（*Life*）雜誌上，灼燒著美國的良心，至今仍影響我們的文化。[11]好萊塢大多數有關越南的電影都包含美萊村的影像，《前進高棉》（*Platoon*）就是特別鮮明的實例。

右：一九七五年四月二十九日，美國的直升機從西貢的一個屋頂撤離民眾。次日西貢淪陷，美國（及越南）漫長的夢魘結束。今日美國半數以上的人口在這張照片拍攝時，年紀不到十歲或尚未出生。因此，大多數的美國人是從電影和教科書中得知這場戰爭。在二〇〇七年一月十四日，《華盛頓郵報》以半頁篇幅刊登這張照片，標題是「伊拉克的終局：會像這樣嗎？」

戰的許多問題。就前「越戰退伍軍人反戰組織」（Vietnam Veterans Against the War）成員、今美國參議員的約翰・凱瑞（John Kerry）所謂「並非單一事件，而是所有指揮階層的軍官完全清楚的每日罪行」來看，美萊正是這種罪行最著名的實例。凱瑞在一九七一年四月出席參議院外交委員會（Senate Foreign Relations Committee）時表示：「超過一百五十名榮譽退伍及許多非常高階的老兵作證，證明在東南亞犯下的戰爭罪行。」他接著重述美國部隊如何「親自強暴、割掉人耳、割掉人頭，用可攜式電話的電線綁縛生殖器然後通電、割掉四肢、爆炸人體、隨機射殺平民，以會讓人聯想到成吉思汗的方式將村莊夷為平地，為取樂而射殺牛隻與狗，對貯藏的食物下毒，一般而言就是將南越的鄉間蹂躪殆盡」。如同凱瑞在他的證詞中所指出的，這一切都「不在正常的戰爭破壞範圍內」。[14]

在我取樣的教科書中，只有其中最早發行的《發現美國史》並未將美萊大屠殺視為單一事件。《美國人》選用了一張關於美萊的照片，而且比任何其他新的教科書都來得適當，但它在文中並沒有提及當時對平民的攻擊是一個普遍的問題。除了讓學生不了解這場戰爭的歷史以外，教科書對這件事保持緘默也使得反戰運動令人無法理解。

教科書作者詹姆士・韋斯特・戴維森（James West Davidson）和馬克・萊托（Mark H. Lytle）在其他文獻中公開表明，他們知道美萊的重要性。「美國的策略本身就含有暴行」，這是萊托對我說的話。戴維森和萊托在其著作《事實背後》（*After the Fact*）的一章中，以大多數的篇幅講述美萊大屠殺，並在文中論及那些大屠殺的新聞對美國造成的震撼。「有一件事是確定的，」他們寫道：「這場戰事確立了民眾對戰爭的認知。」[15] 然而，他們顯然並不認為高中生需要知道這件事，因為他們的高中歷史教科書《美國：一個共和國的歷史》從未提及美萊事件，就跟我取樣的其他十本教科書一樣。[16]

如果不放重要的越戰照片，教科書放了哪些照片？沒有爭議的照片，大多數是軍人在巡邏、走在沼澤裡或自直升機躍下的照片。有十本教科書的照片顯示出難民或由另一方造成的破壞，但是由於這類破壞的規模都沒有我們的轟炸來得大，因此這些照片看起來並不震撼。

這令人憤慨，而且毫無藉口可言。哈金姆（Joy Hakim）在她為五年級學生所寫的《美國史》（A History of US）中，證明了我們可以做得更好。她在書中放了警察局長槍決害怕者、守衛拿刀威脅越南戰俘、以及被「我方」摧毀的城鎮照片，還有最著名的美萊大屠殺照片。哈金姆也提供了那名裸身在一號公路上奔逃的小女孩的照片。這一點令人驚訝，因為教科書出版商一般會遵循「不得出現裸體」的規則；一位編輯曾告訴我：「在國小教科書中，乳牛不能有乳房。」然而，哈金姆的系列一直是暢銷書，原因大概是它比大多數的標準教科書易於閱讀。

引用文呢？遺憾的是，大多數的教科書作者也沒有引用該時代值得記憶的文句。沒有一本教科書引用金恩鏗鏘有力的代表性文句，他是第一位挺身反戰的重要領袖，本章開頭就引用了他的話。[17] 當時的世界重量級拳王穆罕默德．阿里（Muhammad Ali）的反戰甚至更著名，他拒絕入伍並因而失去拳王頭銜，但他說：「沒有越共曾經叫我『黑鬼』。」全部十八本教科書也都沒有引用這句話。在越南春節攻勢之後，一名參與奪回檳椥戰役的美國軍官

這是《美國的成就》中唯一一張有關美國部隊的照片，其中顯示出當詹森總統於越戰期間巡視金蘭灣（Cam Ranh Bay）的美軍基地時，軍人們快樂地圍在詹森總統身旁。

說：「要拯救這個城鎮，就必須先摧毀它。」對數百萬的美國人來說，這個陳述總結了美國對越南的衝擊，但是沒有一本教科書引用它。[18]同樣地，也沒有一本教科書引用凱瑞要求立即撤軍的請願：「你要怎麼要求一個人去為他不想犯的錯而死？」[19]大多數的教科書也沒有納入反戰歌曲、反戰口號（〈該死，才不，我們才不去！〉和〈喂，喂，詹森，你今天殺了多少孩子？〉），以及最重要的：情感。實際上，在許多教科書中，整個反戰運動變得讓人難以理解，因為它們不讓這運動發聲。事實上，教科書裡只引用了詹森總統、尼克森總統和國務卿季辛吉的話。[20]

三本新教科書做得較好。新《美國通史》和《我們美國人》納入了反對的口號，並且跟《通往現今之路》用比舊版多的篇幅來敘述反戰運動和戰爭背後的卑劣事情。這種改善可能反映出隨著時間流逝，越戰已經離現代較遠，也不再非常具有爭議性，稍後就會探討到這一點。如今，冷戰已經結束，教科書作者或許會以比較坦率的方式處理越戰，如同在針對非裔美國人的隔離制度結束後，他們處理奴隸制度的方式一樣。

然而，它們的內容卻顯得可笑，這或許反映出它可能是由多位作者所寫的。第十二章將會解釋高中美國歷史教科書封面上列的作者，經常不是真正撰寫它們的人，特別是較晚的版本。兩本同類的教科書在處理越南上就顯露出這個問題。

> 由於有些敵人潛藏在平民當中，美國部隊難以區分敵友。一個賣汽水給美國士兵的婦女有可能是越共間諜。一個站在角落的男孩有可能正準備投擲手榴彈。——《美國人》

> 美國部隊……一直無法確定敵友。在路邊賣汽水的越南婦女有可能是越共的盟友，當政府的士兵計算人數後。沿街叫賣糖果的小孩有可能帶著一顆未爆的手榴彈。——《通往現今之路》

很難相信這兩段文字是出自不同的作者。傑若德・丹澤（Gerald Danzer）（還是他的「合著者」之一）抄寫和修改了《通往現今之路》的敘述？艾倫・溫克勒（Alan Winkler）（還是他的「合著者」之一）抄寫和修改了《美國人》的敘述？若是如此，被抄襲者應控告抄襲者。然而，以高中教科書而言，從來沒有人提過這樣的控訴，因為出版業的人都知道他們的「作者」並不是真正寫這些書的人。或許《通往現今之路》和《美國人》的出版商，剛好雇用了同一位自由撰寫人來寫或更新這兩本書。這還不算插入照片、撰寫標題和教學建議的無名職員。

把不同的章節、要點和更新交給不同的無名作者來處理，容易造成誤導，因為學校體系在選擇教科書時，作者是否為聲譽卓著的歷史學家是考量要素之一。這種做法也容易使教科書的內容前後不連貫。重要敘述的不同段落之間時常互相矛盾。呈現互有差異的觀點並不是問題，但這並不是教科書該做的事。相反地，它們對越戰的描述就像一件接一件的事情，沒有貫穿整體的條理，又毫無觀點或詮釋可言。它們也不可能有條理，因為撰寫它們的人就像是一個個沒有組織且未曾謀面的委員會。因此，《重寫美國》（*America Revised*）及有關越南的好書《湖中戰火》（*Fire in the Lake*）的作者菲茨傑拉德才會將她在一九七九年檢視的教科書形容為：「在描述這場戰爭時既不鷹派、也不鴿派，而是含糊其辭，」她接著又說：「由於要在避談所有重要議題的情況下討論這場戰爭實在很難，所以這些越南章節讀起來還真令人嘆為觀止。」[21]

要界定該討論越戰的哪些議題多少取決於詮釋，而我並不想因教科書的觀點與我不同而提出責難。然而，或許我們可以同意，任何對越戰的合理探討至少應包含下列的六個問題：

- 美國為什麼要打越戰？
- 在美國加入戰場以前，這場戰爭是什麼情況？我們對它造成的改變是什麼？

· 這場戰爭對美國造成的改變是什麼？
· 反戰運動為什麼在美國造成這麼大的力量？它對越戰有哪些批評？這些批評是對的嗎？
· 美國打輸這場戰爭的原因？
· 我們應該從中學到的教訓？

光是列出這些問題就已代表它們每一個都仍具有爭議。以第一個問題為例，至今仍有人主張美國之所以打越戰，是為了能夠取得越南寶貴的天然資源。在前一章討論的「國際善人」做法則會宣稱，我們打越戰是為了將民主帶給越南人。以國內政治的分析為主的說法更為常見：民主黨的甘迺迪總統和詹森總統已經看到共和黨譴責杜魯門總統「失去」（losing）中國，所以不想再被視為「失去」越南。現實政治的主張則會強調骨牌理論（Domino Theory）：雖然我們現在已經知道越南共產黨與中國敵對，但當時的我們並不知道這一點，因此有些領導人相信，如果越南「落入」（fell）共產黨之手，泰國、馬來西亞、印尼和菲律賓也會。還有一個觀點認為美國覺得其威信有遭損壞之虞，因此不想打輸越戰，擔心非洲、南美或世界其他地方在美國統治下所獲得的和平（Pax Americana）將遭受威脅。[22] 有些陰謀論者甚至更進一步地宣稱，大企業煽動這場戰爭以協助經濟。有些歷史學家則採取比較長期的觀點，主張我們介入越戰是源自於種族主義與帝國主義的文化模式，此模式始於一六二二年在維吉尼亞發生的第一次印第安戰爭，繼而以「昭昭天命」（Manifest Destiny）延續至十九世紀，而今又見於「美國世紀」（American century）。他們指出在越南的美國大兵收集和展示越南人的耳朵，就像北美的英國殖民者收集和展示印第安人的頭皮一樣。[23] 最後還有一個觀點或許是我們參戰並沒有明確的原因，也沒有明確的目的，我們之所以打越戰只是因為在一九四六年時犯了錯，反對一個受歡迎的獨立運動，而其後的政府都沒有勇氣矯正這個錯誤。「我們在中南半島方面所犯的根本錯誤在於一九四五年後，」國務卿約翰·福斯特·

杜勒斯（John Foster Dulles）寫道，當時「我們的政府在（英法的）說服下恢復法國在中南半島的殖民者地位。」[24]

或許美國介入越南這場悲劇的種子早在一九一八年的凡爾賽宮就已種下，當時威爾遜未能聽取胡志明為其國家獨立而提出的請願。或許當羅斯福不協助法國在第二次世界大戰後再度殖民東南亞的主張，隨著他的過世而終止時，這些種子就已萌芽。由於教科書鮮少暗示是某一時期的事件引起下一時期的事件，我所檢視的教科書自然也都沒有從一九五〇年代以前的角度來解釋越戰。

在一九五〇年代與一九六〇年代，可支持一些解釋的歷史證據，比能用於其他解釋的證明薄弱地多，但是對於這些互有矛盾的詮釋，我不會在此選邊站[25]，而教科書作者也不需要選邊站。他們可以同時呈現數種解釋，然後概述每種解釋的歷史證據，請學生自行下結論。然而，這樣的挑戰卻不是教科書作者的風格。他們似乎總是強迫自己對所有的問題都提出「對的」答案，即使是尚未解決的爭議亦然。

那麼，他們究竟選了上述的哪一種解釋？一個都沒有！大多數的教科書乾脆規避這個議題，以《美國冒險史》中一個具有代表性的分析為例：「後來在一九五〇年代，南越爆發戰爭。這次美國提供南越政府援助」——「爆發戰爭」——還有比這更簡單的敘述嗎？《美國冒險史》花了四頁篇幅討論我們打一八一二年戰爭的原因，卻只以兩句話帶過我們為何打越戰。較新的教科書僅僅以反共產主義來解釋美國的參戰。

老師不太可能補充教科書中沒有探討的戰爭層面。根據琳達．麥尼爾（Linda McNeil），大多數的老師格外不喜歡教越戰的事。「他們會因為對越戰時代的記憶，而希望避談學生可能會與他們意見相左的主題，或會讓學生譏諷美國制度的主題。」因此，在一九八〇年代，老師整個學年平均花在探討越戰上的時間是零到四分半，其後至今，這時間沒增加多少；許多大學生表示，他們的高中歷史課程談到韓戰時就大致結束了。[26]

我們的教科書和大多數的老師都沒有協助學生對越戰進行批判性地思考，或是以歷史證明來支持他們的結論，也從沒提出過「打這場戰爭是對的嗎？它合乎道義嗎？」這類的問題。有些教科書看似指出了道德議題，但卻又轉向避開。例如，《自由的挑戰》中問：「美國為什麼在南越投入那麼多的軍事力量？」這個問題的答案有可能五花八門：因為我們的敵人不是白人？因為他們不能攻擊美國？因為我們有這力量？因為美國對抗「原始」民族的帝國主義史，從印第安戰爭到一八九九至一九一三年的美菲戰爭（Philippine-American War），再到越戰？因為我們就像大多數的國家，不是按道德標準、而是按現實政治行事？然而，《自由的挑戰》建議老師的答案卻顯示，它的作者並不真的想激勵學生思考我們為什麼介入越南，遑論我們是否該介入，而是僅僅再度重述詹森總統為進行大量轟炸所提的理由：「向越共及其盟友北越證明，他們無法打贏這場戰爭。」這個答案令人不解，因為越共和北越的確打贏了；此外，它的作者聲稱知道詹森的動機，卻沒有提供絲毫證據。在該書營造的言辭氣氛下，老師若要提出道德問題，就會變成違反教室常規。

同樣地，伯爾斯坦和凱利大多只問複習性的問題，例如「請說明迪安．魯斯克（Identify Dean Rusk）」，偶爾點綴一些「批判思考」的問題，例如「東京灣（Tonkin Gulf）事件為何導致美國涉入越南的程度加深？」事實上，一九六四年八月二日，美國驅逐艦「馬多克思號」（Maddox）在離屬於北越島嶼六點四公里的東京灣（Tonkin Gulf）巡航時，一些較小的美國船正運送南越突擊隊前往攻擊北越的一些島嶼。三艘北越巡邏船朝馬多克思號發射魚雷，沒有擊中；然後馬多克思號重創了其中兩艘，把第三艘擊沉。北越向國際監察委員會（International Control Commission）提出抗議。次日，小型美國船再度運送南越突擊隊，這次是攻擊北越本土，然後馬多克思號在回航時以為又遭到攻擊，於是朝四面八方開火。不久後，事情變得顯而易見，他們以為的攻擊其實是天氣與雷達誤讀所引起的。然而，詹森總統仍表示震怒，並將後來所稱的「東京灣決議」（Gulf of Tonkin Resolution）送交國會並以壓倒性多數表決通過。這份決議授權美國總統對越南百分之百的行事權，而詹森也立即行使權力，開始轟炸北越。真正的「批判思考」會引導學生做出這問題應該反過來問的結論：我們涉入越南的程度加深導致東京灣事件，特別是因為所謂導致「我們涉入越南的程度加深」、對馬多克思號的第二次攻擊根本沒有發生。（當時詹森曾對一名副官透露：「那些愚蠢的水手只是在射飛魚。」[27]）遺憾的是，除了在一九七四年出版的《發現美國史》以外，所有我調查的高中歷史教科書都沒有引導學生批判性地思考越戰。

諷刺的是，學生或許就算不做批評性思考，其父母也不會生氣。至少百分之七十的美國人現在都認為越戰不符合道德，而且當時採取的戰略相當荒謬[28]，這大致已經是共識。然而，二〇〇四年總統大選時，圍繞小布希和凱瑞的軍事紀錄所產生的尖銳爭論，卻顯示了這場戰爭可能仍有爭議。儘管尷尬，但佛羅里達州迪士尼世界二十九分鐘的「美國冒險」展中完全沒提到越戰，原因可能就是擔心會有爭議。這或許也能解釋為什麼歷史教科書會略去可能會讓今日的學生（或其父母）感到困擾的照片和議題。

使越戰顯得令人困惑，已經造成學生無法了解從當時至今的公共論述。在政治光譜（political spectrum）上不同位置的政治人物，在爭論是否該介入安哥拉、黎巴嫩、科威特、索馬利亞、波士尼亞，以及最近的伊拉克時，常會援用「越南的教訓」。貼在汽車後保險桿上「薩爾瓦多是越南的西班牙語」（EL SALVADOR IS SPANISH FOR VIETNAM）的標語，協助阻止了美國派遣部隊去薩爾瓦多。約翰·鄧伯瑞爾（John Dumbrell）和大衛·萊恩（David Ryan）的《伊拉克裡的越南》（*Vietnam in Iraq*），以及羅伯·布萊罕（Robert Brigham）的《伊拉克是另一個越南嗎？》（*Is Iraq Another Vietnam?*）都特別拿這兩個似乎永無止盡的戰爭做比較。[29]在二〇〇六年，季辛吉以荒謬悖理的方式解讀我們在越南的潰敗（他將美國的撤兵歸咎於國會），並以其建議小布希「繼續待在」伊拉克。[30]「越南的教訓」也被用於佐證或誤導有關祕密、新聞、聯邦政府如何運作，甚至軍隊是否應接受同性戀的討論。高中畢業生有權充分地了解越戰，才能明智地參與這類的辯論。畢竟，他們會是打下一場（及現有）戰爭的人——無論這戰爭是否與越南有相似之處。[31]

第十章／記憶深處：新近歷史的消失

我們看到的不是事物的樣貌，而是我們自己的樣貌。／**阿奈絲·寧**（Anais Nin）

唯有在種族主義與民族主義無法生存之處，愛國心才能奮起。我們不應把愛國心誤認為民族主義。愛國志士是熱愛祖國的人，而民族主義者蔑視其他人的祖國。／**約翰內斯·饒奧**（Johannes Rau）

人民當然不想要戰爭……然而，畢竟決定政策的是國家領袖，只要扯著人民做即可，無論是民主國家、法西斯獨裁國家、議會或共產主義獨裁國家皆同。無論能否發聲，人民總是會服從領導者的命令。這很簡單，你只需要說他們受到攻擊，並指責和平主義者缺乏愛國心。／**德國陸軍元帥赫曼·戈林**（Hermannn Goering），一九四六年四月十八日紐倫堡（Nurembeg）[2]

當應屬於民眾的資訊有系統地把持在當權者手中時，人民很快會變得對自身事務毫無所悉，對管理階層不信任，且最終無法決定自己的命運。／**理查·尼克森**（Richard M. Nixon）[3]

許多非洲社會將人分為三類：生者、雖亡猶生者（sasha）和亡者（zamani）。「生者」是仍活在世上的人；「雖亡猶生者」意指最近剛剛離世，在世時間與生者的時間重疊，他們尚未完全死亡，因為他們仍活在生者的記憶裡，而且生者可以在心裡呼喚他們，以藝術創造與其相似之人，讓他們在軼事裡長存。當知道一名祖先的最後一人死亡時，該祖先旋即由「雖亡猶生者」變為「亡者」。「亡者」泛指所有的祖先，但他們並未遭人遺忘，而是受人崇敬。許多人為後人所知，例如華盛頓或克萊拉．巴頓（Clara Barton），但他們不是「雖亡猶生者」，這之間是有差別的。[4]

由於我們並不像斯瓦希里語有這類詞彙，所以鮮少有系統地思考這當中的差別，但是我們的確還是有這些區別。想想我們怎麼讀對於先前經歷過的事件的敘述，特別是親身參與的事件，例如體育活動或伊拉克戰爭。我們在讀的時候多少帶著批判的精神，評估作者是否寫錯，對於正確的內容表示同意，或許還會從中學習。在研究較久以前的事件時，我們可能也會帶有批判的眼光，但這時主要的活動卻是消化其內容。特別是在第一次讀某個事件時，我們沒有多少可供依靠或批評的根據。

美國歷史教科書的作者顯得對「雖亡猶生者」太過警覺，因為他們明白老師、家長和教科書採用委員會成員都經歷過那段新近的過去，並且似乎對此感到不自在。因此，著重於崇敬「亡者」（亦即一般的祖先），比較符合他們的風格。當然，「雖亡猶生者」的世界充滿爭議，因為讀者會運用自己的知識與了解來看待它，所以有可能不同意書上的內容。在此情形下，他們會覺得對新近的過去說得越少越好。

我在看我最早取樣的十本敘述性美國歷史教科書時，也檢視了它們如何描述一九八〇年代以前的五十年（我沒有包括一九八〇年代在內，因為有些較舊的教科書是在那個年代出版的，所以不可能充分涵蓋它。）這些教科書平均用了四十七頁在一九三〇年代，四十四頁在一九四〇年代，用於其餘三個十年的頁數都不到三十五頁。就連動盪不安的一九六〇年代，發生了民權運動、越戰過了大半，以及金恩、美德加・艾維斯（Medgar Evers）、麥爾坎X、和約翰與羅伯・甘迺迪等人遭謀殺等等事件，也只獲得不到三十五頁的篇幅。[5]

二〇〇六至二〇〇七年間的教科書顯然採取不同的做法。如今，由於一九六〇七年代已經不再算是新近的歷史，所以教科書可以給予它們原本一直應得的五十五頁篇幅。（這篇幅比二十世紀任何其他的十年都來得多。）但是今日的內容是在二〇〇〇年至二〇〇七年之間出版，對於新近成為歷史的一九八〇年代、一九九〇年代及二〇〇〇年代同樣採取冷漠處理的做法。[6]現在，它們用於一九三〇年代的頁數是四十九頁，用於一九四〇年代的是四十七頁，但對於一九八〇年代及一九九〇年代卻都不到二十頁（而新千禧年頭幾年更少）。然而，這些年代卻相當重要，在這些期間，美國曾兩度攻擊伊拉克，發生史上第二次總統彈劾審判案，目睹一個世紀多以來選票最相近、爭議最大的選舉，並且在二〇〇一年九月十一日遭到恐怖攻擊。

然而，至今這每一件事件都仍具有爭議。有些父母是民主黨員，有些是共和黨員，因此教科書作者就柯林頓總統的彈劾案與審判所做的陳述有可能冒犯一半的人。越來越多的美國民眾相信伊拉克戰爭是不對的，但若教科書作者這麼說，有可能會使一些重要人士不悅，其中說不定包含學校委員會的成員。在美國的高中，同性戀甚至是討論與學習上更嚴重的禁忌主題。平權運動（Affirmative Action）導致憤怒的爭議；婦女運動仍然像是暗藏危機的地雷，即使它在一九七〇年代達到顛峰。每個學區都有極力支持傳統性別角色的父母，也有並非如此的父母。由此看來，最好還是不要在今天涵蓋太多有關女性主義的內容，最好還是把它留在一九七〇年代。於是教科書作者就極其謹慎地輕輕略過「雖亡猶生者」，避談所有主要的議題、所有「為什麼」的問題。

新近的過去在高中歷史課程中受到輕視，教科書作者並不是唯一的原因，許多老師也缺乏教它們的勇氣，或僅僅是因為時間不足而教不到。即使教科書給予「雖亡猶生者」應得的篇幅，大多數的學生仍必須自己閱讀，因為大多數的老師從來沒教完過整本教科書。在崔西．基德（Tracy Kidder）的《學童紀事》（*Among Schoolchildren*）中報導的主要對象，五年級老師克莉絲．札加克（Chris Zajac），在為時一年的美國歷史課上頂多只能教到重建時期！[7] 時間不足也不是唯一的問題。老師跟出版商一樣不想冒犯家長，結果就是在處理新近的歷史時，採取瑟博（Thumper）的母親所建議的方法：「如果說不出什麼好話，就一個字也別說了。」

作者和出版商在辯解美國歷史教科書為什麼以簡要平淡的方式帶過新近的過去時，有時會以那些過去離現在太近為藉口。我們不知道一旦歷史學家獲得歷史觀點帶來的超然立場後，會對那段時期有什麼看法，所以說得越少越好。

對於有關「亡者」的主題，教科書作者的確會拿歷史觀點當護盾。藉由以無所不知的枯燥語調來敘述與「亡者」有關的事件，來暗示歷史真相只有一個，而且已經獲得歷史學家的認同，而這個單一真相也正是他們今日所教且學生必須背誦的。這種撰寫方式也暗示著我們的歷史觀點會隨著時間演進而日趨準確，讓今日的教科書作者有累增的歷史見解可寫。然而，在處理與「雖亡猶生者」有關的事件時，他們卻再也無法拿歷史觀點當護盾。沒有了歷史觀點的保護，教科書作者只能赤裸裸地面對外界：沒有任何特別的資格能讓他們像在敘述「亡者」相關事件時一樣，以威嚴超然、絕對確鑿的方式敘述最近的事件。再者，教科書是第三手資料來源，原本應該根據第二手資料來源寫成，但是以探討極為新近的過去為主的書籍與文章大多都還沒有問世。

如同經常見到的想法，歷史觀點的確隱隱暗示著忽略「雖亡猶生者」是正當的做法。歷史學家告訴我們，距離事件太近會導致我們無法後退一步，從宏觀的角度來看歷史事件。他們宣稱，隨著新材料納入檔案保存處、或者在行動的後果隨時間變得比較清楚以後，我們才能做出比較「客觀」的評判。然而，時間演進本身並無法提供觀點。資訊會隨時間而增加，但也會隨時間而遺失。因此，宣稱缺乏歷史觀點的說法並不能做為忽視「雖死猶生者」的藉口。

談到這裡，或許可以回顧一下前幾章中特別提及、在觀點上的三個改變。威爾遜在今日享有的聲望比他在一九二〇年時高得多，但這並不是因為現今對他執政的政府有了新的發現，而是因為從一九四〇年代晚期到一九五〇年代初期，意識形態上的需求所導致的。在那些年代，白人歷史學家幾乎不會批評威爾遜在聯邦政府採取的種族隔離政策，因為當時並沒有種族隔離是錯誤的共識。在戰後時代，最重要的公眾議題也不是種族關係，而是對共產主義的遏制。在冷戰期間，我們政府的運作方式跟威爾遜時一樣，有半公開的戰爭、行政部門對國會的欺騙，還有以反共產主義之名行抑制公民自由之實等事情。威爾遜的政策在一九二〇年時具有爭議且不受歡迎，但是到了一九五〇年代卻已成為尋常之事。一九五〇年代的政治家與歷史學家拒絕孤立主義，甚至認為它屬於瑣碎之事。他們對於推動聯合國，然後將它徹底置於美國的影響力下比較感興趣，並且感謝威爾遜代表國際聯盟（League of Nations）所做的努力。歷史學家戈登・萊文（Gordon Levin Jr.）簡潔地描述這情形：「最終，在第二次世界大戰後的時期，威爾遜的價值觀將在兩黨一致的冷戰共識中贏得極致的勝利。」[8] 因此，威爾遜在今日的教科書中獲得的評價較好，可以大半歸因於一九五〇年代的意識形態需求跟一九二〇年代不同，若說威爾遜在一九二〇年代時成為「雖亡猶生者」，在一九五〇年代就是「亡者」了。

對於比較遙遠的過去，我們的看法會隨時代而改變。當哥倫布還是「雖亡猶生者」時，巴托洛美・廸・拉斯・卡薩斯（Bartolomé de Las Casas）和其他的作家與神職人員就曾特別記下，西班牙人虐待和奴役加勒比海印第安人的事。然而，到了十九世紀，哥倫布卻被吹捧成大膽的科學家，不僅駁斥了地球是平的觀念，還開啟了供人探索的新地球半球。對於一個與印第安部族交戰三百年且獲得勝利的國家來說，這樣的哥倫布恰好投其所好。但是到了一九九二年，許多哥倫布慶典所引來的卻是抗議，而且經常是由美國原住民所發起；「剝削者哥倫布」開始跟「探險家哥倫布」同樣出名。對於一個必須與數十個前歐洲強權殖民地和平相處的國家來說，這個跟仍是「雖亡猶生者」的哥倫布比較接近的「新」哥倫布比較有吸引力，現在這些殖民地都已成為新國家，而且經常是由有色人種所治理。如同先前所述，到了二○○七年，就連我們的教科書也開始記錄「哥倫布交換」所帶來的悲慘後果，而不僅僅是記述有利結果而已。一八九二年的哥倫布首航慶典與一九九二年的大不相同，這再度突顯出不同觀點所造成的效果。如同阿奈絲・寧所說，我們從自身的觀點看事物，而一八九二年的「我們」已與一九九二年的「我們」不同。

聯邦重建時期的神話最早滲入歷史文獻，是在種族關係達到最低點的一八九○年到一九四○年，然後一直留存在教科書中，直到一九六○年代。重建時期的政權後來被描述為是「黑人統治」的非法及腐敗實例。現在歷史學家已經回頭採納更早的歷史中所呈現的重建時期，而那些歷史都是在共和黨政府仍主掌南方各州時所寫下的。艾瑞克・方納（Eric Foner）歡迎這個改變，並將之歸功於「客觀學識與現代經驗」，這個措辭簡明地將這兩個關鍵起因連在一起。歷史中的確存有客觀的學識，這也是我敢於冒險使用「真相」與「謊言」這類詞彙的原因。遺憾的是，時間推移本身並不會孕育出客觀的學識。年代上的差距並未能促成對重建時期更準確的描述。由於有關重建時期的事實根據不符合種族關係最低點時期的「現代經驗」，因此它們在二十世紀初期一直沒沒無聞，被大多數的歷史學家所忽略。後來一直到民權運動改變了「現代經驗」，這些事實才為我們所知。[9] 由此看來，歷史觀點不是時間推移的副產品。從里昂・費斯汀格的認知失調理論得到的看法還比較準確，根據這個看法，書寫歷史的時期本身所存有的社會實務大體上決定了當代對過去的歷史觀點。[10] 在看待客觀學識時，必須把它與讓它得以盛行的「現代經驗」相連才能看得清楚。

由此來看，在敘述新近的過去時，教科書作者不一定會因缺乏歷史觀點而處於不利地位。相反地，事件在新近發生反倒能帶來三個潛在的優點。第一，由於作者本身就經歷過那些事件，他們已經從電視、新聞和與他人的對話中獲得大量與當代議題有關的資訊。第二，可以獲得多重觀點，每一個都有其支持的證據，而且多少具有說服力。第三，作者可以自由地做研究：查證報紙內容，訪談新近的歷史創造者，與不同領域的學者分享詮釋，例如研究這些議題的政治學家。在有了這些資訊後，教科書作者接著可以發展出關於新近過去的故事線，讓它不僅有趣，還充滿豐富的資訊，而這正是我在撰寫本章時嘗試做到的事。[11] 我的結論是在過去十年間最重要的議題包括二〇〇一年九月十一日的恐怖攻擊、我們對阿富汗的反應，以及我們對伊拉克的（第二次）戰爭。比起柯林頓遭彈劾案，這三個事件肯定會對我們未來的生活造成衝擊。教科書對它們說了什麼？又應該說什麼？

對於九一一事件，學生（就跟其他的美國人一樣）無疑會想尋找四個問題的答案。第一，發生了什麼事？第二，我們為什麼遭到攻擊？第三，我們怎麼會讓它發生？第二和第三個問題自然會引出第四個問題：它會不會再次發生？

或許因為第一個問題最簡單，所以教科書中的確談到二〇〇一年九月十一日發生了什麼事，而且是以相當冗長的方式敘述，例如《霍特：美國》與《美國人》以整整五頁來描述世貿中心（World Trade Center）和國防部發生的事。它們的敘述有些錯誤；例如《霍特：美國》中宣稱「這是自一八一二年戰爭以來，首次有外國敵人攻擊美國本土。」這對新墨西哥州哥倫比亞市（Columbus）的居民來說肯定是新聞，當地的潘丘維拉州立公園（Pancho Villa State Park）還留著墨西哥於一九一六年攻擊該地的記憶，造成二十四名美國人喪生，整個城鎮付之一炬。這些教科書的說明中也含有大量結構鬆散的內容，而那些篇幅原本可以有更好的用途。例如《霍特：美國》中一度說：「巨大的建築物倒塌，造成數千名仍在建築物裡或附近高大建築中的人死亡或受困，其中包括數百名消防隊員、警察和其他救援者。」一頁後，它重複說：「大約二千五百人在世貿中心遭受攻擊時喪生，包括超過三百名消防隊員和許多其他同在現場的救援人員。」

說明發生的事回答了上述四個問題中最不重要的一個，因為今天的高中生已經知道發生了什麼事。（然而，再過三、四年，年紀太小而不記得這事件的學生會需要這些敘述。）至於「為什麼」這個今日的學生真的需要深思的問題呢？《霍特：美國》在教師版本中清楚說明「為什麼」並不是老師應解決的問題：「告訴學生，在本節中他們將學到二〇〇一年九月十一日的攻擊事件，其對經濟與社會的重大影響，以及美國民眾與政府的反應。」《通往現今之路》及伯爾斯坦和凱利也忽略了「為什麼」的問題。《美國人》對任何因果的調查模糊以待，加入愛爾蘭共和軍（Irish Republican Army）、秘魯的光輝道路運動（Shining Path movement），以及日本的狂熱教派，奧姆真理教（Aum Shinrikyo）。[12] 只有《美國通史》說明美國為什麼遭到攻擊：

> 賓拉登（Bin Laden）以對美國懷有充滿惡意的憎恨著稱，因為美國對沙旦·海珊（Saddam Hussein）統治的伊拉克實施經濟禁運、在中東的軍事力量漸增（特別是在阿拉伯半島的聖地上），以及支持以色列對巴勒斯坦民族主義的敵意。賓拉登也利用了世界各地對美國強大經濟、軍事與文化力量的憎恨。

第一個句子準確地總結了必須為九一一攻擊負責的蓋達組織領袖奧薩姆·賓拉登（Osama bin Laden），在一九九八年發表的《對抗猶太人與十字軍的世界伊斯蘭戰線聖戰宣言》（*Declaration of the World Islamic Front for Jihad against the Jews and the Crusaders*）[13]。第二個句子也是既準確又有用。遺憾的是，除了《美國通史》的這兩個句子以外，今天的教科書讓學生不設防地接收由我們的政府刻意散播的誤解。在九一一攻擊發生九天後，小布希總統告訴國會他如何回答這個「為什麼」的問題：

> 美國民眾問，他們為什麼恨我們？他們所憎恨的，正是我們在這個會議廳所見到的——以民主方式

> 選出的政府。他們的領袖是自己指定的。他們恨我們的自由——宗教自由、言論自由，以及投票、集會和不同意對方的自由。[14]

多快樂的想法：他們恨我們，因為我們是優秀的！

布希在其後的一年間多次重複與上述引用文大同小異的話。或許是因為這些話的慰藉力量強大，以至於這個解釋廣為人所接受。為年輕人解釋這些恐怖攻擊事件的第一本書、或許也是一流的書是《時代》（*Time*）雜誌記者米屈．法蘭克（Mitch Frank）所寫的《了解九一一》（*Understanding September 11th*），他在書中針對世貿中心提出類似的說法：

> 雙子星世貿大樓的用意在於象徵和平。在它們於一九七三年完工後，設計它們的建築師山崎實（Minoru Yamasaki）曾說：「世界貿易意味著世界和平。世貿中心是人類致力於世界和平的活象徵。它應該會成為一個表徵，代表人類對人性的信念、對個人尊嚴的需求，對合作的信任，以及透過合作造就偉業的能力。」恐怖分子攻擊的正是這一切。[15]

當然，這是一派胡言。如果法蘭克曾在二〇〇一年九月十日詢問一百名到世貿中心的訪客，這些建築對他們所象徵的意義，肯定沒有人會回答：「世界和平」、「個人尊嚴」或「人類的合作」。[16]畢竟，在這棟建築裡的是證券經紀人和投資銀行家。《美國傳統英語字典》（*American Heritage*）的編輯曾在二〇〇五年於一篇論文中，讚揚恢復與展示雙子星塔建築模型的工作，如同他們的形容，這些建築是「國際可辨別、美國經濟力量的象徵」。[17]

以我們的價值觀、自由或對世界和平的奉獻做為恐怖分子攻擊我們的原因，這樣的觀念利於我們，但卻膚淺且不正確。以本章開頭饒奧對民族主義與愛國心所做的區別來看，這樣的想法可以說是民族主義，但卻稱不上是愛國心。民族主義並不鼓勵我們批評和改進自己的國家，因此民族主義僅在短期上對我們有用。長期而言，國家需要人民質疑其政策，而不是盲目地頌揚它們。博識的美國人更是對記者詹姆士·法羅斯（James Fallows）指出了這一點，他在《亞特蘭大月刊》（*Atlantic Monthly*）中總結說：「我所訪談的士兵、間諜、學者和外交官都一致地說，『他們因我們的本質而恨我們』這種想法既危險又愚昧。」法羅斯本人也形容這種想法是「懶惰的自我辯解與自我欺騙」。中情局賓拉登單位的最高主管麥克·薛伍爾（Michael Scheuer）同意道：

> 賓拉登一直明確地告訴美國，他跟我們作戰的原因。這些原因跟我們的自由、解放與民主毫無關聯，但跟美國對伊斯蘭教世界所採取的政策與行動息息相關。

在二○○四年十一月，一個有趣的消息來源證實了這個看法：美國國防部的一份報告指出，「穆斯林不『恨我們的自由』，而是恨我們的政策。」如果我們正視這句話，就有可能質疑或改變我們對中東的政策。布希的分析（以及大多數的教科書避免任何分析的做法）遏制了這樣的想法。[18]

教科書很難質疑我們的外交政策，因為從頭到尾它們一般就是把美國設定在我們於第八章中討論過的「國際善人」模式。以《通往現今之路》的第一頁為例，其內容以介紹歷史為「主題」（同時涵蓋地理、經濟等等）。以下是它在「歷史主題」下提供學生的內容：

> 為自由民主而戰：在美國歷史上，美國人向來冒生命危險捍護自由，並在國內外為民主而戰。本書第四百一十頁至四百一十一頁「美國之路」的內容可協助讀者追溯保護與捍護這些珍貴想法的事件。

按指示閱讀這兩頁就會發現相同的標題與內文，輔以獨立戰爭、南北戰爭、第一次和第二次世界大戰，以及二〇〇一年九月十一日以後，消防隊員舉著美國國旗站在世貿中心廢墟前的著名照片。其中明顯欠缺我們與美國原住民長達數世紀的戰事、美墨戰爭、菲律賓戰爭，或任何其他無法列入「在國內外為民主而戰」的衝突。我們打最久的越戰連一句也沒提。當然，其中有些軍事參與可能符合「國際善人」的標題，一九九九年我們介入塞爾維亞－柯索沃（Serbia-Kosovo）的戰爭或許算是，或者第二次世界大戰也是。但是其他的戰爭，像是森米諾戰爭和菲律賓戰爭，卻算不上。當作者以平淡乏味的語氣，將我們的軍事史置於「為自由民主而戰」的標題下時，它們僅僅暗示學生其內容不會包含嚴肅的分析。

在《美國的歷史》的中間，就在描述完越戰之後，伯爾斯坦和凱利傳達給學生類似的訊息：「美國仍是超級強權，避不開維護世界和平的一些責任。自獨立以來，美國對於希冀自治的人而言一直是希望的燈塔。」顯然，學生應該不會注意到美國在這之前的十年間一直在發動戰爭，而不是「維護和平」，精確地說，是否認越南人「自治」的能力。這類「分析」令人難以了解為什麼有人會攻擊維護和平者，會攻擊「希望的燈塔」。

在艾伯列比（Appleby）、布林克利（Brinkley）和麥菲森（McPherson）的《美國之旅》（*The American Journey*）中提供了最驚人的實例：

> 美國在二十世紀最後十年間努力促進世界和平與繁榮。許多美國民眾仍然認為美國應是世界的楷模。如同柯林頓於一九九七年國情諮文中所說：「美國必須繼續擔任維護和平的堅定力量——從中東到海地……」

還真驚人。這根本不能說是「歷史的真相」，艾伯列比一九九五年論述史料編纂的著作正是以「歷史的真相」為名。這樣的段落或許僅僅迎合右翼的想法，而且若是如此，這效果似乎也達到了。在二〇〇四年，華盛頓特區保守傳統的智庫湯瑪斯富翰研究所（Thomas B. Fordham Institute）公布了由黛安・

拉維奇（Diane Ravitch）、契斯特．芬恩（Chester Finn）和其他人合寫的《高中歷史教科書消費者指南》（*A Consumer's Guide to High School History Textbooks*），其中評比了六本美國歷史教科書。《美國之旅》排名第一：「整體而言，其分析公平、審慎且合理。」[19] 當然，拉維奇和芬恩不會在探討美國外交政策的課上宣稱：「美國在二十世紀最後十年間努力促進世界和平與繁榮。」美國是否應該做這件事甚至都仍不清楚。如同其他的國家，美國會先尋求促進自身的繁榮，以及在世界上的影響力。

《美國之旅》在二〇〇〇年取得版權，並且在我為本書研究的六本新教科書中，是年份最早的一本，因此我們無從確切得知在該書出版三年後，美國（不再「努力促進世界和平與繁榮」）先發制人地攻擊伊拉克時，它的作者們有可能會如何評論這事件。美國的攻擊行為顯然跟他們對美國特色所做的評估截然不同，對於這行為，他們會不會感到驚愕？肯定不會；畢竟在他們的教科書出版前的六十年，美國幾乎每一年都在世界某個地點與人交戰。像這樣的段落會令人將辯解與事實混淆，且呈現出的是意識形態、而非分析，這類的敘述同樣也無助於學生了解，為什麼有人會要攻擊這樣一個無私純良的國家。將國家以毫無罪愆的面貌呈現（總是光明正大地執行其中東政策，例如對巴勒斯坦人和以色列人懷有最大的善意），只會讓學生變得無知，無法了解其他人為何對我們感到憤怒。這樣的呈現也會增加的學生的種族中心主義——亦即我們是世上最好的社會，所有其他國家都必須喜歡我們的信念。美國民眾的種族中心主義已經比其他國家來得強，部分原因在於美國強大的經濟、軍事與文化力量鼓勵我們相信，我們的國家不僅是世上最強大、也是最好的國家。任何會進一步使這種族中心主義更加穩固的歷史課程，只會減少學生向其他文化學習的能力。

除了受困於「國際善人」的假設以外，教科書作者還有第二個不利的情況。我們與伊拉克的戰爭有其歷史。本書第八章已經指出，教科書在討論美國干涉中東的歷史時做法可悲。首先，協助海珊掌權的是美國。按照記者安東尼．拉培（Anthony Lappe）和史蒂芬．馬歇爾（Stephen Marshall）的用詞，在一九六三年時伊拉克的什葉派總理阿布都・卡里姆・卡塞姆將軍（Gen. Abdul Karim Qassem）「開始對英美的影響力造成威脅」。中情局策劃了推翻卡塞姆的計謀，而起初作為回報，海珊及其復興黨（Ba'ath Party）則歡迎西方石油公司。然而，幾年後，海珊將伊拉克的石油產業國營化。儘管如此，在習來已久、「敵人的敵人是朋友」的戰爭與外交原則下，美國在海珊於一九八〇年入侵伊朗時支持海珊。在一九八二年雷根總統將伊拉克自已知恐怖主義國家的名單上移除，以便在海珊與伊朗交戰時提供軍事設備及其他援助。根據記者約翰・金（John King）的報導，在一九八〇年代其餘的時間，美國賣給伊拉克的物資包括軍用直升機、電腦、科學器具、化學品，還有其他供伊拉克的飛彈、化學武器、生物武器和核子武器計畫使用的物品。中情局及國防情報局（Defense Intelligence Agency）提供伊拉克情報，協助其軍隊將化學武器用在伊朗部隊上。雖然這類武器早已被列為非法，但是美國接著阻擋聯合國安全理事會（UN Security Council）譴責伊拉克使用化學武器的決議案。即使在與伊朗的戰爭結束後，海珊將這些武器用於自己的人民身上時，我們仍繼續將武器等級的炭疽熱和氰化物，以及其他的生化武器送至伊拉克，沒有一本教科書承認我們在過去與海珊的關係。[20]

我們在伊朗的行動對於了解九一一的發生甚至更重要。第八章談到我們一再代表伊朗國王進行干涉，而這些干涉解釋了伊朗今日對美國的敵意。推翻國王統治的伊朗革命（Iranian Revolution）對於其後的中東歷史至關重要。由於大多數的教科書沒有誠實地描述我們在伊朗所扮演的角色，因此難以解釋接下來發生的事件，而學生也無法運用歷史來了解今天發生的事。如同我們在一九七〇年代時支持伊朗國王一樣，今天我們將運氣押在沙烏地阿拉伯、科威特、埃及、烏茲別克和其他地方的高壓政權上，這造成大多數的阿拉伯人與許多其他的穆斯林視美國為史考特・艾波比（Scott Appleby）所說的「大偽君子」。我們宣揚民主制度，卻同時支持獨裁制度。[21]

對於我們了解中東和恐怖主義，同樣重要的是我們傾向以色列的做法。美國強硬地堅持伊朗不得擁有核武。布希總統以伊拉克據稱企圖取得核武，做為我們對伊拉克發動攻擊的正當理由。然而，儘管我們知道以色列擁有核武已經二十年，但甚至沒有以言辭對他們表示過譴責。[22] 相反地，自以色列於一九四八年建國以來，不論以色列擁有核武一事或其他政策，美國總是提供它重要的經濟與軍事支援。

除了沒有解決「我們為什麼遭到攻擊」的問題以外，大多數的教科書也忽略了第三個問題：我們怎麼會讓它發生？教科書作者不想批評美國政府，但兩黨都應對此負責。在柯林頓政府執政的八年間，只採取了少數行動來改善我們對恐怖攻擊的安全措施。特別是多年來，移民局（Immigration and Naturalization Service）一直以無能出名——無法列出不應進入美國的實用名單，無法追蹤學生簽證或工作簽證過期但仍滯留的人，甚至不願尋找違反移民規定且沒有出席法庭聽證會的人。布希政府在保護民眾安全上做得甚至更少，但是對於布希總統未能對他在二〇〇一年九月十一日以前收到的警告採取行動，教科書作者卻未置一詞。在二〇〇〇年，柯林頓政府曾做過模擬飛機撞擊國防部的安全演習，顯示他們知道這個可能性。「至少在九一一發生三個月前，」根據拉培和馬歇爾：「德國探員就曾警告中情局『中東的恐怖分子計畫劫持商用客機，當作攻擊美國文化重要象徵的武器。』」中情局甚至沒有將那個警告告知航空公司。聯邦調查局的探員曾經在交給上司的備忘錄中，提及可疑的阿拉伯人在美國飛行學校接受商用噴射機的駕駛訓練，但卻徒勞無功。在九一一攻擊發生超過一個月前，小布希曾經收到一份標題為「賓拉登決定攻擊美國」的簡報，但卻沒有採取任何行動。[23]

在九一一受害者家屬的督促下，國會因這些議題而要求成立一個委員會，調查情報、國防及執法當局為何未能合作、調查及搶先阻止這些恐怖分子。美國民眾認為是小布希總統促成了九一一特別調查委員會（9/11 Commission）的召開，其實他原本是反對的，但輿論迫使他同意，他的政府也是在不情願下勉強合作。所有其他的教科書完全沒提這個委員會。

它會不會再次發生？這些教科書都沒回答，當然，它們也無法回答，但它們的語氣卻是樂觀的。

「總統也迅速展開打擊國內恐怖分子的行動，」《通往現今之路》說：「在九一一攻擊發生後不到一個月內，布希成立了國土安全處（Office of Homeland Security）。」接著是三大段對於政府重組表示振奮的內容——其中不含絲毫批評或質詢。聯邦政府對卡崔娜颶風可悲的應變能力，透露出布希政府縮小並將美國聯邦急難管理署（Federal Emergency Management Agency）降級，同時將它併入國土安全處，這過程大幅削減了我們應對災難的能力；而《通往現今之路》的確早在這之前就已付梓，但是教科書作者仍可接觸得到廣泛專業的質疑，對於我們是否已準備好因應恐怖行動的物質自我們的港口輸入一事，以及讓沙烏地阿拉伯人容易取得簽證的豁免計畫，和其他國土安全處還沒有解決的問題等等。樂觀的內容能令學生安心，但這效果只能持續至下一次攻擊為止。只要攻擊一發生，他們就會有受騙的感覺。

美國對九一一事件的第一個反應，是在二〇〇一年十月攻擊阿富汗的塔利班政府。這個伊斯蘭基本教義派政權跟海珊一樣，最初也是由我們的中情局所扶植，因為中情局反對先前受到蘇聯支持的共產黨政權。在一九八〇年代，中情局不僅提供阿富汗的伊斯蘭基本教義派美國顧問及防空飛彈，同時也協助他們從其他國家募集穆斯林跟他們一起作戰。不幸的是，這些極端主義分子在掌權後庇護賓拉登及其訓練營，而攻擊世貿中心及國防部的恐怖分子正是出自這些訓練營。在九一一攻擊事件發生後，且在美國的要求下，塔利班政府提議將賓拉登交給第三國。美國拒絕這提議，認為這種做法不夠[24]，並且反而在一個月內，代表北方聯盟（Northern Alliance）開始轟炸塔利班部隊，北方聯盟是塔利班的敵人。在我們的協助下，北方聯盟迅速獲得勝利。北方聯盟的成員是阿富汗人，因此能從阿富汗人當中辨別出塔利班的支持者。然而，當時布希政府因為要準備對伊拉克開戰而分心，所以沒有專注於逮捕賓拉登、以及使阿富汗成為中立或有利美國的國家。這些二〇〇二年初所犯的錯誤一直到五年後仍困擾著美國，賓拉登仍然在逃，而阿富汗政府對大多數的阿富汗人沒有多少控制力。[25]

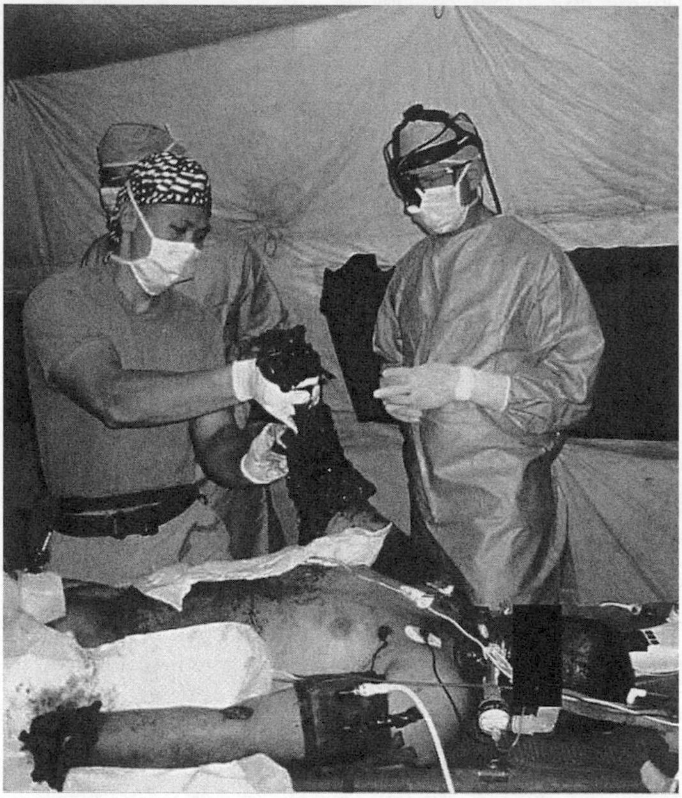

美國似乎越來越容易參戰，部分原因在於我們大多數人並不真的明白戰爭帶給人類的損失。我們的無知有數個原因。在伊拉克，我們的人體防護裝置、醫療照顧等等比先前好得多，結果戰鬥中的死亡比例遠比受傷比例低得多，大約是一比九，而在越戰中卻是一比三。死亡士兵的人數減少是一件很好的事。然而，由於受傷人數多得多，其中有些傷勢嚴重，例如這名在華特里德軍人醫學中心（Walter Reed Army Medical Center）的軍人，死亡人數並不能呈現出完整的故事。戰爭死亡人數減少的另一個原因是許多戰事服務，例如駕駛與守護卡車護送車隊的工作，已經外包給私人公司，而他們的人員損失並沒有列入正式的紀錄。伊拉克的死亡人數遠比我們多得多，但也沒有計入總死亡人數裡。然而，由於我們大多數人並沒有因戰爭而有任何個人犧牲，死亡人數就構成我們了解一場戰爭代價時的主要知識。

只有《美國通史》這本教科書談到美國曾經支持伊斯蘭基本教義派，協助他們對抗阿富汗的共產黨政府。《美國通史》跟其他書籍一樣，錯誤地陳述塔利班斷然拒絕了交出賓拉登。然而，除此以外，大多數的教科書都是以簡潔且合理的精確方式，解說美國和北方聯邦一起把塔利班政府拉下台。它們也的確談到賓拉登已經逃逸。或許我們也不必驚訝它們能提出準確的解釋：我們對阿富汗的干涉是正當有效，至少起初是如此。[26]

從歷史的角度來看，下一個戰事是美國在二〇〇三年三月對伊拉克發起的戰爭。然而，儘管是按年代順序來看，但是我們攻擊伊拉克的合理性卻不明顯。的確，布希政府最初的說法是九一一恐怖分子和海珊之間有關，在我們發動攻擊兩天後，布希總統在解釋原因時提出三個理由：「解除伊拉克的大規模毀滅性武器，終止海珊對恐怖主義的支持，帶給伊拉克人民自由。」同樣地，副總統迪克．錢尼（Dick Cheney）形容伊拉克是「恐怖分子所在的地理基地，這些恐怖分子攻擊了我們多年，特別是九一一。」即便在當時，這兩者之間有關的說法也不合理。伊拉克跟美國九一一攻擊事件之間沒有關聯；賓拉登對海珊與宗教無關的殘忍獨裁制度，只有蔑視；而海珊則對於讓恐怖分子在其統治的警察國家裡籌劃組織不感興趣。[27]

「大規模毀滅性武器」的說法也不合理，因為布希先前已經以積極的外交手段，說服海珊讓聯合國的武器檢查人員在十一月返回伊拉克，而他們並沒有在伊拉克發現有這類武器的證據。海珊的政府也在次月提交了一份報告，描述伊拉克早在一九九〇年代就已經解除大規模毀滅性武器的過程（後來發現這份報告正確）。檢查人員懇求布希讓他們完成檢視，但布希命令聯合國撤出伊拉克，以便美國能夠入侵。在我們獲得最初的軍事勝利後，徹底的搜索證實伊拉克沒有大規模毀滅性武器。在當時遭隱瞞的資訊後來旋即顯示，英國首相湯尼．布萊爾（Tony Blair）和布希總統早在發動入侵以前，就知道伊拉克沒有大規模毀滅性武器。[28]此外，即使伊拉克據稱擁有的大規模毀滅性武器計畫，已經有了布希政府宣稱的進展，他們的進度也會遠遠落後另外兩個遭布希譴責為「邪惡軸心」（Axis of Evil）的國家，即伊朗與朝鮮。照道理來說，我們應該要先攻擊這兩個國家，但相反地，我們卻攻擊了伊拉克——原因正在於它的力量最弱。[29] 此外，我們對伊拉克的攻擊也鼓勵了伊朗和朝鮮（以及任何其他想預防美國可能對其發動攻擊的國家）取得核武和其他的大規模毀滅性武器。我們攻擊伊拉克的原因顯然不在於它擁有大規模毀滅性武器，而在於它「沒有」擁有。

布希總統所說第三個攻擊伊拉克的原因「帶給伊拉克人民自由」，再次證明美國外交政策上的「國際善人」模式。在海珊的統治下，伊拉克人民（特別是其境內占多數的什葉派和占少數的庫德族）毫無疑問生活困苦。因此，伊拉克社會有相當多的人起初（正確地）視我們的軍隊為解放者，但為時短暫。然而，以干涉的原因而言，海珊的嚴苛統治向來不是最顯著的。如果人民受苦受難是促使美國進行干涉的原因，我們應該會先把軍隊派去蘇丹南部的達佛（Darfur），那裡由阿拉伯人統治的政府不斷殺害、或允許其民間盟友殺害成千上萬的非裔黑人；或是應派去辛巴威，那裡的獨裁者羅伯特・穆加貝（Robert Mugabe）的統治逐年愈見嚴苛。然而，「國際善人」的解釋的確為這次入侵提供了言辭上的理由，也的確說服了一些民主黨人士投票支持賦予總統開戰權力的決議案。

如果政府所說攻擊伊拉克的理由不符合，那麼這次軍事冒險究竟要怎麼解釋？當然，有一個沒有聲明的重大原因：布希總統和他的同事希望能從中獲得政治經濟的利益。當時大家都知道海珊的武裝部隊曾在一九九一年波灣戰爭時遭美國輕易打敗，而今更比之前弱得多。在波灣戰爭之前，伊拉克有四千二百八十輛坦克，但在戰爭結束時只剩五百八十輛。[30] 伊拉克的武裝部隊因美國及其同盟自一九九一年開始的「禁飛區」（no fly zone），力量進一步削弱，這意味著美國飛機從交戰行為開始就可控制伊拉克的領空。所以政治家知道如果反對一場在數週內就會獲勝的戰爭，會有政治上的危險。實際上，在二〇〇四年十一月，在看似成功的戰爭、以及海珊的逮捕對選舉所造成的影響下，布希總統贏得連任，而他所屬的政黨也主控了國會。經濟所扮演的角色甚至更為明顯。布希的許多親友長久以來都與石油業的建設及武裝軍備計畫有關。在二〇〇三年四月，布希政府通知國際社會，美國（而非其他國家的）公司與政府機構將重建伊拉克。一點也不令人意外地，錢尼副總統先前的公司哈里伯頓集團（Halliburton）從政府所獲得的重建經費要比任何其他的公司都來得多，而且現在也已被控詐欺和瀆職。同時，錢尼每年繼續從哈里伯頓集團收取十五萬美元的延遲支付（Deferred Compensation），並且擁有價值超過一千八百萬美元的股票選擇權。相對地，為了確保錢尼及其盟友成功連任，哈里伯頓集團給了共和黨超過五十萬美元。[31]

布希家族與石油業的淵源已久，在布希任期的早期，錢尼副總統召集了一個主要由通曉石油業界內幕的人士所構成的祕密能源工作小組。在二〇〇三年，政界人士暨前眾議院議長湯姆．佛里（Tom Foley）率直地抨擊美國外交政策的善人解釋，隱微地提供了一個形象差得遠、代表私人石油公司開戰的美國政府：「我們相信我們並不是自私自利的。例如，我們的認知是我們攻擊伊拉克不是為了控制其石油市場，如果有人暗示這樣的事，對我們是非常冒犯的事。我們向來會排除自私自利的動機。」[32] 如果有人仍懷疑石油在這場戰爭中的角色，在二〇〇七年，道瓊宣布伊拉克的傀儡議會正在考慮頒布一項「由美國政府協助規劃的」法律，它將給予西方的大石油公司抽取伊拉克石油三十年的契約。此外，早期幾年百分之七十五的利潤將由外國公司取得，相較之下，在其他石油生產國平均只有百分之十。[33]

沒有一本教科書暗示這類原因在我們的戰爭決定、選擇以伊拉克為目標，或一些策略性的事務（現在普遍認為是愚蠢的錯誤）中扮演了任何的角色，這類事務包括選擇把法國、德國和聯合國等政治實體排除在伊拉克的重建與重組事務之外。歷史教科書從來沒提過。儘管有數本歷史教科書特別提及，美國在波灣戰爭中迅速獲勝後，美國民眾在民意調查中給予小布希的滿意度提高，但是它們的作者從來沒有提及以國內政治做為開戰的理由。[34] 相反地，他們選擇相信官員為其行動所提供的理由，而不是深入表相去調查。例如，從《美國人》說明伊拉克戰爭的第一個句子來看：「在二〇〇三年，布希將針對恐怖主義的戰爭擴大至伊拉克。」如我們所見，攻擊伊拉克與「針對恐怖主義的戰爭」無關。不久後，即便是布希也不得不承認這兩者之間沒有關連。[35] 儘管如此，這兩位美國正副總統仍持續做如今看來相互矛盾的陳述，將伊拉克與九一一恐怖攻擊相連。政治學家艾咪·葛希科夫（Amy Gershkoff）和夏娜·庫許納（Shana Kushner）已經證明這個想像出來的關聯，是民眾支持打這場戰爭的主要原因，而這證明了赫曼·戈林（Hernan Goeriug）指出的真相，若要民眾支持戰爭，「只需要告訴他們，他們正遭受攻擊」，並且譴責反對者不愛國。當《美國人》這類的教科書重複恐怖主義跟海珊統治的伊拉克之間虛構的關聯時，等於鼓勵我們的年輕人支持這場遭人誤導的戰爭。[36]

無論當初攻打伊拉克的理由為何，布希政府在獲得最初的勝利後，忘了成功占領一地時的基本規則：除去遭占領社會的領導人，然後利用當地已經存在的社會結構來進行統治。畢竟，海珊用了超過五十萬名軍警才維持住伊拉克的平靜。然而，在國防部長唐納德·倫斯斐（Donald Rumsfeld）駁回高階軍官的提議與堅持下，我們僅派遣人數少得多的部隊過去，而且其中幾乎無人會說阿拉伯語。於是我們別無選擇，只能用伊拉克軍隊來管制軍火臨時堆積場、指揮交通、陪我們的部隊一起巡邏，以及做其他有用的工作。我們沒有採納傑·嘉納將軍（Gen. Jay Garner）這類對伊拉克有經驗的人所提的建議，反而僅僅宣布伊拉克軍隊為非法。此外，我們在這麼做時甚至沒有要求伊拉克軍隊進來繳械，因而立即創造出在我們控制範圍之外的非法武裝部隊。占領伊拉克不是火箭科學，我們必須效法過去五百年來最成功的占領方法，比方說德國在一九四〇年代如何治理法國？答案是透過法國警察、當地領導階層，以及傀儡的維琪（Vichy）政府。我們選擇的方式證明高階官員的無能。[37]

從現實政治的觀點來看，美伊戰爭從一開始就不是一個好主意。美國原本就已使海珊處於困境，而海珊屈服於聯合國的要求，重新接受大規模毀滅性武器檢視人員進入伊拉克，即已證明他的兩難困境：他以武力治理伊拉克，但卻難以動員足以與聯合國和美國抗衡的軍武。再者，若說伊拉克不是民主國家，但至少是宗教中立的阿拉伯國家。到了二〇〇四年，中東專家、軍隊指揮官和中情局官員都告訴記者法羅斯，我們選擇攻擊伊拉克的決定「在戰事開始前妨礙了阿富汗的戰鬥，使它過早結束，並因而喪失逮捕賓拉登的機會。」它也把我們的注意力轉離九一一恐怖攻擊事件真正的來源（沙烏地阿拉伯、埃及和巴基斯坦境內），以及我們國內安全機構的巨大漏洞。法羅斯繼續說，這場戰爭「過度使用與消磨」軍隊，「沒有派遣足以成功占領的部隊。」最糟的是它創造出新的恐怖分子。在攻擊伊拉克四個月後，布希總統挑激伊斯蘭極端分子來「攻擊我們，我的回答是，有膽就來。」[38] 極端分子回應了。原先在海珊的統治下於伊拉克沒有立足之地的蓋達組織，發現在布希管制下的伊拉克是徵召人手的好地方。

的確，這場戰爭在二〇〇四年時看起來並不像二〇〇七年一樣方向錯誤或處理不當，因此若我表示教科書作者早應看出在今日顯而易見的事，顯然並不公平。然而，我的總結大多來自記者、歷史學家，以及前政府官員於二〇〇二至二〇〇四年間所

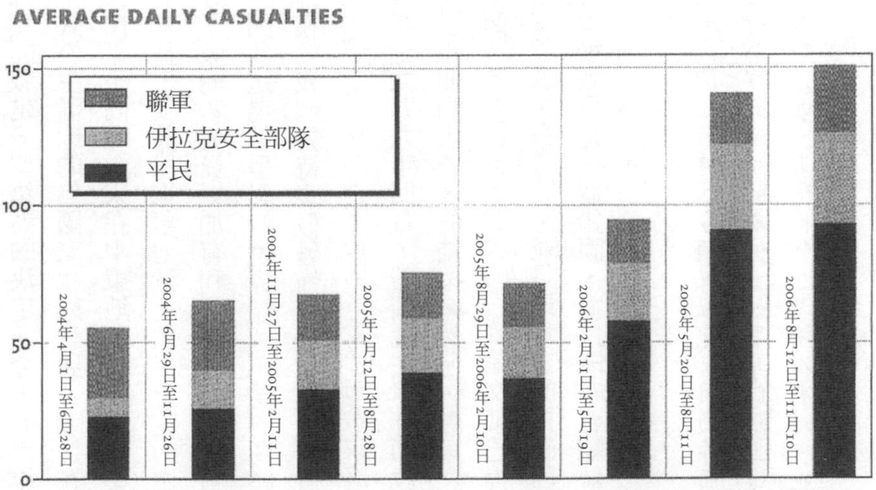

本圖說明伊拉克逐漸朝無國家狀態發展的情形。在美國解散伊拉克的政府與武裝部隊後，無國家狀態的確可能發生。資料來源：美國政府總審計局（Government Accountability Office）（攻擊）；布魯金斯研究院（Brookings Institution）（轟炸）；美國國防部（教派暴力；傷亡）

做的評論，那時這些教科書中有四本仍未付印。當然，到了二〇〇七年，幾乎所有的歷史學家與政策分析家，以及大多數的美國民眾所做的結論，都認為對伊拉克開戰是一個錯誤的決定。今天的伊拉克不是（民主或甚至）宗教中立的國家，而且正朝向造成恐怖主義滋生溫床的無國家狀態發展，或是在伊朗的影響力擴大下，逐漸由基本教義的什葉派把持。伊朗與伊拉克不同，向來在中東地區資助恐怖集團，因此我們的干涉行動造成伊朗的權力增加，絕不符合我們的利益。我們以軍事力量占領伊拉克的做法，在世界各地的穆斯林之間引發的憤惡感不斷升高，對恐怖分子吸納新成員更加有利。由於國內遭到破壞，伊拉克幾乎沒有出口石油，甚至反而遭受石油短缺之苦，因此這場戰爭對於世界能源不足的問題可以說毫無助力。美國在國際間的威望降至新的低點，部分原因在於我們對待疑似恐怖分子的「被拘留者」的方式非法且不人道。所有這些問題同樣從一開始就可以預測。事實上，中情局曾警告布希政府入侵伊拉克可能帶來的負面結果，但是布希和錢尼並未重視。早在一九九九年四月，美國就在柯林頓政府的主導下進行了一系列稱為「穿越沙漠」的機動演習，其中就已預測到大多數的結果。然而，更早之前，加圖研究所（Cato Institute）國防政策研究中心主任伊凡・艾蘭（Ivan Eland）發表的一篇論文就已提出此問題，該論文的題目為「美國的海外干涉行動是否引起恐怖主義？歷史紀錄」，並且以肯定的措辭回答。[39]

然而，只有一本教科書（仍然是《美國通史》）認為這場戰爭是一個錯誤，並以老布希總統不在波灣戰爭後推翻海珊政權的理由為證據：

> 嘗試消滅海珊……將會招致無法計算的人員損失與政治代價……前往占領伊拉克，因而片面超過聯合國的權限，將會毀掉我們先前希望在國際回應侵略行為方面建立的前例。如果我們踏上這條侵略的道路，可以想見美國仍會是在充滿敵意的土地上的占領強權，而這將會造成極為不同（並可能是貧乏之無益）的結果。

如同該書作者的注記，這段文字「令人必須審慎地看待隨後他兒子入侵伊拉克的行為」。然而，若因如此就說另外五本教科書支持政府的政策，語氣倒也太過強烈。他們的作者可能會宣稱他們既不支持、也不譴責政府的政策。但是既然他們大多採用政府的措辭，並且是從「國際善人」的觀點出發，他們整體上仍會予人支持的觀感。再者，伊拉克的困境（如同失敗的事業）並不符合美國的最佳利益，即使不偏不倚的評估看起來仍不適當。

美國歷史教科書的最後幾頁比它們的前幾章，更讓人有「壞事一件接著一件」的感觸。（許多人說過這句話，包括福特〔Henry Ford〕、邱吉爾〔Winston Churchill〕、杜魯門〔Harry Truman〕、歷史學家費雪〔H.A.L. Fisher〕、伏爾泰〔Voltaire〕和一些匿名人士。）縱然在這些教科書的書名頁印有著名史學家的名字及其顯眼的特質，但是它們的最後幾章似乎格外缺乏觀點。我懷疑這是因為沒有寫任何觀點，至少他們不是受雇來呈現觀點的。本書第十二章談到出版商經常把歷史教科書的撰寫轉包給手下，特別是在它們初版之後。在這些職員和自由作家當中，有許多並沒有產生觀點的資格，其中有些甚至完全沒有研讀歷史的背景，甚至沒有這領域的學士學位。他們也無法像我在撰寫本章時一樣有時間研讀文獻，因此無法發展出最中肯的見解。他們受雇只是為了總結在新近的過去中發生的事，而這也正是他們所做的事。由此產生的產品甚至比這些厚重書本的其他篇章更沒有風格可言，也更平淡無趣。難怪歷史老師會跳過最後幾章！

儘管如此，歷史課程忽視「雖亡猶生者」、重視「亡者」的觀念是錯誤的。如同大多數教科書一樣敷衍地處理「雖亡猶生者」，或是如大多數的老師一樣避談新近的過去，都無法滿足學生的需求。歷史教科書作者可能假設自己的工作不必完整涵蓋最近的事件，因為學生已經知道它們。然而，既然教科書作者一般已是年老者，對他們來說是「雖亡猶生者」的人，對他們的學生來說卻可能已經是「亡者」。學生需要關於新近過去的資訊，才能了解目前正在進行的發展。然而，高中新生對柯林頓政府幾乎沒有個人的記憶，更不用說婦權運動等等更早之前的事件。二〇〇〇年佛羅里達州倍受爭議的選舉結果，對我們許多人而言仍歷歷在目，但對高中生來說卻將成為古代的歷史。再者，當教科書與老師淡化「雖亡猶生者」時，學生很難把對過去的研究、以及他們未來肯定得面對的議題相互連結，這只會讓他們認為歷史無關緊要。

「過去從未死去，」威廉・福克納寫道：「它甚至還沒過去。」這句話無疑是對「雖亡猶生者」最真實的寫照。「雖亡猶生者」可能是我們最重要的過去，因為它尚未「死亡」，而是「雖死猶生」。教科書和老師對它們隱而不談，是對高中生最惡意的罪行，因為高中生原本可以從中獲得了解這些對他們影響至深的議題的觀點，但這權利卻遭到剝奪。學生對於普特因貝島之役或「沉默的卡爾・柯立芝」（Silent Cal Coolidge）僅僅具有看似事實、但缺乏證據的模糊記憶，這對他們了解畢業後即將進入的世界助益甚微。這個他們即將面對的世界，仍在釐清性別角色的問題，也仍面對著巴基斯坦、伊朗和朝鮮等等製造核彈的能力越來越強的國家。在這個世界，國內與國際間社會經濟不平等與日俱增的現象仍顯著可見，並與其他原因共同造成我們無力阻擋非法移民的窘境。略去新近的過去不談，只會讓學生難以從歷史課程中學到原本可以應用於這個世界的內容。

第十一章／進步是我們最重要的產物

神讓英語系民族和條頓民族準備了一千年，並非毫無目的……祂賦予我們進步的精神，以壓倒全球各地的反動力量。祂使我們精於治理，以便我們能統治野蠻老耄之人……在我們的種族當中，祂已經將美國標示為被神選上、最終將為世界帶來救贖的國家。／**艾伯特．貝佛利奇**（Albert J. Beveridge）**參議員**[1]

美國人視歷史為直線，而他們以全人類代表的身分站在它的前緣。／**佛朗西絲．菲茨傑拉德**（Frances Fitzgerald）[2]

經濟成長的研究太過嚴肅，僅僅適合經濟學家。／**艾滋拉．米善**（E. J. Mishan）[3]

我們不能再自這個世界獲利多久已是日愈明顯之事。世界經濟的生命週期預計即將遭到破壞，唯有急劇地改變觀點才能防止，亦即必須揚棄目前將世界視為試驗場的天真想法，改採較為成熟的觀點，將宇宙視為由各種生命形態構成的整體。這個觀點的改變主要是宗教性質，而不是在經濟或政治層面。／**小維恩．狄羅利亞**（Vine Deloria Jr.）[4]

堅守信念的讀者，我們即將做一件在美國教育史上，高中歷史課從來不曾做過的事：抵達教科書的最後一頁。美國歷史課程傳授給學生的最後話語是什麼？

《美國傳統》向學生保證「美國傳統仍堅定不搖──而且足以因應未來的許多挑戰」。《美洲冒險》則寫道：「若這些價值觀為大多數的美國民眾所同意，則美洲冒險必將持續。」《應許之地》的結論是：「大多數的美國人對美國的未來仍感到樂觀。他們堅信其自由的制度、偉大的天然財富，以及美國人的天賦才能將讓美國持續是應許之地，一如既往。」

儘管大多數的教科書並未以其書名做為書的結尾，但是它們仍傳達同樣無趣的樂觀精神。《美國通史》的作者在一九九一年時向我們保證，「在邁向二十世紀末之際，美國煥發著朝氣蓬勃的精神」，對相反的輿論調查結果置之不理。十五年後，他們寫道：「在二十一世紀初時，美國煥發著蓬勃的精神。」但是現在「嚴重的問題持續困擾美國」。《生活與自由》的說法更加空洞：「美國將在未來的事件中具有重要的角色。它的作為將取決於其人民。」這一點無法爭辯！《美國冒險史》預測：「在未來，問題勢不可免，但機會也同樣存在。」根據《美國的成就》，美國民眾「只需要意志與承諾，就能迎接未來的新挑戰」。簡言之，我們在面對未來時，只要揚起下巴，打起精神即可。或是如《霍特：美國》在二〇〇三年的說法：「美國人以希望和決心面對未來。」[5]

在一九九五年時，本書初版就調侃過這類的結尾，但是它對教科書出版商的影響力顯然很小。快樂的結局有什麼不好？這有可能是他們的反應之一。我們不想讓高中生感到沮喪。畢竟這並不是真正的歷史──我們無法確切地知道接下來會發生的事，那就採取樂天的結局吧。實際上，正如對數千年前的事一樣，我們也無法確切地知道接下來的事。正因如此，教科書作者可以利用結尾處來激發學生對智識的好奇心。學生能運用從這些厚重的美國歷史教科書中學到的觀念嗎？畢竟，莎士比亞曾經說過：「過去皆為序曲。」如果我們了解過去的事件及其原因，或許就能預測接下來的事件，甚至按照我們的所知來採取國家政策。協助學生學會這麼做顯然是教授歷史的初衷。如果歷史教科書提供了預測未來的工具，或過去因果關係的例證，無論它們在未來是否適用，都能鼓勵學生思考過去一年的學習內容。若是歷史教科書有這樣的結尾，會是多麼令人興奮的事！

實際上，卻非如此，這些教科書中最缺乏智識刺激的部分就在結尾。它們的作者以萬事安好來安撫讀者：只要堅持不懈，一切就可安好，沒有必要省思國家或全人類是否在正軌上；完全沒有必要思考。這不僅是無聊的教學方式，也是不良的歷史。儘管如此，教科書仍慣常以這類方式結尾。

這種毫無實質內容的共有情況同樣意味著社會原型的存在。這次是「進步」的社會原型，而且在教科書的結尾處最為明顯，而且這個社會原型其實早在教科書的頭幾章就已見端倪。

數世紀以來，美國人一直將其歷史視為進步的構想的呈現。如傑佛遜所說：

讓具有哲思的觀察者開始一趟旅程，從洛磯山脈的野蠻人朝東向我們的海岸前進。他將會觀察到最早

根據《美國歷史》，《帝國西進》（*Westward the Course of Empire Takes Its Way*）是柯里爾和艾夫斯（Currier and Ives）製作的畫中最常被美國歷史再現的畫。這些畫典型的做法是讓「原始的」漁獵原住民與熙攘忙碌的白人定居者形成對比，暗示進步注定了印第安人的命運，因此今日我們不需要仔細檢視白人的奪取過程。

期的結社階段，生活中沒有法律，僅遵循自然的法則……接著他會在我們的邊界地帶發現田園生活，畜養牲口以彌補狩獵之不足……因此隨著旅程的進程，他將會遇到越來越進步的人，等他抵達海港城鎮時將看到最進步的狀態。事實上，這就像是一場按照時間順序、從造物初始一直到現今對人類的進步所做的調查。至於這個進步的過程何時會結束，則無人知曉。[6]

這個關於進步的想法在十九世紀主導著美國文化，到了一九三三年「世紀進步博覽會」（Century of Progress Exposition）時仍受到頌揚。直到一九五〇年代，甚至有更多事物被認為會更加美好。每一個中西部城鎮都在標示城市邊界的標誌上展示市民引以為傲的事物：「歡迎來到伊利諾州第開特市（Decatur, Illinois），人口六萬五千並持續成長中。」成長意味著進步，而進步提供意義，但卻是基本而輕率的意義。在華盛頓，商務部長例行會在發現「人口時鐘」（Population Clock）顯示，我們國家又抵達新的里程碑（人口達到一億七千萬、一億八千五百萬）時加以頌揚。[7]我們夸言在美國卓越的經濟制度下，美國擁有「全世界百分之七十二的汽車，百分之六十一的電話，以及百分之九十二的浴缸」，而美國人口卻僅占世界人口的百分之六。[8]在當時民眾的眼裡，未來會更美好：大多數的美國人相信他們的子女會繼承較好的地球，享受更豐富的人生。

大多數的教科書作者是在這樣的美國中成長的，而這也是他們試圖讓今天的學子相信的美國。教科書不質疑越大越好的觀念，原因或許就在於進步的觀念與美國人偏好認為的教育相符：改善，一步步引導個人走向機會，引領整個社會邁向進步。進步的意識形態也為未來提供了希望。大多數的美國人肯定想要相信在權衡一切後，他們身處的社會對人類和地球來說是恩賜，而非詛咒。[9]歷史教科書甚至進一步暗示，只要加入美國社會，就能對一個不斷進步、而且是世界希望所在的國家有所貢獻。如同伯爾斯坦和凱利在《美國的歷史》即將結束時所說：「美國人有憑空創造的能力，已經將一種新的生活方式傳送到世界各個角落。」因此，美國例外主義（亦即視美國為世界上最佳國家）的觀念，早在教科書中論及清教徒先民的篇章就已開始，然後持續至未來。

進步信念在社會及美國歷史教科書中具有多種不同的功能。這個信念對現狀有實質的促進效果，因為它宣稱為了進步，我們必須做大致相同的事。這種信念對上層社會格外有用，因為如果美國人認為經濟大餅會不斷變大，並為所有人共享的話，就會相信這信念而忽略社會階級的不公。進步的觀念符合社會達爾文主義，該主義暗示下層社會之所以是下層社會，完全是咎由自取。進步做為一種意識形態原本就違反進化：因為事情一直好轉，大家都相信這個制度。教科書以這種樂觀的態度描繪美國，也有助於阻擋德州和其他州的愛國評論家的抨擊言論。

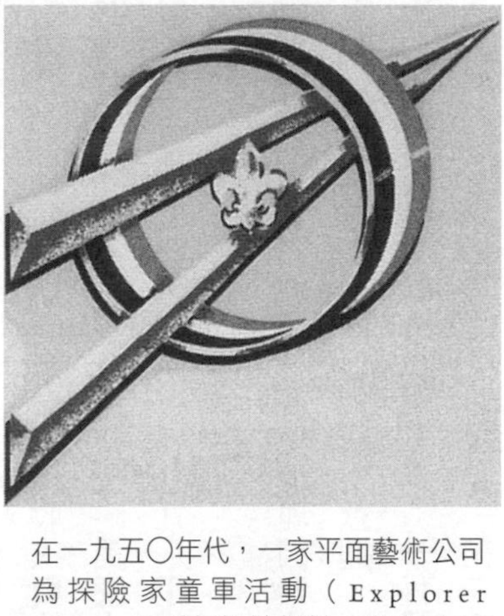

在一九五〇年代，一家平面藝術公司為探險家童軍活動（Explorer Scouting）重新設計標誌，使它更加「符合現代」。這個向上延伸的新標誌圖案充分表現出進步的社會原型。

在國際上，將沒有資源的國家稱為「發展中國家」，「已開發國家」就不用面對世界階級化的不公。實際上，相較於第一世界，「發展」向來只是使第三世界國家越來越窮。在一八五〇年，第一世界的人均收入是第三世界的五倍，在一九六〇年是十倍，而到了一九七〇年則是十四倍。要計算這些比例頗為棘手，部分原因在於美元在第三世界能買到的物品比第一世界多，但是現在第一世界的人均收入卻是第三世界的二十到六十倍。[10] 然而，相較於「未發展」，「進步」這個詞彙仍有無限希望的意味。經濟學家米善（E. J. Mishan）說：「用『開發中國家』這個愚昧的術語來指稱這些貧困、有時絕望的國家，讓全球瀰漫著自滿自得的氣氛。」[11] 在十九世紀，進步也曾經為帝國主義提供了同樣堂皇的理由。歐洲人和美國人認為自己是在為偏遠土地的原住民提供政府服務和利用天然資源，因為他們太落後而做不來。

「進步」這個社會原型的控制力已經越來越小，在過去的二十五年間，美國的知識分子大多已揚棄這種觀念。輿論調查顯示，一般民眾也逐漸不再相信未來必定會越來越美好。一九八二年一個名為「進步與不滿」的座談會在報告這個新的輿論風向時指出：「未來的歷史學家可能會記載從二十世紀中期開始，民眾很難繼續相信進步注定會持續發生的觀念。」[12]

或許就連教科書作者也已不再相信越大必定越好，沒有人會在人口增加時加以頌揚。[13]今日，我們比較可能因浪費而感到惋惜，而不是以消費量為傲，如同《成長的極限》（*The Limits to Growth*）的合著者多內拉．梅鐸斯（Donella H. Meadows）所說的：「從破壞環境與利用世界資源來看，我們是世界上最不負責與危險的公民。」每個在一九七〇年代出生的美國人會丟掉一萬個不能回收的瓶子，將近兩萬個罐頭，同時製造一百二十六噸的垃圾和九點八噸的空氣微粒汙染。這只是垃圾冰山的一角而已，消費者每產生一噸廢棄物，意味著這些物品在製造階段時曾製造五噸的廢棄物，而在最早採取資源的地點製造的廢棄物甚至更多。[14]

從一些方面來說，較大仍可能意味著更好。我們在與周遭的人比較時，擁有更多似乎能帶來快樂，因為若一個人賺很多錢或開昂貴的車，暗示這人是較為重要的社會成員。社會學家向來會發現收入與快樂之間存有正相關的關係。然而，若以長期來看或獨立因素來看，收入更多並不一定會更快樂。美國人認為自己在一九七〇年時沒有一九五七年時快樂，到了一九九八年甚至更不快樂，然而在一九九八年的人均能源與原物料使用量卻多得多。[15]

一九七三年的石油危機加速了輿論的新氣氛，因為它顯示出美國仍容易受到經濟、甚至地理因素的影響，而且對它們的控制力小。這種新悲觀主義從論述生態滅絕的暢銷書《成長的極限》極受歡迎，即可見一斑。[16]羅伯特．海爾布魯諾（Robert Heilbroner）在次年著述時特別提及這個新悲觀主義：「有個問題迴繞不去……『人類還有希望嗎？』」[17]羅伯特．尼斯比（Robert Nisbet）認為進步的觀念「在二千五百年的期間帶給人類的益處……比西方史上任何其他的觀念都要多」[18]，儘管如此，他仍同意這個觀念已經衰微。這個改變並非一夕發生；知識分子對進步這個觀念提出質疑已有一段時間，最早可追溯至第一次世界大戰期間出版的《西方的沒落》（*The Decline of the West*），奧斯沃．史賓格勒（Oswald Spengler）在書中暗示西方文明開始從根本上邁入不可避免的衰退。[19]第一次世界大戰、大蕭條、史達林主義、猶太人大屠殺，以及第二次世界大戰都徹底撼動了西方對進步的信念。

隨著社會理論的發展，社會達爾文主義被視為是過時的知識，而這使進步觀念更不可信。現代的人類學家不再相信我們的社會「領先」所謂的「原始」社會或比他們更加「適合」。他們發覺現今的社會比先前的社會更加複雜，但是這並沒有使我們現今的宗教比「原始的」宗教來得高級，也不意味著我們的親族制度比較優越。即使我們的科技無疑比較先進，但並不見得比較好，因為它們可能不符合人類長期的需求。[20]

我們對進步會產生信念的另一個關鍵理由在於生物學的理論。以前生物學家向來認為自然演化的根本在於最適者生存。然而到了一九七三年時已經有一個複雜得多的生物發展觀點橫掃這個領域，根據史帝芬．古爾德（Stephen Jay Gould）：「生命不是進步的神話，相反地，它是枝節交錯、散漫延伸的難解故事，短暫的生存者適應不斷改變的當地環境，而不是朝井然有序或精心設計的完美邁進。」[21]

由於教科書不討論觀念，難怪無法解釋第一次世界大戰、第二次世界大戰、猶太人大屠殺或史達林主義之後美國思維的改變，遑論人類學或生物學理論的發展所促成的思想變化。然而，到了一九七三年，關於進步的另一個問題開始顯著：我們對大自然越來越大的支配力量所造成的不良風險。環境問題年年每況愈下。

在一九八〇年代和一九九〇年代，大多數的教科書至少都曾提及，一九七三年石油禁運和一九八〇年兩伊戰爭引起的能源危機。然而，不必擔心：教科書作者暗示這兩個危機都迅速找到解決辦法。在論及一九七三年的石油禁運時，《美國的成就》告訴我們：「結果，尼克森宣布進行一項計畫，目標在於在一九八〇年代早期以前，使美國不再需要依靠任何外國來滿足美國的能源需求。」十頁後，在論及一九七九年的天然氣配給時，「卡特制定了另一個能源計畫，呼籲以大規模的計畫來發展合成燃料。此計畫的長遠目標在於將石油進口量減半。」但它在論述一九七九年時並沒有提到尼克森於一九七三年提出的計畫徹底失敗，我們對外國石油的依賴不僅沒有下降[22]，反而急速上升。它也沒有提到卡特於一九七九年提出的計畫大部分在國會都沒有通過，可以想見它有多不完備。實際上，所有的教科書都採用了這種沒有麻煩的策略。「到了卡特政府結束時，能源危機已經減輕，」《應許之地》向讀者保證：「美國民眾開始製造和購買較小的車。」《美國傳統》也呼應道：「民眾逐漸開始減少石油使用量和節約能源。」

若是這麼簡單就好了！在一九五〇到一九七五年間，世界燃料消耗量倍增，石油和天然氣消耗量增為三倍，電力使用量增加了將近七倍。[23]自那時起，事情每況愈下。同時，世界石油生產量已經抵達高原期，與馬瑞安・哈柏特（M. K. Hubbert）在早數十年前提出的預測相符。在一九九四年，我曾經寫道：「由於地球的資源有限，能源可能並非無限，若是如此，遲早有一天我們會面臨短缺的問題。」到了二〇〇七年，能源短缺的情況開始明顯，混亂情況證明將會很驚人。一世紀以前，美國農業在能源方面可以自給自足：牲口提供肥料和耕耘的動力，農家負責種植除草，用木柴提供房屋暖氣，用風力打水，光合作用可以使作物生長。今日美國的農業仰賴大量的石油，不僅用於曳引機、卡車和空調，也用於肥料與除草劑。由這些情況來看，大多數的社會與自然科學家從一九七三年的能源危機得出一個結論：我們無法永遠維持經濟成長。「對於熱、能量與物質的物理學稍有了解的人都明白，」米善在一九七七年寫道：「從歷史時間的觀點來看，目前我們體驗到的經濟成長其終止時間不會太遠。」[24]這大多是因為複利的可怕力量。經濟成長在傳統標準的百分之三時，意味著經濟每四分之一個世紀會加倍，這一般會使社會使用的原物料量、能量消耗量及廢棄物生成量都加倍。

一九七三年與一九七九年的能源危機指出了資本主義遇到的困難，這個卓越的生產制度原本的目的就不是在於因應短缺。以資本主義而言，需求超過供給原本應是一件「好事」，因為這能導致生產增加，而且經常能促使成本降低。然而，石油並不是生產的結果，而是自地底抽取出來的，可以說它是由石油公司和石油輸出國家組織按照配給量，對蘊藏量不明、但已知有限的石油資源進行開採。由此來看，我們一般認為這些石油公司是資本主義下相互競爭的生產者，其實更精確的描述可能是共有物的看守者。

美國以前就遇到過共有物的問題。假設現在有一個殖民時期的新英格蘭城鎮，每戶人家都養了一頭乳牛，每天早上由一名家人帶到城鎮共有的牧草地放牧，所有的乳牛整天一起吃草，由城鎮雇用的牧牛人看管。富裕家庭可以買第二頭乳牛來獲利，把過剩的牛乳和奶油賣給沒有牛的水手和商人。然而，這種擴張只能持續有限的時間，直到共有牧地遭到過度放牧而不堪使用為止。原本對個別家庭有短期利益的事，卻無法為社區帶來長期的利益。若我們把當代的石油公司和殖民時期的養牛人家做比較，就可以看到與共有資源管制利用方式類似的新政府規定形式，或許是確保未來的子孫仍能享有共有資源（在此例中，即是指石油藏量）的必要手段。[25]

共有資源的議題對我們的社會還有其他的影響。漁業和牡蠣業都處於危機當中。一八九二年，漁民在乞沙比克灣（Chesapeake Bay）捕撈到兩千萬蒲式耳的蟹與牡蠣，一九八二年的捕撈量減至三百五十萬，到了一九九二年又降至十六萬六千蒲式耳。當生活標準陷入危險時，漁民的反應與一般民眾相同：更努力地工作。這意味著加倍努力，從海裡剩餘的少量蟹與貝類中捕撈更多回來。雖然這個策略或許可以使一個家庭受益，但卻只會對共有資源造成災難。到了二〇〇六年，科學家估計乞沙比克灣的漁業和牡蠣業船隊只有五分之一會收獲相同的量，但對生態的破壞少得多。同樣的問題到了海洋層級時，就因日愈先進的漁業科技而變得更加嚴重。一份二〇〇六年的科學報告預測百分之九十的食用魚貝類可能會在二〇四八年前滅絕。在這些物種中，有百分之二十九已經崩潰，意指牠們的捕撈量已經不到以前的十分之一。聯合國一直努力發展一個全球制度，希望能「管理目前剩餘的魚類，使牠們再度繁殖。」然而，由於這涉及國際水域，協商可能要到許多物種都已滅絕以後才會成功。[26]

由於經濟已經全球化，共有資源現在遍布整個地球。若說在一九九〇年全球人類擁有的車輛數目是一九五〇年時的十倍，任何明智的觀察家都不會預測，再過四十年，車輛數目會再度增為十倍。[27]根據賈德．戴蒙，在二〇〇五年，普通美國人消費的天然資源是第三世界居民的三十二倍，造成的汙染同樣是三十二倍。[28]我們持續的經濟發展多少是在有些緊張的情況下，與進步社會原型的必然結果共存，而這個結果即是：美國的主張就是全人類的主張。因此，我們的經濟領導力與政治領導力非常不同。在政治上，我們可以希望其他國家效法我們的民主形式，尊重公民自由。在經濟上，我們只希望其他國家永遠不要達到我們的生活標準，因為若他們做到的話，地球將會成為沙漠。在經濟上，我們是世界的禍根，而非希望。由於地球是有限的，我們在擴張經濟時，較不開發的國家能擴張經濟的可能性就隨之降低。今日，中國交通工具所需的燃料增加，已經造成世界石油短缺。

幾乎每天都有會新的情況讓我們對生態產生憂慮，從赤道地區的森林濫伐到極地地區的臭氧層遭到破壞等等都是。癌症發生率攀升，而原因卻仍然不明。[29]我們甚至無法測量人類對地球造成的全面衝擊。在過去五十年間，全球健康男性的平均精子數下降了將近百分之五十。如果這是環境引起的，就不是什麼可笑的事，因為精子數量只會再直線下降五十年，而我們也會造成人類的滅絕，卻不知道自己是如何做到的。[30]我們先前同樣有多年不知道，用DDT殺蚊子會造成全球猛禽大量死亡。我們的力量漸增後，人類在無意間使得地球變得不適合居住的可能性也隨之增加，而我們也真的有好幾次幾乎造成這後果。在一九九〇年代初期，世界各地的國家同意停止生產許多會破壞高空臭氧層的氟氯碳化物

（chlorofluorocarbons，簡稱CFC）。在二〇〇六年，《華盛頓郵報》（*Washington Post*）的作者裘爾・艾肯巴克（Joel Achenbach）特別提到：「科學家發現若是CFC是用一種稍微不同的化學物製成的話，他們早已摧毀了整個地球上空大多數的臭氧層，這個認知一直令他們難以忘懷。」[31] 當時我們只是幸運而已。

所有這些考量都暗示著，引領我們至今的經濟發展及民族國家的治理方式，大多可能使地球無法長期適合居住。我們所面對的能源危機並不是只要發展出低成本、無汙染且不會造成全球暖化的能源就可解決，相反地，如果我們有了比較便宜的能源，想想看我們有可能造成的浩劫！科學家早已開始設想要如何快樂地運用能源來降低海洋的鹽度，增加可耕地，還有以其他方式使地球變得更適合人類——但這些都僅是短期的效果。相反地，我們必須以自己會長住久居的態度來對待地球。未來總有一天，或許在今日的高中教科書讀者過五十歲生日時，包括美國在內的工業化國家消耗能源與原材料的方式，可能必須朝均衡經濟體（Steady- State Economies）趨近才行。因此，我們最好把石油危機視為我們必須改變方式的警示。

然而，趨近零經濟成長涉及另一種形式的共有資源問題，因為沒有任何國家會想成為第一個無成長的經濟體，就像個別家庭會認為只養一頭牛符會家庭利益。或許我們需要的是一種今日還難以設想的新國際機制。海爾布魯諾悲觀地說：「今日的我們很難想像自願地大幅縮小成長，遑論畫地重新組織社會。」[32] 如果在明日民眾必須想像減少成長的情況，我們勢必會感到不安，因為我們知道大多數高中歷史課程的內容，並沒有培養未來的美國人以有想像力的方式來思考這個問題。不假思索地接受教科書中的進步觀念只會造成阻礙，使學生看不清我們有必要改變，因而使得改變非常困難。大衛・唐納德（David Donald）認為美國歷史課程「無法矯正的樂觀」的特色是「不僅不相關，還很危險」。[33] 由此來看，我們的環境危機是一個教育問題，而且美國歷史課程是原因之一。

愛德華・威爾森（Edward O. Wilson）將論述環境議題的作者分為兩個陣營：環境主義者與例外主義

者。[34]大多數的學者與作家，包括威爾森在內，都屬於前一個陣營。另一個陣營的人相對較少，包括政治科學家、經濟學家和自然科學家等等，其中有數人替右翼智囊工作，並且針對認為世界末日不可避免的環境主義者，提出了一些重要的駁論。在一九九四年，我指出朱利安．西蒙（Julian Simon）、赫曼．康恩（Herman Kahn）和其他一些人士將他們的世界與我們祖先的世界相比，並且主張雖然現代社會傷害地球的力量較大，但是使環境恢復正常的力量也較大。畢竟，環境受到的傷害有時的確得以修復。美國的一些河流在四十年前被視為已經汙染至無法復原的絕望境地，但現在卻適合魚類生存，也能讓人類游泳。人類活動已經使韓國成功造林。[35]因此，例外主義者宣稱，現代科技可能可以使我們脫離環境壓力。他們特別提到，地震等自然災害或第二次世界大戰等人為災難，在今日所需的復原時間比十九世紀時短得多，部分原因在於我們大型的官僚組織能夠傳遞資訊，協調龐大的工作。人類的預期壽命是生活品質的測量標準之一，如今持續在增長。哈伯特．倫敦（Herbert London）認為老師和教科書過度強調經濟成長的危險，因而出版了一本書名為《他們為何對我們的孩子說謊？》（*Why Are They Lying to Our Children?*）的著作，他指出一九九〇年的食物比二十年前多。[36]西蒙指出大多數對於種種物資短缺的短期預測，從上一世紀的鯨油到一九九〇年代的銀等等，都已經被新科技的發展推翻。[37]較高的價格最終的確會使得採取額外的措施（例如蒸氣壓力之類的）來抽取更多石油，變得有利可圖。

在一九九四年，我批評教科書沒有提供學生關於這個爭議任一邊的看法，從而沒有鼓勵他們思考此爭議。它們不僅忽視隱約迫近的問題，也沒有呈現出現代社會的適應能力。教科書作者原本應呈現出在過去我們面對災難的趨勢，以及建議解決方法的趨勢，這麼做可以鼓勵學生運用歷史證據來做出自己的結論。但是教科書作者反而向我們保證，最終一切都會獲得解決，所以我們不必太擔心未來的方向。[38]他們對進步的認可與通用電氣（General Electric）一樣膚淺，這家公司宣稱：「進步是我們最重要的產品。」但是該公司對生態的不負責任已經一再使他們登上財富雜誌十大最惡環境危害公司。[39]

我不再建議這種正反並陳的方式。即使西蒙是正確的，資本主義的適應力強，我們目前的危機至少有兩個新的層面，而且不能光靠資本主義來解釋。第一，我們面對的是永久性的能源短缺，石油短缺僅僅是開端而已。這樣的短缺會導致寡頭壟斷，（但這是一種「自然的」企業聯合組織，跟約翰．洛克斐勒在一九〇〇年左右以標準石油公司強迫形成的聯合組織不同），而企業聯合組織並不是好的資本主義。如果少數幾家公司控制了雪屐的製造，他們就能聯合控制價格，別人有可能成立一家不受其協議約束的公司，或發展比較便宜的新雪屐材料或發明滑雪板，或者民眾可以不買雪屐。但若一些公司或國家控制了石油業，沒有新生產商可以介入。再者，以交通運輸業使用的汽油而言，要發展替代品並不容易。

第二，我們使用石油（以及所有其他的化石燃料）對全世界有嚴重的衝擊：全球暖化。現今除了一些高中教科書作者以外，人人都知道全球暖化會溶化極地的冰蓋，引起海平面上升。海洋在上世紀上升了三十公分。根據最保守且為小布希總統支持的估計來預測，海平面將在本世紀再上升九十公分。從邁阿密、威尼斯和孟加拉，全球預計會有數百萬居民的生活和工作會因海平面上升而受到危害，因此而造成的遷移將會是有歷史記載以來，人類面對過最大的危機，而這還是最樂觀的估計。如果格陵蘭的冰原融化，海洋可能上升七公尺。科學家詹姆斯．洛夫洛克（James Lovelock）曾在一九七〇年時提出著名的「蓋亞假說」（Gaia Hypothesis），主張地球是一個穩態系統（Homeostatic System）。最近洛夫洛克已經指出，當地球的平衡狀態受到擾動時，有些不平衡過程可能造成更快速的暖化，例如當極地的冰蓋融化後，就不再能反射太陽射線，於是地球會吸收更多的熱。洛夫洛克預測在地球再度恢復平衡以前，將會有數十億人死亡。全球暖化也會造成其他天氣問題的增加：颶風的平均風速在過去三十年間已經倍增，而且也更常發生。[40]

不僅如此，根據證據顯示，燃燒石油或煤的正常產物二氧化碳也會使海洋變得更酸。科學家已經提出警告，到了本世紀結束時，海水的酸性有可能造成珊瑚礁大量死亡，並且殺死海洋食物鏈底層的生物。《氣候變化與生物多樣性》（*Climate Change and Biodiversity*）的作者托馬斯・拉夫卓伊（Thomas Lovejoy）曾說：「這是我整個職業生涯中所得知、影響最深遠的環境變化。」史丹佛大學的海洋學家肯・卡爾戴拉（Ken Caldeira）也表示：「無論未來十年我們怎麼做，都會對海洋造成數百萬年的影響。」[41]

除了能源與全球暖化的危機以外，我們還面對其他的嚴峻問題。數千種物種面臨即將滅絕的困境。威爾遜認為這種估計太過樂觀，並認為所有物種當中將會有三分之二會在本世紀結束前滅絕。在一九四五年時，只有美國擁有製造核子武器的技術與經濟方法，從那時起，英國、蘇聯、法國、中國、印度、巴基斯坦、以色列、南非，顯然還有朝鮮都成為擁有核武的國家。如果巴基斯坦和朝鮮做得到，地球上幾乎每個國家（以及包括恐怖集團的私人組織）顯然都有做到的能力。美國在一九六九年越戰時差點使用核武，而印度和巴基斯坦也在二〇〇二年時差點把核武用在彼此身上。[42]

長期而言，若要走舊有的路來解決所有這些新的問題，不太可能奏效。「光是從人類生存至今的事實來看，人類的未來幾乎沒有希望，」米善特別提到：「人類一旦毀滅，就會永遠消失。」[43]若本章新版內容的論點看似偏向環境主義者的話，能為此辯護的正當理由或許即在於，假若環境主義者的論點為正確的話，其具有的潛在不良風險，再加上本書初版後種種不祥的發展。畢竟，歷史已經顯示許多先前極為重要的社會都對其生態系統造成不可復原的破壞，從馬雅、復活節島、海地到加那利群島（The Canaries）等等皆是。[44]哥倫布曾經描述他第一次看到海地的情景：「從這片土地之美來看，在這裡必能有所得。」哥倫布和西班牙人改變了島上的生態，因為他們引進了疾病、植物和牲口。豬、獵犬、牛和馬的繁殖迅速，對環境造成大量的破壞。到了一五五〇年，美洲「成千上萬的豬」全都是源自哥倫布於一四九三年帶去的八隻豬。一名西班牙定居者在一五一八年這麼寫道：「雖然自上帝創造大地以來，這些島嶼向來富庶，人口眾多且生活不虞匱乏，」但是在歐洲人抵達後，「這些島嶼被棄而不用，只有野生鳥獸棲息。」[45]後來，他們為了迅速獲利，採取僅僅種植甘蔗的單一耕作法，造成土壤貧瘠。到了離現今較近的年代，人口壓力已經造成海地人與多明尼加人在島上陡峭的山腰上耕種，造成表土受到侵蝕。這個島嶼生態系統先前支撐了大量人口，仍能維持平衡，如今的情況卻比哥倫布初次見到它時糟得多。這個悲哀的故事可能是對未來的預言，而且現代科技具有使整個地球成為海地的力量。

沒有一本教科書提及鯨油與海地的教訓，也沒有任一本提到與進步和環境的問題有關的過去事件。總而言之，雖然這議題可能是我們當代最重要的議題，但是我們的歷史教科書卻沒有提及其重要性。事實上，今日的教科書在論述環境相關內容時，甚至不如先前的教科書，令我感到驚訝。除了《美國通史》中有兩段，《美國之旅》中有一段以外，其他的教科書對卡特總統執政後的環境論隻字未提。一九七〇年開始的地球日（Earth Day），一九七三年的阿拉伯石油禁運，一九七九年的伊朗人質危機，以及尼克森政府時代成立的環保局（Environmental Protection Agency）等等，都是教科書有提及的環境事件。自這些事件發生至今，已經超過十五年。由於教科書作者並不記述潛在的趨勢，只記述浮華的事件，因此他們看不出這期間有必須論述的歷史。將能源危機追溯至久遠得多的過去，暗示著那已是舊聞。再者，教科書還暗示這危機大致已解決。「在（國家能源）法令的協助下，」《美國人》以典型的段落向我們保證：「美國對外國石油的依賴到了一九七九年已經稍微減輕。」若是如此，一九七九年就很不尋常，因為在一九七五年卡特成為總統以前，美國百分之三十五的石油是進口，到了二〇〇五年卻升至百分之五十八。

期待在一九九〇年左右出版的教科書提到全球暖化的問題，或許並不公平。在二〇〇六年的《亞特蘭大月刊》中，葛瑞・伊斯布魯克（Gregg Easterbrook）特別提到全球暖化尚未獲得證實：

十五年前，一個擅於思考、關注全球暖化研究的人可能會著重於不確定性；當時國家科學院（National Academy of Sciences）本身也強調不確定性。今日，一個擅於思考、關注近日科學（包括國家科學院的聲明）的人，必會推論出危險的存在。

伊斯布魯克形容自己為「多疑」，然後「漸漸被證據說服。北極地區的因紐特人極度同意這論點；他們警告說當地的生態系統已經在崩潰當中。從一九九七年到二〇〇五年之間，每一年都是史載最熱的十年之一；二〇〇五年更創下紀錄。」[46]

今日的教科書是如何處理這個堪稱當代最重要的議題？除了《美國通史》結尾處的一個段落將在本章最後分析以外，以下是全部六本教科書中與此主題有關的所有內容：

在二十一世紀開始時，全球暖化這類的發展就像一響當頭棒喝的鐘聲，警示我們地球是世界上最大的生態系統，而且無國界之分。然而，就在美國人以工整的草坪為傲之際，長期下來已耗盡其國內大量林地的他們，又有何資格告訴巴西人不該砍伐亞馬遜雨林？——《美國通史》

雖然沒有人確知全球暖化的原因，聯合國的報告已經警示，空氣汙染可能是因素之一。——《美國之旅》

《美國通史》暗示第三世界國家是問題的大半來源，雖然美國占二氧化碳總排放量的將近百分之二十五，遠遠超過任何其他的國家。《美國之旅》則以空氣汙染「可能是因素之一」來迴避問題。另外四本則完全沒有提及這個主題。[47]

教科書在處理環境議題時為何如此無力？如果教科書作者修改最後篇章，刪除對進步的盲目信念，則這些篇章將會與先前的篇章格格不入。他們的整體語調可能必須改變。美國歷史教科書從書名開始就顯示一種頌揚的態度，而進步觀念更使得這種頌揚合理化。教科書作者將美國呈現為一個在各個領域都越來越好的國家，從種族關係到交通運輸皆是。將重建時期描述為北方各州侵占南方且黑人荒唐墮落的傳統做法，符合進步的上升曲線，因為如果重建時期的種族關係惡劣，或許不像奴隸制度時惡劣、但肯定比後來的情況差，那麼可以想見種族關係已經漸漸好轉。然而，重建時期的事實迫使我們承認，在許多方面，美國的種族關係還沒回到類似一八七〇之類的年代。以一個具有象徵意義的小實例來說，該年有一名密西西比州印德斯郡的白人州議員艾伯特．摩根（A. T. Morgan），娶了一名紐約黑人女子凱莉．海蓋特（Carrie Highgate），並且獲得連任。[48] 今日這種事情可能不會發生，至少在密西西比州印德斯郡和美國許多其他的郡不可能發生。儘管如此，進步原型（archetype of progress）仍促使許多美國白人論斷，今日的美國黑人沒有要求我們關注的正當理由，因為種族關係問題必定已經有所改善。[49]

摩根的婚姻令我們難以理解，因為進步的文化原型已深植於美國人的心中，以至於到了現今我們仍假設自己的容忍度比過去高，也比過去來得先進與「進步」。然而，即使一件小事也會讓我們有不同的體會，例如林肯的鬍子。在一八六〇年，鬍子刮得乾乾淨淨的林肯贏得總統選舉；在一八六四年時，他蓄了鬍子但仍獲得連任。這種事情在現今有可能發生嗎？今日從投資銀行到楊百翰大學（Brigham Young University）的許多機構，都不接受蓄鬍的白人。自一九四八年的托馬斯．杜威（Tom Dewey）起，就沒有任何白人總統候選人或成功的最高法院提名人敢冒險蓄鬍。鬍子本身或許並不是進步的跡象，儘管蓄鬍微妙地有助於我的思考，但是當由一位蓄髭者成立的大公司迪士尼禁止員工蓄鬍髭時，我們無法容忍鬍髭的情況已經到達引人矚目的程度。從更深刻的層面來看，林肯也是最後一個在上任時並不是基督教會成員的美國總統。美國人的容忍度或許並沒有增加，只是我們自以為增加了而已。因此，「進步」的意識形態等同於一種長期的種族中心主義。

進步觀念就像神話中女妖的惑人歌聲，會誘使我們以為現在的一切比較「先進」，同時也讓我們做出古代社會實際上更原始的結論。進步成為多種單一直線型演化結構的基礎，而我們的社會向來正是用這種結構來分類民族與文化：例如野人－蠻人－文明，或是採集－狩獵－園藝－農業－工業的演化結構。在這些結構的影響下，學者將「原始的」人完全誤解為只是活著的生命，如霍布斯（Hobbes）所說，他們是「骯髒、野蠻，個子又矮」。他們認為唯有「比較高等」的文化才有餘暇發展藝術、文學或宗教。

人類學家早已明白這當中的道理。人類學家法伯就曾指出：「不管高中社會科學傳統上所教的理論怎麼說，事實上，社會越原始，其生活方式越空閒。」[50]因此，「原始的」文化絕不「骯髒」。至於「野蠻」，只要看看海地愛好和平的阿拉瓦克族和壓迫他們的西班牙征服者之間的對比，即可見一斑。「個子矮」的說法也有問題。在遇到歐洲人與非洲人傳入的疾病以前，澳洲、太平洋島嶼和美洲的許多人都明顯長壽，特別是比歐洲和非洲的城市居民長壽。根據喬瓦尼·達·韋拉札諾（Giovanni da Verrazano）的觀察：「他們長壽，鮮少病恙。」韋拉札諾海峽（Verrazano Narrows）及紐約市內同名的橋即是以他的名字命名的。[51]根據一名非常早期的新英格蘭殖民者，「印第安人的體格壯健，不認得在其他國家常見、會耗損健康的疾病。」他顯然忽略了當時剛自歐洲傳入並造成印第安原住民健康受損的疾病。他的報告指出印第安人的壽命達到「六十、八十，甚至一百歲，直到世界共同的召喚者傳喚他們至安息之所。」[52]在馬里蘭，另一名早期定居者驚訝地發現許多印第安人已為曾祖父，但是在英格蘭，只有少數人能活到當上祖父的年紀。[53]第一批遇到澳洲原住民的歐洲人曾特別提到，那些原住民的年齡範圍頗廣，暗示有相當的人數可以活到七十歲。由此來看，《聖經》詩篇九十透露數千年前，中東大多數的人活到七十歲：「我們一生的年日是七十歲，若是強壯可到八十歲；但其中所矜誇的不過是勞苦愁煩……」[54]

除了讓學生對過去的社會認識不清以外，進步的信念也使他們無法注意到現今其他社會的優點。在相信我們的社會是最進步的社會時，自然會認為其他文化沒有多少值得我們知道的成就。人類學教授對許多大學新生表現出來的種族中心主義感到絕望。一本熱門人類學教科書的作者威廉．哈維藍（William A. Haviland）曾根據他的經驗表示，「一般的大學新生從沒想到過，其他民族（有可能）已經實現我們今日渴望的一些事，例如男女平等。」[55] 只有極少數的高中提供人類學課程，而選修人類學課程的美國人不到十分之一，因此我們幾乎無法靠人類學來減少種族中心主義。高中歷史與社會研究課程可以幫助學生接納其他文化的構想，如今它們卻做不到，原因正在於從它們開始介紹哥倫布一直到最後一頁，進步的觀念無所不在。因此，它們只會促進種族中心主義，而不是減少它。然而，在西方文化中，以種族為中心的進步信念已經造成災難性的後果。有些人相信自己的社會是未來的前鋒，是世界上最進步的社會，有這種信念的人很容易耽溺於過度殘酷的行為，例如皮闊特大屠殺、史達林的整肅行動、猶太人大屠殺或「大躍進」（Great Leap Forward）等等。

教科書作者如果不假設我們的方式最好，將能激勵學生徹底思考美國人從出生到死亡的各個層面。比方說，現代醫學的一些要素無疑比較有效，而且是以卓越的理論、而非先前的醫藥為基礎。但在另一方面，從一九三〇年左右到至少一九七〇年，美國產房裡盛行的「科學」生產姿勢其實違反重力，證明了「進步」這個觀念可笑的影響力。生產被當成動手術：醫生對孕婦施行麻醉並移出遭麻醉的嬰兒，就像動手術移除膽囊一樣。[56] 儘管我們現在已經知道最適合嬰兒的是母乳，而不是牛乳或奶粉，但是即使到了一九九二年，在醫院生產的美國婦女也只有半數親自哺乳，但「原始」社會卻早已將母乳的重要銘記在心。[57] 如果歷史教科書放棄對進步的盲目信念，就可以鼓勵讀者評估科技，找出真正進步的科技。如此一來，如何定義「進步」將會是一個難題。在科技與經濟的發展下才有可能形成、或甚至必須存在的其他社會組織形式，也能獲得重視。例如今日的兒童可能會看到民族國家的沒落，因為地球上共有資源的問題可能會迫使全地球必須共同做出決定，或是逐漸增加的部落文化（Tribalism）可能會使許多國家從內部開始分裂。[58]歷史教科書最後的篇章可以成為提出質疑的練習，指引學生尋找事實並閱讀跟這類議題兩方看法有關的書籍。比起今日欠缺思慮、一派樂觀的教科書結尾，這種教學方式肯定更能讓學生準備好面對高中畢業後六十年的人生。

思考生活品質這類的事情經常被視為人文科學的教育目標，但是歷史教科書卻把它們埋藏在光鮮的「進步」光環下。歷史教科書沒有明示真正值得憂慮的事，甚至沒有提及我們的經濟科技體制對環境的不良影響。相反地，它們強調幸好我們的政府反應得當。教科書作者在描述政府的反應、主要是環保局的成立時，似乎比討論任何持續的環境問題快樂得多。目前為止，在新歷史教科書中，以最嚴肅的態度探討未來的是《美國通史》倒數第二頁的內容：

> 環境憂慮籠罩著整個國家的未來。燃煤發電廠助長了酸雨的形成，也可能是造成溫室效應的原因之一，對地球溫度的暖化提出不祥的警示。放射性廢料的處理方式遲遲未能獲得解決，造成核電廠的發展受阻。地球的石油藏量逐漸耗竭……
>
> 要求使用替代性燃料來源的呼籲一度無人附和，但是到了二十一世紀初期，主流民意迷上太陽能、風車、甲烷和「混合」電力車，尋求便宜的氫燃料電池。節能仍然是極為重要的策略，但卻是難以捉摸的策略——在政治家的演講台上經常可聞，而鮮少在公共政策中落實……

這些話雖然還算不上是警語，但至少指出了問題且沒有暗示一切無虞。遺憾的是，《美國通史》在下一頁、亦即最後一頁中平淡乏味地再度向讀者保證：「在面對這些挑戰時，我們這個世界最古老的共和國擁有卓越的傳統，能憑靠絕佳的復原能力與智慧來因應。」然而，許多學生並不會因此而安心。根據一九九三年的一項調查，現今的學生對環境的重視遠遠勝於父母那一代。[59]在一九八〇年代晚期，每三個高中高年級生當中大約就有一人認為，他們這一生就看得到全人類陷入核子或生物毀滅的命運。[60]「我跟朋友談過這件事，」我的一個學生在她的課堂日誌中這麼寫道：「我們都有無法安度成年生活的感覺。」在一九九九年一項針對高中高年級生所做的調查顯示，將近半數受訪者相信「美國的黃金年代已經結束」。[61]這些學生都有修美國歷史課程，但是教科書素來採取的樂天思維方式對他們的影響似乎不大。學生知道自己何時受到欺瞞，也察覺到無知的樂觀主義下所潛藏的空洞辯解，或許他們只是沒有看到教科書的快樂結尾。

教科書粉飾環境議題，以進步觀念代之的做法，主要效果或許在於說服高中生，美國歷史課程並不是探討美國歷史未來發展的適當場合。[62]今日的關鍵議題或許應該在其他的課堂上討論，例如科學或健康課程，儘管這議題根本屬於社會、而非生物或健康的領域。在此同時，歷史課上還有更多平淡乏味、無憑無據的擔保，向讀者保證一切會漸入佳境。

根據艾滋拉．米善的看法，教導學生進步會自動發生的美好故事，只會讓他們變得被動，因為這樣的未來是一個學生無法掌控的過程。[63]然而，我認為這並不是教科書以樂天態度結尾的原因。樂觀的結尾最可能是出版商的策略，希望民族主義式的樂觀能讓他們的書獲得採用。再者，他們知道共和黨從尼克森派一直傳到小布希派，前者通過了《環境保護法》，而在後者的時代卻是由大型商業、特別是石油主導著我們的環境與能源政策。在今日的政治氛圍下，出版商可能擔心，在歷史教科書中暗示全球暖化或能源短缺是真正的威脅，可能會被視為偏袒民主黨，並可能因而失去被採用的機會。

然而，歷史教科書的快樂結尾其實等同於承認挫敗。教科書作者在暗示我們對未來不必有任何疑問，也不必認真思考歷史呈現的趨勢時，即等於承認歷史對我們的未來沒有重大影響。在此情況下，難怪學生覺得歷史研究對他們的未來無關緊要。

第十二章／歷史這麼教的原因？

錯誤的歷史知識年復一年地在一本本書籍中重複出現，我不知道是不是有其他領域的知識像歷史領域這麼嚴重。／**賀伯・巴特菲爾德**（Herbert Butterfield）[1]

世界上沒有其他國家像美國一樣，在其歷史專家豐富深入的知識，以及教師所提供的基本教育之間存有這麼大的差距。／**馬克・費洛**（Marc Ferro）[2]

在出版書籍時，如果書中包含具有爭議的內容，最好把它們刪除。／**霍特、萊茵哈特與溫斯頓代表**（Holt, Rinehart and Winston representative）[3]

他們雇了一個人，我不記得他的名字了。／**《美國的歷史》合著者布魯克斯・馬勒・凱利**（Brooks Mather Kelley），解釋真正不當處理該書最後一章的人是誰[4]

在支付三千美元給自由作家後，我們的編輯人員就開始接手……他們上手的很快，兩天就已寫到美國南北戰爭。／**高中歷史教科書資深編輯**[5]

先前的十一章已經證明歷史教科書內有無關緊要、甚至錯誤的細節，而在處理從哥倫布的第二次航行、到即將可能發生的生態滅絕等等議題時，卻略去了重要的問題與事實未談。我們也看到歷史教科書沒有讓學生練習運用對過去的了解，來呈現現今的疑慮，因此他們沒有對未來進行理性思考的基礎。當作者離主要、甚至次級文獻來源越來越遠時，史實就開始失佚了。教科書鮮少呈現歷史爭議的不同立場，幾乎從未告訴學生每個立場所倚仗的證據。教科書在其他方面也不符合學術傳統，在我研究的十八本教科書中，只有在一九七〇年代出版、最舊的兩本當中才包含了注釋。[6] 其中有十本甚至沒有提供學生參考書目。

儘管受到學者的抨擊[7]，這些舊書中的七個新版本仍年復一年地推出，內容大致沒變。據稱由新作者所寫、內容相似的教科書也年復一年地出現，但是封面、書名和內容幾乎大同小異。這種驚人的一致性要如何解釋？

肯定有人滿意這樣的教科書。

出版商在製作教科書時會考慮數群讀者，其一是目標讀者：學生。在出版商眼中，學生的特徵對閱讀水準和版面設計的影響特別大，稍後本書會探討到這一點。歷史學家和教育教授是另一群讀者，或許可以算是兩群讀者。老師則又是一群讀者，稍後我們會審視他們的特徵與需求。出版商也會考慮一般民眾的想法，因為輿論會影響教科書採用委員會，也因為學生家長是代表著出版商不想引起注意的潛在利益團體。

有些社會群體向來會直言不諱指出他們希望教科書提供的功能。在一九二五年，美國退伍軍人協會（American Legion）激昂地表示理想的教科書應有下列特色：

・必須能啟發學童的愛國心……

・必須謹慎地以樂觀態度描述真相……

・對於失敗的史實，唯有在具有價值的道德教訓時才能詳述，主要必須談成功……

・必須以充分的篇幅描述每一州和每一地區的成就與價值。[8]

對照之下，著名的社會研究教育學者雪莉・伊格（Shirley Engle）和安娜・奧喬亞（Anna Ochoa），卻在一九八六年對教科書提出截然不同的建議。從他們的觀點來看，理想的教科書應該符合下列條件：

・以沒有直接答案的重要問題與難題挑戰學生；

・對內容精挑細選；

・編排方式以經過深入研究、重要的社會難題為主；

・利用……多種不同來源的資料，如歷史、社會科學、文學、新聞學，及學生的第一手經驗。[9]

今日的教科書遵循的方針偏向美國退伍軍人協會，揚棄伊格與奧喬亞的建議，為什麼呢？這是否要歸咎於歷史的次級文獻？我們很難期望教科書作者回到原始資料來源，挖掘模糊不清的事實。在幾十年前，歷史上的次級文獻存在許多偏見。直到第二次世界大戰以前，歷史文獻明顯反猶太人與反黑人，遠甚於其他的社會科學。《高貴的夢》（*That Noble Dream*）是最近解釋歷史專業最好的書籍，該書作者彼得・納維克（Peter Novick）研究美國的每一所白人學院與大學，發現在一九四五年以前，只有單單一名黑人受雇教授歷史。[10]大多數的歷史學家是出身特權白人家庭的男性，他們在論述時判斷力已遭矇蔽。亞瑟・史勒辛格二世（Arthur Schlesinger Jr.）發現自己可以寫有關安德魯・傑克遜（Andrew Jackson）的書，而且完全不必提及或許是傑克遜總統任內最主要的議題：驅除東南部的美國印第安人。他的書甚至贏得普立茲獎！[11]

然而，在最近的年代，美國歷史的次級文獻全面得多。實際上，本書的每一章都是以一般可取得的研究為基礎而寫成。能力充分的歷史學家在本書中不會找到新的研究。所有資訊都可以在次級文獻中找到，但它們先前卻不曾出現在我們的歷史教科書、教育媒體或教師訓練課程，因此也不可能在學校中教授。[12]因此，根據比較歷史學家馬克・費洛（Marc Ferro），歷史學家已知，以及美國其餘人所學到的歷史知識之間存有龐大的鴻溝，而且是所有國家當中最大的。[13]

教科書中的疏漏是否可能是專業判斷的問題？教科書作者不能將所有事件都納入書內。過去的歷史漫長，任一本書都無法宣稱自己完整無缺，因此作者必須做決定納入哪些內容。哪些是重要的？哪些適合特定的年齡層？或許老師不該把時間花在海倫・凱勒上，無論她是多偉大的女英雄。

但是當我們審視教科書的內容，省思細節時，會發現其中有些是誤謬的，例如它們強迫推銷給我們的哥倫布，這些都促使我們三思。時間與空間的限制並不會造成教科書的疏漏，例如未討論哥倫布對美洲所做之事，或先前歐洲如何取得世界的主導權，因為這些都是歷史長河中最重要的議題。

或許這可以歸罪於上流社會的陰謀。或許我們全都是傀儡，受到男性白人菁英資本主義者的操縱，他們調整歷史的書寫內容，以便達成其永久鞏固權力與特權的計謀，但卻以其餘人的福祉為代價。高中歷史教科書的內容看起來非常類似，就像是由中產階級組成的同一個執行委員會所製作的。在《一九八四》中，喬治・歐威爾（George Orwell）就已清楚是誰在決定歷史的書寫方式：「現在的掌控者也控制著過去。」[14]

如何呈現過去的象徵意義，對階級化的社會尤為重要，而美國正是按社會階級、種族和性別劃分的社會。有些社會學家認為社會不公是可以激勵人心的動機，能夠鼓勵人們更加努力地工作，有更創新的表現。事實上也的確如此，但階級化也有本質上的不公，因為比較富裕、地位較高、影響力較大的人可以利用優勢為自己及子女獲取更多的優勢。在顯然不平等的社會，未能享有均等機會的民眾可能會浮躁反抗，而占有優勢的族群成員有可能以不公為恥，無法在受壓迫族群或甚至自己面前捍衛不公的制度。為了維持階級制度，控制民眾對這種制度的看法就顯得格外重要。馬克思以錯誤意識（False Consciousness）為題，做了進一步的分析。民眾對過去的看法是其意識的重要一部分。如果菁英階層相信他們享有的特權在歷史上具有正當理由、並且是他們贏得的，那麼要說服他們把機會讓給他人就很困難。如果窮苦階層相信自己的貧困是咎由自取，那麼就沒有必須用武力或暴力讓他們留在原階層。

威廉．葛里芬（William L. Griffen）和約翰．馬西亞諾（John Marciano）分析過教科書處理越戰的方式，並說：「教科書提供了在教育中實現霸權的明顯方法。」

> 我們所指的霸權是支配階層或團體藉由控制學校這類的意識形態機構，來施加影響力，以塑造民眾對越戰這類重要議題的觀感……比方說，在歷史內容中，略去關鍵的事實和觀點不談，會使學生看待歷史事件的方式變得狹隘。此外，透過在教科書內只提供單一方向的思考，可以使學生無法接觸到外界能促進批判性思考的知識。[15]

在上文中，葛里芬和馬西亞諾以政治學詞彙告訴我們，具有控制力量的社會成員能藉由阻止我們接觸關鍵事實，使我們變得愚昧無知。

大多數的教育學者認同這個觀念，而這個觀念也經常被稱為「批判理論」（Critical Theory）。[16] 喬納森．柯澤爾（Jonathan Kozol）屬於這個學派，他寫道：「學校的業務是製造可靠的人。」[17] 巴西的保羅．費瑞里（Paulo Freire）是這麼說的：「期待支配階層發展會讓次等階層察覺到社會嚴重不公的教育，是極度天真的想法。」[18] 費瑞里在美國的優秀弟子亨利．吉魯（Henry Giroux）支持這個看法：「支配文化積極地壓制人民發展出重要的歷史意識。」[19] 大衛．泰亞克（David Tyack）和伊莉莎白．漢索特（Elisabeth Hansot）指出這一切開始的時間：在一八九〇年和一九二〇年之間，商人對公共教育的影響力變得比任何其他職業團體或階層都來得大。[20]有些論述教育的作家甚至下結論說，上流階層的控制使真正的改善不可能發生。亨利．萊文（Henry M. Levin）在一篇批判教育改革計畫的文章中表示：「教育制度的目的向來在於擔任文化傳遞的角色，以及保持現狀。」[21]「我們今天的公立學校是由權勢及重要人士塑造而成，」瓦特．卡爾普（Walter Karp）這麼寫道：「無用的改革將無法補救。」[22]

這些教育作家從社會科學中更重要的思想學派，亦即權力菁英理論（Power Elite Theory）獲得啟發。這個學派已經證明上流階層在美國的確存在，其成員可見於高雅的私人俱樂部、三邊委員會（Trilateral Commission）和多國公司董事會議。富有的資本主義者控制了主要的電視網、大多數的報紙和所有的教科書出版公司，因而擁有大量權力，足以塑造我們談論及思考目前事件的方式。他們也會在特殊大事發生時運用它。比方說，埃克森美孚石油公司多少可以說是世界最大的公司，在過去十年間捐贈了六百萬美元給國家科學教師協會（National Science Teachers Association），這對埃克森只是蠅頭小利，但對教師來說卻是一筆巨款。結果，國家科學教師協會起初拒絕接受五萬分艾爾．高爾（Al Gore）有關全球暖化的影片《不願面對的真相》（*An Inconvenient Truth*），並以若他們接受的話，會「為募款活動帶來不必要的風險」為理由，但這部影片卻贏得了奧斯卡金像獎最佳紀錄片獎。然而，國家科學教師協會卻分發了一支由美國石油協會（American Petroleum Institute）製作的影片，《華盛頓郵報》記者稱之為「對石油的依賴已達無恥的程度」。因此，金錢能讓人墮落。[23]

儘管如此，把上述這一點單單歸因於上流階層並不恰當。若是把佛蒙特（Vermont）某鄉下學校或某城內教室的教課內容單單歸咎於鄉村權力菁英，這種做法過於簡單。如果菁英階層真的主導了一切，他們為何也不審查刪除那些揭露了菁英階層對教育有重大影響的書籍與文章？同樣矛盾的是，批判理論無法解釋它本身為何受到歡迎。任何能幹的上流階層必定也擁有使揭露這些的社會科學家邊緣化的權力，由於他們的支配力量強大又密不可分，因此足以決定幾乎所有美國課堂教授美國歷史的方式，然而他們卻幾乎沒有將批判理論排除在教育之外。相反地，批判理論家還主導了這個學科領域。他們的書籍獲得良好的出版及評論，教育學教授每年都將它們指定給數千名學生閱讀。

上流階層肯定控制著出版業，但他們的控制權並未延伸至內容，至少不是暢銷書的內容。羅伯特·海爾布魯諾（Robert Heilbroner）曾經指出，在美國的任何事務通常都有上流階層成員的掌控存在，但是他們的參與並不意味著是由他們指揮，也不意味著這符合上流階層的利益。[24] 許多批評美國教育的書籍，跟它們所批評的教科書是同一個出版商。資本主義成功的地方之一就在於，總會有出版商願意出版任何書籍，只要它們能帶來利潤。如果省略「關鍵的事實和觀點」是上流階層之所為，那麼他們為何沒有刪除所有關於美國歷史的次級文獻，其中一些甚至偶爾會進入黃金時段的公共電視系列，例如解說民權運動的《美國民權之路》（*Eyes on the Prize*）。上流階層在這個工作上似乎失敗了。

菁英階層顯然也失去對地景的控制。在美國各地，都建立了更準確的新歷史紀念碑和紀念建築物，例如在阿拉巴馬和伊利諾州，新紀念碑讓觀光客了解到柴拉基族和巢克圖族的「淚水之路」（Trail of Tears）。在明尼蘇達州的杜魯司豎立了一座新紀念碑，上面記述著在美國種族關係最低點時期，白人對三名馬戲團黑人員工以私刑處死。美國印第安人已經建立了新博物館，例如康乃狄克州的皮闊特博物館訴說了這個部落的整個故事，包括他們的一部分人口遭清教徒先民滅絕，以及他們如何度過最低點時期和成功開設賭場。在維吉尼亞州里奇蒙的邦聯博物館（Museum of the Confederacy）首次展出奴隸制度，內容包括鏈子、刑具，最後因而促成一本沒有將奴隸制度中殘酷那一面淡化的書。[25] 或許我們必須以混喻的方式，做出權力菁英並沒有干預每一件事的結論。

有趣的是，上流階層甚至可能無法掌控他們「自己的」歷史教學內容。比起公立學校的畢業生，菁英「預備」學校的畢業生更可能遇到會挑戰他們的思維、不採取強記教科書內容的歷史老師。這些老師能夠成功地在上流階層的勢力範圍採取「顛覆的」教學方法，應該會令我們覺得振奮，相信同樣的教學法可以用於任何地點。[26] 另一方面，若說教科書是上流階層用來操控年輕族群支持現狀的工具，他們至今幾乎可說是毫無成功可言。學生不僅沒有崇敬哥倫布等歷史人物，甚至還憎惡歷史。我們已有證據顯示，無論採取什麼調查方法，在增加學生對美國的信心或引導學生成為優良公民上，歷史教科書與課程的影響都極小。[27]

總而言之，權力菁英理論看似可以解釋一切，其實不然。這些理論認定上流階層藉此獲得更多權力，變得更齊心協力和重視私利，但這些都已言過其實。實際上，以對美國歷史教科書具有影響力的說法而言，上流階層可能只是代罪羔羊。將這些怪罪於權力菁英可以安撫人心。權力菁英理論提供了條理分明的解釋：教育機構無法改革，因為改革不符合上流階層的利益，所以他們會防止改變的發生。因此，比起所有人同為共犯的真實世界，權力菁英理論所描繪的世界更加令人滿意，也有更一致的邪惡勢力。權力菁英理論因而可以讓我們其他人相信，自己並沒有參與文化失真的過程。這樣的思考路線不僅讓我們不必為目前學校內所教的美國歷史負責，也讓我們不必對改變這可悲的現況負責。有什麼用？反正我們可能採取的任何行動最終都無法有所作為。

然而，我們或許根本不需要以上流階層的控制為理由，來解釋教科書內的錯誤詮釋。在教科書出版界存在的特殊壓力，或許多少可以說明美國歷史教科書內容劃一、枯燥無味的情形。現今，將近半數的州設有教科書採用委員會。有些委員會的功能明顯在於審查，確保教科書的長度、涵蓋內容和閱讀等級符合標準，他們也會避開會冒犯一些家長的主題和處理方式。這並不是說沒有設立這種委員會的州就沒有類似的審查，只不過他們的審查通常在地方階層進行，因此對於冒犯家長的憂慮更加迫切。此外，由於出版商必須贏得個別地區或學校的同意，所以沒有教科書委員會的州是比較小的市場，對出版商的影響力較小，這也是他們會把最多精力放在設有教科書採用委員會各州的原因。尤其是加州和德州這兩個大型市場，因為它們採用的教科書是用於全州，且有積極的遊說團體，因此對出版商和教科書構成直接的影響。在沒有設立教科書採用委員會的州，學校和地區只能在為大型市場而設計的教科書選擇。[28]

教科書的採用過程複雜[29]，有些州幾乎每一本都接受，只要它們符合裝訂、閱讀等級，以及主題等基本標準，田納西州就是其中之一，然後該州的學校再從大約十二本教科書中選擇，通常是由一個地區共同做出最後的決定。[30]另一種極端的採用方式則是像阿拉巴馬州的做法，一個學科，一本教科書，而且適用於全州。州立教科書委員會通常是小型委員會，成員由州長或州教育首長任命。他們都是自願參加，而且有可能是老師、律師、家長或其他相關人士。這些委員會的例行工作一般是由一小群工作人員執行，先向出版商發佈教科書規格，包括年級、實體要求（尺寸、裝訂等等），以及與各科教科書內容有關的原則。出版商的反應則是把教科書及輔助材料寄過去。同時，委員會在取得任命他們的人所提供的意見、有時再加上工作人員的意見後，開始分設各科的評等委員會，例如高中美國歷史。然後工作人員請評等委員過來開指導會議，解釋教科書的評等表，然後把教科書分給他們。

他們通常會召開一次正式會議，讓出版商的代表能向評等委員簡報。大州或許會在不同地點舉辦數場會議。在這些會議上，出版商代表會強調其教科書的優點。他們推銷的大多不是內容，而是形式上的特點：排版、畫作、「技巧建立」，以及錄影帶和測驗卷等等輔助教材。

評等委員會的工作非常艱鉅，記得先前已提過，我最近檢視的教科書平均一千一百五十頁，若只有單單一個夏季，評等委員甚至無法看完所有的書，遑論進行有意義的比較。評等委員還得參照七十三條不同的標準評等每一本教科書——而且每一本都問題重重。由於他們只有時間快速翻過大部分的教科書，因此只能搜尋容易閱讀、新奇、封面色彩鮮亮、設計精美、具有彩色插圖、以及隨附視聽教材、現成教具和測驗題目的教科書。輔助材料有可能很重要，許多老師、特別是參考資料少的老師都要依賴它們。出版商提供完整的授課大綱，使基本敘述變得生動有趣的小故事，以及包含麥克杜格爾－李特爾（McDougal-Littell）公司所稱「動畫地圖」和「資料圖表」的網站。測驗題目特別重要；許多老師沒有替歷史課程四大部分、一百二十名學生出單元測驗的時間與知識。於是，美國歷史課程大學先修課的一個教師討論團體就曾於二〇〇六年秋天接獲通知，表示某地的某位老師把《美國通史》附帶題庫中的題目與答案張貼出來。「這令人相當苦惱，還是最委婉的說法，」一位老師擔心地寫道：「我已經寄電子郵件給那位老師，要求他立刻移除那些鏈結。」[31]

不幸的是，教科書的行銷就像魚餌的行銷一樣：重點在於掌握漁夫，而不是魚。因此，許多獲得採用的教科書精美地足以吸引採用委員會的目光，在學生眼中卻枯燥無趣。由艾伯列比、布林克利和麥菲森所寫的七年級新教科書《美國之旅》就是實例之一。它的內容不連貫，條理不清。或許是為了因應今日學生據說為時短暫的注意力，麥格羅．希爾出版社的排版部門失去了自制力。以原本應該簡潔有趣的「第二次世界大戰」為例，在該書中，這一章的開頭是一個標示了星號的方框，其中的段落標題是「它為什麼重要」，在介紹五個「章節主題」的方框中也有一個星號。我們從該書開頭的「如何記住所有內容？」，主題是「在歷史中一再發生的概念或主要觀念」。概念或觀念是否會「發生」，就如同「連續與改變」（Continuity and Change）這類主題是否能幫人記住任何內容一樣令人質疑。比方說，我們在讀第一節「邁向戰爭之路」（Road to War）時，怎麼知道它適合放在「連續與改變」這個主題下？又有哪些內容不適合？

然後，在一個同樣以星號標示、標題為「歷史與藝術」（History and Art）的長方框內，是巴斯．米勒（Barse Miller）的畫作「加州舊金山，啟航」，搭配的說明是：「第二次世界大戰的美國士兵相信他們是為羅斯福總統所稱的四個自由而戰：言論自由、信仰自由、免於匱乏的自由，以及免於恐懼的自由。」如一位歷史學家所言，這個說明值得商榷，因為它完全沒有呈現出該書作者之一麥菲森在其著作《理由與袍澤：士兵為什麼打美國南北戰爭》（*For Cause and Comrades: Why Men Fought in the Civil War*）中探討到的複雜因素。下一頁有一個一九三〇年代的時間線，上面只標示出四個事件：日本入侵滿州、希特勒成為德國首相、義大利入侵衣索比亞，以及德國佔領捷克。儘管教科書可能變得龐雜，但教科書中仍有許多篇幅可以涵蓋更多內容，例如一九三八年的水晶之夜（Kristallnacht），它是德國有計畫地屠殺猶太人的開始。

然後在一個金色小蛋裡寫著「第一節」，以及「邁向戰爭之路」。但這一章仍未開始；首先，我們讀到一個標題為「發現……之路」的總結，然後是三個主題。（我稱之為主題，但其實這個詞已經遭到篡用。）然後我們有五個「重要名詞」，其後是「故事」，內容是一段威廉·夏伊勒（William Shirer）所寫的納粹集會。最後，在希特勒的著作《我的奮鬥》的封面照片之後，我們終於看到有關第二次世界大

現代教科書擠進太多內容，就連插圖也受害。在《美國之旅》中，講述第二次世界大戰的後一頁，我們看到諾曼·洛克威爾（Norman Rockwell）著名的畫《我們共視的難題》（The Problem We All Live With），畫中有個黑人女孩穿著她最好的衣服，在前後都有聯邦警察的陪同下第一天去上學。只不過我們看不到，因為這張插圖跟一張一九五七年雪佛蘭汽車的廣告、一個聯合農場工人（United Farm Workers）呼籲拒買葡萄的鈕扣，還有一頂帽子的照片有所重疊。它的力量也因不良版型而減弱：為了騰出空間放帽子的說明文字「越南老兵的帽子」，設計人員把它移到書頁間的摺痕處。（這些作者在一百頁後又提供了一張「越南老兵的帽子」的插圖，還搭配了相同的說明文字，並且這張插圖同樣跟另一張插圖重疊，這顯示他們本身也有注意力缺失的問題。）在這樣的排版下，走在前方的警察大多看不到，而黑人小女孩就像正朝摺線走去一樣。

戰的敘述。總計來看，原本應描述第二次世界大戰的這一章有百分之五十五都不是它應敘述的內容，反而是會造成敘述中斷的內容。有些側邊欄和方框提供了取自原始資料來源的摘錄或有用的短文，其他則是用處較小的「活動」和「重要名詞」。整體而言，它們會造成分心。由於敘述的部分占不到內文的一半，因此經常令人感到迷惑，同樣會造成閱讀的中斷。

這種混亂不堪的情況是否真的必要？數百萬名中學生已自動自發地讀過《哈利．波特》；每一本都有數百頁對開頁面，沒有插圖，沒有側邊欄——只有主要的故事。在每一頁上雜亂地放「多媒體活動」、「故事」和「重要名詞」的做法，看起來像是為了教科書採用委員會，而不是實際的讀者。主要內容的敘述看似比《哈利．波特》易讀，但實際上卻難讀得多。

除了編排方式以外，教科書採用委員還會審視哪些內容？首先，他們會查看對於各自所屬的州來說重要的事件與人物，教科書的處理方式是否令人滿意。在新罕布夏州，誠實描述美國第十四任總統富蘭克林．皮爾斯的教科書倒楣了。皮爾斯或許是我們美國史上倒數第二差的總統，在他的執政下，堪薩斯爆發類似內戰的戰爭，他召集外交官製作令人羞愧的《奧斯坦德宣言》（該宣言威脅要占領古巴；最終美國國務院不得不否認與此文件有關），而且大多數時候處於酒醉狀態。但他是新罕布夏州唯一出過的美國總統。同樣地，阿拉摩之役也深植於（英語系）德州人的心中；任何可能指出英語系美國人是出於對奴隸制度的熱愛，才到那裡為「自由」而戰的教科書也倒楣了。有些地方的人士則要求納入更多的歷史：加州的州議院最近才為一條要求教科書納入日裔美國人在第二次世界大戰期間遭拘禁一事的法案進行辯論。[32]

通常採用委員會都會找到他們想找的內容。大多數的教科書編輯是從銷售代表開始其出版生涯，他們不是歷史學家，但了解其市場。他們會確保自家出版社的教科書包含所有可能受到重視的內容。每一個事件都提及。前國家人文基金會（National Endowment for the Humanities）會長琳恩．錢尼（Lynne

Cheney）譴責這樣的結果：「教科書變得歷史事件的字彙表——主題的概論。」[33] 近年，許多州為了符合《不放棄任何孩童法令》（No Child Left Behind Act）而製作多重選擇題測驗，導致必須提的事件甚至更多。老師總是會按測驗來教，特別是會導致學生無法獲得文憑或學校必須接受審定的測驗。多重選擇題測驗幾乎得考「枝微末節的歷史」——例如「一八一二年戰爭何時開始？」[34]《不放棄任何孩童法令》並沒有要求學校考歷史多重選擇題。事實上，它沒有要求考任何歷史考試。然而，老師卻可悲地發現，沒有歷史考試比考歷史多重選擇題還糟，因為如此一來學區會整個減少對歷史的重視，把重心放到有考試的科目。然而，對於這種謎樣的情況有一個答案，而有些州也找到了：那就是發展值得教的測驗（或學習歷程檔案或其他教學工具）。然而，在此同時，《不放棄任何孩童法令》和由它而產生的全州考試也讓教科書變得更長，老師們也不幸地得教它們。

在一些州，下一步是聽證會，民眾會受邀對評等委員會考慮的教科書提出意見。至少在德州和加州，這些聽證會是供有組織的團體貶低或讚揚其中一本或數本教科書，經常爭論說某本書不符合規定或規格內的要求。雖然出版商對這程序感到悲哀，但評論家（特別是在德州）已找出數百個錯誤並迫使出版商修正，從拼寫錯誤到重大的謬誤都有。由於採用委員會的確會嘗試取悅有投票權的人，因此在聽證會上抱怨的人的確會有所影響，有時是使教科書變得更好，有時是更糟。

以前，採用教科書的州會公然向出版商施壓，要求他們支持特定的觀點。以前有許多年，在美國南部各州銷售的教科書都必須稱南北戰爭為「州之間的戰爭」（The War between the States）。較早版本的《美國通史》採用甚至更親邦聯的說法「南部獨立戰爭」（The War for Southern Independence）。這些純粹是不良的歷史。在一八六一年到一八六五年之間正在打南北戰爭之際，這場戰爭曾被稱為「內戰」（The Civil War）、「叛亂」（The Rebellion）或「大叛亂」（The Great Rebellion）——因而也有「叛徒」（Rebels）。但是既然《美國通史》在南部的州賣得「格外好」，所以誰在乎它怎麼稱這場戰爭？一直到民權運動之後，《美國通史》才開始稱這場戰爭為「南北戰爭」（The Civil War）。[35] 以前阿拉巴馬州的法律要求學校避免使用「包含任何黨派觀念強、有偏見，或對該州（白）人不利，或會責難其過去歷史」的教科書。[36] 德州至今仍要求「教科書不得包含會破壞權威的材料」。[37] 這類標準涵蓋的範圍寬得驚人，而且有可能迫使每一本教科書的幾乎每一章都大刪，除非作者已經略去大多數令人不悅和具有爭議的內容。

許多州已經重寫它們的教科書規格，以訂定這類厚顏的要求。比方說，至少從一九七〇年開始，密西西比州的教科書規格就是以一系列的老套規定構成，以至於任何明理的教科書作者或評論家都無法不同意。然而，如果出版商相信舊規則的精神依舊存在的話，或許這也不能怪出版商，因為《密西西比：衝突與改變》最初遭到出版商拒絕就證明了這種風氣真的仍舊存在。我是該書的資深作者，而該書是採修正主義而寫成的歷史書籍，最終是在一九七四年由萬神殿圖書（Pantheon Books）所出版。我說「最終」是因為該書是在被十一家出版社拒絕後才獲得萬神殿的出版。問題不在於書的內容，因為它贏得該年最佳南方非小說類史密斯獎（The Lillian Smith Award for Best Southern Nonfiction），而是在於一般圖書的出版業者說他們不能出版教科書，而教科書出版業者則說他們不能出不太可能被採用的教科書。有些出版業者甚至擔心密西西比州會出於報復，而不採用他們其他學科的教科書。教科書出版業者後來證明他們多少是對的——密西西比州的教科書採用委員會拒絕採用我們的書。根據該州主要由白人構成的評等委員會，這本書包含太多「黑人歷史」，納入了一張私刑照片，以及太過關注離現今較近的歷史。跟我合著的作者、我本人，以及三個希望採用這本書的學校系統，憑據美國憲法第一修正案，於洛溫等人對特尼浦西德（Loewen et al. v. Turnipseed）案對密西西比州提起告訴，後來在一九八〇年，該書終於列入該州同意的教科書名單。

儘管有特尼浦西德一案為先例，出版商仍擔心遭右翼人士批判；這擔心有其道理。在二〇〇六年，佛羅里達州通過一項法律，載明「美國歷史應視為真正的歷史來教授，而不應採取修正主義或後現代主義主張之相對真實的觀點……美國歷史應視為事實，而非建構的。」這條法律的意思在於對「詮釋」過去、而非陳述過去的「自由派」教授提出警告。這條法律的作者不了解任何歷史的敘述都必須在包含和略去哪些內容之間做選擇，而這麼做本身就是一種詮釋。

迫使教科書得劃一保守的另一個力量來自出版公司本身。卡洛琳・傑克森（Carolyn Jackson）可能是編輯過最多美國歷史教科書的人，她曾經告訴我：「有很多抄襲存在。」在一九八〇年代，每一家出版公司都覬覦《美國的成就》的成功，因為它占有四分之一到三分之一的市場。因此，大多數的教科書都與它類似，實際上，至今依舊如此。目前為止，主流出版公司連一本偏向左翼或右翼的美國歷史教科書都還沒有出過，儘管在次級文獻中已經有充足的論述敢於在知識上支持左翼或右翼的觀點。迄今也沒有任一本教科書強調並以非裔美國人、拉丁美洲裔、勞工或女性主義的歷史，做為引出一般美國歷史的起始點。[38]這類的書籍或許一年只能賣數萬本，賺進數千美元的利潤，但至少它們可以占有獨有的利基市場。儘管無法打進德州市場，出版公司或許仍然可以做得不錯。[39]儘管如此，沒有一家出版公司看出這種可能性。所有的出版公司都一味地追求再造類似《美國的成就》的暢銷紀錄，進而賺進數百萬美元的美好願景。有一位編輯曾經（或許不公平地）表示，一本賣相不錯的書太過偏重美國歷史中「黑人遭受的虐待」。「我們不能僅以此為美國歷史，」他繼續說，「所以就中斷了合約。」那本書一直沒有獲得出版。最後那位編輯下結論說：「我們不想出版懷有私利的書。」當然，一人的觀點在另一人看來卻成了私利，於是教科書最後就變得毫無觀點可言。

因此，教科書的內容劃一不能完全歸因於明顯的州審查員。即使在東歐的前共產主義國家，審查制度也大多是受到作者、編輯和出版商的影響，而不是州審查員，而且「最終與……對意識形態氛圍的敏感度有關。」[40]教科書的情況大同小異：教科書出版商鮮少會做任何他們想像得到、有可能導致州不同意的事。因此，他們在形式、語氣和內容方面，從不偏離傳統的教科書太遠。實際上，當斯科特福斯曼出版社（Scott Foresman）只不過將其文學讀本中的《哈姆雷特》換成《馬克白》時，教育家和編輯認為這改動太大，以至於希列爾．布萊克（Hillel Black）在他論述教科書出版狀況的《美國學校課本》（*The American Schoolbook*）中，以以三頁篇幅來探討這件事。[41] 以美國歷史而言，出版商努力「平衡」以免觸怒任一方的做法，甚至更甚於文學領域。

出版商在包含直言不諱的內容，例如有關哥倫布的史實時，無疑會三思。在本書第二章，我以種族大屠殺來指稱加勒比海阿拉瓦克族毀滅一事。有些學者在向國家人文基金會申請製作哥倫布相關電視系列的經費時，使用了相同的詞，結果基金會拒絕了他們。[42] 琳恩．錢尼說那個詞是一個問題。對基金會來說，整個「一四九二：願景的衝突」（*1492: Clash of Visions*）計畫太偏向印第安人。這系列的製作人抱怨說：「可以談印第安人的野蠻，但談歐洲人的野蠻就不行。」[43]

然而，出版商越來越難避免冒犯，因為如今有多到令人目眩的批判者加入了爭論的行列，其中包括神造論者、激進右翼人士、公民自由團體、少數民族、女性主義者，甚至連歷史專家都有。教科書不再僅僅被譴責為主張種族平等或偏向自由主義[44]，現在它們也被抨擊為主張殖民主義、歐洲中心論或東岸中心論（East Coast-centric）。出版商刪除對美國政策稍有批評的段落，以取悅某州的右翼評論者，結果卻發現他們冒犯了另一州的左翼評論者時，必定有些驚慌。在教科書中包含亨利．西史奈羅斯（Henry Cisneros）的照片或許可以取悅拉丁美洲裔的美國人，但卻有可能遭新英格蘭人攻訐並要求放入約翰．亞當斯的照片。

雖然出版業者希望其所作所為符合道德，但他們也想賺錢。萬神殿的母公司藍燈書屋的總裁在詢問我們那本密西西比教科書的商業前景時，對我說：「我們想做好事，也想把事情做好。」[45] 出於盈虧的考量會使出版商對教科書內的思想容忍的範圍縮小。出版業者每出一本新教科書，製作成本就有可能耗在選舉夜，有數州的票數太過接近，沒有任一位候選人的得票數達到當選總統所需的二百七十張選舉人票。尚未決定的佛羅里達州可以給任一位候選人足夠贏得總統大選的選舉人票。由於該州的票數太過接近，依照州法的規定，必須重新計票。佛羅里達成為總統大選的戰場，律師、政治家以及媒體全都蜂湧前往監督重新計票。——《通往現今之路》

在選舉夜，有數州的票數太過接近，沒有任一位候選人的得票數達到當選所需的二百七十張選舉人票。尚未決定的佛羅里達州會給任一位候選人足夠獲勝的選舉人票。由於票數太過接近且稍微對布希有利，該州依法重新計票。佛羅里達成為總統大選的戰場，律師以及媒體全都蜂湧前往監督重新計票。——《美國的歷史》

費超過五十萬美元的。想當然爾，這會令他們恐懼。

作者呢？既然每一個不妥的段落都有其作者，作者當然是此過程的核心。然而，實際的作者是誰，並不總是很清楚。教科書封面上的姓名鮮少是真正的作者。[46] 路易斯．保羅．托德和梅爾．科提可能在一九四九年寫了《美國的興起》的初稿，但是等它的第十版於一九九一年以《美國的成就》的書名出版時，科提已經九十五歲，住在私人療養院，而托德已經過世。有些教科書列出的作者甚至跟這些書更沒有關。有些老師和歷史學家僅僅把自己的名字借給出版社，偶爾提供意見以獲取一部分的版稅，而教科書的編排與撰寫工作則是由出版社內部的職員負責。根據麥格羅．希爾出版社的一位編輯，這些不具名的職員經常只有英文學士學位。[47]

普蘭提斯霍爾出版社（Prentice Hall）的一位主管曾經告訴我，丹尼爾．伯爾斯坦（Daniel Boorstin）「控制他的著作裡的每一個字」，這句話並沒有聲稱那本書是完全是他寫的，但的確暗示該書有作者的大量參與。稍後我們會看到，就連這個聲稱也無法獲得證實。根據出版社的說法，社方仰仗詹姆士．韋斯特．戴維森和馬克．萊托更新《美國：一個共和國的歷史》的內容。然而，就連這些謹慎的說法也令人懷疑。萊托坦承就新版本而言，他和他的合著者僅僅「擔任確認的角色」。新內容是由出版社率先加入，而且「等送到我們手上時，已經沒有時間做任何重大的變更。」

在二〇〇六年，我為本書的更新版本調查六本新教科書時，我關注的一個主題是它們對新近過去的處理方式，特別是我們的兩次伊拉克戰爭和二〇〇一年九月十一日世貿中心和國防部遭遇的攻擊事件。我驚愕地發現由安德魯．凱頓（Andrew Cayton）、伊莉莎白．培利（Elisabeth Perry）、琳達．里德（Linda Reed）和艾倫．溫克勒合著的《通往現今之路》，以及由丹尼爾．伯爾斯坦和布魯克斯．馬勒．凱利合著的《美國的歷史》中，有段落相同或近似的情形。比方說，前頁的例子取自它們在討論二〇〇〇年布希和高爾在佛羅里達州備受爭議的選舉時開頭的第一段。

這兩本書在描述二〇〇一年九月十一日世貿中心遭破壞的情形時，選的是同一張照片：三個戴著消防帽、舉著美國國旗的人，令人想起那張硫磺島海軍陸戰隊的著名照片。這兩本教科書為這張照片提供的圖文也相同：「救難人員在倒塌的世貿中心雙塔廢墟舉起美國國旗。」只不過伯爾斯坦和凱利加了日期。這兩本教科書處理九一一攻擊事件的方式同樣相似。在《通往現今之路》中，「在遭兩架加滿燃料的噴射機撞擊後，雙塔猛烈燃燒起來」，而在《美國的歷史》中則是「在遭兩架加滿燃料的噴射機撞擊後，雙子星大樓猛烈燃燒起來」。

這情形頁復一頁地出現。對於我們在阿富汗的戰爭，這兩本教科書的描述也相同。它們都有一節的標題是「國土安全部」（Department of Homeland Security），只不過《通往現今之路》沒有寫出「部」（Department of），只寫了「國土安全」（Homeland Security）。在這兩本教科書中，這兩段的開頭都是「總統也迅速採取行動，打擊國內的恐怖主義。」以下是接下來的內文：

> 在九一一事件發生後不到一個月的時間，布希成立了國土安全處並將由賓州州長湯姆．里奇（Tom Ridge）負責領導。里奇在新一波的神秘攻擊事件中開始此職務。在人體吸入後可能致命的炭疽熱孢

> 子開始出現在信件中……。——《通往現今之路》
>
> 在九一一事件發生後不到一個月的時間，布希成立了國土安全處並交由賓州州長湯姆．里奇（Tom Ridge）負責。
>
> 里奇在新一波的神祕攻擊事件中開始此職務。在人體吸入後可能致命的炭疽熱孢子開始出現在信件中……。——《美國的歷史》

這究竟怎麼回事？

我們能想像是伯爾斯坦和凱利抄襲凱頓、培利、里德和溫克勒的書嗎？伯爾斯坦是著名的歷史學家，前國會圖書館館長，著作超過二十本。根據《曼徹斯特衛報》（*Manchester Guardian*）上刊登的訃聞，他「具有傳奇般的學識與勤奮精神」。但是當這本教科書書就時，他已經八十九歲且在人生最後一年。或許，問題出在他的合著者身上。凱利先前曾是耶魯大學檔案保管長及歷史原稿館長，因此他必定知道適當的學問與歸屬性質。

那麼，或許是凱頓、培利、里德和溫克勒抄襲伯爾斯坦和凱利的書？他們沒有伯爾斯坦出名，但全都是擁有永久任職權的教授並具有歷史博士學位，所以他們全都知道做學問的適當禮儀。溫克勒是俄亥俄州邁阿密大學（Miami University in Ohio）的傑出歷史教授，專長是新近的歷史，特別是第二次世界美國大後方的歷史。或許這段內文是他寫的，而伯爾斯坦和凱利則竊用了它們。

如果這些是真正的書籍，歷史學家肯定會全體屏息，等著看凱利（及伯爾斯坦的後代）是否會控告凱頓等人，或反過來。畢竟，比起數年前讓史蒂芬．安布魯茲（Stephen Ambrose）和桃莉絲．基恩斯．古德溫（Doris Kearns Goodwin）陷入困境的抄襲問題，這兩本書中相同的段落遠遠長得多，也更加明目張膽。比方說，安布魯茲的問題之一在於，他引用主要來源的方式像是該來源是他自己發現的，而沒有使用雙引號，因為他是在二手來源讀到的；但是我們這裡的問題沒有這麼細微。因為一頁接著一頁，一個主題接著一個主題。這兩本教科書就像在競相採取可以互換的句子一樣。

我詢問凱利，看他認為這是怎麼回事。他說他沒有參與二〇〇五年版：「那一版是丹尼爾·伯爾斯坦寫的。」（凱利宣稱他跟「典範版」〔classic edition〕比較有關，那一版也擁有二〇〇五年版的版權，有相同的封面，列出的價格相同，而且看似是同一本書。）我問他，新近的歷史內容是誰寫的？「他們雇了一個人，」他回答：「我不記得那人的名字了。然後由丹尼爾過目，我確定他有以他獨特的方式重寫。」當得知這些段落跟另一本歷史教科書中相同時，他嚇壞了。「太可怕了！」他大聲說：「我猜想他們是不是雇了寫那本書的人之一。」在被問到他對這種重複抄襲的情形時，凱利回答：「我真的覺得很遺憾。」[48]

起初，溫克勒宣稱《通往現今之路》最後一章的作者是他：「那一章大部分是我寫的，再交由編輯處理。」在我告訴他，有許多段落跟伯爾斯坦和凱利那本教科書中相同或雷同後，他立即否認自己抄襲：「我甚至沒打開過伯爾斯坦和凱利那本書。」然後他收回自己是作者的說法。「有可能是出版社裡的某個人為兩本書寫了那些段落，我實在很震驚。」在被問到他對這種重複情況的反應時，溫克勒回答：「我覺得這讓人很不安。老天！」[49]

如此一來，這兩組作者都沒有互相抄襲。那是因為他們都不是作者。這兩本教科書都是普蘭提斯霍爾出版的，而只有編輯知道寫這兩個新篇章的匿名作者是誰。這些段落之間的細微差異可能是在編輯過程中造成的。然而，這家出版社低劣的想法的確揭開了教科書拙劣的製造過程。

我詢問溫克勒，他對以他之名出版的教科書處理新近歷史的方式有何看法，他回答：「嗯，我得先從書架上拿下來看看。」然後，他承認他從沒讀過那一章。凱利也沒讀過《美國的歷史》的最後一章，而且他已放棄聲稱伯爾斯坦讀過。

表面上，伯爾斯坦、凱利和溫克勒等人的行為會令人想起那些忙碌的大學生，他們在網路上買論文，加上自己的名字，當作是自己寫的交上去。這兩群作者都因他人的作品而獲得功績或成績，而真正的作者默默無聞但獲得報酬。然而，真正的差異在於作弊的學生通常至少會讀論文，儘管他們並不是作者。這些教科書作者甚至從沒費事讀以自己的名字出版的內容。伯爾斯坦、凱利和溫克勒或許會說沙旦．海珊擁有核武，或是誤將奧薩姆．賓拉登視為猶太教教士。若是如此，他們會是最後一個知道的人。

這些段落並不是按照這些一般以為的作者在早期所寫的內容修改而成，而是全新的歷史內容。此外，最後的篇章肯定是全書最重要的部分之一。它們涵蓋重要、辯論激烈且仍在持續的議題。不像一八一二年戰爭或甚至第二次世界大戰，這些議題與現今具有重要關聯是無庸置疑的。如果在教科書上列為作者的人沒有寫這些段落，那麼他們究竟寫了什麼？如果他們甚至沒有讀過這些段落，他們又讀了些什麼？比方說，他們肯定沒讀過，在過去三十年間新知識的促成下，對美國印第安人相關詮釋的大小改動。

有這種匿名作者的教科書不僅這兩本而已。一些編輯告訴我，美國歷史教科書最近的篇章「一般」都是由自由作家撰寫的。此外，這情形也不僅僅見於最後的篇章。茱蒂絲．康納威（Judith Conaway）代寫過數個領域的初等教科書，她曾經寫道：「把所有的書寫工作交給自由作家來負責，絕對是教科書出版業的標準做法。然後他們會租一個名字放在封面上。」由於托德和科提的《美國的興起》和《美國的成就》在一九七〇年代和一九八〇年代賣得極好，因此出版社希望能持續銷售。在一九九四年，由於托德已過世、而科提已在老人療養院，繼續以他們的名字出版終於令出版社感到難堪，於是霍特、萊茵哈特與溫斯頓出版公司把托德和科提的名字加入書名，並邀保羅．博耶（Paul Boyer）「撰寫」現在所稱的《托德與科提的美國》（*Todd and Curti's The American Nation*）。諷刺的是，博耶那時已是威斯康辛大學的

「梅爾·科提歷史榮譽教授」。在被問到當時他是否大量重寫那本書時，博耶不願回答，反而說：「在討論我的職業生涯細節以前，我想多了解你的動機。」我表示自己是美國歷史學家組織（Organization of American Historians）和美國歷史協會（American Historical Association）的成員，說明我是《老師的謊言》的作者，並特別提到這本書將發行新版本。雖然他聽過這本書，但仍不願透露是誰寫了《托德與科提的美國》，並引介我去問霍特、萊茵哈特與溫斯頓出版公司的一名編輯。在一九九八年，「他的」書再度上市，這次的書名是《美國》（*The American Nation*）。在二〇〇三年，這本書再度更名為《霍特：美國》（*Holt American Nation*），這次的書名還算誠實，因為出版社至少寫了書內大部分的內容，而不是作者。博耶在《紐約時報》上，以妙語為這種做法開脫：「教科書畢竟不是《伊里亞德》（*Iliad*）或《貝武夫》（*Beowulf*）。」凱利在接受《時代雜誌》訪談時說：「坦白說，這些教科書裡有許多跟我們的不同，不是由一度參與它們的作者所寫。」他所說的「跟我們的不同」令人驚愕，因為我才剛逮到伯爾斯坦和凱利做這樣的事。此外，他聲稱他和伯爾斯坦寫了他們所出教科書的早期版本，但兩天後，這說法就遭到詹姆士·古德溫（James Goodwin）的反駁，他透露大約十五年前，其中有好幾章是他修改和寫成的。「我是為了賺錢，」他說：「幾個月的兼職工作，賺一萬美元。」[50]

本章開頭引用的那位編輯暗示，這種做法沒有輸家，因為自由作家「他們上手的很快，兩天就已寫到美國南北戰爭。」然而，花了數十年的時間研究那場戰爭的歷史學家，或許不同意只需要兩天就可以對它瞭如指掌。雇用新手代寫或許可以解釋，為何這些教科書中有時會出現令人詫異的錯誤。一本一九九〇年代的教科書裡，有一個這類錯誤的著名實例：「杜魯門總統輕鬆地以原子彈解決了韓戰。」[51] 杜魯門的行動顯然令德懷特·艾森豪（Dwight Eisenhower）感到驚訝，後者在一九五二年競選總統時的口號是：「我要去韓國。」在歷史教科書裡，從頭到尾都有許多類似的誤謬存在，例如伯爾斯坦和凱利告訴我們，哥倫布從加那利群島、而不是西班牙航向美洲的一個原因在於：「加那利群島的緯度跟日本相同，因此他以為如果他朝正西方航行，最後會抵達他想去的地方。」事實上，當時西班牙首要的塞維雅港所在的緯度位置相當於日本第一大島本州的中央。加那利群島的位置則要偏南的多，只要看一眼地球儀即可得知。《美國之旅》中也有一個例子，它宣稱「瑪姬・雷納」（Maggie Lena）「是第一個擔任銀行總裁的美國女性」，卻沒寫上她的姓氏「沃克」（Walker）。一般以為的《美國之旅》作者有三個，其中之一是南北戰爭時期非裔美國人歷史的專家詹姆士・麥菲森（James McPherson）。他永遠不會寫、甚至讀那一段之後，還允許這樣的錯誤存在。

《美國通史》最後一章的匿名作者不必是專家，也可以避免下列二〇〇四年大選的大錯：

> 在選舉當天，布希獲得決定性的勝利。他強調稅、恐怖主義和道德觀的三方策略漂亮地奏效。他是超過十年以來第一次獲得多數選票的總統，以六千零六十三萬對凱瑞的五千七百三十五萬票，在選舉人票中以二百八十六對二百五十二票的優勢獲勝。

這算什麼以優勢獲勝！凱瑞差點贏得俄亥俄州的二十張選舉人票，若是如此，他就會獲得二百七十二票並贏得選舉，而布希只會有二百六十六票。上列段落的作者難道不記得選舉夜的懸疑感，以及其後一週對俄亥俄州投票異常情形的一些說法？此外，從百分比來看，在布希與凱瑞獲得的總票數中，布希佔百分之五十一點四，但在一九九六年的柯林頓與杜爾的選舉中，柯林頓則是獲得了百分之五十四點七的選票。以敘述選舉的方式來製造選民給予總統「可觀」權限的假象，或許是好的政治做法，但卻是不實的歷史。

更新一本書不僅僅是在書末新增一章，或是僅僅處理自該書最新版問世以後的新發展。我們對於較早期的事件會有新的發現，從一九九〇年代一些事件的新資訊，一直到考古學上的新發現都包含在內，後者會對我們對所在半球的首批人類的了解造成影響。以《美國通史》而言，它的更新過程還有監督不足問題，無論是據稱的作者或任何其他的人。以在一九八八年於蘇格蘭洛克比（Lockerbie）上空爆炸的泛美航空（Pan American Airlines）一〇三號班機破壞行動為例。在一九八九、一九九二和一九九五年，當伯爾斯坦和凱利寫「許多跡象顯示這次爆炸事件是伊朗人下令的」時並沒有問題，但是他們的書在二〇〇五年時仍這麼說，即暗示這些作者不相信二〇〇一年一名利比亞人受到的判決，他們沒有提到利比亞在二〇〇二年支付超過二十億美元給那次災難的受害者，也沒有指出利比亞在二〇〇三年認錯。[52]那些匿名的作者與更新人員既然是匿名，自然不會因這類誤謬而有喪失名譽的風險。

即使那些真的有親自寫書的作者也只寫了核心的正文，但它們在整本書中所占的比例會越來越小。作者與經常比正文占更多空間的無數小方塊、教學輔助、問題、圖文和「活動」無關。或許這是這類內容經常欠缺思考的原因。以《霍特：美國》中敘述南北戰爭來臨那一章後所列的建議：「課後作業：要求每一位學生取得並閱讀斯蒂芬．文森特．貝尼特（Stephen Vincent Benét）所寫的《約翰布朗的遺體》（*John Brown's Body*），並以兩個段落寫出對這首詩的感想。」這個作業太過荒謬，令人不禁感到霍特、萊茵哈特與溫斯頓出版社裡沒有精熟知識的人。這作業的確與布朗在一八五九年接管哈普斯渡口的部隊有關，但是這首詩卻與那次接管無關，相反地，這位詩人想令人想起南北戰爭中挑選出來的層面，以及這場戰爭所造成的社會。再者，這首詩將近四百頁長。「要求每一位學生取得並閱讀」這首詩，說真的，大多數的成年人一生都未曾讀過一首四百頁的詩，即使有人讀了，又要怎麼在短短兩段中寫出感想？[53]

其他的問題也極度欠缺思慮。比方說，《美國人》問：「地理位置如何影響你所在城鎮的歷史？」這問題還真不尋常。一篇博士論文或許可以嘗試仔細回答這問題。對於剛開始唸美國史的人，這作業過於困難。接下來《美國人》又問：「你所在地區的特徵與關切的議題，在最後一個世代有哪些改變？」這同樣是一個不尋常的問題。如果我們從南方的觀點來回答它，就會發現這問題有多艱鉅。然而南方還算是美國界限最明確的地區。若要定義「中西部的特徵與關切的議題」甚至更困難，遑論要評估它們如何改變。這些作者心裡在想什麼？我說，恐怕什麼都沒有。某人決定那一頁加入問題後看起來比較好，於是另一人就提供了問題；但他們並沒有預期學生回答這些問題。不幸的是，這類的問題卻會鼓勵學生做出無意義的臆測也是一種學習形式的結論。

當問題不是欠缺思慮時，經常會令人心智麻木。有好幾本書總是在每一段圖文後附上一個問題，令人感到厭煩。以《美國之旅》中一張希特勒在納粹集會中的照片為例，這張照片的圖文裡有一個問題：「哪一個種族受到納粹的迫害最嚴重？」在那張照片上方七公分左右的內文談到希特勒「特別反閃族」。如果這個問題問的是「哪些族群」，可能會比較有趣，這樣會有其他可能的答案，例如吉普賽人、社會主義者，以及同性戀等等。然而，《美國之旅》卻只想要學生喃喃地回答「猶太人」。《美國人》在其書頁邊的空白處放了許多以「主要觀念」為標題的問題。比方說，在一段描述婦女為何組成國家婦女組織（National Organization for Women）的段落旁寫著一個問題：「促使婦女在當下成立這個組織的原因是什麼？」學生只需要用自己的手重寫這段內文即可，然後，你瞧！他們這就算在研讀歷史了！

即使問題有趣，理想的答案也經常太過明顯，以至於變得無聊。《霍特：美國》提供了取自《芝加哥論壇報》回應密西西比州「黑人條款」的引用文（此引用文亦可見於本書第六章）：「我們要告訴密西西比的白人，這是我們士兵的屍骨長眠之所，自由浪潮的旗幟飄揚的土地，在他們容許這類法律使這片土地的任一寸蒙羞以前，北方人就會把密西西比州變成青蛙池。」此引用文醒目且重要。《霍特：美國》接著問：「找出成見：作者如何表現他對黑人條款的看法？」雖然這段引用文並不完美，但它或許可以引導學生獲得有趣的觀察結果。比方說，這條引用文證明了那場戰爭與爭取黑人自由的理念連結的程度——至少可看出共和黨員中的情況，因為《芝加哥論壇報》是共和黨的重要報紙。然後，它指出這是「我們」的戰爭，把這種強烈的情感連結充分與反種族主義的理由相連。做為一篇同時不尊敬密西西比州、以及宣布北方對該州具有掌控權的文章，「變成青蛙池」也是值得分析的內容。然而，教師版的答案卻清楚顯示，作者根本沒有設想過實際的思考：「作者表現的方式是寫出北方人會在密西西比州實施黑人條款以前就將它變成一個青蛙池。」這個答案僅僅重複了引用文，將作業變成死背重複的練習題。

雖然我們可以希望作者與這種愚蠢的教學建議無關，但是既然他們的名字印在教科書的封面上，就應當對教科書的內容負責。

諷刺的是，偶爾出版社的職員增添的內容會與劣質的內容相衝突，或使之變得更好。在《美國之旅》中，有人在「越戰」地圖加了「美萊村大屠殺」及其日期，儘管該教科書的內容中從未提及那次事件。至於學生要如何了解這個地圖上的標示就不得而知了。

在接受我的訪談時，出版社的執行主管將造成美國歷史教科書裡歪曲的史實，與疏漏的謊言等等嚴重缺陷，怪罪於他們必須討好的教科書採用委員會、學校行政主管或學生家長。無論是黑人好戰分子或德州保守人士，學生家長都怪罪出版商。老師則怪罪迫使他們使用這些不良教科書的行政主管，或發行教科書的出版商。但是作者沒有怪罪任何人。他們主張這些書的功勞。數個作者告訴我，編輯並沒有干涉他們。實際上，有三本不同教科書的作者告訴我，他們的編輯從未提供任何一個有關內容的建議。一位作者激動地說：「在那本書裡，被編輯改動的字連五十個都沒有！」另一位作者說：「他們非常尊重我的判斷，非常逢迎。我一直等他們說不行，但他們從沒說過。」[54]

如果作者宣稱他們能按自己的意思寫教科書，或許教科書的問題該怪罪他們。有時他們知道的，不見得比較多。我曾經問《美國歷史》的作者約翰．蓋瑞提，他為什麼漏掉在清教徒先民來以前，對新英格蘭的印第安社會造成大量破壞的瘟疫。他率直地回答：「我不知道。」後來他做了一件值得讚許的事，他在得知「哥倫布交換」後，在他的著作《一千零一件必須知道的美國史大事》（*1001 Things Everyone Should Know About American History*）中將這個詞彙列為第一個條目。[55]

有時作者的確知道的比較多。如先前所示，在針對大學歷史系學生所寫的《事實背後》中，詹姆士．戴維森和馬克．萊托在印第安瘟疫的敘述上寫得精彩，證明了他們了解那些瘟疫對地緣政治的重要意義，其對印第安文化與宗教造成的破壞，以及它們對歐洲接觸美洲以前的印第安人口預估值的影響。在《事實背後》中，戴維森和萊托甚至以相當於奧林匹亞山的學術高度，寫道：「教科書終於開始注意到這些大規模的流行性傳染病。」在此同時，他們自己的高中歷史教科書卻沒有將這些疫情包含在內。[56]

我們要怎麼解釋這種行為？作者知道即使他們的教科書寫得好，在大多數的大學，這並不會真的有助於他們獲得永久任職權和升等。「真正的學者不寫教科書」是學界的格言。[57] 如果教科書寫得不好，作者不會受到同行的譴責，因為歷史專家不讀高中教科書。[58]《美國歷史評論》（*American Historical Review*）、《美國歷史期刊》（*Journal of American History*），以及《美國史評論》（*Reviews in American History*）並不評論高中教科書。因此，作者的學術聲譽並不真的有受到影響的危險。[59]

教科書採用委員會多少會對教科書作者造成一些壓力，特別是在出版社提起它們的時候。作者鮮少對採用過程有所了解——我算是不幸的例外。編輯可能會請學生家長和採用委員會提醒作者不要有會冒犯人的內容。一名作者告訴我：「我想要適用於所有州的內容。」她靠出版社提供可達成與不可達成這目標的建議。馬克．萊托認為可以把他所寫的那本教科書視為「麥當勞版的歷史——如果它有任何風味，民眾就不會買」。他是根據他的出版商所做的「市場調查」，而做出這個結論。[60]

另一方面，有位編輯告訴我，出版商知道「學生、家長、老師想在教科書內容中看到自己的意見」，而且偶爾會對作者造成影響，使他們的教科書變得較不傳統。麥克．凱曼談到有一位出版商曾嘗試說服一本美國歷史教科書的兩位作者，給美國原住民一點篇幅。湯瑪斯．貝利的出版商對他施壓，要求他在《美國通史》中包含較多關於婦女和非裔美國人的內容。[61]

無論意見的來源，出版商都擁有掌控權。「他們不想要著名人士，因為我們比較溫順，」萊托告訴我，解釋為什麼大出版商會找不怎麼出名的他和戴維森。兩位有大量著作出版的作者告訴我，出版商取消跟他們的合約，因為不喜歡他們文稿中的政治傾向。「我們發生爭論，」一位編輯率直地告訴我：「而且我們通常會贏。」

歷史次級作品適用的條件大不相同，這類作品的目標讀者一般包括專業的歷史學家。次級書籍的作者知道出版商和期刊編輯雇用專業歷史學家來評估文稿，因此他們從一開始就是為其他的歷史學家而寫。作者也知道其他的歷史學家會在他們的書出版後加以檢視，而且他們的名聲也將因歷史期刊中的評論而有所褒貶。

由於讀者群差異大，次級作品與教科書自然也大不相同。教科書作者不需要過度關切真正發生的史實，因為出版商自訂的賣點在於愛國主義，而非學術。這情形一點也不令人驚訝：修習美國歷史的要求起源於本世紀初訴諸民族主義的運動。[62]出版商從封面就開始為教科書內容定調，例如《自由的挑戰》和《應許之地》等等民族主義式的書名搭配了傳統的愛國徽誌：鷹、獨立紀念館（Independence Hall）、美國國旗，以及自由女神像。在我取樣的六本新書中，有四本在封面上呈現美國國旗，另外兩本以紅白藍三色印製書名與作者名。[63]出版商把這些書當作協助學生「發現」我們的「共同信念」及「了解我們的遺產」的工具來行銷，沒有一家出版商嘗試以其教科書比競爭同業來得準確做為賣點。

教科書作者多少有將學生讀者納入考量。我從自己的經驗得知，設想讀者的需求是歷史教科書撰寫過程的重要部分。有些教科書作者是高中老師，但大多數是對高中或國中學生所知有限的大學教授。對教科書作者的訪談結果顯示，他們想像學生需求的過程很奇怪。寫一本高中美國歷史教科書的過程莫名地會把歷史學家變成愛國志士。有位作者告訴我，她是單親母親，在開始寫她的教科書時，女兒十一歲大。她「想寫一本莎曼珊會引以為榮的書」。我對她的想法心有同感，談到我獨力扶養一個年紀相仿的女兒。然而，在進一步交談後，我發現她指的顯然不僅僅是一本她女兒會重視或喜愛的書。相反地，她想寫一本會讓她女兒對美國有良好觀感的書，這是一件截然不同的事。[64]

其他的教科書作者跟我分享過類似的看法。他們想創造好國民，亦即會以國家為榮的民眾。不知為何，作者覺得他們必須承擔傳播與捍衛西方文明的責任。有時在他們的意見中幾乎有種自暴自棄的感覺——幾乎有點「在我死後，隨它洪水成災」的意味。作者有可能覺得對於這些孩子，他們只有一次機會，如果現在無法打動他們，美國的未來會有危險。然後，這種想法會導致他們產生一種妄自尊大的感覺——覺得自己在社會的前線，協助美國持續成長茁壯。不僅教科書作者有這種感覺：歷史學家和歷史老師一般會把自己的角色定位為塑造優良國民，藉此證明他們的作為是正當的。在《對歷史的讚美》（*A Proud Word for History*）中，艾倫・奈維斯（Allan Nevins）對「談到普利茅斯岩、鍛福治河谷（Valley Forge）和阿拉摩的教材內容」，他讚揚歷史在促使國家變強上所扮演的角色。根據國家社會學研究委員會（National Council for the Social Studies）前委員長理查・葛羅斯（Richard Gross）：「發展年輕人的特質，例如性格、道德、倫理和優良國民的特質，是研究歷史與社會科學的理由。」[65]在撰寫密西西比的歷史時，我跟我的合著者也有相同的感受：我們或許可以藉由傳授知識與改變下一代的態度，來改善我們的州及州民。

然而，即使在各自書籍與私人談話中對一些社會層面加以批判的美國歷史教科書作者，在有機會向整個下一代述說時，似乎仍舊只想維持現在的美國，而不是改變它。有一位教科書作者凱蘿・柏金（Carol Berkin）在我訪談時的開頭就說：「我是歷史學家，也是主張女性主義的社會主義者。」[66]我吃驚地張大嘴巴，因為她的教科書沒有展現絲毫的女性主義或社會主義傾向。一位女性主義的作者肯定會寫一本教科書，以協助讀者了解為何美國至今沒有女總統，或甚至女副總統。一位社會主義的作者肯定會寫一本教科書，以便讓讀者了解為何有些勞工家庭的孩童鮮少成為總統或副總統，只有神祕的林肯例外。[67]

如果教科書裡填塞了過多內容，過度冗長，而且經常有錯，欠缺思慮，枯燥無聊等等，為什麼老師還是要用它們？老師多少要為我們歷史教室中的錯誤教育負責。畢竟，在本書前十章中揭露的歪曲與疏漏是老師告訴我們的謊言。如果控訴美國歷史教科書的老師夠多，出版商難道還不願修改它們嗎？老師也在採用教科書的過程中扮演重要的角色：在大多數的州，教科書評等委員會主要由老師組成，但是出版商並沒有遇到多少反對的聲浪。相反地，許多老師喜歡這些教科書。根據研究員肯尼斯．王（K.K.Wong）和湯姆．拉夫雷斯（T.Loveless），大多數的老師認為歷史教科書品質好，而且越來越好。[68]

有沒有可能是因為他們根本不知道真相？許多歷史老師對歷史所知不多：一九九〇年一項對二百五十七位老師進行的全國性調查發現，其中有百分之十三從沒修過大學歷史課程，只有百分之四十的學士或碩士學位是在歷史領域，或與「一些歷史」沾上邊的領域，例如社會學或政治科學。[69] 此外，一個針對印第安那州老師的研究顯示，只有不到五分之一的老師會閱讀美國歷史的書籍或文章，以獲取最新知識。在一九九二年一場關於哥倫布與剝削時代（Age of Exploitation）的會議中，高中歷史老師驚訝地得知哥倫布以前的人已經知道世界是圓的。這些老師因發覺自己居然傳授了多年錯誤的資訊而感到懊喪。當然，老師不會教他們不知道的知識。

大多數的老師不喜歡爭議。數年前的一個研究發現，百分之九十二的老師不會主動請學生討論有爭議的議題，百分之八十九的老師在學生提起這類議題時不會加以討論，而百分之七十九認為他們不該討論這類議題。老師覺得學生有興趣討論、但大多數老師認為不該在課堂上討論的題目包括越戰、政治、種族關係、核戰、宗教，以及離婚等家庭問題。[70]

許多老師害怕爭議，因為他們自己沒有在學術環境進行過論戰，所以不知道該怎麼處理。根據雪萊．伊格的看法，「在美國的學校，大多數社會研究學科的老師在接受教育時，就已欠缺處理不確定性的訓練。一旦制式答案不敷使用，他們就無法理解。」惰性也是這體系的問題之一：許多老師會採用以前自己被教導的方法。就連許多深知歷史充滿爭議與辯論的大學歷史教授，在自己的教室裡同樣會變得像舊時一樣僅僅傳達知識而已。[71]

既然教科書採取肯定的語氣，老師很難在教室裡介紹爭議或不確定的事物，如果介紹的話，肯定會偏離平常的論述標準。老師鮮少在課堂上說「我不知道」，鮮少討論要如何尋找答案。「我不知道」違反一般的準則。老師就像教科書一樣，應該都要知道，而學生則應學習老師和教科書作者都已知道的事物。[72]

老師很難無範圍地教學，他們擔心無法掌握答案，害怕在課堂上失去權威。為了避免暴露出自己並非無所不知，老師只讓學生使用「非常少量的學校延伸資源」，研究員琳達・麥尼爾這麼說，她在一九七五年與一九八一年之間完成了三個以高中社會研究課為對象的研究。[73]誰知道探究會導致什麼，又要如何處理？約翰・古德拉（John Goodlad）發現只有不到百分之一的教課時間，是用於需要「學生推論或提供意見」的課堂討論。[74]根據麥尼爾，教師不做討論與研究，反而強調「過度簡化且由老師控制的資訊」。老師「控制知識的模式根源於他們想控制教室的欲望，這是他們在錄音訪談時所說的。」[75]最後他們採用了無所不知的口吻，就跟他們使用的教科書一樣。結果，老師呈現出一種無聊、過度規律的思考，而且比一般人的思考方式無趣得多。艾伯特・向克（Albert Shanker）本身是老師的擁護者，他在總結麥尼爾的研究時特別提到，這些老師「充滿活力、心胸寬廣，在私人交談時知識豐富」，儘管他們「在課堂上時顯得心胸偏狹，愚鈍死板」。[76]

大衛・傑寧斯（David Jenness）指出，至少已近一世紀以來，專業歷史機構一再勸老師不要把歷史當成必須背誦的事實來教。美國歷史協會（American Historical Association）在一八九三年大聲疾呼：「激發學生的心靈。」歷史學家在一九三四年敦促說，避免強調「日期、姓名與特定的事件」；專業領袖在這段期間及之後，幾乎每十年就會提出類似的訴求。[77]然而，老師卻持續提出似是而非的事實，讓學生背誦。如同教科書作者，老師也可能怠惰。教書的壓力大。劣質教科書會讓日子好過一點。他們讓教學計畫容易組織。此外，我們已經看到出版商提供大量教材，包括可在課堂上看的錄影帶，提供如何介紹每個主題的教師手冊，以及可以複印和電腦閱卷的考題。教科書也能讓老師安心，因為知道自己涵蓋了各個層面，所以學生在全州或全國標準測驗中不會居於不利情況。

基於所有這些理由，全國調查已經證實老師有超過百分之七十的時間是使用教科書。[78] 此外，大多數的老師偏好與他們現行使用的教科書類似的教科書，這是「調查型教科書」運動在一九七〇年代晚期沒有流行的一大原因。「老師經常偏好自己熟悉的錯誤，」泰森波斯坦（Tyson-Bernstein）甚至宣稱：「勝過不熟悉但正確的資訊。」這也是錯誤保留下來並傳給新世代的原因之一。[79]

然而，怠惰並不是一個公平的理由，老師什麼時候有時間做研究，以便發展自己的課程大綱和讀本？他們每週的工作時間已經達五十五小時。大多數的老師都忙著教學、評分、維持秩序、發布通知、提供建議、安撫學生、監督集會，讓餐廳保持安靜，還要處理自家事務，沒有時間研究他們甚至不知道該提問的主題。在長時間工作後，他們經常必須指導課外活動，遑論還要閱卷與規劃教學。[80] 在學期間，大多數的學區僅僅允許老師進行二到四天的「在職訓練」。夏天提供他們充電的時間，但沒有補助，我們不能期待老師們資助我們其餘的人，花兩個月的時間，在沒有收入的情況下自行學習美國歷史。

有些前述的壓力對任何學科的老師都有影響，但是有一些額外的限制對美國歷史的老師造成影響。如同歷史教科書作者，歷史老師也會產生一種想捍衛美國的心態，特別是在少數民族的學生面前。他們也跟教科書作者一樣，有可能覺得他們應該為美國辯護和支持美國。即使非裔美國老師在遇到對美國的批評時，也可能模糊地感覺受到威脅，擔心他們也會受到攻擊。老師會自然而然地認同他們所教的材料。由於教科書會出於防衛心理而支持美國，使用它們的老師也有產生相同態度的風險。跟比較幸運的英語老師相比，他們在教朗斯頓．休斯（Langston Hughes）微帶顛覆意味的詩〈自由火車〉（Freedom Train）時，心態很難不變得稍微顛覆。同理，在教《霍特：美國》時，免不了會讓人感到略為無聊。社會研究和歷史學科的老師在同事之間經常比其他學科的老師不受尊重。在聽到可以去掉哪個學科時，國小老師回答社會研究學科的時候比任何其他學術領域都多。[81] 特別是在中西部和南部，高中校長經常把歷史課交給教練，畢竟在體育課不夠多的情況下，體育老師總得教一些課。將美國歷史課交由非此專業的人教（根據一項全國調查，這樣的老師占美國所有歷史老師的百分之六十），顯然暗示此學科不重要，因此「任何人都可以教」。歷史老師必須負責的班級數也比其他所有的學科多。[82]

學生也認為歷史特別不重要。根據最近一項針對學生對社會研究的態度所做的研究，「美國所有年級的大多數學生發覺，社會研究是最無聊、最無關緊要的學科之一。」[83] 許多老師察覺出學生對學科內容的看法，因而有許多的反應是在內心直接放棄——不嘗試創新的教法，只提出最少的要求，僅僅比學生早知道教科書內容。在此情形下，學生的反應則是「對課堂投入最低限度的努力」，因而形成惡性循環。[84]

學生仰賴教科書後，容易傾向只做最少的努力，如同老師。教科書裡有無數列表（例如主要觀念、重要名詞、重要人物、日期、技巧活動、連連看、填空題和複習檢定的清單），它們看似令學生生涯痛苦的源頭，但其實具有正面的功能。這些列表使課程內容看起來嚴謹且有事實根據，因此老師和學生可以想像自己的確在學習。它們讓老師顯得知識豐富，而比較自由的討論可能會曝露出他們在資訊或智識上的欠缺。它們也讓學生覺得評分是公平的：在要求記憶特定知識的「客觀」考試中的表現比較容易測量。因此，這些清單告訴學生他們需要知道的事，因而減少了不確定性。[85] 然而，把歷史分解為互不相連的「事實」，肯定也會使學生無法將許多詞彙跟自己的生活相連，而且在六週的考試週過後肯定會忘了其中大多數的詞彙。[86]

可以說在我取樣的教科書中，《美洲冒險史》和《發現美國史》這兩本「調查型」教科書比其餘十六本敘述性的教科書都來得好。它們提出了數種建議，讓學生可以利用一手材料，同時檢視其中是否有曲解的史實。《美洲冒險史》在教師手冊中直接對種族中心主義提出質疑，其他的教科書的輔助教學指南從來沒有包含這個主題。研究顯示，探究方法會增加學生對當代政治議題的興趣。[87]然而，調查型教科書必須搭配積極得多的教學法。在課堂上，老師總不能死硬地教，而必須補充額外的資訊，跳過一些部分，選擇要指定的練習，以及與學校圖書館員合作。或許正是因為調查型教科書不依賴強記死背的方法，所以老師和校務人員很快就棄之不用。探究方法需要做的工作太多。[88]

看來老師似乎是受制於傳統的敘述型教科書，若是如此，他們何不反對它們，即使偶爾為之也好？同樣地，反對教科書也很困難。我們已經提過時間與工作量等作業問題，資源也是問題。老師要到哪裡找施力點？如果附近有州立歷史博物館或大學，它們或許可以幫忙。但是老師怎麼知道他們不知道某件事？他們怎麼知道自己使用的教科書有誤或會誤導讀者？再者，學生已經習於相信書本上的一切。老師要怎麼跟有強大出版商支持，且聲望卓著的作者在書中呈現的專業知識競爭？

反對教科書的內容也可能令人膽怯。教科書提供安全感。當校長、家長或學生要他們為自己的工作辯護時，老師可以躲在它們後面。反對教科書也可能被解釋為對選擇它們的學校體系、督學、校長或系主任等等的批評。老師有可能因而陷入麻煩。或者，他們有可能這麼想。[89]

我有一個到國小做教學實習的學生決定將在我的課堂上所學到，關於清教徒先民、瘟疫和感恩節的知識介紹給學生。結果督導她的實習工作的教育學教授反對她的計畫。「告訴學童這些跟他們的傳統說法相反的資訊，就像告訴他們世界上沒有聖誕老人一樣。」他也擔心這些資訊有可能「引起與學生家庭的重大爭論」。儘管如此，在課堂老師的同意下，我的學生仍實行了她的計畫。她沒有收到家長的抱怨，但她的確冒了被一些家長、行政人員、甚至老師視為具有敵意或負面意味的風險。

畢竟，老師的確會遭解雇。我訪談了數位因不重要的自主行為，例如讓學生接觸一些家長認為具有爭議的教材，而遭解雇或威脅的高中老師和圖書館員，有些老師因為在巴爾的摩教《美麗新世界》（*Brave New World*），在愛達荷州教《飛越杜鵑窩》（*One Flew Over the Cuckoo's Nest*），以及幾乎任何其他介於這兩者之間的內容而遭解雇。[90] 在知道此情況下，許多老師預期將會遭權勢力量攻擊，並懷疑不會有人為他們辯護，因而進入肯尼斯・卡爾森（Kenneth Carlson）所謂「自我審查的安全」（Security of Self-censorship）狀態。[91] 儘管如此，我深信大多數的老師享有實質的教學自由。崔西・基德在《學童紀事》中說：「大多數的老師對學校政策或課程的控制力很少，但大多數在自己的課堂上享有大量自治權。」麥可・柯斯特（Michael W. Kirst）在《誰控制我們的學校？》（*Who Controls Our Schools?*）中同意道：「老師其實對教學內容具有否決權。在美國公立學校的舊有傳統中，一旦教室的門關上，沒有人會查看老師實際上教什麼。」[92] 儘管如此，就連那些沒有多少實質原因需要擔心工作的老師，一般也會避免不必要的風險。

或許在與老師相關的這些議題上，我過於悲觀。無論我到哪裡做與教科書的問題有關的演講時，我總是會遇到渴求正確歷史資訊的老師。我遇到過許多想像力豐富、使美國歷史變得栩栩如生的老師，他們帶入爭議與一手來源教材，激勵學生思考。然而，儘管美國各地的學校都有這些勇敢的例外，但是大多數的社會研究與歷史老師仍是問題的一部分，而非解決方法。

現在我們可以從更寬廣的範圍來看。我們全都牽涉在內嗎？畢竟，我們歷史中的神話並不僅止於我們的學校教育而已。這些文化謊言已經滲入我們整個社會。從在哥倫布紀念日週末時平坦地球的廣告，到《亂世佳人》中對重建時期種族主義的扭曲，我們的社會對自己的過去說謊。質疑這些謊言有可能顯得反美。教科書之所以反映出這些謊言，或許僅僅因為這是我們的希望。教科書避開爭議，可能也只因為我們希望它們這麼做：至少在國家輿論調查中，向來有一半的回應者同意「應禁止內含危險觀念的書進入公立學校圖書館」。[93]當美國國家教育進展評測（National Assessment for Educational Progress）把社會研究評測工具寄給非本行的審查人員，請他們「協助確保（它們）可以為一般民眾接受」時，民眾回答：「有關特定少數族群的參考文獻應儘量刪除。」在提及聯邦調查局、總統、工會與一些其他組織時，用字遣辭應「極度小心」，還有「儘管事實上為正確、但以貶抑方式呈現國家英雄的做法，均屬冒失無禮」。[94]

一家大教科書出版商的總裁約翰．威廉姆斯（John Williamson）在為出版業辯護時表示：「在三〇年代，婦女與黑人受到的對待顯然反映出社會的態度。所有婦女都被描述為家庭主婦的角色……黑人則根本沒有任何描述。」他接著坦承，近年婦女與黑人受到的對待有所改善並不是出版業的功勞，「儘管我們很希望獲得這功勞。」如同以往，「教科書反映出我們的社會，且包含社會可接受的內容。」威廉姆斯下結論說，這一切都理所當然——家長、老師和社區成員應有權向出版商施壓，以便讓歷史以他們希望的方式呈現。[95]

威廉姆斯有其論點，然而當出版商躲藏在「社會」之後時，他們的論點令人想起先有蛋、還是先有雞的問題，因為如果教科書的變化越多，社會上的壓力團體就有更多可以遊說的目標。再者，威廉姆斯已經承認了主要論點：歷史教科書與歷史學科的關係，非常不同於大多數的教科書與其各自領域的關係。「社會」決定歷史教科書的內容。對比之下，數學專業決定數學教科書的內容，而儘管有神造論者的壓力，生物學專業會決定生物學教科書的內容。當然，出版數學與生物學教科書的組織跟出版美國歷史教科書的組織同樣複雜，而它們經歷的採用程序也同樣敏感。當然，數學與生物學的教科書也會有錯誤。但唯有在與歷史與社會研究相關時，作者才會真的問：「教科書可能在學術上保有完整嗎？」[96]唯有歷史的正確性受政治的影響這麼大。

以南北戰爭的黑人士兵為例，即使在一九三〇年代，他們的貢獻史實在主要資料來源、甚至在南北戰爭與重建時期的教科書中也是一目瞭然。大蕭條時代的教科書卻忽略這些事實，原因不在於它們不為人知，而是因為包含非裔美國人的重要行動，不會「反映出」美國種族關係最低點時期「（白人）社會的態度」。因此，要了解一九三〇年代的教科書如何呈現南北戰爭，我們不看一八六〇年代的歷史，而是看一九三〇年代的社會。同樣地，若要了解今日的教科書如何呈現南北戰爭、清教徒先民或哥倫布，我們不看一八六〇年代、一六二〇年代或一四九〇年代，而是我們當今的時代。我們的社會引起哪些史實的歪曲？我們不能自欺欺人地說，歪曲歷史的過程已神奇地停止。我們不能慶幸地以為我們現今的社會公平地對待每一個人，並以正確的詮釋呈現過去。我們不能跟先前的世代一樣，假裝自己寫下的歷史是真實的。高中歷史教科書的作者經常連試都不試，就如先前已探討過的。當家長和老師不要求出版商和學校在呈現正確的歷史上，投入跟我們對其他學科相同的努力時，我們自身也變成了問題的來源之一。

基於此，許多當今出版的歷史教科書可以說完全不是我們當代的產品。第五章談到一八九〇年和一九四〇年之間的美國種族關係最低點時期，在那段期間，我們美國的種族關係不僅倒退，還對以當時而言新近過去的年代，亦即重建時期（一八六六至七七年）、其後混亂不堪的年代（一八七七至九〇年），以及最低點時期本身，在對它們的了解上產生了深切的偏見。第六章證明了約翰·布朗在一八九〇年之後被視為瘋子，但是他的清醒神智並不是最低點時期唯一遭歪曲的史實。在最低點時期捏造的詮釋仍然影響著今日教科書對格蘭特政府（Grant administration）、伍德羅·威爾遜的說法、甚至哥倫布的說法。在最低點時期，非裔美國人似乎「明顯」低劣，以至於大多數的白人無法想像格蘭特總統、「死忠派」（Stalwarts），以及南方大多數的共和黨公職人員真的在乎種族平等。按照邏輯推論，他們必定有一些其他的動機——最可能是貪婪或權力。因此，像二〇〇六年《美國通史》這樣的教科書強調貪汙，將理想主義降至最小，以使人對共和黨在一八七〇年代和一八八〇年代的行為產生質疑。最低點時期怎麼會對在二〇〇六年出版的教科書造成影響？舉個例子來說，《美國通史》對格蘭特的詮釋並不是在二〇〇六年寫的，而可以追溯至一九五六年，早在民權運動對美國歷史教科書造成影響之前。在一九五六年，對格蘭特的詮釋仍以最低點時期的觀念為根據，而且《美國通史》的作者湯瑪斯・貝利是在一九二七年該時期核心階段獲得博士學位。一九八〇年代對哥倫布的詮釋來自於一八九二年的慶祝活動；第二章已經說明新教科書是如何受到一九九二年更加複雜的紀念活動所影響。因此，一本書的書寫時間（或者說當我們的文化已設定好事件的詮釋時）會決定它的內容。

有些人覺得我們應該替歷史消毒，避免學生接觸不愉快的內容，至少等他們十八歲左右再說。這些人說，小孩向來長得很快，所以讓他們享有童年。為什麼要讓年輕人接觸這些連大人都無法解決的議題？比方說，我們有必要把哥倫布在海地那些恐怖作為的細節都告訴五年級生嗎？[97] 西瑟拉・巴克（Sissela Bok）寫一整本探討說謊的書，而且大多是反對說謊；但她似乎認同對小孩說謊是可以的，並將之比擬為替小孩遮風擋雨。[98]

當然，以年齡分級的審查制度幾乎是所有人都認為適當的審查形式之一，例如：五年級的學生不應看暴力色情。有些五年級或甚至十二年級的學生，在看到西班牙人砍掉印第安人的手或印第安人自殺的插圖後，有可能做關於哥倫布的惡夢。然而，刪除色情的做法跟粉飾歷史並不相同。當我們未能把真相呈現在學生面前，例如有關哥倫布的真相，那麼我們就等於呈現了謊言——至少是透過嚴重疏漏而達成的謊言。我懷疑避免學童接觸恐怖與暴力，是否真是教科書疏漏與歪曲史實的原因。畢竟，教科書裡的確包含暴力，只要不是「我們的」暴力就行，例如《美國歷史》以下列內容描述布朗在一八五六年於堪薩斯波塔沃托米的行動：

> 布朗得知（羅倫斯）攻擊後，率領一夥七人……他們在深夜進入三個不知情的家庭住處，無緣無故

地謀殺了五人。他們以沉重銳利的劍劈開他們的頭骨，甚至其中一名受害者的手。

敘述頭骨遭劈開並提供劍的重量與鋒利程度等細節，會令我們對布朗產生厭惡感。作者之所以提供這些細節，肯定不是為了避免讓學生接觸到不愉快的內容。

如果教科書要包含被砍下來的手，阿拉瓦克族人被哥倫布砍下的手所具有的歷史意義要重要得多。哥倫布是有系統地致人於殘，以使海地的人口減少。略去這些暴行未談的《美國歷史》，無法自稱已公平地呈現了波塔沃托米事件。

暫且撇去暴行不談，我們又該怎麼看待避免學童接觸社會上其他不適當實情的做法呢？比方說，社會研究課要如何教年輕學子有關警察的議題？我們應該採取「友善警察」（Officer Friendly）的詮釋？還是應該讓他們接納馬克思主義的詮釋，說明權力結構如何把警察當作城市貧民街第一道的控制線？我們選擇的做法是否取決於我們是在市郊或城內上課？如果對城內的兒童來說，比較複雜的警察分析法比「友善警察」的說法更加有用，這是否意味著我們在市郊教授奴隸制度的方式，應該與在城內教課時不同？

一九九二年，洛杉磯爆發激烈的種族爆動，起因是有四名警察被錄下毆打交通違規的黑人羅德尼·金（Rodney King），結果一個市郊的白人陪審團無罪釋放了他們。美國的每一個小孩幾乎都看過這個最著名的家庭錄影帶，因此幾乎每一個小孩都知道「友善警察」並不是全部適用。在學校只提供「友善警察」的分析，並不會使學生不接觸到爭議。這麼做只是使學校變得與今日的重大議題無關。十三歲小孩買的搖滾歌曲講的是愛滋、核戰和全球暖化。饒舌歌曲討論種族主義、性別歧視主義、吸毒——以及美國歷史。無論我們喜不喜歡，我們的孩子肯定已經知道、也想過這些及其他的議題。實際上，家長嘗試透過逃避的方式來保留不存在的童真，有可能增加、而非減少焦慮。[99] 說謊與疏漏並不是正確的方式。

不論任何年齡的兒童，總有可以教他們真相的方法。

比起地質學或甚至美國文學，歷史與我們的切身關係較重，與「我們」比較有關，因此形成另一個不誠實呈現它的理由：我們難道不希望自己的後代擁有樂觀的心態？或許強調我們的社會向來有多美好、公平與進步的教科書，能讓一些學生形成樂觀主義的基礎。相信只要活著，我們就都能持續不斷地改進社會，這樣的信念會賦予小孩權力。或許以後等他們長大並學習更多後，他們會有動力改變制度，使它更趨近於理想。或許強調公平是美國基本的價值觀可以提供一個著力點，讓或許在大學歷史課上發現美國向來並不總是奉行公平的學生，有批評社會的機會。或許這一切就像艾蜜莉·狄金生（Emily Dickinson）的詩句「真相必須逐漸煥發眩目光彩，否則人必因耀眼光芒而目盲」所描述的情形。[100]

由於只有不到六分之一的美國人會在高中畢業後修美國歷史課，因此下一代何時會因美國歷史的真相而目眩則不得而知。這種思緒的另一個問題在於有一天學生有可能因耀眼的真相而頓悟，原來他們的老師一直在對他們說謊。我的一個學生寫到，以前她一直「被教的是，華盛頓在生日那天收到一把小斧頭，然後用它砍了他父親最喜歡的櫻桃樹」。接著她恐懼地發現，「我以前一直覺得這個記憶裡的故事很神聖，原來它竟是個謊言。」她「覺得難受，覺得被我先前的老師背叛，他們說謊打造華盛頓的形象，這使我開始質疑自己先前學習的一切。」若跟有關美國憲法制定者的真相給予非裔美國人的感受相比，這位學生的疏離感完全不夠看。歷史學家馬克·洛伊德（Mark Lloyd）曾告訴我：「我第一次得知華盛頓和傑佛遜蓄奴時，感到不知所措。我再也不想與他們有任何關係。」[101] 把華盛頓塑造成英雄形象並教給美國原住民，最終在他們得知他對易洛魁族所做的事後，因類似的原因而失敗。

成人讓小孩保持無知，以便讓他們保有理想主義，這種做法令人難以想像。比較可能的是，成人讓小孩保持無知以便他們不懂得理想主義。許多成年人懼怕小孩，並且擔心對權威的尊敬是唯一能使他們不至於失控的力量。因此他們教小孩尊敬大人不尊敬的權威。在一九七〇年代晚期，民調研究員給家長一系列的陳述，問他們是否相信這些陳述，以及是否希望子女相信它們。其中有一條陳述的結果特別突出：「掌權人士知道得最多。」父母的選擇分析如下：

百分之十三——相信，也希望小孩相信

百分之五十六——懷疑，但仍會這麼教小孩

百分之三十——不相信，不會這麼教小孩

百分之五十六的家長不希望子女懷疑權威人物，儘管這些家長自己懷疑。[102]

有些大人根本不信任讓小孩自己思考。關於美國人對下一代的不信任，社會學家已經記錄了數十年。當小孩獲得大人無法取得的資訊與探究工具，並且使用它們的方式似乎會對成人擁有的價值觀造成威脅時，父母可能會覺得根基受到損害。許多父母希望小孩把注意放在讀、寫、算上面，而不是多文化歷史上。[103]雪萊．伊格描述「有一小群咄咄逼人的（老師與家長），他們並不真的相信民主，也不真的認為應該教小孩思考」。[104]或許成人之所以說謊，最大原因在於他們害怕我們的歷史——害怕它不是很美好，害怕若小孩學了真實的史實，他們會失去對社會的尊敬。因此，當艾德華．盧佐（Edward Ruzzo）在一九六四年嘗試隱瞞華倫．哈定（Warren G. Harding）寫給一名已婚婦女、令人難堪的情書，他用的理由正如是「任何會對美國總統的形象造成危害的事物都應被隱瞞，以保護年輕的世代」。如盧佐的說法，現今的不良少年太多了。[105]

諷刺的是，唯有在感覺良好的膚淺歷史中成長的人，才會有這樣的疑慮。哈定或許不是模範人物，但其他的美國人，例如湯姆．潘恩（Tom Paine）、梭羅、林肯、海倫．亨特．傑克遜、金恩，當然還有布朗、凱勒、威爾遜等等，至今都仍在各地受到自由擁護者的頌揚。然而，出版商、作者、老師和家長似乎害怕讓小孩接觸到這些領導人在其最佳狀態時耀眼的理想主義。今日，美國生活的許多層面，從法律制度的前提到流行文化的要素等等，都對其他的社會有所啟發。如果俄羅斯可以放棄吹捧式的歷史，如它先前的做法，那麼美國當然也可以。[106]保羅．蓋爾儂指出：「我們不需要保護謊言，我們承擔得起完整呈現出我們的所作所為。」[107]

然而，教科書作者似乎不像蓋爾儂那麼有信心。撰寫民族主義式教科書的作者，在邏輯上有一定的矛盾。一方面，他們描繪出一個沒有壓制、沒有真實衝突的國家。另一方面，他們顯然相信我們必須對學生說謊，才能灌輸他們的愛國心。但若這個國家真的如此美好，我們又何必說謊？

諷刺的是，說謊只會削弱我們的力量。「搖滾甜心」（Sweet Honey in the Rock）合唱團創立人畢翠根．利根（Bernice Reagon）已指出，當我們派發言人到海外，而他們就跟她一樣願意批評美國時，其他國家都感到印象深刻。這無疑正是民主的精髓之一。在一個民主國家，歷史學家的職責無疑就是敘述真相。在一個民主國家，學生無疑需要發展有所根據的論理，並據以批評祖國或以祖國為榮。或許在過去的某一刻，我們放棄了民主？

對小孩說謊是一道滑溜的斜坡。一旦開始往下滑，我們何時才能止住、又要如何止住？誰決定何時說謊？要說哪些謊言？對哪個年齡層說？我們一旦鬆開事實的錨，放開歷史證據，我們的歷史教科船就能任意航行，先朝一個方向，再換個方向。如果我們因為事實會醜化哥倫布而淡化或略去它們不談，那麼何不乾脆略去所有會醜化美國的事實？或是會醜化摩門教的？或是會醜化密西西比州的？這是歷史的政治化。一旦教科書作者已經決定不重視真相，我們要如何決定在美國歷史課程中教什麼？若說反正我們的歷史課程不是以事實為根據，何不乾脆對白人說一個故事，對黑人說不同的故事？斯科特．福斯曼（Scott Foresman）出版商在推出「德州」版的《應許之地》，修改歷史以符合（白人）德州的需求時，不就做了類似的事？

哲學家馬丁・海德格（Martin Heidegger）曾將真相定義為「能使一個民族確定、清楚與強大之事實」，這顯然正是美國歷史教科書出版商的打算，避免在表面上看似可能會造成美國人分裂的主題。然而，在我們揚棄真相應「符合事實」的舊有看法，改採海德格比較有用的定義以前，我們或許該先意識到這個定義是他在為希特勒效力時提出的。此外，我們必須考慮民族的意義。所謂的民族指的僅僅是歐裔美國人嗎？或許公開面對看似會造成分裂的主題，實際上可能融合不同種族、民族等等的美國人。[108] 畢竟，當學生說學美國歷史是浪費時間的時候，如果教科書不是正確的，我們就不能用它們來為歷史課程辯護。如果教科書裡充滿歪曲的史實與謊言，學生為什麼要相信他們自美國歷史中學到的事物？他們何必費勁學？

幸好，他們也沒費勁學。

第十三章／教這樣的歷史有什麼後果？

威廉・詹寧斯・布萊安：「我不想我不想的事。」

克拉倫斯・丹諾（Clarence Darrow）：「你會不會想你會想的事？」／斯科普斯審判案謄本（Scopes Trial Transcript）[1]

無論在小學或大學，學習社會研究在某種程度上就是學著變笨。／喬爾斯・亨利（Jules Henry）[2]

是啊，我蹺課，所以只拿了D，
因為歷史對我沒有意義。／叢林兄弟合唱團（Jungle Brothers）[3]

真相會使我們自由。
真相會使我們自由。
真相有一天會使我們自由。
噢，在心底深處，我真的相信，
真相有一天會使我們自由。／〈我們終將克服〉（We Shall Overcome）的歌詞在全美各地，高中學生坐在社會研究與美國歷史課上，眼睛看著教科書，回答每章結尾的問題，做測試學生是否記得事實的測驗題和考試。我在受這種教育時，每每都要拖到為期六週的評分階段最後一週，才會開始寫每章末所列詞彙的定義。然後老師和我會討論要替多少比例的詞彙寫下正確的定義，才能獲得A$^-$（通常百分之八十五左右），而我會在上課最後兩天瘋狂地寫出它們的定義。三年後，我妹妹修美國歷史時，發展出一種更有效的技巧。她準時交作課，然後真正寫下頭兩個和最後兩個詞彙的定義，至於中間那些，她就天馬行空地自由發揮，例如「霍利－利穆特關稅法案：不知道，狄墨林先生」，還有「藍鷹（Blue Eagle）：羅斯福的寵物鳥，在他過世時很難過」。今天的學生利用網際網路：「在我的學校，我們分配那些詞彙，把自己的部分貼在網上。然後大家都可以去下載，改變格式後印出來，交上去。」教育理論學家稱這種行為「日常反抗」（Day-to-Day Resistance）（這個詞來自有關奴隸制度的理論），但我當時並不知道。我至今仍為自己沒有想到這麼省力的神奇策略而感到嫉妒。[4]

當然，愚弄老師沒有多大的惡果。我妹妹的老師甚至很可能知道她這個小詭計，還當作笑話說給他的同事聽，就像奴隸主人會暗自竊笑奴隸太過愚蠢，每天傍晚都得叫他們把鋤頭帶回來，不然就會把它們留在夜晚的露水裡。有些教社會研究和歷史的老師為了讓學生合作，就在介紹一個主題時要學生別擔心，他們不必學得太多。學生也快樂地同意。[5]學生也投入精力想點子，讓老師浪費時間和放寬要求。[6]老師也會默許這些行為，部分原因在於讓步並不真的會威脅到整個制度，這與奴隸制度下的日常反抗雷同。日常學校反抗也提供學生一種心理距離（Psychic Distance）的感覺，亦即儘管制度可以控制他們的筆，卻無法贏得他們真心的合作。

制度怎麼贏得到呢？誰想學無用的瑣碎細節？比方說，《美國之旅》的每一章結尾都有兩到六頁的「評量與活動」，大部都是強調細節。例如它的最後一章有一個「時間表活動」，要求學生「將下列事件按年代順序排列」。

．塞爾維亞、克羅埃西亞和波士尼亞穆斯林簽署和平協議，結束內戰
．蘇聯瓦解
．比爾．柯林頓首次當選總統
．潔拉丁．費拉羅（Geraldine Ferraro）成為首位由主要大黨推選出來競選副總統的女性
．伊拉克入侵科威特
．桑德拉．戴．奧康納（Sandra Day O'Connor）獲提名為最高法院大法官
．雷諾．雷根連任總統

我看看讀者能不能不必查書，就可以把這七個事件以正確的順序排列。我肯定做不到，我打賭史考特．艾波比、艾倫．布林克利和詹姆士．麥菲森（James McPherson）這些名字印在教科書封面的人肯定也做不到。即使他們可以，這又算完成了什麼？這些事件之間大多沒有重要的因果或邏輯關係，所以沒有理由要記得哪個事件先發生。這個活動只是要求學生死記毫無關聯的事件發生的順序。儘管在仔細檢視後，有些事件看似相關，例如奧康納和雷根，但是光知道雷根任命奧康納為大法官並不夠；我們還必須知道這是他在第一次或第二次任期中所做的。

一個個研究都證明，學生成功地抗拒了學習以上列出的這類「事實」。[7] 實際上，他們的抗拒非常成功。美國十七歲的年輕人當中，有三分之二不知道南北戰爭發生的世紀，我的學生中有百分之二十二回答越戰是南北韓之間的戰爭，在這些時候，我們不得不說這不僅僅是年輕人的無知而已。[8] 這是一種高層次的反抗。學生只不過是連受過教育的公民應該知道的美國歷史細節，都不想學習而已。對於在過去引起重大發展的原因，他們學的更少。因此，他們無法把汲取自過去的教訓用於當前的議題。

不幸的是，學生沒有資源可以用於了解、接受或反駁公職候選人、社會學教授或報社記者在辯論時

引據的歷史對象。如果知識是力量，無知不可能是福佑。

情感是讓歷史記憶留存的黏著劑。我們記得自己在聽到世貿中心遭攻擊時所在的位置，因為這事件對我們的情感造成了影響。美國歷史是一個令人悲痛的科目。當學生讀到過去真正的聲音時，往往會因它們而感動。拉斯．卡薩斯激烈地譴責西班牙人對待印第安人的方式：「我們對印第安人所做之事，是對神與人類所做出最不可饒恕的攻擊。」想想看威廉．詹寧斯．布萊安在一八九六年民主黨全國大會上最後所說的名言：「你們不應將帶刺的皇冠強戴在勞工頭上，不應將人類釘死於黃金十字架上。」還有海倫．凱勒對《布魯克林鷹報》的抨擊：「社會性的盲聾，為令人無法忍受的制度辯護。」還有羅斯福在大蕭條時向我們保證說，我們「無所可懼，唯恐懼本身而已」。事件與形象也會喚起強烈的情感。伊莉莎白．布萊克威爾進醫學院的壯舉，美國（及俄、英）士兵解放納粹死亡營囚犯，喬納斯．沙克（Jonas Salk）最終成功找到可以殺死小兒麻痺病毒的疫苗，這些都是令人鼓舞的故事。教科書評論家哈洛森（W. K. Haralson）女士曾寫道：「在公平、準確及確實地呈現光輝耀眼、撼動人心的歷史事件時，一定會牽涉到情感。」[9]

然而，先前的章節已經證明，美國歷史教科書和課程既不公平、也不會激起情感。所有的教科書作者和許多老師似乎都沒有深思過，我們的過去有哪些值得熱情或甚至認真地思考。這些書頁中沒有滲入真正的情感，甚至沒有滲入真正的榮譽。[10]相反地，儘管有一些英勇事蹟例外，但是大多數美國歷史課程和教科書就像處於偽善的灰色情感地帶，在它們的描述中，美國有美好的歷史，所以研讀它對學生有利。「他們不會把歷史想成戲劇，」有位老師曾這麼對我說：「他們都告訴我，他們討厭歷史，因為它談的都是逝去的事實，很無聊。」

另一個讓歷史留存的方式是讓它與學生的生活相連。為了讓學生明白種族主義對非裔美國人的影響，愛荷華州的一位老師在一個全部是白人的三年級班上，有差別地對待不同眼睛顏色的學生，為期兩天。紀錄片《分裂的課堂》（*A Class Divided*）生動地顯示出，這些學生在十五年後仍記得那一堂課。[11]對比之下，美國歷史教科書的內容鮮少在學年結束後，還能在學生的記憶中留存十五週。教科書強調遙遠的過去，會讓學生失去向家人或社區學習歷史的興趣，這同樣會使學校與學生其他方面的生活脫節。

加拿大有兩位教育家宣稱：「兒童就跟大多數的成年人一樣，不會保留孤立、不一致和無意義的資料。」[12]他們當然是對的，而且既然教科書幾乎沒有提供概略的因果，內容缺乏連貫性，難怪學生會忘記他們在歷史課上「學到」的大多數細節。然而，並非所有學生同樣都會忘記。少數族裔（美國原住民、非裔美國人和拉丁美洲裔美國人）的孩童在所有科目上的表現，一般比白人或亞洲美國孩童差，但這個差距以社會研究學科最大。這是因為美國歷史的教授方法，特別會讓有色人種或貧窮家庭的孩童避而遠之。令富裕白人感覺良好的歷史無疑會令其他人感覺不好，我的一位學生在佛蒙特州的斯萬頓（Swanton）實習教學，那裡有相當多的印第安人口，她發覺有一名阿貝那奇族的五年級生，每當課堂上談到感恩節時就會不聽課。在跟這個學生談到這件事時得到的反應是：「我父親告訴我那一天真正代表的意義，要我不要聽任何像你這樣的白人人渣說的話！」然而，比起哥倫布日，感恩節似乎良善得多。在整個學年中，美國歷史會以上千種方式冒犯到許多學生。大多數缺乏資源的學生跟那位阿貝那奇族的年輕人不同，他們不會意識到冒犯，也不會叛逆，但卻會微妙地對歷史失去興趣。必須嚥下歷史教科書裡所說美國格外公平的內容，會傷害學生的自我形象。黑人學生認為一般所教的美國歷史是「白人的」歷史，具有同化的作用，所以他們抗拒學習。這解釋了為什麼研究證明在貧富，以及黑人與白人學生在歷史科上的成績差距，比其他學科都來得大。[13]女學生相較於男學生更不喜歡社會學科和歷史，可能是因為女性與女性關切的議題與感受，在歷史課堂上受到的重視仍不足。[14]

以非洲為中心的歷史之所以會興起，部分也是為了因應這個問題。亞瑟·史勒辛格二世譴責非洲中心論是給黑人的「精神療法」，企圖單方面地誤導他們，讓他們對自己感覺良好。[15]不幸的是，我們教科書中歐洲中心論的歷史相當於對白人的精神療法。既然史勒辛格這類的歷史學家還沒處理歐洲中心論的議題，他們在加入討論時也不是完全清白無誤的。顯然，要解決歐洲中心論教科書的問題，答案並不是提供片面的非洲中心論歷史，不是只說非洲人的一切都是美好的，而白人卻發明了奴隸制度和迫害。我們當然不會希望一個世代的非裔美國人在反白人的非洲中心論歷史中成長，但是同樣地，我們也不能讓又一世代的白人美國人在自滿得意的歐洲中心論歷史中成長。即使學生沒有從教科書中學到多少歷史，他們仍會受到書本中偏頗的觀點影響。教育家瑪莎．托賓就在九十名學生身上一致發現這個情形：「如果非洲值得學習的話，我們去年在學西方文明史時就應該學到了。」[16] 歐洲中心論歷史帶給非歐裔美國人的訊息是：你們的祖先沒有做多少重要的事。歐裔美國人和非裔美人輕易就可以進一步下結論，認定非歐裔美國人在今日並不重要。

從一開始，當教科書形容哥倫布在一四九二年的航行為「一個奇蹟」，宣稱「這位船長感激地很快涉水上岸並感謝神」時，它們就等於主張基督教的神為唯一的神（The Christian Deity God），並使祂（原文如此）站在白人這一邊。這是我們歷史中第一個「異化」（Otherizing）非白人的場景，而略去阿拉瓦克族對海地的觀點使得這個異化過程持續下去。如果教科書中的「我們」包含美國印第安人、非裔和拉丁裔美國人、女性，以及所有社會階層，那麼教科書讀起來勢必不同，這就像白人在有色人種在場時，講話會不同（而且比較富有人情味）。當然，我們仍可以撰寫傳播不安但正確的多文化歷史，而不是只會讓富裕白人小孩對過去感覺良好的扭曲歷史。或許我們甚至可以寫和教非菁英階層的學生願意研讀的美國歷史。

美國歷史課程對富裕白人學生的衝擊同樣令人擔憂，我所謂的「越南習題」（Vietnam Exercise）可以證明這個嚴重的結果。在越戰期間，民意調查不斷問美國民眾，他們是否希望軍隊撤退返鄉。起初，只有一小部分美國人支持撤軍，等到越戰快結束時，希望撤軍的民眾占大多數。

蓋洛普（Gallup）、羅普（Roper）、國家民意調查中心（National Opinion Research Center）和其他組織不僅問美國民眾有關戰爭的事，通常也會詢問背景資料，性別、教育、宗教等等，因此他們能找出哪些類的人最鷹派（主戰），哪些最鴿派。在超過十年的期間，我問過超過一千名大學生和數百名其他類的人，看他們認為哪種教育程度的成年人支持越戰。我請接受調查的人填寫表一，嘗試複製一九七一年一月蓋洛普全國調查對越戰的民意調查結果。我告訴他們，到了一九七一年一月，全國充滿鴿派的氣氛：百分之七十三的民眾支持撤軍（我沒有在選項中包含「不知道」）。

表一

一九七一年一月，蓋洛普民意調查詢問：「國會中已見到要求美國政府在今年底以前，將美國軍隊全部撤回美國的提案。你希望你的國會議員投票支持或反對這項提案？」

請按教育程度估計結果並填於下表中：

成年人教育程度	大學	高中	國小	總人口
支持美軍撤退（鴿派）（%）				73
反對美軍撤退（鷹派）（%）				27
總百分比（%）	100	100	100	100

大多數最近的高中畢業生甚至無法填寫簡單的表格或解釋圖表，因此我教他們如何使所有的數字達成平衡，例如，若國小教育程度的成人當中，主張鴿派的人較多，則他們支持撤軍的人數超過百分之七十三，而其他教育程度類別則應低於百分之七十三，如此一來，總人口中支持鴿派的人數才有可能佔百

分之七十三。如果有讀者想試試看，也可以嘗試在讀下一頁以前填這張表。

結果填寫者當中有壓倒性的多數（幾乎十比一）認為大學教育程度的人比較鴿派。表二是典型的填寫結果。

表二

成年人教育程度	大學	高中	國小	總人口
支持美軍撤退（鴿派）（%）	90	75	60	73
反對美軍撤退（鷹派）（%）	10	25	40	27
總百分比（%）	100	100	100	100

然後我要求填寫者假設他們填的數字是正確的，而且調查結果符合他們的猜想，然後請他們設想兩個可以解釋這些結果的合理假設。他們最常見的反應是：

教育高的人知識較廣，批判性較強，因此比較能夠找出錯誤的資訊，並做出越戰在政治或道德上都不符合我們最佳利益的結論。

教育高的人容忍力較高。我們的戰爭行為中包含種族主義和種族中心主義的成分；受過教育的人比較不可能接受這類偏見。

教育低的人職業地位較低，比較可能加入戰爭相關產業或親自從軍，因此會為了私利而主戰。

這結果一點也不值得驚訝。大多數的人覺得學校教育是一件好事，能讓我們挑出事實，評估證據以及理性思考。一般都說教育程度高的人是民主的衛士。

然而，真相卻相當不同。教育程度高的人支持越戰的比例不成比例地高。表三是一九七一年一月全國民調的真實結果：

表三

成年人教育程度	大學	高中	國小	總人口
支持美軍撤退（鴿派）（%）	60	75	80	73
反對美軍撤退（鷹派）（%）	40	25	20	27
總百分比（%）	100	100	100	100

這些結果甚至令一些專業的社會科學家感到驚訝。大學學歷的成人中，鷹派所占百分比高達百分之四十，相較之下，國小學歷的成人中只有百分之二十。這項民意調查不是單一的現象，類似的結果在哈理斯（Harris）、國家民意調查中心和其他機構的民意調查中一再出現。在一九六五年，全國只有百分之二十四的民眾同意美國出兵越南是「一個錯誤」，而認同這個看法的國小學歷民眾是百分之二十八。後來，當只有不到半數的大學學歷成人支持撤軍時，國小學歷的成人卻有百分之六十一支持。在我們長期與東南亞往來的過程中，在與越南、泰國、柬埔寨或寮國相關的事務中，國小學歷的民眾總是最偏鴿派，而大學學歷民眾則最偏鷹派。

今日，大多數的美國民眾同意越戰是一個錯誤，無論在政治或道德上都是；大多數的政治分析家也是，包括開戰的羅伯特．麥克納馬拉（Robert McNamara）和克拉克．克里福德（Clark Clifford）。[17] 如果我們同意這個如今已成為一般觀念的看法，那麼我們就必須承認教育程度越高的人，對戰爭的看法越可能錯誤。在當時，受過教育的美國人為什麼支持越戰？當接受這份問卷調查的人得知教育程度高的人比較傾向鷹派時，他們慌亂地構思新的解釋。由於他們仍囿於教育程度高的人比較聰明的假定，而且比教育程度低的人擁有更多善意，他們的理論很難解釋為何教育程度低的美國人反而是對的。修改後最受歡迎的理論主張，由於為戰爭付出實質代價的是勞工階級的年輕人，他們及其家人「自然」會反戰。這個理論看似合理，因為它的確承認勞工階級反戰且擁有合乎事實的合理見解。但是它將勞工階級的思考簡化為粗糙、私人的本利分析，暗示教育程度較低的人不可能將整體社會納入考量。因此，這個假設將勞工階級的立場（畢竟這個立場比教育程度高的人來得正確），降低為一種僅僅是基於私利的反射動作。這理論也是錯的，不符合人類的天性。研究已經證明，無論教育程度高低，期望參戰的人一般傾向於支持那場戰爭，因為人們鮮少會不相信自己計畫要做的事。勞工階級的年輕人主動從軍或被徵召時很難改變命運以避開越南，但是他們可以讓自己以比較正面的態度來看待這場戰爭。因此，認知失調有助於解釋為什麼達徵兵年紀的年輕人比年長的人支持越戰，以及為什麼支持越戰的男性比女性多。教育程度較低且有兒子在打越戰的家庭經常會形成支持戰爭的小孤立群體，在教育程度較低的民眾普遍傾向鴿派的情況下，這類群體是例外。[18]

到了這時，填寫我那份表格的人都熱切地想知道，為什麼教育程度高的美國人比較傾向鷹派。有兩個與學校教育緊密相關的社會過程可以解釋，教育程度高的美國人對越戰的支持。第一個過程可以總結為忠誠（allegiance）。教育程度高的成年人一般事業成功，擁有高收入，部分原因在於學校教育可以讓他們獲得較好的工作和較高的收入，但是主要原因在於收入高的父母可以為子女提供更多的教育。此外，父母可以將富裕和教育直接傳給子女。然而，成功的美國人通常不會把自己的成功歸因於父母，而是將自己的成就解釋為個人特質，因此他們視美國社會為憑實力出頭的社會。他們獲得自己的成功，其他人必定也獲得其應得的結果。由於相信美國社會可以任由個人努力，教育程度高的富裕者一般會同意社會的決定，並覺得他們是促成這些決定形成的推手之一。他們對我們的社會及政策比較認同，在這裡，我們可以用既得利益（Vested Interest）來形容，只要我們明白這裡所謂的利益，指的是意識形態的利益或需求，一種接受本身已經享有的特權的需求，而不僅僅指經濟私利。從這方面來看，教育程度高的成功人士相信幫他們獲得教育與成功的社會是公平的，就能夠從中獲益。結果，在我們的教育和收入結構中占前三分之一高的人比較可能展現對社會的忠誠，而那些在下端三分之一的人則比較容易批判社會。

造成教育程度高的成年人比較可能支持越戰的另一個過程，可以總結為規則的社會化（Socialization）。社會學家很早就已同意，學校是社會中重要的社會化機構。在這裡的討論中，社會化（Socializing）並不是指參加聚會密切往來，而是指基本社會規則（語言、常規、禮儀）的學習與內化過程，這是一個人在社會中發揮功能的必要過程。社會化主要並不是在認知方面。我們並不是在理性的說服下，不在客廳撒尿，而是基於要求（Required）而不得這麼做。然後，即使暗中沒有權威人物強迫我們執行，我們仍會將這條規則內化並加以遵守。老師可能會嘗試說服自己，教育的主要功能是促進探究，而不是遵循傳統形象，但事實上，學校教育的主要功能仍在於社會化，至少在高中期間是如此，甚至持續到大學都仍然顯著。教育的社會化功能告訴人們要思考什麼、如何反應並要求他們遵循。教育的社會化功能影響著學生，讓他們單純地接受我們社會認同的正確。美國歷史教科書明顯告訴我們，要以美國為榮。一個人接受的學校教育越多，社會化越深，越可能做出美國是美好的結論。

在忠誠和社會化這兩個過程的影響下，教育程度高的人相信美國的所作所為是正確的。民意調查也顯示出這種不思考的結果。一九六六年晚春，就在美國開始轟炸北越的河內和海防（Haiphong）之前，支持與反對轟炸這些目標的美國人各占一半。在轟炸開始後，百分之八十五的民眾支持轟炸，只有百分之十五反對。這種突然的改變是政府決定轟炸所造成的結果，而不是促使政府決定轟炸的原因。當政策逆轉時，忠誠與社會化過程再度出現。在一九六八年，主戰氣氛開始衰退，但是仍有百分之五十一的美國民眾反對停止轟炸，部分原因在於美國仍在轟炸北越。一個月後，在詹森總統宣布停止轟炸後，百分之七十一的民眾表示支持。這意味著有百分之二十三的民眾在一個月內改變主意，而這反映出政策的改變。這種思想因政策而動搖的情形，對民眾在一些議題（例如太空計畫、環保政策等等）上的態度造成影響，並且證明所謂的「沉默的大多數」（Silent Majority）也是不思考的大多數。在這些搖擺不定的人當中，教育程度高的人占很大的比例。[19]

我們一般偏好認為教育兼具許多思考學習的過程。然而，在我們的社會或任何階級社會中，忠誠與社會化都已融入學校教育的本質中。卡斯楚和毛澤東等等社會主義領導人物，在古巴和中國大幅推廣學校教育，部分原因即在於他們知道受過教育的人是社會化的民眾，也是忠誠的捍衛者。在這裡，教育的運作方式相同：它鼓勵學生不要思考關於社會之事，只要相信它是良善的。根據美國歷史特別頌揚美國的程度，它會讓人無法了解任何問題都有其歷史根源，例如越戰、貧窮、不平等、國際上擁有資源和缺乏資源，環境惡化或性別角色改變等等。因此，我們可能預期美國人接受的傳統歷史教育越多，他們對越南或任何其他有歷史根源的問題，了解會越少。這是教育程度高的人對越戰的態度比較傾向鷹派的原因。

有些人認為越戰與眾不同，並指出在越戰期間，美國有六年是由共和黨執政，而共和黨員的教育程度平均比民主黨員高；這是當時有較多教育程度高的美國人主戰的原因。這種想法在幾個方面站不住腳。首先，越戰是美國歷史上兩黨最一致的戰爭。派出首批士兵到越南的是約翰．甘迺迪總統，而他出自民主黨；派最多士兵去越南的是林頓．詹森總統，他也屬於民主黨。其次，當這些由民主黨執政的政府在進行越戰時，教育程度較高的美國人比教育程度較低者更主戰。最後，較多教育程度高者支持戰爭的情形，不僅僅見於越戰而已。由柏氏信託（Pew Trust）所做關於伊拉克戰爭的民意調查發現了相同的模式，比方說，在二〇〇四年八月，三分之二擁有大學學歷的人支持讓軍隊留在伊拉克，「直到足以促成穩定為止」，而學歷不到高中的人當中有百分之六十一支持「迅速撤軍」。[20]

表二也是教育程度高與富裕階層的人不思考的實例：他們弄錯當年支持越戰的人。在填寫表一的數百名教育程度高的人相信，教育程度高的美國人比較傾向鴿派，而且主張鴿派和鷹派的比例達九比一。因此，這個越戰習題顯示出菁英階層的兩個錯誤。教育程度高者犯的第一個錯誤是在一九六六、一九六八或一九七一年時過度鷹派，第二個錯誤是在填寫表一時將比例推論錯誤。

為什麼填寫表一的人在回憶或推論誰反對越戰時錯得這麼離譜？一個原因可能在於美國人偏好相信學校教育是一件好事。大多數的美國人自動傾向於將受過教育跟學識廣博或寬大容忍劃上等號。[21]社會研究與美國歷史的傳統供應商正是抓住這個信念，藉以將他們的做法合理化，宣稱歷史課程會導致更加開明的百姓。填寫我這個越南習題的人極力宣稱只有越戰才會得到這結果，或僅僅是因為當年教育程度較低的填寫者害怕得去參戰，這意味著他們仍舊相信教育能使我們明智。但是這個越南習題卻顯示，實際上可能恰恰相反。

如果這些人回想起教育程度較高的人在以前和現在都比較可能是共和黨員，而高中輟學生比較可能是民主黨員的話，就不會這麼容易被愚弄。鷹派右翼的共和黨員，包括一九六四年貝利．高華德（Barry Goldwater）、一九八〇年雷根、以及約翰．柏奇協會（John Birch Society）這類團體的核心支持者，絕大多數來自教育程度最高、最富裕的階層，特別是牙醫和內科醫生。因此，對於教育與鷹派主張相互有關聯，我們不應感到驚訝。在社會地位光譜的另一端，雖然大多數的非裔美國人，如同大多數的白人，起初支持美國干預越南，但是黑人總是抱持比較質疑的態度，並且比白人傾向鴿派，而非裔美國人的領導者，例如穆罕默德．阿里、馬丁．路德．金恩、以及麥爾坎X等人，都是早期就反戰的著名人物。[22]

美國歷史教科書藉由略去或淡化勞工階級的進步要素，從而協助盲目愛國主張的社會原型的散布。教科書沒有指出當時工業組織協會（Congress of Industrial Organizations，簡稱CIO）的工會及一些勞工階級的兄弟會是對全民開放的，而許多商會和鄉村俱樂部則仍全由白人所組成。只有少數教科書提到組成工會的勞工在民權運動中扮演的角色，包括一九六三年的華盛頓大遊行。儘管如此，許多填寫表一的人都知道，教育程度高的美國人有可能是共和黨員，對國防主張走強硬路線，而且是右翼極端分子。其中有些了解支持高華德的選民、阿里拒絕入伍，以及約翰・柏奇協會與教育，或是工會與越戰的事——這些都是能幫助他們正確填寫表一的資訊。但是，不知出於什麼緣故，他們從沒想過運用這些知識。大多數的人在填寫時一片茫然，從沒運用他們所知道的事。他們的教育與在社會中的地位，造成他們不去思考。[23]

在以社會為主題時，這種不思考的情況最常出現。《發現美國史》積極地告訴學生：「美國人民最主要的職責之一，就是明智地分析議題與詮釋事件。」我們的教科書在這個工作上的成績非常可悲，越戰習題證明了實際情況有多糟。對於每年秋天，特別是中上階層白人學生在第一年課堂上所呈現出對社會的想法，社會學教授每每感到驚訝和沮喪。這些學生不會用過去來闡明現在，完全不了解歷史中蘊含的因果關係，所以無法連貫地思考社會生活。如果沿用喬爾斯・亨利的用詞，我們或許可以用「社會愚蠢」（Social Stupidity）來形容這個不合邏輯的智識過程及其造成的結論。

這種社會愚蠢一直持續至二十一世紀，例如在二〇〇五年，柏氏研究中心（Pew Research Center）發現百分之六十二的共和黨員同意這一句陳述：「今日的窮人生活容易，因為他們不必做任何事就可以獲得政府補助。」百分之二十七的民主黨員也同意這個陳述。這類的反應只可能來自從未跟窮人談過話、或從未想過經濟社會現實的人——但他們卻假設自己的所知足以秉持這個看法。受過教育的人比較可能鼓起勇氣說出這類孤陋寡聞的意見。[24]

教育不會對其他領域的學業造成相同的衝擊。修數學課程的人會比沒有修數學課程的人更精通數學，同理適用於英語、外語，以及幾乎所有其他的學科。唯有歷史學科是念越多、越愚蠢。為什麼受過教育的人對社會世界的推論經常格外荒謬？對一些人而言，這符合他們在意識形態上的利益。強調學校教育可以解決褊狹、貧窮，甚至戰爭的社會觀點，會令上層或中上層階級的成員感到安心。在這類美好粉飾的教育觀點及其效應下，他們不必考慮在其他體制中做重大改變的必要。以這個觀點在我們社會中盛行的程度來看，學生會自動認為教育很好，並且預期教育程度高的人已經看透越戰。

此外，認為教育很好的看法會強化我們或可稱之為美國個人主義（American Individualism）的意識形態。在這種意識形態下，以機會平等為特色或朝這方向努力的社會原型形象得以保持下來。然而，正因為學生相信機會平等，他們會認為未受教育者要為其貧窮負責，就如同填寫表一的人怪罪這些人在越戰中主張鷹派。不貧窮的美國人發現美國個人主義是令人滿意的意識形態，因為它把他們人生中的成功解釋為自身努力的成果。即使只是小成就，他們也會感到光榮，而非羞愧。將成功歸因於他們在社會結構中的位置，則有可能剝奪這些美好的感覺。相信自己是靠抱負和努力而在學業和職業上獲得成功，亦即他們的特權是自己贏來的，會令他們感到愉悅得多。有相當多的勞工與下層階級的美國人，對社會和學校教育同樣採納這種盛行的看法。工作沒有前途的成年勞工經常自責，怪罪自己以前在學校時未能獲得優秀的成績，並覺得自己基本上比較差。[25]

當然，學生之所以接受老師和教科書在歷史與社會研究課堂上呈現出來的社會世界，有其短期的原因。這些都是考試內容，所以學習這些教材對學生有利，而爭論則比較費精力，對成績又無益，甚至還會違反教室的常規。再者，學習能帶來成就感，即使是經常可以在大多數歷史教科書每一章最後兩頁看到的問答題，無論它們的答案有多無用和無知，這仍算是學習。史實的含糊不清、歷史學家的爭論，或將過去的構想運用在現今生活上的挑戰，都有可能令學生感到沮喪。他們可能會拒絕課程上的改變，特別是在這些改變牽涉到更多工作或不像「解釋名詞」這麼明確的時候。在接受數年的死記教育後，學生有可能變得習於這種學習方式，而變得對其他的學習方式沒有經驗，或在採取其他學習方式時沒有效果。[26]

然而，就長期而言，以這種方式來「學習」歷史無法真正令人滿意。大多數的歷史教科書和許多高中歷史老師，沒有提供學生熱愛或重視這個學科的理由。學生替歷史課程打的極差評等就是一個警訊[27]，而且我們不能僅僅熱心地規勸學生要更喜歡歷史。但是這一切並不意味著現今大多數歷史教室裡可悲的學習狀態不能改變。在看出學習歷史的原因、在歷史看似有趣和重要、以及當他們相信歷史可能攸關其生活與未來時，學生就會開始學習歷史。當老師和教科書不再對學生說謊時，學生就會發現歷史充滿樂趣。

後記／未來：該怎麼做？

一個人不會收集不必要的事實、依靠它們，然後剛好遇到運用它們的適當時刻。一個人必定是先因一個問題而困惑，然後運用事實來找出解答。／**查爾斯．賽勒斯**（Charles Sellers）[1]

一旦學會問問題，問有重要關聯、適當實質的問題，你就已學會如何學習，任何人都無法阻止你學習任何你想要或需要知道的事物。／**尼爾．波茲曼**（Neil Postman）**和查爾斯．韋恩賈特納**（Charles Weingartner）[2]

不要嘗試教導過多的事物來滿足自己的虛榮心。啟發好奇心。打開心靈已經足夠；不要讓他們負擔過重。／**安納托．佛朗士**（Anatole France）[3]

人類的未來等待著那些願意了解他們的生活、並為所有生命負起責任的人。／**小維恩．狄羅利亞**（Vine Deloria Jr.）[4]

如果美國歷史教科書作者注意過本書頭十一章主張的論點，那麼教科書就不太可能會以扭曲和顯然不完整的方式來呈現我們的過去，而老師也遠遠不可能照本宣科。然而，本書本身是不完整的，比方說，它對拉丁美洲裔的歷史所提甚少。然而，我們的教科書太過以英國為中心，或許甚至可以被視為新教徒的歷史。[5] 美國女性歷史和性別歷史這兩個不同但相互關聯的主題又如何呢？本書不時提到這兩個主題，但並沒有深入批判教科書如何呈現女性歷史和性別議題。[6] 至於下一個謊言又將如何呢？下一個與美國歷史有關的歷史紀念碑、紀念雕像、博物館展覽、系列影片、電視迷你影集或歷史小說都可能會傳播更多不實資訊。至少它呈現的主題將會是不完整或片面的。這些未來的謊言該怎麼處理？

答案並不在於加厚本書，然後解決傳統教學中每一個歷史上遭扭曲的史實與錯誤，對未來會發生的謊言不置一詞。這樣的做法會使我變成仲裁者——然而，我自身至今也仍不自知地接受各種古老傳說並視之為史實。[7] 因此，這問題的答案，應該在於我們全部的人都要成為波茲曼和韋恩賈特納所謂的「胡說偵測器」（Crap Detectors）[8]，亦即能夠嚴密調查論點與證據，憑依據做出判斷的獨立學習者。然後我們會如波茲曼和韋恩賈特納所說的，學會如何學習，內容片面的教科書、對教科書的片面批判，都無法使我們混淆。

為了成功，學校必須協助我們學會如何問有關我們的社會及其歷史的問題，以及如何自己想出解答。遺憾的是，大多數美國歷史教科書與課程都未能做到這個重要的工作。

問題的一部分在於形式，因為它們都想涵蓋許多內容，至少目前問世的教科書無法有效地教導學生處理議題與爭議，進而處理歷史爭論，及其附帶、可用於說服他人的邏輯運用與證據彙整技巧。附帶提及是問題之一；即使在教科書對阻礙歷史連貫性的迷思表示懷疑的時候，學生也不會記得歷史教科書裡微弱的反證。[9] 他們忘記與迷思矛盾的不幸事實，因為這些事實與力量強大的社會原型不符。歷史教科書和老師必須特別努力且花足夠的時間，才能在教學時有效地對抗這些社會原型。麥西亞·伊利亞德曾經談到：「集體記憶無法留存歷史事件，除非它已經將它們轉型為社會原型。」[10] 我們賦予我們的謊言假想的意義，而真相若要留存，就必須獲得同樣的意義。

基於這個理由，當老師請我推薦教科書時，我發現自己說不出口。或許傳統教科書的撰寫方式都不能賦予我們權力，只會令我們感到無聊。

那麼該怎麼做呢？

本書在最後兩章中所描繪的說謊情況，就像一個包含教科書委員會、出版商、作者、老師、學生和一般民眾的垂直整合產業，這情形令人感到無望。然而，干預仍有可能在這個循環的任一點發生。以下幾段特別針對老師，他們甚至能在教科書尚未改變之前就進行干預。我們這些不在教室裡授課的人可以支持採取創新教學方式的老師，藉此來改變歷史的教授方式。

美國各地都有路旁紀念碑、紀念物、碉堡、船隻和博物館扭曲史實的情形。我在《美國各地的謊言》（*Lies Across America*）中曾批評過一百個這類的地點。這個紀念碑是本書頭版的靈感來

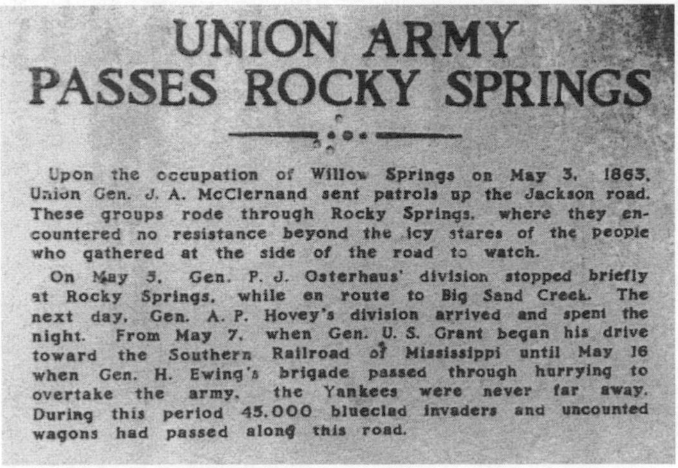
UNION ARMY
PASSES ROCKY SPRINGS
Upon the occupation of Willow Springs on May 3, 1863, Union Gen. J. A. McClernand sent patrols up the Jackson road. These groups rode through Rocky Springs, where they encountered no resistance beyond the icy stares of the people who gathered at the side of the road to watch.
On May 5, Gen. P. J. Osterhaus' division stopped briefly at Rocky Springs, while en route to Big Sand Creek. The next day, Gen. A. P. Hovey's division arrived and spent the night. From May 7, when Gen. U. S. Grant began his drive toward the Southern Railroad of Mississippi until May 16 when Gen. H. Ewing's brigade passed through hurrying to overtake the army, the Yankees were never far away. During this period 45,000 blueclad invaders and uncounted wagons had passed along this road.

「南方邦聯的軍隊行經岩石泉」

南方邦聯軍隊於一八六五年五月三日占領柳泉市時，南方邦聯的麥克蘭納德將軍（Gen. J. A. McClernand）派遣巡邏隊至傑克森路（Jackson road）。這些小隊騎經岩石泉（Rocky Springs）時，除了受到聚在路旁的民眾冷漠的注視外，沒有遭遇任何抵抗。

五月五日歐斯特豪希將軍（Gen. P. J. Osterhaus）率領的一師部隊，在前往大砂溪（Big Sand Creek）途中，於岩石泉短暫停留。次日，哈維將軍（Gen. A. P. Hovey）的師抵達，並在該地過夜。從五月七日格蘭特將軍（Gen. U. S. Grant）開始向密西西比的南方鐵路推進起，一直到五月十六日尤英將軍（Gen. H. Ewing）率領的旅匆匆經過以儘快接手這支部隊為止，北軍士兵一直未曾遠離。在這段期間，四萬五千名身著藍色制服的入侵者和無數馬車經過這條路。

源，而我也在該書中對它提出過批判。它跟美國南方的許多內戰紀念物和路旁紀念碑一樣，錯誤地將南方人解釋為聯合支持南方邦聯。實際上，在一八六三年，密西西比西南部的黑人居民（以及一些白人）提供了支援，格蘭特將軍才得以放棄補給線並從南方與東方攻擊維克斯堡。儘管這個路旁紀念碑上的說明不同，但其實格蘭特的部隊遇到的「民眾」大部分是非裔美國人，他們呼應「身著藍色制服的入侵者」，提供他們食物，把去傑克森最好走的路告訴他們，並明確指出南方邦聯軍隊所在的位置。到了二〇〇〇年時，或許是本書的緣故，該紀念碑已經移除。密西西比州檔案保存處暨歷史部（Mississippi Department of Archives and History）表示不知道該紀念碑的去處，它已經不再立於密西西比州西南部。有個絕妙的教學方法是請學生檢視其社區的路旁紀念碑和紀念物，看哪個最不正確。然後學生可以提議在偏頗的紀念物旁豎立一個修正過的紀念碑；他們或許甚至可以協助募款來豎立它。在這個過程中，他們或許會遇到一些對歷史記憶、特別是留存在地景上的記憶造成影響的力量。

第一個必要的、重要改變在於形式：我們介紹的主題必須減少，並且要更徹底地加以檢視。要求學生調查歷史教科書內數千個主題的原始和二手資料，是難以達成的做法。老師不必要求學生背誦亞美利哥·韋斯普奇（Amerigo Vespucci）、喬瓦尼·達韋拉扎諾（Giovanni Verrazano）、龐斯·狄·里昂（Ponce de Leon）、赫南多·德索托（Hernando de Soto）等等名字，以及描述這些人所做之事的語句，而可以協助學生從更廣的觀點來看歷史，例如一四九三年哥倫布到海地和西班牙探險所造成的影響，以及其後對所有美洲國家、歐洲、伊斯蘭教世界及非洲的影響。由於與這類重大議題有關的細節太多，因此我猜想以這種教學方式，學生記得的細節會比重覆死記似是而非的內容來得多。當然，學生會記得自己做過的計畫及理清的議題。許多教育家已經開始實施與麻木地「學習教科書」不同的教學法，並提供其他老師教學的模型。[11]

減少涵蓋的主題可以讓學生深入探討歷史爭議。如果學生要學會歷史不僅僅是答案而已，這是絕對必要的做法。每個學生獲得的答案有部分取決於他們所問的問題，而他們所問的問題，部分取決於他們的目的及其在社會結構中的位置。學生或許不會獲得相同的結論，而老師必須要接受學生有可能不同意他們的解釋，只要學生能藉由認真的歷史做法來支持其不同的看法：亦即以證據為基礎的論證。民眾有權提出自己的意見，但不是自己認定的事實。我們必須找出證據，而不是創造證據，沒有證據支持的意見可以說無關緊要。學生在研究議題與問題的兩面時，將會發現哪些可以經由事實來解答，哪些差異涉及基本的價值觀與假設。學生的立場必須受到尊重。這並不意味著老師應該在論點上讓步或贊同現今流行的看法，所有的觀點都同等適切，沒有任一個會在「真實的」標籤下獲得「特殊待遇」。[12]

老師不必知道所有的事才能協助獨立的學生學習，而可以承擔知識豐富且可提供參考的圖書館員角色，指引學生尋找能幫他們回答歷史問題的書籍、地圖和民眾。現存的資源已經能夠協助老師，以有創意且運用第一手材料的方式教授歷史。[13]

最好的資源或許唾手可得，學生可以訪談他們的家人、社區裡形形色色的人、當地機構的領袖和年長的市民。[14] 有些歷史課收集口述歷史，內容涵蓋大蕭條對其城鎮的影響，或種族隔離對其學校的影響。密西西比一所高中的學生出版了一本書《心靈保持自由》（*Minds Stayed on Freedom*），內容講述其社區的民權運動。[15] 麻薩諸塞州一所學校的學生「成為」歷史人物，並出版了他們的作品。[16] 對學生而言，創造知識令人興奮，也能賦予人力量，即使最後的產品只能放在學校圖書館裡。學生也可能為學校或社區建議新的歷史紀念物。儘管紀念物紀念著第一長老會（First Presbyterian Church）在十九世紀時的位置，但是最重要的事件經常沒有在地景中留下任何紀錄。高中有什麼事件重要到足以注記在紀念物上？哪些畢業生「應該」被紀念？哪些創造了歷史，而「創造歷史」是否需要更廣泛的定義？當地街道或建築物的名稱所尊崇的人，其行為是否是我們今日必須矯正的？比方說，密西西比的羅斯·巴奈特水庫（Ross Barnett Reservoir）是為了紀念這位主張種族主義的州長，他努力不讓非裔美國人念密西西比大學。該賦予誰榮耀？為什麼、如何做？提出這些問題可以引導學生思考重要的議題；若他們的回答具有爭議，就更好了。

從現在回溯至過去，這樣的歷史教學方式也可以抓住學生的注意力。老師可以把目前高中高年級生的生命機會，按照不同因素進行分析的統計結果給學生看，這些因素包括種族、性別、社會階級和宗教，以及他們對不同程度的教育成就所懷有的期望，以及離婚、坐牢、凶死、預期壽命和投票頻率等等。然後要求學生討論在過去引起這些差異的事件與過程。

老師也可以鼓勵學生評論教科書。每個學生可以挑一個他們認為處理不好的主題，或整個班級可以一起討論一個共同問題。第五章談到伊利諾州的一位老師，因為說林肯以前的大多數總統都蓄奴，因而令她的六年級學生不悅。她的學生在確信她是對的之後，對他們的教科書感到憤怒，書中有許多頁是用於描述華盛頓、傑佛遜、麥迪遜、傑克遜和其他的總統，卻對他們的蓄奴事實一字未提。最後他們寄了一封信給推斷可能是作者的人和出版社。那位作者沒有回信，但是出版社有人回了一封措辭溫和的信，感謝他們提供「對我們的產品有用的回饋」，並向他們確保「我們總是努力改善我們的產品」，最後在結語中指出，這本教科書中有數頁關於民權運動的論述。那些學生激昂地說：「這跟我們的評論有什麼關係？」這問題的答案可能是：「那是『黑的』，不是嗎？！」這種情況可以說是一種雙贏的局面。如果學生收到明智的回答，對他們的論點嚴正以對，那麼他們相當於協助改善下一版的教科書。如果跟伊利諾州那些六年級生一樣獲得的是制式回答，他們就知道這家出版公司沒有明智的人，那麼由此開始，他們最好在閱讀時抱持批判的態度。

儘管老師不向教科書的做法挑戰，學生和我們也可能是促成改變的來源。非裔美國學生已經積極地向數個都市學校系統施壓，要求建立新的歷史課程。在伊利諾州春田市，兩名六年級的白人女學生做了一個國家歷史日（National History Day）的計畫，討論一九〇八年企圖使春田成為全是白人的「日落城」

的暴動，在完成該計畫後，她們激勵該市舉辦「種族暴動健走之旅」（race riot walking tour），做為一種道歉與追憶的方式。兩名美國原住民高中生激勵明尼蘇達州禁止將squaw這個字用於地點的名稱，這個字是指稱美國印第安女性的輕蔑用語。在全美各地，學生以本書中的概念向仍照著教科書教學的老師提出質疑。如同一位學生的說法：「我一直在運用你的書，從教室後排接連質問我的老師。」

無論是在面對不良的教科書、觀看歷史電影或造訪博物館的展覽時，學生（以及我們其他人）都必須學會如何處理資料來源。在這個過程中，必須就每一個作品提出五個問題。[17]

第一個問題是資料撰寫（或繪製等等）的時間和原因？找出目標視聽眾在社會結構中的位置。考慮發聲者試圖以它們達成的目的。這是社會學家所謂知識社會學（Sociology of Knowledge）的做法。英語教授稱之為脈絡化（Contextualization）：學習文本的社會脈絡。如同我們所見，歷史學家稱之為史料編纂法（Historiography）：研究歷史的撰寫。四年級的學生就可以學史料編纂法（包括其觀念與詞本身），這能幫助他們成為具有批判能力的讀者及思考者。[18]

第二個問題同樣與史料編纂法有關，但問的是呈現的是誰的觀點。說話者、作家等等在社會結構中的位置？其陳述想創造哪些利益、材料或意識形態？誰的觀點遭到忽略？然後學生或許可以嘗試從不同的觀點來重寫故事，因而得知歷史明顯是有所偏袒的。

第三個問題是說明是否可信？每個代理團體的行為是否合理——跟我們在相同的情況與社會化之下可能會有的行為相同？這個方法也需要檢視內容的內部矛盾。它是否前後連貫？有些主張是否與其他主張相牴觸？比方說，如果教科書強調美國在拉丁美洲一般是有益的存在，那麼它們如何解釋該地區的反美情緒？

第四，資料內的說明是否有其他來源的佐證？或是其他作者是否反對它？這個問題讓我們開始思考次要的歷史與社會文獻。比方說，即使粗略地接觸對其他國家社會階級的研究，也足以反駁教科書將美國描述為一個具有無限機會的地方。

最後，在讀完內容或看過影像後，我們對於它們呈現的美國有什麼感受？這個分析也包括檢視作者選擇的文字與影像。「我們在歷史與日常演說中使用的大多數言語，就像心智深水炸彈一樣，」詹姆斯・艾克斯特爾曾經寫道：「由於它們（透過我們的意識）向下並爆發，它們的回響力量釋放出來，以累積的意義與聯想碎片紛紛落在我們的了解上。」[19]

將這五個問題牢記在心的讀者，將學會如何學習歷史。

可以促成改變的，不僅僅是老師和學生而已，新因素也可以促成教科書的轉變。在加州、德州和其他的州，右翼保守人士仍然影響著教科書的採用，但現在還有許多其他人士在這方面具有影響力。比方說，自一九八五年起，德州迫使一些出版商更加誠實地處理發展，在提及美國原住民時避免使用北美印第安人的出征路線（go on the warpath）這類的刻板詞彙，並按情況適當地在南方人（southerners）之前加上白人（white）。[20] 隨後在民族主義黑人、女性主義者、右翼人士、第一修正案團體等等之間的僵持，讓作者和出版商有新的操縱空間。

教育的消費者，包括學生、老師、父母和有利害關係的民眾，已經開始要求敘述事實的教科書，甚至可包含會令人不適的歷史。根據邁克・瓦里士（Michael Wallace）所言，美國人已經準備好這麼做。他宣稱民眾一般「對受到欺騙感到憤怒，並好奇地想知道更多。我們已經在一個一度深深崇尚《亂世佳人》的文化中，看到了《根》的成功。」[21] 以這一點而言，首版《老師的謊言》的成功提供了更多的證據。

時候也該到了，因為在我們持續了解自己與我們的社會時，歷史至關重要。我們必須讓所有社會階級、所有種族背景、以及男女兩性都能掌握歷史的力量，讓他們有能力運用對過去的了解，從中獲得啟發並使現今的行動合法化。然後，過去將提供美國的民眾及整個國家重要的資訊，而不僅僅是乏味老套的資料來源。成功的美國歷史課程能讓美國人了解關於美國的基本社會事實，以及塑造出這些事實的歷史過程。他們能找到自己在社會結構中的位置，知道一些對他們的生活造成影響的社會力量與意識形態力量。這樣的美國人已做好成為公民的準備，因為他們知道如何在社會上促成改變，也知道如何檢視歷史的斷言，並且會質疑社會原型的「真相」。他們可以駁斥歷史無關緊要的說法，因為他們了解過去對現在、包括他們身處時代的的影響方式。

傑佛遜敦促教授政治歷史的做法無疑是正確的，如此一來美國人才有機會學習「如何自行判斷什麼將會保障或危害到他們的自由。」[22]了解歷史、願意找出謊言與扭曲的史實，以及能夠運用資料來源來判定歷史真相的美國人，將是捍衛民主的堅實力量。英國史學界的耆老修·崔姆路普（Hugh Trevor-Roper）曾經寫道：「一個忽略本國歷史、或因其歷史學家的專業精神不振（或違反專業精神！）而造成歷史研究遭到阻撓的國家，等於喪失其智識、或許還有其政治。但是該歷史必須是完全真實的歷史。」本書頭版是十一年研究與論述的結晶[23]，儘管其後我又研究了十三年，然而我追尋美國真正史實的旅程才剛開始。在讀到此處時，您的史實探求之旅也才開始。祝我們大家一路順風！

注釋／附錄

注釋／

緒論　大錯特錯

1. 比林斯的本名是 Henry Wheeler Shaw，這句話大約是在 1850 年至 1885 年間流傳開來的。
2. James Baldwin, "A Talk to Teachers," *Saturday Review*, 12/21/1963, 收錄於 Rick Simonson and Scott Walker, eds., *Multi-cultural Literacy* (St. Paul, MN: Graywolf Press, 1988), 11.
3. Gen. Petro G. Grigorenko, 轉引自 Robert Slusser, "History and the Democratic Opposition," in Rudolf L. Tökés, ed., *Dissent in the USSR* (Baltimore: Johns Hopkins University Press, 1975), 329–53.
4. 我會在社會學研究時用到歷史這個詞，跟大多數的研究者、同學一樣。若是有重大的差異，我會特別說明。Robert Reinhold, Harris poll, reported in *New York Times*, 7/3/1971, 轉引自 Herbert Aptheker, *The Unfolding Drama* (New York: International, 1978), 146; Terry Borton, *The Weekly Reader National Survey on Education* (Middletown, CT: Field Publications, 1985), 14, 16; Mark Schug, Robert Todd, and R. Beery, "Why Kids Don't Like Social Studies," *Social Education* 48 (May 1984): 382–87; Albert Shanker, "The 'Efficient' Diploma Mill," paid column in *New York Times*, 2/14/1988; Joan M. Shaughnessy and Thomas M. Haladyna, "Research on Student Attitudes Toward Social Studies," *Social Education* 49 (November 1985): 692–95. 全國平均成績分析, *1992 ACT Assessment Results, Summary Report*, Mississippi (Iowa City: ACT, 1993), 7.
5. Diane Ravitch and Chester E. Finn Jr., *What Do Our 17-Year-Olds Know?* (New York: Harper and Row, 1987); National Geographic Society, *Geography: An International Gallup Survey* (Washington, D.C.: National Geographic Society, 1988). 自從出版這本書以後，有很多研究紛紛出爐，像是 Elizabeth McPike, *Education for Democracy* (Washington, D.C.: Albert Shanker Institute, 2000); 還有由 American Council of Trustees and Alumni 主持針對 55 所 556 位優秀的大學生的調查，summarized by Associated Press, "Students Ignorant of History," *USA Today*, 6/29/2000; the 2001 National Assessment of Educational Progress in History, summarized by Diane Ravitch, "Should We Be Alarmed by the Results of the Latest U.S. History Test? (Yes)," History News Network, hnn.us/article/755, 5/9/2002; Sheldon M. Stern, *Effective State Standards for U.S. History* (Washington, D.C.: Thomas B. Fordham Institute, 2003); and Joe Williams, "Duh! 81% of kids fail test," *New York Daily News*, www.nydailynews.com/archives/news/duh-81-kids-fail-test-social-studies-trips-8th-graders-article-1.635101, 5/10/2005. McPike 認為，除了研究生對歷史陌生，也不夠愛國，因為歷史課教了太多負面的事。但我不同意他的說法。
6. James Green, "Everyone His/Her Own Historian?" *Radical Historians Newsletter* 80 (5/99): 3, reviewed and quoted Roy Rosenzweig and David Thelen, *The Presence of the Past* (New York: Columbia University Press, 1998).
7. Richard L. Sawyer, "College Student Profiles: Norms for the ACT Assessment, 1980–81" (Iowa City: ACT, 1980). 作者發現，種族與家庭收入對學生成績的影響，社會科學的成績落差，比英文、數學、自然科學的成績落差還要大。
8. 好幾年前，米爾斯便察覺美國人需要在社會結構中找到定位，才能了解形塑社會與自身處境的各種力量。見 Wright Mills, *The Sociological Imagination* (New York: Oxford University Press, 1959), 3–20.
9. Paul Goldstein, *Changing the American Schoolbook* (Lexington, MA: D. C. Heath, 1978). 作者說，超過四分之三的課堂使用教科書當作教學的主軸。歷史課堂上，老師更常照本宣科。
10. 有一本號稱「全新」的教科書《我們美國人》其實也是舊瓶新酒，換了作者，1990 年時大幅修訂。
11. ——, "Ask an Alum," *Vermont Quarterly* (Fall 2005): 53.

12. Ravitch and Finn, *What Do Our 17-Year-Olds Know?* 49.
13. 我跟 Mel Gabler 等右派教科書評論者都認為教科書很無趣。W. Kelley Haralson 夫人寫道：「過去五十年來，以情緒性的角度審查歷史教科書，導致學生興趣缺缺。」"Objections [to *The American Adventure*]" (Longview, TX: Educational Research Analysts, n.d.), 4. 不過我們有解決辦法，Gabler 跟他的同事想加一種情緒到教科書裡，那是「自豪」。
14. 「這是一個偉大的國家。」密蘇里州偉伯斯特葛羅夫市當地高中合唱團唱的歌，還上了 CBS 新聞台, *Sixteen in Webster Groves* (NY: Carousel Films, 1966).
15. 越戰後，Harcourt Brace 出版社還把書名改成《美國的成就》。這種「藍波式」處理歷史的方式很鴕鳥：我們或許在東南亞失利，但至少在書封上算我們贏！
16. James Axtell, "Europeans, Indians, and the Age of Discovery in American History Textbooks," *American Historical Review* 92 (1987): 627. 像 Axtell 這篇評論大專用教科書的文章，很少出現在史學期刊上。大部份談的都是高中教科書。
17. 其中 12 本是我在寫書時候的參考，其他 6 本是第二版修訂時參考的。《發現美國史》跟《美洲冒險》這兩本是「調查型」教科書，裡面有很多地圖、插圖、日記或法律等第一手資料的摘要，文字敘述把這些資料串起來。這類型的書主要在 70 年代中很風行，希望教學生自己動手研究歷史。像《美國方式》、《應許之地》、《美國：一個共和國的歷史》、《美國歷史》和《美國傳統》是傳統高中使用敘事歷史教科書，我早期也有參考。《美國冒險史》、《生活與自由》和《自由的挑戰》也是我當初的參考書，原本是寫給國中生的教科書，但後來也給程度比較差的高中班級用。《美國的成就》和《美國通史》常當作歷史程度較好的高中班級用。修訂版參考的 6 本教科書《霍特：美國》（原書名是《美國的成就》）、新版《美國通史》、《美國的歷史》（作者是伯爾斯坦和凱利）、《美國人》（作者列名的有Gerald Danzer等 4 位）、《通往現今之路》（也列出 4 位作者）。還有一本七年級教科書《美國之旅》（應某位麥格羅・希爾出版業務的要求列出這本，因為該書也有 3 位傑出的歷史學家掛名）。銷售數字是商業機密，但我研究的 5 本現行高中教科書大概是銷售最好的，大約占了美國歷史教科書超過四分之三的銷量。

第一章　歷史造成的障礙

1. James Baldwin, "A Talk to Teachers," *Saturday Review*, 12/21/1963, 轉載於 Rick Simonson and Scott Walker, eds., *Multi-cultural Literacy* (St. Paul, MN: Graywolf Press, 1988), 9.
2. W. E. B. DuBois, *Black Reconstruction* (Cleveland: World Meridian, 1964 [1935]), 722.
3. Charles V. Willie, 轉引自 David J. Garrow, *Bearing the Cross* (New York: William Morrow, 1986), 625.
4. 這句話指的當然是他父親的財富與參議員身分。
5. *Helen Keller* (New York: McGrawHill Films, 1969).
6. Helen Keller, "Onward, Comrades," 發表的演講，於 Rand School of Social Science, New York, 12/31/1920, 收錄於 Philip S. Foner, ed., *Helen Keller: Her Socialist Years* (New York: International Publishers, 1967), 107.
7. 轉引自 Jonathan Kozol, *The Night Is Dark and I Am Far from Home* (New York: Simon & Schuster, 1990 [1975]), 101.
8. Foner, ed., *Helen Keller: Her Socialist Years*, 26.
9. Joseph P. Lash, *Helen and Teacher* (New York: Delacorte, 1980), 454; Dennis Wepman, *Helen Keller* (New York: Chelsea House, 1987), 69; Foner, ed., *Helen Keller: Her Socialist Years*, 17–18. 但美國從中攔截，不讓弗林（Flynn）收到這封信。
10. Jonathan Kozol 在 1975 年於懷俄明大學發表的演講，引起我對此壓迫的注意。納粹領袖知道海倫凱勒很激進，所以在 1933 年，燒毀她的書，因為其中有社會主義的內容，圖書館不能收藏。我們忽略她社會主義的傾向，比德國群眾還不了解她的思想。參見 Irving Wallace, David Wallechinsky, and Amy Wallace, *Significa* (New York: Dutton, 1983), 1–2.
11. N. Gordon Levin Jr., *Woodrow Wilson and World Politics: America's Response to War and Revolution* (New

York: Oxford University Press, 1968), 67. Everett M. Dirksen, "Use of U.S. Armed Forces in Foreign Countries," *Congressional Record*, June 23, 1969, 16840–43.

12. Robert J. Maddox, *The Unknown War with Russia* (San Rafael, CA: Presidio Press, 1977), 137.
13. Hans Schmidt, *The United States Occupation of Haiti, 1915–1934* (New Brunswick, NJ: Rutgers University Press, 1971), 86.
14. 出處同上, 66, 74.
15. Walter Karp, *The Politics of War* (New York: Harper and Row, 1979), 158–67.
16. Piero Gleijesus, "The Other Americas," *Washington Post Book World*, 12/27/1992, 5.
17. "Reports Unlawful Killing of Haitians by Our Marines," New York Times, 10/14/1920, 1ff. 參見 Schmidt, *The United States Occupation of Haiti*.
18. *Addresses of President Wilson*. 66th Congress, Senate Document 120 (Washington, D.C.: Government Printing Office, 1919), 133.
19. Jean Lacouture, *Ho Chi Minh* (New York: Random House, 1968), 24, 265.
20. Rayford W. Logan, *The Betrayal of the Negro* (New York: Collier, 1965 [1954]), 360–70; Nancy J. Weiss, "Wilson Draws the Color Line," in Arthur Mann, ed., *The Progressive Era* (Hinsdale, IL: Dryden, 1975), 144; Harvey Wasserman, *America Born and Reborn* (New York: Macmillan, 1983), 131; Kathleen Wolgemuth, "Woodrow Wilson and Federal Segregation," *Journal of Negro History* 44 (1959): 158–73; and Morton Sosna, "The South in the Saddle," *Wisconsin Magazine of History* 54 (Fall 1970): 30–49.
21. Colored Advisory Committee of the Republican National Committee, "Address to the Colored Voters," October 6, 1916, 收錄於 Herbert Aptheker, ed., *A Documentary History of the Negro People in the United States, 1910–1932* (Secaucus, NJ: Citadel, 1973), 140; Nancy Weiss, "The Negro and the New Freedom," *Political Science Quarterly* 84, 1 (March 1969): 66; Theodore Kornweibel Jr., "Seeing Red": *Federal Campaigns Against Black Militancy, 1919–1925* (Bloomington: Indiana University Press, 1998).
22. Wyn C. Wade, *The Fiery Cross* (New York: Simon & Schuster, 1987), 115–51.
23. 出處同上, 135–37.
24. 出處同上, 138.
25. Lerone Bennett, Jr., *Before the May-flower* (Baltimore: Penguin, 1966 [1962]), 292–94. 作者計算 1919 年間，發生的 26 個主要的種族暴動，包括 Omaha、Knoxville、德州 Longview、芝加哥、阿肯色州 Phillips County、華盛頓特區等地。參見 Herbert Shapiro, *White Violence and Black Response* (Amherst: University of Massachusetts Press, 1988), 123–54.
26. *Addresses of President Wilson*, 108–99.
27. William Bruce Wheeler and Susan D. Becker, *Discovering the American Past*, vol. 2 (Boston: Houghton Mifflin, 1990), 127.
28. Ronald Schaffer, *Americans in the Great War* (New York: Oxford University Press, 1991), 轉引自 Garry Wills, "The Presbyterian Nietzsche," *New York Review of Books*, 1/16/1992, 6.
29. Karp, *The Politics of War*, 326–28; Charles D. Ameringer, *U.S. Foreign Intelligence* (Lexington, MA: D. C. Heath, 1990), 109. 諷刺的是，戰後，威爾遜發表談話，贊同德布斯談經濟利益的力量，他說：「難道有人不知道，工商業的競爭在現代世界埋下戰爭的種子？」(speech in Saint Louis, 9/5/1919; *Addresses of President Wilson*, 41).
30. Ameringer, *U.S. Foreign Intelligence*, 109.
31. 出處同上。作者指出，在 1920 年秋天，威爾遜攻擊民主自由已經變成政治責任，而總檢察長帕爾默成為大家的笑柄。
32. 七年級教科書《美國之旅》中有兩處提到她，每次都說「據傳……」。
33. Michael H. Frisch, *A Shared Authority* (Albany: State University of New York Press, 1990), 39–47.
34. 1962 年 Arthur M. Schlesinger 民意調查，75 位重要的歷史人物的排名，威爾遜排第四，領先傑佛遜(Kenneth S. Davis, "Not So Common Man," *New York Review of Books*, December 4, 1986, 29)。864 位美國歷史學教授把威爾遜排在第六，老羅斯福和總統山上四位人物的排名都更前面 (Robert K. Murray and Tim Blessing, "The Presidential Performance Study," *Journal of American History* 70 [December 1983]: 535–55). 另見 George Hornby, ed., *Great Americana Scrap Book* (New York: Crown, 1985), 121.

35. Thomas A. Bailey, *Probing America's Past*, vol. 2 (Lexington, MA: D. C. Heath, 1973), 575.
36. Michael Kammen, *Mystic Chords of Memory* (New York: Alfred A. Knopf, 1991), 701.
37. 轉引自 Marjory Kline, "Social Influences in Textbook Publishing," in *Educational Forum* 48, no. 2 (1984): 230.
38. Bessie Pierce, *Public Opinion and the Teaching of History in the United States* (New York: Alfred A. Knopf, 1926), 332.
39. Charles Dickens, *American Notes*, Chapter 3, in The Complete Works of Charles Dickens, dickens-literature.com/American_Notes/3.html, 11/2006; Elisabeth Gitler, *The Imprisoned Guest* (New York: Farrar, Straus, & Giroux, 2001); "Laura Dewey Bridgman" at Wikipedia, 11/2006; Helen Keller, *Midstream: My Later Life* (New York: Greenwood, 1968 [1929]), 156.
40. Levin, *Woodrow Wilson and World Politics*, 1. 由於威爾遜是二十世紀前 30 年唯一的民主黨政府，許多羅斯福同黨的政治人物，包括羅斯福本人，都自然承襲威爾遜外交政策的經驗。
41. 轉引自 Kozol, *The Night Is Dark and I Am Far from Home*, 101.
42. Kammen, *Mystic Chords of Memory*, 639.
43. 另見 Arthur Levine, *When Dreams and Heroes Died* (San Francisco: Jossey-Bass, 1980), and Frisch, *A Shared Authority*.
44. 轉引自 Claudia Bushman, "America Discovers Columbus" (Costa Mesa, CA: American Studies Association Annual Meeting, 1992), 9.

第二章　一四九三年

1. Kirkpatrick Sale, *The Conquest of Paradise* (New York: Alfred A. Knopf, 1990), 5.
2. Samuel D. Marble, *Before Columbus* (Cranbury, NJ: Barnes, 1989), 25.
3. Bartolomé de Las Casas, *History of the Indies*, translated by Andrée M. Collard (New York: Harper and Row, 1971), 289.
4. David Quinn, *England and the Discovery of America, 1481–1620* (New York: Alfred A. Knopf, 1974), 5–105; Robert Blow, *Abroad in America* (New York: Continuum, 1990), 17; Jack Forbes, *Black Africans and Native Americans* (Oxford: Basil Blackwell, 1988), 20.
5. Angus Calder, *Revolutionary Empire* (New York: Dutton, 1981), 5.
6. A. H. Lybyer, "The Ottoman Turks and the Routes of Oriental Trade," *English Historical Review* 30, no. 120 (10/1915): 577–88. 土耳其有一段時間中斷跟葡萄牙、西班牙貿易往來，肇因於與西葡聯軍的戰爭。
7. 出處同上。
8. William H. McNeill, *The Age of Gunpowder Empires* (Washington, D.C.: American Historical Association, 1989).
9. 有些教科書稱美國原住民（Native Americans），有些稱美國印第安人（American Indians），有些二者通用。1975 年後，有些美國原住民反對使用印第安人稱呼他們；有些則不避諱，如美國印第安人運動就沿用這個稱呼。因為原住民兩個稱呼都用，所以我也沿用。
10. Letter to the king and queen of Spain, 7/1503, in *Select Letters of Christopher Columbus*, translated and edited by R. H. Major (New York: Corinth, 1961 [1847]), 196.
11. 哥倫布把今日海地、多明尼加共和國所在的島嶼更名為「西斯潘諾拉島」，意思是小西班牙。我把這座島嶼叫海地，因為一般大眾習慣使用這個稱呼，而小西班牙較不為人知；也因為海地是土著用語，雖然還不清楚指的是整座島嶼或高地部分而已，但還是沿用海地這個稱呼。參見 Las Casas, *History of the Indies*, 44.
12. Michele de Cuneo, *1495 letter referring to 1/20/1494*, 轉引自 Sale, *Conquest of Paradise*, 143.
13. 許多人引用《規定》。此處英文翻譯選自"500 Years of Indigenous and Popular Resistance Campaign" (np: Guatemala Committee for Peasant Unity, 1990).
14. Alfred W. Crosby, *Ecological Imperialism: The Biological Expansion of Europe, 900–1900* (New York: Cambridge University Press, 1976), 71–93.
15. bell hook 指出這個看法，見 "Columbus: Gone but Not Forgotten," Z, December 1992, 26.
16. Sale, *The Conquest of Paradise*, 71–72.
17. Constance Irwin, *Fair Gods and Stone Faces* (New

York: St. Martin's, 1963), 193–211, 217, 241; Cyrus Gordon, *Before Columbus* (New York: Crown, 1971), 119–25; Geoffrey Ashe et al., *The Quest for America* (London: Pall Mall, 1971), 78– 79.

18. Richard Eaton, *Islamic History as Global History* (Washington, D.C.: American Historical Association, 1990), 17; 關於小帆船，見史密森尼學會舉辦的展覽 "Seeds of Change" (Washington, D.C.: National Museum of Natural History, 1991).
19. 《美洲冒險》指出，「羅盤來自中國」、「阿拉伯傳過來的儀器叫星盤」。《霍特：美國》則認為羅盤是中國人發明的、波斯人或印度人發明三角帆船。除此之外，18 本教科書都認為葡萄牙人的成就史無前例。
20. Stephen C. Jett, "Diffusion vs. Independent Development," in Carroll Riley et al., eds., *Man Across the Sea* (Austin: University of Texas Press, 1971), 7.
21. 指稱哥倫布之前即有人抵達美洲的文獻很多，可以從這本下手：John L. Sorenson and Martin H. Raish, *Pre-Columbian Contact with the Americas Across the Oceans* (Provo, UT: Research Press, 1990), hereafter "Sorenson and Raish."

    關於印尼人，另可參見 Stephen C. Jett. "The Development and Distribution of the Blowgun," *Annals of the Association of American Geographers* (Davis: University of California, December 1970). 類似的手鈔本見 Paul Tolstoy, "Paper Route," *Natural History*, 6/1991, 6–14; and *Feats and Wisdom of the Ancients* (Alexandria, VA: Time-Life, 1990), 122. 參見 Carroll Riley et al., eds., *Man Across the Sea*, 特別參考其中收錄杰特的論文與 Sorenson and Raish 的論文, entries H255, M109, and S57.

    關於日本人：Betty J. Meggers, "Did Japanese Fishermen Really Reach Ecuador 5000 Years Ago?" *Early Man* 2 (1980): 15–19, and Ashe et al., *The Quest for America*, 239–59. 另見 *Feats and Wisdom of the Ancients*, 124.

    關於克里人、納瓦侯人、因紐特人：William Fitzhugh, "Crossroads of Continents: Review and Prospect," in William Fitzhugh and V. Chaussonet, eds., *Proceedings of the Crossroads Symposium* (Washington, D.C.: Smithsonian Institution Press, 1988). 參見 Ian Stevenson, *Twenty Cases Suggestive of Reincarnation* (Charlottesville: University of Virginia Press, 1974), 218–19.

    關於中國人：Joseph Needham and Lu Gwei-Djen, *Trans-Pacific Echoes and Resonances* (Singapore: World Scientific, 1985). 另見 *Feats and Wisdom of the Ancients*, 121; Stevenson, *Twenty Cases Suggestive of Reincarnation*, 218–19; Irwin, *Fair Gods and Stone Faces*, 249–51; Paul Shao, *The Origins of Ancient American Culture* (Ames: Iowa State University Press, 1983); and Sorenson and Raish, entries L228, 231, 238–41 et al.

    關於腓尼基人：Alexander von Wuthenau, *The Art of Terracotta Pottery in Pre-Columbian Central and South America* (New York: Crown, 1970), and *Unexpected Faces in Ancient America* (New York: Crown, 1975). 另見 Ivan Van Sertima, *They Came Before Columbus* (New York: Random House, 1976); Thor Heyerdahl, "The Bearded Gods Speak," in Ashe et al., *The Quest for America*, 199–238; *Feats and Wisdom of the Ancients*, 123; Irwin, *Fair Gods and Stone Faces*, 67–71, 89–96, 122–45, 176–86; J. A. Rogers, *100 Amazing Facts About the Negro* (St. Petersburg, FL: Helga Rogers, 1970), 21–22; and Sorenson and Raish, entries J13–17, G71 et al. *Kenneth Feder attacks Van Sertima's evidence in Frauds, Myths, and Mysteries* (Mountain View, CA: Mayfield, 1990), 75–77.

    關於塞爾特人：Barry Fell, America B.C. (New York: Quadrangle, 1976), and Barry Fell, *Saga America* (New York: Times Books, 1980).

    關於愛爾蘭人：Ashe et al., *The Quest for America*, 24–48. 作者的總結是，愛爾蘭人航行證據薄弱。

    關於挪威人：Erik Wahlgren, *The Vikings and America* (New York: Thames and Hudson, 1986).

    關於西部非洲人：Marble, *Before Columbus*, 22–25. 參見 Van Sertima, *They Came Before Columbus*; Arthur E. Morgan, *Nowhere Was Somewhere* (Chapel Hill: University of North Carolina Press, 1946), 198; Michael Anderson Bradley, *Dawn Voyage* (Toronto: Summer Hill Press, 1987); Pathe Diagne, "Du Centenaire de la Decouverte du Nouveau Monde par Bakari II, en 1312, et Christopher Colomb, en 1492" (Dakar: privately printed, 1990); and Sorenson and Raish, entry H344.

    關於玻里尼西亞人：Heather Whipps, "Chicken Bones Suggest Polynesians Found Americas Before

Columbus," Live Science website, 6/4/2007, livescience .com/history/070604_polynesian_chicken.html.

關於葡萄牙人：Marble, *Before Columbus*, 25. 參見 Van Sertima, *They Came Before Columbus: Morgan, Nowhere Was Somewhere*, 197; Ashe et al., *The Quest for America*, 265–66; Quinn, *England and the Discovery of America*, 41–43, 85–86; and H. Y. Oldham, "A Pre-Columbian Discovery of America," *Geographical Journal* 3 (1895): 221–33.

關於巴斯克人：Forbes, *Black Africans and Native Americans*, 20.

關於布里斯托的漁民：Quinn, *England and the Discovery of America*, 5–105. 參見 A. A. Ruddock, "John Day of Bristol," *Geographical Journal* 132 (1966): 225–33; Blow, *Abroad in America*, 17; G. R. Crone, *The Discovery of America* (New York: Weybright and Talley, 1960), 157–58; and Carl Sauer, *Sixteenth-Century North America* (Berkeley and Los Angeles: University of California Press, 1971), 6.

22. Charles H. Hapgood, *Maps of the Ancient Sea Kings* (New York: Chilton, 1966). 作者認為這分土耳其地圖，包含了許多 1513 年時，歐洲探險者們還不知道的細節，因此不可能造假。*Current Anthropology* 21, no. 1 (February 1980) 收錄了硬幣是羅馬人造訪美洲的證據，正反意見並陳。
23. Forbes, *Black Africans and Native Americans*, 7–14; William Fitzhugh, 私人談話, November 16, 1993; Van Sertima, *They Came Before Columbus*, Chapter 12. 另見 Alice B. Kehoe, "Small Boats Upon the North Atlantic," in Riley et al., *Man Across the Sea*, 276.
24. James West Davidson and Mark H. Lytle, *After the Fact* (New York: McGraw-Hill, 1992).
25. Forbes, *Black Africans and Native Americans*, 19. Morgan Llywelyn, "The Norse Discovery of the New World," *Early Man* 2, no. 4 (1980): 3–6; Marshall McKusick and Erik Wahlgren, "Viking in America—Fact and Fiction," *Early Man* 2, no. 4 (1980): 7–9. 塞爾跟大部分的學者不同調，認為哥倫布可能沒有抵達冰島，見 *The Conquest of Paradise*, 374。而歐洲人也不知道挪威人的發現，見 James Duff, *The Truth about Columbus* (London: Jarrolds, 1937), 9–13.
26. Van Sertima, *They Came Before Columbus*, 30. 另見 Irwin, *Fair Gods and Stone Faces*, 126.
27. Von Wuthenau, *The Art of Terracotta Pottery in Pre-Columbian Central and South America*, 50.
28. Jose Maria Melgar 轉引自 Jacquest Soustelle, *The Olmecs* (Garden City: Doubleday, 1984), 9. Gabriel HaslipViera, Bernard Ortiz de Montellano, and Warren Barbour 認為非洲人沒有去過，見 "Robbing Native American Cultures," *Current Anthropology* 38 #3 (6/1997), 419–31.
29. 本章注 21 有非洲的腓尼基人是否到過美洲的正反方資料來源。
30. 轉引自 Jan Carew, *Fulcrums of Change* (Trenton, NJ: Africa World Press, 1988), 13.
31. 例如叢林男孩合唱團的"Acknowledge Your Own History".
32. 腓尼基人跟埃及人並不符合今日談「種族」軌跡的定義，他們的膚色有深有淺，至今仍如此。
33. 這些所謂新來的人造成的影響，一直有爭議。持歐洲中心論觀點的人，認為白人到美洲，創造了奧爾梅克（Olmec）與馬雅文明，例如近來著作 Pierre Honore, *In Quest of the White God* (New York: Putnam, 1964)。少數作者認為黑人才是影響奧爾梅克工藝與思想的人。參見 Irving Wallace, David Wallechinsky, and Amy Wallace, *Significa* (New York: Dutton, 1983), 58. 大多中美洲人認為，奧爾梅克人不受外界影響，文化完全獨立發展。這類批判觀點的早期論述可參見 Gregory Mason, *Columbus Came Late* (New York: Century, 1931). 第四種觀點認為非洲腓尼基人造訪美洲，帶動奧爾梅克文化的蓬勃發展。這種觀點肯定南北半球的人都有功勞。
34. 《美洲冒險》是一本調查型教科書，裡面有很多地圖、插圖、日記或法律等第一手資料的摘要，包羅萬象，穿插敘述文字。這類問題是調查型教科書的死穴，因為要解決這類問題，需要大量的文獻資料、拉長上課時間，也考驗老師的教學技巧。
35. Marble, *Before Columbus*, 25.
36. 德索托唯一在地緣政治上的意義是，他把天花傳染給印第安人，使當地人口銳減，直到 140 年後，西班牙探險家 La Salle 漂流到密西西比河。所有參考的教科書中，只有《生活與自由》提到這次災難，但也寥寥五字而已。

37. 我在 *The Truth About Columbus* (New York: New Press, 1992)提到想像的課堂討論，我又從歷史學家 J. A. Rogers 那邊得知非裔美國小說家 Ishmael Reed 的故事，小說家也有類似成長經歷，在小學四年級的課堂上，老師駁斥他的想法，認為他的長篇大論是發洩。參見"The Forbidden Books of Youth," *New York Times Book Review*, June 6, 1993, 26–28.
38. Diagne, "Du Centenaire de la Decouverte du Nouveau Monde par Bakari II, en 1312, et Christopher Colomb, en 1492," 2–3; Van Sertima, *They Came Before Columbus*, 6. Forbes, *Black Africans and Native Americans*, 13–14, 以拉斯卡薩斯為證據，說明哥倫布早就知道美洲人跟西非貿易。
39. Van Sertima, *They Came Before Columbus*, 21, 26. 至於美洲流行的非洲疾病，參見 Sorenson and Raish, entry H344, and Richard Hoeppli, "Parasitic Diseases in Africa and the Western Hemisphere," in *Acta Tropica*, Supplementum 10 (Basel: Verlag für Recht und Gesellschaft, n.d.), 54–59. *Black Africans and Native Americans* 的作者 Forbes 警告：使用黑人（black）跟黑奴（Negro）容易產生誤解，因為歐洲人常用這些詞指地位較低的深膚色人。Forbes 認為巴波亞看過黑人，但這些黑人可能是海地過去的。因為非洲奴隸在 1505 年才被運到海地，他們一定是跟印第安人逃到巴拿馬，才有可能比巴波亞先抵達，巴波亞 1510 年抵達海地。黑人在墨西哥留下的口述傳統參見 Gonzalo Aguirre Beltran, *La población negra de México* (Mexico City: Fondo de Cultura Económica, 1989); and John G. Jackson, *Man, God, and Civilization* (New Hyde Park, NY: University Books, 1972), 283.
40. Riley et al., *Man Across the Sea*, 特別是 Alice B. Kehoe, "Small Boats upon the North Atlantic," 275–92. 連 Marc Stengel 對此人也隻字不提，"The Diffusionists Have Landed," *Atlantic Monthly*, 1/2000, 35–48.
41. 哥倫布身世的三段小插曲，見 Lorenzo Camusso, *The Voyages of Columbus* (New York: Dorset, 1991), 9–10. 另見 Sale, *The Conquest of Paradise*, 51–52.
42. Las Casas, *History of the Indies*, 21.
43. Sale, *The Conquest of Paradise*, 23–26.
44. 出處同上, 344; J. B. Russell, *Inventing the Flat Earth* (New York: Praeger, 1991).
45. 2003 年後，《霍特：美國》就把整段修改刪掉了。
46. Sale, *The Conquest of Paradise*, 171, 185, 204–14, 362; John Hebert, ed., *1492: An Ongoing Voyage* (Washington, D.C.: Library of Congress, 1992), 100.
47. Hans Koning, *Columbus, His Enterprise* (New York: Monthly Review Press, 1976), 39–40; Sale, *The Conquest of Paradise*, 238.
48. Pietro Barozzi, "Navigation and Ships in the Age of Columbus," *Italian Journal* 5, no. 4 (1990): 38–41.
49. Samuel Eliot Morison, *The Great Explorers* (New York: Oxford University Press, 1978), 397–98. Morison 在其他地方談到這點，造反論更為可信，但 Koning, *Columbus, His Enterprise*, 50, 則對此嗤之以鼻。哥倫布的航海日誌是最佳史料，原始資料已經佚失，但拉斯卡薩斯曾摘錄內文，有如下描述：「10 月 10 日，大家都受不了漫長的航行。但上將竭力激勵士氣，要懷抱希望，有朝一日能因而致富。又說，無論怎麼埋怨，都已經走到這個地步，不能回頭了，只能往印度去，沒有到達印度，絕不罷休。」Sale, *The Conquest of Paradise*, 60, 認為這條資料不足採信。事實上，到了 10 月 9 日，他們的航線就開始跟一大群鳥走，並認為可以因此航向陸地；在時間上，說 10 月 10 日造反，實在不太可能。
50. Bill Bigelow, "Once Upon a Genocide . . . ," in *Rethinking Schools* 5, no. 1 (October–November 1990): 7–8.
51. Salvador de Madariaga, *Christopher Columbus* (New York: Frederick Ungar, 1967 [1940]), 203–4.
52. *The Journal of Christopher Columbus*, 英譯 Cecil Jane (New York: Bonanza, 1989), 171.
53. 出處同上, 23.
54. *The Log of Christopher Columbus's First Voyage to America in the Year 1492*, Las Casas 節抄(Hamden, CT: Linnet, 1989), 無頁碼.
55. Sale, *The Conquest of Paradise*, 122.
56. Philip Klass, "Wells, Welles, and the Martians," *New York Times Book Review*, October 30, 1988. 諷刺的是，在這個故事裡，外星人最後被微生物解決，正如現實生活中，土著也是被傳染病所滅種一樣。"Amazon tribe faces 'annihilation'," BBC, 5/17/2005, news.bbc.co.uk/2/hi/americas/4554221.stm

57. 轉引自 Michael Paiewonsky, *The Conquest of Eden, 1493–1515* (Chicago: Academy, 1991), 109. 我些微更動了 Juan Friede and Benjamin Keen 的翻譯, *Bartolomé de Las Casas in History* (De Kalb: Northern Illinois Press, 1971), 312.
58. Sale, *The Conquest of Paradise*, 153–54.
59. Cuneo, 轉引自 Sale, *The Conquest of Paradise*, 138. 參見 Howard Zinn, *A People's History of the United States* (New York: Harper and Row, 1980), 4.
60. 1496 letter, 轉引自 Eric Williams, *Documents of West Indian History*, (Portof-Spain, Trinidad: PNM, 1963), 1:57.
61. Ferdinand Columbus, *The Life of the Admiral Christopher Columbus* (New Brunswick, NJ: Rutgers University Press, 1959), 149–50.
62. Maria Norlander-Martinez, "Christopher Columbus: The Man, the Myth, and the Slave Trade," *Adventures of the Incredible Librarian*, 4/1990, 17; Troy Floyd, *The Columbus Dynasty in the Caribbean* (Albuquerque: University of New Mexico Press, 1973), 29.
63. 有一本《美國人》寫得比較好。書中採用了以 50 人征服島嶼的話，還引用了拉斯卡薩斯的材料，闡述 1493 年航行與之後征服土著的故事。
64. James Axtell, "Europeans, Indians, and the Age of Discovery in American History Textbooks," *American Historical Review* 92 (1987): 621–32; Sale, *The Conquest of Paradise*, 156.
65. De Cordoba letter in Williams, *Documents of West Indian History*, 1:94.
66. 天花一直是讓最多人致命的傳染病，可能 1516 年之後才從島上消失。
67. Benjamin Keen, "Black Legend," in *The Christopher Columbus Encyclopedia* (New York: Simon & Schuster, 1991). Sale 引自 Las Casas, *The Conquest of Paradise*, 160–61. 另見 Alfred W. Crosby Jr., *The Columbian Exchange: Biological and Cultural Consequences of 1492* (Westport, CT: Greenwood, 1972), 45.
68. 關於伊莎貝拉女王，參見 J. Leitch Wright Jr., *The Only Land They Knew* (New York: Free Press, 1981), 128; Forbes, *Black Africans and Native Americans*, 28; Morison, *The Great Explorers*, 78. Warren Lowes, *Indian Giver* (Penticton, British Columbia: Theytus, 1986), 32, 書中說 Labrador 意思是「勞力便宜的地方」。關於納奇茲人，參見 James W. Loewen and Charles Sallis, *Mississippi: Conflict and Change* (New York: Pantheon, 1980), 40.
69. Letter by Michele de Cuneo 轉引自 Paiewonsky, *The Conquest of Eden*, 50.
70. Letter by Columbus 轉引自 Williams, *Documents of West Indian History*, 1:36–37.
71. Ronald Sanders, *Lost Tribes and Promised Lands: The Origins of American Racism* (Boston: Little, Brown, 1978), 131, 另引自 Peter Martyr, De Orbe Novo (1516).
72. Las Casas, *History of the Indies*, 轉引自 Williams, *Documents of West Indian History*, 1:67. 參見 Sanders, *Lost Tribes and Promised Lands*, 131, 另外引用 Las Casas 的觀點。
73. Norlander-Martinez, "Christopher Columbus: The Man, the Myth, and the Slave Trade," 17; Sale, *The Conquest of Paradise*, 156; Sanders, *Lost Tribes and Promised Lands*, 169; Eduardo Galeano, *Memory of Fire* (New York: Pantheon, 1988), 72; Floyd, *The Columbus Dynasty in the Caribbean*, 75, 222. 根據 J. A. Rogers, *Your History* (Baltimore: Black Classic Press, 1983 [1940]), 71, 哥倫布的兒子差一點在叛變中喪命。Nicholas de Ovando 可能早在 1505 年就進口非洲人當作奴隸。
74. 這是 Bill Bigelow 的話。
75. Official statement, June 8, 1989, 轉引自 *Five Hundred* (magazine of the Columbus Quincentenary Jubilee Commission), 10/1989, 9.
76. Jeffrey Hart, "Discovering Columbus," *National Review*, 10/15/1990, 56–57.
77. Sale, *The Conquest of Paradise*, 129.
78. 轉引自 Sanders, *Lost Tribes and Promised Lands*, 290.
79. Koning, *Columbus, His Enterprise*, 86.
80. Marcel Dunan, ed., *Larousse Encyclopedia of Modern History* (New York: Crescent, 1987), 40.
81. Crosby, *The Columbian Exchange*, 11–12. 參見 Calder, *Revolutionary Empire*, 13–14; Dunan, ed., *Larousse Encyclopedia of Modern History*, 40, 67; Crone, *Discovery of America*, 184.
82. Morgan, *Nowhere Was Somewhere*; Marble, *Before Columbus*, 73–75; Calder, *Revolutionary Empire*, 13. Lowes, *Indian Giver*, 82, 關於蒙田。另見 Sanders, *Lost Tribes and Promised Lands*, 208–9. 人類學家 L. H. Morgan 對馬克思與恩格斯直接的影響，見

Bruce Johansen, *Forgotten Founders: How the American Indian Helped Shape Democracy* (Cambridge, MA: Harvard Common Press, 1982), 122–23. Sale, *The Conquest of Paradise*. 另見 Crone, *Discovery of America*, 184.

83. 轉引自 Peter Farb, *Man's Rise to Civilization* (New York: Avon, 1969), 296.《暴風雨》表明了莎士比亞的迷戀：他根據加勒比海印第安人的角色，創造了土著角色卡力班，根據 Arawaks 阿拉瓦克人告訴哥倫布的，加勒比海印第安人會吃人。
84. 就此而論，歐洲不是大陸，除非這是以歐洲為中心的角度定義的！歐洲是半島，歐亞之間的分界不是絕對的，跟其他大陸明顯的分界不一樣。
85. Leon Festinger, *A Theory of Cognitive Dissonance* (Evanston, IL: Row, Peterson, 1957).
86. Crosby, *The Columbian Exchange*, 124–25 and Chapter 5; William Langer, "American Foods and Europe's Population Growth, 1750–1850," *Journal of Social History* 8 (winter 1975): 51–66; Jack Weatherford, *Indian Givers* (New York: Fawcett, 1988), 65–71; "Seeds of Change" exhibit (Washington, D.C.: National Museum of Natural History, 1991).
87. Crosby, *The Columbian Exchange*, 124–25; Lowes, *Indian Giver*, 59–60; Weatherford, *Indian Givers*, 65–71; Boyce Rensberger, "Did Syphilis Sail to Europe with Columbus and His Crew?" Burlington Free Press, 7/31/1992, 3D.
88. 參見 Williams, *Documents of West Indian History*, 1:xxxi. Karl Marx and Fredrich Engels, "Communist Manifesto," in Robert C. Tucker, ed., *The Marx-Engels Reader* (New York: Norton, 1978), 474. Weatherford, *Indian Givers*, 43, 58, 指出，美洲的長纖維棉比舊世界的那些材料更適合織成布，因此促進了工業革命；作者也認為，玻利維亞的製幣業與加勒比海的製糖業已經有工廠製造的雛形，也刺激了歐洲工業革命。
89. Weatherford, *Indian Givers*, 12, 15–17. Dunan, ed., *Larousse Encyclopedia of Modern History*, 69, and Sale, *The Conquest of Paradise*, 236, 談通貨膨脹。Marx and Engels, "Communist Manifesto."
90. Herman J. Viola and Carolyn MMargolis, eds., *Seeds of Change* (Washington, D.C.: Smithsonian Institution Press, 1991), 186–207.
91. Michael Wallace, "The Politics of Public History," in Jo Blatti, ed., *Past Meets Present* (Washington, D.C.: Smithsonian Institution Press, 1987), 41–42.參見 Garry Wills, "Goodbye, Columbus," *New York Review of Books*, November 22, 1990, 6–10. 在哥倫布五百年紀念時，聯合國投票決定，90 年代是「根除殖民主義的十年」。只有美國投了否決票，連西班牙等過去西歐殖民勢力也讓步，尊重新的國際現況。參見 John Yewell, "To Growing Numbers, Columbus No Hero," *St. Paul Pioneer Press*, 10/11/1990.
92. Johnson v. M'Intosh; 參見 Robert K. Faulkner, *The Jurisprudence of John Marshall* (Princeton, NJ: Princeton University Press, 1968), 53; and Bruce A. Wagman, "Advancing Tribal Sovereign Immunity as a Pathway to Power," *University of San Francisco Law Review* 27, no. 2 (Winter 1993): 419–20.
93. Roy Preiswerk and Dominique Perrot, *Ethnocentrism and History* (NewYork: NOK, 1988), 245–46.
94. 哥倫布的紀錄轉引自 Sale, *The Conquest of Paradise*, 116; 參見 201.
95. John Burns, "Canada Tries to Make Restitution to Its Own," *New York Times*, 9/1/1988.
96. Virgil Vogel, *This Country Was Ours* (New York: Harper and Row, 1972), 38, re Cartier. Weatherford, Indian Givers, 30, re Drake. 關於路易斯與克拉克，有一本教科書《美國歷史》也對他們的印第安人導遊給予讚賞。Romeo B. Garrett, *Famous First Facts About the Negro* (New York: Arno, 1972), 68–69, re Henson as first at Pole. 有人認為，皮里帶領的探險隊從來沒有到達極地；如果他們真的到過那裡，我們今天就不能斷定誰先到。好玩的是，皮里和韓森兩人都在探險的旅程中當上父親。1987 年，這些孩子已經 80 歲，還參加兩人「合法」後代的聚會。這些孩子的母親在旅程中的角色，才首次為人所注意。參見 "Discoverers' Sons Arrive for Reunion," *Burlington Free Press*, 5/1/1987;又見 Susan A. Kaplan 對馬修・韓森的介紹, A Black Explorer at the North Pole (Lincoln: University of Nebraska Press, 1989). 有一段關於韓森簡短的論述，見 Wallace, Wallechinsky, and Wallace, *Significa*, 17–18. 還有皮里利用因紐特人的事蹟，像是「以科學之名犯罪」，參見 Michael T. Kaufman, "A Museum's

Eskimo Skeletons and Its Own," *New York Times*, 8/21/1993, 1, 24.
97. Sale, *The Conquest of Paradise*, 238.
98. Las Casas, 口述歷史，從泰諾族人蒐集來的, 見 Williams, *Documents of West Indian History*, 1:17, 92–93.
99. Las Casas 轉引自 J. H. Elliot, *The Old World and the New* (New York: Cambridge University Press, 1970), 48; Las Casas, *History of the Indies*, 289; John Wilford, *The Mysterious History of Columbus* (New York: Alfred A. Knopf, 1991)，有人批評拉斯卡薩斯提議以非洲奴隸取代印第安奴隸一事，但是他最後也放棄了，認為「奴役黑人跟奴役印第安人一樣，都很不公正。」(*History of the Indies*, 257).

第三章　第一個感恩節的真相

1. Michael Dorris, "Why I'm Not Thankful for Thanksgiving" (New York: Council on Interracial Books for Children *Bulletin* 9, no. 7, 1978): 7.
2. Francis Jennings, *The Invasion of America: Indians, Colonialism, and the Cant of Conquest* (Chapel Hill: University of North Carolina Press, 1975), 15.
3. Howard Simpson, *Invisible Armies: The Impact of Disease on American History* (Indianapolis: Bobbs-Merrill, 1980), 2.
4. Col. Thomas Aspinwall, 轉引自 Jennings, *The Invasion of America*, 175.
5. Kathleen Teltsch, "Scholars and Descendants Uncover Hidden Legacy of Jews in Southwest," *New York Times*, 11/11/1990, A30; "Hidden Jews of the Southwest," *Groundrock* (Spring 1992).
6. Alfred W. Crosby Jr., *The Columbian Exchange: Biological and Cultural Consequences of 1492* (Westport, CT: Greenwood, 1972), 83. 美國的牛仔文化源於西班牙，這可以解釋為何牛仔文化跟阿根廷的高卓習俗那麼相似。
7. 新版《美國通史》增加西班牙統治的部份。
8. James Axtell, "Europeans, Indians, and the Age of Discovery in American History Textbooks," *American Historical Review* 92 (1987): 630.
9. 這段話基本上是對的，只是 1620-21 年的冬天並不特別寒冷，大概也沒有嚇到英國人，印第安人直到春天才伸出援手。
10. William Langer, "The Black Death," *Scientific American*, February 1964.
11. 出處同上；參見 William H. McNeill, *Plagues and Peoples* (Garden City, NY: Doubleday, 1976), 166–85.
12. William H. McNeill, "Disease in History," lecture at the University of Vermont, 10/18/1988. 我用「細菌」（microbe），後來改用更廣義的「病菌」（germ）一詞，包括病毒及病原體。
13. Crosby, *The Columbian Exchange*, 34. 雖然人暴露在外會感染肺炎等疾病，但病因並非身處寒冷之中，而是身體的抵抗力低落。肺炎等疾病的病原體並不是潛伏在冰冷的湖水或冰封的山麓，而是寄居在我們身上、體內溫暖的地方。
14. Peter Farb, *Man's Rise to Civilization* (New York: Avon, 1969), 42–43; Hubbert McCulloch Schnurrenberger, *Diseases Transmitted from Animals to Man* (Springfield, IL: Charles C. Thomas, 1975); 參見 Alfred W. Crosby Jr., *Ecological Imperialism: The Biological Expansion of Europe, 900–1900* (New York: Cambridge University Press, 1976), 31. 安地斯山脈真的有駱馬，但地勢可能太高，讓人畜間的疾病傳染不易；這點可以從一件事來解釋：歐洲與非洲的傳染病在 1492 年後，對這一地區的摧殘比其他地方弱。
15. McNeill, "Disease in History"; Crosby, *The Columbian Exchange*, 37; Henry Dobyns, *Their Number Become Thinned* (Knoxville: University of Tennessee Press, 1983).
16. Crosby, *Ecological Imperialism*, 38–39, 認為天花可能一代傳一代，這些群體中大部分的人口因為染上天花而減少。
17. McNeill, *Plagues and Peoples*, 201.
18. Gregory Mason, *Columbus Came Late* (NewYork: Century, 1931), 269–70.
19. Farb, *Man's Rise to Civilization*, 268.參見 Jennings, *The Invasion of America*, 86; Crosby, *Ecological Imperialism*, 210.
20. Feenie Ziner, *Squanto* (Hamden, CT: Linnet Books, 1988), 141. 參見 Jennings, *The Invasion of America*, 48–52; Robert Loeb Jr., *Meet the Real Pilgrims* (Garden City, NY: Doubleday, 1979), 23, 87; 及 Warren Lowes, *Indian Giver* (Penticton, British Columbia: Theytus, 1986), 51. 不只是最早移民的人如此：伊莉莎白女王還吹噓說，她一輩子只有洗過兩次澡，一

次是出生時，一次是婚禮前，見 Jay Stuller, "Cleanliness," *Smithsonian* 21 (February 1991): 126–35.

21. Simpson, *Invisible Armies*, 2; Crosby, *The Columbian Exchange*, 37.
22. Neal Salisbury, "Red Puritans: The 'Praying Indians' of Massachusetts Bay and John Eliot," in Bruce A. Glasrud and Alan M. Smith, eds., *Race Relations in British North America, 1607–1783* (Chicago: Nelson-Hall, 1982), 44; 及 Neal Salisbury, "Squanto: Last of the Patuxets," in David Sweet and Gary Nash, eds., *Struggle and Survival in Colonial America* (Berkeley and Los Angeles: University of California Press, 1981), 231–37. Dobyns 認為 1617 年的瘟疫是鼠疫，而鼠疫從佛羅里達州蔓延至大西洋沿岸；參見 *Their Number Become Thinned*. William Bradford, *Of Plimoth Plantation*, rendered by Valerian Paget (New York: McBride, 1909), 258, 一書指出，印第安人知道 1617 年那場傳染病不是天花，因為講到 1634 年天花爆發感染時，Bradford 指稱：「他們擔心這場天花會比之前的鼠疫還糟。」William Cronon, *Changes in the Land* (New York: Hill and Wang, 1983), 87, 一書則認為應該是水痘。
23. 這當然不包括美洲的其他瘟疫。Cushman 這段話是引自 Charles M. Segal and David C. Stineback, *Puritans, Indians, and Manifest Destiny* (New York: Putnam's, 1977), 54–55.
24. Simpson, *Invisible Armies*, 6.
25. 轉引自出處同上, 7.
26. Cushman, 轉引自 Segal andStineback, *Puritans, Indians, and Manifest Destiny*, 54–55; William S. Willis, "Division and Rule: Red, White, and Black in the Southeast," in Leonard Dinnerstein and Kenneth Jackson, eds., *American Vistas, 1607–1877* (New York: Oxford University Press, 1975), 66.
27. 特別是一度對基督教有敵意的麻州人，人口從 4,500 人減少為 750 人，倖存者改信基督教，見 James Axtell, *The European and the Indian* (New York: Oxford University Press, 1981), 252, 370;參見 James W. Davidson and Mark H. Lytle, *After the Fact* (New York: McGraw-Hill, 1992), iii.
28. Bradford, *Of Plimoth Plantation*, 93; 參見. Peter Hulme, *Colonial Encounters* (London: Methuen, 1986), 147–48.
29. John Winthrop to Simonds D'Ewes, 7/21/1634, *Publications of the Colonial Society of Massachusetts 1900–02*, 7 (12/1905) 71, at books.google.com/books.
30. Karen Ordahl Kupperman, *Settling with the Indians* (London: J. M. Dent, 1980), 186; cf. Simpson, *Invisible Armies*, 8.
31. Tee Loftin Snell, *America's Beginnings* (Washington, D.C.: National Geographic, 1974), 73, 77.
32. Crosby, *Ecological Imperialism*, 50–51.
33. 出處同上, 202–15.
34. Simpson, *Invisible Armies*, 35.
35. Dobyns, *Their Number Become Thinned*.
36. David Quummen, "Columbus and Submuloc," *Outside*, June 1990, 31– 34. Cf. Crosby, *The Columbian Exchange*, 49; McNeill, *Plagues and Peoples*, 205–7.
37. James Brooke, "For an Amazon Indian Tribe, Civilization Brings Mostly Disease and Death," *New York Times*, 12/24/1989. Violent uprooting of Native cultures continues as well; 參見 Amnesty International, *Human Rights Violations Against the Indigenous Peoples of the Americas* (New York: Amnesty International, 1992). Charles Darwin, *Voyage of the Beagle*, 轉引自 Crosby, *Ecological Imperialism*, vii. 如達爾文所知，同樣的慘劇也發生在歐洲人、亞洲人、非洲人和與世隔絕的族群相遇的時候，澳洲、復活島、夏威夷、西伯利亞都有這些案例。因此，像是南太平洋的馬克薩斯群島，剛與外界接觸時的人口是 10 萬，1955 年只剩 2,500 人。參見 Thor Heyerdahl, *Aku-Aku* (Chicago: Rand McNally, 1958), 352.
38. Langer, "The Black Death," 5;參見 McNeill, *Plagues and Peoples*.
39. Farb, *Man's Rise to Civilization*, 294–95.
40. Colin McEvedy, *The Penguin Atlas of North American History* (New York: Viking, 1988), 3. 作者是精神科臨床醫師。
41. Jennings, *The Invasion of America*,16.
42. Bradford, *Of Plimoth Plantation*, 258.
43. Hurtado, *Indian Survival on the California Frontier* (New Haven: Yale University Press, 1988), 1.
44. 關於歐洲人到之前的人口估計，相關文獻有 P. M. Ashburn, *The Ranks of Death* (Philadelphia: Porcupine, 1980 [1947]); Woodrow Borah, "The

Historical Demography of Aboriginal and Colonial America," in William Denevan, ed., *The Native Population of the Americas in 1492* (Madison: University of Wisconsin Press, 1976), 13–34; Sherburne Cook and Woodrow Borah, *Essays in Population History: Mexico and the Caribbean*, vol. 1 (Berkeley and Los Angeles: University of California Press, 1971); Crosby, *The Columbian Exchange*; Jared Diamond, "The Arrow of Disease," *Discover*, October 1992, 64–73; Dobyns, *Their Number Become Thinned*, 42; Jennings, *Invasion of America*, 16–30; Simpson, *Invisible Armies*; David Stannard, *American Holocaust* (New York: Oxford University Press, 1992), 11–24; and Russell Thornton, *American Indian Holocaust and Survival: A Population History Since 1492* (Norman: University of Oklahoma Press, 1987) and "The Native American Holocaust," *Winds of Change* 4, no. 4 (Autumn 1989): 23–28. 人口方面文獻參見 Melissa Meyer and Russell Thornton, "Indians and the Numbers Game," in Colin Calloway, ed., *New Directions in American Indian History* (Norman: University of Oklahoma Press, 1988), Ch. 1.

45. 《美國通史》有一段話，確實提及整個東半球九成的稅賦，但避談普利茅斯的瘟疫。
46. 轉引自 Ziner, *Squanto*, 147.
47. J. W. Barber, *Interesting Events in the History of the United States* (New Haven: Barber, 1829), 30. 作者未說明引言出處。
48. 雖然維吉尼亞州當時還包括大部份的新澤西，但五月花號還是在東北方百餘公里外靠岸了。認為這些人上岸是有目的地的史學家有 George F. Willison, *Saints and Strangers* (New York: Reynal and Hitchcock, 1945); Lincoln Kinnicutt, "The Settlement at Plymouth Contemplated Before 1620," *Publications of the American Historical Association* (1920): 211–21; 以及 Neal Salisbury, *Manitou and Providence* (New York: Oxford University Press, 1982), 109, 270. 至於 Leon Clark Hills, *History and Genealogy of the Mayflower Planters* (Baltimore: Genealogical Publ. Co., 1975), 及 Francis R. Stoddard, *The Truth about the Pilgrims* (New York: Society of Mayflower Descendants, 1952), 19–20, 則根據 Nathanial Morton 的第一手材料，支持「荷蘭人賄賂說」。普利茅斯種植園的史學家支持因為誤航或暴風雨，才登陸普利茅斯。
49. Ziner, *Squanto*, 147; Kinnicutt, "The Settlement at Plymouth Contemplated Before 1620"; Almon W. Lauber, *Indian Slavery in Colonial Times Within the Present Limits of the United States* (Williamstown, MA: Corner House, 1970 [1913]), 156– 59; Stoddard, *The Truth about the Pilgrims*, 16.
50. 我們參考的幾本教科書上寫道，五月花號往南航行了半天，碰到「危險的淺灘」。於是船長跟清教徒的領袖堅持回到普洛溫斯鎮 Provincetown ，最後抵達新普利茅斯。陰謀論的說法是，這是為了讓多數人不要去維吉尼亞州。參見 Willison, *Saints and Strangers*, 145, 466; Kinnicutt, "The Settlement at Plymouth Contemplated Before 1620"; and Salisbury, *Manitou and Providence*, 109, 270.
51. Willison, *Saints and Strangers*, 421–22.
52. 在蘇瀑的演講, 9/8/1919, 引自 *Addresses of President Wilson*, (Washington, D.C.: Government Printing Office, 1919), 86.
53. T. H. Breen, "Right Man, Wrong Place," *New York Review of Books*, 11/20/ 1986, 50.
54. Robert Beverley 寫於 1705 年，轉引自 Wesley Frank Craven, *The Legend of the Founding Fathers* (Westport, CT: Greenwood, 1983 [1956]), 5–8.
55. Axtell, *The European and the Indian*, 292–95.
56. J. Leitch Wright Jr., *The Only Land They Knew* (New York: Free Press, 1981), 78.
57. Kupperman, *Settling with the Indians*, 173; James Truslow Adams, *The March of Democracy* (New York: Scribner's, 1933), 1:12.
58. 我在新英格蘭碰到多數學生，但很多人是從費城郊區、華盛頓特區跟新澤西來的，我覺得美國其他地方的學生的回答，可能也相去不遠，但西部的可能就不一樣。
59. Gary Nash, *Red, White, and Black* (Englewood Cliffs, NJ: Prentice Hall, 1974), 139, 一書提到，在賓州也有同樣情形。
60. Emmanuel Altham 的信，轉引自 Sydney V. James, ed., *Three Visitors to Early Plymouth* (Plymouth: Plimoth Plantation, 1963), 29.
61. 有沒有可能流傳一種類似清教徒這個事件的童話故事呢？就像誤入三隻熊家中的金髮小女孩一樣，闖空門、搞破壞、偷東西，教育者原諒

這些入侵者，因為他們是雅利安人。金髮小女孩入侵的童話故事，讓受害者聽起來沒什麼人性，我們的歷史，也是用隱晦的方式呈現印第安人，讓這些清教徒移民手下的受害者比較沒有人性。在此要感謝 Toni Cade Bambara 分析金髮小女孩的故事。

62. Kupperman, *Settling with the Indians*, 125.
63. 全部五個人除了史廣多跟 Tisquantum（史廣多別名），都還有別的名字，但印第安人有時候在不同部落會有不同名字。為史廣多作傳的 Feenie Ziner 認為，他是五個人中的一個。Ferdinando Gorges 在 1658 年指出，史廣多就是 1605 年時被誘拐的人之一，並且跟自己在英國生活了三年，Kinnicutt ("The Settlement at Plymouth Contemplated Before 1620," 212–13)對此深信不疑，但研究普利茅斯種植園的史學家就不相信，Neal Salisbury (*Manitou and Providence*, 265–66)也不相信，只不過 Salisbury 似乎更正面一點，見 "Squanto: Last of the Patuxets."另見 Lauber, *Indian Slavery in Colonial Times*, 156–59.
64. Simpson, *Invisible Armies*, 6.
65. 最新版伯爾斯坦和凱利的教科書提到了史廣多的村莊都毀了，村民也都被抓去當奴隸了。
66. William Bradford, *Of Plimouth Plantation*, 99. 除此之外，請參見 Salisbury, "Squanto: Last of the Patuxets," 228–46.
67. Robert Moore, *Stereotypes, Distortions, and Omissions in U.S. History Textbooks* (New York: CIBC, 1977), 19.
68. Robert M. Bartlett, *The Pilgrim Way* (Philadelphia: Pilgrim Press, 1971), 265; and Loeb, *Meet the Real Pilgrims*, 65.
69. Charles Hudson et al., "The Tristan de Luna Expeditions, 1559–61," in Jerald T. Milanich and Susan Milbrath, eds., *First Encounters* (Gainesville: University of Florida Press, 1989), 119–34, 書中生動描述了歐洲人倚賴印第安人取得食物的事；還講述了鮮為人知的第二次西班牙遠征隊進入今日美國東南部的事。由於印第安人為躲避他們而撤退，燒毀糧食，歐洲人差點餓死。
70. Bessie L. Pierce, *Public Opinion and the Teaching of History in the United States* (New York: Alfred A. Knopf, 1926), 113–14.另見 Alice B. Kehoe, " 'In fourteen hundred and ninety two, Columbus sailed . . .': The Primacy of the National Myth in U.S. Schools," in Peter Stone and Robert MacKenzie, eds., *The Excluded Past* (London: Unwin Hyman, 1990), 207.
71. Mircea Eliade, *Myth and Reality* (New York: Harper and Row, 1963), 18–19.
72. Robert N. Bellah, "Civil Religion in America," Daedalus (Winter 1967): 1– 21. 參見 Hugh Brogan, *The Pelican History of the U.S.A.* (Harmondsworth, England: Penguin, 1986), 37, 關於普利茅斯岩的研究，參見 Michael Kammen, *Mystic Chords of Memory* (New York: Alfred A. Knopf, 1991), 207–10.
73. Valerian Paget 的序, *Bradford's History of the Plymouth Settlement, 1608–1650* (New York: McBride, 1909), xvii.
74. Dorris, "Why I'm Not Thankful for Thanksgiving," 9. 補充是我加的，這樣更精準一點。
75. Plimoth Plantation, "The American Thanksgiving Tradition, or How Thanksgiving Stole the Pilgrims" (Plymouth, MA: n.d., photocopy); Stoddard, *The Truth about the Pilgrims*, 13. Jeremy D. Bangs, "Thanksgiving on the Net: Roast Bull with Cranberry Sauce Part 1," Society of Mayflower Descendants in the Commonwealth of Pennsylvania Web page, www.sail1620.org/articles/thanksgiving-on-the-net-roast-bull-with-cranberry-sauce, 1/2007.
76. Reginald Horsman, *Race and Manifest Destiny* (Cambridge: Harvard University Press, 1981), 5.
77. Arlene Hirshfelder and Jane Califf, "Celebration or Mourning? It's All in the Point of View" (New York: Council on Interracial Books for Children *Bulletin* 10, no. 6, 1979), 9.
78. Frank James, "Frank James' Speech" (New York: Council on Interracial Books for Children *Bulletin* 10, no. 6, 1979), 13.
79. Willison, *Saints and Strangers; Salisbury, Manitou and Providence*, 114–17; Wright, *The Only Land They Knew*, 220. Salisbury, *Manitou and Providence*, 120–25, 一開始就談到普利茅斯的殖民者跟印第安人交涉時，使用武力與強迫的本質。

第四章　紅眼

1. James Axtell, "Europeans, Indians, and the Age of Discovery in American History Textbooks," *American Historical Review* 92 (1987): 629–30.
2. Francis Jennings, *The Invasion of America* (Chapel Hill: University of North Carolina Press, 1975), vii.
3. Friedrich Nietzsche, *Beyond Good and Evil* (New York: MacMillan, 1907), 86.
4. Rupert Costo, "There Is Not One Indian Child Who Has Not Come Home in Shame and Tears," in Miriam Wasserman, *Demystifying School* (New York: Praeger, 1974), 192–93.
5. Thomas Bailey, "The Mythmakers of American History," *Journal of American History* (1968): 18.
6. 轉引自 Calvin Martin, ed., *The American Indian and the Problem of History* (New York: Oxford University Press, 1987), 102.
7. Axtell, "Europeans, Indians, and the Age of Discovery," 621–32.
8. Sol Tax, foreword to Virgil Vogel, ed., *This Country Was Ours* (New York: Harper and Row, 1972), xxii.
9. 但也不盡然如此，在1,088頁的《通往現今之路》中，只有半頁的篇幅，約0.1%的內容，討論到印第安人的問題；而《美國通史》(1991) 1,077頁中，有4頁，約0.4%；《美國通史》(2006)一書，1,162頁中4頁，占0.3%；伯爾斯坦和凱利的書，1,056頁中占4頁，約0.2%。我編的《通往現今之路》涵蓋整個美國史，但更強調現代的部分；另一個版本有較大的篇幅在講美國印第安人的文化。
10. 我之後會交替使用「部落」跟「民族」，因為某些美國原住民領袖認為民族是歐洲建構的觀點，很強調國家，不適用於多數印第安人的社會。就像前一章解釋過的，我把「美洲原住民」與「美洲印第安人」當做同義詞使用。我調查的那些教科書也面臨這種語言上的地雷區。好玩的是，那些使用「美洲原住民」的教科書，未必就是最時下的詮釋觀點。我先用一般非原住民讀者熟悉的名字稱呼印第安人，然後再用本名稱呼。
11. Robin McKie, "Diamonds Tell Tale of Comet That Killed Off the Cavemen," *The Observer*, 5/20/2007.
12. 雖然 James Davidson and Mark Lytle 編著的《美國：一個共和國的歷史》還是堅持教科書一貫「無所不知」的態度，但有提到一些考古學上的爭議與分歧。
13. John N. Wilford, "New Mexico Cave Yields Clues to Early Man," *New York Times*, May 5, 1991, 提到 Richard MacNeish 的研究，認為三萬五千年才對。David Stannard, *American Holocaust* (New York: Oxford University Press, 1992), 10, 認為是三萬二千年到七萬年。Sharon Begley, "The First Americans," in *Newsweek*'s special issue *When Worlds Collide* (Fall/Winter 1991), 15–20.對此提出一個有用被普遍接受的結論。另見 Andrew Murr, "Who Got Here First?" *Newsweek*, 11/15/99; Marc Stengel, "The Diffusionists Have Landed," *Atlantic Monthly*, 1/1/2000, 35–48; Steve Olson, "The Genetic Archaeology of Race," *Atlantic Monthly*, 4/2001, 70–71; and Steve Olson, "First Americans More Diverse than Once Thought, Study Finds," *Washington Post*, 7/31/2001.
14. 據 Robert F. Spencer, Jesse D. Jennings et al., *The Native Americans* (New York: Harper and Row, 1977), 8, 多數考古學家相信小基因庫理論。
15. 既然一萬二千年前，人類就已抵達澳洲，而且不可能是走路到的，我們不能確定印第安人不是坐船到這裡的。雖然一直沒有找到這時期船隻的考古遺跡，但他們也不可能用石頭造船，就算是用木造船，也不可能保存至今。
16. 《美國之旅》還認為，「因紐特人是最後一批穿越大陸橋到北美的人。」如果真的是這樣，這些著名的愛斯基摩人大概都扛獸皮艇旅行。
17. 海平面下降時，就形成地峽，可以通過白令海峽，南美跟北美洲四周並不都是海，因此第一批抵達的拓荒者，伯爾斯坦、凱利和蓋瑞提沒有理由說他們是被水環繞。歐洲在初具大陸特徵的時期，也是沒有到被水環繞的程度，這些教科書作者是在挑剔，不是表達觀點。
18. 再補充說明，找不到證據不是沒證據。阿拉斯加跟加拿大都沒有足夠的考古研究，今天被海水淹沒的海岸地帶也沒有發現早期人類移居的考古證據。
19. 駱馬是美洲唯一的馱獸，戴蒙解釋不適合的原因。
20. 人名轉引自 *Sources in American History* (Orlando, FL: Harcourt Brace Jovanovich, 1986). 人口數據資

料來自 Robert F. Spencer and Jesse D. Jennings, *The Native Americans*, 480.

21. 轉引自 Costo and Henry, *Textbooks and the American Indian*.
22. *In The Cunning of History* (New York: Harper, 1987), 91, 有一段納粹大屠殺的反思，Richard L. Rubenstein 強調「大屠殺見證文明的進步」。
23. 聖誕節是歐洲文化融合的例證，結合了猶太教中彌賽亞的概念，及北歐「異教」的冬至習俗，重視冬天的綠樹，如冬青、常春藤、常青樹、槲寄生。易洛魁族跟其他東方民族就是美洲文化融合的例證，例如把墨西哥及秘魯文化中的穀物與東北方既有的概念結合。
24. Pertti Pelto, *The Snowmobile Revolution* (Menlo Park, CA: Cummings, 1973).
25. Fred Anderson, review of The Skulking Way of War, *Journal of American History* 79, no. 3 (December 1992): 1134.
26. Robert Utley, *The Indian Frontier of the American West* (Albuquerque: University of New Mexico Press, 1984), 12.
27. 土著社會人口混雜，很難分別出外貌體型特徵。克里克族 Creek 或藍畢族 Lumbee 乃文化的區分，不是人種的區分。J. Leitch Wright Jr., *The Only Land They Knew* (New York: Free Press, 1981), 230. 有力的中央集權政府，也是歐洲勢力強制要土著建立的，因為這樣就有衝突的對象。
28. Gary Nash, *Red, White, and Black* (Englewood Cliffs, NJ: Prentice Hall, 1974), 257; James Axtell, *The European and the Indian* (New York: Oxford University Press, 1981), 257.
29. 關於愛爾蘭參見 Allen Barton, *Communities in Disaster* (Garden City, NY: Doubleday, 1970), 11–12. 墨西哥和秘魯規模較大的民族，像歐洲民族一樣，發動大規模的戰爭。在今天美國某些地方，特別是西北地帶，在歐洲人影響所及前，便經常發生嚴重的部落戰爭。
30. Wright, *The Only Land They Knew*, 138; Patricia Galloway, "Choctaw Factionalism and Civil War, 1746–1750," *Journal of Mississippi History* 44, no. 4 (11/1982): 289–327; Joseph L. Peyser, "The Chickasaw Wars of 1736 and 1740," *Journal of Mississippi History* 44, no. 1 (1/1982): 1–25.
31. 18 本書中，有 6 本提到皮闊特戰爭或腓力王戰爭的倖存者被賣作奴隸，但都把這些當作是獨立事件，沒有提到買賣印第安人的奴隸交易。
32. Wright, *The Only Land They Knew*, 33, 130.
33. Peter N. Carroll and David Noble, *The Free and the Unfree* (New York: Penguin, 1988), 57.
34. AlmonW. Lauber, *Indian Slavery in Colonial Times Within the Present Limits of the United States* (Williamstown, MA: Corner House, 1970 [1913]), 110.
35. Lauber, *Indian Slavery in Colonial Times*, 106. Nash, *Red, White, and Black*, 113, 119, 提出不同的數據，5,300 名白人、可能包括契約奴隸，另有 2,900 名黑人、1,400 名印第安人。
36. J. A. Rogers, *Your History* (Baltimore: Black Classic Press, 1983 [1940]), 78.參見 Frederick W. Hodge, ed., *Handbook of the Indians* (Bureau of American Ethnology *Bulletin*, vol. 30, part 2) (Washington, D.C.: Government Printing Office, 1906), 216.
37. 關於加州，參見 Albert Hurtado, *Indian Survival on the California Frontier* (New Haven:Yale University Press, 1988), 75. 關於西南部，參見 Jack Forbes, *The Indian in America's Past* (Englewood Cliffs, NJ: Prentice Hall, 1964), 94– 95. Cf. Alan Gallay, *The Indian Slave Trade* (New Haven: Yale University Press, 2002).
38. Wright, *The Only Land They Knew*, 81–83.
39. Henry Dobyns, *Their Number Become Thinned* (Knoxville: University of Tennessee Press, 1983), 332. 作者還指出，由於瘟疫中，也喪失一些專家，加上人口減少，使得勞動分工降低，也使得土著技能失傳。參見 Nash, *Red, White, and Black*, 97; Jennings, *The Invasion of America*, 41, 87; Anthony F. C. Wallace, *The Death and Rebirth of the Seneca* (New York: Alfred A. Knopf, 1970), 24–25; Neal Salisbury, *Manitou and Providence* (New York: Oxford, 1982), 56–57.
40. Utley, *The Indian Frontier of the American West*, 21. Lakota 語中，Wasichu 又有肥胖的貪吃鬼的意思 (Wendy Rose, "For Some, It's a Time of Mourning," *The New World* [Smithsonian Quincentenary Publication], no. 1 [Spring 1990]: 4). 柴拉基語的白人，也同樣有「貪婪的土地掠奪者」之意，引自 Ray Fadden 的某段私人談話, November 25, 1993.

41. 《美國人》確實提到歐洲人「需要向那些他們想征服的人學習」，但沒有舉例。
42. D. W. Meinig, "A Geographical Transect of the AtlanticWorld, ca. 1750," in Eugene Genovese and Leonard Hochberg, eds., *Geographic Perspectives in History* (Oxford: Basil Blackwell, 1989), 197; Patricia Nelson Limerick, "The Case of the Premature Departure: The TransMississippi West and American History Textbooks," *Journal of American History* 78, no. 4 (3/1992): 1381. 教科書的觀點可以跟《機械生活》（*Koyaanisqatsii*）這部電影對照一下，這部電影用霍皮人 (Hopi) 的角度看謐靜的西部大峽谷，與紐約都市叢林的躁動不安對比。
43. Ronald Sanders, *Lost Tribes and Promised Lands: The Origins of American Racism* (Boston: Little, Brown, 1978), 373–74.
44. Helen H. Tanner, "The Glaize in 1792: A Composite Indian Community," *Ethnohistory* 25, no. 1 (Winter 1978): 15– 39.
45. Hurtado, *Indian Survival on the California Frontier*, 47–49.
46. Nash, *Red, White, and Black*, 60.
47. 轉引自 Peter Farb, *Man's Rise to Civilization* (New York: Dutton, 1978), 313.
48. Benjamin Franklin, 轉引自 Bruce Johansen, *Forgotten Founders: How the American Indian Helped Shape Democracy* (Cambridge, MA: Harvard Common Press, 1982), 92–93. Farb, *Man's Rise to Civilization*, 313; Frederick Turner, *Beyond Geography* (New York: Viking, 1980), 244; Nash, *Red, White, and Black*, 317–18; and James Axtell, "The White Indians" in *The Invasion Within* (New York: Oxford University Press, 1985), 302–27, 也認為較多白人變成印第安人，而非相反。
49. Turner, *Beyond Geography*, 241; Karen Ordahl Kupperman, *Settling with the Indians* (London: J. M. Dent, 1980), 156.參見 Axtell, "The White Indians," and *The European and the Indian*, 160–76.
50. Franklin 轉引自 Jose Barreiro, ed., *Indian Roots of American Democracy* (Ithaca, NY: Cornell University American Indian Program, 1988), 43; Vogel, ed., *This Country Was Ours*, 257–59. 不是所有的印第安社會都是平等主義，像是密西西比流域的納奇茲（Natchez）與墨西哥的阿茲特克人，就是嚴格的階級社會。
51. Cadwallader Colden 轉引自 Vogel, ed., *This Country Was Ours*, 259.
52. Alvin Josephy, Jr., *The Indian Heritage of America* (NewYork: Alfred A. Knopf, 1973), 35; William Brandon, *New Worlds for Old* (Athens: Ohio University Press, 1986), 3–26; Michel de Montaigne, "On Cannibals," in Thomas Christensen and Carol Christensen, eds., *The Discovery of America and Other Myths* (San Francisco: Chronicle Books, 1992), 110–15.
53. 轉引自 Bruce Johansen and Roberto Maestas, *Wasichu: The Continuing Indian Wars* (New York: Monthly Review Press, 1979), 35.
54. Jack Weatherford, *Indian Givers* (NewYork: Fawcett, 1988), Ch. 8; Johansen, *Forgotten Founders*; Barreiro, ed., *Indian Roots of American Democracy*, 29–31.參見 Bruce A. Burton, "Squanto's Legacy: The Origin of the Town Meeting," *Northeast Indian Quarterly* 6, no. 4 (Winter 1989): 4–9; Donald A. Grinde Jr., "Iroquoian Political Concept and the Genesis of American Government," *Northeast Indian Quarterly* 6, no. 4 (Winter 1989): 10–21; and Robert W. Venables, "The Founding Fathers," *Northeast Indian Quarterly* 6, no. 4 (Winter 1989): 30–55.這說法言過其實，那個時代的其他文件，國會反覆自易洛魁族那邊借用符號與觀念，不僅是富蘭克林、還有傑佛遜、佩恩都知道印第安人的政治哲學與組織，對此也相當敬重。不過 Elizabeth Tooker 否定這個說法，見"The U.S. Constitution and the Iroquois League," *Ethnohistory* 35, no. 4 (Fall 1988): 305–36. 另見"Commentary" on Tooker in *Ethnohistory* 37, no. 3 (Summer 1990). 在 *The Disuniting of America* (New York: Norton, 1992), 127, Arthur Schlesinger Jr., 提出歐洲中心論的說法，認為個人解放的自由學說，都只來自歐洲，但他沒有提出證據，只是論斷，顯然他不知道歐洲人不只驚訝於美國原住民的自由開放，還有中國、土耳其的信仰自由。馬可波羅曾經報告他在中國旅行 27 年的所見所聞，最訝異中國的信仰自由：有猶太教、基督教、回教、佛教，可以傳教、不受限制。特別是在 1492 年，西班牙驅逐了境內猶太教徒，而土耳其接納這些人，讓他們禮拜自己的神。

55. John Mohawk, "The Indian Way Is a Thinking Tradition," in Barreiro, ed., *Indian Roots of American Democracy*, 16.
56. James Axtell, "The Indian in American History, the Colonial Period," in *The Impact of Indian History on the Teaching of United States History* (Chicago: Newberry Library, 1984), 20–23; Barreiro, ed., *Indian Roots of American Democracy*, 40–41; Bernard Sheehan, "The Ideology of the Revolution and the American Indian," in Francis Jennings, ed., *The American Indian and the American Revolution* (Chicago: Newberry Library, 1983), 12–23; and Stewart Holbrook, *Dreamers of the American Dream* (Garden City, NY: Doubleday, 1957), 137–45, 關於紐約州的部分。
57. Weatherford, *Indian Givers*, Ch. 6.
58. Wright, *The Only Land They Knew*, 264.
59. Alfred Crosby Jr., "Demographics and Ecology" (paper presented at Smithsonian Institution Seminar, Washington, D.C.: September 1990), 4. 安地斯山脈的印第安人實行一種農耕方式，據說能夠能讓土地再生，而不是消耗地力。我們對墨西哥、瓜地馬拉的農業所知甚少，他們似乎把水上花園、渠道、漁業都結合在一起。
60. Vogel, ed., *This Country Was Ours*, 268.
61. 出處同上, 266–67.
62. 關於專利藥品商標的討論見 Faith Davis Ruffins, colloquium at the National Museum of American History (Washington, D.C.: April 25, 1991).另見 *American Indian Medicine* by Virgil J. Vogel (Norman: University of Oklahoma Press,1990). Bruce Johansen, *Forgotten Founders*, 117; Warren Lowes, *Indian Giver* (Penticton, British Columbia: Theytus Books, 1986), 51; William B. Newell, "Contributions of the American Indian to Modern Civilization," *Akwesasne Notes* (Late Spring 1987): 14–15; Lewis Hanke, *The Spanish Struggle for Justice in the Conquest of America* (Philadelphia: University of Pennsylvania Press, 1949), 90, 談論政治與意識形態的影響。
63. Costo and Henry, *Textbooks and the American Indian*, 22.
64. 美國印第安人作家小維恩．狄羅利亞 (Vine Deloria Jr) 寫了一本書 *God Is Red* (Golden, CO: North American Press, 1992 [1973]).
65. In Calvin Martin, ed., *The American Indian and the Problem of History* (New York: Oxford University Press, 1987), 21.
66. 轉引自 Lee Clark Mitchell, *Witnesses to a Vanishing America* (Princeton, NJ: Princeton University Press, 1981), 260. 參見 Richard Drinnon, *Facing West* (Minneapolis: University of Minnesota Press, 1980), 539.
67. James Merrell, *The Indians' New World* (Chapel Hill: University of North Carolina Press, 1989), 193–95.
68. Drinnon, *Facing West*, xvii–xix. 在 Thomas Sanchez 著名的小說 *Rabbit Boss* (New York: Vintage, 1989 [1973])中，談了十九世紀與二十世紀初，加州的 washo 印第安人的故事，生動刻畫了這個不受法律平等保障的民族事蹟。
69. David Horowitz, *The First Frontier* (New York: Simon & Schuster, 1978), 14; Stephen Aron, "Lessons in Conquest (Princeton, NJ: Princeton University, 1993, typescript), 15; Wiley Sword, *President Washington's Indian War* (Norman: University of Oklahoma Press, 1985), 191–97. 但有個例外，《應許之地》中，有個小標「150年的戰爭」，把印第安人戰爭做了詳盡的介紹，對腓力王戰爭著墨甚多。
70. Jennings, *The Invasion of America*, 146.
71. 引用 *Missouri!* (New York: Bantam, 1984)的內書封。Ross 是 Noel B. Gerson 的筆名，他總共寫了325頁。
72. Joe Feagin, *Racial and Ethnic Relations* (Englewood Cliffs: NJ: PrenticeHall, 1984), 181. John D. Unruh, *The Plains Indians* (Urbana: University of Illinois Press, 1979).
73. 轉引自 Kupperman, *Settling with the Indians*, 185.參見 Jennings, *The Invasion of America*, 220.
74. Bradford, *Of Plimoth Plantation*, rendered by Valerian Paget (New York: McBride, 1909), 284–87. Underhill 轉引自 Jennings, *The Invasion of America*, 223, and Segal and Stineback, *Puritans, Indians, and Manifest Destiny*, 106. 印第安人很快調整對歐洲人的作戰方式，並且提高暴力程度。皮闊特族不是默默地被消滅；仍有少數人在康乃狄克州一小塊幾公頃的保留地上生活，在那邊開設大賭場。
75. Peter A. Thomas, "Cultural Change on the Southern New England Frontier, 1630–1655," in Fitzhugh, ed., *Cultures in Contact*, 155.

76. Nash, *Red, White, and Black*, 126. 但有較小的數據，參見 Jennings, *The Invasion of America*, 324.
77. 為了說明這點，我收錄了雙方的死亡人數，因為萬帕諾阿格族和納拉甘西特族如今都是美國公民。如果只算殖民者的死亡人數，腓力王戰爭的死亡人數比法聯印第安對英戰爭、1812 年戰爭、美西戰爭還多。參見 Stephen Saunders Webb, 如 Pauline Maier 改述, "Second Thoughts on Our First Century," *New York Times Book Review*, 8/7/1985.
78. Weatherford, *Indian Givers*, 225.
79. Jan Carew, *Fulcrums of Change* (Trenton, NJ: Africa World Press, 1988), 55. Carolyn Stefanco-Schill, "Guale Indian Revolt," *Southern Exposure* 12, no. 6 (11/1984): 4–9.
80. Dorothy V. Jones, *License for Empire* (Chicago: University of Chicago Press, 1982), 125.
81. *Okla Hannali* by R. A. Lafferty (Garden City, NY: Doubleday, 1972), 136–42, 186–89, 這本小說的場景是發生在印第安人土地上的內戰。
82. Irving Wallace, David Wallechinsky, and Amy Wallace, *Significa* (New York: Dutton, 1983), 326. Cf. James W. Loewen, *Lies Across America* (New York: New Press, 1999), 385–89.
83. 到了今天，這仍說得通：除非近來有公告開墾，否則人有權在私有的鄉村土地上打獵、釣魚、散步。
84. Carleton Beals, *American Earth* (Philadelphia: Lippincott, 1939), 327– 30; Steven Hahn, "Hunting, Fishing, and Foraging," *Radical History Review* 26 (1982): 37–64; Peter A. Thomas, "Cultural Change on the Southern New England Frontier, 1630–1655," in Fitzhugh, ed., *Cultures in Contact*, 151.
85. 例如參見 Pierre Berton, *The Invasion of Canada*, 1812–1813 (Toronto: McClelland and Stewart, 1980), 27. 這七次戰役不包括提比克怒之役，因為這場戰爭在向英國宣戰前就開打了。
86. 1815 年之後，我們的印第安戰爭性質轉變了，可由發生在 1832 年西北部的黑鷹戰爭（Black Hawk War）看出。雖然這場戰爭幾乎摧毀了薩克族（Sac and Fox nations），但跟 1812 年戰爭比起來，還是沒那麼慘烈。參見 Brian Dippie, *The Vanishing American* (Middletown, CT: Wesleyan University Press, 1982), 7–8.
87. Johansen, *Forgotten Founders*, 118.參見 Frances FitzGerald, *America Revised* (New York: Vintage, 1980), 90–93.
88. 根據 William Clark (of Lewis and Clark fame), 1815 年之前，「最靠近我們殖民地的部落民族都很強大，是恐怖的敵人；但之後，他們的力量被瓦解，變成受人憐憫的對象。」轉引自 Dippie, *The Vanishing American*, 7–9.
89. Fergus M. Bordewich, review of David Roberts's *Once They Moved Like the Wind*, in Smithsonian, 3/1994, 128.
90. Carleton Beals, American Earth, 63–64.參見 Reginald Horsman, *Race and Manifest Destiny* (Cambridge: Harvard University Press, 1981), 1, 3, 190–95.
91. Kupperman, *Settling with the Indians*, 188; and Dippie, *The Vanishing American*, 7–9.
92. Nash, *Red, White, and Black*, 63; Jennings, *Empire of Fortune*, 63; Horsman, *Race and Manifest Destiny*, 32–36. Cf. Leon Festinger, *A Theory of Cognitive Dissonance* (Evanston, IL: Row, Peterson, 1957).
93. William Gilmore Simms 轉引自 Mitchell, *Witnesses to a Vanishing America*, 255.參見 Vogel, ed., *This Country Was Ours*, 286. Francis A. Walker, message to his department, 1871.
94. John Toland, *Adolf Hitler* (Garden City, NY: Doubleday, 1976), 702.
95. Edward H. Carr, *What Is History?* (New York: Random House, 1961),167.
96. Gordon Craig, "History as a Humanistic Discipline," in Paul Gagnon, ed., *Historical Literacy* (New York: Macmillan, 1989), 134.
97. Jennings, *The Invasion of America*, 144.
98. Ronald Satz, *American Indian Policy in the Jacksonian Era* (Lincoln: University of Nebraska Press, 1975), 143.
99. Francis Draken 似乎在 1573 年也對北美英屬殖民地有類似的想法，但從未真正落實。參見 Sanders, *Lost Tribes and Promised Lands*, 218–19.
100. 藍畢族和森米諾族開始歧視其他種族，藍畢人不許附近混血的黑人上學，而森米諾人則在國家博物館展覽時，把「森米諾黑人」排除在歷史之外。
101. J. F. Fausz, "Patterns of AngloIndian Aggression and

Accommodation Along the Mid-Atlantic Coast, 1584– 1634," in William Fitzhugh, ed., *Cultures in Contact* (Washington, D.C.: Smithsonian Institution, 1985), 234–35; Adolph Dial and David Eliades, *The Only Land I Know* (San Francisco: Indian Historian Press, 1975), 2–13.參見 Turner, *Beyond Geography*, 241–42. *Challenge of Freedom* 一書中並未提起這些失落的殖民地後裔有可能混在藍畢族之中。 Peter Hulme, *Colonial Encounters* (London: Methuen, 1986), 143, 也認為這些後裔後來大概就變成克洛坦印第安人 Croatoan Indians.。《霍特：美國》則提出，這些後裔也許就跟鄰近印第安人融合了，但並沒有特別談這三種民族社會的問題。

102. Robert Beverly, *The History and Present State of Virginia* (Chapel Hill: University of North Carolina Press, 1947 [1705]), 38.
103. Lauber, *Indian Slavery in Colonial Times*; Lonn Taylor, "American Encounters," (談話發表於 Smithsonian Institution, Washington, D.C., 4/29/1993).
104. Thomas, "Cultural Change on the Southern New England Frontier, 1630–1655," in Fitzhugh, ed., *Cultures in Contact*, 141. 英國人頭幾年在維吉尼亞州鼓勵通婚，以促進與鄰近印第安人的結盟，甚至還獎勵願意嫁給印第安人的白人，但是這項措施沒有持續很久，很少殖民者願意這麼做。
105. Wright, *The Only Land They Knew*, 235; Nash, *Red, White, and Black*; Axtell, "The White Indians."
106. Francis Jennings, *Empire of Fortune* (New York: Norton, 1988), 479.參見 Charles J. Kappler, *Indian Treaties 1778– 1883* (New York: Interland, 1972 [1904]), 5.
107. Satz, *American Indian Policy in the Jacksonian Era*, 216–18.
108. Pearce, *The Savages of America*.
109. S. Blancke and C.J.P. Slow Turtle, "TheTeaching of the Past of the Native Peoples of North America in U.S. Schools," in Peter Stone and Robert MacKenzie, eds., *The Excluded Past* (London: Unwin Hyman, 1990), 123.
110. Reginald Horsman, "American Indian Policy and the Origins of Manifest Destiny," in Francis Prucha, ed., *The Indian in American History* (New York: Holt, Rinehart and Winston, 1971), 22.
111. Drinnon, *Facing West*, 85.
112. Nash, *Red, White, and Black*, 285. Cf. Evon Vogt, "Acculturation of American Indians," in Prucha, ed., *The Indian in American History*, 99–107; and Axtell, *The European and the Indian*, 168.
113. Hurtado, *Indian Survival on the California Frontier*, 122.
114. Chief Seattle, "Our People Are Ebbing Away," in Wayne Moquin with Charles Van Doren, *Great Documents in American Indian History* (New York: Praeger, 1973), 80–83. 今天在佛蒙特避暑的麻州人一定很了解這種印第安人的活動。
115. Ruellen Ottery, "Treatment of Native Americans Under the Jurisdiction of the Plymouth Colony" (Johnson, VT, 1984, typescript), 8–9; Jennings, *The Invasion of America*, 144–45. Alden Vaughan, *New England Frontier* (New York: Norton, 1979), 這本書認為印第安人在新英格蘭的法庭上很順利，不過後來的學者也攻擊他這點。
116. David A. Nichols, *Lincoln and the Indians* (Columbia: University of Missouri Press, 1978), 189–90.
117. Inmuttooyahlatlat 轉引自 Robert C. Baron, ed., *Soul of America* (Golden, CO: Fulcrum, 1989), 289.
118. Farb, *Man's Rise to Civilization*, 317.
119. Charles M. Segal and David C. Stineback, *Puritans, Indians, and Manifest Destiny* (New York: Putnam, 1977), 48. Turner, *Beyond Geography*, 215–16, 也說，在威廉斯的觀點中，自己被放逐的主因是印第安人與白人的緊張關係，以及白人對土地所有權「不公不義且瀆神」的主張。
120. Prucha, ed., *The Indian in American History*, 7.
121. Satz, *American Indian Policy in the Jacksonian Era*, 25.
122. Blancke and Slow Turtle, "The Teaching of the Past of the Native Peoples of North America in U.S. Schools," 121.
123. 這種隱含的觀點可見 Dean A. Crawford, David L. Peterson, and Virgil Wurr, "Why They Remain Indians," in Vogel, ed., *This Country Was Ours*, 282–84.參見 Robert Berkhover, *The White Man's Indian* (New York: Alfred A. Knopf, 1978), 192–93.
124. Christopher Vecsey, "Envision Ourselves Darkly, Imagine Ourselves Richly," in Martin, ed., *The*

American Indian and the Problem of History, 126. Jennings 也在 The Ambiguous Iroquois Empire (New York: Norton, 1984), 482.提出同樣的觀點。

第五章 「亂世佳人」

1. Maya Angelou, "On the Pulse of Morning," 這首詩是為柯林頓 1993 年 1 月 20 日就職典禮而作。
2. Ken Burns, "Mystic Chords of Memory" (speech delivered at the University of Vermont, Burlington, September 12, 1991).
3. W.E.B. DuBois, *Black Reconstruction* (Cleveland: World Meridian, 1964 [1935]), 722.
4. Warren Beck and Myles Clowers, *Understanding American History Through Fiction* (New York: McGraw-Hill, 1975), 1:ix.
5. Herbert Aptheker, *Essays in the History of the American Negro* (New York: International, 1964 [1945]), 17; Irving J. Sloan, *Blacks in America, 1492–1970* (Dobbs Ferry, NY: Oceana, 1971), 1. 根據 J. A. Rogers, *Your History* (Baltimore: Black Classic Press, 1983 [1940]), 73. 黑人也有可能跟西班牙奴隸主一起跑了。我沿用第二章的說法，不過西班牙人把海地叫做「聖多明哥」。
6. 兩本新教科書《美國人》與《通往現今之路》在談到美國早期的歷史時，都有注意到這些文化領域的三邊關係，這使得教育成果更顯著，也教導了真正的歷史，只是兩者都未提出「三邊種族關係」這一概念。
7. 關於「阻撓議事」的資料，見 John and Claire Whitecomb, *Oh Say Can You See?* (New York: Morrow, 1987), 116. 關於共和黨人，見 Richard H. Sewell, *Ballots for Freedom* (New York: Oxford University Press, 1976), 292. 關於各政黨，見 Thomas Byrne Edsall, *Chain Reaction* (New York: Norton, 1991), 以及"Willie Horton's Message," *New York Review of Books*, 2/13/1992, 7–11.
8. 1850 年到 1930 年間，說唱藝術是重要的大眾娛樂形式，而且從 1875 年前後到第一次世界大戰，成為大眾主要的娛樂。《亂世佳人》是票房最好的電影。《亂世佳人》第一次在電視上播放時，是當時娛樂節目收視率的冠軍。《亂世佳人》本身是一段傳奇，但故事是基於種族主義的社會背景。《時代》1977 年 2 月 14 日報導了《根》（*Roots*）的流行。有關大眾媒體中的黑人藝術形式討論，見 Michael Rogin, "Making America Home," *Journal of American History* 79, no. 3 (12/1992): 1071–73; Donald J. Bogle, *Toms, Coons, Mulattoes, Mammies, and Bucks* (New York: Bantam, 1974); and James W. Loewen, "Black Image in White Vermont: The Origin, Meaning, and Abolition of Kake Walk," in Robert V. Daniels, ed., *Bicentennial History of the University of Vermont* (Boston: University Press of New England, 1991). 在初稿時，我拿對長篇動畫片《幻想曲》的印象，引用其中談種族關係的內容。後來我租片子來核對時，發現這段內容不見了。於是，我請教 Ariel Dorfman (*The Empire's Old Clothes* [New York: Pantheon, 1983], 發現迪士尼公司再版時，消除了種族議題的內容。
9. 1993 年的展覽: "The Cotton Gin and Its Bittersweet Harvest" at the Old State Capitol Museum in Jackson, MS.
10. 關於阿拉摩（Alamo）與森米諾人（Seminoles）的問題，本章稍後討論。1830 年時，密蘇里州白人把摩門教徒驅逐到伊利諾州，其最主要的原因是懷疑他們在奴隸問題上不可靠。實際上，後者的確如此。摩門教徒曾允許男性黑人當牧師，並邀請自由黑人到密蘇里加入摩門教。面對壓力，摩門教徒們不僅逃離密蘇里，而且改變了態度和策略。和十九世紀 40 年代的大多數白人相似，他們宣稱黑人是低劣的，不能成為真正的摩門教徒。這項政策執行至 1978 年。見 Ray West Jr., *Kingdom of the Saints* (New York: Viking, 1957), 45–49, 88; Forrest G. Wood, *The Arrogance of Faith* (New York: Alfred A. Knopf, 1990), 96–97; and Newell Bringhurst, *Saints, Slaves, and Blacks* (Westport, CT: Greenwood, 1981).
11. Studs Terkel, *Race: How Blacks and Whites Think and Feel About the American Obsession* (New York: New Press, 1992).
12. Samuel Eliot Morison and Henry Steele Commager, *The Growth of the American Republic* (New York: Oxford University Press, 1950), 521.在 Andrew Rooney 與 Perry Wolf 的紀錄片 *Black History: Lost, Stolen or Strayed?* (Santa Monica, CA: BFA, 1968)中，黑人演員Bill Cosby 指出，這本教科書的作者是

另外兩位獲普立茲獎的北方歷史學家。

13. 《美國方式》沒有講到奴隸對於奴隸制的看法，但的確提到奴隸反叛與地下鐵路。《發現美國史》用第一手資料講述奴隸制，但是那些資料全出自白人的口述，沒有奴隸角度的觀點闡述。該書採用很多奴隸的口述資料，但卻忽略黑人的口述資料，這點很奇怪。

該書談論奴隸制，內容沒有任何新意。二十年前，歷史學家提出「奴隸社群」的說法，強調非裔美國人在這一制度中的感受，不過沒有一本教科書提出相似的觀點，也沒有作者介紹不同學派之間在奴隸制問題上的分歧。關於這些學說的縱覽，見 James W. Loewen, "Slave Narratives and Sociology," *Contemporary Sociology* 11, no. 4 (7/1982): 380–84, 該書的書評作者有：Blassingame, Escott, Genovese, Gutman, and Rawick.

14. 十九世紀的奴隸制是否仍有利，這一問題激起了一次小規模的史學爭論。雖然奴隸制腐蝕著南方的土地，而南方經濟越來越依賴北方，但證據顯示，奴隸主認為奴隸制是有利可圖的。見 Herbert Aptheker, *And Why Not Every Man?* (New York: International, 1961), 191–92.

15. James Currie, review of *The South and Politics of Slavery*, *Journal of Mississippi History* 41 (1979): 389;另見 William Cooper, Jr., *The South and the Politics of Slavery*, 1828–56 (Baton Rouge: Louisiana State University Press, 1978).

16. Roger Thompson, "Slavery, Sectionalism, and Secession," *Australian Journal of American Studies* 1, no. 2 (7/1981): 3, 5; William R. Brock, *Parties and Political Conscience* (Millwood, NY: KTO Press, 1979).

17. Joseph R. Conlin, ed., *Morrow Book of Quotations in American History* (New York: Morrow, 1984), 38.

18. Frank Owsley 是一位同情南方的歷史學家，他認為戰爭並非由奴隸制度所引發。然而，戰爭開打時，實際上每個人，包括北方聯邦的林肯、霍姆斯（Oliver Wendell Holmes）、格蘭特（Uysses S. Grant）以及南方邦聯一方的總統大衛斯（Jefferson Davis）和副總統史帝芬（Alexander H. Stephens）都認為如此。見 Daniel Aaron, *The Unwritten War* (New York: Oxford University Press, 1973), 28, 180.

19. 《美國通史》從該文獻中引用了一小段話，但是實在太模糊，沒有讀者能理解其中的意涵。

20. Bessie L. Pierce, *Public Opinion and the Teaching of History in the United States* (New York: Alfred A. Knopf, 1926), 66–70. 在那幾十年間，北方也沒出版什麼進步的教科書。

21. Frances FitzGerald, *America Revised* (New York: Vintage, 1980), 書中解釋歷史教科書在二十世紀的 70 年代，如何對奴隸制、重建時期問題轉變態度。Hillel Black 描述了之前主張種族隔離制度的南方白人的影響，以及後來黑人在北方都市就學的影響，認為這肇因於民權運動以及黑人人權運動。見 *The American Schoolbook* (New York: Morrow, 1967), Chapter 8. 而"Liberating Our Past," *Southern Exposure*, 11/1984, 2–3,論及民權運動的影響，處理奴隸制的角度採用當時的論調與大量第一手資料。

22. 在威廉斯堡的訪談; Sloan, *Blacks in America, 1492–1970*, 2; Howard Zinn, *The Politics of History* (Boston: Beacon, 1970), 67.

23. Horton 轉引自 Robert Moore in *Stereotypes, Distortions, and Omissions in U.S. History Textbooks* (New York: Council on Interracial Books for Children, 1977), 17.

24. E.D.C. Campbell Jr. 編撰的另一本書 *Before Freedom Came* (Richmond, VA: Museum of the Confederacy, 1991).

25. 引自 Felix Okoye, *The American Image of Africa: Myth and Reality* (Buffalo: Black Academy Press, 1971), 37. 在這裡，孟德斯鳩預言了費斯汀格（Festinger）的「認知失調論」。見 Leon Festinger, *A Theory of Cognitive Dissonance* (Evanston, IL: Row, Peterson, 1957).

26. Okoye, *The American Image of Africa*.

27. Margaret Mitchell, *Gone With the Wind* (New York: Avon, 1964 [1936]), 645.

28. 在報導調查結果時，一位無聊的記者還補充：「《聖經》也排名很前面。」

29. 我還檢索過「白人種族主義」、「白人優越論」等關鍵字，但是沒有結果。

30. 關於厄瓜多爾，見 Ivan Van Sertima, *They Came Before Columbus* (New York: Random House, 1976), 30. 關於黑人在森米諾人中的影響，見 Daniel F. Littlefield, Jr., *Africans and Creeks* (Westport, CT: Greenwood, 1979). 關於艾略特在愛荷華州眼睛

顏色的實驗，見美國公共電視台 *Frontline* 節目的紀錄片 *A Class Divided* (video, Yale University Films. Alexandria, Virginia: PBS, 1986). 關於北極，見 "Discoverers' Sons Arrive for Reunion," *Burlington Free Press*, May 1, 1987; Susan A. Kaplan, introduction to Matthew Henson, *A Black Explorer at the North Pole* (Lincoln: University of Nebraska Press, 1989); 以及 Irving Wallace, David Wallechinsky, and Amy Wallace, *Significa* (New York: Dutton, 1983), 17–18. 《美洲冒險》樂觀斷定，黑人被白人社會同化是趨勢。

31. 對某些黑人演說家而言，說種族主義已經有所變化，是成問題的。因為他們試圖將種族主義問題永遠作為歷史的支配性力量，當然，這削弱了我們認識其他因素的能力。
32. James W. Loewen and Charles Sallis, *Mississippi: Conflict and Change* (New York: Pantheon, 1980), 141.
33. FitzGerald, *America Revised*, 158. Matthew Downey 也持同樣的觀點，見 "Speaking of Textbooks: Putting Pressure on the Publishers," *History Teacher* 14 (1980): 68.
34. David Lowenthal, *The Past Is a Foreign Country* (Cambridge: Cambridge University Press, 1988), 343.
35. Richard R. Beeman, *Patrick Henry* (New York: McGraw-Hill, 1974), 182; Henry 引自 J. Franklin Jameson, *The American Revolution Considered as a Social Movement* (Boston: Beacon Press, 1965), 23.
36. 《美洲冒險》是一本調查型的教科書，內容大部分是第一手資料，蒐集很多信件，這裡引用的話就是轉引自那些信件。亨利還寫道：「我對奴隸不幸的處境深感同情，也將對奴隸制的厭惡傳給後代。」亨利的傳記作家 Richard R. Beeman 一語中的地指出了他的奴隸觀：「如果不是偽善，那也是自欺欺人。」見 *Patrick Henry* (New York: McGraw-Hill, 1974), 97.
37. Paul Finkelman, "Jefferson and Slavery," in Peter S. Onuf, ed., *Jeffersonian Legacies* (Charlottesville: University Press of Virginia, 1993), 181–221, 這篇文章對傑佛遜的蓄奴，以及蓄奴對他思想的影響，做了廣泛的分析。
38. Paul Finkelman, "Treason Against the Hopes of the World: Thomas Jefferson and the Problem of Slavery" (Washington, D.C.: National Museum of American History colloquium, March 23, 1993); Roger Kennedy, *Mr. Lincoln's Ancient Egypt* (Washington, D.C.: National Museum of American History, 1991, typescript), 93; Ronald Takaki, *A Different Mirror* (Boston: Little, Brown, 1993), 69. William W. Freehling 也討論了傑佛遜在奴隸制問題上的矛盾，見 *The Road to Disunion* (New York: Oxford University Press, 1990), 123–31, 136.
39. 這樣是為了取悅「教科書採用委員會」裡的非裔美國人或自由派白人。出版商或許認為，這樣可以讓現今的白人學生，不再以為非裔美國人那麼差。然而，若說革命減弱了白人的種族主義傾向，還比較說得過去，更可能讓死硬派的態度軟化。
40. Bruce Glasrud and Alan Smith, *Race Relations in British North America, 1607–1783* (Chicago: Nelson-Hall, 1982), 330.
41. George Imlay, 引自 Okoye, *The American Image of Africa*, 55. 另見 Glasrud and Smith, *Race Relations in British North America*, 278–330.
42. Aptheker, *Essays in the History of the American Negro*, 76.
43. 引自 Jameson, *The American Revolution Considered as a Social Movement*, 23.
44. 關於革命對奴隸制的影響，見 Glasrud and Smith, *Race Relations in British North America*, 278; Richard H. Sewell, *Ballots for Freedom* (New York: Oxford University Press, 1976), 3; Dwight Dumond, *Antislavery* (New York: Norton, 1966 [1961]), 27–34; Arthur Zilversmit, *The First Emancipation* (Chicago: University of Chicago Press, 1967); and Paul Finkelman, *An Imperfect Union* (Chapel Hill: University of North Carolina Press, 1981). 關於維吉尼亞的數據引自 Finkelman, "Jefferson and Slavery," 187.
45. Finkelman, "Treason Against the Hopes of the World."
46. David Walker, 引自 Okoye, *The American Image of Africa*, 45–46. 雖然他攻擊過傑佛遜，但也對《獨立宣言》頗為稱讚，曾經引用過。
47. 一旦意識到拿破崙，是真的要占領路易西安那州，傑佛遜就改變了原本傾向法國的態度，回到中立。見 John Chester Miller, *The Wolf by the Ears* (New York: Free Press, 1977), 134–37.

48. Piero Gleijesus "The Limits of Sympathy," *Journal of Latin American Studies* 24, no. 3 (October 1992): 486, 500; Roger Kennedy, *Orders from France* (New York: Alfred A. Knopf, 1989), 140–45, 152–57.

49. Gleijesus, "The Limits of Sympathy," 504;《奧斯坦德宣言》引自 Dumond, *Antislavery*, 361. 另見 Robert May, *The Southern Dream of a Caribbean Empire, 1854–1861* (Baton Rouge: Louisiana State University Press, 1973).

50. Henry Sterks, *The Free Negro in Antebellum Louisiana* (Rutherford, NJ: Fairleigh Dickenson University Press, 1972), 301–4.

51. William S. Willis, "Division and Rule: Red, White, and Black in the Southeast," in Leonard Dinnerstein and Kenneth Jackson, eds., *American Vistas, 1607–1877* (New York: Oxford University Press, 1975), 61–64; 另見 Littlefield, *Africans and Creeks*, 10–100, 及 Theda Perdue, "Red and Black in the Southern Appalachians," *Southern Exposure* 12, no. 6 (November 1984): 19.

52. Sloan, Blacks in America, 9; Littlefield, *Africans and Creeks*, 72–80.

53. William C. Sturtevant, "Creek Into Seminole," in Eleanor Burke Leacock and Nancy O. Lurie, eds., *North American Indians in Historical Perspective* (Prospect Heights, IL: Waveland, 1988 [1971]), 92–128.

54. J. Leitch Wright Jr., *The Only Land They Knew* (New York: Free Press, 1981), 277; William Loren Katz, *Teachers' Guide to American Negro History* (Chicago: Quadrangle, 1971), 34, 63. 另見 Scott Thybony, "Against All Odds, Black Seminole Won Their Freedom," *Smithsonian Magazine* 22, no. 5 (8/1991): 90–100; and Littlefield, *Africans and Creeks*, 85–90.

55. Reginald Horsman, "American Indian Policy and the Origins of Manifest Destiny," in Francis Prucha, ed., *The Indian in American History* (New York: Holt, Rinehart and Winston, 1971), 28. 幾乎每本教科書都有提到，德州有蓄奴的問題，但大多都對此避而不談，把這問題當做墨西哥人不承認北美白人的「權利」來討論。關於自由黑人，見 Moore, *Stereotypes, Distortions, and Omissions in* U.S. *HistoryTextbooks*, 24. 讀者還可以讀一部很棒的歷史小說 R. A. Lafferty, *Okla Hannali* (Garden City, NY: Doubleday, 1972), 100, 該書聲稱：「無論歷史怎麼編造（編造已經見怪不怪），奴隸制度一直都存在。」

56. Thomas David Schoonover, *Dollars Over Dominion* (Baton Rouge: Louisiana State University Press, 1978), 41, 78.

57. Patricia N. Limerick, *The Legacy of Conquest* (New York: Norton, 1987), 92–93.

58. 那場競選是當時美國人公共生活中的大事，候選人的辯論內容被逐字逐句地傳播，使得新聞報導更完整、更正確。

59. 奇妙的是，兩本調查型教科書都忽略了那些辯論。《美洲冒險》只有一個段落提問；《發現美國史》只有一段引自林肯的演講"House Divided"的短文。在介紹競選活動時，這些調查型教科書很難囊括第一手資料，那些資料本來就是文字而非行為。不過在競選活動裡，行為包含文字——教科書忽略了這點。

60. Paul M. Angle, *Created Equal? The Complete Lincoln-Douglas Debates of 1858* (Chicago: University of Chicago Press, 1958) 另見 Gustave Koerner, *Memoirs*, 2:58–60,quoted in Angle, *The American Reader* (New York: Rand McNally, 1958), 297.

61. Angle, *Created Equal?* 22–23.

62. 引自 Paul D. Escott, *Slavery Remembered* (Chapel Hill: University of North Carolina Press, 1979), 153.

63. 《美國通史》、《美國方式》以及《發現美國史》三本書是例外。《美國通史》是 David Kennedy 對 Thomas Bailey 的 1956 年版本做的修訂！Thomas Bailey 相信《亂世佳人》作者的描述：「戰前『舊南方』那些花好月圓的日子，已經隨風而逝了。」David Kennedy 在「日子」一詞之後，還認為這些美好都只是想像的。即使補充了「大刀闊斧的重建時期」新資料，仍是過時種族主義的解釋，強調當時「激進的立法」，無視許多接受共和黨政策的南方白人。《美國方式》把「激進」的共和黨人說成機會主義者，認為他們「把北方人送到南方，是要確保黑人投票給這個使他們獲得自由的黨。」（當然，黑人不需要這種提醒，很多黑人到二十世紀 50 年代仍然投給共和黨！）書中還說：「激進分子覺得，賦予黑人與白人同等的權利還不夠，」因此他們「設法通過第 14 號修正案。」但這條修正案正賦予了黑人與白人同等

的權利！總體看來，《美國方式》很不專業。《發現美國史》內容更貧乏；這是一本調查型教科書，只花了兩頁去寫國會所有的重建時期，而內容大都是摘錄第 14 和第 15 號修正案。《發現美國史》是唯一不使用「掮包客」、「南方佬」這類詞彙的教科書，但是也不提「重建時期」。

64. 或許，該書作者受到了《亂世佳人》作者的影響，認為一旦奴隸制結束，白人不再嚴格控管後，非裔美國人就變得很懶散。然而，一些重獲自由的人所寫的作品及回憶錄，跟這認定不符。見 Escott, *Slavery Remembered,* 該書關於人對「重建時期」的回憶，提供珍貴的資料。另見一些全國性或地方的研究，如 Roberta Sue Alexander, *North Carolina Faces the Freedmen* (Durham: Duke University Press, 1985).

65. George C. Rable, *But There Was No Peace* (Athens: University of Georgia Press, 1984), 1.

66. Morgan Kousser, "The Voting Rights Act and the Two Reconstructions" (Washington, D.C.: Brookings Institution, October 19, 1990); DuBois, *Black Reconstruction,* 681.

67. Eric Foner, *Reconstruction* (New York: Harper & Row, 1988), 及 C. Vann Woodward 的書評，"Unfinished Business," *New York Review of Books,* 5/12/1988, 中關於 Albion W. Tourgée 所蒐集到的數據的介紹。另見 Alexander, *North Carolina Faces the Freedmen.*

68. Gen. O. O. Howard 引自 Robert Moore, *Reconstruction: The Promise and Betrayal of Democracy* (New York: CIBC, 1983), 17.

69. Gunnar Myrdal, *An American Dilemma* (New York: McGraw-Hill, 1964 [1944]), lxxv–lxxvi.

70. Rayford W. Logan, *The Betrayal of the Negro* (New York: Macmillan, 1970 [1954]). 另見 Foner, *Reconstruction,* 604.

71. FitzGerald, *America Revised,* 157.

72. 在 *Minority Education and Caste* (New York: Academic Press, 1978), 中，人類學家 John Ogbu 用這事實解釋，為什麼通常被壓迫的少數群體，在其他社會的生活較好。

73. Michael L. Cooper, *Playing America's Game* (New York: Lodestar, 1993), 10; Gordon Morgan, "Emancipation Bowl" (Fayetteville: University of Arkansas Department of Sociology, n.d., typescript).

74. Robert Azug and Stephen Maizlish, eds., *New Perspectives on Race and Slavery in America* (Lexington: University Press of Kentucky, 1986), 118–21, 125; Loewen and Sallis, *Mississippi: Conflict and Change,* 241.

75. Wallace, Wallechinsky, and Wallace, *Significa,* 26–27, "Man in the Zoo."

76. 關於說唱藝人的文化觀察，見 Robert Toll, *Blacking Up* (New York: Oxford University Press, 1974), 57, 以及 Ike Simond, *Old Slack's Reminiscence and Pocket History of the Colored Profession* (Bowling Green, OH: Popular Press, 1974), xxv 中的導言；Joseph Boskin, *Sambo* (New York: Oxford University Press, 1986), 129; Myrdal, *An American Dilemma,* 989; 及 Loewen, "Black Image in White Vermont."

77. 關於克里夫蘭，見 Stanley Hirshson, Farewell to the Bloody Shirt (Chicago: Quadrangle, 1968), 239–45. 關於民主黨人，見 Kousser, "The Voting Rights Act and the Two Reconstructions," 12. 關於哈定，見 Wyn Craig Wade, The Fiery Cross (New York: Simon & Schuster, 1987), 165. 哈定的邀請只不過說明三 K 黨的合法性，他任職總統期間，種族主義的傾向沒有威爾遜那樣強烈，雖然他沒有取消威爾遜時代的種族隔離政策。關於「魯恭訴賴斯案」，見 James W. Loewen, *The Mississippi Chinese: Between Black and White* (Prospect Heights, IL: Waveland Press, 1988), 66–68. 關於土耳沙見 Wallace, Wallechinsky, and Wallace, Significa, 60–61. 1992 年，我寫這一章時，洛杉磯市發生暴動，很多記者稱之為「二十世紀最嚴重的種族暴動」。或許，這些記者不讀歷史教科書後，就不知道那些低迷時期的動亂，有多麼野蠻粗暴了。

78. 見 James W. Loewen, *Sundown Towns: A Hidden Dimension of American Racism* (New York: New Press, 2005), 特別是其中的第三章。

79. 種族隔離制度約在 1970 年結束，那些沒有經歷這段歷史的人，會認為這是一場鬧劇。美國歷史教科書無法幫助學生認識那一時期的真相。關於種族隔離政策的最後一個區域的研究，請看 Loewen, *The Mississippi Chinese,* 45–48, 51, and 131–34.

80. 在 *The Mississippi Chinese,* 48, 我指出，黑人在經濟上的成功，冒犯了南方的白人，如果法律沒

有保護這些黑人，財富很難維持。

81. 見 Stanley Lieberson, *A Piece of the Pie: Blacks and White Immigrants Since 1880* (Berkeley: University of California Press, 1980). Herbert Gutman 在 *The Black Family in Slavery and Freedom* (New York: Vintage, 1977) 中指出，黑人家庭的不穩定，不能歸咎於奴隸制或重建時期。Edmund S. Morgan 在 "Negrophobia," *New York Review of Books*, 6/16/1988, 27–29, Roger Lane 的研究指出，在十九世紀 90 年代前的費城，職業罪犯中，黑人比白人多，原因在於黑人在所有技職工作中被排擠。另見 Vernon Burton, *In My Father's House Are Many Mansions* (Chapel Hill: University of North Carolina Press, 1985). 關於「病理的混亂」，見 Lee Rainwater, ed., *The Moynihan Report and the Politics of Controversy* (Cambridge, MA: MIT Press, 1967).
82. "Racial Division Taking Root in Young America, People for Finds," People for the American Way *Forum* 2, no. 1 (3/1992): 1.
83. Richard Cohen, "Generation of Bigots," *Washington Post*, 7/23/1993; Marttila & Kiley, Inc., *Highlights from an AntiDefamation League Survey on Racial Attitudes in America* (New York: Anti-Defamation League, 1993), 21.

第六章　約翰．布朗與亞伯拉罕．林肯

1. Frances FitzGerald, *America Revised* (New York: Vintage, 1980), 151.
2. John Brown quoted by Henry David Thoreau in "A Plea for Captain John Brown," in Richard Scheidenhelm, ed., *The Response to John Brown* (Belmont, CA: Wadsworth, 1972), 58.
3. 同上, 57.
4. Said to Rev. M. D. Conway and Rev. William Henry Channing and quoted in Carl Sandburg, *Abraham Lincoln* (New York: Harcourt, Brace and World, 1954), 315.
5. FitzGerald, *America Revised*, 151. Paul Gagnon 也指出，教科書低估了美國革命對世界的影響，見 *Democracy's Half-Told Story* (New York: American Federation of Teachers, 1989), 46–47.
6. 很多教科書的確描寫了葛瑞森(William Lloyd Garrison)、韋德(Theodore Weld)的事蹟，有時也提到一些廢奴主義者，但沒有提到他們的言論和思想，也不是很同情他們。特魯斯(Sojourner Truth)、塔布曼(Harriet Tubman)、道格拉斯(Frederick Douglass) 等黑人廢奴主義者，在教科書中較多著墨。《美國冒險史》是例外，書中同情史蒂文斯(Thaddeus Stevens)，也特別介紹這個人。《發現美國史》是一本調查型的教科書，書中引用了很多葛瑞森的話，學生可以據此了解他的立場。
7. Sara Robinson, *Kansas: Its Interior and Exterior Life*, Ch. 16, "The Attack upon Lawrence," kancoll.org/books/ robinson/r_chap16.htm; Marvin Stottelmire, "John Brown: Madman or Martyr?" *Brown Quarterly* 3, no. 3 (Winter 2000), brownvboard.org/brwnqurt/033/03-3a.htm#cap1, 9/2006; Louis A. DeCaro, Jr., *John Brown—The Cost of Freedom* (New York: International, 2007), 41–42.
8. 不願意參加反叛的奴隸就算了。
9. Hannah Geffert and Jean Libby, "Regional Involvement in John Brown's Raid on Harpers Ferry," in T. M. McCarthy and J. Stauffer, eds., *Prophets of Protest* (New York: New Press, 2006), 173–75; Jean Libby, ed., *John Brown Mysteries* (Missoula, MT: Pictorial Histories Publishing, 1999), 16–21, 25, 29–35.
10. 當然，Wise 說布朗是神智清楚，所以可以判絞刑；而布朗的辯護者聲稱，布朗有精神方面疾病，也是為了讓他獲釋。關於布朗的精神狀態，可以參考他的書信、聲明、訪談；這些資料都不能證明布朗有精神問題。參見 Stephen B. Oates, *To Purge This Land With Blood* (New York: Harper and Row, 1970), 329–34. Wise 的那封信 "Message to the Virginia Legislature, December 5, 1859," 再版於 Scheidenhelm, ed., *The Response to John Brown*, 132–53，他對布朗的評論，見該書 143 頁。Wise 的話還被梭羅（Henry David Thoreau）的 "A Plea for Captain John Brown" 引用，第 51 頁關於精神問題的辯護。
11. 正如布朗在法庭上發表的最後一次演講中提到的，每個人都是「自願與我同行」，這話也適用於他的兒子。
12. Letter to Judge Daniel R. Tilden, 11/28/1959, 引自

Barrie Stavis, *John Brown: The Sword and the Word* (New York: A. S. Barnes, 1970), 164.
13. John Brown, "Last Words in Court," in Scheidenhelm, ed., *The Response to John Brown*, 36–37.
14. Thoreau, "A Plea for Captain John Brown," in Scheidenhelm, ed., *The Response to John Brown*, 53.
15. George Templeton Strong 引用 Daniel Aaron, *The Unwritten War* (New York: Oxford University Press, 1973), 24.
16. Letter 引用 William J. Schafer, ed., *The Truman Nelson Reader* (Amherst: University of Massachusetts Press, 1989), 250.
17. Stavis, *John Brown: The Sword and the Word*, 14, 167; Richard Warch and Jonathan Fanton, eds., *John Brown* (Englewood Cliffs, NJ: Prentice Hall, 1973), 142.
18. 因此，這首歌曲有始有終，因為它以衛理公眾教派的讚美詩為開頭：「兄弟，你們是否會相遇，在迦南的樂土？」在 *Been in the Storm So Long* (New York: Alfred A. Knopf, 1979), 77–78. 中，Leon Litwack 描述了波士頓的這一幕。最後，好萊塢把這 54 個麻州人的故事拍成電影，片名為《光榮戰役》(*Glory*, 1990)。
19. John Spencer Bassett, *A Short History of the United States* (New York: Macmillan, 1923), 502.
20 當前的《霍特：美國》最終放棄了這類說法，不再討論布朗的精神問題。
21. 參考 Benjamin Quarles, *The Black Abolitionists* (New York: Oxford University Press, 1969), 244.
22. 《通往現今之路》也從未提到布朗是信教的。
23. 參見 Oates, *To Purge This Land With Blood*, 完整介紹布朗的活動。
24. 《美國通史》最為接近，把宗教作為社會制度處理，並對宗教思想做了一些討論。至於其他方面，我贊同 Robert Bryan 在 *History, Pseudo-History, Anti-History: How Public School Textbooks Treat Religion* (Washington, D.C.: Learn, Inc., 1984), 3 中的評論：教科書介紹了清教徒之後，基督徒就在課本中消失了。另見 Paul Gagnon, *Democracy's Untold Story: What World History Textbooks Neglect* (Washington, D.C.: American Federation of Teachers, 1987); Charles C. Haynes, *Religion in American History* (Alexandria, VA: Association for Supervision and Curriculum Development, 1990); and William F. Jasper, "America's Textbooks Are Censored in Favor of the Left," in Lisa Orr, ed., *Censorship: Opposing Viewpoints* (San Diego: Greenhaven, 1990), 154–59.
25. 一些右派教科書評論覺得憤怒，有人評論 Mel Gabler《生命與自由》：「出版商如果承認阿拉帕霍人（Arapaho）是有信仰的，顯然不會擔心，為什麼說到非印第安的美國人（無論當代或過去）時，情況就不同了呢？(Deborah L. Brezina [n.p., typescript distributed by Mel Gabler's Educational Research Analysts, 1993], 7). 不幸的是，Gabler 的評論者只想要談宗教的光明面，著眼於他們信仰的基督教，因此，他們反對其他的教科書把富蘭克林說成是無神論者。
26. Paul M. Angle, *Created Equal? The Complete Lincoln-Douglas Debates of 1858* (Chicago: University of Chicago Press, 1958), 41.
27. 新版《美國通史》精選了一段話，反映出林肯同意道格拉斯的說法，認為白人相較於黑人社會地位較高，但林肯指出黑人也應享有平等的權利。
28. Richard Current, *The Lincoln Nobody Knows* (Westport, CT: Greenwood Press, 1980 [1958]), 216.
29. Richard H. Sewell, *A House Divided* (Baltimore: Johns Hopkins University Press, 1988), 74–75.
30. 《美國冒險史》和《美國歷史》引用了林肯 1864 年 4 月 4 日寫給 Albert Hodges 的信，該信全文見 Herbert Aptheker, *And Why Not Every Man?* (New York: International, 1961), 249.
31. 比如，參見 Jehuti El-Mali Amen-Ra, *Shattering the Myth of the Man Who Freed the Slaves* (Silver Spring, MD: Fourth Dynasty Publishing, 1990), 21. Amen-Ra 是一位「非洲」民族主義者，來自巴爾的摩，像其他教科書作者一樣，為了貶低林肯，改編了林肯的信。
32. 交界各州提出這個法案，這法案可能會讓「德雷德．史考特案」的判決翻案，恢復「密蘇里協定線」，確保奴隸制在南方永久存在。林肯不可能贊同，因為他領導的共和黨國會議員不支持此案。如果沒有共和黨，差點就在兩院失守。一些新教科書的確提到林肯反對「克里坦登協議案」（Crittenden Compromise）。
33. V. J. Voegeli, *Free but Not Equal* (Chicago: University of Chicago Press, 1967), 62–63, 128–50.
34. 《美國通史》放大了最後半句話，因此勉強讀

得到。

35. 同年稍晚，林肯將感恩節設定為對國父們創制合眾國的紀念。
36. 為防止這種分析使林肯顯得過於種族主義，請注意一些歐洲人如托克維爾，和很多十九世紀的美國人都相信，合眾國是未來世界的榜樣。見 Abbott Gleason, "Republic of Humbug," *American Quarterly* 44, no. 1 (3/1992): 1–20; and G. D. Lillibridge, *Beacon of Freedom* (Philadelphia: University of Pennsylvania Press, 1955).
37. 引用 M. Hirsh Goldberg, *The Book of Lies* (New York: Morrow, 1990), 79–80.
38. 知識界仍然在爭論，這場演講對於當代的意涵，如 Clarence Thomas, "The Modern Civil Rights Movement" (Winston-Salem, NC: The Tocqueville Forum, 4/18/1988); Garry Wills, *Lincoln at Gettysburg* (NewYork: Simon & Schuster, 1992); Robert Lowell as described in Allan Nevins, ed., *Lincoln and the Gettysburg Address* (Urbana: University of Illinois Press, 1964), 88–89; Robert Bellah, "Civil Religion in America," *Daedalus* (Winter 1967): 1–21; Willmoore Kendall, "Equality: Commitment or Ideal?" *Intercollegiate Review* (Fall 1989): 25–33; and Harry V. Jaffa, "Inventing the Gettysburg Address," *Intercollegiate Review* (Fall 1992): 51–56.
39. 《美國的成就》提出了兩個問題，卻隱藏在兩頁「重要名詞」及「批判思考訓練」裡，等於是全章最後。
40. 也基於同樣的理由，認為「所有的教科書都應該完整介紹林肯的第二任就職演說」。見 *Democracy's Half-Told Story*, 70–71.
41. 參考 Voegeli, *Free but Not Equal*, 138.
42. 《通往現今之路》也包含了另外一句關於奴隸制問題的話。
43. 詩句引自 James M. McPherson, *Battle Cry of Freedom* (New York: Oxford University Press, 1988), vi.
44. 見 Carleton Beals, *War Within a War* (Philadelphia: Chilton, 1965), 145– 50.
45. 引自 James M. McPherson, "Wartime," *New York Review of Books*, March 12, 1990, 33. 根據 Litwack, *Been in the Storm So Long*, 100. 的說法，黑人士兵使人思想產生改變。
46. 《美洲冒險》、《自由的挑戰》、《發現美國史》、《生活與自由》都把黑人士兵的問題處理得很好。
47. 敏銳的讀者或許還能以《美國之旅》處理方式中推論出這一點。
48. 某次私下談話，Bill Evans 指出（12/ 1993），有個因素也是交界州廢奴主義的支持主因：有些同情奴隸制的人參戰，因而沒有參加投票。
49. 轉引自 McPherson, *Battle Cry of Freedom*, 688 (his ellipses).
50. Hugh L. Keenleyside, *Canada and the United States* (New York: Knopf, 1952), 115; Aptheker, *Essays in the History of the American Negro*, 159; Charles Sumner, speech, 6/1/1865.
51. 只有《美洲冒險》這本調查型的教科書提出了這一點。《美國通史》提供了一段廢奴主義者 James Russell Lowell 的話，他就南方為什麼要脫離合眾國發言。此外，雖然現在全國都在謠傳南方的「黑工廠」猖獗，而這段話能加以澄清，但還是沒有教科書引用。見 McPherson, *Battle Cry of Freedom*, 649; Reid Mitchell, "The Creation of Confederate Loyalties," in Robert Azug and Stephen Maizlish, eds., *New Perspectives on Race and Slavery in America* (Lexington: University Press of Kentucky, 1986), 101–2.
52. Paul Escott, *After Secession* (Baton Rouge: Louisiana State University Press, 1978), 254.
53. James W. Loewen and Charles Sallis, eds., *Mississippi: Conflict and Change* (New York: Pantheon, 1980), 129–31; Beals, *War Within a War*; Mitchell, "The Creation of Confederate Loyalties," 93– 108.
54. Beals, *War Within a War*, 12, 142;另見 Stavis, *John Brown: The Sword and the Word*, 100–101.
55. John Cimprich and Robert C. Mainfort Jr., "The Fort Pillow Massacre: A Statistical Note," *Journal of American History*, 76 #2 (12/89), 832–37; Brian S. Wills, *A Battle from the Start* (NY: Harper, 1993), 77–78, 178, 186–93, 215; David Ndilei, *Extinguish the Flames of Racial Prejudice* (Gainesville, FL: I.E.F. Publications, 1996), 40, 91, 131, 157–58; John L. Jordan, "Was There a Massacre at Fort Pillow?" *Tennessee Historical Quarterly*, 6 (1947); Nathan Bedford Forrest, 4/ 15/64 dispatch, from *War of the Rebellion: Official Records*, v.32 pt. 1 (DC: GPO, 1891), 609–10; Richard Nelson Current, *Lincoln's Loyalists* (NY: Oxford University Press, 1992), 139–43;

Richard L. Fuchs, *An Unerring Fire: The Massacre at Fort Pillow* (Rutherford, NJ: Fairleigh Dickinson University Press, 1994), 23, 116–17, 144–46; James McPherson, *Battle Cry of Freedom* (NY: Oxford University Press, 1988), 565–66, 793–95; McPherson, *The Negro's Civil War* (NY: Pantheon, 1965), 186–7; Joseph T. Glatthaar, *Forged in Battle: The Civil War Alliance of Black Soldiers and White Officers* (NY: Free Press, 1990), 133–34.

56. Escott, *After Secession*, 198; McPherson, *Battle Cry of Freedom*, 833–35; Beals, *War Within a War*, 147.
57. Stavis, *John Brown: The Sword and the Word*, 101–2;另見 McPherson, *Battle Cry of Freedom*, 832–38; Joseph T. Glatthaar, *The March to the Sea and Beyond* (Baton Rouge: Louisiana State University Press, 1995). 直到戰爭的最後一年，北方聯邦軍隊的逃兵率幾乎和南方邦聯軍隊一樣高，但是，很少逃亡的北方聯邦士兵加入南方邦聯軍隊。
58. Beals, *War Within a War*, 73. 見 Gabor Boritt, ed., *Why the Confederacy Lost* (New York: Oxford University Press, 1992).
59. 我以前所研究的一本老的教科書《美洲冒險》，曾引用過關於北方聯邦的戰爭目的那句話，並問：「這些立場是怎麼影響戰爭及結局的呢？」
60. 《美國歷史》的作者顯然不熟悉有關「南方內部分歧」的文獻，還說「他們陷入生存危機，這也讓他們下定決心，補足人員與補給上的不足。」以為這是南方邦聯的優勢。當然，思想並非北方聯邦軍隊勝利的唯一原因，很多教科書都有提到，北方聯邦擁有人力、工業和鐵路運輸上的優勢；有些教科書提到北方海軍對南方的封鎖以及該區內部交通的不便；好幾本教科書承認，北方聯邦政府組織與財政早已就定位。另一方面，一些教科書指出，南方邦聯軍隊的優勢在於，他們能在自己後方的草原與北方聯邦軍隊作戰，補給線大幅縮短。有些教科書指出，南方邦聯一開始還獲得英、法政府的同情。除此之外，還有一些特質，歷史學家視之為「歷史偶然性」。南方一開始擁有比較好的將領。但北方的總統林肯要比南方的大衛斯優秀得多。北方的將領麥克萊倫（McClellan）並非致勝關鍵。南方兩位最厲害的將領約翰斯頓（Albert Sidney Johnston）和傑克遜（Stonewall Jackson）在戰爭初期就被殺了。不是所有將領都會帶兵上陣。李將軍的安堤坦作戰計畫落入北方軍隊之手。從這些諸如此類的事，我們可以得知，戰爭的結局沒有必然性，而我也不是說，認為「北方聯邦勝利的原因在於意識形態」的教科書是錯的。但我覺得，既然美國歷史教科書很少討論因果關係，那麼也不可能把北方聯邦勝利的原因解釋得很好，而且，有五本教科書根本沒做解釋。既然教科書很少討論思想問題，就不可能把思想問題視為內戰的原因。但《美洲冒險》卻做到了，這一點很聰明。
61. David Lowenthal, *The Past Is a Foreign Country* (Cambridge: Cambridge University Press, 1988), 345;另見 Peter Novick, *That Noble Dream* (Cambridge: Cambridge University Press, 1988), 74– 80.
62. Bessie L. Pierce, *Public Opinion and the Teaching of History in the United States* (New York: Alfred A. Knopf, 1926), 146–70; 另見 Lowenthal, *The Past Is a Foreign Country*, 345; 以及 John S. Mosby, 致 Sam Chapman的信, 7/4/1907, at website: Gilder Lehrman Institute of American History.
63. Michael Kammen, *Mystic Chords of Memory* (New York: Alfred A. Knopf, 1991), 118.
64. 二十世紀 50 年代，南方邦聯的「星條旗」成為復興與反民權運動的象徵，Mark Halton 提供了一個有趣的論述，見"Time to Furl the Confederate Flag," *Christian Century* 105, no. 17 (5/18/1988): 494–96. 在南方邦聯博物館舉辦的一項名為「受困的戰徽」的展覽中，展示了北維吉尼亞軍隊的軍旗，從重建時期到二十世紀 90 年代的演變歷程。該展覽認為，這面軍旗的復興顯示，白人是反對民權的。今天的南方白人漸漸放棄邦聯的身分認同。1983 年，甚至連密西西比大學這座當年反對種族改革的大本營，也不再將「南方邦聯」旗幟當作校旗。2001 年，喬治亞州將南方邦聯旗幟降下，2004 年，投票通過了新的州旗設計。
65. Carl Sandburg, *Abraham Lincoln: The War Years* (New York: Harcourt, Brace, 1939), 4:347–49.
66. Loewen and Sallis, eds., *Mississippi: Conflict and Change*, 145–47. John Hope Franklin 提倡把 "Presidential Reconstruction" 改為 "Confederate

Reconstruction."
67. American Social History Project, *Who Built America?* (New York: Pantheon, 1989), 482.
68. Eric Foner, *Reconstruction* (New York: Harper and Row, 1988), 267.
69. Edmonia Highgate 引用 Robert Moore, *Reconstruction: The Promise and Betrayal of Democracy* (New York: CIBC, 1983), 17.
70. 《發現美國史》是個例外，書中根本沒有提到南方的共和黨員，也幾乎沒有介紹重建時期。
71. William C. Harris, "A Reconsideration of the Mississippi Scalawag," *Journal of Mississippi History* 37, no. 1 (2/1970): 11–13.
72. 同上 3–42; C. Vann Woodward, "Unfinished Business," *New York Review of Books*, May 12, 1988.
73. 《發現美國史》又是個例外，因為它根本沒有提到南方共和黨人，也沒有提到重建時期。諷刺的是，大多數出於經濟目的來到南方的北方白人都是民主黨人。
74. The editors, "Liberating Our Past," *Southern Exposure* 12, no. 6 (11/ 1984): 2.
75. 見 LaWanda Cox and John Cox, "Negro Suffrage and Republican Politics: The Problem of Motivation in Reconstruction Historiography," *Journal of Southern History* 33 (August 1967): 317–26; Richard Curry, ed., *Radicalism, Racism, and Party Realignment* (Baltimore: Johns Hopkins University Press, 1969).
76. McPherson, *Battle Cry of Freedom*, 853. 當時的北方聯邦人口為兩千兩百萬。而在"The Reconstruction of Abraham Lincoln," Ch. 5 of David Middleton and Derek Edwards, eds., *Collective Remembering* (London: Sage, 1991) 一文中, Barry Schwartz 分析，葬禮是林肯偶像化重要的一環。
77. Sandburg, *Abraham Lincoln: The War Years*, 4:296, 373–80; John T. Morse Jr., ed., *The Diary of Gideon Welles* (Boston: Houghton Mifflin, 1911), 2:288–90.
78. 在針對白人的調查中，林肯通常是排在第一的「最偉大的總統」或「最偉大的美國人」，因為白人喜歡他的個人特質，比如博愛、和藹、執著。見 Barry Schwartz in "Abraham Lincoln in the Black Community of Memory" (Washington, D.C.: National Museum of American History colloquium, 8/24/1993).
79. "The Lesson of the Hour," in Warch and Fanton, *John Brown*, 108.
80. 我必須指出一個重要的例外《美國冒險史》。該書主要為年輕的或者「領悟慢的」讀者而作，它以兩三頁介紹了葛瑞森和史蒂文斯，並且認為他們有非凡的才能。
81. 關於布朗和胡志明，見 Truman Nelson, *The Truman Nelson Reader* (Amherst: University of Massachusetts Press, 1989), 285; 關於南非和北愛爾蘭，見 Peter Maas, "Generations of Torment," *New York Times Magazine*, 6/10/1988, 32; 1988 PBS documentary, *We Shall Overcome.*

第七章　機會之地

1. Abraham Lincoln 引自 Carl Sandburg, *Abraham Lincoln* (New York: Harcourt, Brace, 1954), 271.
2. Helen Keller, *Midstream: My Later Life* (New York: Greenwood, 1968 [1929]), 156.
3. Kwame Nkrumah,*Consciencism* (New York: Monthly Review Press, 1964), 63.
4. 同樣 Cynthia S. Sunal 和 Perry D. Phillips 也講到他們六到十八歲的學生「似乎不能解釋不平等現象」，見 "Rural Students' Development of the Conception of Economic Inequality" (New Orleans: American Educational Research Association, 1988, abstract, ERIC ED299069).
5. 最近有兩本教科書提到雷根總統鎮壓空中交管大罷工，但那只被作為雷根執政期間中的事件，而非勞工史的一部分。
6. Jean Anyon, "Ideology and United States History Textbooks," *Harvard Educational Review* 49, no. 3 (8/1979): 373. Anyon 聲稱，高中歷史教科書總是偏重「同樣的三次罷工」：1877 年鐵路大罷工、1892 年荷姆斯泰德（Homestead）鋼鐵工人大罷工，以及 1894 年普爾曼（Pullman）鐵路工人大罷工。Anyon 強調，這三次罷工每次都「很暴力」，而且都不成功，因此這幾次罷工「當讓人對罷工的有效性產生懷疑」。然而，如果教科書偏重那些成功的罷工，Anyon 可能又會指責，教科書簡化了勞工的處境。這樣，一些比較暴力的階級衝突事件，大多數教科書就不收錄。
7. Gregory Mantsios, "Class in America: Myths and

Realities," in Paula S. Rothernberg, ed., *Racism and Sexism: An Integrated Study* (New York: St. Martin's, 1988), 56. 2003 年版的《霍特：美國》的確提到了 1900 年前後的「新工人階級」，還討論了貧窮問題。

8. 同上，60; Kevin Phillips, *The Politics of Rich and Poor* (New York: Random House, 1990); Robert Heilbroner, "Lifting the Silent Depression," *New York Review of Books*, 10/24/1991, 6; and Sylvia Nasar, "The Rich Get Richer," *New York Times*, 8/16/1992. Stephen J. Rose, *Social Stratification in the United States* (New York: New Press, 2007), 有一幅貼畫，顯示中產階級在 1979 年至 2004 年間的萎縮。
9. "Income Disparity Since World War II—The Gini Index," in "Gini coefficient," en.wikipedia.org/wiki/Gini_ coefficient,9/2006.
10. Jere Brophy and Thomas Good 對一些關於社會階級、教師期望以及分班學習的大量文獻進行了總結，見 *Teacger~Student Relationships*(New York: Holt, 1974), esp. 7–171. Ray Rist 觀測了黑人學校一年級各班根據社會階層進行同樣分班和不同教師的情況，Edsel Erickson 等人也對此做了總結，見 "The Educability of Dominant Groups," *Phi Delta Kappan* (December 1972): 320. Dale Harvey and Gerald Slatin 證明，教師根據照片，自然地根據社會階層將學生分類，對中上層社會的孩子的期望值較高，見 "The Relationship Between Child's SES and Teacher Expectations," *Social Forces* 54, no. 1 (1975): 140–59.另見 Richard H. DeLone, *Small Futures* (New York: Harcourt Brace Jovanovich, 1979).
11. Sizer 引自 Walter Karp, "Why Johnny Can't Think," *Harper's*, 6/1985, 73.
12. Reba Page, "The Lower-Track Students' View of Curriculum," (Washington, D.C.: American Education Research Association, 1987).
13. Woodrow Wilson 引自 Lewis H. Lapham, "Notebook," *Harper's*, 7/1991, 10.
14. 在電影 *Health Care: Your Money or Your Life* (New York: Downtown Community TV Center, c. 1977), 中，記錄了這種巨大差異。該片比較了紐約市裡比鄰的兩家公立醫院，一家主要接受窮人患者，一家主要接受富人主顧。
15. 調查數據選自 1979 年 Sidney Verba 與 Gary Orren 的報告， *Equality in America* (Cambridge: Harvard University Press, 1985), 72–75. 其他調查也證明了同樣的結果。
16. Linda McNeil, "DefensiveTeaching and Classroom Control," in Michael W. Apple and Lois Weis, eds., *Ideology and Practice in Schooling* (Philadelphia: Temple University Press, 1983), 116.
17. Edward Pessen, *The Log Cabin Myth* (New Haven: Yale University Press, 1984).
18. August Hollingshead and Frederick C. Redlich, *Social Class and Mental Illness* (New York: Wiley, 1958), 6. 傳統的性別角色：英雄救美，使得各等船艙中男性旅客的死亡率要比女性高。
19. Lawrence M. Baskir and William Strauss, *Chance and Circumstance* (NewYork: Random House, 1986).
20. Richard Sennett and Jonathan Cobb, *The Hidden Injuries of Class* (New York: Alfred A. Knopf, 1972).
21. 只引用了二十世紀 70 年代以來的文獻，另見 Joel Spring, *Education and the Rise of the Corporate State* (Boston: Beacon, 1972); Ray Rist, *The Urban School: A Factory for Failure* (Cambridge: MIT Press, 1973); Samuel Bowles and Herbert Gintis, *Schooling in Capitalist America* (New York: Basic Books, 1976); Joel Spring, *The Sorting Machine* (New York: David McKay, 1976); James Rosenbaum, *Making Inequality* (New York: Wiley, 1976); Paul Willis, *Learning to Labor* (Farnborough, Eng.: Saxon House,Teakfield Ltd., 1977); and Jerome Karabel and A. H. Halsey, eds., *Power and Ideology in Education* (New York: Oxford University Press, 1977).
22. Jonathan Kozol, *Savage Inequalities* (New York: Crown, 1991).
23. 在我所研究的十八本教科書中，調查型教科書《美洲冒險》最接近這種對教育和社會階級的分析。
24. 對科萬的作品的介紹和引用，見 Herbert Gutman, *Power and Culture* (New York: Pantheon, 1987), 396–97.
25. Gutman, *Power and Culture*, 386–90.
26. William Miller, "American Historians and the Business Elite," in Miller, ed., *Men in Business* (New York: Harper and Row, 1962), 326–28, 書中 Reinhard Bendix and F. W. Howton. 總結了 William Miller 的研究和著作。另見 David Montgomery,

Beyond Equality (New York: Vintage, 1967), 15. 還有一些研究也顯示了較高的邊際比例，包括新澤西州的帕特森市，除了機會的分散外，它們在本質上沒有多大差別。

27. Verba and Orren, *Equality in America*, 10. 另見 Paul Gagnon, *Democracy's Half-Told Story* (New York: American Federation of Teachers, 1989), 84–85; "Income Disparity Since World War II," op cit.
28. Mantsios, "Class in America," 59; Isaac Shapiro and Robert Greenstein, *The Widening Gulf* (Washington, D.C.: Center on Budget and Policy Priorities, 1999).
29. "Index," *Harper's*, May 1990, 19, citing data from the United Automobile Workers; Jeanne Sahadi, "CEO Pay: Sky High Gets Even Higher".
30. "Index," *Harper's*, January 1993, 19, 引自聯合國經濟合作與發展組織。
31. David Tyack and Elisabeth Hansot, "Conflict and Consensus in American Public Education," *Daedalus* 110, no. 2 (Summer 1981): 11–12.
32. Jeffrey Williamson and Lindert, *American Inequality: A Macroeconomic History*(New York: Academic Press, 1980), Chapter 3. Seymour Martin Lipset, *The First New Nation* (New York: Basic Books, 1963), 324–26, 都指出，英國雖然財富不平等，但是收入相對平均。
33. 《美國通史》（2006）獨排眾議：「很多國家都吹噓北方在財富分配上更加平等。」還指出，「貧富差距在二十世紀 80 年代一度擴大。」不幸的是，該書又說，二十世紀 90 年代，80%的勞動力從事白領工作，這比實際數據要多一倍。
34. Walter Dean Burnham, "The Changing Shape of the American Political University," *American Political Science Review* 59 (1965): 23–25.
35. Barry Schwartz, "The Reconstruction of Abraham Lincoln," in David Middleton and Derek Edwards, eds., *Collective Remembering* (London: Sage, 1991).
36. Williamson and Lindert, *American Inequality*, 41–42, 49–51; Robert E. Gallman, "Trends in the Size Distribution of Wealth in the Nineteenth Century," in Lee Soltow, ed., *Six Papers on the Size Distribution of Wealth and Income* (New York: National Bureau of Economic Research, 1969), 6–7.
37. Lee Soltow, *Distribution of Wealth and Income in the United States in 1798* (Pittsburgh: University of Pittsburgh Press, 1989), 252; Stephan Thernstrom, *The Other Bostonians* (Cambridge: Harvard University Press, 1973), Chapters 5, 9.
38. 見 Alan Macrobert, "The Unfairness of It All," *Vermont Vanguard Press*, September 30, 1984, 12–13; Alfie Kohn, *You Know What They Say…* (New York: HarperCollins, 1990), 38–39; Heilbroner, "Lifting the Silent Depression," 6; Sheldon Danziger and Peter Gottschalk, *UnevenTides* (New York: Sage, 1993).
39. Mantsios, "Class in America," 56.
40. Deborah L. Brezina, "Critique of *Life and Liberty*" (np, n.d., typescript, distributed by Mel Gabler's Educational Research Analysts, 1993), 2.
41. Frances FitzGerald, *America Revised* (New York: Vintage, 1979), 108–9.
42. David Tyack and Elisabeth Hansot, "Conflict and Consensus in American Public Education," *Daedalus* 110, no. 2 (Summer 1981): 1–25, 發現階級不平等現象通常伴隨「菁英政治」和「機會均等」這兩個觀念的支持。
43. FitzGerald, *America Revised*, 109. 蓋博勒及其合作者也重複了這一批評，見 Brezina, "*Critique of Life and Liberty*," 2.
44. McNeil, "DefensiveTeaching and Classroom Control," 125.
45. 兩個例外，一是《美國方式》中題為 "A Permanent Class of Poor Workers" 的章節；另個是《美國通史》的部分章節。
46. 調查數據來自 Verba and Orren, *Equality in America*, 72–75.

第八章　老大哥

1. 此話是對墨西哥戰爭的看法。由 Edward Pessen 轉引自 "JQA . . . ," in the Organization of American Historians newsletter, 2/1988.
2. 歌詞來自 Tom Paxton's "That's What I Learned in School," Cherry Lane Music Publishing Co., Inc., all rights reserved, used by permission, copyright 1962, 1990.
3. "An Interview with Bill Moyers," in *Facing History*

and Ourselves News, c. 1991, 4.

4. Malcolm X 引用自 Gil Noble 的電影 *El Hajj Malik el Shabazz (Malcolm X)* (Carlsbad, CA: CRM Films, 1965).
5. Paul Gagnon, "Why Study History?" *Atlantic*, 11/1988, 63.
6. 可惜這些調查型教科書絕版了。
7. George Kennan 轉引自 SheilaD. Collins, "From the Bottom Up and the Outside In," *CALC Report* 15, no. 3 (3/1990): 9–10.
8. Frances FitzGerald, *America Revised* (New York: Vintage, 1980), 129.
9. 轉引自 James Oliver Robertson, *American Myth, American Reality* (New York: Hill and Wang, 1980), 272.
10. Bessie L. Pierce, *Civic Attitudes in American School Textbooks* (Chicago: University of Chicago Press, 1930), 110–11.
11. Ruth Leger Sivard, *World Military and Social Expenditures, 1985* (Washington, D.C.: World Priorities, 1985), 35–37; Curt Tarnoff and Larry Nowels, "Foreign Aid: An Introductory Overview of U.S. Programs and Policy," Washington, D.C., Library of Congress Congressional Research Service, 2004; David Wallechinsky "Is America Still No. 1?" *Parade* (1/14/2007) 4. 而且，對外援助大多只針對四、五個國家，其中總有以色列和埃及，而且通常給予軍事援助，而非社會或教育方面援助。
12. Larry Adelman 的影片 *Controlling Interest: The World of the Multinational Corporation* (San Francisco: California Newsreel, 1978)記錄了一些跨國公司高層管理人員的訪談，顯示這些人特別對「美國對智利政策」有影響力。
13. 共產主義政權在東歐結束之後，「第二世界」這個詞不再有意義。「第三世界」一直都帶有種族主義的色彩，因為這意味著我們的世界是第一。不過，「低度發達國家」這類術語也反映這些國家的問題，而且「第三世界」也是這時期的用語，因此我沿用這一個詞彙。
14. Robert Reich 引自 Robert Heilbroner, "The Worst Is Yet to Come," *New York Times*, 2/14/1993, 25.
15. "Corporate Crime and Abuse," Center for Corporate Policy 網頁; "Kuwait of Africa?" *60 Minutes*, 7/18/2004, CBS News website; Katy Shaw, "Making a Killing: Corporations, Conflict and Poverty in Equatorial Guinea," War on Want annual conference 2005, War on Want website, 10/2006; Eduardo Cue, "Dictator and Diplomat," *U.S. News & World Report*, 9/17/2006; John Vidal, "Oil Rich, Dirt Poor," *The Guardian*, 8/26/2004; Justin Blum, "U.S. Oil Firms Entwined in Equatorial Guinea Deals," *Washington Post*, 9/7/2004.
16. Barry Weisberg, *Beyond Repair* (Boston: Beacon Press, 1971), 79. 盟軍的企圖以及威爾遜的反共產主義可能是更大的問題。
17. Gen. Smedley D. Butler, 引自 *New York Times*, 8/21/1931, 的一篇評論，reprinted in Joseph R. Conlin, ed., *The Morrow Book of Quotations in American History* (New York: Morrow, 1984), 58.
18. John A. Hobson, 引自 Lloyd C. Gardner, *Safe for Democracy* (New York: Oxford University Press, 1984), 11.
19. Jonathan Kwitny, *Endless Enemies* (New York: Congdon and Weed, 1984), 178.
20. Charles Harriss III and Louis Sadler, *The Border and the Revolution* (Silver City, NM: High-Lonesome Books, 1988), Chapter 1.
21. Lewis H. Lapham, *America's Century Series Transcript* (San Francisco: KQED, 1989), 48; Greg Grandin, "Your Americanism and Mine: Americanism and AntiAmericanism in the Americas," *American Historical Review Forum*, 10/2006.
22. Kwitny, *Endless Enemies*, 389. Andrew Kopkind 也指出了這一點，見 "One-and-a-Half (Strangled) Cheers for the USSR," *Village Voice*, 2/4/1980.
23. 美國參議院「丘奇委員會」舉證，中情局局長杜勒斯（Allen Dulles）指示出駐薩伊的幹員，「做掉盧蒙巴是本次祕密行動的第一要務」。見 Satish Kumar, *The CIA and the Third World* (New Delhi: Vikas, 1981), 86–90, 後來，中情局總部把毒物交給駐薩伊的幹員，以此毒害正受聯合國羈押的盧蒙巴。Charles Ameringer 陳述，艾森豪總統於 1960 年 8 月 18 日間接下令殺害盧蒙巴，見 *U.S. Foreign Intelligence* (Lexington, MA: D. C. Heath, 1990), 291. 最後殺害盧蒙巴的是剛果人，而非中情局幹員。因此，雖然中情局對盧蒙巴行蹤掌握最完全，有意親自動手謀殺，但美國還是否認與盧蒙巴的死有直接關係。另見 Ellen

Ray et al., eds., *Dirty Work 2* (Secaucus, NJ: Lyle Stuart, 1979), 15–19, 185–92, and 202–11; Victor Marchetti and John D. Marks, *The CIA and the Cult of Intelligence* (New York: Dell, 1974), 131–32; and Kevin Reilly, *The West and the World* (New York: Harper and Row, 1989), 412–15.
24. 《霍特：美國》的確提到美國想做掉卡斯楚。
25. Pierre Salinger, "Gaps in the Cuban Missile Crisis Story," New York Times, 2/5/1989. 另見 Lapham, *America's Century Series Transcript*, 51; Ameringer, U.S. *Foreign Intelligence*, 285–95; Rhodri Jeffreys-Jones, *The CIA and American Democracy* (New Haven: Yale University Press, 1989), 131–40.
26. Philip Agee and Louis Wolf, *Dirty Work* (Secaucus, NJ: Lyle Stuart, 1978), 270–71. 甘迺迪謀殺案的嫌疑犯李．哈維．奧斯華德，可能只是碰巧試圖去古巴。「華倫委員會」的解釋難以服眾，至今仍讓人覺得疑點重重。很多美國人發現，奧立佛．史東（Oliver Stone）的電影《誰殺了甘迺迪》（*JFK*）影射共謀有副總統詹森、國防部的高層、中情局、軍火商、黑手黨、摩門教聖殿合唱團團員，但仍有許多人相信這種說法。教科書對於這種狀況有責任，因為教科書在討論甘迺迪謀殺案時，表現得很差。有人很相信委員會的結論，認為奧斯華德是唯一有明確動機的凶手。也有一些人懷疑，但對嫌疑犯人選完全沒有頭緒。根據歷史學家 Jeffreys-Jones, *The CIA and American Democracy*, 140, 首席檢察官羅伯．甘迺迪並不想讓民眾知道甘迺迪總統的「獴行動」、與黑手黨的密約。為了保密，使得委員會報告不能完整介紹卡斯楚和黑手黨。林頓．詹森認為，卡斯楚可能刺殺了甘迺迪，報復甘迺迪對自己的謀殺計畫，但是沒有教科書提及這個揣測。見 Nathan Miller, *Spying for America* (New York: Paragon, 1989), 375. 1978 年，美國國會眾議院刺殺案特別委員會得出結論，凶手可能是黑手黨，因為奧斯華德和刺殺他的凶手傑克．魯比都有幫派背景；只是也沒有教科書提到。見 G. R. Blakey, "Murdered by the Mob?" *Washington Post*, 11/7/1993.
27. Christopher Cerf and Victor Navasky, *The Experts Speak* (New York: Pantheon, 1984), 145; Ameringer, U.S. *Foreign Intelligence*, 261–64.
28. Kissinger, 引用 Thomas G. Paterson, J. G. Clifford, and K. J. Hagen, *American Foreign Policy: A History Since 1900* (Lexington, MA: D. C. Heath, 1983), 589.
29. 感謝 David Shiman 提出對本文關於智利的想法與文章 "U.S. in the Third World: Challenging the Textbook Myth," by David Shiman and James W. Loewen, Chapter 11 of T. M. Thomas et al., eds., *Global Images of Peace: Transforming the War System* (Kottayam, India: Prakasam Publications, 1985), 並在該國再版為 *Global Images of Peace and Education* (Ann Arbor: Prakken, 1987). David 還提醒我「國際善人」這一術語，並提出了建議。
30. Gagnon, "Why Study History?" 60.
31. George W. Ball, "JFK's Big Moment," *New York Review of Books*, 2/13/1992, 16–20; Jeffreys-Jones, *The CIA and American Democracy*, 131; Ameringer, U.S. *Foreign Intelligence*, 250, 268.
32. Ronald Kessler, *Inside the CIA* (New York: Pocket Books, 1992), 41; 另見 George W. Ball, "JFK's Big Moment," 16; Marchetti and Marks, *The CIA and the Cult of Intelligence*, 350–54.
33. Robert F. Smith, *The United States and Revolutionary Nationalism in Mexico, 1916–1932* (Chicago: University of Chicago Press, 1972), xiii; 另見 Ameringer, U.S. *Foreign Intelligence*, 268.
34. Robert Leckie, *The Wars of America* (New York: Harper and Row, 1968), 12.
35. Nicolas Shumway, "Someone to Be Stopped in Chile," *New York Times Book Review*, 5/9/1993, 19; *Oversight of U.S. Government Intelligence Functions: Hearings Before the Committee on Government Operations*, U.S. Senate, 94th Congress, Second Session (Washington, D.C.: U.S. Government Printing Office, 1976).
36. Thomas W. Lippman, "138 Reported Missing in U.S. Spy Flights," *Washington Post*, March 5, 1993; Thomas Powers, "Notes from Underground," *New York Review of Books*, 6/21/2001, 51.
37. Mark Danner, "How the Foreign Policy Machine Broke Down," *New York Times Magazine*, 3/7/1993, 33–34.
38. Helen Keller, letter to *New York Call*, November 10, 1919, in Philip S. Foner, ed., *Helen Keller: Her Socialist Years* (New York: International Publishers, 1967), 100.

39. 《生活與自由》為尼克森開脫：「後來發現的證據顯示，尼克森在發生之前並不知曉。」但目前還無法證明這一點。
40. Richard Rubenstein, *The Cunning of History* (New York: Harper & Row, 1987), 82.
41. Peter Kornbluh, "Back Into the Loop," *Washington Post*, 8/22/1993, C2; Fritz Schwartz, *Unchecked and Unbalanced* (New York: New Press, 2007).
42. Theodore Draper 也指出了這一點，見 "American Hubris: From Truman to the Persian Gulf," *New York Review of Books*, 7/16/1987, 40–48.
43. Kenneth O'Reilly, "*Racial Matters*" (New York: Free Press, 1989), 9, 12–13, 17, and 96–99; Ameringer, U.S. *Foreign Intelligence*, 109.
44. O'Reilly, "*Racial Matters*," 43, 126, 144, and 355; David J. Garrow, *The FBI and Martin Luther King Jr.* (New York: Penguin, 1981), 125–26, 161–64; Taylor Branch, *Parting the Waters* (New York: Simon & Schuster, 1988), 861; Ameringer, U.S. *Foreign Intelligence*, 322–23; Frank J. Donner, *The Age of Surveillance* (New York: Alfred A. Knopf, 1980), 214–19; Athan Theoharis and John Stuart Cox, *The Boss* (Philadelphia: Temple University Press, 1988), 354–57. 那時候的媒體仍認為個人生活與公共事務無關，通常不採用這些資料。
45. Ameringer, U.S. *Foreign Intelligence*, 323; Branch, *Parting the Waters*, 835–65; O'Reilly, "*Racial Matters*," 140, 186; Garrow, *The FBI and Martin Luther King Jr.*, 130–31; Donner, *The Age of Surveillance*, 217.
46. Branch, *Parting the Waters*, 692.
47. O'Reilly, "*Racial Matters*," 357.
48. James W. Loewen and Charles Sallis, eds., *Mississippi: Conflict and Change* (New York: Pantheon, 1980), 265–83.
49. O'Reilly, "*Racial Matters*," 186.
50. 同上, 256; Arlie Schardt, "Civil Rights: Too Much, Too Late," in Pat Watters and Stephen Gillers, *Investigating the FBI* (New York: Ballantine, 1973), 167– 79.
51. Adam Hochschild, "His Life as a Panther," *New York Times Book Review*, January 31, 1993; O'Reilly, "*Racial Matters*," 302–16; Donner, *The Age of Surveillance*, 220–32.
52. Donner, *The Age of Surveillance*, 220.
53. 這位 Raoul 顯然是姓 Maora, 並不一定和 "Raoul" 是同一人。根據雷伊的說法, "Raoul" 策劃了整個謀殺，但卻查無此人，因此很可能是虛構的。
54. Donner, *The Age of Surveillance*, 214–19; John Edginton and John Sergeant, "The Murder of Martin Luther King Jr.," *Covert Action Information Bulletin*, no. 34 (Summer 1990): 21–27; Theoharis and Cox, *The Boss*, 439.見 Ameringer, U.S. *Foreign Intelligence*, 322; John Elliff, "Aspects of Federal Civil Rights Enforcement," in *Law in American History*, vol. 5 of *Perspectives in American History* (Cambridge: Harvard University Press, 1971), 643–47.
55. O'Reilly, "*Racial Matters*," 336–37. 分區主管曾批評傑克遜的調查局幹員，要他們把精力集中在「陶格魯政治行動委員會」上，「因為陶格魯學院並不是一個反情報目標。」另見 Donner, *The Age of Surveillance*, 219–20. Donner 指出，聯邦調查局強迫肯亞塔（Muhammad Kenyatta），這位傑克遜的傑出黑人民族主義者離開密西西比州。在內部備忘錄中，聯邦調查局幹員要將肯亞塔，以偷竊陶格魯學院的電視機之名入罪。實際上，肯亞塔正做到一半，就開溜了。
56. O'Reilly, "*Racial Matters*," 337.
57. Ross Gelbspan, *Break-ins, Death Threats, and the FBI* (Boston: South End Press, 1991).
58. Danny Glover 主演的《捍衛自由》(*Freedom Song*)，雖然描寫得更精準，但卻不為人知。
59. Seth Cagin and Philip Dray, *We Are Not Afraid* (New York: Bantam Books, 1991), 寫到了那些凶手，以及北方聯邦調查局是如何不情願地、但最終還是有效地履行了自己的職責。
60. Arthur Schlesinger Jr., 引自 Branch, *Parting the Waters*, 918–19.
61. 見 Beverly Kraft, "Some Lack Knowledge About Evers," *Jackson Clarion Ledger*, January 20, 1994, 1A.
62. 伯爾斯坦和凱利也或多或少提出了這種分析，但是總體上仍很含糊，可能會使學生得出相反的結論。
63. Patrick Ferguson, "Promoting Political Participation: Teachers' Attitudes and Instructional Practices" (San Francisco: American Educational Research Association, 1989).
64. James F. Delong 評論 (Hoover, AL: 1986, 手稿，散

見於 Mel Gabler's Educational Research Analysts, 1993).

65. Donald Barr, *Who Pushed Humpty Dumpty? Dilemmas in American Education Today* (New York: Atheneum, 1972), 308; Lewis Lapham, *Pretensions to Empire* (New York: New Press, 2006), 24.
66. Michigan State Board of Education, *1982–83 Michigan Social Studies Textbook Report* (Lansing, MI: Michigan State Board of Education, 1984).
67. Rubenstein, *The Cunning of History*, 80–82; Clarence Lusane, *Pipe Dream Blues* (Boston: South End Press, 1991), 4, 116–22, and 200–201.

第九章　眼不見為淨

1. George Swiers, 引自 William Appleman Williams et al., eds., *America in Vietnam* (New York: Norton, 1989), ix.
2. Martin Luther King Jr., "Beyond Vietnam" (New York: Riverside Church sermon, 4/4/1967).
3. Gen. William C. Westmoreland 引自網頁：Brainy Quote, brainyquote .com, 5/2007; Antiwar, antiwar. com/ quotes.php, 5/2007; and elsewhere.
4. Frederick Douglass 引自內封頁： Robert Moore, *Reconstruction: The Promise and Betrayal of Democracy* (New York: Council on Interracial Books for Children, 1983).
5. 學生的無知並非偶然。在 *Mystic Chords of Memory* (New York: Alfred A. Knopf, 1991), 661–62, 史學家 Michael Kammen 指出，福特總統希望大家忘記越南。雷根總統一度削減國家檔案預算經費，以延長檔案的保密期限，使大家不能參與、知道最近的歷史。*A Shared Authority* (Albany: State University of New York Press, 1990), 16–18, Michael Frisch 提到一個課堂上的故事：有個女生居然認為美國打贏了越戰。他還以有趣的分析，證明這位學生不單單是記錯而已，他贊同 Kammen 的說法：我們的政治領導人會影響到大眾文化，總是把戰爭「拋諸腦後」，以免大家討論。
6. 實際上，有一本調查型的教科書《發現美國史》對整個戰爭只寫了不到兩頁，而且主要都在分析戰爭的原因和結果，這剛好是傳統敘述型的教科書所缺乏的部分，讓人更容易了解這場戰爭，也容易記憶。
7. Lewis H. Lapham 分析了「一系列慘不忍睹的影像」，證明了上述觀點。他只描述了這裡所列的第一、第三、第七幅影像，見 *America's Century Series Transcript* (San Francisco: KQED, 1989), 57–58.
8. 該書還收錄一幅美國人毆打越南人的模糊照片，可能是要把越南人趕下撤離的直升機。
9. 海格皮恩還特別提到了那個遭燃燒彈襲擊的裸體女孩，與美萊大屠殺的受害者，還引用了一位實習攝影記者拍的，僧人自焚和警察局長射殺越共嫌疑犯的照片。
10. Michael Delli Carpini, "Vietnam and the Press," 125–56, in D. Michael Shafer, ed., *The Legacy* (Boston: Beacon, 1990), 142.
11. "The Massacre at Mylai," *Life*, December 5, 1969, 36–42; Kammen, *Mystic Chords of Memory*, 647; James Davidson and Mark Lytle, *After the Fact* (New York: McGraw-Hill, 1992), 2: 379–82.
12. Gen. William C. Westmoreland, 引用 Murray Kempton, "Heart of Darkness," *New York Review of Books*, 11/24/1988, 26.
13. 《霍特：美國》收錄了一幅照片，照片中，美國大兵從一個失火的高棉村莊撤退，但是看不出是誰放的火。
14. John Kerry, "Winter Soldier Investigation," testimony to U.S. Senate Foreign Relations Committee, 4/1971, reprinted in Williams et al., eds., *America in Vietnam*, 295. 2006 年，一些新聞報導證明美萊大屠殺代表有罪，見 "Declassified Papers Show U.S. Atrocities in Vietnam Went Far Beyond My Lai," *Los Angeles Times*, (8/6/06), at History News Network, hnn.us/roundup/ entries/28956.html.
15. Davidson and Lytle, *After the Fact*, 2:356–83, 引自 2:371.
16. 戴維森後來繼續編著美國歷史，有時與萊托合編，有時是自己一人。他的新作《美國》(*The American Nation*)2005 年出版。我在此沒有評論這本書，因為主要讀者為中學生。該書風格一貫：絕口不提美萊大屠殺或類似事件。《事實背後》(*After the Fact*)基於學術的責任感，對這本新書提出批評。

17. 《我們美國人》引用了金恩的另外兩句話，大意是黑人士兵也在越南衝鋒陷陣，但回國後，卻沒有得到平等的權利。
18. 有一本教科書《自由的挑戰》，提供了這樣一種關於橫栁戰役的蒼白論述：「有些『鴿派』人物認為，戰爭對南越有害。這些人說，搗毀這個國家以防止它轉向共產主義，是沒有意義的。」
19. 約翰・凱瑞的證詞重印於 Williams et al., eds., *America in Vietnam*, 295.
20. George W. Chilcoat 整理了越戰時代的這些歌曲：從反戰方的《花落何處？》、《給和平以機會》，到親戰方的《來自馬斯科吉的民工》、《綠色貝雷帽之歌》 等，為學生提供很棒的入門參考，見 "The Images of Vietnam: A Popular Music Approach," *Social Education* 49 (1985): 601–3.
21. Frances FitzGerald, *America Revised* (New York: Vintage, 1980), 126.
22. 在 "Falling Dominoes," *New York Review of Books*, 10/27/1983, 19, Theodore Draper 指出，在這種論調下，國土的大小、地理位置、重要性以及實際上所面臨的威脅，都無關緊要了，因為這種觀點可以把對其他地區的干涉合理化。
23. 見 Richard Drinnon, *Facing West* (Minneapolis: University of Minnesota Press, 1980)、Richard Slotkin, *Regeneration Through Violence* (Middletown, CT: Wesleyan University Press, 1973).
24. John Foster Dulles,引用 Williams et al., eds., *America in Vietnam*, 167.
25. Frances FitzGerald, *Fire in the Lake* (Boston: Atlantic-Little, Brown, 1972)對美國的干涉提出了獨到的見解；Stanley Karnow, *Vietnam* (New York: Viking, 1983)描述了事態的演變。
26. Linda McNeil, "Defensive Teaching and Classroom Control," in Michael W. Apple and Lois Weis, eds., *Ideology and Practice in Schooling* (Philadelphia: Temple University Press, 1983), 116, 126–27; 另參 David Jenness, *Making Sense of Social Studies* (New York: Macmillan, 1990), 270–75; and Jim DeFrongo, "How Sociologists Can Help Prevent War" (Storrs, CT: n.d., typescript). 在紐約市「無畏號」航空母艦博物館裡，越戰也同樣被簡單帶過。博物館的影片和幻燈片都省略「無畏號」在那場戰爭中的貢獻。退役海軍上將委員會審查該館以海軍軍階詮釋的做法，因為越南問題太過政治化了。見 James W. Loewen, *Lies Across America* (New York: New Press, 1999), 404–7.
27. Karnow, *Vietnam*, 365–76.
28. 蓋洛普調查.11/1986; 羅佩民調, 8/1984.
29. 見 Dick Cluster, ed., *They Should Have Served That Cup of Coffee* (Boston: South End Press, 1979), 149–79; John Dumbrell and David Ryan, *Vietnam in Iraq* (Taylor & Francis, 2006); Robert Brigham, *Is Iraq Another Vietnam?* (Washington, D.C.: Public Affairs, 2006).
30. 季辛吉的說法不對，有兩個理由：首先，他參加過談判，所以很清楚一切協議都是為了不要太難看，讓美軍有台階下。其次，「延緩撤軍」是為了誰？他也清楚，南部越南軍人掌權的「政府」，並沒有辦法給越南人民一個像樣的領袖或意識形態。
31. Kammen, *Mystic Chords of Memory*, 639.

第十章 記憶深處

1. 引自 Daniel Barenboim, "Germans, Jews, and Music," *New York Review of Books*, 3/29/2001, 50.
2. Goering 引自美軍上尉 Gustave Gilbert , *Nuremberg Diary* (Cambridge, MA: Da Capo, 1995 [1947?]); 參見網頁 pinkfreud-ga, "Answer," 7/26/2003, at answers.google.com/answers/main?cmd=threadview&id=235519, 5/2007.
3. 1972 年總統為「資訊自由法案」的背書宣言，引自 Tim Weiner, "The Cold War Freezer Keeps Historians Out," *New YorkTimes*, May 23, 1993.
4. John Mbiti, *African Religions and Philosophy* (Oxford: Heinemann, 1990).
5. 我在上一段使用「敘述型」這個詞。我研究發現，有兩本調查型教科書與這些敘述型書籍差別很大。《發現美國史》與《美洲冒險》的大部分篇幅都是地圖、插圖、第一手資料的摘錄，並非不重視「雖亡猶生者」。其實，這些教科書對近代歷史的注意，反映作者有意把歷史與現下事件與議題做連結。因此，這兩本書儘管出版於二十世紀 70 年代末，仍比其他 16 本敘述型教科書，探討更多 60 和 70 年代的議題。不幸的是，調查型書籍長期不受人青睞，

也都絕版了。就我所知，市面上已經沒有這樣的書了。

6. 我在「2007」加了引號，因為出版商在版權頁上作假。我在 2006 年初就得到了「2007 年」版的書籍，而書中的資訊只收集到 2005 年中期。
7. Tracy Kidder, *Among Schoolchildren* (New York: Harper Perennial, 1990).
8. Gordon Levin Jr., *Woodrow Wilson and World Politics: America's Response to War and Revolution* (New York: Oxford University Press, 1968), 260. 可比較 Arthur S. Link 的未署名文章，收錄於 J. J. Huthmacher and W. I. Susman, eds., *Wilson's Diplomacy: An International Symposium* (Cambridge: Schenkman, 1973), 9.
9. Eric Foner 對重建時期史學做過概要的論述，見 *Reconstruction* (NewYork: Harper & Row, 1988), xix–xxiii and 609–11.
10. Leon Festinger, *A Theory of Cognitive Dissonance* (Evanston, IL: Row, Peterson, 1957).
11. 只不過，我還沒有走訪過近期歷史的當事人。
12. 《美國之旅》這本書在 9/11 恐怖襲擊之前再版。
13. 引自 9/11 委員會成員 Warren Bass 關於賓拉登的總結，見 "Incendiary," *Washington Post Book World*, 1/14/2007.
14. George W. Bush, "Address to Joint Session of Congress," 9/20/2001.
15. Mitch Frank, *Understanding September 11th* (New York: Viking, 2002), 16; Mitch Frank, "Restoring the World Trade Center," *American Heritage*, 2/2005, 9.
16. 他們的建築物的確依賴「人際合作」，但是任何大規模的事業，連恐怖攻擊也是，都需要合作。
17. Frank, "Restoring the World Trade Center," 2/2005, 9.
18. James Fallows 在 *Atlantic* 裡的文章，又刊登大綱於其著作 *Blind into Baghdad* (New York: Random House Vintage, 2006); Michael Scheuer 的話引自 Jason Burke, "Will the Real al-Qaida Please Stand Up?" *The Guardian*, 3/11/2006; Pentagon report, 11/2004, 引自 Thom Shanker, "U.S. Failing to Persuade Muslims, Panel Says," *International Herald Tribune*, 11/25/2004.
19. Diane Ravitch, Chester Finn, et al., *A Consumer's Guide to High School History Textbooks* (Washington, D.C.: Thomas B. Fordham Institute, 2004).
20. Anthony Lappé and Stephen Marshall, *True Lies* (New York: Penguin Plume, 2004), 125–26; Gerald D. McKnight, "How the Warren Commission Failed the Nation and Why," excerpted on *History News Network*, 11/28/05, hnn.us/articles/16615.html; John King, "Arming Iraq and the Path to War," U.N. *Observer and International Report*, 3/31/2003.
21. R. Scott Appleby, "History in the Fundamentalist Imagination," *Journal of American History*, 9/2002, 511.
22. Federation of American Scientists, "Nuclear Weapons," 1/2007.
23. Gerald Posner, *Why America Slept* (New York: Random House, 2003), 121, 152, 157, 169; Lappé and Marshall, *True Lies*, 52–53.
24. 一些觀察家認為，塔利班可能一直在拖延。
25. Mahmood Mamdani, "Good Muslim, Bad Muslim," in Eric Hershberg and Kevin Moore, eds., *Critical Views of September 11* (New York: New Press, 2002), 52; Seymour Hersh, *Chain of Command* (New York: Harper Perennial, 2005), 151.
26. 美國在阿富汗還有陰暗的一面。中情局藉由販賣毒品，為抗俄戰爭提供大量經濟援助，就像當初在尼加拉瓜和東南亞的戰爭，做法也如出一轍。這也讓阿富汗和臨近的巴基斯坦地區成為為世界上最大的海洛因、鴉片產地。塔利班遵循《可蘭經》的教義，在 2000 年終止了大部分阿富汗的毒品製造。今天，美國所扶植的政府，又讓罌粟成為阿富汗最重要的收入來源。此外，從阿富汗戰爭開打直到現在，美國囚禁了數百名所謂的「敵方戰鬥人員」，而且很多人至死也等不到審判，見不到親人或律師。我們都會悲嘆，美國公民在第三世界國家受到這樣的待遇，但美國政府也正是這樣的行徑。
27. Cheney and Bush, 引自 Staughton Lynd and Carl Mirra, "I Am a Revisionist Historian," History News Network, hnn.us/article/22700.
28. Colin Brown and Andy McSmith, "Diplomat's Suppressed Document Lays Bare the Lies Behind Iraq War," *The Independent*, 12/15/2006.
29. Carl M. Cannon, "Untruth and Consequences," *Atlantic*, 1/2007 theatlantic.com/doc/200701/cannonlying, 1/2007; Eric Alterman, "Liar, 'Liar,' "

Nation, 12/11/2006, 9.
30. Lappé and Marshall, *True Lies*, 146.
31. David E. Sanger, "Bush Aide Says US, Not UN, Will Rebuild Iraq," *New York Times*, 4/5/2003; "Houston: We Have a Problem," CorpWatch, 2004, www.corpwatch.org/article.php?id=11322, 2/2007; Frances Fox Piven, *The War at Home* (New York: New Press, 2006), 17–18.
32. Lappé and Marshall, *True Lies*, 120; cf. Linda McQuaig, "Iraq's Oil," ZNet 9/27/2004.
33. "Western Companies May Get 75% of Iraqi Oil Profits," Dow Jones Newswires, 1/8/2007, Market Watch website.
34. Michael Billig, *Banal Nationalism* (London: Sage, 1995), 1.
35. 見 The Memory Hole, for transcript of 1/31/2003 press conference, and Think Progress, 2/2007, 影片內容是布希回答「9/11 事件與伊拉克」有什麼關聯時，他回答說：「沒有關聯。」後來 9/11 調查委員會發現：「沒有證據證明，伊拉克與蓋達組織有實質的關聯。」見 Seymour Hersh, *Chain of Command* (New York: Harper Perennial, 2005), 210–11.另見 Lynd and Mirra, "I Am a Revisionist Historian."
36. Amy Gerkshoff and Shana Kushner, "Shaping Public Opinion: The 9/11–Iraq Connection in the Bush Administration's Rhetoric," *Perspectives on Politics* 3 no. 3 (9/2005), 525.
37. Fallows, *Blind Into Baghdad*, 155– 63; cf. Thomas E. Ricks, *Fiasco* (New York: Penguin, 2006), and Nancy Trejos and K. I. Ibrahim, "A Call to Hussein-Era Soldiers," *Washington Post*, 12/17/2006.
38. Fallows, *Blind Into Baghdad*, 146; Bush quoted, 167.
39. National Security Archive Electronic Briefing Book No. 207, 12/2007; Ivan Eland, "Does U.S. Intervention Overseas Breed Terrorism? The Historical Record" (Washington, D.C.: Cato Institute, 1998); Walter Pincus, "Before War, CIA Warned of Negative Outcomes," *Washington Post*, 6/3/2007.

第十一章　進步是我們最重要的產物

1. 參議員 Albert J. Beveridge 在參議院的演講, January 9, 1900, *Congressional Record, 56th Congress* 33 (Washington, D.C.: U.S. Government Printing Office, 1900).
2. Frances FitzGerald, *Fire in the Lake* (Boston: Atlantic-Little, Brown, 1972), 8.
3. E. J. Mishan, *The Economic Growth Debate* (London: George Allen and Unwin, 1977), 12.
4. Vine Deloria Jr., *God Is Red* (New York: Dell, 1983 [1973]), 290.
5. 兩本新教科書：《通往現今之路》與伯爾斯坦和凱利的書，都鏗鏘有力，但也帶著嗚咽的語氣。他們都在抱怨同樣的一件事。

   2003 年 5 月，布希簽發了另外一項減稅法案，共減少 3,500 億美元的稅收。總統堅信，這項「大膽的全方位減稅計畫」將在其執政的第一年，增加 100 萬個工作機會，並能帶動股市活絡。批評家指出，這一減稅方案將會導致巨大的預算赤字。——《通往現今之路》

   2003 年 5 月，布希簽發了另外一項減稅法案，預計減少 3,500 億美元的稅收。總統堅信，這項大膽的全方位減稅計畫將增加就業機會、帶動股市。批評家指出，這一減稅法案將在接下來的很多年，創造巨大的赤字。——伯爾斯坦與凱利

   第 12 章會介紹，這兩段文字都不是該書作者所寫，而是出版商的職員或寫手寫的。出版商給的薪水太少，但他們顯然以為這個人把這兩本教科書都寫完了；不過，這兩本書根本沒有完成。只是在這一章放上這一段資料，就簡單做結。
6. Thomas Jefferson 引自 Robert Nisbet, *History of the Idea of Progress* (New York: Basic Books, 1980), 198.
7. Jules Henry, *Culture Against Man* (New York: Random House, 1963), 16– 17. Crawford Young 引用印第安領導人 Jawaharlal Nehru 和社會學家 Orlando Patterson 的話，他指出，第三世界也在進步，見 "Ideas of Progress in the Third World," in Gabriel Almond et al., eds., *Progress and Its Discontents* (Berkeley and Los Angeles: University of California Press, 1982), 83.

8. 根據廣告業協會的市民手冊《好市民》，引自 Stuart Little, "The Freedom Train" (Bloomington: Indiana University, c. 1990, typescript), 11.
9. Edward H. Carr, *What Is History?* (New York: Random House, 1961), 158, 166; 另見 Almond et al., eds., *Progress and Its Discontents*, xi. 有些美國人持相反意見，他們相信美國社會危害了人類。這種想法在心理、文化上都有影響，那些人認為自己比同儕聰明、「更左派」、更有批判精神。
10. Carr, *What Is History?*, 116; L. S. Stavrianos, *Global Rift* (New York: Morrow, 1981), 38. In *Why Are They Lying to Our Children?* (New York: Stein and Day, 1984), 124, Herbert London 認為，貧富國家的差距沒有加大，另見 Cliff DuRand, "Mexico-U.S. Migration: We Fly, They Walk," talk at Morgan State University,11/16/2005; Giovanni Arrighi, "The African Crisis," *New Left Review* 15, 5/2002.
11. Mishan, *The Economic Growth Debate*, 116.
12. Almond et al., eds., *Progress and Its Discontents*, xi.
13. 雷根政府與布希政府堅信，二十世紀 80 年代沒有出現人口危機，第三世界國家也是如此。因為大量人口給資本主義更多發展的機會。然而，這種說法原本是吸引國內反對私人墮胎團體，而不是要分析那些劣勢國家的社會結構。
14. Donella H. Meadows, "A Look at the Future," in Robin Clarke, ed., *Notes for the Future* (New York: Universe Books, 1976), 63; Donella H. Meadows, correspondence, 11/15/1993.
15. General Social Survey,「如果回頭看看自己的人生，你會說自己快樂還是不快樂？」.
16. Donella H. Meadows et al., *The Limits to Growth* (New York: Universe Books, 1972, 2d ed., 1974).
17. Robert L. Heilbroner, *An Inquiry into the Human Prospect* (New York: Norton, 1974), 13.
18. Nisbet, *History of the Idea of Progress*, 8.
19. Oswald Spengler, *The Decline of the West* (New York: Modern Library, 1965).
20. Colin Turnbull, *The Human Cycle* (New York: Simon & Schuster, 1983), 21.
21. Stephen Jay Gould, *Hen's Teeth and Horse's Toes* (NewYork: Norton, 1983).
22. 1980 年的石油進口量比 1973 年高了 63%，見 *Statistical Abstract of the United States: 1993* (Washington, D.C.: Bureau of the Census, 1993).
23. Mike Feinsilber and William B. Mead, *American Averages* (Garden City, NY: Doubleday, 1980), 277; 另見 Matthew Wald, " After 20 Years, America's Foot Is Still on the Gas," *New York Times*, 10/17/1993.
24. Mishan, *The Economic Growth Debate*, 53. 另見 Warren Johnson, *The Future Is Not What It Used to Be* (New York: Dodd, Mead, 1985), 22–24.
25. 見 Garrett Hardin, "The Tragedy of the Commons," *Science* 162 (1968): 1243–48; Garrett Hardin and John Baden, eds., *Managing the Commons* (San Francisco: W. H. Freeman, 1977).
26. B. D. Ayres Jr., "Hard Times for Chesapeake's Oyster Harvest," *New York Times*, October 15, 1993; David E. Pitt, "U.N. Talks Combat Threat to Fishery," *New York Times*, 7/25/1993; Pitt, "Despite Gaps, Data Leave Little Doubt That Fish Are in Peril," *New York Times*, August 3, 1993; Elizabeth Weise, "90% of the Ocean's Edible Species May Be Gone By 2048, Study Finds," *USA Today*, 11/3/2006; Juliet Eilperin, "U.S. Attempting to Reshape Fishing Rules," *Washington Post*, October 8, 2006; Chesapeake Research Consortium. "Managed Fisheries of the Chesapeake Bay," 11/2006.
27. Noel Perrin, "Who Needs the World When You Have Cable?" *New York Times Book Review*, April 26, 1992.
28. 自然歷史博物館展覽 "Seeds of Change" (exhibit, Smithsonian Institution, Washington, D.C., 1992); Richard A. Falk, *This Endangered Planet* (New York: Random House, 1971), 139; Jared Diamond, 在 Politics and Prose 的談話(Washington, D.C.) 1/18/2006.
29. 見 Barry Weisberg, *Beyond Repair* (Boston: Beacon, 1971), 9.
30. "Sperm Counts Drop Over 50 Years," *Facts on File* 52, no. 2706 (10/1/ 1992): 743(1); Michael Castleman, "The Sperm Crisis," *Mother Earth News*, no. 83 (9/1983): 176–77.有關精子數下降最樂觀的推測，可能是免洗尿布太緊導致睪丸過熱。見 Andrea Braslavsky, "Could Disposable Diapers Lead to Infertility?" at AT&T Worldnet, dailynews.att.net, 9/28/2000. 真令人安慰！
31. Joel Achenbach, "The Tempest," *Washington Post Magazine*, 5/28/2006, 24.
32. Heilbroner, *An Inquiry into the Human Prospect*, 133.

33. David Donald, 轉引自 Paul Gagnon, "Why Study History?" *Atlantic*, 11/1988, 46.
34. Edward O. Wilson, "Is Humanity Suicidal?" *New York Times Magazine*, 5/30/1993, 24–29.
35. Clyde Haberman, "South Korea Goes from Wasteland to Woodland," *New York Times*, 7/7/1985, 6E.
36. London, *Why Are They Lying to Our Children?* 53. 作者一定沒有讀到美國歷史教科書的結尾。
37. John Tierney, "Betting the Planet," *New York Times Magazine*, 12/2/ 1990, 52–53, 75–81.
38. Jane Newitt, *The Treatment of Limits-to-Growth Issues in U.S. High School Textbooks* (Croton-on-Hudson, NY: Hudson Institute, 1982), 13. 她還批評教科書偏袒「增長極限」的一方，我無法確認，因為我所研究的那些教科書，也沒有嚴肅看待環境問題。
39. Faye Rice, "Who Scores Best on the Environment?" *Fortune* (7/26/1993): 122. 另見 Debra Chasnoff 拍攝關於通用電氣的電影 *Deadly Deception* (Boston: Infact, 1990)，新的企業宣傳口號是「GE 讓您的生活更美好」。
40. Mike Tidwell, 在 Politics and Prose 的談話 (Washington, D.C.): 8/30/2006; Bill McKibben, "How Close to Catastrophe?" *New York Review of Books*, 11/16/2006.
41. Juliet Eilperin, "Growing Acidity of Oceans May Kill Corals," *Washington Post*, 7/5/2006.
42. "The Red List," iucnredlist.org, as reported by Sam Cage, "16,000 Species Said to Face Extinction" Associated Press, 05/01/2006; Jeremy Rifkin, "The Risks of Too Much City," *Washington Post*, 12/17/2006; William Burr and Jeffrey Kimball, eds., "Nixon White House Considered Nuclear Options Against North Vietnam, Declassified Documents Reveal," National Security Archive Electronic Briefing Book No. 195.
43. Mishan, *The Economic Growth Debate*, Ch. 8.
44. 關於馬雅人，見 Allen Chen, "Unraveling Another Mayan Mystery," *Discover*, 6/1987, 40–49; 關於加那利群島，見 Alfred W. Crosby Jr., *Ecological Imperialism* (NewYork: Cambridge University Press, 1986), 80, 94–97.
45. Alfred W. Crosby Jr., "Demographics and Ecology," 1990, typescript, 引用 Las Casas; John Varner and Jeanette Varner, *Dogs of the Conquest* (Norman: University of Oklahoma Press, 1983), 19–20; 西班牙人的信引自 Kirkpatrick Sale, *The Conquest of Paradise* (New York: Alfred A. Knopf, 1990), 165.
46. Gregg Easterbrook, 回覆 "Some Convenient Truths" 載於 *Atlantic Monthly*, 11/2006, 21; Gretel Ehrlich, "Last Days of the Ice Hunters?" *National Geographic*, 1/2006, 80, 84; Eugene Linden, "Why You Can't Ignore the Changing Climate," *Parade*, 6/25/2006, 4.
47. 《美國人》中有兩頁 (pp.1122-1123)「保守派的辯論」，但隱藏在一大堆亂七八糟的話之後。可以想見，沒有學生會讀到這兩頁。
48. Lerone Bennett, *Black Power* U.S.A. (Baltimore: Penguin, 1969), 345–46.
49. 可以參見 Jonathan Kozol, *Savage Inequalities* (New York: Crown, 1991), 3.
50. Peter Farb, *Man's Rise to Civilization* (New York: Avon, 1969), 49–50.
51. Verrazano 引自 Neal Salisbury, *Manitou and Providence* (New York: Oxford University Press, 1982), 26.
52. 引自 Russell Thornton, *American Indian Holocaust and Survival* (Norman: University of Oklahoma Press, 1987), 39.
53. Karen Ordahl Kupperman, *Settling with the Indians* (London: J. M. Dent, 1980), 58.
54. Psalm 90, verse 10. 另見 S. Boyd Eaton et al., *The Paleolithic Prescription* (New York: Harper and Row, 1988); 以及 Marshall Sahlins, *Stone Age Economics* (Chicago: Aldine and Atherton, 1972). 這裡有一個統計學的問題。如果新生兒在一周歲前死亡率為 40%，那麼出生人口的平均壽命就會拉得非常低，因此最好是拿一歲或十歲人口來計算平均壽命。歐洲人與非洲人帶來疾病之後，第一個病例發作時，也很難衡量平均壽命。另一方面， Jared Diamond 從考古學資料得知，歐洲殖民者對印第安人的平均壽命估計過於樂觀了，見"The Worst Mistake in the History of the Human Race," *Discover*, 5/1987, 64–66.
55. William A. Haviland, "Cleansing Young Minds, or What Should We Be Doing in the Introductory Course to Anthropology?" (paper presented at the annual meeting of the American Anthropology

Association, New Orleans, 1990), 3.

56. 這種手術發展出專門的配備，全程都要抵抗自然的力量，還要克服地心引力。我們可以比較一下拉斯・卡薩斯描述之前海地人生孩子的方法：「孕婦工作到臨盆前最後一分鐘，分娩時沒有什麼疼痛。隔天，孕婦到河邊洗澡，跟分娩前一樣乾淨、健康。」(*History of the Indies* [New York: Harper and Row, 1971], 64).
57. "Harper's Index," *Harper's*, 2/ 1993, 15, 引用 Ross Labs. 很多醫院依然實行母嬰分離，哺乳時除外，即便科學研究證明，有父母陪伴長大的孩子智商會更高。見 Feinsilber and Mead, *American Averages*, 227–28.
58. Philip D. Curtin, *The Rise and Fall of the Plantation Complex* (Cambridge: Cambridge University Press, 1990), esp. 35, 提出了有趣的分析，鄰國軍事力量必然導致民族國家的興起。作者認為，民族國家並非全然對公民有利。如果控制核子武器會讓下個世紀相對和平，那麼民族國家當初存在的理由就消失了。
59. Ruth Bond, "In the Ozone, a Child Shall Lead Them," *New York Times*, 1/10/1993.
60. Daniel Evan Weiss, *The Great Divide* (New York: Poseidon, 1991), 136.
61. National Association of Secretaries of State New Millennium Survey, 1999.
62. 見 Catherine Cornbleth, Geneva Gay, and K. G. Dueck, "Pluralism and Unity," in Howard Mehlinger and O. L. Davis, eds., *The Social Studies* (Chicago: University of Chicago Press/NSSE Yearbook, 1981), 174.
63. E. J. Mishan, *Pornography, Psychedelics, and Technology* (London: George Allen and Unwin, 1980), 25, 150–51. 另見 Jonathan Kozol, *The Night Is Dark and I Am Far from Home* (Boston: Houghton Mifflin, 1975), 40.

第十二章　歷史這麼教的原因？

1. Herbert Butterfield, 引自 Stephen Vaughn, ed., *The Vital Past* (Athens: University of Georgia Press, 1985), 222.
2. Marc Ferro, *The Use and Abuse of History* (Boston: Routledge and Kegan Paul, 1981), 225.
3. 引自 Joan DelFattore, *What Johnny Shouldn't Read* (New Haven: Yale University Press, 1992), 120.
4. Brooks Mather Kelley, 訪談, 7/2006.
5. 教科書編輯，訪談，7/2006.
6. 《美洲冒險》每章不到一個注釋。《發現美國史》沒有注釋，但在邊欄給大段引文加了附注。
7. Robert Moore, *Stereotypes, Distortions and Omissions in U.S. History Textbooks* (New York: Council on Interracial Books for Children, 1977); Frances FitzGerald, *America Revised* (New York: Vintage, 1980); Gerald Horne, ed., *Thinking and Rethinking U.S. History* (New York: Council on Interracial Books for Children, 1988); Diane Ravitch and Chester E. Finn Jr., *What Do Our 17-Year-Olds Know?* (New York: Harper and Row, 1987), 沒有挑選教科書，但嚴厲批評了學生不知道的歷史。Harriet Tyson-Bernstein, *A Conspiracy of Good Intentions: American's Textbook Fiasco* (Washington, D.C.: Council for Basic Education, 1988); Paul Gagnon, *Democracy's Half-Told Story* (New York: American Federation of Teachers, 1989); Chester E. Finn Jr. and Diane Ravitch, *The Mad, Mad World of Textbook Adoption* (Washington D.C.: Thomas B. Fordham Institute, 2004). 另外一些評論從專家的角度，批評美國歷史教科書，如 *1982–83 Michigan Social Studies Textbook Report* (Lansing: Michigan State Board of Education, 1984) 發現 7 本教科書很少談論在美國與加拿大關係問題。
   另一方面， O. L. Davis Jr., 等人研究了 15 本國中歷史教科書和 16 本高中歷史教科書，見 *Looking at History* (Washington, D.C.: People for the American Way, 1986). 他們結論是：在 31 本教科書中，大部分不錯，有些還很精彩。Nathan Glazer 與 Reed Ueda 對 6 本教科書做了大致的研究，有褒有貶，見 *Ethnic Groups in History Textbooks* (Washington, D.C.: Ethics and Public Policy Center, 1983)。Gilbert Sewall 研究了 11 本教科書，其中 4 本是高中生用的，結論也大同小異，見 *American History Textbooks: An Assessment of Quality* (New York: Columbia University Teachers College, 1987).
8. 引自 Bessie L. Pierce, *Public Opinion and the Teaching of History in the United States* (New York: Alfred A.

Knopf, 1926), 329–30.

9. Shirley Engle and Anna Ochoa, "A Curriculum for Democratic Citizenship," *Social Education* (11/1986): 515.
10. Peter Novick, *That Noble Dream* (Cambridge: Cambridge University Press, 1988), 172–73.
11. Arthur Schlesinger Jr., *The Age of Jackson* (Boston: Little, Brown, 1945); James O'Brien, 私人訪談，11/12/1993.
12. 現在的教師培訓課程常採用拙作《老師的謊言》作為讀本；這部分是拙作所引發的各種討論的結果，高中的美國歷史教學正逐漸進步。
13. Ferro, *The Use and Abuse of History*, 225.
14. George Orwell, *1984* (New York: Harcourt, Brace, 1949), 35.
15. William L. Griffen and John Marciano, *Teaching the Vietnam War* (Montclair, NJ: Allanheld, Osmun, 1979), 163–72.
16. 這些作者包括 Michael Apple, Stanley Aronowitz, Kathleen Bennett, Samuel Bowles, Martin Carnoy, Herbert Gintis, Henry Giroux, Margaret LeCompte, Caroline Persell, Joel Spring, Kathleen Weiler 等。
17. Jonathan Kozol, *The Night Is Dark and I Am Far from Home* (New York: Simon & Schuster, 1990 [1975]), 99.
18. *The Politics of Education* (South Hadley, MA: Bergin and Garvey, 1985), 102.
19. Henry Giroux, *Ideology, Culture, and the Process of Schooling* (Philadelphia: Temple University Press, 1981), 47. Giroux 與其他評論一樣，特別反對那種故意的心態：「不是暗指某種隱形的統治菁英的陰謀。」這些學者正確但不明白地指出，上層階級在粉飾太平，而且這種態度由上而下，影響我們思考歷史的方式，但是，這些學者從來沒有明確指出，上層階級是如何影響鄉下學校裡的歷史課。在接下來，我將具體地指出那些影響的力量。
20. David Tyack and Elisabeth Hansot, "Conflict and Consensus in American Public Education," *Daedalus* 110, no. 2 (Summer 1981): 1, 12.
21. Henry M. Levin, "Educational Reform: Its Meaning?" in Martin Carnoy and Henry M. Levin, *The Limits of Educational Reform* (New York: McKay, 1976), 24.
22. Walter Karp, "Why Johnny Can't Think," *Harper's*, 6/1985, 73.
23. 權力菁英有很多研究資料，如 *The Power Elite* (New York: Oxford University Press, 1956); Beth Mintz and Michael Schwartz, *The Power Structure of American Business* (Chicago: University of Chicago Press, 1985); G. William Domhoff, *Who Rules America Now?* (New York: Simon & Schuster, 1986); and Laurie David, "Science à la Joe Camel," *Washington Post*, 11/26/2006.
24. Robert Heilbroner, "Who's Running This Show?" *New York Review of Books*, 1/4/1968, 18–21.
25. E.D.C. Campbell Jr., ed., *Before Freedom Came* (Richmond, VA: Museum of the Confederacy, 1991).
26. 我這裡所講的「顛覆性」，是取 Neil Postman and Charles Weingartner, *Teaching as a Subversive Activity* (New York: Delacorte, 1969). 馬克思主義陰謀論者或許會說，有錢人為了自己的後代，對大多數美國人隱瞞美國史，讓大家不能鍛鍊思考。老練的馬克思主義者知道，虛假的意識會導致錯誤的歷史，虛假意識對於政府管理階級也同樣重要：上層階級的孩子與工人階級的孩子都需要相信，我們的社會是公平、進步的。對於預科學校，採取較溫和的顛覆性歷史教學，可能的解釋是，預科學校的大多數教師都是預科學校畢業生，而菁英私立學校只是在複製過去的教學模式。此外，預科學校更有可能聘請歷史學專業的人來當老師，而非教育學專業的人。結果是，好的教師更樂於與學生探討歷史。而且，預科學校的班級規模較小——有時只有 5-10 個人，可以指導個別學生的研究問題，而一般公立高中的班級是 25-40 個人，數據引自 Karp, "Why Johnny Can't Think," 70, 72, citing Ernest L. Boyer's *High School*.
27. Lee H. Ehman, "The American School in the Political Socialization Process," *Review of Educational Research* 50, no. 1 (Spring 1980): 99–119. 我在《老師的謊言》初版裡指出，選舉是教科書所推崇的一種公民參政形式，然而美國投票率很低，特別近年高中畢業生投票率更低。我認為，社會與歷史課程賦予公民參政一種虛假的感受，或許能解釋這種現象。1986 年，18 到 24 歲的年輕人的投票率不到 17%，最近這一數據有所上升，2006 年，18 到 29 歲的年輕人的投票率達到 24%。雖然仍有超過四分之三的人不投

票，但仍有進步。我不知道是否因為歷史教科書漸漸改進所致。

28. Roger Farr and Michael A. Tulley 介紹教科書採用委員會的工作程序，見 "Do Adoption Committees Perpetuate Mediocre Textbooks?" *Phi Delta Kappan*, March 1985, 467–71. 加州只有一到八年級的教科書為全州採用。然而，對於高中教科書，它仍有全州適用的採用指南。Gilbert Sewall, *Social Studies Review*, no. 5 (Summer 1990): 2, 說，教科書市場值 1.7 億美元，加州占 11%。（較早版本 no. 1:4，Sewall 提供的數據較低，是 10.2%。但他說加州、德州、佛羅里達州以及北卡羅萊納州，共占了 1/4 的採購金額，對出版商有很大的影響。）Michael W. Kirst, *Who Controls Our Schools?* (New York: Freeman, 1984), 115–20, 描述了加州的採用委員會，以及該州和德州對全國教科書採購的影響，另見 Michael W. Apple, "The Culture and Commerce of the Textbook," in Michael W. Apple and Linda K. Christian-Smith, eds., *The Politics of the Textbook* (New York: Routledge, 1991), Ch. 2.
29. 更完整的論述，見 J. Dan Marshall, "With a Little Help from Some Friends: Publishers, Protesters, and Texas Textbook Decisions," in Apple and Christian-Smith, eds., *The Politics of the Textbook*, Ch. 4; Joan DelFattore, *What Johnny Shouldn't Read*; 及 Michael W. Apple, "The Political Economy of Text Publishing," *Educational Theory* 34, no. 4 (Fall 1984): 307–19.
30. 1994 年時，我寫的數據是 24 本；但是因為出版商合併，讓選擇更少。
31. Farr and Tulley, "Do Adoption Committees Perpetuate Mediocre Textbooks?" 470; Marshall, "With a Little Help from Some Friends," 62; Harriet Tyson-Bernstein, "Remarks to the AERA Textbook SIG" (San Francisco, March 1989), 10; Harriet Tyson-Bernstein and Arthur Woodward, "Nineteenth Century Policies for Twenty-first Century Practice," in Philip Altbach et al., eds., *Textbooks in American Society* (Albany: State University of New York Press, 1991), 94–97; 與出版經理人的多次談話；美國歷史課大學預修課程教師討論小組名單 (apushist@lyrics.collegeboard.com), 12/2006.
32. Tyson-Bernstein, "Remarks to the AERA Textbook SIG," 5.
33. Lynne Cheney, *Tyrannical Machines* (Washington, D.C.: National Endowment for the Humanities, 1990), 12.
34. 好啦，這是開玩笑的；但它讓人想起本書第四章有正確答案：1811 年 11 月，爆發於提比克怒。
35. Thomas A. Bailey, *The American Pageant Revisited: Recollections of a Stanford Historian* (Stanford, CA: Hoover Institution Press, 1982), 192.
36. 引自 Pierce, *Public Opinion and the Teaching of History in the United States*, 39.
37. Marshall, "With a Little Help from Some Friends," 66.
38. 或許，有人已經出版了優秀的美國史的教科書。我所知道的最新的是 Howard Zinn, *People's History of the United States* (New York: Harper and Row, 1980), 該書被稱作「反教科書」。至於其他的，見前言的注釋。
39. 諷刺的是，現在出版這類小眾的教科書的出版商來說，他們編輯另一種版本教科書，以躲避德州的政治審查的壓力。「洛溫對特尼浦西德案」(*Loewen v. Turnipseed*)開先河，少數出版社可以通過上訴，進入大城市的學校，提供不同的教科書選擇。德州影響類似 Thomas R. Cripps 所描述的「南方票房的祕密」，見 J. C. Curtis and L. J. Gould, eds., *The Black Experience in America* (Austin: University of Texas Press, 1970), 116–44. 幾十年來，好萊塢的電影製片一直害怕得罪南方的電影院老闆，因為他們控制了三分之一的市場。然而最近幾年，德州的形勢有所好轉，詳見本書後記。
40. Robert Darnton, "The Good Old Days," *New York Review of Books*, 5/16/1991, 47.
41. Hillel Black, *The American Schoolbook* (New York: Morrow, 1967), 49–52.
42. 「滅種」或許太刺耳。當年西班牙人從海地的印第安勞工中獲益，所以不希望阿拉瓦克族滅族。西班牙人無意中把瘧疾等疾病，傳染給印第安人，許多人因而死亡，還有由於西班牙人中斷了印第安人的園藝農業，導致饑荒。疾病、人為導致的饑荒也是其他種族滅絕的原因。Ward Churchill 指出，歐洲人對待印第安人的做法，很像納粹屠殺猶太人與吉普賽人。在

奧斯維茲集中營、海地的金礦，奴隸都工作至死。見"Deconstructing the Columbus Myth," in John Yewell et al., eds., *Confronting Columbus* (Jefferson, NC: McFarland, 1992), 149–58

43. Barbara Gamarekian, "Grants Rejected; Scholars Grumble," *New York Times*, April 10, 1991; Karen J. Winkler, "Humanities Agency Caught in Controversy Over Columbus Grants," *Chronicle of Higher Education*, 3/13/1991, A8.
44. Robert Reinhold, "Class Struggle," *New York Times Magazine*, 9/29/1991, 26–29ff.
45. Robert Bernstein, 談話, 1973.
46. Black, *The American Schoolbook*, 39.
47. Harriet Tyson-Bernstein, "The Academy's Contribution to the Impoverishment of America's Textbooks," *Phi Delta Kappan* 70, no. 3 (11/1988): 197; Scriptor Pseudonymous, "The Ghost Behind the Classroom Door," *Today's Education*, 4/1978, 41–45, 有一個人，他從未教過歷史，也沒有歷史學學位，卻編寫歷史學以及很多其他學科的教科書及其輔助資料；與 McGraw-Hill 圖書公司編輯的訪談，7/ 2006.
48. Brooks Mather Kelley, interview, 7/2006; cf. Diana Schemo, "Schoolbooks Are Given F's In Originality," *New York Times*, 7/13/2006.
49. Allan M. Winkler, 訪談, 7/2006.
50. 與 Judith Conaway 訪談, 7/2006; 與教科書編輯訪談, 7/2006; 與 Paul Boyer 簡短訪談, 7/2006; Schemo, "Schoolbooks Are Given F's In Originality"; James Goodman, "The Mystery of the Echoing Textbooks," *New York Times*, 7/7/2006. 諷刺的是，博耶的比喻並不確切，他竟然說，教科書跟《伊里亞德》、《貝武夫》一樣，沒有人知道作者是誰。
51. M. P., "Texas Schoolbook Massacre: 5200 Errors Found in 10 History Books," *Publishers Weekly*, 3/2/1992, 11. 並非全部 5200 處都是錯誤的，很多錯誤都是很枝微末節，或有爭議。
52. 一些觀察家的確認為，利比亞認賠只是為了結束爭端，重修與西方國家的關係，但是這只是少數人的立場，我懷疑，伯爾斯坦與凱利就持這種立場，參見維基百科的"Pan Am Flight 103"一條。
53. 此刻，我覺得，霍特出版社聘請的那位寫手在設計問題時，可能聽說過貝尼特(Stephen Vincent Benét)的這首長詩，但他從未讀過，他想像著這首詩與其他詩一樣，只有一頁。但是不對，標題是斜體的，這顯示這首詩不是短詩，而是長到可以單獨成書。
54. 訪談，12/1987. Gilbert Sewall, "Social Studies Textbooks: A View from the Publishers," *Social Studies Review*, no. 5 (Summer 1990): 14, 該書對出版商的影響更為悲觀：「教科書作者對於自己的產品幾乎沒辦法控制。」Frances FitzGerald 認為我不該相信教科書作者。當然，教科書作者會羞於承認自己遷就編輯的建議。我們訪談末了，有一位教科書作者詳細列舉了幾條編輯建議，這與他早先的說法衝突。我們可以說，毫無疑問，這些作者認為自己與出版商的關係融洽。
55. 訪談 John Garraty, 11/1987. 受訪者知道 Alfred W. Crosby Jr. 稱「哥倫布交換」後，就把這條列在他的這本書裡 *1001 Things Everyone Should Know About American History* (New York: Doubleday, 1989), 3.
56. James Davidson and Mark Lytle, *After the Fact* (New York: McGraw-Hill, 1992), 106–11.《美國：一個共和國的歷史》（*A History of the Republic*）提到了墨西哥城的天花事件，但只有寥寥幾字，也沒有被列入索引。
57. Tyson-Bernstein, "The Academy's Contribution to the Impoverishment of America's Textbooks," 194, and "Remarks to the AERA Textbook SIG," 9; 我所研究的某本教科書的作者 Thomas Bailey 寫道，成功的教科書（如《美國通史》）「的確會傷害我和我的某些同事。」(*The American Pageant Revisited*, 180). 我所在的佛蒙特大學認為「教學著作」並非學術研究，覺得後者不重要。見 Black, *The American Schoolbook*, 39; Sewall, "Social Studies Textbooks: A View from the Publishers," 14; and Matthew Downey, "Speaking of Textbooks," in David Elliott and Arthur Woodward, eds., *Textbooks and Schooling in the United States* (Chicago: University of Chicago Press NSSE Yearbook, 1981).
58. 美國歷史學會核心刊物 *American Historical Review*, 全國社會研究理事會核心刊物 *Social Education* 和 *Reviews in American History* 都不評論高中課本。*The Journal of American History* 最近開始評論大專

院校的教科書，認為這是創舉。大多數的歷史期刊都不評論教科書，而我也只在*The History Teacher*上發表了一篇書評。

59. 很多作者不因寫教科書而出名，也得不到出版商的好評。在出版商為《應許之地》所做的廣告，作者名小到要用放大鏡才看得到。Prentice Hall 出版社為《美國：一個共和國的歷史》所做的廣告從來不提作者。有時，作者的名字甚至不出現在書本的封面上。對於那些「不代表自己意見」的教科書作者來說，算是明哲保身。
60. 訪談 Mark Lytle, 11/1993.
61. Michael Kammen, *Mystic Chords of Memory* (New York: Alfred A. Knopf, 1991), 258–59; Bailey, *The American Pageant Revisited*, 192–95.
62. Pierce, *Public Opinion and the Teaching of History in the United States*, 6, 10–11, and 56–62.
63. 這兩本調查型教科書方向不同。《發現美國史》放舊照片的組圖。為了歌功頌德，用林肯及其他偉大領袖的圖片，這種排版表示舊照片也是歷史資料，反映了他們探究的手法。《美洲冒險》沒那麼光明正大，放的是林肯、印第安人和建築物的黑白照片，然而，排版人員只考慮到版面的美觀，所以用紅、白和藍三色做照片外框。
64. 也許有人會問，這有什麼不對？下一章將討論這類教科書對學生的影響，提出回應。
65. 見 Vaughn, ed., *The Vital Past*, 46, 241.
66. Carol Berkin, 訪談, 10/1987.
67. Edward Pessen, *The Log Cabin Myth* (New Haven: Yale University Press, 1984), 該書聲稱，在林肯小時候，他的家庭至少與周邊家庭一樣富有。
68. Kenneth Wong and Tom Loveless, "The Politics of Textbooks Policy," in Altbach, *Textbooks in American Society*, 33– 34. Mary Haas,是一位教師培訓者，她也告訴我：「我們收到的就是老師希望的那種教科書。」
69. Charlotte Crabtree and David O'Shea, "Teachers' Academic Preparation in History," *National Center for History in the Schools Newsletter* 1, no. 3 (11/1991): 4, 10.
70. 見 Black, *The American Schoolbook*, 91–95. 另見 Jack L. Nelson and William B. Stanley, "Academic Freedom: Fifty Years Standing Still," *Social Education* 49 (1985): 663.
71. Shirley Engle, "Late Night Thoughts About the New Social Studies," *Social Education* 50, no. 1 (1/1986): 20–22. John Goodlad 也同意此點，見 "A Study of Schooling," *Phi Delta Kappan*, March 1983, reprinted in James W. Noll, ed., *Taking Sides: Clashing Views on Controversial Educational Issues* (Guilford, CT: Dushkin, 1989), 145.
72. Seymour B. Sarason, *The Culture of the School and the Problem of Change* (Boston: Allyn and Bacon, 1971), 180–87.
73. Linda McNeil, "DefensiveTeaching and Classroom Control," in Michael W. Apple and Lois Weis, eds., *Ideology and Practice in Schooling* (Philadelphia: Temple University Press, 1983), 116.
74. Goodlad, "A Study of Schooling," 145–47.
75. McNeil, "DefensiveTeaching and Classroom Control," 115–16. 高中教師害怕衝突和失控，是有理由的。在課堂上，教師都得建立權威。那建立權威的人，怎麼會懷疑權威呢？學生跟教師發生衝突、與教科書有衝突、跟同學間也是，場面看似失控。然而，表象是騙人的：即便不是學生的人，都覺得控制不住場面，但行為規範仍主導著學生的行為。因此，教師在課堂上通常比自己以為的還有權威。當然，場面仍有可能失控，教師想控制場面的心情是可以理解的。
76. Albert Shanker, "The Efficient Diploma Mill," advertisement in *New York Times*, 2/14/1988.
77. 1983 與 1934 的告誡引自 David Jenness, *Making Sense of Social Studies* (New York: Macmillan, 1990), 262.見 Gagnon, *Democracy's Half-Told Story*, 17–19.
78. Paul Goldstein, *Changing the American Schoolbook* (Lexington, MA: D. C. Heath, 1978). 上歷史課時，這一比例甚至更高。Kirst, Who Controls Our Schools? 115. J. Y. Cole and T. G. Sticht, eds., *The Textbook in American Society* (Washington, D.C.: Library of Congress, 1981), 9, 這兩本教科書認為，教科書與類似的指導教材，構成了 95%-100%的課堂教學和 90%的家庭作業時間。然而， Matthew Downey 及 Linda Levstik 質疑那種「歷史課的教學主要依賴教科書」的觀點，他們認為，課堂上根本不用教科書。見 "Teaching and Learning History: The Research Base," *Social*

Education 52, no. 9 (September 1988): 336–41, esp. 337. 不過，這種悲觀的發現讓人更加想要反諷，而且也不符合我學生給我的訊息。我的學生說，他們的高中歷史課跟我的課很像，比如，上完每一章，就回答一些無聊的問題。

79. Tyson-Bernstein, "Remarks to the AERA Textbook SIG," 10. 她的評估或許太嚴格了。根據我的經驗，教師都不想直接傳導錯誤的訊息。大多數的教師都努力學習，掌握和教導正確的訊息，不過這是指那些出席專題學術會議的教師，而非抽樣調查的結果。
80. Tracy Kidder, *Among Schoolchildren* (Boston: Houghton Mifflin, 1989), 該書描述了教師幾乎不可能做的工作。另見 John Goodlad, *A Place Called School* (New York: McGraw-Hill, 1983).
81. Mark Schug, "Why Teach Social Studies?" *The Social Studies* 80, no. 2 (3/1989): 74. 很不幸，他只選取了 29 位教師作為研究樣本。
82. Crabtree and O'Shea, "Teachers' Academic Preparation in History," 4, 10. 然而，有些教師的專業是社會科學，這對教授美國歷史還算是有用的。Crabtree 與 O'Shea 還指出，在 12 位歷史教師中，有一位是體育學的學士，或許多數都是教練。另見 Robert A. Rutter, "Profile of the Profession," *Social Education*, no. 58 (4/1986): 253.
83. Joan M. Shaughnessy andThomas M. Haladyna, "Research on Student Attitudes Toward Social Studies," *Social Education* 49 (November 1985): 692–95. 見 Mark Schug et al., "Why Kids Don't Like Social Studies," *Social Education* 48 (5/1984): 382–87; and Goodlad, "A Study of Schooling."
84. McNeil, "DefensiveTeaching and Classroom Control," 117.
85. 同上 124; Jenness, *Making Sense of Social Studies*, 264–65, 291.
86. 教師也不會因此回過頭來談。我們把《密西西比：衝突與改變》各章末了的問題都刪除了。
87. Patrick Ferguson, "Promoting Political Participation: Teachers' Attitudes and Instructional Practices" (San Francisco: American Educational Research Association, 1989), 4–5. 在討論各種不同的學者對於歐洲對美國的影響的看法時，新版《美國通史》加了一個有趣的方框，框中寫「歐洲中心論」。
88. 在兩點上，調查型書籍較為突出：他們提供第一手資料，對於晚近事件的描述比較完整。然而，我所研究的調查型教科書，也有史實上或解讀的錯誤。傑寧斯指出，這些教科書作者不懂，就某些爭議性問題辯論，是需要專業知識的(*Making Sense of Social Studies*, 292). 教科書隨意提出問題，這些問題需要花幾個星期才能得出一點見解，這類教科書處在「反智」的邊緣，因為它們也不期待教師或學生會尋根究柢。
89. 有些州的教師有責任教學生教科書裡的那些概念。見 Sue Dueitt, "Textbooks and the Military," in Cole and Sticht, eds., *The Textbook in American Society*, 36.
90. Robert M. O'Neil, *Classrooms in the Crossfire* (Bloomington: Indiana University Press, 1981), 9–12, 23. 每年 People for the American Way 都會在組織年鑑記錄所謂「你該知道的那些攻擊自由的事件」(Washington, D.C.: People for the American Way, 1993 and prior years). Jonathan Kozol 講述了自己在波士頓因為朗讀 Langston Hughes 的詩歌而遭解雇的事情，見 *Death at an Early Age* (New York: New American Library, 1985).
91. Carlson, "Academic Freedom in Hard Times," 430.
92. Kidder, *Among Schoolchildren*, 52; Kirst, *Who Controls Our Schools?* 135; Linda Levstik, "The Research Base for Curriculum Choice: A Response," *Social Education*, no. 54 (11/1990): 443.
93. 見蓋洛普調查(10/ 1987), reported in Stamford, CT, Advocate, 12/26/1987, 1.
94. Jean Fair, ed., *National Assessment and Social Studies Evaluation* (Washington, D.C.: National Council for the Social Studies, 1975), 35.
95. John Williamson 轉引自 Cole and Sticht, eds., *The Textbook in American Society*, 39.
96. Raymond English, "Can Social Studies Textbooks Have Scholarly Integrity?" *Social Education* 50, no. 1 (1/1986): 46–48.
97. Donald Barr, *Who Pushed Humpty Dumpty? Dilemmas in American Education Today* (New York: Atheneum, 1972), 316– 17, 該書講述了出版商是如何使三隻小豬的故事變得平淡乏味，現在，大灰狼摧毀豬大哥與豬二哥的房子後，牠們並沒有死，而是比狼跑得更快，跑到豬小弟的磚頭房子裡避難。

98. Sissela Bok, *Lying* (New York: Pantheon, 1978), 24. 然而，巴克承認，一般認為，「自己處於要不要說謊的關頭」，以「微妙的方式」說謊是有益無害的；另一方面，每個人都想「盡量不要受騙」。波士頓兒童博物館在一場關於「死亡」的展覽中，採取了誠實的全新策略。見 "Children Learn That 'Dying Isn't a Vacation,' " *New York Times*, 8/26/1984. 關於向學生提供有爭議的資料，另見 Black, *The American Schoolbook*, 91–95; Kirsten Lundberg, "Addressing a Child's Fears about Life in the Nuclear Age," *Boston Globe*, 3/9/1986; and Betty Reardan, John Anthony Scott, and Sam Totten, "Nuclear Weapons: Concepts, Issues and Controversies," *Social Education* 47 (11/1983): 473–522.
99. 見 Natalie Gittelson, "The Fear That Haunts Our Children," *McCall's*, 5/1982, 77 .以及 David S. Greenwald and Steven J. Zeitlin, *No Reason to Talk About It: Families Confront the Nuclear Taboo* (New York: Norton, 1986).
100. 見 Edward A. Wynne, "The Case for Censorship to Protect the Young," in *Issues in Education* (Winter 1985).
101. Mark Lloyd, 訪談, 1991.
102. Yankelovich, Skelly, and White, 載於 "A 'New Breed' Emerges," *Family Weekly*, 1/1/1978.
103. Arthur Schlesinger Jr., 放棄歷史，實在駭人：「如果能教會孩子讀、寫、算術，我們就心滿意足了。」見"Toward a Divisive Diversity," *Wall Street Journal*, 6/ 25/1991.
104. Engle, "Late Night Thoughts About the New Social Studies," 20.
105. Francis Russell, *The Shadow of Blooming Grove* (New York: McGraw-Hill, 1968), 656.
106. Paul Gagnon, "Why Study History?" *Atlantic* (11/1988), 51.
107. Paul Gagnon, *Democracy's Untold Story* (Washington, D.C.: American Federation of Teachers, 1987), 19.
108. Heidegger, 引自 Noam Chomsky, *The Noam Chomsky Reader* (New York: Pantheon, 1987), 60.

第十三章　教這樣的歷史有什麼後果？

1. Scopes trial transcript, excerpt at "Day 7".
2. Jules Henry, *Culture Against Man* (New York: Random House, 1963), 287.
3. 「叢林兄弟」(Jungle Brothers), "Acknowledge Your Own History," c. 1989. 這個非裔美國人饒舌樂團稱歷史為「他的歷史」(HIS story) 即「男人的歷史」。
4. Greg Murry, 電子郵件, 2/2001.
5. Linda McNeil, "Defensive Teaching and Classroom Control," 在 Michael W. Apple and Lois Weis, eds., *Ideology and Practice in Schooling* (Philadelphia: Temple University Press, 1983), 128–41.
6. Robert B. Everhart, "Classroom Management," in Apple and Weis, eds., *Ideology and Practice in Schooling*, Ch. 7.
7. 或許，Diane Ravitch and Chester E. Finn Jr., *What Do Our 17-Year-Olds Know?* (New York: Harper and Row, 1987), 以及國家地理學會出版 *Geography: An International Gallup Survey* (Washington, D.C.: National Geographic Society, 1988). 都是非常重要的研究，它們駁斥了高中畢業生不懂歷史與地理的說法。另見 Allen Bragdon, *Can You Pass These Tests?* (New York: Harper and Row, 1987), 129–40, 該書對 1976 年與 1943 年的調查結果進行了比較。全國教育進步評估中心也針對美國的 1994 年與 2001 年，高中高年級學生的美國史知識狀況提出了批評，不過他們也看到進步：在這十二年間，成績「優」與「良」的分數，從 12% 上升到 14%。
8. Ravitch and Finn, *What Do Our 17 Year-Olds Know?* 49.
9. W. K. Haralson, "Objections [to *The American Adventure*]" (Longview, TX: n.d., typescript, distributed by Mel Gabler's Educational Research Analysts, 1993), 4.
10. John Goodlad, *A Place Called School* (New York: McGraw-Hill, 1983), 該書指出，他與同事研究的那些課堂的結果是，正面或負面的影響都沒有，他對那些課堂的評價只有一個詞：平淡。
11. Washington, D.C.: PBS *Frontline* video, 1985.
12. A. B. Hodgetts and Paul Gallagher, *Teaching Canada for the '80s* (Toronto: Ontario Institute for Studies in Education, 1978), 20.
13. John Ogbu, "Racial Stratification and Education,"在

Gail E. Thomas, ed., U.S. *Race Relations in the 1980s and 1990s* (New York: Hemisphere, 1990), 27–30. 另見 Herbert Kohl, "I Won't Learn from You!" in *I Won't Learn from You and Other Thoughts on Creative Maladjustment* (New York: New Press, 1994), 1–32. *National Assessment of Educational Progress, Report 1: 1969–1970 Science* (Washington, D.C.: NAEP, 1970), 顯示，在科學方面，黑人與非黑人方面的差距較小。Jean Fair, ed., *National Assessment and Social Studies Evaluation* (Washington, D.C.: National Council for the Social Studies, 1975), 56, 63–64, 77–82, 顯示，在社會課上，黑人與非黑人之間的差距較大。 Richard L. Sawyer, *College Student Profiles: Norms for the ACT Assessment, 1980–81* (Iowa City: ACT, 1980), 為英語、數學、社會及自然這四個學科領域的成績制定了不同標準，依據是收入、種族等等條件。

14. Jeffrey Fouts, "Female Students, Women Teachers, and Perceptions of the Social Studies Classroom," *Social Education* 54 (11/1990): 418–20.
15. Arthur M. Schlesinger Jr., "When Ethnic Studies Are Un-American," *Social Studies Review*, no. 5 (Summer 1990): 11– 13.
16. Martha Toppin, "I Know Who's Going with Me," *Social Education* 44 (10/1980): 458.
17. 關於克里福德, 見 Tom Wicker, "An Unwinnable War," *New York Times*, 6/12/1991; 關於麥克納馬拉, 見 Jonathan Mirsky, "Reconsidering Vietnam," *New York Review of Books*, 10/10/1991, 44. 蓋洛普調查 (11/1986)發現 71%的人同意（不包括「不知道」）「越戰是個錯誤，本質上是不對、不道德的。」1984 年 8 月，羅沛調查：「國家發動越南戰爭——是對，還是錯，或者介於二者？」65%的受訪者回答「錯誤的」，17%的人回答「介於二者之間」，5%的人回答不知道，那麼，認為發動戰爭是不對的人，占 83%。由於美國 80 年代的群眾有這麼多人覺得越戰是錯誤的，我們回頭看美國發動了戰爭，而雷根總統與布希總統還為之辯護，顯示了強烈的思想對立與獨立。
18. William L. Lunch and Peter W. Sprelich, "American Public Opinion and the War in Vietnam," *Western Political Quarterly* 32 (1979): 33–34. Leon Festinger, *A Theory of Cognitive Dissonance* (Evanston, IL: Row, Peterson, 1957). 費斯汀格的理論還解釋了為什麼二戰期間的大學男生，明知道自己要走向戰場，但仍比那些電工或焊接師傅支持戰爭。電工或焊接師傅知道自己需要留在軍工廠裡工作，而被緩征入伍。兩種人的觀點都與自己可預見的、無法改變的未來相關。
19. John Mueller, *Presidents and Public Opinion* (New York: Wiley, 1973), 70–74; Harris poll reported in *Boston Globe*, 7/14/1969, 其中關於對阿波羅計畫的支持率；另見 Samuel P. Huntington, *The Common Defense*, 235–39.
20. "Foreign Policy Attitudes Now Driven by 9/11 and Iraq," Pew Trust survey, 8/18/2004, pewtrusts.org/ideas/ ideas, 10/2006.
21. 大學生特別容易犯這種錯誤，因為他們「選擇」（受其父母身份地位的影響）接受大學教育。用「認知失調」的理論看，他們容易認為大學生活很有益處，並認為教育使人包容、有智慧。很多美國人視學校教育為種族不平等、環境、貧窮等問題的仙丹。
22. Richard F. Hamilton, *Restraining Myths* (Beverly Hills: Sage, 1975), 118, 159; Lunch and Sprelich, "American Public Opinion and the War in Vietnam," 35–36.
23. 《美國傳統》鼓勵這種錯誤的思維，書中收錄一幅照片，照片中一些戴著安全帽的示威者，支持尼克森的越南政策。「誰是沉默的多數？」《美國傳統》的回答是美國的工人階級。《應許之地》同樣認為，教育程度較低的人有反對「那些領導和平運動的學生」的力量，繼續支持尼克森的越戰。
24. 柏氏研究中心發言人對 2005 年調查的結語，電話訪談，5/7/2007.
25. Richard Sennett and Jonathan Cobb, *Hidden Injuries of Class* (New York: Alfred A. Knopf, 1972).
26. 見 Erich Fromm, *Escape from Freedom* (New York: Farrar and Rinehart, 1941).
27. Robert Reinhold, Harris poll, *New York Times*, 7/3/1971, 見 Herbert Aptheker, *The Unfolding Drama* (New York: International, 1978), 146; Terry Borton, *The Weekly Reader National Survey on Education* (Middletown, CT: Field Publications, 1985), 14, 16; Joan M. Shaughnessy and Thomas M. Haladyna, "Research on Student Attitudes Toward Social

Studies," *Social Education* 49 (11/1985): 692–95; Mark Schug, RobertTodd, and R. Beery, "Why Kids Don't Like Social Studies," *Social Education* 48 (5/1984): 382–87.

後記　未來：該怎麼做？

1. Charles Sellers, "Is History on the Way Out of the Schools and Do Historians Care?" *Social Education* 33 (5/1969), 511, paraphrasing S. Samuel Shermis.
2. Neil Postman and Charles Weingartner, *Teaching as a Subversive Activity* (New York: Delacorte, 1969), 23.
3. Anatole France 引自 Freeman Tilden, *Interpreting Our Heritage* (Chapel Hill: University of North Carolina Press, 1967), v.
4. Vine Deloria Jr., *God Is Red* (New York: Dell, 1973) 301.
5. 二十世紀上半葉，天主教學校用天主教書籍講授美國歷史。那些教科書特別強調一些人，例如西耶拉神父(Father Junipero Serra)，他在十八世紀建立了加州傳教體系。
6. 我沒有在本書討論這些主題。不過，一直有人在做這些研究，如：Mary Kay Tetreault,"Integrating Women's History: The Case of United States History High School Textbooks," *The History Teacher* 19 (2/1986): 211–62; Glen Blankenship, "How to Test a Textbook for Sexism," *Social Education* 48 (4/1984): 282–83; Darrell F. Kirby and Nancy B. Julian, "Treatment of Women in High School U.S. History Textbooks," *Social Studies* 72 (9/1981): 203–7; *Social Education* 51, no. 3 (3/1987)中的一篇不錯的論文；以及更早一些的 J. W. Smith, *An Appraisal of the Treatment of Females in United States High School History Textbooks* (PhD diss., Indiana University, 1977), and Janice Law Trecker, "Women in U.S. History High School Textbooks," *Social Education* (March 1971): 249–60. Patricia Higgins 的文章也令人深思："New Gender Perspectives in Anthropology," *Anthropology Notes* 11, no. 3 (Fall 1989): 1–3, 13–15. 有兩本書可以幫助了解婦女史：Ruth Warren, *A Pictorial History of Women in America* (New York: Crown, 1975), and Elizabeth Janeway, ed., *Women: Their Changing Roles* (New York: Times/ Arno Press, 1973).
7. 如果你贊同，請寫信提醒我 jloewen@uvm.edu。大家要記住，我在此列出的那些省略、扭曲之處，都是偶然發現的；這正應驗了長期在陶格魯大學教社會學的 Ernst Borinski 教授的話：「我沒有學過的，我就不知道。」還有，如果我下結論的語氣很肯定，無論講到 1812 年戰爭的起因，還是民權運動的影響，其實都沒有定論。
8. Postman and Weingartner, *Teaching as a Subversive Activity*; 全書經常使用術語。
9. 他們的教師也不會這樣。我遇到的一些用《美國的成就》授課的教師，他們從來沒注意到書中講的跟「地平論」有衝突，還繼續教學生這個迷思。有些大學教授也沒有注意到那些與此一原型衝突的事實。我在亞特蘭大的一所大學發表「清教徒先民與瘟疫」的講演時，有一位歷史學教授對我表示，他對此很訝異，因為一些殖民地歷史的專著都沒有提到瘟疫的影響。我們到他的辦公室查資料，結果證明我是對的。他後來發現，他認為省略瘟疫的教科書，裡頭竟然也有提到瘟疫的影響，更是訝異。
10. Mircea Eliade, *The Myth of the Eternal Return* (New York: Pantheon, 1954), 46.
11. 教師可以從下列參考書著手：James Percoco，一位優秀的高中歷史教師，寫過兩本小書 *A Passion for the Past* (New York: Heinemann, 1998) 與 *Divided We Stand* (New York: Heinemann, 2001). 他的一些建議可能有用，也有些可能沒用。David Kobrin 在 *Beyond the Textbook* (New York: Heinemann, 1996)中只提出了一些觀點，但是都講得很深入，指出了應該跳開的陷阱。Stephen Botein et al., *Experiments in History Teaching* (Cambridge: Harvard-Danforth Center for Teaching and Learning, 1977)提供了一些高中、大學或社區大學教師所提出的課堂練習和研究課題。Gary Smith et al., *Teaching About United States History* (Denver: Center for Teaching International Relations, 1988) 以及 Clair Keller, "Using Creative Interviews to Personalize Decision-Making on the American Revolution," *Social Education* 43 (3/1979): 271, 提出了多種學習方案。John Anthony Scott 提出了一些不用課本教歷史的方法，見"There Is Another Way," AHA *Perspectives* 29, no. 5 (5/1991):

20–22; 參考 Gary Nash, "Response," 21, 23, 的討論。*Rethinking Schools* (1001 E. Keefe Ave., Milwaukee, WI, 53212) 提供了一些有時令人不安但很棒的全國性教育理念，以及一些關於密爾瓦基的教育政策的新聞，有過刊與再版。還有對美國歷史教師特別有用的四份期刊：*The History Teacher, Social Education* (Washington, D. C.: National Council for the Social Studies), *The Radical Teacher*, and *Democracy and Education* (313 McCracken Hall, Ohio University, Athens, OH 45701). The National Council for History Education (B2, 26915 Westwood Road, Westlake, OH, 44145)發行了 Paul Gagnon 的那本重要著作 *Democracy's Half-Told Story*, 以及其他一些希望改進美國歷史教學方法的資料。James Davidson 與 Mark Lytle 合著的 *After the Fact* (New York: McGraw-Hill, 1992) 提出了一些值得探討的重要歷史問題。Social Studies School Service (PO Box 802, Culver City, CA, 90232) 列出了完整的美國歷史課指定教科書，可以在課堂上深入討論一些問題。

另一種，是建議同時使用兩種教科書。這又導致很多問題，學生會問，為什麼兩個講的不一致，因此，學生會知道，歷史並不只是「背」史實。甚至用同一本教科書的兩個不同版本也行，但差異大的教科書比較有趣。我所研究的教科書，有幾本調查型教科書與一般的敘述型教科書迥然不同，如《發現美國史》和《美洲冒險》，但是都絕版了。不過，學生還是可以到學校圖書館找來讀。Joy Hakim 的《美國史》系列(A History of US, New York: Oxford University Press, 2006 [1993])值得一讀，每間教室都應該有一套。

更有趣的，還可以拿一本標準的教科書，對照另一本差異很大的教科書。比如比較一下左派作品 *History of the United States* (New York: Harper, 2005),，以及右派作品 Clarence B. Carson, *A Basic History of the United States* (Wadley, AL: American Textbook Committee, 1986)。或者，可以用某些強調某群體的歷史或主題，比如注釋 13 所列的那些問題。

此外，也可以參加美國國家人文基金會、各州人文基金會、大學、歷史博物館、職業公會，為歷史教師舉辦的各種學術討論、研究會、夏令營，也可看到一些新的思想。

我還希望，本書每章首次引用某個資料時，提供完整的引文，這跟參考書目一樣有用。

12. *Using Taking Sides in the Classroom* (Guilford, CT: Dushkin, 1996) 該書引導教師如何使用 Dushkin 的那套叢書，提出了很多技巧，幫助學生提出關鍵的問題、處理觀點衝突。該書已絕版，但是網路上可以下載。另見 Bill Bigelow, ed., et al., *Rethinking Our Classrooms* (Milwaukee: Rethinking Schools, 2007).

13. *Jackdaws* 是第一手史料的匯編套書，由 Jackdaw Publications 出版。還有幾家教科書出版商出版了一些有趣的教師工具書。網站 Teaching for Change (teachingforchange.org) 為歷史教師提供了一個豐富而有用的資料目錄。Social Studies School Service 推出了 *Multicultural Studies Catalog* 分類蒐集了婦女史、西班牙史等的教學資料。ERIC 數據庫在大學圖書館裡都能找到，提供了數千種教學方法，可以在光碟中以關鍵字搜尋，也可以查縮微膠片，網站 eric.ed.gov 有收錄一些文章。

美國文學也跟美國歷史很有關聯，只要那些作品的史實正確。因此 R. A. Lafferty 的 *Okla Hannali* 提供了關於十九世紀的豐富視角。

Anthro. Notes 是一份時事通訊，發行者是自然史博物館(the National Museum of Natural History, Kaupp, Public Information Office, Dept. of Anthropology, Stop 112, Smithsonian Institution, Washington, D.C. 20560) 供高中教師免費閱讀，內有前哥倫布時代的土著美洲人社會資料。

本人拙作 *Lies My Teacher Told Me About Christopher Columbus* (New York: New Press, 1992)旨在為秋季班課程使用，書中教學生一些分析歷史著述以及教科書方面、大航海時代的問題。Beverly Slapin Doris Seale, *Through Indian Eyes*, Oyate 出版，書中收錄了 Michael Dorris 以及其他原住民作家的詩歌與散文，評論各類書籍對印第安人問題的論述，還有豐富的延伸資料。對於教師來說， Gary Nash 的書 *Red, White, and Black* (Englewood Cliffs, NJ: Prentice Hall, 1974) 是美洲殖民地中種族問題的重要讀物。

The Office of Elementary and Secondary Education at the Smithsonian Institution (A&I Building, Room 1163, MRC402,Washington,D.C.,20560) 推出了 *Teaching the Constitution*，這是對 1987 年「教育者

座談會」的總結。書中列出用文獻、研究題目，使討論更生動有趣，還有提供課堂使用的參考書目。另見 *Teaching About the Bill of Rights* (Bethesda, MD: Phi Alpha Delta Public Service Center, c. 1987).

談黑人與白人的種族關係的歷史書，有適合高中程度的 *African American History* by Langston Hughes and Milton Meltzer (New York: Scholastic, 1990) 以及適合高年級程度的 *Before the Mayflower by Lerone Bennett* (Baltimore: Penguin, 1966 [1962]) 和 *From Slavery to Freedom* by John Hope Franklin (New York: Knopf, 2000)。1994 年，出版社 the Anti-Defamation League(823 United Nations Plaza, New York, NY, 10017) 推出了新版的 David Shiman 的 *The Prejudice Book*，書中有很多種族關係與性別相關的課堂練習。James A. Banks 的很多書籍都有有益的思想，包括 *Teaching Strategies for Ethnic Studies* (Boston: Allyn and Bacon, 1987) 以及 *Multiethnic Education: Theory and Practice* (Boston: Allyn and Bacon, 1994)。另見 Carl A. Grant and Christine Sleeter, *Turning On Learning* (Columbus, OH: Merrill, 1989)，此外，影片 *We Shall Overcome*, *PBS Frontline* (1-800-328-7271)談到美國反種族主義在海外的影響。

The Association for Supervision and Curriculum Development (1250 N. Pitt St., Alexandria, VA, 22314-1453)指出教科書忽略過去的宗教問題，於是出版了一套第一手文獻 Charles C. Haynes, *Religion in American History*，如副標題所講的，這套書是講「要教什麼？怎麼教？」。

The American Social History Project 的 *Who Built America?* (New York: Pantheon, 1989)，有一套錄影資料，可以查 Voyager (1-800-4462001)一詞進入資料庫，讀到鮮明的勞工史。*How Schools Are Teaching About Labor* 是一系列出版品，發行者是 the AFL-CIO (815 16th St. NW, Washington, D.C., 20006) 其中有一些教案和課堂用資料。*Labor's Heritage* 是一份季刊，發行者是 AFL-CIO (10000 New Hampshire Ave., Silver Spring, MD, 20903)有教師指南，介紹歷史教學與在地資源。Bill Bigelow and Norman Diamond 的 *Power in Our Hands* (New York: Monthly Review Press, 1988) 中有一些有趣的練習，可以幫助學生思考社會階級的問題。

其他談聯邦政府的資料還有 Jonathan Kwitny, *Endless Enemies* (New York: Congdon and Weed, 1984)這本書深得我心，因為書中譴責政府莫名的愛國主義，對海外、對群眾運動施以無效的鎮壓。 Lonnie Bunch and Michelle K. Smith, *Protest and Patriotism* (Washington, D.C.: Smithsonian Office of Elementary and Secondary Education [A&I Building, Room 1163, MRC 402, Washington, D.C., 20560], n.d.)探討公民迫使政府採取行動的方式。The Center for Social Studies Education (teachvietnam.net)提供教授高中生越戰的教學資源。Brooke Workman, *Teaching the Sixties*,1992 年由 The National Council of Teachers of English (ncte.org)出版，這本書散發一種親切的氛圍，教授動盪不安的歷史。*Teaching Tolerance* 1, no. 1, 免費提供給老師，地點在 Southern Poverty Law Center, 400 Washington Ave., Montgomery, AL, 36104.那裡也可以拿到 *Civil Rights Teaching Kit*。最後，可參考 Marge Piercy, *Woman on the Edge of Time* (New York: Fawcett Crest, 1977)。

雖然網路世界變動很大，但還是提供很多有用的資訊。學生常常上網找資料，但記得兩個要點，不要只上網而已，還要參考書本、訪談、普查等資料；第二點是要記得標明資料來源，無論是網路上查來的也一樣，可以加個一兩句說明為什麼有參考價值。有很多第一手資料可在 the Library of Congress (loc.gov)、National Archives (archives.gov)找到，普查資料 the Fisher Library of the University of Virginia (fisher.lib.virginia.edu/collections/ stats/listcensus/)、the U.S. Census (census.gov/prod/www/ abs/decennial/index.htm)。老師可以加入免費論壇 h-net.org。大家都可以登入 History News Network (hnn.us/)，獲取新的歷史研究資料。另外學生也可以上網站 besthistorysites.net 找以主題分類的資料。使用影音資料時，可以參考 Linda Christensen 的文章"Unlearning the Myths That Bind Us," *Rethinking Schools* 5, no. 4 (5/1991): 1, 15–16.

14. Glenn Whitman 讓他的學生學習地方史，並著書解釋做法 *Dialogue with the Past* (Lanham, MD: Alta Mira, 2004).
15. Rural Organizing and Cultural Center, *Minds Stayed on Freedom* (Boulder, CO: Westview, 1992). 另見 C. L.

Lord, *Teaching History with Community Resources* (NewYork: Teachers College Press, 1967).

16. Mark Hilgendorf, ed., *Forgotten Voices in American History* (available from Milton Academy, 170 Centre St., Milton, MA, 02186).
17. Shirley Engle 告訴我，基於 Alfred North Whitehead 的著作，有些問題是社會學教學改革的基礎，那就是「印第安那實驗」。見 "Late Night Thoughts About the New Social Studies," 50, no. 1 (1/1986): 21.
18. 第六章討論林肯致格里利的信時，也是這麼做的。
19. James Axtell, "Forked Tongues: Moral Judgments in Indian History," AHA *Perspectives* 25, no. 2 (2/1987): 10.
20. Lee Jones, "Textbooks: A Change of View," *Austin Star-Telegram*, 10/20/ 1985.
21. Michael Wallace, "The Politics of Public History," in Jo Blatti, ed., *Past Meets Present* (Washington, D.C.: Smithsonian Institution Press, 1987), 42–43.
22. 引自 Lewis H. Lapham, "Notebook," *Harper's*, 7/1991, 12.
23. 好啦，我還有做其他事。

附錄／

我在準備《老師的謊言》時，參考了十二本美國歷史教科書，下面依照英文排序，也列出修訂版新增參考的六本書。本書所有引述皆從下列教科書挑出來的，例外則特別標示。

Social Science Staff of the Educational Research Council of America,《美洲冒險》(*The American Adventure*, Boston: Allyn and Bacon, 1975).

Ira Peck, Steven Jantzen, and Daniel Rosen,《美國冒險史》(*American Adventures*, Austin, TX: Steck-Vaughn, 1987).

John A. Garraty with Aaron Singer and Michael Gallagher,《美國歷史》(*American History*, New York: Harcourt Brace Jovanovich, 1982).

Thomas A. Bailey and David M. Kennedy,《美國通史》（1991年版）(*The American Pageant*, Lexington, MA: D. C. Heath, 1991).

Robert Green, Laura L. Becker, and Robert E. Coviello,《美國傳統》(*The American Tradition*, Columbus, OH: Charles E. Merrill, 1984).

Nancy Bauer,《美國方式》(*The American Way*, New York: Holt, Rinehart and Winston, 1979).

Robert Sobel, Roger LaRaus, Linda Ann De Leon, and Harry P. Morris,《自由的挑戰》(*The Challenge of Freedom*, Mission Hills, CA: Glencoe, 1990).

Allan O. Kownslar and Donald B. Frizzle,《發現美國史》（1991年版）(*Discovering American History*, New York: Holt, Rinehart and Winston, 1974).

Carol Berkin and Leonard Wood,《應許之地》(*Land of Promise*, Glenview, IL: Scott, Foresman, 1983).

Philip Roden, Robynn Greer, Bruce Kraig, and Betty Bivins,《生活與自由》(*Life and Liberty*, Glenview, IL: Scott, Foresman, 1984).

Paul Lewis Todd and Merle Curti,《美國的成就》(*Triumph of the American Nation*,Orlando, FL: Harcourt Brace Jovanovich, 1986).

James West Davidson and Mark H. Lytle,《美國：一個共和國的歷史》(*The United States—A History of the Republic*, Englewood Cliffs, NJ: Prentice Hall, 1981).

Joyce Appleby, Alan Brinkley, and James McPherson,《美國之旅》(*The American Journey* , New York: Glencoe McGraw-Hill, 2000).

David M. Kennedy, Lizabeth Cohen, and Thomas A. Bailey,《美國通史》（2006年版）(*The American Pageant*, Boston: Houghton Mifflin, 2006).

Gerald A. Danzer et al.,《美國人》(*The Americans*, Boston: McDougal Littell [Houghton Mifflin], 2007).

Andrew Cayton, Elisabeth Perry, Linda Reed, and Allan Winkler,《通往現今之路》(*America: Pathways to the Present*, Needham, MA: Pearson Prentice Hall, 2005).

Daniel Boorstin and Brooks Mather Kelley,《美國的歷史》(*A History of the United States*, Needham, MA: Pearson Prentice Hall, 2005).

Paul Boyer,《霍特：美國》(*Holt American Nation*, Austin, TX: Holt, Rinehart & Winston [Harcourt], 2003).